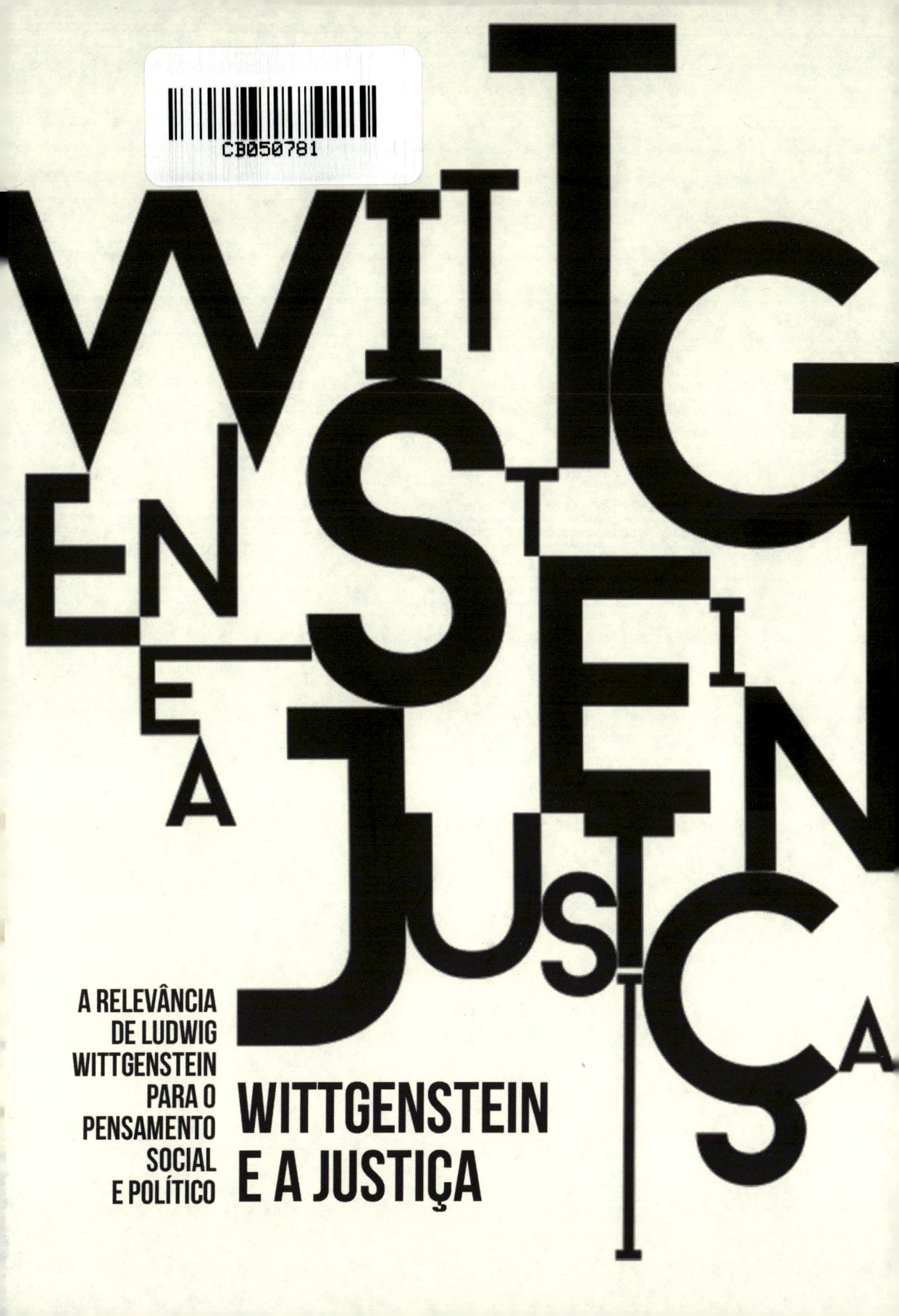

WITTGENSTEIN E A JUSTIÇA

A RELEVÂNCIA DE LUDWIG WITTGENSTEIN PARA O PENSAMENTO SOCIAL E POLÍTICO

WITTGENSTEIN E A JUSTIÇA

HANNA FENICHEL PITKIN

WITTGENSTEIN E A JUSTIÇA

A RELEVÂNCIA DE LUDWIG WITTGENSTEIN PARA O PENSAMENTO SOCIAL E POLÍTICO

Tradução e notas de
Alessandra Maia T. Faria e Paulo Henriques Britto

EDITORA PUC RIO

Edições Loyola

Título original: *Wittgenstein and Justice – On the Significance of Ludwig Wittgentein for Social and Political Thought*

© THE REGENTS OF THE UNIVERSITY OF CALIFORNIA, University of California Press, Berkeley, Los Angeles, Califórnia; Londres, Inglaterra, 1972.

© EDITORA PUC-RIO, Rio de Janeiro, Brasil, 2020.

© EDIÇÕES LOYOLA, São Paulo, Brasil, 2019.

Editora PUC-Rio
Rua Marquês de S. Vicente, 225 – Casa da Editora PUC-Rio
Gávea – Rio de Janeiro – RJ – CEP 22451-900
T 55 21 3527-1760/1838
edpucrio@puc-rio.br
www.editora.puc-rio.br

Edições Loyola Jesuítas
Rua 1822, 341 – Ipiranga
04216-000 São Paulo, SP
T 55 11 3385 8500/8501 • 2063 4275
editorial@loyola.com.br
vendas@loyola.com.br
www.loyola.com.br

Tradução e notas: Alessandra Maia T. Faria e Paulo Henriques Britto
Índice: Alessandra Maia T. Faria
Preparação de originais: Beatriz Vilardo
Revisão de provas: Cristina da Costa Pereira
Projeto gráfico de miolo e capa: Flávia da Matta Design
Editoração de miolo: SBNigri Artes e Textos Ltda.

Todos os direitos reservados. Nenhuma parte desta obra pode ser reproduzida, transmitida ou arquivada por qualquer forma e/ou em quaisquer meios sem permissão escrita das Editoras.

ISBN (PUC-Rio): 978-85-8006-298-4
ISBN (Loyola): 978-65-5504-301-3

Dados Internacionais de Catalogação na Publicação (CIP)

Pitkin, Hanna Fenichel
    Wittgenstein e a justiça : a relevância de Ludwig Wittgenstein para o pensamento social e político / Hanna Fenichel Pitkin ; tradução e notas de Alessandra Maia T. Faria e Paulo Henriques Britto. – Rio de Janeiro : Ed. PUC-Rio ; São Paulo: Loyola, 2023.
    504 p. ; 24 cm.

    Inclui bibliografia e índice

    1. Wittgenstein, Ludwig, 1889-1951. 2. Linguagem e línguas - Filosofia. 3. Justiça. 4. Ciências sociais. I. Título.

CDD: 192

Elaborado por Marcelo Cristovão da Cunha – CRB-7/6080
Divisão de Bibliotecas e Documentação – PUC-Rio

SUMÁRIO

	Apresentação	7
	Alessandra Maia T. Faria	
	Literatura complementar sobre Hanna Pitkin no Brasil	13
	Prefácio à edição brasileira	19
	Marcelo Jasmin	
	Prefácio à segunda edição	23
	Prefácio	39
I.	Introdução	49
II.	As duas visões da linguagem de Wittgenstein	77
III.	A aquisição da linguagem e o significado	111
IV.	Contexto, sentido e conceitos	137
V.	O problema das palavras e o mundo	173
VI.	Gramática e formas de vida	195
VII.	Regiões da linguagem, discurso moral e ação	225
VIII.	Justiça: Sócrates e Trasímaco	261
IX.	Associação, o social e o político	291
X.	Juízo	323
XI.	Ação e o problema das ciências sociais	351
XII.	Explicação, liberdade e os conceitos das ciências sociais	379
XIII.	Filosofia e o estudo da teoria política	407
XIV.	Teoria política e o dilema moderno	443
	Bibliografia	473
	Índice	487

APRESENTAÇÃO
Alessandra Maia T. Faria

A obra de Hanna Fenichel Pitkin é conhecida, premiada e extensa, porém inédita em língua portuguesa até o momento. A tradução de *Wittgenstein e a justiça* que ora apresentamos visa a contribuir na construção de um caminho, no intuito de superar a presente lacuna. Esperamos que num futuro próximo todos os livros de Pitkin sejam publicados em nosso idioma.

O tema da representação política é um assunto que está presente desde o momento inicial da trajetória acadêmica e intelectual da autora, mas também é possível afirmar que é uma marca que a acompanha em toda a sua obra. Ou seja, em estilo pitkiniano e wittgensteiniano, quais os usos e visões de mundo que a leitura do presente livro enseja? É possível dizer que, para além do que traz o título, quem o lê pode encontrar os caminhos que Pitkin percorreu ao pesquisar a representação política, e a aplicação dos ensinamentos da filosofia da linguagem ordinária nesse sentido.

Será a partir da dimensão da perplexidade conceitual, dos paradoxos e das incoerências que os estudos sobre a temática do que a representação política suscita, que a autora ampliará o escopo das suas análises. Na verdade, ela usa seu modo de pesquisa para ampliar as sugestões analíticas para paradoxos conceituais variados, e estudos sobre conceitos, seu uso e aplicação, nas ciências sociais em geral, antropologia, teoria política e filosofia política. Como ela observa, ao comentar Hobbes, "sua concepção de representação é parte de um modo sistemático de ver o mundo" e, portanto, revela muito sobre o autor, e sobre a sociedade em que ele vivia e a linguagem que a comunicava, para além da sua capacidade de elaborar definições. Ou seja, estudar a representação política, e quaisquer outros conceitos, também traz consigo o estudo das diferentes formas de vida daqueles que as elaboram.

Professora emérita de ciência política na Universidade de Berkeley, Hanna Pitkin obteve seu PhD em filosofia na mesma universidade, em 1961. Membro da Academia Americana de Artes e Ciências, recebeu, dentre outros, o prêmio Johan

Skytte, em 2003, por seu pioneiro trabalho teórico, predominantemente sobre o problema da representação. Ela foi a nona pessoa a receber tal prêmio, que na sua primeira edição foi dado a Robert Dahl. Foi a segunda mulher a conquistá-lo, depois de Elinor Ostrom, em 1999. Em 27 anos de premiação, apenas cinco pesquisadoras alcançaram tal reconhecimento depois de Pitkin e Ostrom (Theda Skocpol, Pippa Norris, Carole Pateman, Jane Mansbridge e Margaret Levi). Mesmo depois de sua consagração como autora, um dos traços fundamentais de Pitkin sempre foi a presença em sala de aula e o relacionamento com alunos e alunas, o qual menciona recorrentemente em seus livros e entrevistas[1], inclusive neste. Em 1982, ela recebeu o Distinguished Teaching Award da University of California, Berkeley, já depois de seu famoso seminário de 1969 sobre Wittgenstein, que deu origem ao presente livro, lançado em 1973, e pelo qual ela agradece o debate com os alunos. A última edição, com novo prefácio – que serviu de base para esta tradução –, ocorreu em 1993, vinte anos depois. As trajetórias são assunto relevante no pensamento da filósofa, e ela dedica boa parte do segundo capítulo para discutir inclusive a trajetória acadêmica de Wittgenstein e como ele era em sala de aula.

Ou seja, ao tratar do trabalho de Hanna Pitkin, propõe-se uma perspectiva epistemológica que dialogue com suas reflexões em pelo menos dois eixos: o analítico, do ponto de vista do debate conceitual sobre o tema da representação política, e o da história intelectual, ao refletir sobre a obra de uma autora que se apresenta como professora e filósofa, e investiga regiões intersticiais do conhecimento entre as ciências sociais, a teoria política, a antropologia, a tradução, a história do pensamento, a filosofia da linguagem, a tradução radical e a poesia. O estudo das proposições de Wittgenstein, seu aspecto cotidiano, o contexto, o movimento e repetição em uso são apontados pela literatura recente como intrínsecos a sua poética. O constante estranhamento perante a linguagem comum, o ordinário, e a suspeição frente à teoria que tenta se impor sob a prática, como o excelente trabalho que Marjorie Perloff[2] desenvolve posteriormente, são enfrentados pioneiramente por Pitkin. Neste livro, ela propõe análises concretas a partir de seus estudos, em um ambiente intelectual até meados de 1970 majoritariamente masculino. Ela mesma

---

1 Ver PITKIN, Hanna; ROSENBLUM, Nancy L., A Conversation with Hanna Pitkin (May 2015), *Annual Review of Political Science*, v. 18 (2015) 1-10. Trad. bras.: Uma conversa com Hanna Pitkin, de Alessandra Maia T. Faria, Rio de Janeiro, *Boletim CEDES*, ago.- dez. (2015) 56-68.
2 PERLOFF, Marjorie, *Wittgenstein's Ladder. Poetic Language and the Strangeness of the Ordinary*, Chicago; London, The University of Chicago Press, 1996, 11.

observa isso no prefácio mais recente deste livro, na autocrítica sobre o uso do termo "homem" de modo genérico nas análises que outrora realizou.

Uma análise minuciosa da produção intelectual de Pitkin mostra que podemos falar não de uma, mas de duas fases, ou duas ênfases, ou a primeira e a segunda Pitkin, como ela mesma elabora a respeito de Wittgenstein (ver Capítulo II deste livro). Ambas estão diretamente ligadas à análise da representação. Se no caso de Wittgenstein a grande virada vai na direção da linguagem e do contexto, a crítica dos paradigmas e a necessidade de observar as incoerências, perspectivas e possibilidades dos enigmas visuais e jogos da linguagem[3], algo que ao ser ignorado pelos filósofos ele dizia produzir uma doença filosófica de seu tempo, é possível destacar também alguns traços semelhantes na reflexão da autora.

É possível traçar um paralelo entre a forma como Wittgenstein criticava a filosofia e a forma como Pitkin realiza uma autocrítica sobre seu estudo da representação, e como a ciência política a estuda e concilia com os princípios de justiça, associação, ação política e democracia[4]. É fundamental mostrar como ela chega a essa proposta; essa é uma intenção perene da autora no livro em uma trajetória que passa pela linguagem, pelo falado, pela ação e pelo contexto. Trata-se de uma atitude filosófica sobre o cotidiano, "a linguagem como uma cidade", em que o *self* da pessoa que pesquisa e sua interação com os demais e com as regiões de linguagem são a fonte inesgotável de sentidos. Sob inspirações wittgensteinianas, é fundamental identificar e explicitar as perplexidades conceituais, o que ela faz em muitos capítulos do presente livro[5]. A forma como se apresenta e lida epistemologicamente com o conhecimento produzido é crucial. Há uma sofisticação da análise que envolve clássicos das ciências sociais como Sócrates, Platão, Aristóteles, Maquiavel, Kant, Hegel, Hume, Marx, Engels, Weber, Durkheim, Mannheim, Evans-Pritchard, Rousseau, e, ao mesmo tempo, os relaciona com a filosofia da linguagem, seja com a discussão sobre as teorias da justiça e do cânone da ciência política, seja com discussões de Paulo Freire e os oprimidos, a magia dos Azande, os hopi, Camus, Oakeshott, Freud e a psicanálise, a análise de poemas, da subjetividade, do *self*, da aquisição da linguagem e os idiomas, relações de parentesco e o vasto mundo da fala segundo Austin, Ziff, Cavell, Arendt, Rawls e muitos outros.

Mas a *malaise* na representação, os paradoxos teóricos, as incoerências e as tensões constitutivas do político também são o que move Pitkin nos desdobramentos

---
3 Ver Capítulos III ao VI.

4 Ver Capítulos VII ao XIV.

5 Ver Capítulos I ao VI.

de suas investigações. Se padrões representativos não poderiam prescindir do voto e do sufrágio como instâncias cruciais para garantir normativamente a sua legitimidade, as ênfases apresentadas para a representação formal, descritiva, substantiva e simbólica que estão presentes em *The Concept of Representation* (1972) – ponto de partida para qualquer estudante de ciências sociais que deseja aprofundar os estudos sobre representação política, e marco inicial da carreira de Pitkin como autora – ultrapassam os limites da obra. Elas tomam formas variadas para além da filosofia e da teoria política, visto que abrem espaço para análises que discutem a política (e o político), a sociedade (e o social) e a democracia, as instrumentalizam para a discussão de questões como equidade e justiça, gênero, participação, políticas públicas, formas de governo, legitimidade e representatividade; tais que o próprio falseamento e crítica da representação se ampliam no processo[6]. Pitkin apresenta em seu texto uma dupla ênfase, na preocupação do entendimento e da compreensão do como filosofar, sem deixar de lado o rigor da análise frente às incoerências cotidianas, à imaginação sociológica e à pessoa que as investiga.

Nesse sentido, a segunda Pitkin trabalhará os nós górdios da representação, a necessidade de sua crítica, a legitimidade, a ideia de justiça, o falseamento, e os modos de pesquisa, a contribuição intelectual possível e como ela se relaciona com a ação política, a inação que a democracia de massas contemporânea vivencia como *malaise* política: a distância entre representantes e representados, a simulação ou estelionatos eleitorais, a mentira contada como verdade. Para lidar com tais questões, Pitkin retoma a discussão da democracia clássica e dos modernos, ou seja, do social e do político, dos gregos, da proposta representativa e seu interpelar pela linguagem, o chamado contexto da filosofia da linguagem ordinária, e suas regiões de linguagem.

---

[6] Muito citada na literatura sobre representação política no Brasil, são cerca de mil menções a "Hanna Pitkin" em estudos sobre o tema de uma busca no Google acadêmico com pesquisa em português. O seguinte texto da autora, publicado na revista *Lua Nova*, tem pelo menos 333 citações em referência. PITKIN, Hanna, Representation, in: BALL, Terence; FARR, James; HANSON, Russell (orgs.), *Political Innovation and Conceptual Change*, Cambridge, Cambridge University Press, 1989. Trad. bras.: Representação. Palavras, instituições e ideias, de Wagner Pralon Mancuso e Pablo Ortellado, *Lua Nova Revista de Cultura e Política*, São Paulo, v. 67 (2006) 15-47. A mais antiga tradução de que se tem notícia publicada no Brasil é PITKIN, Hanna, *Representation*, New York, Atherton Press, 1969, 1-21. Trad. bras.: O conceito de representação, in: CARDOSO, Fernando Henrique; MARTINS, Carlos Estevam (orgs.), *Política & Sociedade*, São Paulo, Companhia Editora Nacional, 1979, v. 2, 8-22. Consultar o compilado das publicações em "Literatura complementar sobre Hanna Pitkin no Brasil", neste volume.

No momento pós-virada linguística, pós-Wittgenstein, a recomendação é mais participação[7]. Ou seja: representação canônica, por um lado, e representação com mais modos de participação, por outro, marcam dois momentos intelectuais distintos da autora. Marcam também um movimento intelectual particular de amadurecimento das reflexões e retorno ao tema do seu primeiro livro nos seus outros textos, o diálogo com o pensamento de Maquiavel e Hannah Arendt, e a ampliação da discussão sobre a questão de gênero em suas obras. Ainda que a autora não se furte de comentar como ficava claro na sua própria escrita a generalização do homem como ator (não apenas dela, mas de todo o cânone de seu tempo), a perspectiva e a conceituação do performar e da performance, do processo representativo, da imagem, da fala, dos *insights* e do cotidiano são contribuições seminais para os estudos posteriores que ela desenvolve sobre a mulher e a filosofia.

Não à toa, cronologicamente, logo em seguida ao presente livro ela publicaria *Fortune Is a Woman: Gender and Politics in the Thought of Niccolò Machiavelli* (de 1984, pela University of Chicago Press), e *The Attack of the Blob: Hannah Arendt's Concept of the Social* (de 1998, pela mesma editora)[8]. Se observado o conjunto da obra, no décimo terceiro capítulo "Filosofia e o Estudo da Teoria Política" do presente livro, há um tópico inteiro sobre os conceitos em Maquiavel, o realismo, a perspectiva sobre o Estado e a moralidade. Hannah Arendt também está presente nas discussões sobre concepção de mundo, o dilema moderno, a associação, a ação política e a verdade.

Ação política, alienação, formas de vida, análise perspícua, fatos e valores, ética, moralidade e estética, a liberdade e o seu exercício na e pela linguagem, sua semântica e a relação objetividade/subjetividade estão dentre os muitos assuntos que Pitkin elabora nesse extenso estudo. Esperamos que a pesquisa da representação política – um desses temas que, como é comum se dizer, podem ocupar uma vida inteira de pesquisa – também venha a interessar aos que se dedicam à análise das palavras, ações, performances e seus significados.

Professora dedicada, talentosa e admirada pelas pessoas que passaram por suas aulas, diz-se que o brilhantismo e a perspicácia de Hanna Pitkin combinavam com

---

7 A ênfase participativa é reforçada por Pitkin na última publicação disponível, uma coletânea de vários artigos da autora que foi organizada por Dean Mathiowetz, e publicada em 2016: Pitkin, Hanna; Mathiowetz, Dean (ed.), *Hanna Fenichel Pitkin. Politics, Justice, Action*, New York, Routledge, 2016.

8 Pitkin, Hanna. *Fortune Is a Woman. Gender and Politics in the Thought of Niccolò Machiavelli*, Chicago, University of Chicago Press, 1984; *The Attack of the Blob. Hannah Arendt's Concept of the Social*, Chicago, University of Chicago Press, 1988. O Capítulo V – "... Because of Women" – do livro sobre Maquiavel está publicado em português. Ver Pitkin, Hanna, ... Because of Women, in: *Fortune Is a Woman. Gender and Politics in the Thought of Niccolò Machiavelli*, Chicago, University of Chicago Press, 1984, 109-137. Trad. bras.: Gênero e política no pensamento de Maquiavel, de Roberto Cataldo Costa e revisão de Flávia Biroli, *Revista Brasileira de Ciência Política*, Brasília, n.12, set.- dez. (2013) 219-252.

a disposição de intercalar longos silêncios em seminários e comentários críticos inabaláveis e copiosos sobre textos. Ao mesmo tempo, em 2023, ano de seu falecimento, a University of California, Berkeley, criou uma página que hoje recebe depoimentos e celebra sua memória. Inúmeros relatos atestam sua acolhida afetuosa e humor notável na relação docente, combinando responsabilidade, rigor e comedimento em suas críticas. Agradecemos imensamente o apoio recebido e a generosidade de toda a equipe editorial das Editoras PUC-Rio e Loyola, bem como dos Programas de Pós-Graduação em Ciências Sociais e Estudos da Linguagem da PUC-Rio, e dos respectivos departamentos de Ciências Sociais e de Letras, que possibilitaram e incentivaram o projeto de pós-doutoramento interdisciplinar iniciado em 2019, que sobreviveu a uma pandemia e que hoje nos permite publicar esta homenagem póstuma não planejada a uma referência mundial da teoria política, docência acolhedora e valores democráticos. Que a eternidade lhe seja breve.

REFERÊNCIAS

PERLOFF, Marjorie. *Wittgenstein's Ladder. Poetic Language and the Strangeness of the Ordinary*. Chicago; London: The University of Chicago Press, 1996.

PITKIN, Hanna Fenichel. *The Concept of Representation*. Berkeley; Los Angeles; London: University of California Press, 1972.

_____. *Wittgenstein and Justice. On the Significance of Ludwig Wittgenstein for Social and Political Thought*. Berkeley; Los Angeles; London: University of California Press, [1973] 1993.

_____. *Fortune Is a Woman. Gender and Politics in the Thought of Niccolò Machiavelli*. Chicago: University of Chicago Press, 1984.

_____. *The Attack of the Blob. Hannah Arendt's Concept of the Social*. Chicago: University of Chicago Press, 1988.

_____(org.). *Representation*. New York: Atherton Press, 1969, 1-21. Trad. bras.: O conceito de representação. In: CARDOSO, Fernando Henrique; MARTINS, Carlos Estevam (orgs.). *Política & Sociedade*. São Paulo: Companhia Editora Nacional, 1979, v. 2, 8-22.

_____. Representation. In: BALL, Terence; FARR, James; HANSON, Russell (orgs.). *Political Innovation and Conceptual Change*. Cambridge: Cambridge University Press, 1989. Trad. bras.: Representação. Palavras, instituições e ideias, de Wagner Pralon Mancuso e Pablo Ortellado. *Lua Nova, Revista de Cultura e Política*, São Paulo, n. 67, 2006, 15-47.

_____. ... Because of Women. In: *Fortune Is a Woman. Gender and Politics in the Thought of Niccolò Machiavelli*. Chicago: University of Chicago Press, 1984, 109-137. Trad. bras.: Gênero e política no pensamento de Maquiavel, de Roberto Cataldo Costa e revisão de Flávia Biroli. *Revista Brasileira de Ciência Política*, n. 12, Brasília, set.-dez. (2013) 219-252.

_____; ROSENBLUM, Nancy L. A Conversation with Hanna Pitkin. *Annual Review of Political Science*, v. 18 (May 2015) 1-10. Trad. bras.: Uma conversa com Hanna Pitkin, de Alessandra Maia T. Faria. *Boletim CEDES*, ago.-dez. (2015) 56-68.

_____; MATHIOWETZ, Dean (ed.). *Hanna Fenichel Pitkin. Politics, justice, action*. New York: Routledge, 2016.

LITERATURA COMPLEMENTAR SOBRE HANNA PITKIN NO BRASIL

Abaixo é possível encontrar uma lista referencial para obras publicadas no Brasil que dialogam com o pensamento de Hanna Pitkin, e podem interessar a quem se dedica ao seu estudo. Sua leitura permite observar que, a partir da temática da representação política em contexto democrático presente em abordagens teóricas contemporâneas, um conglomerado de temas conexos se apresenta.

Em um primeiro plano, a representação política, a sub-representação de mulheres, de pessoas pretas e pardas e a exclusão social no contexto representativo são temas a destacar, que dialogam com as análises de Pitkin. Em geral, tais temas mobilizam a discussão entre representação descritiva, substantiva e simbólica como enfoque de sua elaboração, e os problemas conceituais que engendram em sua dinâmica. Ensejam também reflexões sobre a representatividade em ambientes parlamentares e extraparlamentares, sobre legitimidade, multiculturalismo, teorias da justiça, legitimidade e possibilidades de ação política e social.

Um segundo eixo, que por vezes se entrecruza e se relaciona com o primeiro, mobiliza a dinâmica dialética entre a teoria e a prática, e diz respeito à normatividade, as relações possíveis entre estado e sociedade, e portanto, o construtivismo, os paradoxos, as crises, e os amálgamas entre a dinâmica da representação e da participação política. Tais enfoques alcançam abordagens diversas, seja de cunho infra-institucional, interinstitucional, ou exterior a qualquer instituição e, portanto, no bojo social, nas eleições, em conselhos, em movimentos sociais, em ambientes parlamentares ou nas cidades. Sua discussão tem por objeto os mandatos, sua revogação, seu alcance e suas possibilidades de superação.

Ou seja, a dinâmica de uma política democrática que tenha em seu horizonte a justiça e uma sociedade de pessoas livres é assunto cujas pesquisas frequentemente estão em diálogo com suas obras. Ainda que alguns dentre esses temas em geral se associem a abordagens estritamente filosóficas, o pensamento de Pitkin permanece singular. As mudanças observadas ao longo do tempo na obra da filósofa nos desafiam e permitem destacar os desafios políticos de seu tempo. Os paradoxos conceituais que destaca continuam atuais, e a própria filósofa se recria e revê seus posicionamentos, é reflexiva e autocrítica sobre suas análises.

Finalmente, o pensamento de Pitkin se constitui nesse entremeio, de pessoas e pesquisas que se deparam com dilemas e desafios na concretização de direitos, em contexto de horizontes de expectativa que prezam por valores democráticos, na, através, e pela política. Abaixo, as pessoas que partilham tais inquietações podem encontrar referências que dialogam com o pensamento de Hanna Pitkin no Brasil.

ABERS, Rebecca; KECK, Margaret. Representando a diversidade. Estado, sociedade e "relações fecundas" nos conselhos gestores. *Caderno CRH*, v. 21 (2008) 99-112.

ABREU, Maria Aparecida. Mulheres e representação política. *Rev. Parlamento e Sociedade*, São Paulo, v. 3, n. 5, jul.-dez. (2015) 27-44.

AIRES, Maria. A dimensão representativa da participação na teoria democrática contemporânea. *Revista Debates*, v. 3, n. 2 (2009) 12-38.

ALKMIM, A. C. O paradoxo do conceito de representação política. *Teoria & Pesquisa, Revista de Ciência Política*, São Carlos, v. 22, n. 1, jan.-jun. (2013) 56-71.

ALMEIDA, DEBORA C. Representação política. A virada construtivista e o paradoxo entre criação e autonomia. *Revista Brasileira de Ciências Sociais*, v. 33 (2018) 1-21.

____. *Representação além das eleições. Pensando as fronteiras entre Estado e sociedade.* Jundiaí: Paço Editorial, 2015.

____. A relação contingente entre representação e legitimidade democrática sob a perspectiva da sociedade civil. *Revista Brasileira de Ciências Sociais*, v. 28, n. 82 (2013) 45-66.

ALVES, Lívia M. S.; ARRAES FILHO, Manoel. A representação política feminina na Assembleia Legislativa Piauiense (1998-2014). *Vozes, Pretérito & Devir, Revista de História da UESPI*, v. 7, n. 1 (2017) 136-157.

ARATO, Andrew. Representação, soberania popular, e *accountability*. *Lua Nova, Revista de Cultura e Política*, São Paulo, n. 55-56 (2002) 85-103.

ARAUJO, Cicero. Representação, soberania e a questão democrática. *Revista Brasileira de Ciência Política*, n. 1 (2009) 47-61.

____. Representação, retrato e drama. *Lua Nova, Revista de Cultura e Política*, São Paulo, n. 67 (2006) 229-260.

ARCHANJO, Daniela Resende. Representação política. Um diálogo entre a prática e a teoria. *Revista de Sociologia e Política*, v. 19 (2011) 65-83.

AVELAR, Lucia. Onde as mulheres se representam? Avenidas da representação extraparlamentar das mulheres brasileiras. *Gênero*, Niterói, v. 14, n. 2, 1. sem (2014) 29-50.

AVILA, Caio. *Recall - a revogação do mandato político pelos eleitores. Uma proposta para o sistema jurídico brasileiro.* Tese de Doutorado em Direito. São Paulo: Universidade de São Paulo, 2009.

ÁVILA, João Marcelo. Crise da democracia representativa e crise da representação. *Revista Caboré*, v. 1, n. 2 (2020) 33-42.

AVRITZER, Leonardo. Sociedade civil, instituições participativas e representação. Da autorização à legitimidade da ação. *Dados*, v. 50 (2007) 443-464.

BENEDITO, Sérgio. Sobre o caráter da representação política em contextos de neoliberalismo e austeridade. Uma análise a partir da sociologia fiscal. *Leviathan*, São Paulo, n. 17 (2019) 1-43.

BIJOS, Danilo. Representação política e *accountability* na teia das relações federativas. *Revista Aurora*, v. 5, n. 2 (2012) 81-100.

BIROLI, Flávia. Teorias feministas da política, empiria e normatividade. *Lua Nova, Revista de Cultura e Política*, São Paulo, 2017, 173-210.

BOGÉA, Daniel. Mulheres togadas. Diversidade de gênero e perspectivas sociais em cortes constitucionais. *Revista de Informação Legislativa*, v. 58, n. 229 (2021) 103-126.

CAMPOS, Luiz Augusto. Socialismo moreno, conservadorismo pálido? Cor e recrutamento partidário em São Paulo e Rio de Janeiro nas eleições de 2012. *Dados*, v. 58 (2015) 689-719.

CARDOSO, Gabriela Ribeiro. *O legado da Primeira Conferência Nacional de Segurança Pública e as concepções de representação política no CONASP.* nº 2057. Texto para Discussão. Brasília; Rio de Janeiro: Instituto de Pesquisa Econômica Aplicada, 2015.

CARVALHO, Bruno; COSER, Ivo. Multiculturalismo e direitos especiais de representação. O problema dos essencialismos identitários. *Caderno CRH*, v. 29 (2016) 363-379.

COSTA, Saulo; ARAÚJO, Cletiane; FITTIPALDI, Italo. Como as instituições afetam a representação política. Revisitando alguns conceitos. *Revista de Estudos Internacionais*, v. 8, n. 1 (2016) 28-46.

D'AVILA FILHO, Paulo; LIMA, Paulo; JORGE, Vladimyr. Produção legislativa na Câmara Municipal de Rio de Janeiro. Indicações, representação política e intermediação de interesses. *Desigualdade & Diversidade* – Dossiê Especial, seg. sem. (2011) 185-206.

DE FARIA, Cristiano. *O parlamento aberto na era da internet. Pode o povo colaborar com o Legislativo na elaboração das leis?* Brasília: Edições Câmara, 2012.

DIAS, Pedro. Considerações sobre representação política na filosofia de Eric Weil. *Cultura, Revista de História e Teoria das Ideias*, v. 33 (2014) 253-269.

DOLHNIKOFF, Miriam. Representação na monarquia brasileira. *Almanack Braziliense*, n. 9 (2009) 41-53.

____. Império e governo representativo. Uma releitura. *Caderno CRH*, v. 21, n. 52 (2008) 13-23.

DUARTE, Mariana. A representação parlamentar feminina, 1990-2014. *Análise Social*, v. 53, n. 229 (2018) 1060-1082.

FACIO, Jessica; GOMES, Angela. Partidos políticos, representação e estrutura organizacional partidária. Um debate conceitual. *Diálogo*, n. 41 (2019) 69-80.

FARIA, A. M. T. *Autoridade, autorização e agência no pensamento de Hanna Pitkin.* 45º Encontro Anual Anpocs, GT49 - Teoria e Pensamento Político, Democracia e Autoritarismo, 2021, 1-13.

____. *Teorias da representação política.* Curitiba: Appris, 2020.

____. *Participação e representação. Políticas públicas de saúde no Rio de Janeiro.* Tese de Doutorado em Ciências Sociais. Rio de Janeiro: Pontifícia Universidade Católica do Rio de Janeiro, 2014.

FEDOZZI, Luciano; MARTINS, André. Trajetória do orçamento participativo de Porto Alegre. Representação e elitização política. *Lua Nova, Revista de Cultura e Política*, São Paulo, 2015, 181-224.

FERREIRA, Maria. Sub-representação política de mulheres. Reflexões a respeito das eleições à vereança no Recôncavo da Bahia. *Revista de Informação Legislativa*, v. 58, n. 229 (2021) 79-101.

FERREIRA, Nelson. A mídia na construção da representação política. *Revista Extraprensa*, v. 10, n. 2 (2017) 24-44.

FRASER, Nancy. Reenquadrando a justiça em um mundo globalizado. *Lua Nova, Revista de Cultura e Política*, São Paulo, 2009, 11-39.

INGRAM, James. Quem é 'O Povo'? Sobre o sujeito impossível da democracia. *Revista Direito, Estado e Sociedade*, n. 39, jul.-dez. (2011) 98-118.

ITUASSU, Arthur. e-Representação como comunicação política. Internet e democracia representativa. *Revista Famecos*, v. 22, n. 2 (2015) 115-133.

JÚNIOR, Orlando; ALVES, Pamela. Representação substantiva de gênero e raça no Brasil. Análise de casos. *Novos Rumos Sociológicos*, v. 7, n. 12 (2019) 323-363.

KERSTENETZKY, Celia. Estará o futuro da social-democracia nas mãos das mulheres? *Revista Direito das Relações Sociais e Trabalhistas*, v. 3, n. 1 (2017) 102-124.

LAVALLE, Adrián; VERA, Ernesto. A trama da crítica democrática. Da participação à representação e à *accountability*. *Lua Nova, Revista de Cultura e Política*, São Paulo, n. 84 (2011) 95-139.

____; CASTELLO, Graziela. Sociedade, representação e a dupla face da *accountability*. Cidade do México e São Paulo. *Caderno CRH*, v. 21 (2008) 67-86.

____; HOUTZAGER, P.; CASTELLO, G. Democracia, pluralização da representação e sociedade civil. *Lua Nova, Revista de Cultura e Política*, São Paulo, n. 67 (2006) 49-104.

LIMA, Paula. Dilemas e implicações sobre a representação política em espaços participativos. *Política & Sociedade*, v. 12, n. 24 (2013) 177-199.

LISOWSKI, Telma. *Perda de mandato parlamentar. Sugestões de reforma do sistema brasileiro para aprimoramento da representação política*. Tese de Doutorado em Direito. São Paulo: Universidade de São Paulo, 2017.

LOUREIRO, Maria Rita. Interpretações contemporâneas da representação. *Revista Brasileira de Ciência Política*, v. 1 (2009) 63-93.

LOUSAO, Antoine. Da representação na política à representação política. Um conceito frente à dupla exigência de legitimidade e pluralidade. *Cadernos de Ética e Filosofia Política*, v. 1, n. 18 (2011) 47-71.

LÜCHMANN, Lígia. A representação no interior das experiências de participação. *Lua Nova, Revista de Cultura e Política*, São Paulo, n. 70 (2007)139-170.

MACHADO, Igor. Democracia, tempo público e poder judiciário. Reflexões sobre a atual judicialização da política nos governos democráticos. *Perspectivas, Revista de Ciências Sociais*, v. 44 (2013) 9-40.

MADRUGA MONTEIRO, Lorena et al. Teorias da democracia e a práxis política e social brasileira. Limites e possibilidades. *Sociologias*, Porto Alegre, Universidade Federal do Rio Grande do Sul, v. 17, n. 38, enero-abril (2015) 156-191.

MAGALHÃES, Pedro. O problema da representação e a construção do povo. *Revista de História das Ideias*, v. 33 (2012) 527-556.

MAIA, Felipe; FARIA, A. M. T. Crise e populismo. Conceitos e implicações. *D & D*, Rio de Janeiro, n. 21 (2021) 24-40.

MANIN, Bernard. O princípio da distinção. *Revista Brasileira de Ciência Política*, n. 4 (2010) 187-226.

MENDES, Conrado Hübner. *Direitos fundamentais, separação de poderes e deliberação*. Tese de Doutorado em Ciência Política. São Paulo: Universidade de São Paulo, 2008.

MENDES, Denise. Representação política e participação. Reflexões sobre o déficit democrático. *Revista Katálysis*, v. 10 (2007) 143-153.

MEZZAROBA, Orides; BOSCHI MOREIRA, Aline. Instituto da representação política e seu significado na democracia indireta. *Anales de la Facultad de Ciencias Jurídicas y Sociales*, ano 10, n. 43 (2013) 222- 234.

MIGUEL, Luis Felipe; BIROLI, Flávia. Mídia e representação política feminina. Hipóteses de pesquisa. *Opinião Pública*, v. 15, n. 1 (2009) 55-81.

_____. Impasses da *accountability*. Dilemas e alternativas da representação política. *Revista de Sociologia e Política*, 2005, 25-38.

_____. Representação política em 3-D. Elementos para uma teoria ampliada da representação política. *Revista Brasileira de Ciências Sociais*, v. 18, n. 51 (2003) 123-140.

_____. Teoria política feminista e liberalismo. O caso das cotas de representação. *Revista Brasileira de Ciências Sociais*, v. 15 (2000) 91-102.

MONTEIRO, Lorena; MOURA, Joana; LACERDA, Alan. Teorias da democracia e a práxis política e social brasileira. Limites e possibilidades. *Sociologias*, v. 17 (2015) 156-191.

MOURA, Joana. As relações entre arranjo institucional e representação política nos conselhos. *Ciências Sociais Unisinos*, v. 47, n. 2 (2011) 101-107.

MUDESTO, Rodrigo. *Conciliação política e democracia representativa no Brasil. Reminiscências de uma história conceitual reacionária*. Dissertação de Mestrado em Ciências Sociais. Juiz de Fora: Universidade Federal de Juiz de Fora, 2015.

ORSATO, Andréia. *"Como mulher e deputada". A presença feminina na Assembleia Legislativa do Rio Grande do Sul*. Tese de Doutorado em Ciência Política. Porto Alegre: Universidade Federal do Rio Grande do Sul, 2013.

PEIXOTO, Vitor; GOULART, Nelson; SILVA, Gabriel. Os partidos políticos e as mulheres. A sub-representação eleitoral feminina nas eleições proporcionais municipais de 2012. *Almanaque de Ciência Política*, v. 1, n. 1 (2017) 15-29.

PEREIRA, Cleyton. Barreiras à ambição e à representação política de LGBT no Brasil. *Revista Ártemis-Estudos de Gênero, Feminismos e Sexualidades*, v. 24, n. 1 (2017) 120-131.

PEREIRA, Jane Reis. Representação democrática do judiciário. Reflexões preliminares sobre os riscos e dilemas de uma ideia em ascensão. *Revista Juris Poiesis*, v. 17 (2014) 343-359,.

PEREIRA, Marcus. *O que a internet tem a ver com as promessas não cumpridas da democracia*. Anais do 38º Encontro da Associação Brasileira de Ciência Política. Rio de Janeiro: ABCP, 2012, 1-20.

RABENHORST, E. R; CAMARGO, R. P. A. (Re)presentar. Contribuições das teorias feministas à noção da representação. *Revista Estudos Feministas*, v. 21 (2013) 981-1000.

RANGEL, Patrícia. *Movimentos feministas e direitos políticos das mulheres. Argentina e Brasil*. Tese de Doutorado em Ciência Política. Brasília: Universidade de Brasília, 2012.

REIS, FW. *Política e racionalidade. Problemas de teoria e método de uma sociologia crítica da política* [online]. Rio de Janeiro: Centro Edelstein de Pesquisas Sociais, 2010. Disponível em: SciELO Books http://books.scielo.org. Acesso em: 22 fev. 2022.

REZENDE, Daniela. Desafios à representação política de mulheres na Câmara dos Deputados. *Revista Estudos Feministas*, v. 25 (2017) 1199-1218.

RIBEIRO, Alexsandro. Mandato coletivo e representação política. Perfil das candidaturas nas capitais nas eleições municipais de 2020. *Revista de Ciência Política, Direito e Políticas Públicas – Politi (K) Con*, v. 2, n. 1 (2021) 12-26.

_____. Um eleito, vários cidadãos. Elementos de representatividade nas candidaturas de mandato coletivo das capitais brasileiras. *Humanidades em Perspectivas*, v. 3, n. 7 (2021) 67-81.

RIBEIRO, Letícia; RIBEIRO, Beatriz. Democracia Representativa. Considerações acerca da representação política. *Revista de Teorias da Democracia e Direitos Políticos*, v. 6, n. 2 (2020) 36-54.

RIBEIRO, Marcia. Da capilaridade do sistema representativo. Em busca da legitimidade nas democracias contemporâneas. *Civitas-Revista de Ciências Sociais*, v. 4, n. 2 (2004) 235-256.

RODRIGUES, Priscila; GUGLIANO, Alfredo. Processos de participação e representação no movimento estudantil brasileiro (2002-2012). *JURIS-Revista da Faculdade de Direito*, v. 27, n. 2 (2017) 87-118.

ROMERO, Karolyne; KERSTENETZKY, Celia. Entre o altruísmo e o familismo. A agenda parlamentar feminina e as políticas família-trabalho (Brasil, 2003-2013). *Revista Brasileira de Ciência Política*, (2015) 119-146.

ROSO, Ana. Da representação política à responsabilidade política. *Revista Iurisprudentia*, ano 4, n. 8 (2015) 169-181.

SACCHET, Teresa. Representação política, representação de grupos e política de cotas. Perspectivas e contendas feministas. *Revista Estudos Feministas*, v. 20, n. 2 (2012) 399-431.

SALGADO, Eneida. A representação política e sua mitologia. *Paraná Eleitoral, Revista Brasileira de Direito Eleitoral e Ciência Política*, v. 1, n. 1 (2012) 25-40.

SANCHEZ, Beatriz. *Feminismo estatal. Uma análise do processo de tramitação e aprovação da lei de cotas para candidaturas femininas*. 45º Encontro Anual da ANPOCS, GT 25 – Movimentos sociais: protesto e participação, 2021, 1-30.

SANTOS, André. O que é representação política? Uma breve introdução ao tema. *Cadernos Cajuína*, v. 4, n. 3 (2019) 42-51.

SANTOS, Dominique. Acerca do conceito de representação. *Revista de Teoria da História*, Universidade Federal de Goiás, ano 3, n. 6, dez. (2011) 27-53.

SANTOS, Thais; BARROS, Antonio. Representação política das pessoas com deficiência na Câmara dos Deputados. A percepção dos representados. *Revista Brasileira de Ciência Política*, (2018) 223-271.

SILVA, Delmo; UBALDO, Beatriz. Hobbes, Pitkin e a representação política. *Problemata-Revista Internacional de Filosofia*, v. 9, n. 4 (2018) 125-141.

SILVA, Eduardo. *As ressignificações da representação e da legitimidade política. Um estudo sobre representantes no CEDCA-MG*. Tese de Doutorado em Ciência Política. Belo Horizonte: Universidade Federal de Minas Gerais, 2013.

SIMÃO, Tamíris. Os limites da democracia representativa. Atomização, passividade e afastamento da política. *Griot, Revista de Filosofia*, v. 21, n. 3 (2021) 236-247.

SOUTO, Luana; SAMPAIO, José. Mulher e voz. Os desafios à efetividade dos direitos políticos femininos. *Sequência, Estudos jurídicos e políticos*. Florianópolis: Universidade Federal de Santa Catarina, v. 42, n. 88 (2021) 1-28.

URBINATI, Nadia. Representação como *advocacy*. Um estudo sobre deliberação democrática. *Política & Sociedade*, v. 9, n. 16 (2010) 51-88.

____. O que torna a representação democrática? *Lua Nova, Revista de Cultura e Política*, São Paulo, (2006) 191-228.

VENTURINI, Anna; VILLELA, Renata. A inclusão de mulheres no parlamento como medida de justiça social. Análise comparativa dos sistemas de cotas do Brasil e da Bolívia. *Revista Eletrônica de Ciência Política*, v. 7, n. 1 (2016) 69-83.

YOUNG, Iris Marion. Representação política, identidade e minorias. *Lua Nova, Revista de Cultura e Política*, São Paulo, (2006) 139-190.

PREFÁCIO À EDIÇÃO BRASILEIRA
Marcelo Jasmin
PUC-Rio

A filosofia do século XX, em particular a filosofia da linguagem ordinária, colocou em xeque a concepção tradicional da linguagem como conjunto de palavras que nomeiam ou representam coisas no mundo exterior à fala. Wittgenstein é pioneiro na elaboração contemporânea da linguagem como atividade, como ação e criação de possibilidades, horizontes, dimensões da vida que não poderiam ser reconhecidas senão pela intervenção ativa da fala e da escrita. Não à toa, vários termos e modos de dizer que encontramos em algumas línguas, estão ausentes em outras, não porque os objetos materiais inexistam em todas elas, mas porque os usos linguísticos que se fazem necessários para a fluência das relações entre os falantes de umas e outras línguas são distintos. Palavras que parecem poder ser traduzidas imediatamente de uma língua para outra com frequência nos enganam, pois embora seus radicais semânticos possam ser os mesmos, o desenvolvimento de seus usos ao longo do tempo modificou seus significados iniciais para servir às inovações, práticas e costumes de cada comunidade. Neste sentido, buscar definições claras e discretas das palavras nos dicionários pode nos ajudar a um início de pesquisa dos significados associados a um determinado signo ou palavra, mas a compreensão da abrangência de seus significados, a delimitação de seus campos semânticos de incidência e atuação, exige um esforço bem maior de averiguar os múltiplos usos que produzem significados plurívocos. Mais, como afirmava o filósofo inglês John Austin, dizer é fazer, e muitas coisas no mundo só existem porque a linguagem as faz existir. Pense-se na aposta entre dois cavalheiros, no batismo e no matrimônio que exigem fórmulas verbais sem a qual não se consumam. A linguagem não só representa, ela cria, é performática.

O alentado livro de Hanna Fenichel Pitkin, teórica política norte-americana e professora emérita de ciência política da Universidade de Berkeley, que a partir de agora os leitores brasileiros poderão apreciar na excelente tradução de Alessandra

Maia Faria e Paulo Henriques Britto, traz, em sua primeira parte, um passo a passo da elaboração wittgensteiniana da linguagem, especialmente das *Investigações Filosóficas* do autor, que permite mesmo ao leitor não iniciado seguir tanto a construção da teoria, como as consequências de cada uma de suas proposições. E consequências para a vida ordinária, cotidiana, não só para a filosofia. E num esforço louvável de apreender os muitos efeitos que a nova concepção produz na compreensão da vida de cada um de nós, Hanna Pitkin desenvolve, na segunda parte da obra, os muitos conceitos da teoria política, tendo por foco o conceito polissêmico, essencialmente contestável, de justiça. O que foi considerado justo no(s) passado(s) e o que é o justo nas experiências tão plurais de hoje?

O século XXI, com sua plêiade de negacionismos e certa nostalgia pelo autoritarismo, fascista ou não, se caracteriza, na sua imersão tecnológica e midiática, pela instabilização dos significados até então pretensamente assentados de conceitos como liberdade, democracia, cultura, entre tantos outros. Na busca de pensar os complexos imbróglios que a política contemporânea nos impõe neste primeiro quarto do século XXI, leitoras e leitores encontrarão no presente livro uma multiplicidade de sugestões que certamente os ajudarão a navegar melhor na incerteza do presente e avançar na compreensão da emergência e dos dilemas dos significados políticos de nossos conceitos e de nossas ações.

A FALA E O ALADO PENSAMENTO,
AS NORMAS QUE REGULAM AS CIDADES
SOZINHO APRENDEU;
[...]
— SÓFOCLES[1]

---

[1] Trata-se do verso 355, da segunda estrofe de *Antígona*. Preferimos adotar a versão original do grego para o português, de Pereira, M.H.R., *Obras de Maria Helena da Rocha Pereira III. Traduções do Grego*, Lisboa, Imprensa da Universidade de Coimbra, Fundação Calouste Gulbenkian, 2017, 116. (N. dos T.)

PREFÁCIO À SEGUNDA EDIÇÃO

Revisitar este livro após vinte anos é uma experiência estranha, uma inevitável retrospectiva da minha vida profissional. À época, *Wittgenstein e a justiça* foi publicado no início de um movimento que mais tarde se tornaria uma verdadeira onda Wittgenstein a singrar pelos mares da moda acadêmica, onda que levou meu barco e muitos outros.

Se boa parte dessa onda recuou, todavia, a maré da qual ela é apenas parte – a maré do interesse pela linguagem – ainda não se tornou preamar. Em consequência, a literatura relevante para as preocupações deste livro que surgiu neste interregno é enorme. Por si só, os numerosos volumes adicionais dos apontamentos de Wittgenstein, editados de modo incansável por Rush Rhees e G. E. M. Anscombe, constituem uma robusta contribuição[1]. A tese de Stanley Cavell, na qual meu livro se inspira com tão pouco pudor, finalmente foi publicada, com muitas revisões, sob a rubrica *The Claim of Reason*[2]. Há também a mais recente e excelente biografia feita por Ray Monk, *Wittgenstein: The Duty of Genius*[3]. Existe uma verdadeira legião de obras sobre os comentários a Wittgenstein, sem falar das incontáveis e significativas contribuições sobre vários outros assuntos que este livro tenta abranger.

---

1 WITTGENSTEIN, Ludwig, *Philosophical Grammar*, RHEES, Rush (ed.), trad. ing. de Anthony Kenny, Berkeley; Los Angeles, University of California Press, 1974. Trad. bras.: *Gramática filosófica*, de Luiz Carlos Borges, São Paulo, Loyola, ²2010. WITTGENSTEIN, Ludwig, *Philosophical Remarks*, RHEES, Rush (ed.), trad. ing. de Raymond Hargreaves e Roger White, New York, Barnes & Noble; Oxford, Blackwell, 1975. Trad. bras.: *Observações filosóficas*, de Adail Sobral e Maria Stela Gonçalves, São Paulo, Loyola, 2005. WITTGENSTEIN, Ludwig, *Remarks on the Philosophy of Psychology*, ANSCOMBE, G. E. M.; VON WRIGHT, G. H. (eds.), trad. ing. de G. E. M. Anscombe, Chicago, University of Chicago Press; Oxford, Blackwell, 1980. Trad. bras.: *Observações sobre a filosofia da psicologia*, Ricardo Hermann Ploch Machado, São Paulo, Ideias e Letras, 2008.

2 CAVELL, Stanley, *The Claim of Reason. Wittgenstein, Skepticism, Morality, and Tragedy*, New York, Oxford University Press; Oxford, Clarendon, 1979.

3 MONK, Ray, *Wittgenstein. The Duty of Genius*, New York, Free Press; Maxwell Macmillan International, 1990. Trad. bras.: *Wittgenstein. O dever do gênio*, de Carlos Alfonso Malferrari, São Paulo, Companhia das Letras, 1995.

E, ademais, ondas subsequentes de modas intelectuais relacionadas à linguagem: o pós-modernismo, a desconstrução, a hermenêutica, a psicanálise lacaniana, a ironia rortyana, a irrestrita comunicação habermasiana, os saberes localizados, a intertextualidade – e segue a maré. Uma "revisão da literatura" aqui está fora de questão.

Sob muitos aspectos, portanto, este livro há muito foi superado, e numerosas passagens agora me incomodam. Não vou listá-las, mas devo pelo menos reconhecer o quão impressionante, em retrospecto, é a adoção inconsciente no livro de pronomes masculinos e da palavra "homem" em geral – e não tanto seu uso em si (pois ainda sou mais propensa a adotar o pronome masculino em passagens, de fato, genéricas), quanto pela cegueira inconsciente, que, por exemplo, permitiu a divertida afirmação na página 213 de que "nós" (eu presumidamente inclusa) aprendemos a associar nossas sensações de dor ao ouvir outras pessoas falarem sobre "a dor delas", para não mencionar minha descoberta na página seguinte de que até mesmo eu, sem nunca ter sido fumante, teria mordido a haste do meu cachimbo. Bom, é bem possível que eu tenha aprendido *algumas* coisas em vinte anos; a maior parte, decerto, com meus alunos.

Embora o livro esteja superado em muitos assuntos e possua repetidas passagens constrangedoras, ele também apresenta ideias que ainda me parecem verdadeiras e que a meu ver é necessário continuar a discutir, tanto quanto antes. Elas incluem temas como: o que é o ordinário na "filosofia da linguagem ordinária"[4] e em que sentido isso pode nos vincular; se as palavras possuem "essências" e o que está em jogo nelas; o motivo pelo qual a ideia wittgensteiniana de que as palavras são ferramentas é mais importante do que sua doutrina de "semelhanças de família", que é muito mais citada; o que há de errado em dicotomias que categorizam o mundo entre "fatos" e "valores" ou entre "o que é" e "o que deveria ser"; como pode haver juízos válidos se "ninguém tem a última palavra, porque não existe uma última palavra"[5]; o que é paradoxal na explicação causal ou científica da ação; e como a linguagem pode de modo simultâneo determinar o nosso mundo e ser por ele determinada.

É inquietante o fato de que ainda hoje, temas paradoxais como esses me pareçam tão difíceis de exprimir por palavras quanto antes. Já as técnicas de análise semântica, por outro lado, são muito mais fáceis de usar e ensinar. Muitos de meus

---

4 *Ordinary-language philosophy* é amplamente traduzida pelo cânone disponível em português no Brasil como a "filosofia da linguagem ordinária". (N. dos T.)

5 A passagem sobre a "última palavra" consta do meu texto PITKIN, Hanna, Obligation and Consent, *American Political Science Review*, LX (March 1966), 39-52, 52.

alunos vieram a adotá-las onde a perplexidade conceitual atrapalhava o seu trabalho. Ninguém, no entanto, foi de fato contagiado por essa minha paixão pelas palavras enquanto tal, o puro deleite em traçar seus contornos individuais de significado, suas proveniências, seus usos e predileções. Talvez apenas alguém com uma infância multilíngue e multicultural como a minha, fruto de um *milieu* formado no bojo da psicanálise, do humanismo marxista e do humor judaico, possa se empolgar com as palavras desse modo.

Ou talvez não. Por trás do meu prazer idiossincrático pelas palavras, certamente está o potencial genuinamente libertador e fortalecedor da análise semântica. Foi Cavell quem primeiro chamou minha atenção para as semelhanças entre o projeto de Wittgenstein e o de Freud, entre a análise linguística ao modo wittgensteiniano e a psicanálise, particularmente a terapia psicanalítica[6]. Decerto, para o próprio Wittgenstein, a verdadeira questão sobre seu novo modo de filosofar era que ele o libertava de determinadas obsessões ferozes do pensamento ("Uma *imagem* mantinha-nos prisioneiros. E [...] ela residia em nossa linguagem e esta parecia repeti-la para nós, inexoravelmente." "A descoberta real é a que me torna capaz de deixar de filosofar quando eu quiser. – A descoberta que aquieta a filosofia, de tal modo que ela não seja mais açoitada [...].")[7] Mas Wittgenstein certamente foi uma figura excepcional. Não se poderia afirmar que a análise semântica espelha a psicanálise ou cura a neurose. No entanto, ela assemelha-se à psicanálise na medida em que ambas são métodos indiretos, que visam a libertar seus praticantes de restrições que, em certo sentido, são autoimpostas ("[...] um exame do funcionamento de nossa linguagem, ou seja, de modo que este seja reconhecido: *em oposição a* uma tendência de compreendê-lo mal").[8] Nesse sentido, a questão para ambos é um tipo de autoconhecimento, embora também envolva o conhecimento acerca do mundo, de algo no mundo sobre o que não somos exatamente ignorantes, mas sobre o qual temos algum bloqueio e preferimos não conhecer.

Visto que as restrições são autoimpostas, os esforços diretos tendem a falhar. Por maior que seja nosso esforço em definir a essência de um conceito, ou em defender a essência que consideramos ter encontrado, não podemos escapar do nosso conhecimento tácito sobre o modo como as palavras são efetivamente usadas;

---

6 WITTGENSTEIN, Ludwig, *Philosophical Investigations,* trad. ing. de G. E. M. Anscombe, New York, Macmillan, ³1968, xxiii-xxiv. Trad. bras.: *Investigações filosóficas*, de Marcos Montagnoli, Petrópolis, Vozes, ⁴2005, 11-12.

7 Ibid., § 115, 133.

8 Ibid., § 109.

quanto mais intensos e obedientes os esforços de um neurótico para mudar, mais poderosa a rebeldia inconsciente enquanto reação contrária. Ambas as terapias, portanto, prescrevem um certo relaxamento do esforço direto, imposto por uma nova e diferente disciplina: o redirecionamento do esforço. Ambas exigem um afastamento temporário do engajamento substantivo com o mundo para uma espécie de contemplação introspectiva, e especificamente uma contemplação da linguagem em uso, mas uma contemplação sujeita a severas restrições metodológicas. Sob as restrições psicanalíticas do divã, do analista silencioso e da livre associação, o paciente presta atenção às palavras que saem de sua boca e descobre o que realmente pensa e sente. Na análise da linguagem ordinária, a atenção é desviada não apenas do mundo para os conceitos, mas também dos conceitos para as suas palavras correspondentes, e da busca pela essência de seu significado para a sua mera descrição, meticulosamente detalhada, da maneira como elas são realmente usadas em contextos onde estão mais em casa. ("Não diga: '*Tem que* haver algo que lhes seja comum'[...] *mas olhe e veja* se há algo que seja comum a todos [...].")[9]

Ao exigir uma suspensão temporária do que tinha sido – ou parecia ser – a meta, ambas as terapias podem dar errado, não apenas se essa suspensão falhar, mas igualmente se ela se tornar permanente, um modo de vida. Elas devem ser celebradas não por si sós, mas por sua capacidade de libertar e empoderar. O valor dessa capacidade pode ser expresso de muitas formas que se inter-relacionam de modos variados. Pode-se dizer que, por ser a realidade inevitável, o preço de negá-la sai sempre caro demais. Pode-se dizer que o mundo real é gratificante, nosso recurso e nosso lar, e que sua perda ou atenuação é, portanto, sempre debilitante. Pode-se dizer que a realidade é muito mais rica, mais variada, infinitamente mais interessante do que quaisquer estereótipos estéreis e repetitivos dos quais esses métodos buscam nos libertar. Eles substituem o que é rígido, improdutivo, obediente e chato por movimento, flexibilidade, criatividade, ludismo. Pode-se dizer que, na medida em que eles nos trazem de volta para uma realidade que, num certo sentido, já era conhecida desde sempre, eles nos tornam plenos novamente, coerentes, restaurando a comunicação entre partes do *self* que não estavam mais se falando. Isso, por sua vez, libera a energia que era gasta para manter essas fronteiras, disponibilizando-a para atividades mundanas mais produtivas ("é preciso dar uma guinada em nossa reflexão, mas em torno de nossa verdadeira necessidade como ponto axial")[10]. As-

---

9 Ibid., § 66.
10 Ibid., § 108.

sim, ambas as disciplinas promovem – cada uma a seu modo – algo como o *amor fati* de Nietzsche: a aceitação incondicional do passado, que não pode ser mudado, e a aceitação incondicional do mundo atual e de nossos *selves* presentes, *não* porque eles não possam ou não devam ser mudados, mas precisamente enquanto a única base realista para uma mudança eficaz e gratificante[11].

Mas tudo isso ainda é pessoal e terapêutico demais. Imaginar uma continuidade entre o trabalho do meu pai e o meu pode me fazer irradiar de satisfação, mas não mostra a importância do filosofar de Wittgenstein para o pensamento político, que é, afinal de contas, o tema deste livro[12]. A fim de abordar esse tema, é preciso notar que os obstáculos autoimpostos ao pensamento não são apenas o indivíduo e o neurótico, mas também os pontos cegos amplamente compartilhados, sociais e coletivos, e não idiossincráticos. Com referência a estes pontos cegos comuns, "autoimposto" significa não o que eu me imponho a mim mesmo, mas o que nós nos impomos, um ao outro. E a correta apreensão de tais obstáculos em si pode culminar na reconciliação com alguma característica inevitável de nossa condição humana da qual desejávamos fugir, ou mesmo na mudança política de condições sociais nocivas que desejávamos ignorar.

Toda sociedade, por assim dizer, produz através das atividades de seus membros determinada quantidade de efeitos colaterais desagradáveis e não intencionais: a sujeira – algo fora do lugar. Isso é inevitável, não apenas porque a sociedade está em constante mudança de modos que não podemos prever e nem avaliar, mas também porque as pessoas sempre mudam, e cada geração se cria em condições diferentes daquelas que formaram a anterior. É possível limpar a sujeira, mas a limpeza pode ser desagradável e cara, e a divisão desse custo pode gerar conflito. Portanto, em vez disso, a sujeira pode simplesmente ser varrida para debaixo do tapete mais próximo. Em particular, os que detêm o poder e o prestígio em uma

---

11 NIETZSCHE, Friedrich, *Ecce Homo*, KAUFMANN, Walter (ed.) e trad. ing., New York, Random House, 1969, 231, 258, 309-310. Trad. bras.: *Ecce homo*, tradução, organização, prefácio e notas de Marcelo Backes, Porto Alegre, Coleção L&PM Pocket; São Paulo, Companhia de Bolso, jan. 2003. Thus Spoke Zarathustra, in: *The Portable Nietzsche*, trad. alem./ing. e ed. de KAUFMANN, Walter, New York, Viking, 1954, 137 ss., 270-272, 305, 329-333, 339. Trad. bras.: *Assim falou Zaratustra. Um livro para todos e para ninguém*, de Gabriel Valladão Silva, Porto Alegre, Clássicos L&PM, out. 2014.

12 Meu pai era o psicanalista Otto Fenichel; ver p. 406, nota 39, abaixo. É possível imaginar continuidade em relação ao trabalho da minha mãe também, mas essa história é longa e difícil demais para explicar aqui, e tampouco a ela se pode aludir por uma palavra singular, comum, como a psicanálise, porque seu trabalho não tinha nome e nada existe hoje publicado sobre ele. Embora familiar a muitas iniciativas hoje realizadas sob títulos como "consciência sensorial" e "trabalho corporal", não equivalia a nenhum deles. Então, ao que me parece, mais uma vez a história da mulher não será contada.

sociedade geralmente têm interesse em manter as coisas como estão e, portanto, um interesse (a curto prazo) em esconder a sujeira, bem como estão em posição de fazê-lo segundo o interesse de outras pessoas que desejam o mesmo. Existem grupos consideráveis de pessoas, por vezes sociedades inteiras, que preferem desviar seus olhos da realidade que lhes é próxima, porém desconfortável: êxodos, incoerências, injustiças. Até mesmo as vítimas, por vezes afundadas pela sujeira até o pescoço, podem não querer vê-la como ela é. Os psicólogos chamam de "denegação" quando se trata de algo individual, mas aqui estamos falando de política, não de psicologia.

Quando se trata de ações e instituições humanas, há sempre certo grau de discrepância entre intenções e resultados, "entre propósito, substância e significado, de um lado, e institucionalização, forma e prática convencionalizada, de outro"[13]. Se as discrepâncias são reconhecidas e a sujeira é limpa, o espaço entre a intenção e o resultado permanece razoavelmente pequeno, mas, se forem ignoradas, o espaço pode se transformar em um abismo, até que se chegue a um ponto em que, como Maquiavel observou, "[...] porque há tamanha distância entre como se vive e como se deveria viver, que aquele que trocar o que se faz por aquilo que se deveria fazer aprende antes a arruinar-se que a preservar-se; [...]"[14].

Então, as antigas máximas herdadas passam a não funcionar mais na prática, as antigas teorias não conseguem mais explicar, as antigas cerimônias não santificam mais. As pessoas ainda as repetem da boca para fora por hábito, ou por falta de alternativas, ou porque se não o fizerem há punições, mas elas não vivem mais sob sua inspiração. Nesse sentido, o sistema cultural da sociedade está profundamente dividido e inclui imperativos cujas implicações são inconsistentes: o que fazemos é *isto*, e *isto* (outra coisa) é o que dizemos a seu respeito. Ou melhor, já que fazer algo quase sempre exige dizer algo também, *isto* é o que dizemos ao fazê-lo, e *isto* (outra coisa) é o que dizemos a seu respeito o resto do tempo. Ambos os lados do abismo cultural são codificados na linguagem.

Nas culturas em que tais discrepâncias são acentuadas, elas também existem como tensões internas e profundas em muitas pessoas; é preciso muita energia para não ver, não pensar, não saber que dois e dois são quatro. Tais situações são, portanto, voláteis. Embora possam persistir por períodos surpreendentemente longos, mudanças radicais e profundas podem ser desencadeadas por um incidente

---

13 Ver p. 285 deste livro.

14 MACHIAVELLI, Niccolò, The Prince, Chapter 15, in: ID., *The Chief Works and Others*, trad. ita./ing. Allan Gilbert, Durham, N. C., Duke University Press, 1965, 3 vols., 57-58. Trad. ita./bras.: *O príncipe*, de Maria Júlia Goldwasser, revisão Zelia de Almeida Cardoso, São Paulo, Martins Fontes, ³2008, 73.

aparentemente insignificante. São como uma solução supersaturada em química, pronta para cristalizar ante a mais simples provocação, só que nas questões humanas, ao contrário do que ocorre na química, não temos ideia de como será a nova cristalização.

Há dois modos de analisar esses momentos de deslocamento cultural. Um deles é heroico, enquanto ocasiões para a intervenção de um grande estadista ou líder carismático, ou mesmo alguma espécie de grande sistema de pensamento, chamado por Sheldon Wolin de teoria política "épica": uma sistemática reconfiguração da política (*polity*) em novas bases, reorganizada em todos os seus pormenores cotidianos de modo a se tornarem quase irreconhecíveis, porque organizados por um paradigma teórico diferente[15]. Essa nova perspectiva pode insistir em ideais comuns e repensar a prática de acordo com eles, ou pode insistir na prática efetiva e reconfigurar os ideais de modo a se adequarem a ela. É o que se dá, por exemplo, no contraste entre Thomas More e Maquiavel. De qualquer maneira, a nova perspectiva, assim como a liderança de um candidato a estadista, pode ou não "agradar" muitas pessoas e produzir, como resultado, uma realidade diferente. Pensa-se no impacto de um Lutero, de um Rousseau, de um Marx, mas talvez também, com menor reconhecimento, no impacto de um Hobbes ou de um Maquiavel.

Esse é o modo heroico de encarar os momentos em que a diferença entre o propósito e a institucionalização é grande. Há também uma maneira mais democrática. Precisamente em situações tão voláteis, pode não ser necessário um grande líder ou um grande pensador para provocar a mudança: basta que apenas um ou alguns indivíduos encontre uma forma de escapar das suas tensões internas e comece a dizer e viver a verdade. Como a tensão está na cultura, na linguagem, e já que a cultura e a linguagem são compartilhadas, qualquer um pode fazê-lo e todos podem reconhecê-lo.

Paulo Freire examinou a questão de modo eloquente – ainda que simplista – em relação aos "oprimidos", que, segundo ele, são "seres duais", "contraditórios" e experimentam "formas inautênticas de existir" porque hospedam o inimigo em si, como "seres ambíguos, metade elas mesmas [as massas], metade o opressor 'hospedado' nelas"[16]. Os escravos são socializados na aparência hegemônica e na

---

15 Wolin, Sheldon, *Hobbes*, Los Angeles, William Andrews Clark Memorial Library, University of California, 1970, 4.

16 Freire, Paulo, *The Pedagogy of the Oppressed*, trad. ing. de Bergman Ramos, New York, Herder and Herder, 1970. Original bras.: *Pedagogia do oprimido*, Rio de Janeiro, Paz e Terra, 1974, 32-33, comparar também com p. 40, 84, 121.

linguagem dos senhores, que codifica suposições que legitimam a escravidão. Mas os escravos também, em sua prática efetiva, conhecem tacitamente uma verdade diferente que poderia, em algum momento, se tornar explícita se reassumissem sua capacidade – a capacidade humana universal – de pensar por si mesmos. A libertação, sugere Freire, começa por "dizer sua palavra"[17]. Óbvio que por essa frase enigmática, ele não se refere literalmente a algum neologismo inventado, e sim a falar a partir de sua própria experiência, a partir de seus próprios juízos autônomos[18]. É algo que cada um deve fazer por si mesmo se quiser ser livre e realizar seu potencial humano. Freire também chama isso de "*pronunciar* o mundo" e apresenta tal atividade enquanto vocação humana fundamental: "existir, humanamente, é *pronunciar* o mundo" e, ao pronunciá-lo, nós constantemente poderemos "recriar o mundo"[19]. Nós somos ao mesmo tempo criaturas e criadores da cultura, da linguagem ou, como Thomas Hobbes propõe, tanto a "matéria" quanto os "artífices" da comunidade (*commonwealth*)[20]. Mas só criamos plenamente quando pensamos por nós mesmos sobre o que herdamos; e só conseguimos executar bem essa tarefa quando começamos a chamar as coisas pelos seus nomes de fato, dizê-las como são. Quando o fizermos, nossa verdade há de falar para os outros também, e será tão mais poderosa quanto maior for a discrepância entre nomes e coisas. Na medida em que compartilhamos uma mesma linguagem, "ninguém pode dizer a palavra verdadeira sozinho", e nas condições voláteis de um deslocamento social extenso e não reconhecido, "dizer uma palavra de verdade é transformar o mundo"[21].

Freire apresenta a questão em relação aos oprimidos, mas isso pode ser um equívoco, porque é desnecessariamente restritivo. Como tanto a interpretação (idealizada) da prática quanto a sua conduta real (corrompida) se refletem na linguagem – e como a linguagem, por sua vez, também é compartilhada por escravos e senhores –, a consciência dos senhores também deve estar dividida, em tensão, esforçando-se para não ver o que sempre esteve bem diante de seus olhos. Isso não quer dizer, de forma alguma, que escravos e senhores sejam iguais, sofram do mesmo modo, tenham os mesmos interesses e a mesma participação na ordem vigente.

---

17 Ibid., 147.
18 Ibid., 121, 179.
19 Ibid., 92, 170. Vicki Hearne traça a metáfora às suas raízes bíblicas; ver nota 51, abaixo.
20 Hobbes, Thomas, *Leviathan*, Oakeshott, Michael (ed.), New York, Collier, 1962, 19. Trad. bras.: *Leviatã*, de João Monteiro, Maria Silva e Claudia Berliner; revisão Eunice Ostrensky, São Paulo, Martins Fontes, 2014, 12.
21 Freire, *Pedagogia*..., 92-93.

Isto apenas quer dizer que tanto vítimas quanto opressores têm *algum* interesse *tanto* em negar a realidade *quanto* em reconhecê-la. É claro que existem inúmeros tipos de opressão e vitimização, de modo que muitas vezes as mesmas pessoas ao mesmo tempo exploram e são exploradas. Essa possibilidade se torna particularmente importante ao considerar os tempos contemporâneos e nossa própria condição.

Decerto, o exemplo mais impressionante de poder político inerente ao direito de "dizer a palavra" nos últimos tempos é o surpreendente colapso dos governos comunistas na Europa Oriental. Tal processo se esclarece e se antecipa, em parte, pelo ensaio de Vaclav Havel, de 1979, sobre a Tchecoslováquia, *The Power of the Powerless*[22]. Havel chama o regime de governo do seu país, sob a supervisão russa, de "sistema pós-totalitário", porque, em sua maior parte, ele depende não do terror, mas de uma burocracia administrativa rotineira e da apatia habitual e cínica da população[23]. As pessoas fazem o que lhes é dito para ser feito, e dizem o esperado, e todos sabem o verdadeiro significado subjacente aos clichês exigidos. O lojista que exibe o pôster de leitura obrigatória "Trabalhadores do Mundo, Uni-vos!" na verdade, era como se estivesse dizendo: "Sou obediente e [...] [quero] que me deixem em paz", e todos sabem disso[24]. O regime, segundo observa Havel, é ideológico, e dependente de uma rede cada vez maior de mentiras e falseamentos. Ele

> falseia o passado. Ele falseia o presente, e ele falseia o futuro. Ele falseia estatísticas. Ele finge não possuir um aparato policial onipotente e sem princípios. Ele finge respeitar os direitos humanos. Ele finge não perseguir ninguém. Ele finge não temer nada. Ele finge não fingir sobre nada.

As pessoas não são obrigadas a acreditar em nenhuma dessas "mistificações", e, de fato, não acreditam, "mas devem se comportar como se acreditassem". Ele chama isso de viver "uma mentira". Desse modo, eles "reafirmam o sistema, eles cumprem o sistema, eles fazem o sistema, eles *são* o sistema"[25].

A essa altura, em outras palavras, não se trata mais de uma questão entre senhores e escravos, de um regime diabólico que manipula e aterroriza uma população relutante, pois "o regime é cativo de suas próprias mentiras" e todos estão "envolvidos e escravizados, não só os quitandeiros, mas também os primeiros-ministros",

---

[22] HAVEL, Vaclav, The Power of the Powerless, in: KEANE, John (ed.), *The Power of the Powerless*, Armonk, N.Y., M. E. Sharpe, Inc., 1985, 23-96.
[23] Ibid., 27, 36. Ver também p. 24 sobre como o uso do termo "ditadura" agora é capcioso.
[24] Ibid., 27-28.
[25] Ibid., 30-31.

de modo que, somente de uma maneira muito "generalizada" e "aproximada" é possível separar governantes de governados. Aqui, a linha divisória "divide, *de fato*, cada pessoa, pois todos, seja à maneira dele ou à maneira dela, são tanto vítimas quanto apoiadores do sistema"[26]. Ninguém acredita nos clichês ou os leva a sério, mas ninguém leva a sério também a mensagem tácita subjacente ("Eu sou obediente e [...]."), senão teriam vergonha de continuar a fazer o que fazem[27]. Portanto, sua obediência é habitual e mínima, mas sua apatia cínica os impede de dizer explicitamente o que é tácito e sabido, e, portanto, de ter que agir com base nisso.

É possível perceber isso mais claramente à distância, no que chamamos de ditaduras. Mas vale lembrar a observação de Havel, de que todos estão envolvidos e escravizados, e que a linha divisória entre governante e governado divide cada pessoa. O sistema pós-totalitário "é simplesmente mais uma forma de sociedade industrial e de consumo"[28]. E ele propõe uma pergunta retórica: "será que de fato não permanecemos [...] como uma espécie de aviso ao Ocidente, que lhe revela suas próprias tendências latentes?"[29]

Essa advertência reaparece nos escritos de Hannah Arendt sobre os Estados Unidos no final dos anos 1960, e parece ainda mais aplicável hoje[30]. Foi através de um longo processo histórico no Ocidente, segundo ela, que as repúblicas foram transformadas em burocracias. Nesse sentido, ela não se refere a sistemas políticos que usam formas organizacionais burocráticas em certos papéis subordinados, como o serviço público, mas aqueles em que o próprio governo, junto com praticamente todos os outros aspectos da vida, é burocrático. De tal modo ampliada, a burocracia não é – segundo aprendemos – uma ferramenta para realizar com eficiência o que quer que os líderes políticos no topo do sistema estabeleçam por objetivo. Trata-se, em vez disso, de um sistema acefálico no qual *todos* são subordinados obedientes, voltados para suas tarefas pessoais, e ninguém é responsável pelo resultado geral. "Burocracia é a forma de governo na qual todo mundo é destituído de liberdade

---

26 Ibid., 31, 37.

27 Ibid., 28.

28 Ibid., 27.

29 Ibid., 38-39.

30 ARENDT, Hannah, *Crisis of the Republic*, New York, Harcourt Brace Jovanovich, 1972. Trad. bras.: *Crises da República*, de José Volkmann, São Paulo, Perspectiva, Debates, 85, dirigida por J. Guinsburg, ³2013. Minha leitura dos anos 1960 segundo Arendt deve muito ao trabalho de MENDEL-REYES, Meta, *Participatory Democracy. The Sixties as Metaphor*, tese Ph.D., Berkeley, University of California, 1992.

política, do poder de agir; pois o domínio de Ninguém não é o não domínio, e onde todos são igualmente impotentes tem-se uma tirania sem tirano."[31]

Os burocratas são especialistas, e lhes são atribuídas tarefas com base em seus conhecimentos; essas tarefas estabelecem o limite de sua responsabilidade. Eles são "solucionadores de problemas", técnicos que se concentram nos meios e deixam os objetivos para os outros, e que julgam os meios por padrões de eficiência, excluídas quaisquer preocupações "exteriores" como princípios morais ou bem público. Mas então, o que significa o fato de que agora todos sejamos burocratas, e a sociedade em si seja uma rede de burocracias? Claramente, significa que ninguém está no comando, ninguém se preocupa com os objetivos, e não há cidadania nem debate público (*public forum*). Para o especialista burocrático, "o público" é apenas uma maioria inexperiente de leigos que ameaçam interferir e, portanto, devem ser mantidos à distância. Portanto, a burocracia também tende a gerar segredo, mais uma vez em detrimento do debate público[32].

Já em 1967, Arendt alertava para o crescimento nos Estados Unidos da "intromissão do 'governo invisível' de serviços secretos nos assuntos domésticos, nos setores culturais, educacionais e econômicos da vida", que se tornou "um sinal por demais ominoso para passar desapercebido"[33]. Especialistas e sigilo, entretanto, ainda tendem a implicar conspirações de uma elite manipuladora, mas Arendt, como Havel, discerniu algo ainda pior: nós mesmos, coletivamente, estamos nos impondo isso.

À semelhança de Havel, ela enfatiza, mais ainda do que a burocracia, a formação do que ela chama de um "mundo fictício", uma rede de mentiras e falseamentos em constante mudança nas quais ninguém acredita, mas de acordo com as quais todos se comportam[34]. Arendt observou esse processo pela primeira vez no totalitarismo, que dirigia sua propaganda nem tanto ao mundo exterior, mas à própria população. O objetivo dessa propaganda não era realmente fazer com que as pessoas acreditassem nas mentiras, mas desorientá-las e confundi-las, para que elas se tornassem incapazes de perceber, julgar e pensar por si mesmas. Joan Didion observou o mesmo fenômeno em El Salvador:

---

31 ARENDT, *Crises...*, 151.
32 Ibid., 9, 37, 42. Comparar com ARENDT, Hannah, *The Origins of Totalitarianism*, New York, Harcourt Brace Jovanovich, ³1973 [1. ed. 1966, 2. ed. 1968], 213-16. Trad. bras.: *Origens do totalitarismo*, de Roberto Raposo, São Paulo, Companhia das Letras, 2012, 303-305.
33 ARENDT, *Origens...*, 185-186.
34 Ibid., 469.

Na ausência de verdade e informação (e na presença, muitas vezes, da desinformação), mesmo os eventos aparentemente mais óbvios assumem contornos sombrios e ilusórios, tal qual fragmentos recuperados de alguma lenda [...] [e dão margem a] boatos, dúvidas, suspeitas, relatos conflitantes e, finalmente, uma espécie de inquietação apática[35].

Arendt vê essa inquietação como o objetivo do totalitarismo: não "insuflar convicções, mas destruir a capacidade de adquiri-las" para que as pessoas não acreditem mais na "realidade da sua própria experiência; não confiem em seus olhos e ouvidos"[36]. Isso as deixa, primeiro, incapazes de agir ou de tomar iniciativa e, em seguida, desesperadas por alguma segurança e orientação em suas vidas; assim, elas podem ser manipuladas pelo regime. O "verdadeiro objetivo da propaganda totalitária não é a persuasão, mas a organização"[37].

Assim, Arendt está em concordância com Havel em que não é preciso que as pessoas acreditem, basta que ajam, mas ela deixa mais claro como a incredulidade cínica e o comportamento complacente atenuam-se mutuamente em uma paradoxal "mistura curiosamente variada de credulidade e cinismo"; e as pessoas passam "ao mesmo tempo, [a acreditar] em tudo e em nada"[38].

Tudo isso diz respeito ao totalitarismo. Porém, no final dos anos 1960, Arendt encontrava sintomas desse mesmo mal-estar na América, ainda que sem o terror, e em conjunto com o que todos consideravam um sistema constitucional dotado de toda a parafernália da democracia representativa.

O que a preocupava não era tanto o fato de o governo mentir e dissimular durante o conflito no Vietnã; nada incomum para uma nação em guerra[39]. Tais mentiras, porém, "quase nunca visavam ao inimigo" ou mesmo a países amigos ou neutros, "mas estavam destinadas principalmente, se não exclusivamente, ao

---

35 DIDION, Joan, *Salvador,* New York, Simon & Shuster, 1983, 67.

36 ARENDT, *Origens...,* 622, 485.

37 ARENDT, *Origens...,* 496. O trecho ainda se completa: "O verdadeiro objetivo da propaganda autoritária não é a persuasão, mas a organização – o 'acúmulo da força sem a posse dos meios da violência'". A referência à Arendt, na passagem, também traz a alusão no original a um dos mais importantes autores na literatura sobre propaganda autoritária, Eugen Hadamovsky, em *Propaganda und nationale Macht,* 1933. Na página 727, nota 1, Arendt observa como Hadamovsky considerava que o uso da violência pode ser parte da propaganda. Sobre o assunto, ver as notas 1 e 8 do capítulo "O Movimento Autoritário", ARENDT, *Origens...,* 727-729. (N. dos T.)

38 Ibid., 382. Comparar com ARENDT, *Crises...,* 17.

39 Arendt utiliza o *The Pentagon Papers,* conforme publicado pelo *The New York Times,* New York, Bantam, 1971.

consumo interno, à propaganda doméstica e especialmente a enganar o Congresso"⁴⁰. Portanto, não apenas a liderança enganava o público que deveria servir, bem como uma parte da liderança também engava a outra. Além disso, mesmo dentro do poder executivo, quanto mais alguém se destacasse, mais se isolava contra a intrusão da realidade, apesar do acesso especial aos documentos "ultrassecretos"⁴¹. Ao defender seus conhecimentos ante a interferência do público leigo, os assessores também se isolaram de qualquer informação pertinente e ficaram vulneráveis a suas próprias falsidades, incapazes de discernir entre verdade e mentira. Finalmente, mesmo no nível mais elevado, encontra-se "a única pessoa passível de ser uma vítima ideal de completa manipulação", porque totalmente cercada por um alto escalão de assessores que lhe interpretam o mundo e lhe filtram a comunicação indesejada, é o próprio presidente, "supostamente o mais poderoso homem do mais poderoso país"⁴². Muitos dentre os líderes acreditavam no que estavam fazendo e foram vítimas de suas próprias ficções e a de seus pares.

Em resumo, embora haja muita manipulação e falsidade, não há ninguém que, posicionado no topo do sistema, controle e explore a propaganda. Todo mundo está dissociado da realidade e opera em um "mundo desfactualizado", cooperando em sua autoimposição conjunta e mútua. A maneira como todos, ao mesmo tempo, são enganados e "estão por dentro" das coisas é mais evidente no modo como "o menosprezo pela realidade [se torna] inerente às próprias políticas e objetivos"⁴³: já no Vietnã, conforme Richard J. Barnet observara, "toda a finalidade da enorme e custosa ação" dos Estados Unidos visava a "criar um estado de espírito específico"⁴⁴. O país buscava não uma conquista mundial, mas sim "uma mera imagem de onipotência"⁴⁵. Além disso, essa imagem deveria ser imposta, vendida e mantida fundamentalmente não no exterior, mas nos Estados Unidos.

Portanto, o objetivo, a razão de ser da política, não reside mais em nenhum interesse substantivo no mundo real, nem muito menos em princípios, mas

---

40 ARENDT, *Crises...*, 22.

41 Optamos por traduzir o termo "*top secrets*" por documentos ultrassecretos, pois foi o termo encontrado em documentos similares oficiais brasileiros. O termo difere da tradução mencionada em ARENDT, *Crises...*, 38, em que consta como "altos segredos". (N. dos T.)

42 Ibid., 38, 18.

43 Ibid., 44.

44 STAVINS, Ralph; BARNET, Richard J.; RASKIN, Marcus G., *Washington Plans an Aggressive War*, New York, Random House, 1971, 209, citado em ARENDT, *Crises...*, 41.

45 ARENDT, *Crises...*, 41.

simplesmente na "imagem em si"; a política agora tem a ver com "gestão de impressões", "cenários", "passar a mensagem certa", "credibilidade"[46].

Não obstante, Arendt sempre conclui num tom otimista. Afinal, mesmo que, no Vietnã, os Estados Unidos "[...] tivesse[m] se envolvido numa política imperialista, tivesse[m] esquecido completamente seus antigos sentimentos anticoloniais, e talvez estivesse[m] conseguindo estabelecer a Pax Americana que o presidente Kennedy havia denunciado", ainda assim, esse episódio infeliz chegou ao fim. Isso prova que "as mesmas pessoas que talvez possam ser 'manipuladas' para comprar certo tipo de sabão não podem ser manipuladas [...] para 'comprar' opiniões e posições políticas"[47]. A República está a salvo, desde que preservemos a Primeira Emenda e mantenhamos a imprensa incorruptível, e desde que não haja "uma mudança decisiva no 'caráter nacional' do povo estado-unidense"[48].

É possível perguntar se Arendt ainda confiaria na imprensa e no caráter estado-unidense hoje em dia, depois de Granada, da Guerra do Golfo e da "Nova Ordem Mundial", após o *Irangate* e o escândalo das poupanças e empréstimos. Ou concluiria ela que os Estados Unidos teriam chegado àquela condição de "tirania sem tirano", que ela tanto temia?

Mas estamos aqui no limiar de uma prolongada lamentação sobre a situação política do meu país, o quanto e quão desastrosamente ela mudou desde que minha mãe e meu pai para cá me trouxeram há mais de meio século; como essas mudanças aconteceram durante a vida adulta da minha geração, e, até certo ponto, "sob minha vigilância", e como este livro dificilmente poderia pretender ter feito algo para evitá-las. Deprimente demais; inteiramente inadequado para esse prefácio; e, acima de tudo, inútil.

Voltemos, então, a Havel e a Wittgenstein, que são úteis. Pois, decerto, a história de Havel não é sobre o modo como um povo se engana irremediavelmente, mas, ao contrário, sobre os modos democráticos que permitem que a recuperação permaneça possível, precisamente nesses sistemas supersaturados e aparentemente fechados: sobre a vulnerabilidade desses sistemas.

Vale repetir: assumir as discrepâncias que esse sistema impõe a seus membros lhes é profundamente desconfortável e debilitante. E assim pode acontecer, como observa Havel, que um dia "dê um estalo" no lojista até então obediente e cínico, de modo que ele se levante e "rejeite o ritual e quebre as regras do jogo" e comece

---

46 Ibid., 20, 26-27, 30, 39-40.
47 Ibid., 47, 17-18.
48 Ibid., 47.

a "viver a verdade". É claro que ele será punido e pagará um preço por isso, mas redescobrirá sua "identidade e dignidade reprimidas"[49]. De uma maneira não de todo remota à percepção psicanalítica, esse realinhamento interior traz, meio no tranco, o *self* e o mundo de volta à coerência; dá prazer e libera novas energias. E assim, precisamente nessas condições e supersaturação, uma pessoa pode declarar a sério que o rei está nu, comprometer-se com essa declaração, e sua atitude pode se espalhar para outras pessoas, de modo que falar uma palavra verdadeira realmente transforma o mundo. Ou, como Havel propõe, viver a verdade "tem uma dimensão *política* inequívoca", seu poder reside na luz que lança sobre as "fundações instáveis" do sistema[50]. A Europa Oriental é o estudo de caso, não porque tudo o que há ou será de bom agora esteja lá, mas porque esse sistema aparentemente impenetrável e mutuamente autoimposto se mostrou muito vulnerável às pessoas que insistiam em dizer aquilo em que realmente pensavam e em viver em conformidade com o que diziam.

Seria profundamente errado dar a entender que essa veracidade séria é algo fácil. Muitas vezes erramos, imaginando que é uma simples questão de inverter o que alguma autoridade propõe. Mais do que isso, a atitude requer coragem e pressupõe alguma esperança. Isso já é algo evidente na psicanálise, assim como está na biografia de Wittgenstein de autoria de Monk. Mais ainda numa situação de repressão política implacável. O ensaio de Havel pode gerar confusão a esse respeito, pois se refere a um sistema *pós*-totalitário, no qual a ameaça de uma invasão russa forçada praticamente desapareceu. Só os que sobreviveram à tortura ou aos campos de concentração podem condenar os que se entregam ou se dobram em tais condições. Essa não é a situação nos Estados Unidos hoje. É preciso coragem para viver a verdade, por exemplo, para recusar os muitos eufemismos, hipocrisias e circunlóquios higienistas com as quais nossa sociedade burocratizada nos confronta a cada momento, para que se pare de chamar guerra de "ação policial", invasão de "incursão", ou conquista violenta "de pacificação". Mas esses graus de coragem, e de esperança, decerto ainda estão ao nosso alcance. Se compreendermos as coisas como são e começarmos a nomeá-las corretamente, não apenas estaremos realizando o que Vicki Hearne chamou de "tarefa de Adão", ao nomear o mundo com veracidade e, assim, assumirmos nosso legado humano, mas ao mesmo tempo tornaremos esse legado mais acessível a outros e mais potente politicamente[51].

---

49 Havel, *The Power...*, 39.
50 Ibid., 40.
51 Hearne, Vicki, *Adam's Task. Calling Animals by Name*, New York, Alfred A. Knopf, 1986, 47-48.

Este é, então, o cerne da importância política que teve para mim a filosofia de Wittgenstein, em particular suas ideias sobre a linguagem. Porque todas as coisas, ao se refletirem na linguagem, nela também podem ser estudadas; as realidades perdidas do passado e a "sujeira" encoberta do presente podem, através dela, ser recuperadas; as verdades do mundo real podem ser nela nomeadas; e o verdadeiro *self* pode nela ser expresso, embora nada disso se realize apenas através da fala. A questão, é claro, não é que todos devam ler Wittgenstein sem demora, nem que os oprimidos precisem aprender as técnicas de análise semântica e etimologia. Quero apenas afirmar o quanto Wittgenstein foi responsável por manter teimosamente vivas minhas esperanças democráticas, bem como meu trabalho acadêmico, mostrando-me tanto a capacidade de pessoas absolutamente simples reinterpretarem criticamente seus conhecimentos tácitos, quanto algumas maneiras como o estudo acadêmico da linguagem pode colaborar nesse esforço emancipatório.

PREFÁCIO

Este é um livro a um só tempo muito pessoal e muito impessoal, e cada uma dessas peculiaridades requer alguma explicação. O livro é impessoal no sentido de que contém pouco de original e recorre a citações diretas de modo incomum. Pretende-se apresentar um conjunto de textos – a filosofia madura de Ludwig Wittgenstein e alguns de seus desenvolvimentos relacionados à filosofia contemporânea – e pesquisar seu significado potencial para nosso pensamento sobre a vida política e social. Duas características desses textos requerem o uso extensivo de citações. Em primeiro lugar, este tipo de filosofia se baseia acima de tudo em exemplos, especialmente em exemplos de uso linguístico ou do que dizemos em várias circunstâncias. A descoberta e a elucidação de tais exemplos – de exemplos que conseguem ilustrar uma questão filosófica – são muitíssimo difíceis. São uma arte, não uma técnica, e requerem talento. Filósofos como Ludwig Wittgenstein, John Langshaw Austin, Stanley Cavell, Paul Ziff possuem esse talento em graus notáveis; por isso, me apoiei, vez após vez, nos exemplos específicos que eles apresentam.

Além disso, os textos introduzidos aqui são difíceis de resumir, reafirmar ou parafrasear por causa de certas obscuridades de estilo características, particularmente do próprio Wittgenstein. Não que a linguagem de Wittgenstein, seu estilo de escrita, seja obscura. Ele escreve um alemão elegante e lúcido. E, embora existam alguns problemas sobre a tradução dos seus textos, eles não são grandes obstáculos (como às vezes é o caso em Hegel ou Heidegger). O que é obscuro e difícil é o estilo de pensamento de Wittgenstein, seu estilo filosófico. Erich Heller disse que,

> existem filosofias que, por mais difíceis que sejam, são em princípio fáceis de ensinar e aprender. Claro, nem todos podem ensinar ou aprender filosofia – tampouco matemática avançada; mas as filosofias de certos filósofos têm isso em comum com a matemática avançada: elas apresentam a alternativa simples de serem compreendidas ou não serem compreendidas. É, em última análise, impossível

compreendê-las *erradamente*. Isso se aplica a Aristóteles ou a Santo Tomás de Aquino, ou a Descartes, ou a Locke, ou a Kant. Essas filosofias são como montanhas: ou bem você as escala até o topo ou bem desiste; ou como pesos: ou bem você os levanta ou bem eles são pesados demais para você. Em ambos os casos, você saberá o que aconteceu e "onde você está". Mas não é assim com o pensamento de Platão, ou de Santo Agostinho, ou de Pascal, ou de Kierkegaard, ou de Nietzsche. Suas filosofias são como rostos humanos em que se inscrevem, de modo inquietante, os destinos das almas; ou como cidades ricas em história. "Você entende Kant?" é como perguntar "Você já esteve no alto do Monte Branco?" A resposta é *sim* ou *não*. "Você entende Nietzsche?" é como perguntar "Você conhece Roma?" A resposta só é simples se você nunca esteve lá[1].

Wittgenstein é, como diz Heller, um filósofo do segundo tipo. Ele não desenvolve uma doutrina sistemática, nem escreve ensaios discursivos. Seus livros não são divididos em capítulos, mas em parágrafos numerados. Às vezes, um parágrafo contém um pensamento completo: um epigrama, um aforismo, um enigma, um exemplo. Às vezes, um argumento é desenvolvido por meio de várias seções numeradas sucessivas. Frequentemente, o leitor tem uma sensação geral de temas contínuos, mas são seis ou oito temas sendo desenvolvidos simultaneamente: aparecendo, desaparecendo, reaparecendo inesperadamente. O efeito é o de um mosaico complexo, ou talvez de uma tapeçaria com um desenho intrincado. Assim, o que Wittgenstein diz está intimamente ligado à forma como ele o diz, como muitas vezes ocorre na poesia. Até certo ponto, o filosofar de Cavell apresenta dificuldades semelhantes. Portanto, sempre que encontrei a doutrina incorporada de forma singular no texto original, citei descaradamente. Suponho que seja incomum, também, fazer uso tão extenso, como este livro faz, de uma tese de doutorado não publicada, da autoria de outra pessoa. Sobre isso posso dizer apenas que utilizo a tese de Cavell porque é indispensável; e que muitos de nós pensamos que deveria ter sido publicada – e elogiada – há muito tempo.

Mas este é também um livro muito pessoal, porque de certo modo é um registro de meu próprio desenvolvimento intelectual, dos tópicos que me interessavam. Foi escrito devido ao significado que Wittgenstein teve para o meu pensamento, em uma tentativa de tornar esse significado disponível para outros. Enquanto escrevia, muitas vezes pensava em imagens como esta: era como se eu tivesse passado anos em uma viagem intelectual por um território que, embora pudesse ser familiar

---

1 HELLER, Erich, *The Artist's Journey into the Interior*, New York, Random House, 1959, 202-203.

para alguns, era totalmente estranho para mim. Após o início, não fui acompanhada por nenhum guia, mas segui trilhas sugeridas por alguns livros. Essas trilhas me levaram cada vez mais longe do terreno familiar ao trabalho que faziam meus colegas, e me senti cada vez mais isolada intelectualmente. Então, rapidamente esbocei um relato de minhas viagens, selei-o em uma garrafa e o joguei aos mares próximos, na esperança de que fosse encontrado por alguém da área de onde eu tinha vindo, que essa pessoa ficasse intrigada e me seguisse até o lugar onde estou agora.

Tive meu primeiro contato com a filosofia da linguagem quando era estudante de pós-graduação em Berkeley, por intermédio de Stanley Cavell. O que encontrei naquela época foi principalmente a análise da linguagem ordinária de Oxford, especialmente a de Austin. Embora meu próprio campo fosse ciência política e não filosofia, decidi escrever minha tese de doutorado usando técnicas da filosofia da linguagem como as de Austin para esclarecer um conceito problemático em teoria política, o conceito de representação. Só depois que aquela tese estava essencialmente concluída é que encontrei, em rápida sucessão, o livro de Paul Ziff, os últimos escritos de Wittgenstein e o manuscrito da tese de Cavell[2]. Seu impacto sobre mim foi imediato e intenso. Senti isso logo que compreendi o autêntico significado do trabalho árduo, meticuloso que eu vinha realizando sobre a representação. Pela primeira vez, fiquei genuinamente interessada e envolvida com o meu trabalho. E tudo o que havia aprendido sobre política, sociedade e pensamento humano parecia reorganizado, enriquecido, por minha nova compreensão. Foi, em suma, uma experiência transformadora. Sem dúvida, eu fora preparada para isso por meus estudos anteriores em filosofia, pelas conversas com Cavell e pelas dificuldades que enfrentei escrevendo a tese.

Cheia de euforia e continuando minhas leituras entusiasmadas, comecei a tentar falar sobre essas novas descobertas com meus colegas e a oferecer cursos sobre elas. Os resultados foram extremamente decepcionantes. As pessoas não estavam familiarizadas com a literatura que me interessava, os últimos escritos de Wittgenstein tinham acabado de ser publicados e o manuscrito de Cavell permanecia inédito. À medida que continuava minhas explorações, a distância que me separava

---

2 ZIFF, Paul, *Semantic Analysis,* Ithaca, Cornell University Press, 1960; WITTGENSTEIN, Ludwig, *Philosophical Investigations,* trad. ing. de G. E. M. Anscombe, New York, Macmillan, ³1968. Trad. bras.: *Investigações filosóficas,* de Marcos Montagnoli, Petrópolis, Vozes, ⁴2005. *Investigações filosóficas*, *Philosophische Untersuchungen,* trad. bras. de João José R. L. Almeida, Edição Bilíngue Alemão-Português, 2017, disponível em: <http://www.psicanaliseefilosofia.com.br/textos/InvestigacoesFilosoficas-Original.pdf>, Acesso em: 3 jun. 2020. CAVELL, Stanley Louis, *The Claim to Rationality*, Tese de Doutorado em Filosofia (não publicada), Cambridge, Harvard University, 1961-1962.

daqueles a quem queria alcançar aumentava. Quando tentei sugerir leituras, rapidamente ficou claro o quão extensa e inacessível era a literatura. Além disso, para os cientistas políticos, a literatura também parecia remota em seu conteúdo e irrelevante para seus interesses; os poucos estudos que pretendiam relacionar a nova filosofia diretamente à política me pareciam representações deturpadas, quase arbitrárias. Até minhas aulas eram insatisfatórias. Alguns alunos saíam rapidamente, entediados; outros estavam interessados, até entusiasmados, mas muitas vezes surgiam com ideias que eu achava constrangedoramente bizarras. E, o pior de tudo, não conseguia concatenar minhas próprias ideias. Nesse ponto, comecei a escrever o que seria um pequeno artigo sobre filosofia da linguagem ordinária e política; e acabou se tornando este livro.

O livro, então, está sujeito a todos os perigos óbvios que podem ser depreendidos do relato acima. Nas áreas da filosofia de que trata, sou basicamente uma autodidata e uma amadora; sem dúvida, cometi muitos erros crassos como resultado, não consegui ver as conexões com os estudos já existentes e dar crédito a quem merece. Além disso, há o perigo de que algo que foi uma experiência intelectual transformadora para mim, descoberta gradualmente na hora certa, possa ter apenas um interesse menor quando servida de forma pré-digerida para outros. Na verdade, talvez meus colegas e alunos não tenham encontrado em Wittgenstein o que eu encontrei nele, porque de fato o que encontrei não estava lá, que a minha resposta foi idiossincrática e desproporcional a uma doutrina filosófica objetivamente desinteressante.

Mas esses são perigos relativamente superficiais, envolvendo, no máximo, meu constrangimento pessoal com a publicação deste livro. Existe um perigo mais profundo e, para mim, mais sério inerente à natureza do material a ser tratado aqui. Pois as dificuldades peculiares do próprio estilo de Wittgenstein, às quais já aludi, levantam as mais sérias dúvidas sobre se tal livro poderia ter sucesso, ou se não está fadado a trair sua própria causa. Resumidamente, o estilo de Wittgenstein é obscuro, então tentei deixar claro, lúcido e acessível o que acho que ele estava tentando dizer. Embora presunçoso, esse é um empreendimento valioso se a obscuridade de Wittgenstein sinalizar uma falha de sua parte, uma incapacidade de expressar seus ensinamentos com mais clareza. Mas se torna um desastre se a obscuridade de Wittgenstein for intencional, de alguma forma necessária ao seu ensino, se o que ele tem a dizer só pode ser dito e aprendido indiretamente. Então, qualquer tentativa de expor a mensagem clara e sistematicamente estaria fadada a traí-la; e qualquer tentativa desse tipo de apresentar Wittgenstein aos leitores teria o efeito de impedi-los de ter um encontro genuíno com as ideias dele.

O próprio Wittgenstein comenta as peculiaridades de seu estilo na introdução de sua obra mais importante, sugerindo que representava ao mesmo tempo um fracasso e um elemento essencial da sua forma de filosofar. A princípio, diz ele, pretendia organizar seus pensamentos em um livro que progredisse "de um objeto a outro numa sequência natural e sem lacunas"[3]. Mas "após várias tentativas frustradas"[4], ele percebeu que seria incapaz de fazê-lo. E se desculpa: "Gostaria muito de ter produzido um bom livro. Não saiu bem assim; mas já passou o tempo em que poderia melhorá-lo"[5]. Mas Wittgenstein também diz que seu estilo filosófico desarticulado e obscuro resulta da forma como ele entende a própria natureza da filosofia; e que "isto está em conexão com a natureza da própria investigação"[6].

Antes de Heller, o próprio Wittgenstein usou a analogia de conhecer melhor uma cidade, como forma de iluminar seu trabalho em filosofia. Ele não escolheu Roma, mas Londres, uma cidade que, de fato, ele teve que aprender a conhecer lentamente. Dois de seus alunos nos contam que ele falava:

> Ao ensinar filosofia, sou como um guia que mostra como se orientar em Londres. Preciso levá-los pela cidade de norte a sul, de leste a oeste, de Euston ao Embankment e de Piccadilly até o Marble Arch[7]. Depois de tê-los levado por muitas viagens pela cidade, nas mais variadas direções, provavelmente passamos por uma rua qualquer inúmeras vezes – a cada uma cruzando-a em uma nova jornada diferente. Ao finalizarmos, vocês conhecerão Londres; serão capazes de se orientar como um londrino nato[8].

---

3 WITTGENSTEIN, *Investigações filosóficas, Philosophische Untersuchungen*, 6.
4 Ibid., 6.
5 Ibid., 8.
6 Ibid., 6.
7 *Euston to Embankment* é um trajeto de metrô que parte do centro de Londres, da Euston Road, e tem conexão com a linha de trem com o mesmo nome *Euston railway station*. *Embankment* é a estação de metrô da cidade de Westminster, perto de vários jardins e monumentos históricos. Picadillly também é nome de uma estação – *Piccadilly Circus* – localizada logo abaixo do circo de mesmo nome, com entradas em todas as esquinas. O trajeto *Picadilly – Mable Arch* pode ser feito de metrô, ônibus e trem. Marble Arch é um arco triunfal do século XIX com fachada em mármore branco e projetado por John Nash, em Park Lane, Londres. (N. dos T.)
8 GASKING, D. A. T.; JACKSON, A. C., Wittgenstein as a Teacher, in: FANN, K. T. (ed.), *Ludwig Wittgenstein. The Man and His Philosophy*, New York, Dell, 1967, 51.

Significativamente, o objetivo é que o aluno se torne capaz de se localizar por conta própria, uma noção muito diferente do que dominar uma doutrina.

Para Wittgenstein, a filosofia era algo extremamente pessoal – tanto seu próprio filosofar quanto a filosofia como empreitada tradicional. Heller sugere que é por isso que para compreender sua filosofia "no seu próprio nível é tanto uma questão de imaginação e caráter quanto de 'pensamento'"[9]. O próprio filosofar de Wittgenstein foi, como diz Heller, "uma paixão que o consumia; e não apenas 'uma' paixão, mas a única forma possível de sua existência: a ideia de perder seu dom para a filosofia o fazia ter impulsos suicidas. Ele não podia deixar de ter desprezo pelos filósofos que 'faziam' filosofia e, tendo feito isso, pensavam em outras coisas", que faziam filosofia "para viver" e, para marcar pontos como debatedores, defendiam várias posições em que eles na verdade não acreditavam[10]. Acima de tudo, Wittgenstein valorizava o que os existencialistas passaram a chamar de "autenticidade" – a disposição e a capacidade de dizer o que você realmente quer dizer, e viver de acordo com o que você diz.

Todavia, ainda em um sentido mais geral, Wittgenstein via todo o filosofar como uma atividade muito pessoal, como uma expressão do *self*, até mesmo como um sintoma. O filósofo é um homem dominado por uma ideia, uma obsessão; ele é prisioneiro de si, "cativado" por "uma imagem" que o obceca. Wittgenstein o sabia por experiência própria e acreditava ter encontrado um método filosófico para providenciar a libertação dos prisioneiros – a de si mesmo e as de outros filósofos. Cavell sugere paralelos entre Wittgenstein e Freud, que para Wittgenstein o objetivo principal da filosofia é o autoconhecimento; e que ele escreve indireta e obscuramente porque, tal qual a terapia freudiana, ele "deseja evitar a compreensão que não seja acompanhada por mudanças internas". Tanto Freud quanto Wittgenstein "têm a intenção de desmascarar o fracasso de nossas verdadeiras necessidades em face de autoimposições que não analisamos, [...] ou fantasias ('imagens') das quais não podemos escapar"[11].

Tal terapia, sempre pessoal, sempre deve dirigir-se ao *self* individual específico e a uma posição filosófica específica. Assim, a filosofia de Wittgenstein sempre foi, de uma maneira importante, o que a filosofia havia sido para Sócrates: um diálogo

---

9 Heller, *The Artist's Journey*..., 203.

10 Ibid., 204.

11 Cavell, Stanley, *Must We Mean What We Say?*, New York, Charles Scribner's Sons, 1969, 72. O próprio Wittgenstein estava ciente dos paralelos, mas também enfatizou uma diferença: "São técnicas diferentes". Ver Malcolm, Norman, *Ludwig Wittgenstein. A Memoir*, London, Oxford University Press, 1962, 57.

entre o que guia e o que procura, entre professor e aluno, entre dois indivíduos filosofantes. Tal filosofia não é facilmente colocada em forma discursiva e publicada em livros[12]. Pois o que é apropriado dizer a um homem, o que pode levá-lo ao autoconhecimento ou ao discernimento filosófico, é trivial ou inútil para outro. Pode-se facilmente aplicar a Wittgenstein o que Philip Rieff diz sobre Freud: que ele "não tem mensagem, no antigo sentido de algo positivo e construtivo a oferecer", e, no entanto, "sua doutrina contém implicações intelectuais e morais que, quando elaboradas, constituem uma mensagem [...] Sua sabedoria é muito íntima, feita sob medida para este paciente e aquela ocasião"[13]. Isso também pode ajudar a explicar o estilo de Wittgenstein. Pois se as coisas são ditas apenas indiretamente, se o leitor tem permissão de descobrir por si próprio as verdades que são relevantes para ele – ou se ele é forçado a fazê-lo – então um livro de filosofia pode, afinal, ser capaz de realizar algo. Wittgenstein diz: "na filosofia, não podemos interceptar[14] uma doença do pensamento. Esta tem de seguir o seu curso natural, e a cura *lenta* é o mais importante"[15]. Mais uma vez, pode-se traçar o paralelo com a interpretação em psicanálise. O *timing* é essencial, e as perguntas ou afirmações indiretas podem muitas vezes penetrar onde as afirmações diretas não entram, permitindo ao leitor ou paciente assimilar um *insight* na medida em que estiver pronto para isso. "Em filosofia, é sempre bom introduzir uma pergunta em vez de uma resposta a uma pergunta. Pois uma resposta a uma pergunta filosófica pode facilmente ser injusta; descartá-la por meio de outra pergunta não o é"[16].

A formulação de perguntas em vez de respostas e o uso de afirmativas indiretas e sugestões também têm algo a ver com o fato de que o mal-estar filosófico e a cura filosófica devem ambos ser expressos no mesmo meio. Se, como afirma Wittgenstein, os problemas filosóficos de alguma forma surgem dos caprichos da linguagem humana, é muito lamentável que não tenhamos outro meio disponível além da

---

12 Sem dúvida, é por isso que os diálogos platônicos às vezes nos passam imagens de Sócrates que parecem tão incoerentes. O próprio Platão, contudo, estava ciente do problema; ver sua "Sétima Carta".

13 RIEFF, Philip, *Freud. The Mind of the Moralist,* New York, Viking Press, 1959. Por exemplo, comparar com CAVELL, Stanley, Existentialism and Analytic Philosophy, *Daedalus,* 93, Summer, 1964, 970, 972.

14 O original em inglês traz grifado o termo *"terminate"*. A autora se refere à obra de FREUD, Sigmund, Análise terminável e interminável (1937a), *Edição Standard Brasileira das Obras Completas de Sigmund Freud,* v. 23, 231-270, Rio de Janeiro, Imago, 1996. (N. dos T.)

15 WITTGENSTEIN, Ludwig, *Zettel,* ANSCOMBE, G. E. M.; VAN WRIGHT, G. H. (eds.), trad. ing. de G. E. M. Anscombe, Berkeley; Los Angeles, University of California Press, 1967, § 382. Trad. port.: *Fichas (Zettel),* de Ana Berhan da Costa, rev. Artur Morão, Coimbra, Edições 70, 2017, § 382.

16 WITTGENSTEIN, Ludwig, *Remarks on the Foundations of Mathematics,* VON WRIGHT, G. H.; RHEES, R.; ANSCOMBE, G. E. M. (eds.), trad. ing. de G. E. M. Anscombe, Oxford, Basil Blackwell, 1964, 68.

linguagem para resolvê-los, ou explicar sua natureza, ou sugerir novos métodos para lidar com eles. "A dificuldade em filosofia", como assinala Wittgenstein, "é não dizer mais do que sabemos"[17]. Estamos constantemente fazendo novas bagunças no processo de tentar arrumar as antigas. Com as mesmas palavras que usamos para esclarecer ou resolver um problema filosófico, parece que inadvertidamente, mas inevitavelmente, criamos outros. "Chega-se, assim, quando se faz filosofia, ao ponto de nada mais querer emitir senão um som inarticulado"[18]. O estilo de Wittgenstein é, até certo ponto, um elegante compromisso com esse desejo.

Por conseguinte, há um perigo bem real de que, ao tentar tornar suas ideias acessíveis, lúcidas e sistemáticas, eu possa tornar seu conteúdo e significado reais inacessíveis. Em particular, em nossa era impaciente e técnica, há o perigo de banalizar a filosofia da linguagem ordinária reduzindo-a a apenas mais uma técnica. Visto que o método com frequência dita o conteúdo, como disse Cavell, pode muito bem acontecer que "um compromisso intelectual com a filosofia analítica afaste a preocupação dos problemas mais amplos e tradicionais da cultura humana que podem nos ter levado à filosofia, em primeiro lugar"[19]. Que isso acontece com frequência na filosofia contemporânea não é segredo para ninguém que lê revistas especializadas. No entanto, considero que a filosofia wittgensteiniana não precisa ser banalizada ou ser uma banalização; ela está à altura dos problemas da filosofia tradicional e dos nossos próprios problemas. Além disso, este livro não é uma obra de filosofia em si, mas explora as implicações de alguns temas filosóficos para a nossa compreensão da política e da sociedade. Talvez essas implicações, pelo menos, possam ser examinadas sistematicamente sem ser distorcidas no processo. Em todo o caso, o livro pretende ser apenas uma introdução. Não é uma exposição completa da filosofia de Wittgenstein nem da filosofia da linguagem ordinária, e, tampouco, nenhuma das aplicações sugeridas foi totalmente desenvolvida. O leitor é instado a estudar Wittgenstein por si mesmo e aplicá-lo a seus próprios interesses.

O livro avança gradualmente da explicação à aplicação. Depois de uma introdução, apresenta certos temas básicos da filosofia de Wittgenstein, nos Capítulos II, III e IV, mas também no VI. Daí parte-se para a consideração de algumas das

---

17 WITTGENSTEIN, Ludwig, *Preliminary Studies for the "Philosophical Investigations"*, New York; Evanston, Harper & Row, 1964, 45, normalmente conhecidos como *The Blue and Brown Books*.
18 WITTGENSTEIN, *Investigações filosóficas, Philosophische Untersuchungen*, § 261.
19 CAVELL, *Must We Mean What...*, 74. O próprio Wittgenstein antecipou que "A semente mais provável que se plante é um certo jargão". Ver FANN, K. T., *Wittgenstein's Conception of Philosophy*, Berkeley; Los Angeles, University of California Press, 1969, 111.

implicações gerais desses temas, do Capítulo V ao VII; em seguida, o livro é dirigido mais especificamente a vários temas de interesse constante da ciência social e da teoria política, do Capítulo VIII ao XIV.

Minha dívida intelectual para com Stanley Cavell já foi mencionada e deve ficar evidente ao longo do livro; agradeço a ele também por ter lido o manuscrito e me dado sugestões mais úteis em uma tarde do que eu havia sonhado ser possível. Agradeço também aos meus amigos e ex-colegas, John H. Schaar e Sheldon S. Wolin, por lerem e comentarem o manuscrito; mas, ainda mais, por terem criado um enclave em Berkeley onde um trabalho sério de teoria política pode ser feito com prazer. E sou profundamente grata aos alunos de meu seminário sobre Wittgenstein de 1969, particularmente a Harold Sarf e Jon Schiller, cujo interesse paciente e senso crítico infalível me forçaram, repetidas vezes, a me aproximar mais do que eu realmente queria dizer.

A escrita deste livro teve muita ajuda financeira. Tive um verão livre para iniciá-lo graças a uma bolsa de pesquisa Faculty Research Grant da Universidade de Wisconsin, um ano livre para escrevê-lo com auxílio de uma bolsa do American Council of Learned Societies, e para preparar a revisão final do texto contei com uma bolsa do Committee on Research of the University of California, Berkeley.

Por toda essa ajuda generosa, sou muito grata.

| INTRODUÇÃO

Não é de forma alguma óbvio que alguém interessado em política e sociedade precise se preocupar com filosofia; nem que, em particular, ele tenha algo a aprender com um filósofo obscuro, misantropo e enigmático como Ludwig Wittgenstein, que nunca escreveu sobre tais tópicos. Os interesses de Wittgenstein eram a filosofia em si, a linguagem e a relação entre as duas. No entanto, suas investigações podem produzir *insights* de importância primordial para a ciência social ou para a teoria política. De certa forma, não há atalho para esses *insights* ou seu significado; o resto deste livro é uma tentativa de torná-los evidentes. No entanto, algo deve ser dito inicialmente, no sentido de indicar para onde vamos, nem que seja para explicar por que o esforço vale a pena.

O que Wittgenstein tem a oferecer a um estudioso da vida humana coletiva claramente não é um conjunto de dados novos. Como qualquer outro filósofo, ele não apresenta informações que antes desconhecêssemos. Tampouco pretende, como fazem alguns filósofos, desenvolver uma teoria nova para interpretar fatos já conhecidos. O que ele tem a oferecer é um tipo de nova perspectiva, uma nova maneira de ver o que sempre foi visível, o que passou despercebido justamente por sua familiaridade. Wittgenstein diz oferecer "observações sobre a história natural dos seres humanos", mas não sobre costumes bizarros de tribos estranhas. Em vez disso, ele faz observações sobre *nós*, "observações das quais ninguém duvidou, mas que escaparam à observação só porque estão continuamente diante dos nossos olhos"[1]. Às vezes, não é fácil ver o óbvio; às vezes, temos que aprender a ver, e o aprendizado pode ser um processo lento e difícil. É quase uma questão de se formar novos hábitos de pensamento, e a certa altura o próprio Wittgenstein

---

1 WITTGENSTEIN, Ludwig, *Philosophical Investigations,* trad. ing. de G. E. M. Anscombe, New York, Macmillan, ³1968, § 415, comparar com p. 118, neste volume. Trad. bras.: *Investigações filosóficas*, de Marcos Montagnoli, Petrópolis, Vozes, ⁴2005.

fala de sua contribuição como "um novo modo de pensar"[2]. Ele também questiona se suas ideias constituem uma *Weltanschauung*[3]. Caracteristicamente, Wittgenstein apenas formula a questão e não a responde. Mas Cavell sugere que a resposta não pode ser nem categoricamente afirmativa nem categoricamente negativa: não é afirmativa, "porque não se trata de forma *especial* ou concorrente de olhar para as coisas". Ainda assim não é negativa, porque, se tiver sucesso, "o mundo irá parecer – ser – diferente"[4].

A chave para a evasiva perspectiva wittgensteiniana é a linguagem: o fato da linguagem humana e como ela opera; novas formas de estudá-la; uma nova concepção de sua importância para a filosofia e, por extensão, para qualquer empreitada intelectual; e, em última análise, a consciência de nossa linguagem como uma abordagem nova para fazer o que a filosofia sempre empreendeu – questionar, examinar e chegar a um acordo com nossas próprias suposições e compromissos.

Ao nível mais amplo e geral, Wittgenstein simplesmente chama a atenção para a centralidade e o significado da linguagem na vida, no pensamento e na atividade dos seres humanos. Nesse sentido, ele está longe de ser único, mas tão somente parte de uma enorme confluência contemporânea de interesses. Claro, filósofos e teóricos sociais sempre tiveram interesse no discurso humano e na conceituação. Mas o interesse nesses tópicos decerto aumentou muito em nosso tempo, e parece haver um sentimento generalizado de que o estudo da linguagem pode revelar soluções para problemas pendentes nos mais diversos campos. Vimos não apenas o crescimento de uma ciência autônoma da linguística, da teoria das comunicações, da informação e da cibernética; mas também um novo interesse pela linguagem em campos que vão desde a filosofia, a semântica e a literatura, e passam pela antropologia, pela psicologia e pela história. Até mesmo estudos do comportamento do ser humano rigorosamente cada vez mais recorrem a sistemas simbólicos, mesmo que apenas como variáveis que intervêm entre estímulo e resposta. Até certo ponto, o novo interesse promoveu a especialização e a fragmentação dos campos de estudo. No entanto, um número crescente de autores parece considerar a linguagem como detentora de possibilidades para uma nova síntese no estudo do homem, para mais

---

2 WITTGENSTEIN, Ludwig, *Lectures and Conversations on Aesthetics, Psychology and Religious Belief*, BARRETT, Cyril (ed.), Berkeley; Los Angeles, University of California Press, 1967, 28.

3 WITTGENSTEIN, *Philosophical investigations*, § 122. *Weltanschauung* é palavra dicionarizada em inglês e no português, motivo pelo qual parece que a autora considerou desnecessário traduzi-la. Em inglês, *worldview*; em português, visão de mundo. (N. dos T.)

4 CAVELL, *Must We Mean What...*, 86.

uma vez compreender o homem como um todo integral[5]. Em suma, Wittgenstein pode ser visto como parte de uma abrangente tendência moderna a buscar, no estudo da linguagem, o progresso em questões da maior importância[6].

"Nós – a humanidade – somos uma conversa", diz Martin Heidegger, explicando seu poeta favorito. "O ser do homem se encontra na linguagem"[7]. Isso pode muito bem nos parecer uma afirmação extravagante, mais uma tentativa de definir o homem e confinar sua natureza. Afinal, a partir de uma perspectiva científico-social, a linguagem é só mais uma parte do comportamento humano, governada por leis causais e suscetível ao estudo objetivo. E assim o é. No entanto, trata-se também de algo a mais, algo único e profundamente fundamental à vida humana. Apenas os homens dispõem da linguagem, embora, é claro, muitas espécies se comuniquem de várias maneiras[8]. E a linguagem é a mensageira da cultura humana, através dela a humanidade continuamente se produz e se contempla, um reflexo de nosso ser enquanto espécie. A linguagem, pode-se dizer, é o meio em que vive a mente, o elemento habitado por nossas mentes como nossos corpos habitam na terra e no ar. Ao dominar uma língua, acolhemos uma cultura; nossa língua nativa se torna uma parte de nós mesmos, da própria estrutura do *self*. Assim, a linguagem tem aspectos duais: é nosso meio de autoexpressão, de exprimir nossa individualidade única; e, ao mesmo tempo, é o que temos em comum com outros membros da nossa comunidade, o que nos torna semelhantes e a eles nos vincula. Em consequência, a linguagem está no cerne do problema do pertencimento[9] – a um grupo, a uma cultura, a uma sociedade, a um sistema político – central para quase todas as questões teóricas nos estudos sociais e políticos. Além disso, a linguagem muda de maneiras sistemáticas e previsíveis, mas obviamente essas mudanças resultam

---

5 Ver particularmente as obras de Maurice Merleau-Ponty; mas também Gusdorf, Georges, *Speaking*, trad. ing. de Paul T. Brockelman, Evanston, Northwestern University Press, 1965; Henle, Paul (ed.), *Language, Thought and Culture*, Ann Arbor, University of Michigan Press, 1965; Chomsky, Noam, *Language and Mind*, New York, Harcourt, Brace & World, 1968; e *Cartesian Linguistics*, New York; Londres, Harper & Row, 1966; e Ohman, Susanne, *Wortinhalt und Weltbild*, Stockholm, Kungl. Boktryckeriet P.A. Norstedt & Soner, 1951.

6 Ohman, *Wortinhalt und Weltbild...*, 9.

7 Heidegger, Martin, *Existence and Being*, Chicago, Henry Regnery, 1968, 277. A autora se refere à palestra "*Hölderlin and the Essence of Poetry*" traduzida por Douglas Scott para o inglês. (N. dos T.)

8 A comunicação animal é, em si, um campo no qual um progresso muito fascinante vem sendo feito nos últimos anos. Ver nesse sentido o trabalho de Karl von Frisch sobre abelhas, o trabalho de John C. Lilly sobre golfinhos, o *King Solomon's Ring* de Konrad Lorenz, e os sucessos recentes de R. A. e B. T. Gardner no ensino da linguagem de surdos para um chimpanzé.

9 Pitkin menciona em inglês o termo – *membership* – que pode ser relacionado às noções de associação, pertença e pertencimento nas teorias representativas. (N. dos T.)

das escolhas livres de muitos indivíduos. Assim, ela pode iluminar a natureza da inovação e da continuidade nos assuntos humanos. Wittgenstein nos oferece novas maneiras de conceituar e investigar tais tópicos.

Em particular, ele está interessado na maneira pela qual uma pessoa é iniciada em suas língua e cultura nativas. Pois a maneira como aprendemos a linguagem nos diz muito sobre o que é a linguagem, o que são os conceitos, como nossas mentes funcionam. Através do aprendizado da linguagem, Wittgenstein investiga a liberdade em um contexto de regras e o que significa dizer que a linguagem é um sistema aberto. Em resultado, além disso, ele está permanentemente ocupado com os temas da educação, da natureza da autoridade, da criatividade, do crescimento individual.

A ênfase de Wittgenstein, como veremos, está na linguagem como discurso, como algo que os seres humanos fazem, como uma forma de ação. Essa ideia permite que ele desafie uma perspectiva mais antiga e quase onipresente da linguagem, que enfatiza a referência, a correspondência, a representação. Na perspectiva mais antiga, o significado de uma palavra é o que ela representa no mundo[10], e a função da linguagem é principalmente expressar afirmações sobre o mundo. Wittgenstein mostra que essa ideia do significado não pode estar correta, e que essa perspectiva da linguagem é igualmente inadequada e enganosa. A importância desta mudança não pode ser explicada de forma resumida, mas podemos listar alguns dos tópicos sobre os quais ela incide.

Se a linguagem for vista antes como uma atividade humana do que como uma coleção de nomes para categorias de fenômenos, então não ficaremos mais surpresos em encontrar inconsistências sistemáticas nela – não como uma falha ou deficiência, mas como algo essencial para suas funções. E isso proporcionará novas maneiras de trabalhar os problemas que surgem em qualquer pensamento abstrato e conceitual, problemas que têm sido centrais na filosofia tradicional, mas que ocorrem com igual frequência na teoria política ou social e em outros campos. Além disso, se a linguagem é vista como atividade humana, essa atividade pode ser realizada de maneiras bastante diferentes, dependendo do que os seres humanos falantes estiverem fazendo. Podemos investigar vários tipos de discurso e o modo como a linguagem é usada neles. E isso, por sua vez, nos diz coisas sobre o que se

---

10 Pitkin usa a expressão em inglês *stands for*; sobre o mesmo tema ver *"'Standing for'. Descriptive Representation"* e *"'Standing for'. Symbolic Representation"*, in: PITKIN, Hanna, *The Concept of Representation*, Berkeley; Los Angeles; Londres, University of California Press, 1972, 60-111. (N. dos T.)

fala nessas regiões da linguagem. Assim, por exemplo, Wittgenstein nos permite investigar a natureza do discurso político e do político[11].

Além disso, se não é preciso usar palavras para referir e seu significado não é seu referente, e se os conceitos podem ser internamente incoerentes, então muitas de nossas suposições tradicionais e de senso comum sobre a relação entre linguagem e realidade podem ser questionadas. Essa também é uma questão filosófica muito antiga, seja na forma de como a mente está relacionada à matéria ou na forma de como a teoria está relacionada à ação. No entanto, o problema também é central no pensamento contemporâneo e recebeu um novo ímpeto a partir de desdobramentos recentes nos campos da linguística, da antropologia e da psicologia experimental. Embora não se possa dizer que Wittgenstein apresenta uma doutrina sobre a relação entre a linguagem ou o pensamento e o mundo, há uma notável convergência entre suas investigações e as teorias de etnólogos como Edward Sapir e Benjamin Lee Whorf. E ele nos dá novas maneiras de investigar as questões a respeito da nossa própria linguagem, onde elas mais importam. Em particular, este tópico é de relevância central para as ciências sociais, em que a linguagem e a conceitualização elas próprias participam, fazem parte do assunto a ser estudado, moldam e dirigem as atividades humanas a ser examinadas. Assim, Wittgenstein é de suma importância para as recentes controvérsias sobre a natureza e a viabilidade do estudo científico do homem, e para as recentes tentativas de se opor às maneiras comportamentais e fenomenológicas de estudar a psicologia, a sociologia e a política.

PROBLEMAS CONCEITUAIS E FILOSOFIA DA LINGUAGEM ORDINÁRIA

Mas a linguagem não é meramente uma característica básica da natureza humana a ser investigada, nem apenas uma parte do objeto de estudo do cientista social. Dizer que ela é o meio em que a mente opera é sugerir que a linguagem é tanto uma característica do investigador quanto do investigado, tanto uma ferramenta quanto um dado das ciências sociais, tanto a substância quanto o problema da teoria política. A esse respeito, também, a obra de Wittgenstein e de alguns outros filósofos contemporâneos tem implicações importantes para o pensamento social e político. Aqui, o que eles têm a oferecer são novos *insights* sobre a natureza e as armadilhas do que fazemos quando pensamos conceitualmente, e novas maneiras de lidar com algumas dessas armadilhas. É nessa área que o trabalho de Wittgenstein é, ao

---

11 Aqui o termo usado no original é *the political* e se refere, na teoria política, às concepções ampliadas da política, em geral. (N. dos T.)

mesmo tempo, mais acessível e mais facilmente mal compreendido. Pois é aqui que sua contribuição pode facilmente parecer uma questão de metodologia, de técnica; portanto, devemos ter cuidado para evitar tal mal-entendido.

O amplo fascínio contemporâneo pela linguagem teve um impacto particular na própria filosofia, de modo que hoje quase todos os filósofos anglo-saxões são de algum modo "filósofos da linguagem"[12]. Mas podem-se distinguir duas abordagens principais e conflitantes dentro desta orientação geral. Uma abordagem considera a maneira como as pessoas comumente falam como descuidada, deficiente e enganosa. Atribui à filosofia a tarefa de corrigir ou substituir totalmente a linguagem ordinária, como a ciência corrige ou substitui nosso senso comum de compreensão do mundo. Essa abordagem busca construir linguagens ideais, livres das imperfeições lógicas da conversa cotidiana, ou então busca traduzir declarações comuns e ambíguas em uma "forma lógica", clara e inequívoca, separando nelas o que é significativo do que não faz sentido. Essa foi, no todo, a orientação do trabalho inicial de Wittgenstein, o *Tractatus Logico-Philosophicus*.

A outra abordagem sobre a importância filosófica da linguagem afirma que a maneira como as pessoas habitualmente falam está "correta tal como é". Esta abordagem sustenta que o discurso ordinário não precisa de correção geral, tradução ou substituição. (Naturalmente, esses filósofos reconhecem que às vezes falamos de maneira ambígua, descuidada, erroneamente.) Essa orientação considera nossos modos comuns de falar como dados apropriados ao estudo filosófico, que precisam ser examinados em vez de suplantados. Esta é a abordagem dos escritos posteriores de Wittgenstein, conscientemente rejeitando o *Tractatus*. Mas há também subdivisões significativas nesta abordagem. Além do próprio Wittgenstein, vários de seus discípulos a exercem em várias direções – filósofos como G. E. M. Anscombe, Norman Malcolm, John Wisdom e Stanley Cavell. Enquanto Wittgenstein estava em Cambridge e mesmo depois, um movimento filosófico nitidamente separado e paralelo se desenvolveu em Oxford. Com frequência o chamam de "filosofia da linguagem ordinária", e provavelmente seus praticantes mais famosos são J. L. Austin e Gilbert Ryle. Além disso, um ramo dessa abordagem ampla tem se desenvolvido nos Estados Unidos sob o impulso da linguística científica; este ramo, que enfatiza o estudo científico e sistemático da linguagem natural, inclui figuras como Noam Chomsky, Paul Ziff, Jerry A. Fodor e Jerrold J. Katz.

---

12 Ver, por exemplo, CHAPPELL, V. C. (ed.), *Ordinary Language*, Englewood Cliffs, Prentice-Hall, 1964, 1; AMMERMAN, Robert R. (ed.), *Classics of Analytic Philosophy*, New York, McGraw-Hill, 1965, 12.

Embora haja diferenças importantes entre os três ramos da abordagem que aceitam a linguagem ordinária como ela é, e embora os membros de um dos ramos muitas vezes critiquem os trabalhos dos de outro, descobri que muitas de suas ideias se complementam mutuamente e tomei emprestado de todas elas. O que eles compartilham é a consciência de um tipo característico de problema, de questão ou perplexidade que tem sido central para as disputas filosóficas tradicionais, e que surge da linguagem e pode ser resolvido por meio do estudo da linguagem ordinária. A maioria desses autores, inclusive Wittgenstein, chama esse tipo de problema simplesmente de "filosofia"; chama o homem que está preocupado com isso de "o filósofo" ou "o filósofo tradicional" e chama a atividade de investigá-lo de "filosofar". Mas, por duas razões, vou me referir a esses problemas como "conceituais". Em primeiro lugar, a atitude de Wittgenstein em relação à filosofia tradicional é complexa e altamente problemática e deve ser investigada em vez de assumida. Seguir sua maneira de falar aqui provavelmente daria um viés ao nosso eventual exame do tópico, porque muito do que ele diz soa como uma crítica injustificada à "filosofia". A segunda razão para chamar tais problemas de "conceituais" é enfatizar que eles não se limitam à própria filosofia nem aos filósofos profissionais. Eles ocorrem quase tão facilmente na teoria política, na teoria da ciência social ou, na verdade, em qualquer forma de pensamento abstrato, geral e conceitual.

De maneira preliminar, problemas ou enigmas conceituais podem ser caracterizados por duas particularidades recorrentes que apresentam. Eles surgem no decurso da contemplação abstrata, não no decurso de uma atividade ou como resultado de alguma nova descoberta factual, e têm uma qualidade peculiar e paradoxal, frequentemente assinalada por expressões como "realmente" ou "estritamente falando". Alguém paralisado num enigma conceitual desse tipo pode dizer, por exemplo, "Na verdade, estritamente falando, você nunca saberá o que outra pessoa está sentindo". Ou, "Na verdade, estritamente falando, toda ação é movida pelo interesse pessoal". Ou, "Realmente, estritamente falando, não existe causalidade, mas apenas correlação estatística de eventos". Esses *insights* estão sempre em conflito aparente com "o que todos nós habitualmente tomamos como certo"; eles se apresentam como descobertas. No entanto, eles de algum modo também são parasitários e incapazes de se divorciarem de nossas maneiras comuns de falar sobre conhecimento e sentimentos, ou interesse próprio e ações, ou causalidade. Alguns filósofos estão cientes do caráter paradoxal de tais percepções conceituais e reconhecem isso. Em outros, ela se manifesta apenas na história da filosofia, pois o problema conceitual dá origem a uma disputa sem fim que nunca é resolvida. Essas disputas podem continuar por gerações de teóricos ou filósofos; novos autores escolhem uma posição de um lado ou do outro, mas os dois lados travam um diálogo de surdos e seus argumentos parecem não se encontrar. Pode-se sentir que, de algum jeito, ambos estejam certos, embora a incompatibilidade lógica dos dois lados seja bastante evidente.

Dentro da filosofia, geralmente considera-se que a contribuição característica dos filósofos da linguagem ordinária foi desenvolver uma provisão de novos métodos para lidar com tais problemas. Eles argumentam que os problemas centrais da filosofia tradicional se originaram na linguagem ordinária e que uma investigação da linguagem irá ao menos iluminá-los, senão resolvê-los ou eliminá-los completamente. Esses homens estão perfeitamente cientes de que os filósofos não consideram tradicionalmente suas preocupações como linguísticas; tais problemas se apresentam como ontológicos. As investigações tradicionais têm sido sobre a natureza, digamos, da liberdade, não sobre a palavra "liberdade". Mas os filósofos da linguagem ordinária e Wittgenstein, não obstante, insistem em que essas investigações também versam sobre a palavra em questão e podem ser tratadas ao nível linguístico. Eles recomendam, em vez disso, que nos afastemos da questão ontológica e nos concentremos na semântica; que perguntemos não "O que é liberdade?", mas "O que significa 'liberdade'?" ou, melhor ainda, "Como usamos a palavra 'liberdade'?" E eles ensinam as técnicas desse tipo de investigação.

Tanto a validade de tal investigação quanto o tipo de relevância que ela tem para os problemas tradicionais da filosofia são frequentemente mal compreendidos, e algumas das críticas mais severas dirigidas contra a filosofia da linguagem ordinária se baseiam em mal-entendidos desse tipo. Muitas vezes, até os próprios filósofos da linguagem ordinária não são tão claros quanto se poderia desejar sobre o que estão fazendo. Um tipo fundamental de crítica vem de parte da linguística científica e desafia os métodos de investigação do filósofo da linguagem ordinária[13]. Se ele pretende mostrar que um filósofo tradicional, ou qualquer pensador, se desviou de nossos modos comuns de falar, fez mau uso da linguagem ou distorceu significados, então ele deve estar preparado para justificar sua própria explicação dos significados. No entanto, seu estudo da linguagem não é científico, e ele parece não

---

13 Por exemplo, Ziff, Paul, *Semantic Analysis*, Ithaca, Cornell University Press, 1960; Fodor, Jerry A.; Katz, Jerrold J., The Availability of What We Say, *Philosophical Review*, LXXII, jan. (1963) 57-71; e Id., *The Structure of Language*, Englewood Cliffs, Prentice-Hall, 1964; Mates, Benson, On the Verification of Statements About Ordinary Language, in: Chappell (ed.), *Ordinary Language*.

fazer nenhum esforço especial para observar empiricamente o discurso dos homens comuns. Na verdade, seu método não parece diferir muito daquele dos filósofos tradicionais, cujas conclusões ele rejeita.

Um segundo tipo de crítica é mais frequentemente formulado por parte da filosofia tradicional[14]. Esses críticos perguntam: mesmo supondo que possamos extrair um conhecimento confiável do discurso ordinário, por que isso deveria se aplicar também ao filósofo? Afinal, o homem comum possui uma inteligência medíocre e provavelmente de todo convencional. Por que seus hábitos deveriam ser tidos como normativos, usados como padrão obrigatório para o homem de gênio? O respeito pelos homens comuns pode ser louvável e democrático, mas certamente em questões intelectuais devemos promover o extraordinário, o criativo, o único. Parece perverso tentar limitar um Platão ou um Kant ao senso comum de comerciantes e fazendeiros. Além disso, parece uma intenção extremamente conservadora, uma acusação que assume especial importância se a filosofia da linguagem ordinária for empregada no pensamento político ou social. E, de fato, existem passagens nos escritos de alguns filósofos da linguagem ordinária que soam quase burkeanos em sua glorificação das "distinções que os homens descobriram que vale a pena traçar e as conexões que consideraram dignas de serem feitas, durante as vidas de muitas gerações", distinções e conexões que "resistiram ao longo teste da sobrevivência do mais apto"[15]. Além disso, argumentam os críticos, toda a orientação da linguagem ordinária tende a banalizar e rebaixar a filosofia. Pois parece reduzir as grandes investigações e sistemas filosóficos do passado a uma série de erros, e erros sobre meras palavras. E os filósofos sempre se preocuparam não com meras palavras, mas com as realidades mais profundas: a verdadeira natureza do homem, do mundo, de Deus. Devemos realmente reduzir o papel da filosofia à correção de erros linguísticos? Então a filosofia de fato pareceria se tornar, como Bertrand Russell certa vez acusou, "na melhor das hipóteses, uma pequena ajuda para os lexicógrafos e, na pior, um ocioso passatempo à mesa de chá"[16].

Embora essas críticas não sejam sem fundamento, elas fundamentalmente distorcem a filosofia da linguagem ordinária e Wittgenstein. Ao ver como isso ocorre,

---

14 Por exemplo, MATES, op. cit.; GELLNER, Ernest, *Words and Things*, London, Victor Gollancz, 1959; MARCUSE, Herbert, *One Dimensional Man*, Boston, Beacon Press, 1968, especialmente o Capítulo VII; e POLANYI, Michael, *Personal Knowledge*, New York; Evanston, Harper & Row, 1964, 113-116.

15 AUSTIN, J. L. *Philosophical Papers*, Oxford, Clarendon Press, 1961, 130; mas compare com p. 133, 137, em que nos é dito que a linguagem comum pode ser melhorada, afinal.

16 RUSSELL, Bertrand, *My Philosophical Development*, citada em HELLER, Erich, *The Artist's Journey into the Interior*, New York, Random House, 1959, 210.

vamos começar com as críticas, levantadas por parte da linguística, sobre os métodos do filósofo da linguagem ordinária, suas evidências acerca das afirmações que ele faz sobre o que habitualmente dizemos. Afinal, ele procede da mesma forma que os filósofos tradicionais: ele pensa. Ele contempla, talvez leia alguns livros, talvez converse com alguns outros pensadores e então faça uma "descoberta". Ele não conduz experimentos controlados, nem estudos antropológicos de campo, nem sondagens de opinião pública por amostragem. Ele não oferece estatísticas e seu trabalho não possui nenhuma das características visíveis da ciência.

O filósofo da linguagem ordinária pode responder que não precisa fazer pesquisas científicas, porque todos nós já temos as informações necessárias, simplesmente por sermos falantes nativos de nossa própria língua. Mas esse conhecimento é em grande medida implícito e tácito; e quando o filósofo tradicional tenta, no curso de suas investigações, torná-lo explícito, ele se engana, em parte porque não está ciente de que suas questões são sobre a linguagem. Wittgenstein e os filósofos da linguagem ordinária enfatizam o papel do conhecimento implícito e tácito no domínio de uma linguagem, afirmam que todos nós sabemos como usar nossa linguagem, mas temos dificuldade em explicar as regras segundo as quais o fazemos. Wittgenstein diz:

> Compare: saber e dizer:
>
> quantos metros de altura tem o *Mont Blanc* –
>
> como é usada a palavra "jogo" –
>
> como soa um clarinete.
>
> Alguém que se admira de que se pode saber algo e não se pode dizê-lo, talvez pense num caso como o primeiro. Certamente, não num caso como o terceiro[17].

E Ryle distingue entre "saber que" algo é assim e "saber como" fazer algo, sendo o último frequentemente difícil de exprimir em palavras[18].

Sem dúvida, o filósofo da linguagem ordinária tem a vantagem de estar ciente de que é a linguagem o que ele deseja examinar. Mas isso não parece suficiente para estabelecer sua pretensão de nos dizer o que costumamos dizer. Gostaríamos de entender a natureza da evidência e da prova aqui. Mas, para isso, devemos examinar

---

17 WITTGENSTEIN, *Investigações filosóficas*, § 78.
18 RYLE, Gilbert, *The Concept of Mind*, New York, Barnes & Noble, 1949, Capítulo II; CHISHOLM, Roderick M., *Perceiving*, Ithaca, Cornell University Press, 1957, 15. Comparar também com POLANYI, op. cit., 89-90; e HARE, R. M. et al., Symposium on the Nature of Analysis, *Journal of Philosophy*, 54, nov. (1957) 741.

mais detidamente a maneira como um filósofo da linguagem ordinária realmente procede. Austin diz que coleta termos relacionados ao que está estudando e sugere começar pelo dicionário.

> Bastará algo conciso, mas o uso deve ser *minucioso*. Dois métodos se sugerem, ambos um pouco entediantes, mas compensadores. Um é ler o livro inteiro, listando todas as palavras que parecem relevantes; isso não leva tanto tempo quanto muitos supõem. O outro é começar com uma ampla seleção de termos obviamente relevantes, e consultar o dicionário para cada um: será descoberto que, nas explicações dos vários significados de cada um, ocorre um número surpreendente desses termos, que são pertinentes, embora, claro, com frequência não sejam sinônimos. Em seguida, procuramos *esses* termos, reunindo mais dados a partir das "definições" dadas em cada caso para nossa sacola; e quando tivermos continuado um pouco mais, geralmente descobriremos que o círculo familiar começa a se fechar, até que finalmente esteja completo e cheguemos apenas a repetições[19].

Aparentemente, Austin não está sugerindo que consultemos o dicionário para obter as definições do termo que estamos estudando; para o tipo de problema em questão aqui, as definições de dicionário não ajudam. O filósofo da linguagem ordinária está interessado nas fronteiras dos conceitos, nas distinções finas de significado, nas minúcias de nossa linguagem. Para este propósito, as definições do dicionário são muito grosseiras; na verdade, um dicionário definirá uma palavra em termos de seus quase sinônimos, dos quais um filósofo da linguagem ordinária deseja distingui-la. Por exemplo, o dicionário definirá (um sentido de) "autoridade" como "o poder de influenciar a ação, opinião ou crença". Mas o filósofo da linguagem ordinária se preocupará com a diferença entre "autoridade" e "poder" ou "influência".

Embora Austin mencione explicitamente os sinônimos, ele está igualmente interessado nos antônimos e nas outras palavras que pertencem à mesma família daquela que está estudando. Um conceito como "natureza", por exemplo, tem poucos sinônimos, mas muito pode ser aprendido com as diferentes maneiras em que contrasta com "antinatural", "artificial", "convencional", "civilizado", "aperfeiçoado", "pervertido", e assim por diante[20]. Ou, para estudar o conceito de "representação",

---
19 AUSTIN, *Philosophical Papers*, 134-135.
20 HALL, Roland, Excluders, in: CATON, Charles E. (ed.), *Philosophy and Ordinary Language*, Urbana, University of Illinois Press, 1963, 67-73.

ele não se contentará com essa palavra e seus sinônimos e antônimos, mas olhará também para o substantivo "representante", o adjetivo "representativo", os verbos "representar" e *misrepresent* ["falsear"], "representacional" e "não representacional" e assim por diante. Pois as distinções de que ele precisa podem estar ocultas em alguns elementos da família de palavras, mas evidentes em outros. Assim, ele talvez não seja capaz de dizer o quanto "estar certo" difere de "ter certeza", até que perceba a diferença entre "garantir" e "verificar".

O filósofo da linguagem ordinária também se interessará por expressões idiomáticas e outras frases características nas quais uma palavra comumente ocorre. Ele perceberá, por exemplo, que uma pessoa pode estar "livre de" alguma restrição ou perigo, mas também "livre para" fazer algo; ou que uma pessoa pode ter "poder sobre" alguém, mas também "poder para" fazer alguma coisa[21]. Ele também se preocupará com a história etimológica da palavra que está estudando; primeiro, porque os significados anteriores de uma palavra são suas raízes, as fontes dos significados atuais. Austin diz: "Uma palavra nunca – bem, quase nunca – se desprende de sua etimologia e de sua formação. Apesar de todas as mudanças, extensões e acréscimos aos seus significados, e de fato os permeando e governando, ainda persistirá a antiga ideia."[22] Cada vez que o significado de uma palavra foi estendido em uma nova direção, essa extensão deve ter "feito sentido" em termos do significado antigo; deve ter havido um motivo pelo qual aquela palavra em particular foi selecionada para aquela nova tarefa em particular. Portanto, o significado mais antigo está, em alguma medida, ainda presente no mais recente. Embora uma série dessas mudanças possa levar uma palavra para muito longe de suas origens, ela ainda será acompanhada, como diz Austin, por "um rastro de nuvens de etimologia"[23]. Assim, mesmo no inglês moderno, "em um *accident* ['acidente'] alguma coisa acontece: num *mistake* ['erro, engano'] você *take* ['toma'] uma coisa errada; num *error* ['erro'] você *stray* ['afasta-se do caminho']: quando você age *deliberately* ['deliberadamente'], você age depois de ponderar (*não* depois de pensar em modos e meios)"[24].

A etimologia às vezes também é útil de uma maneira mais direta: informações sobre as circunstâncias históricas nas quais uma palavra se originou podem nos

---

21 É claro que filósofos e teóricos não linguísticos também descobrem e fazem bom uso de tais percepções de tempos em tempos. A distinção entre "liberdade para" e "liberdade de", por exemplo, é muito bem utilizada por Sir Berlin, Isaiah, *Two Concepts of Liberty*, Oxford, Claredon Press, 1958, embora eu ache que mesmo este ensaio notável poderia ser melhorado por uma atenção mais sofisticada ao uso linguístico.
22 Austin, *Philosophical Papers*, 149. Comparar com Ziff, *Semantic Analysis*, 190.
23 Austin, *Philosophical Papers*, 149.
24 Ibid., 149-150.

dizer algo importante sobre seu significado. Ziff aponta que se pode ajudar a compreender a distinção fina de significado entre *freedom* ["liberdade"] e *liberty* ["liberdade"], observando suas origens históricas. "'*Liberty*' é uma palavra de origem latina introduzida no inglês através do francês antigo e introduzida ao lado de um termo anglo-saxônico equivalente, a saber, '*frēo*'. Assim, alguém imediatamente suspeita que '*liberty*' estará ligada a questões mais formais do que seu equivalente anglo-saxão."[25] Que realmente é disso que se trata pode então ser demonstrado, observando, por exemplo, o que se diz, a respeito de um navio, "Eles *freed* ['liberaram'] as *lines* ['linhas']", mas não "Eles *liberated* ['libertaram'] as linhas". Existem diferenças análogas em significado, por razões históricas semelhantes, entre "*commence*" ["começar"] e "*begin*" ["principiar"], "*initiate*" ["iniciar"] e "*start*" ["partir"], "*justice*" ["justiça"] e "*fairness*" ["equidade"], e muitos outros pares.

Depois de coletar as palavras e expressões relevantes, o filósofo da linguagem ordinária passa a procurar diferenças nas maneiras como palavras intimamente relacionadas são habitualmente usadas, expressões nas quais uma soa perfeitamente normal, mas a outra soa estranha ou desviante. Assim, se alguém estivesse preocupado em delinear o significado de "*knowledge*" ["conhecimento"], poderia distingui-lo de "*belief*" ["crença"], observando que perguntamos "*How do you know?*" ["Como você sabe?"] ou "*Why do you believe?*" ["Por que você acredita?"] mas soaria muito estranho perguntar "*How do you believe?*" ["Você acredita como?"] ou "*Why do you know?*" ["Você por que sabe?"]. Ziff explica:

> Procede-se primeiro considerando e examinando os usos desviantes das palavras em questão. Em segundo lugar, deve-se formular algum tipo de hipótese para explicar o fato de que os enunciados em questão são ou parecem ser desviantes. Em terceiro lugar, deve-se determinar se é possível ou não gerar proferimentos desviantes com base na hipótese[26].

Ziff sustenta que essa técnica tem base científica na linguística. A linguagem, explica ele, é um sistema coerente, e o que determina o significado de uma palavra é sua posição nesse sistema, sua relação com outras palavras. O significado é determinado pela "distribuição" da palavra no idioma, o "ambiente linguístico" em que ocorre[27]. Em particular, o significado de uma palavra depende de dois conjuntos

---

25 Ziff, *Semantic Analysis*, 190.

26 Ibid., 195.

27 Ibid., 49.

de outras expressões: o conjunto de expressões em que ela ocorre normalmente, e o conjunto de outras palavras que também podem ocorrer normalmente em sua posição nessas expressões. Assim, se estivermos estudando o significado da palavra "*good*" ["bom"], o primeiro conjunto incluirá expressões como "*That is good*" ["Isso é bom"], "*What good is that?*" ["O que adianta isso?"], "*She is good for me*" ["Ela é boa para mim"]. O segundo conjunto consistirá em expressões como "*That is fine*" ["Está bem"], "*That is pleasant*" ["Isso é agradável"], "*That is mine*" ["Isso é meu"], "*What use is that?*" ["Para que serve isso?"], "*What man is that?*" ["Que homem é esse?"], "*She is mean to me*" ["Ela é má comigo"][28].

Em termos de senso comum, uma palavra não terá um significado diferente em cada expressão na qual aparece; em pelo menos algumas das expressões seu significado será o mesmo. Portanto, estudamos todas as expressões em que ela aparece (ou mesmo todas as expressões em que aparecem palavras da mesma raiz etimológica). E, em segundo lugar, o significado de uma expressão é delimitado pelo que poderia ter sido dito, mas não foi. O verde termina onde o amarelo e o azul começam, portanto, o significado de "verde" é delimitado pelos significados de "amarelo" e "azul". Ziff explica:

> O significado do que é dito depende do que não é dito. A declaração realmente proferida contrasta e toma sua forma com o que não foi, mas poderia, sem desvio, ter sido declarado. O fato de que "*excellent*" ["excelente"], "*splendid*" ["esplêndido"] e semelhantes estão disponíveis, mas não são empregados, serve para determinar o significado de "*That is a good painting*" ["Essa é uma boa pintura"]. [...] Novamente, considere: "*Answer: is she beautiful or ugly?*" ["Resposta: ela é bonita ou feia?"]. Nenhuma das alternativas se aplica necessariamente, todavia, alguém forçado a escolher pode (ocasionalmente) escolher. No entanto, você deve compreender que se eu disser "*beautiful*" ["bonita"] sob tais condições, ela não é necessariamente tão bela quanto Helena de Troia. Portanto, pode-se dizer que toda linguagem natural força uma opção, porque qualquer linguagem natural possui um léxico limitado e impõe esses limites a seus falantes[29].

---

28 Ibid., 147.

29 Ibid. Nem sempre é verdade, mas apenas geralmente, que o significado de uma palavra depende do seu contraste com sinônimos próximos. Não é verdade, por exemplo, com a palavra "olá". Ver HALLETT, Garth, S. J., *Wittgenstein's Definition of Meaning as Use*, New York, Fordham University Press, 1967, 82-83. Como aponta ZIFF, *Semantic Analysis*, 176-181, a diferença de significado é uma questão de grau. Em um extremo, temos homônimos simples – palavras que soam semelhantes –, talvez até sejam escritas da mesma forma, mas não têm nenhuma conexão em significado ou etimologia. Assim, o "*bear*" ["urso"] em

Cada palavra, então, tem seu lugar próprio e único no sistema, determinando seu significado, e isso pode ser demonstrado pela filosofia da linguagem ordinária. A princípio, tendemos a duvidar de que as distinções sutis realmente existam, ou que sejam importantes. Podemos tender a alegar que, de qualquer forma, usamos termos como "*sure*" ["certo/claro"] e "*certain*" ["certo"] de forma intercambiável. Mas é deveras surpreendente o que um filósofo suficientemente talentoso da linguagem ordinária pode nos mostrar a esse respeito, como nosso vocabulário é ricamente diversificado[30]. Ziff, por exemplo, distingue entre uma afirmação e uma declaração, e então continua:

"*I can't bear it*" ["Não consigo suportar"] difere totalmente daquele em "*This is a bear*" ["Isso é um urso"]. Suas distribuições em inglês praticamente nunca se sobrepõem; não haverá quase nenhuma frase em inglês contendo a palavra "*bear*" que nos deixe em dúvida se a referência é ao substantivo ou ao verbo. Aqui temos, simplesmente, duas palavras. Considere, entretanto, a diferença entre "*The division is incorrect*" ["A divisão está incorreta"] e "*The division is marching*" ["A divisão está marchando"]. Aqui temos apenas uma única palavra, mas dois significados bastante diferentes. Que isso é assim se mostra pelo fato de que em alguns contextos verbais, como os exemplos dados, é óbvio a que tipo de "*division*" ["divisão"] se almeja; mas outros contextos verbais são ambíguos. Assim, "*The division is incomplete*" ["A divisão está incompleta"], "*Which Division?*" ["Qual divisão?"], "*Lieutenant George's division*" ["A divisão do tenente George"], e assim por diante. Em um bom dicionário, "*bear*" ["urso"] exigiria duas entradas, mas "division" ["divisão"] precisaria de uma entrada com dois títulos.
Em seguida, Ziff examina a diferença entre "*brother*" ["irmão"] em "*He is not literally my brother*" ["Ele não é literalmente meu irmão"] e em "*She has been a brother to me*" ["Ela tem sido um irmão para mim"]. Estes, ele sugere, *diferem em significado*, mas não o suficiente para que fosse correto dizer que eles *têm significados diferentes*. Em vez disso, eles têm *sentidos* diferentes. Isso pode ser demonstrado pelo fato de que alguns contextos verbais não são meramente ambíguos quanto a qual sentido se referem, mas envolvem os dois simultaneamente. Alguém que diz "*I wish I had a brother*" ["Eu gostaria de ter um irmão"] pode muito bem desejar tanto um irmão quanto uma companheira que se comportará de maneira fraterna. Alguém dizendo "*I want to see Lieutenant George's Division*" ["Eu quero ver a divisão do tenente George"], por outro lado, provavelmente não vai querer simultaneamente um grupo de exército e um pouco de aritmética.
"Falar do sentido de uma palavra é, por assim dizer, falar da ramificação da palavra em uma determinada direção. O antepassado etimológico do '*sense*' ['sentido'], a saber, a palavra francesa '*sens*' ['sentido'] é sugestiva, assim como o uso atual de '*sens*' em '*Sens obligatoire!*' ['Sentido obrigatório!'], '*Sens unique!*' ['Mão única!']. Dizer que '*brother*' ['irmão'] tem (pelo menos) dois sentidos diferentes em inglês é, por assim dizer, que (pelo menos) dois ramos principais podem ser encontrados em conexão com '*brother*' ['irmão'] em inglês. Se a palavra '*brother*' ['irmão'] fosse uma árvore, teria um único tronco com (pelo menos) dois ramos principais, mas se '*division*' ['divisão'] fosse uma árvore, teria dois troncos unidos pelas raízes, enquanto o par de '*bear*' ['urso'] seria um par de árvores."
É por isso que o significado de uma palavra pode ser estudado pela atenção a palavras diferentes na mesma raiz etimológica. Nenhum dos dois "*bear*" ["urso"] nos diria algo útil sobre o significado do outro. Mas, embora os grupos do exército sejam diferentes dos problemas aritméticos, é intuitivamente claro que as duas "divisões" têm um núcleo comum (ou tronco) de significado, provavelmente relacionado por meio do verbo: a atividade de dividir algo (um grupo de exército ou um número). E se definirmos "*brother*" ["irmão"] simplesmente como "*male sibling*" ["irmão masculino"], provavelmente ignoraremos adjuntos importantes sobre a característica (ou pelo menos a culturalmente esperada ou a culturalmente idealizada) relação entre irmãos do sexo masculino que faz parte do significado da palavra. Para alguns fins, não importa; na filosofia, sim.

30 Isso leva Ziff à conclusão de que não existem sinônimos verdadeiros, na verdade – um paradoxo conceitual e não uma descoberta científica. Ibid., viii, 172.

Contudo, nem as declarações devem ser identificadas com afirmações, nem afirmações com contendas, nem contendas com descrições, nem descrições com observações, nem observações com comentários, e assim por diante. Se, ao olhar para uma pintura em uma galeria, alguém disser: "Sua pigmentação é adorável.", se está fazendo um comentário, não uma declaração. Se, ao caminhar pela galeria, a pessoa olhar por uma janela e disser "Está um lindo dia.", ela estará observando o tempo, não comentando, não declarando, não afirmando, não descrevendo. Ao proferir "Suponho que as coisas saíram um pouco do controle.", o orador pode estar fazendo uma declaração, mas dificilmente uma afirmação. Alguém diz "Ele deveria se retratar por sua declaração." mas não "Ele deveria se retratar por sua afirmação." Dizer "O presidente fez uma declaração à imprensa." não quer dizer "O presidente fez uma afirmação à imprensa." As declarações ou descrições podem ser imprecisas, mas não as afirmações[31].

Essas distinções sutis importam? Às vezes, sim. Austin aponta, por exemplo, quantas vezes, ao filosofar ou teorizar, pensamos em termos de dicotomias amplas e simples, logo rotulando-as com um par de termos quaisquer assim que nos vêm à cabeça[32]. Dessa maneira, pensamos em termos de bom e mau, ou bem e mal, belo e feio, descritivo e normativo, voluntário e involuntário, livre e causado, e assim por diante. No entanto, cada um desses termos é extraído de um conjunto intrincado de quase sinônimos com os quais normalmente contrasta, e fazemos coisas estranhas com nossas próprias mentes quando ignoramos as nuances de significado envolvidas. Por exemplo, somos levados a supor que se uma coisa é "*excellent*" ["excelente"], ou "*magnificent*" ["magnífica"], ou "*fine*" ["ótima"], ela deve ser "*good*" ["boa"] (pois certamente não pode ser "*bad*" ["má"]); ou que, se você "*know*" ["sabe"] algo, certamente se deve "*believe*" ["acreditar"] nisso (pois não se pode "*doubt*" ["duvidar"] disso). E somos levados a supor que podemos perguntar sensatamente sobre *qualquer* objeto "*Is it beautiful or ugly?*" ["É bonito ou feio?"] ou sobre qualquer ação "*Was it voluntary or involuntary?*" ["Foi voluntária ou involuntária?"], ou sobre *qualquer* enunciado "*Was it descriptive or normative?*" ["Foi descritivo ou normativo?"].

Mas pode-se demonstrar que cada um desses termos tem um alcance bastante limitado de aplicabilidade. "*Good*" ["Bom"] significa algo diferente de "*excellent*" ["excelente"], ou "*magnificent*" ["magnífico"] ou "*fine*" ["ótimo"]. "*Belief*

---

31 Ibid., 120.

32 Austin, *Philosophical Papers*, 131, 138-143. Comparar com Cavell, *Must We Mean What...?*, 36.

["Crença"] não é apenas um grau menor de "*knowledge*" ["conhecimento"], mas um tipo totalmente diferente de conceito. Muitos enunciados não são "*descriptive*" ["descritivos"] nem "*normative*" ["normativos"] em relação a nada. Os supostos pares dicotômicos não esgotam o universo entre eles, nem são realmente opostos. Austin diz isso sobre a dicotomia entre "*voluntary*" ["voluntário"] e "*involuntary*" ["involuntário"]. Nossas várias expressões adverbiais têm, cada uma, "escopos limitados de aplicação"; cada uma faz sentido apenas com certos verbos em determinados contextos. "Voluntário" e "involuntário", longe de serem aplicáveis a todas as ações concebíveis, são normalmente usados com classes de verbos bastante diferentes e limitadas. Assim,

> podemos entrar para o exército ou fazer uma doação voluntariamente, podemos soluçar ou fazer um pequeno gesto involuntariamente, e quanto mais consideramos outras ações que podemos naturalmente dizer que fazemos de qualquer uma dessas maneiras, mais circunscritas e diferentes uma da outra as duas classes se tornam, até que nós mesmos duvidamos se existe *algum* verbo ao qual os dois advérbios se apliquem igualmente. [...] Posso talvez "*break a cup*" ["quebrar uma xícara"] voluntariamente, *se* isso for feito como um ato de autodepreciação; e talvez eu possa quebrar outra involuntariamente, *se*, digamos, eu fizer um movimento involuntário que a quebre. Aqui, obviamente, cada um dos dois atos descritos como "*break a cup*" ["quebrar uma xícara"] são realmente muito diferentes, um é semelhante a atos típicos de classificação "*voluntary*" ["voluntária"], e o outro a atos típicos de classificação "*involuntary*" ["involuntária"][33].

"Voluntário" e "involuntário" evidentemente não são opostos, nem dividem todas as ações em duas classes. Os termos com os quais "*voluntary*" ["voluntário"] pode naturalmente contrastar são "*under constraint*" ["sob restrição"], "*under dureness*" ["sob coação"]; aqueles com os quais "*involuntary*" ["involuntário"] pode contrastar são "*deliberately*" ["deliberadamente"] e "*on purpose*" ["propositalmente"]. Portanto, quando dicotomizamos todas as ações como voluntárias ou involuntárias, estamos sugerindo a nós mesmos e aos outros que todas as ações ou são feitas sob restrição, ou então, propositalmente, mas nunca ambas. Não devemos ficar surpresos se isso resultar em confusão.

Quando Ziff fala em formular hipóteses e diz que o significado é determinado pela "distribuição" de uma palavra na língua, ele evidentemente pretende utilizar

---

33 Austin, *Philosophical Papers*, 138-139. Comparar com Ziff, *Semantic Analysis*, 210 ss.

um método científico como os usados na linguística; e ele pretende criticar aqueles filósofos da linguagem ordinária cujos métodos sejam não científicos ou intuitivos. Essa, creio eu, é a intenção da epígrafe de seu livro: *Miracula sine doctrina nihil valent*. No entanto, parece-me que tanto seus procedimentos quanto os de Austin são muito semelhantes, e ambos dependem, em última análise, do mesmo tipo de prova[34]. Ambos argumentam através de exemplos. Ziff usa com mais frequência exemplos de expressões verbais em que um dentre um par de termos parece natural e o outro parece estranho. Austin usa com mais frequência exemplos de situações cotidianas em que uma expressão soaria normal e outra estranha. Ele diz que, embora duas expressões possam muitas vezes parecer iguais e até mesmo sejam usadas juntas, basta contar uma história – a história *certa* – e "todos não apenas concordarão que são completamente diferentes, mas até mesmo descobrirão por si mesmos qual é a diferença e o que cada uma significa". Suponha que o problema seja a diferença entre fazer algo "*by accident*" ["por acidente"] e "*by mistake*" ["por engano"]. Austin conta uma história:

> Você tem um burro, eu também, e eles pastam no mesmo campo. Chega o dia em que eu crio repulsa pelo meu. Vou atirar nele, miro no alvo, e fogo: o animal cai morto. Inspeciono a vítima e descubro, para meu horror, que é o *seu* burro. Eu apareço na sua porta com os restos mortais e digo – o quê? "Eu digo, meu chapa, sinto muito etc., atirei no seu burro '*by accident*?' ['*por acidente*?'] ou '*by mistake*?' ['*por engano*?']". Vejamos outro caso: vou atirar no meu burro como antes, miro o alvo nele, e fogo – mas quando eu faço isso, os animais se movem, e para meu horror, o seu cai. Novamente a cena na soleira da porta – o que eu digo? "Por engano"? Ou "por acidente"[35]?

Nem Ziff nem Austin acham necessário apoiar suas observações sobre o que habitualmente dizemos com qualquer tipo de estudo sobre outros homens comuns, ou com pesquisas de opinião pública. E Ziff nega explicitamente que tal pesquisa seja necessária ou mesmo possível com respeito ao tipo de informação sobre a linguagem em que ele e Austin estão interessados. Pois se um enunciado está ou não em conformidade com as regularidades em nossa linguagem não é determinado pela frequência com que foi proferido; pode nunca ter sido pronunciado antes e,

---

[34] "Mas tudo o que já li na filosofia da linguagem, mesmo o trabalho do mais behaviorista e empírico dos autores, depende de igual modo das intuições do falante." SEARLE, John R., *Speech Acts*, Cambridge, Cambridge University Press, 1969, 15.

[35] AUSTIN, *Philosophical Papers*, 132-133.

ainda assim, ser normal e comum sob todos os aspectos relevantes. Ziff inventa várias dessas expressões ("*Communication theoretical models of a natural language are wonderful illuminating*" ["Os modelos teóricos da comunicação de uma linguagem natural são maravilhosamente esclarecedores"], "*There is a purple gila monster sitting on my lap and smiling at me*" ["Há um monstro-de-gila roxo sentado no meu colo e sorrindo para mim"]). O que é significativo sobre essas sentenças é que qualquer um de nós pode inventá-las e cada um de nós pode entendê-las sem qualquer dificuldade, embora nunca as tenhamos ouvido antes. Por outro lado, podemos reconhecer que há algo estranho em "*an apple good*" ["maçã boa uma"] ou "*why do you know?*" ["por que sabe você?"] mesmo depois de tê-los ouvido serem repetidamente usados como exemplos em uma discussão filosófica. Mesmo que muitas pessoas usem de modo ordinário e intercambiável "*by accident*" ["por acidente"] e "*by mistake*" ["por engano"], os padrões em nosso sistema linguístico – no sistema linguístico dessas mesmas pessoas – continuam a distinguir os dois termos. Para obliterar essa distinção, seria necessário falar também em "*traffic mistakes*" ["erros de trânsito"] tão prontamente quanto em "*traffic accidents*" ["acidentes de trânsito"], falar em "*making an accident*" ["fazer um acidente"] tão prontamente quanto em "*having an accident*" ["ter um acidente"]. A distinção de significado está lá, na linguagem, sejamos ou não treinados e atentos o suficiente para fazer uso dela[36].

Para *alguns* propósitos, é claro, as informações estatísticas sobre a linguagem podem ser muito úteis. Se, por exemplo, queremos determinar se "*ain't*" (contração de "*am not*", ["não sou"]) é (já se tornou) uma expressão inglesa correta ou apropriada, ou se estamos tentando delinear a distribuição geográfica dos dialetos, então pesquisas podem ser necessárias. Mas se o nosso problema é o significado de algum termo ordinário, ou o que diríamos ou não diríamos naturalmente em certas circunstâncias, qualquer falante nativo pode nos dizer. É por isso que, como diz Cavell, "Se eu morasse em Munique e conhecesse alemão razoavelmente bem, poderia tentar intuir ou adivinhar qual é a expressão alemã para designar um determinado

---

36 Algumas palavras e alguns padrões linguísticos são muito mais isolados do que outros e, portanto, mais suscetíveis a se tornarem nebulosos. Considere uma palavra como *behalf*, que agora é usada exclusivamente nas expressões gêmeas "*in behalf*" e "*on behalf*" ("em nome", "em favor"). Originalmente, os significados dessas duas expressões eram bastante distintos, segundo o dicionário, mas a distinção está desaparecendo gradualmente. Sobre a própria distinção, poderíamos também dizer que ela permanece na língua, mesmo que poucas pessoas a usem, mas pode desaparecer completamente, o que é possível porque não é reforçada por nenhum outro padrão relacionado.

fenômeno. Ou posso perguntar à minha senhoria; e essa seria provavelmente a extensão do laborioso questionamento que o problema exigiria[37].

Além disso, se levarmos a sério a ideia de uma pesquisa estatística e a examinarmos em detalhes, suas fraquezas se tornarão evidentes. Como poderíamos realizar essa pesquisa? Poderíamos perguntar às pessoas como elas usam, digamos, "por engano" ou "por acidente". Mas se, como argumenta o filósofo da linguagem ordinária, nosso conhecimento dos padrões em nossa linguagem está em grande medida implícito, um "*knowing how*" ["saber como"] em vez de um "*knowing that*" ["saber que"], então não podemos confiar em suas respostas. Ou, então, poderíamos contar a cada uma delas a história de Austin sobre os dois burros no campo e perguntar se é convincente. Contudo, se não for, pode ser simplesmente porque o exemplo é fraco. E se for, pode ser meramente porque elas não o examinaram criticamente. Uma terceira alternativa seria algum tipo de observação participante, em que não fizéssemos perguntas, mas apenas observássemos situações reais de pessoas usando palavras como "erro" e "acidente". Mas se esperarmos que essas expressões ocorram naturalmente, nossa pesquisa será deveras lenta. Portanto, podemos colocar as pessoas experimentalmente em uma situação austiniana, com uma arma, dois burros e o resto. Contudo, eles podem dizer qualquer coisa, ou nada. E mesmo que eles usassem a palavra "erro" no experimento que havíamos planejado para exemplificar "acidente", isto poderia acontecer porque entenderam a situação de uma forma diferente da que havíamos planejado. Talvez eles a chamassem de erro por acharem (erroneamente) que *era* mesmo um erro[38]. Tanto na observação participante quanto nas situações montadas experimentalmente, nossas conclusões dependerão não apenas do que ouvimos dizer, mas também da interpretação do que se está falando, no final das contas. Novamente, tais estudos podem ser úteis para alguns propósitos, mas não serão suficientes para esclarecer o tipo de questão que Austin e Wittgenstein desejam levantar.

Tanto para Ziff quanto para Austin, para Wittgenstein tanto quanto para qualquer pessoa que faça filosofia da linguagem ordinária, a prova depende, em última instância, da produção ou descoberta de exemplos convincentes e, nesse sentido, do consentimento do leitor. É claro que isso não significa que um filósofo da linguagem ordinária esteja errado sempre que um leitor discorda dele, nem que ele está certo apenas porque os leitores estão convencidos. O que isso significa é que,

---

37 Cavell, *Must We Mean What…?*, 5.
38 Ibid., 35; e Austin, *Philosophical Papers*, 131-132.

em princípio, nenhum outro tipo de prova está disponível aqui, além do exemplo convincente. Mas qualquer juízo sobre se esse tipo de prova é suficiente, ou é cientificamente ou de qualquer forma inadequado, dependerá da questão de que tipo de conhecimento o filósofo, ou qualquer pessoa que esteja conceitualmente confusa, carece e precisa.

A esta altura, já estamos em uma posição melhor para considerar o segundo grupo de críticas comumente levantadas contra a filosofia da linguagem ordinária, aquelas que não entendem por que o filósofo deva acatar o discurso do homem comum. Já deve estar claro que o apelo nunca é para o *homem* comum, para a linguagem e o pensamento do lojista e do fazendeiro. O homem comum pode muito bem ignorar ou ser descuidado quanto às distinções a ser encontradas na linguagem; isso não importa. Ele pode confundir "*by accident*" ["por acidente"] com "*by mistake*" ["por engano"], como nós, intelectuais, podemos confundir uma foice com uma gadanha. Isso não prova que não existe diferença. O apelo não é para o homem comum, mas para as regularidades em nossa linguagem, para os contextos comuns nos quais uma palavra ou expressão está bem colocada, onde ocorre naturalmente. Isso significa tanto os contextos verbais em que a palavra está bem colocada, assim como "*know*" ["saber"] está bem colocado, e "*believe*" ["acreditar"] não está, no contexto "*How do you* ____?" ["Como você ____?"]; e o contexto cotidiano no qual uma expressão pode ser usada naturalmente, como nas historinhas de Austin.

Até agora não enfatizamos a importância deste último tipo de contexto, e muito do que foi dito se referia às relações entre palavras, dentro da linguagem. Mas, ao contrário do que acreditam os críticos, a intenção da filosofia da linguagem ordinária nunca é meramente verbal. A intenção final é tão ontológica quanto a da filosofia tradicional sempre foi. É bem verdade que os filósofos da linguagem ordinária às vezes são enganosos a esse respeito. Por exemplo, Austin antecipou a absorção final de seu tipo de trabalho em uma ciência expandida da linguística; e Ziff constrói o conjunto de sua investigação elaborada e elegante sobre o significado de "bom" como se fosse direcionada para produzir uma definição de dicionário mais adequada[39]. No entanto, tanto Ziff quanto Austin insistem em que estão preocupados não simplesmente com palavras, mas também com o mundo. Ao procurar determinar o significado, Ziff diz: "olhamos para a linguagem, olhamos para o mundo, e olhamos para a frente e para trás"[40]. E Austin estuda pretextos olhando não apenas para

---

39 Chappell, (ed.), *Ordinary Language*, 3; Ziff, *Semantic Analysis*, 89.
40 Ziff, *Semantic Analysis*, 54; comparar com p. 74-75.

o que são os nossos termos de justificação e desculpas, mas também quando, em que circunstâncias, eles são usados⁴¹. Ele diz que ao estudar "o que devemos dizer e quando, quais palavras devemos usar em quais situações, estamos olhando novamente não *apenas* para as palavras (ou 'significados', sejam eles quais forem), mas também para as realidades sobre as quais usamos as palavras para falar"⁴². Claro, o fato de esses filósofos dizerem isso não significa que seja assim; mas deveria pelo menos nos alertar para desconfiarmos das afirmações críticas de que a filosofia da linguagem ordinária ignora a realidade em favor da linguagem.

Chegamos, então, à questão de por que a linguagem ordinária deveria ser de alguma forma relevante ou obrigatória para o filósofo ou qualquer outro pensador com novas ideias. Essa questão e a crítica correspondente se baseiam, estou convencida, em um mal-entendido fundamental a respeito do objeto de estudo da filosofia da linguagem ordinária e da filosofia wittgensteiniana em geral, embora, novamente, esses próprios filósofos tenham ajudado a contribuir para esse mal-entendido. Concentrando-nos até este ponto nas técnicas de estudo da linguagem, ainda não deixamos realmente claro como a informação resultante deve ser aplicada à filosofia ou à teoria tradicional. Infelizmente, é muito fácil presumir que o ponto é a *refutação* de alguma posição filosófica ou doutrina teórica, com base nas evidências do uso comum. É muito fácil supor que, ao mostrar que um filósofo ou teórico se desviou do nosso uso comum, mostramos que seu argumento está errado e que sua posição é inválida. O próprio Austin fala da "astúcia do metafísico" em nos afastar do uso comum; e até Wittgenstein, nos *Blue and Brown Books*, ainda fala no "mau uso" de certos termos pelo filósofo tradicional, no seu uso "equivocado" das palavras⁴³.

Tais expressões implicam claramente a existência de regras cuja violação é condenável⁴⁴. No entanto, Ziff afirma que o significado não é uma questão de regras, mas de regularidades da linguagem. Claro que existem "regras gramaticais" que aprendemos na escola; mas, como observa Ziff, geralmente elas são "previstas para inibir os falantes da língua de dizerem algo do modo que de fato falam"⁴⁵. As

---

41 Austin, *Philosophical Papers*, 123; 128. É por isso que ele compara seu próprio trabalho ao de Aristóteles.
42 Ibid., 130. Comparar com Cavell, *Must We Mean What...?*, 97-114.
43 Austin, *Philosophical Papers*, 55; Wittgenstein, Ludwig, *Preliminary Studies for the "Philosophical Investigations"*, normalmente conhecidos como *The Blue and Brown Books*, New York; Evanston, Harper & Row, 1964, 4647, 57; comparar com *Philosophical Investigations*, § 402, 403.
44 Ryle, Gilbert, Ordinary Language, in: Chappell, (ed.), *Ordinary Language*, 35; e The Theory of Meaning, in: Caton, (ed.), *Philosophy and Ordinary Language*, 143.
45 Ziff, *Semantic Analysis*, 36.

regularidades da linguagem, que governam os significados das palavras e do modo como falamos, são diferentes dessas regras. Ao contrário das regras, "elas não são fontes de restrição", mas simplesmente refletem nossos hábitos linguísticos[46]. É possível desviar-se dessas regularidades, mas isso não viola nenhuma regra. No entanto, de imediato Ziff passa a chamar esse desvio de um "mau uso" das palavras, da mesma forma que alguém pode usar mal uma chave de fenda, embora não haja regras para o uso de chaves de fenda[47]. Mas isso parece desviar a atenção do problema real e concentrá-la na distinção relativamente trivial entre "regras" e "regularidades". O verdadeiro problema parece ser: como pode haver "abusos" na ausência de regras?

Na verdade, existem livros sobre o uso de várias ferramentas, assim como livros sobre o uso correto do inglês, e eles contêm instruções que decerto parecem regras ("Nunca use uma chave de fenda para verificar um circuito elétrico"). Essas regras são concebidas, como a gramática ensinada na escola, para nos inibir de proceder como normalmente fazemos, ou são generalizações descritivas abstraídas do que normalmente fazemos? John Rawls sugeriu que podemos pensar em tais regras de ambos os modos – seja como generalizações descritivas do que de fato fazemos quando nos engajamos em uma determinada prática, ou como uma definição da prática, nos dizendo o que devemos fazer a fim de realizar essa prática[48]. Diremos mais sobre essa "complementaridade entre afirmação e regra", como Cavell a chama, em um capítulo posterior. Por ora, o ponto é apenas que, embora estejamos lidando com meras regularidades de uso, às vezes citamos essas regularidades como padrões do que você "não pode dizer", do que é um "mau uso" ou "erro". Assim, podemos, por exemplo, corrigir uma criança: "Você não deve dizer que *sabe* apenas porque pensa uma coisa. Você tem que estar em tais condições para saber [...]."

Mas esse não é o tipo de uso indevido ou violação da qual os filósofos tradicionais estão sendo acusados; na verdade, o ponto é que eles não estão sendo acusados de nada. Os filósofos da linguagem ordinária, e Wittgenstein, não estão caçando abusos ou desvios do uso comum com o objetivo de refutar uma posição filosófica, mas com o objetivo de compreendê-la melhor[49]. Um desvio não é um pecado, mas uma pista, que pode nos ajudar a ver o que o filósofo ou teórico está fazendo, o que está supondo ou pressupondo. A questão não é proibir desvios do uso ordinário (o

---

46 Ibid., 35.
47 Ibid.
48 RAWLS, John, Two Concepts of Rules, *Philosophical Review*, LXIV, jan. (1955) 9-11, e passim.
49 FANN, K. T., *Wittgenstein's Conception of Philosophy*, Berkeley; Los Angeles, University of California Press, 1969, 86.

que implicaria que, se tal nos fosse permitido, poderíamos nos desviar); mas entender as maneiras pelas quais não podemos nos desviar dele sem sugerir certas coisas ou presumir certas coisas. Tampouco o apelo ao discurso ordinário constitui uma defesa conservadora das crenças comuns ou do senso comum[50]. A mesma linguagem ordinária que permite a expressão de várias crenças do senso comum também permite sua negação, seu questionamento. O que é obrigatório não são as crenças comuns, mas a linguagem ordinária na qual são expressas; ela não é obrigatória porque o homem comum é normativo para o teórico, mas porque a linguagem ordinária também é a linguagem do teórico. Tampouco o filósofo da linguagem ordinária se opõe à introdução de novos termos técnicos ou novas definições. Ele está interessado apenas em certo tipo de desvio característico do uso comum que não envolve quaisquer termos técnicos ou redefinições, e que torna, de fato, paradoxal e impraticável deixar para trás o uso comum.

A tentativa de refutar uma posição filosófica com evidências do uso comum é sempre uma vulgarização do empreendimento filosófico da linguagem ordinária. Wittgenstein não está preocupado em refutar a metafísica ou acabar com a filosofia, mas em compreendê-la. Como ele reconhece claramente, "não há uma resposta do senso comum para os problemas filosóficos", porque alguém ao ter um *insight* conceitual está perfeitamente ciente de que sua "descoberta" está em conflito com o que usualmente dizemos[51]. O homem que investiga um problema conceitual não está fora de si, diz Wittgenstein, nem discorda do senso comum como um cientista faria. "Isto é, sua discordância não se baseia em um conhecimento mais sutil dos fatos. Portanto, temos que procurar pela *fonte* de sua perplexidade"[52]. É isso o que interessa a Wittgenstein. Assim, tanto ele quanto, a meu ver, o que há de melhor na filosofia da linguagem ordinária, nunca estudam as regularidades da linguagem enquanto tais, por interesse na linguagem em si, mas apenas onde elas nos levam a quebra-cabeças conceituais[53].

---

50 Cavell, *Must We Mean What...*, 240.
51 Wittgenstein, *Blue and Brown Books*, 58.
52 Ibid., 58-59; comparar do mesmo Wittgenstein, Bernerkungen Fiber Frazers The Golden Bough. *Synthese*, 17 (1967) 234: *"Man muss beim lrrtum ansetzen und ihm die Wahrheit überführen. D.h., man muss die Quelle des lrrtums aufdecken, sonst nützt uns das Hören der Wahrheit nichts. ... man muss den Weg von Irrtum zur Wahrheit finden."*
53 Moore, G. E., Wittgenstein's Lectures in 1930-1933, in: Ammerman (ed.), *Classics of Analytic Philosophy*, 284. Acredito que Wittgenstein estava explicitamente mais ciente disso do que, digamos, Austin ou Ziff, e talvez seja por isso que sua filosofia nos parece "mais profunda" ou "mais séria" do que a maior parte da filosofia da linguagem ordinária. Um aluno de Wittgenstein, que mais tarde fez filosofia em Oxford, disse que Oxford parecia, em comparação, "carecer de qualquer norteador filosófico: era como um relógio de criança,

As implicações completas dessas ideias para a filosofia e a teoria política só podem ser discutidas mais à frente neste trabalho. Mas está claro que elas possuem uma utilidade mais imediata e limitada para qualquer tipo de teorização ou pensamento geral que seja impossibilitado por problemas conceituais. Se tais problemas podem surgir em qualquer campo, e se eles interferem com o trabalho sobre algum problema ou questão substantiva, então as técnicas filosóficas da linguagem podem ser úteis para resolvê-los. Podemos dar prosseguimento ao percurso wittgensteiniano e recuar da questão ontológica para a questão do significado, e daí para a questão do uso; e aí podemos nos liberar do que está nos confundindo. É claro que as teorias política e social não estão constantemente envolvidas em tais problemas conceituais obstrutivos; e a intenção não é substituir o estudo da política ou da sociedade pelo estudo da linguagem. As investigações em linguagem ordinária impõem-se quando a perplexidade conceitual se intromete e nos desvia de nosso trabalho.

Assim, por exemplo, ao estudar o governo representativo, podemos nos deparar com uma controvérsia de longa data e aparentemente interminável, na qual ambos os lados parecem falar um do outro, sobre se o representante deve fazer o que considera melhor ou aquilo que os seus eleitores[54] querem. Então, podemos suspeitar que um paradoxo conceitual está envolvido e examinar o significado de "representante" como uma forma de resolver essa controvérsia em termos mais administráveis. Ou podemos ficar perplexos ou em conflito sobre os limites, a natureza fundamental de nosso campo, como quando os cientistas políticos se preocupam com os limites e a natureza dos fenômenos políticos. Sem dúvida, às vezes podemos economizar tempo com uma definição estipulativa[55], mas ela não pode nos dizer o que queremos saber: o que nós mesmos consideramos político. Ou então, podemos constatar que o trabalho teórico e empírico sobre algum tópico específico encontra dificuldade e confusão persistentes, como tem sido o caso, por exemplo, na ciência política sobre o tema do poder. Aqui, mais uma vez, os conceitos dos investigadores podem exigir alguma atenção; talvez valha a pena parar de olhar para os fenômenos do poder no mundo por um tempo, e voltar o nosso exame para como falamos sobre o "poder".

---

equipado com todos os ponteiros e números necessários, exceto que se era livre para mover os ponteiros como bem se entendesse." TOULMIN, Stephen, *Ludwig Wittgenstein*, *Encounter*, XXXII, jan. (1969) 59, 62. Comparar com FANN, K. T. (ed.), *Ludwig Wittgenstein. The Man and His Philosophy*, New York, Dell, 1967, 45.

54 O termo em inglês usado por Pitkin aqui é *constituent* e quer dizer "aquele que é representado por um político eleito". Os *constituents* de um deputado federal do Rio de Janeiro são as pessoas representadas por ele – i.e., toda a população do estado, independentemente de ter ou não votado nele. (N. dos T.)

55 Não tão comum em português, uma definição estipulativa em inglês e na filosofia é uma definição não necessariamente enganosa; apenas *ad hoc*, para os fins específicos que o autor tem em mente no contexto. (N. dos T.)

O REEXAME DOS FUNDAMENTOS

Esses exemplos, contudo, e o tratamento que damos a eles, podem dar a entender que o conselho de Wittgenstein para aqueles que se preocupam com a sociedade e a política seria: evite a filosofia, se puder; mas onde seu trabalho for bloqueado por problemas conceituais, use técnicas filosóficas da linguagem ordinária. Há, sem dúvida, algum valor nessa mensagem; e essas técnicas fazem parte da contribuição de Wittgenstein, embora ele deva compartilhar o crédito com os filósofos da linguagem ordinária. Mas se pararmos por aqui, empobreceremos profundamente nossa compreensão da contribuição potencial de Wittgenstein e perderemos por completo o que ele tem a oferecer que é verdadeiramente único. É neste ponto que mais corremos o risco de banalizar uma abordagem do mundo radicalmente nova em apenas mais uma técnica de metodologia. Pois, em vez de aconselharmos a evitar a filosofia se possível, e usarmos suas técnicas quando necessário, Wittgenstein poderia nos dizer por outro lado: Você já *está* usando a filosofia, mas às cegas, de formas fragmentadas e distorcidas a respeito das quais você tem apenas uma vaga ideia. Essas formas controlam seu pensamento mais do que você imagina, se impõem a você, e evitam mais do que promovem a percepção precisa da realidade.

Se a filosofia tem a ver com fundamentos, com suposições subjacentes e compromissos definitivos, com as necessidades básicas do estado de coisas real, então todos nós trazemos um tipo de filosofia para o nosso trabalho, quer tenhamos filosofado ou não. Porém, a menos que tenhamos filosofado, o que trouxermos será o que herdamos, não examinado. Sem dúvida, houve épocas na história humana em que as suposições herdadas e não examinadas que os homens sustentavam estavam sintonizadas com seu mundo e suas vidas, de modo que eram suficientes, sem autoconsciência nem reavaliação. Antes da filosofia, havia uma sociedade tribal, mitológica. Mas em uma época tão fragmentada como a nossa, que evolui tão rapidamente quanto a nossa, o que herdamos são, na melhor das hipóteses, fragmentos de filosofia ambíguos e recortados, que não nos ajudam na vida nem no trabalho. Portanto, precisamos, no sentido de que os tempos modernos nos exigem, em tantos outros campos além das ciências sociais e da ciência política, reexaminar nossos pressupostos fundamentais, filosofar, de modo que esses pressupostos, ao se tornarem explícitos, possam ser avaliados em relação às nossas percepções sobre a realidade interna e externa.

Karl Mannheim observou que

> uma ontologia transmitida pela tradição obstrui novos desenvolvimentos, especialmente no modo de pensar básico, e enquanto a particularidade do arcabouço teórico convencional permanecer inquestionável, permaneceremos presos a um modo estático de pensamento que é inadequado para nosso estágio atual de desenvolvimento histórico e intelectual[56].

Ele recomendou "o reconhecimento claro e explícito das pressuposições metafísicas implícitas" que sustentamos, ao invés de "uma negação verbal da existência dessas pressuposições acompanhada por sua admissão sub-reptícia pela porta dos fundos"[57]. Em nosso tempo, contudo, podemos ver que a disposição para fazer "uma confissão clara e explícita" não é suficiente. Não é uma questão de honestidade e boas intenções; o problema é tomar consciência de quais são nossos pressupostos, permitir que eles façam contato uns com os outros e com o resto de nossas ideias, percepções e de nossos conhecimentos.

Para a maioria de nós que trabalhamos em estudos políticos ou sociais, os fragmentos herdados e não examinados da filosofia que trazemos para o nosso trabalho derivam de alguma forma do positivismo e, portanto, de um modelo das ciências físicas desenvolvido por filósofos na década de 1920. É provável que esses fragmentos incluam certas suposições sobre o que constitui "o mundo real", no sentido do que está "lá fora" e não "aqui dentro". É provável que incluam a suposição de que o mundo consiste exclusivamente de fatos, sobre os quais fazemos declarações descritivas, e de valores, sobre os quais fazemos declarações normativas. Eles tendem a favorecer o abstrato e geral ao invés do concreto e específico; a objetividade ao *self*; a racionalidade ao afeto. Em todo o caso, é provável que incluam a suposição de que essas categorias são mutuamente exclusivas, de tal modo que seja necessário escolher entre elas.

O próprio Wittgenstein certa vez sustentou muitas dessas suposições e, em sua filosofia posterior, tentou trazê-las à consciência e compreender suas fontes. Mas o significado de sua contribuição para nós não é tanto sua oposição ao positivismo convencional, ao ponto de podermos citá-lo como uma autoridade em contrário. Essas suposições convencionais estão de fato sob forte ataque hoje de uma geração

---

56 MANNHEIM, Karl, *Ideology and Utopia*, trad. ingl. de Louis Wirth e Edward Shils, New York, Harcourt, Brace, 1936, 89-90.

57 Ibid.

mais jovem emergente. Mas nem toda forma de ataque contra suposições não examinadas é frutífera, nem toda forma é filosófica. Está se tornando moda preferir o concreto ao geral, a subjetividade à ciência, o sentimento e a ação à compreensão racional. Essa moda, contudo, apenas aceita as velhas polaridades e as reforça, escolhendo o polo oposto. Nenhuma reavaliação real dos fundamentos, nenhuma maior conscientização ocorrem. O que Wittgenstein tem a oferecer aqui não é uma nova doutrina, mas um novo convite para filosofar por nós mesmos, e uma nova maneira de fazer isso que pode ser a única possível para nosso tempo e nossa condição.

Em sua tentativa de renovar a filosofia e torná-la acessível às nossas necessidades, Wittgenstein se assemelha menos aos filósofos da linguagem ordinária na tradição anglo-saxônica do que aos continentais: ao existencialismo e à fenomenologia, a Nietzsche ou Marx, ou mesmo ao zen. Pode-se dizer que Wittgenstein nos possibilita pensar dialeticamente de novo, romper com as formas ossificadas das imposições herdadas e forjar, para nós e em termos de nossas realidades, novas sínteses[58]. Substantivamente, Wittgenstein promove o pensamento dialético porque nos permite examinar e fazer justiça aos nossos próprios compromissos conflitantes. Por exemplo, ele fornece novas maneiras de verificar que e investigar como o homem ao mesmo tempo é um animal moldado por seu ambiente e um agente, livre e responsável. Assim, ele nos permite um acesso renovado aos problemas fundamentais do estudo social e político: livre-arbítrio e objetividade científica, a natureza e validade do juízo, a relação entre o pensamento e a ação. E ele oferece esperança de uma nova reconciliação da objetividade racional – aquela preciosa capacidade humana duramente conquistada – com autenticidade, afeto e compromisso, qualidades sem as quais a objetividade racional significa a morte. Wittgenstein promove o pensamento dialético também no sentido de que a dialética está relacionada ao diálogo. Ele nos permite levar a sério vozes em oposição – externas ou internas – de modo a fazer com que os argumentos opostos genuinamente se encontrem. E assim ele nos mostra como colocar o *self* investigador de volta na investigação, e na afirmação, no juízo e na escolha, sem sacrificar a objetividade. Todavia, a esta altura, tais pronunciamentos devem necessariamente parecer vagos e propagandísticos. É hora de trabalhar.

---

58 Comparar com FANN, *Wittgenstein's Conception*, xiii.

‖ AS DUAS VISÕES DA LINGUAGEM DE WITTGENSTEIN

Wittgenstein foi um filósofo que nasceu duas vezes. Seu trabalho filosófico foi realizado em dois períodos distintos da sua vida, separados por uma década, e caracterizados, entre outras coisas, por concepções radicalmente diferentes da natureza da linguagem. Os escritos do primeiro Wittgenstein podem ser vistos como o apogeu de uma tradição antiga e bem estabelecida que concebe a linguagem como referência, como o nosso modo de nos referirmos às coisas no mundo. Essa tradição ainda predomina e está profundamente enraizada em nossas premissas não examinadas. Em sua obra tardia, o segundo Wittgenstein desenvolve uma visão diferente em versão poderosa e original, também com alguns antecedentes na tradição, mas muito menos influentes. Ela concebe a linguagem como um discurso, como uma atividade. Neste capítulo, examinaremos as duas visões, e como Wittgenstein fez a transição.

Wittgenstein não é um homem fácil de caracterizar, exceto quando se diz que ele era extraordinário, "um homem do mais raro gênio"[1]. Além de suas realizações filosóficas, ele era um mestre quanto ao estilo literário, um engenheiro promissor, um arquiteto que projetou uma mansão moderna e o construtor de uma cabana da serra, um escultor talentoso, um músico talentoso que poderia ter feito sua carreira como maestro, um homem que várias vezes resolveu se tornar eremita, um homem rico que desistiu de sua riqueza, um professor de Cambridge que detestava a vida acadêmica (ele a chamava de "deserto filosófico", julgava que o "trabalho absurdo" de professor de filosofia era "uma espécie de morte em vida"). Ele dava aulas não por meio de palestras, nem ainda por meio do que geralmente consideramos como discussão. Wittgenstein *pensava* em voz alta antes da aula.

Ele dava a impressão de uma concentração tremenda [...] Havia períodos frequentes e prolongados de silêncio, com apenas um murmúrio ocasional

---
1 HELLER, Erich, *The Artist's Journey into the Interior*, New York, Random House, 1959, 201.

de Wittgenstein, e a mais silenciosa atenção dos outros. Durante esses silêncios, Wittgenstein ficava extremamente tenso e ativo. Seu olhar era concentrado; seu rosto, vivaz; suas mãos faziam movimentos envolventes; sua expressão era severa. Presenciavam-se seriedade, absorção e força de intelecto extremas[2].

Wittgenstein sempre saía exausto das suas aulas e muitas vezes se revoltava durante elas. Às vezes ele parava, levava as mãos à cabeça e exclamava algo como "Sou um tolo!" ou "Vocês têm um professor terrível!"[3] Depois da aula, ele fugia para o cinema, onde se sentava na primeira fila, lutando para perder-se de si e de seus pensamentos na tela.

Ludwig Josef Johann Wittgenstein nasceu em Viena em 1889, mas foi estudar na Inglaterra, primeiro na Universidade de Manchester e depois em Cambridge. Passando da engenharia para a matemática, e da matemática para a filosofia, ele finalmente se tornou aluno de Bertrand Russell em Cambridge. Em 1921, publicou um pequeno volume de filosofia chamado *Tractatus Logico-Philosophicus*, Russell escreveu a introdução da edição inglesa da obra[4].

Nessa época, Wittgenstein dizia considerar que o *Tractatus* tinha resolvido todos os problemas filosóficos – era praticamente como um ponto final à filosofia[5]. É claro que o livro não teve esse efeito; em vez disso, tornou-se a inspiração para toda uma nova escola de filosofia que começou em um grupo conhecido como Círculo de Viena, e hoje é geralmente chamado de positivismo lógico[6]. O livro, porém, acabou com a filosofia para o próprio Wittgenstein. Ele não gostou da introdução de Russell e eles brigaram por causa do livro. Antes, em 1912, o pai de Wittgenstein morrera, deixando-lhe uma fortuna considerável. Nesse momento, Wittgenstein doou esse dinheiro, abandonou a filosofia e se tornou professor de escola primária, em uma aldeia rural da Baixa Áustria. Mais tarde, por um tempo, foi assistente de jardineiro em um mosteiro, e até pensou em se tornar monge. Então, voltou a Viena para projetar uma mansão para sua irmã. Em todo esse tempo, e na verdade pelo

---

2 Ibid. Trata-se do mesmo texto de Heller cujo comentário foi iniciado acima. (N. dos T.)

3 MALCOLM, Norman, *Ludwig Wittgenstein. A Memoir*, London, Oxford University Press, 1962, 16, 26; FANN, K. T. (ed.), *Ludwig Wittgenstein. The Man and His Philosophy*, New York, Dell, 1967, 52, 57, 60.

4 MALCOLM, *Ludwig Wittgenstein*, 11-12.

5 Ibid., 11; FANN, K. T., *Wittgenstein's Conception of Philosophy*, Berkeley; Los Angeles, University of California Press, 1969, 4n; e *Ludwig Wittgenstein*, 66.

6 Para uma introdução à influência de Wittgenstein sobre o Círculo de Viena, ver HARTNACK, Justus, *Wittgenstein and Modern Philosophy*, trad. ing. de Maurice Cranston, Garden City, Doubleday, 1965, Capítulo III. Para mais detalhes, ver WAISMANN, Friedrich, *Wittgenstein und der Wiener Kreis*, MCGUINNESS, B. F. (ed.), London, Basil Blackwell, 1967.

resto de sua vida, seu estilo de vida foi dos mais simples e frugais. "Seu traje não era convencional; seria impossível imaginá-lo de gravata ou chapéu. Uma cama, uma mesa e algumas espreguiçadeiras constituíam toda a sua mobília. Todos os tipos de objetos ornamentais eram banidos de seu ambiente."[7]

Em 1929, aos quarenta anos, Wittgenstein retornou a Cambridge e à filosofia, dizendo que sentia que agora, mais uma vez, poderia fazer um trabalho criativo[8]. Em junho daquele ano, ele obteve o seu *D. Phil.*, ao submeter o *Tractatus* como sua tese. No mês seguinte, ele deveria apresentar um artigo sobre forma lógica, evidentemente relacionado às ideias do *Tractatus*, num encontro anual de filósofos britânicos. No último momento, contudo, ele se recusou a lê-lo, explicando anos depois a G. E. Moore que, "ao escrever [o artigo], lhe vieram novas ideias sobre as quais ainda estava confuso, e ele não considerava que o texto merecia qualquer atenção"[9].

Então, Wittgenstein começou a lecionar sobre essas novas ideias em Cambridge, e ditou e escreveu vários manuscritos inter-relacionados sobre elas. Mas nada desse material foi publicado ainda em vida; ele morreu em 1951 tendo o *Tractatus* como sua única obra publicada[10]. Só então os escritos do segundo Wittgenstein começaram a aparecer, sendo os mais significativos *Investigações filosóficas* (1953), *Remarks on the Foundations of Mathematics* (1958) e *The Blue and Brown Books* (1958). Este último trabalho originou-se a partir das transcrições das palestras de Wittgenstein em Cambridge, em 1933-1934 e 1934-1935, transcritas por alunos e circuladas como manuscritos mimeografados em capas azuis e marrons, respectivamente. O título completo da obra começa com *Preliminary Studies for the "Philosophical Investigations"*[11].

---

7 Malcolm, *Ludwig Wittgenstein*, 10; Hartnack, *Wittgenstein and Modern Philosophy*, 7.

8 Malcolm, *Ludwig Wittgenstein*, 12.

9 Cavell, *Must We Mean What...*, 44; comparar com Fann, *Ludwig Wittgenstein*, 58.

10 Toulmin acredita que a relutância posterior de Wittgenstein em publicar adveio da experiência traumática de suas discordâncias com Russell a respeito da introdução insatisfatória de Russell ao *Tractatus*: Toulmin, Stephen, Ludwig Wittgenstein, *Encounter*, XXXII, jan. (1969) 58.

11 Outras publicações póstumas incluem: *Notebooks 19141916*, trad. ing. de G. E. M. Anscombe, Oxford, Basil Blackwell, 1961; *Philosophische Bemerkungen*, Rhees, Rush (ed.), Oxford, Basil Blackwell, 1964; *Zettel*, Anscombe, G. E. M.; von Wright, G. H. (eds.), trad. ing. de G. E. M. Anscombe, Berkeley; Los Angeles, University of California Press, 1967; *Lectures and Conversations on Aesthetics, Psychology and Religious Belief*, Barrett, Cyril (ed.), Berkeley; Los Angeles, University of California Press, 1967; Engelmann, Paul, *Letters from Ludwig Wittgenstein, with a Memoir*, McGuinness, B. F. (ed.), trad. ing. de L. Furtmüller, New York, Horizon Press, 1968; e *On Certainty*, Anscombe, G. E. M.; van Wright, G. H. (eds.), trad. ing. de Denis Paul e G. E. M. Anscombe, New York; Evanston, Harper & Row, 1969. Trad. port.: *Da certeza*, de Maria Elisa Costa, revisão António Fidalgo, Lisboa, Edições 70, 1969.

Como até muito pouco tempo atrás seus últimos textos não estavam disponíveis ao público, Wittgenstein era conhecido quase que exclusivamente pelo *Tractatus*, e muitas pessoas ainda o consideram como um positivista lógico. Esse é um sério mal-entendido, contudo. Pois o incidente da conferência cancelada em 1929 realmente marcou um ponto de inflexão no pensamento de Wittgenstein, a partir do qual começou a ter "novas ideias". Ele mesmo interpretou o segundo momento de todo o conjunto de seus escritos e ensinamentos como uma *crítica* constante e radical ao *Tractatus* e às suas próprias posições anteriores. E, portanto, deve-se distinguir entre o "primeiro" e o "segundo" Wittgenstein. Talvez não precisemos aceitar o julgamento do próprio Wittgenstein sobre esse assunto como definitivo. Certamente, existem também algumas continuidades profundas em seu trabalho. Mas, no que diz respeito à linguagem e à relação entre linguagem e filosofia, os escritos do segundo momento são realmente uma rejeição ao *Tractatus*. E uma vez que a linguagem é o assunto com o qual começaremos aqui, devemos respeitar o próprio impulso de Wittgenstein de que as *Investigações* e o *Tractatus* devam realmente ser lidos juntos, porque as primeiras "poderiam receber sua iluminação correta pelo contraste e sob o pano de fundo do meu antigo modo de pensar"[12]. Devemos, portanto, começar com uma apresentação das primeiras ideias de Wittgenstein sobre linguagem e significado.

A premissa fundamental do *Tractatus* é que a linguagem é uma imagem ou figuração (*Picture-Bild*[13]) da realidade; sua função é representar o mundo para nós. Wittgenstein contou a um de seus alunos como essa ideia lhe ocorrera[14]. Fora durante a Primeira Guerra Mundial, nas trincheiras, quando ele servia o exército austríaco. Ele estava lendo uma revista que continha um diagrama esquemático mostrando a possível sequência de eventos em um acidente de automóvel. Olhando para o diagrama, Wittgenstein ficou impressionado com a forma pela qual ele se assemelhava a uma declaração ou proposição – uma alegação – sobre um fato

---

12 WITTGENSTEIN, *Investigações filosóficas*, Philosophische Untersuchungen, 6.
13 Segundo o estudo de Luiz Henrique Lopes dos Santos, "Os aforismos 2.1-2.225 do *Tractatus* introduzem um conceito abstrato de figuração ou imagem (*Bild*)", e dela advém que "Uma representação figurativa, como um retrato ou uma imagem, representa seu objeto por semelhança, e o representa tanto melhor quanto mais coisas em comum tenha com ele". WITTGENSTEIN, Ludwig, *Tractatus Logico-Philosophicus*, trad. bras., apresentação e ensaio introdutório de Luiz Henrique Lopes dos Santos, introdução de Bertrand Russell, 3ª ed. 4ª reimpr., São Paulo, Editora da Universidade de São Paulo, 2020, 56, 57. Ou seja, a observação do texto e da tradução permite verificar que no *Tractatus* a concepção de figuração é mais rígida, ela condiciona uma perspectiva correlacionada de semelhança, mais estreita e limitante quanto ao conceito de representação. (N. dos T.)
14 MALCOLM, *Ludwig Wittgenstein*, 8.

ocorrido. Ele retratava ou descrevia um possível estado de coisas. E era capaz de fazê-lo porque os vários elementos da figuração correspondiam aos vários objetos (coisas) no mundo. Wittgenstein disse que isso lhe deu a ideia de uma relação inversa: que uma proposição é como uma figuração, em virtude da correspondência semelhante entre seus elementos e as coisas no mundo. As partes de uma frase ou proposição são, é claro, palavras. Cada uma dessas palavras representa um objeto, e a maneira como a proposição as relaciona entre si deve corresponder à maneira pela qual os objetos se relacionam no mundo. "Eu bati em João" é um estado de coisas; "João me bateu" é um estado de coisas diferente.

No *Tractatus*, Wittgenstein chama uma proposição de "uma figuração da realidade" e "um modelo da realidade tal como pensamos que seja"[15]. E ele diz, "figuramos os fatos"[16]. Essa figuração pode ser correta ou incorreta, verdadeira ou falsa, dependendo de se ela "concorda ou não com a realidade", e esse acordo é essencialmente uma questão de correspondência entre partes[17]. Uma proposição possui "tanto[as] [partes] quanto seja possível distinguir [...] na situação que ela representa", e essas partes são obviamente os *nomes* dos objetos no mundo que são combinados numa determinada situação[18]. Cada palavra é o nome de uma coisa, e a proposição as relaciona umas às outras segundo um determinado padrão, pretendendo assim dizer algo verdadeiro sobre a realidade. "[O fato de] Que os elementos da figuração estejam uns para os outros de determinada maneira representa que as coisas assim estão umas para as outras."[19] A proposição é uma espécie de planta ou

---

15 WITTGENSTEIN, Ludwig, *Tractatus LogicoPhilosophicus,* trad. ing. de D. F. Pears e B. F. McGuinness, New York, Humanities Press, 1961, § 4.01. De acordo com a tradução disponível do mais recente verbete da *Stanford Encyclopedia of Philosophy* sobre Wittgenstein, a primeira tradução do *Tractatus Logico-Philosophicus* para a língua portuguesa, de José Arthur Giannotti, foi publicada em 1968 pela Companhia Editora Nacional, de São Paulo. "Anos mais tarde, instado a revisar sua tradução à luz da publicação de obras até então inéditas de Wittgenstein e do que de melhor havia sido escrito sobre o TLP desde 1968, Giannotti considerou que o *Tractatus* precisaria ser retraduzido para nossa língua e delegou a tarefa a Luiz Henrique Lopes dos Santos. Por sua grande qualidade, a tradução deste último é, desde sua publicação, em 1993 pela Edusp, a mais amplamente utilizada no Brasil." Ver BILETZKI, Anat ; MATAR, Anat, *Stanford Encyclopedia of Philosophy. Ludwig Wittgenstein*, trad. bras. de Gustavo Coelho e Jônadas Techio, *Estadão*, São Paulo, 10 set. 2020, Estado da Arte, Filosofia, 32, disponível em: https://estadodaarte.estadao.com.br/sep-ludwig--wittgenstein-ea/, Acesso em: 12 fev. 2020. Na já referida obra brasileira WITTGENSTEIN, *Tractatus*, 2020, ver comentários nas páginas 7 e 156. (N. dos T.)

16 Ibid., § 2.1.

17 Ibid., § 2.21.

18 Ibid., § 4.04, 4.22, 4.221.

19 Ibid., § 2.15.

mapa, em que relações reais são representadas por relações correspondentes em um meio diferente[20].

Claramente, o modelo de Wittgenstein de uma proposição típica é uma sentença declarativa, usada para dizer algo verdadeiro ou falso sobre o mundo, "a existência de um estado de coisas"[21]. Verdade e falsidade são os únicos modos relevantes. "A realidade deve, por meio da proposição, ficar restrita a um sim ou não."[22] E o que a proposição afirma verdadeira ou falsamente é o seu significado ou sentido, aquilo que se apreende quando se compreende a proposição. "O sentido da proposição é sua concordância e discordância com as possibilidades de existência e inexistência dos estados de coisas."[23] Logo, entender uma proposição significa entender "a situação por ela representada", saber "o que é o caso se ela for verdadeira"[24], a expressão da concordância e discordância[25]. "A expressão da concordância e discordância em relação às possibilidades de verdade das proposições elementares exprime as condições de verdade da proposição."[26]

É claro que também existem outras formas de expressão na linguagem, mas ou elas podem ser traduzidas nessas proposições básicas ou então carecem de sentido. Uma frase complexa, por exemplo, pode ser separada em "proposições elementares" que a compõem. "A proposição é uma função de verdade[27] das proposições elementares."[28] Uma pergunta, embora não seja ela própria uma afirmação ou figuração da realidade pretendendo nos dizer algo, ainda assim está relacionada e pode ser traduzida em uma proposição simples e correspondente sobre a realidade – *grosso modo*, a proposição que responderia à pergunta. A pergunta é, por assim dizer, apenas uma forma diferente dessa proposição. E uma proposição negativa é apenas uma forma diferente de sua contraparte positiva. Em outras palavras, "Eu bati em João", "Eu

---

20 Ibid., § 2.13, 4.014, 4.0312, 5.5423.

21 Ibid., § 4.21; comparar com § 4.5: "A forma proposicional geral é: as coisas estão assim."

22 Ibid., § 4.023.

23 Ibid., § 4.2.

24 Continua no mesmo parágrafo: "(Pode-se, pois, entendê-la e não saber se é verdadeira). Entende-se a proposição caso se entendam suas partes constituintes." Ver Ibid., § 4.024. (N. dos T.)

25 Ibid., § 4.021, 4.024.

26 Ibid., § 4.431.

27 Na lógica clássica, função de verdade ou função veritativa é uma função que retorna valores de verdade a listas de valores de verdade. Nela, a coleção de valores de verdade reduz-se a dois elementos, a verdade e a falsidade, enquanto, em outras lógicas, a quantidade e a natureza dos valores de verdade podem variar bastante. (N. dos T.)

28 Ibid., § 5.

não bati em João" e "Eu bati em João?" são como diferentes modos ou diferentes formas da mesma figuração da realidade; elas compartilham um único núcleo de significado, exceto que uma afirma, a outra nega e a terceira questiona[29]. Para entender seu significado, é preciso entender o significado da afirmação central básica a partir da qual elas podem ser analisadas, e deve-se saber qual teria que ser a situação no mundo para que fossem verdadeiras. Compreender "Eu bati em João?" requer saber o que seria considerado como eu ter atingido o João. Assim, o significado, o pensamento na linguagem, muitas vezes está "disfarçado" e deve ser desnudado pela análise, traduzindo-se frases complexas em suas proposições elementares, cada uma das quais consiste em "nomes em ligação imediata"[30].

Esse tipo de análise é a tarefa da filosofia, devidamente entendida. "O fim da filosofia é o esclarecimento lógico dos pensamentos"[31]. Em vez de gerar proposições originais próprias, a filosofia deve "esclarecer" proposições. Pois, "cumpre à filosofia tornar claros e delimitar precisamente os pensamentos, antes como que turvos e indistintos"[32]. Há uma e apenas uma análise correta e completa para cada proposição, de acordo com a lógica da linguagem[33]. "A proposição exprime de uma maneira determinada, claramente especificável, o que ela exprime: a proposição é articulada"[34]. A linguagem, em resumo, é uma espécie de cálculo lógico operando de acordo com regras estritas e definidas, e o trabalho da filosofia é estudar essas regras e torná-las explícitas[35].

O que quer que seja na linguagem que não possa ser analisado em proposições elementares, ou carece de sentido ou é um contrassenso. Wittgenstein reconhece uma categoria especial de proposições que, mesmo em princípio, não podem ser verificadas ou falseadas, mas que não são absurdas. Tal categoria consiste em tautologias, que são verdadeiras *a priori*, por definição, e contradições, que são falsas *a priori*, por definição. As tautologias incluem as regras da lógica e as proposições da

---

29 Há um paralelo interessante aqui com a teoria de Freud de que o pensamento inconsciente, por exemplo, como expresso em sonhos, meramente imagina estados de coisas; de modo que o psicanalista deve descobrir se eles estão sendo afirmados, negados, desejados, temidos, questionados, presumidos e assim por diante. FREUD, Sigmund, *The Interpretation of Dreams,* trad. ing. de James Strachey, New York, Basic Books, 1961, 310-338.

30 WITTGENSTEIN, *Tractatus,* §§ 4.002, 4.221.

31 Trata-se da mesma passagem à qual ela se refere a seguir Ibid., § 4.112. (N. dos T.)

32 Ibid., § 4.112. Mas comparar com § 5.5563: "De fato, todas as proposições de nossa linguagem corrente estão logicamente, assim como estão, em perfeita ordem."

33 Ibid., § 3.25.

34 Ibid., § 3.251.

35 Comparar o próprio resumo de Wittgenstein sobre suas opiniões iniciais: *Investigações filosóficas,* § 81.

matemática. Tautologias e contradições "não dizem nada"[36], nada nos dizem sobre o mundo. "Nada sei, por exemplo, a respeito do tempo, quando sei que chove ou não." Embora não sejam absurdas, elas "não tem [têm] sentido"[37]. Elas são simplesmente parte de nosso sistema de símbolos, seus "casos-limite"[38].

Se uma proposição não pode ser analisada em proposições elementares testáveis, não é uma tautologia, nem uma contradição, então é simplesmente sem sentido ou absurda. Pode parecer que faz sentido, mas na verdade não significa nada, porque não representa nenhum suposto estado de coisas no mundo. Nada a poderia provar verdadeira ou falsa; é apenas um emaranhado com muitas palavras reunidas. Wittgenstein argumenta no *Tractatus* que, infelizmente, muito do que tentamos fazer com a linguagem – incluindo a maior parte da filosofia tradicional – se enquadra nessa categoria. Por exemplo, qualquer proposição sobre bom ou mau, certo ou errado, beleza ou feiura – qualquer proposição sobre um "valor" – se enquadra nesta categoria. Pois o significado de uma proposição é o estado de coisas no mundo que existiria se fosse verdade. Mas o mundo, em si mesmo, não contém nenhum valor. No mundo factual, real "tudo acontece como acontece: não há *nele* nenhum valor"[39]. Consequentemente, as propostas sobre valores não podem ser significativas. "É claro que a ética não se deixa exprimir [em palavras]. A ética é transcendental"[40]. E o mesmo vale para a estética e a metafísica. Assim, "a maioria das proposições e questões que se formularam sobre temas filosóficos não são falsas, mas contrassensos"[41]. As proposições filosóficas "não é [são] irrefutável[eis], mas manifestamente [evidentemente] um contrassenso"; pois elas pretendem "duvidar onde não se pode perguntar". Uma pergunta só pode existir onde exista uma resposta, e "esta só onde algo possa ser dito"[42].

Essas ideias têm afinidades óbvias com o positivismo lógico. Mas, ao contrário de muitos positivistas lógicos, Wittgenstein – mesmo em seus primeiros trabalhos

---

36 WITTGENSTEIN, *Tractatus*, § 4.461. Trata-se do mesmo parágrafo que será mencionado a seguir. (N. dos T.)

37 Ibid. (N. dos T.)

38 WITTGENSTEIN, *Tractatus*, § 4.461, 4.466. Segundo o dicionário Michaelis, caso-limite é um "Estágio entre a neurose e a psicose; *borderline*". Caso-limite, in: MICHAELIS (ed.), São Paulo, Melhoramentos, 2015, disponível em: https://michaelis.uol.com.br/busca?id=bwmv, Acesso em: 5 fev. 2021. (N. dos T.)

39 Ibid., § 6.41.

40 Ibid., § 6.421.

41 Ibid., § 4.003.

42 Ibid., § 6.51. "Evidentemente" é a minha tradução para "*offenbar*", enquanto Pears e McGuinness optam por "obviamente". No original: "'*Evidently*' *is my translation for* '*offenbar*', where Pears and McGuiness have 'obviously'". (N. dos T.)

– valoriza a ética, a estética, a religião e a questão dos valores. Tais assuntos não são sem valor ou sem importância para ele; só não se pode *falar* sobre eles de uma forma significativa e sensata. A conversa significativa consiste apenas em proposições, e as "proposições não podem exprimir nada [que seja superior]"[43]. Aquilo que é "superior" – o belo e o bom – "não pode ser expresso em palavras"; tais coisas "*se fazem manifestas*. Elas são o que há de místico"[44]. Assim, o setor significativo da linguagem está confinado dentro de limites estreitos e é governado por regras claras e inequívocas; a tarefa da filosofia é separar o uso sem sentido do uso significativo da linguagem, esclarecendo este último de acordo com as regras, pois "ela [a filosofia] significará o indizível, ao representar claramente o dizível"[45]. E, embora o que esteja fora das estreitas limitações possa ser da maior importância, não pode ser expresso verbalmente. "Tudo o que se pode enunciar, pode-se enunciar claramente, e sobre aquilo que não se pode falar, deve-se calar"[46].

A FILOSOFIA TARDIA

Essas, então, são as ideias propostas por Wittgenstein no *Tractatus*. Elas incorporam uma concepção de linguagem na qual as palavras representam, ou se referem a (classes de) fenômenos no mundo; e as sentenças fazem afirmações verdadeiras ou falsas sobre combinações de tais fenômenos. É uma concepção tradicional pelo menos desde Platão e Aristóteles, e quase universalmente aceita hoje, mesmo que apenas por falta de uma alternativa acessível[47]. Ela possui, como veremos, as mais profundas implicações para questões básicas do tipo "como os homens se entendem entre si" e "como é o mundo". Em seus escritos tardios, o segundo Wittgenstein rejeita quase todas as características dessa visão da linguagem. Ele nega que a função essencial da linguagem seja a figuração da realidade, que o modelo básico de uma frase significativa seja uma proposição verdadeira ou falsa sobre as coisas no mundo, que a linguagem seja um cálculo lógico operando de acordo com regras estritas,

---

43 Ibid., § 6.42. O texto em alemão é "*können nichts Höheres ausdrücken*". Em que pese que a atitude de Wittgenstein para com as coisas superiores "não era uma zombaria, mas um silêncio respeitoso", ao contrário da atitude dos positivistas lógicos, ver TOULMIN, *Ludwig Wittgenstein*, e FANN, *Wittgenstein's Conception,* 25.

44 WITTGENSTEIN, *Tractatus*, § 6.522; comparar com § 5.62: "O que o solipsista *quer dizer* está muito correto, apenas não pode ser *dito*."

45 Ibid., § 4.115.

46 Ibid., § 3; comparar com § 7.

47 APEL, Karl-Otto, *Analytic Philosophy of Language and the Geisteswissenschaften,* trad. ing. de Harald Holstelilie, Dordrecht, D. Reidel, 1967, 37.

que proposições sobre valores ou metafísica não tenham sentido, e que o trabalho da filosofia seja corrigir nossas maneiras caóticas, descuidadas e comuns de falar. A principal obra do segundo Wittgenstein, as *Investigações filosóficas*, começa com uma citação das *Confissões* de Santo Agostinho, que é então examinada e criticada. A passagem é um relato de como Agostinho primeiro aprendeu a falar; e logo fica claro que, ao criticar Agostinho, Wittgenstein está na verdade criticando suas próprias opiniões anteriores. Agostinho diz:

> Nomeavam os adultos algum objeto e se voltavam para ele, então percebi e entendi que o objeto, pelos sons que eles proferiam, vinha a ser designado quando queriam apontar para ele. Isso, entretanto, inferia dos seus gestos, a linguagem[48] natural de todos os povos, a linguagem que, pelo jogo das caras e dos olhos, pelos movimentos dos membros e o soar da voz, mostra os sentimentos da alma quando esta ambiciona algo, ou apreende, ou recusa, ou foge. Assim, aprendi a compreender passo a passo que coisas as palavras designavam, na medida em que eu ouvia os proferimentos várias vezes nos seus lugares determinados e em diferentes sentenças. E trouxe por elas, na medida em que minha boca se acostumou a esses sinais, meus desejos à expressão[49].

Como um relato introspectivo e imaginário de como o aprendizado de línguas "deve ter sido", essa passagem talvez seja familiar e inocente o suficiente. Mas Wittgenstein passa a mostrar que ela se apoia em uma série de pressupostos falsos e infundados, pressupostos que ele mesmo outrora assumira.

O primeiro comentário direto de Wittgenstein é de que a passagem de Agostinho nos apresenta uma "imagem da linguagem", na qual as palavras são

---

48 Conforme observa João José R. L. de Almeida em seu estudo do texto: "Embora Bruni, Lourenço e Montagnoli tendam a traduzir *Sprache* quase sempre por 'linguagem', devemos observar que nem sempre essa versão equivale ao que o autor está efetivamente dizendo. Em alemão, temos o mesmo fenômeno que no inglês, em que uma mesma palavra designa o que em português corresponderia a duas práticas ou fenômenos diferentes: a língua e a linguagem. Desse modo, sempre que Wittgenstein se referir claramente ao plano concreto da linguagem, em que a combinação de regras, palavras e gestos se refira à prática efetiva de uma comunidade linguística real ou suposta, a versão em português será 'língua'. A palavra 'linguagem' ficará reservada ao plano do sistema mais geral de se produzir, desenvolver e compreender qualquer manifestação comunicativa ou expressiva, assim como também aos casos em que 'linguagem' se substitua, em geral, a 'maneira de falar'. Note-se que Wittgenstein só vai resolver este problema da oscilação entre o mais sistemático e generalizado, e o concreto e vivenciado, segundo regras que ele já discrimina na seção § 3, quando a seguir, na seção § 7, introduz o conceito de 'jogo de linguagem'". ALMEIDA in: WITTGENSTEIN, *Investigações filosóficas, Philosophische Untersuchungen,* 313, nota 11.

49 AUGUSTINE, *Confessions*, I. 8., citado em WITTGENSTEIN, *Investigações filosóficas, Philosophische Untersuchungen,* § 1.

essencialmente os nomes dos objetos no mundo, de modo que cada palavra pode ser afixada a um objeto apropriado tal qual uma etiqueta[50]. "As palavras da linguagem denominam objetos [...] Toda palavra tem um significado. Este significado é correlacionado à palavra. Ele é o objeto que a palavra substitui"[51]. Essas suposições são, de novo, familiares o suficiente e razoáveis. Elas nos lembram de algumas maneiras pelas quais ensinamos às crianças os nomes de certos tipos de objetos, ou cores, ou os números de um ao dez. Apontamos para um objeto, ou uma imagem, ou uma cor, ou um grupo de objetos, dizemos a palavra apropriada, e a criança a repete. Depois de um tempo, a criança pode nomear o objeto corretamente, sem o exemplo do adulto. Porque esse é um procedimento comum quando um adulto se propõe conscientemente a ensinar a uma criança uma determinada palavra ou um conjunto de vocabulários, e ele vem rápido à mente, como um bom exemplo da natureza do aprendizado de línguas.

Já de início, contudo, certas palavras não podem ser ensinadas dessa maneira, por definição ostensiva. Nenhum adulto pode apontar um "o" ou um "hoje" ou um "se"; ainda assim, as crianças de algum modo também aprendem essas palavras[52]. Tampouco o problema está confinado a preposições, artigos e conjunções. Embora se possa apontar para um solteiro, não se pode ensinar o significado de "solteiro" ao apontar, nem de "divórcio", "desafio" ou "interlúdio". Cativados pela imagem "agostiniana", somos levados a deixar de lado tais palavras, dizendo que elas são aprendidas mais tarde, de outros modos. Wittgenstein diz: "Quem descreve o aprendizado da linguagem desta maneira, imagina primeiramente, assim acredito, substantivos como 'mesa', 'cadeira', 'pão' e nomes de pessoas, e somente em segundo plano os nomes de certas atividades e qualidades, e os demais tipos de palavra como algo que se irá encontrar"[53]. Mas é claro que os demais tipos de palavra não "se encontram sozinhas", e até que se tenha uma descrição do aprendizado de línguas que explique como as crianças aprendem essas palavras, qualquer explicação de como elas aprendem "cadeira" ou "pão" deve ser altamente suspeita. Uma suposição filosófica comum nesta

---

50 WITTGENSTEIN, *Investigações filosóficas, Philosophische Untersuchungen*, § 15; comparar com WAISMANN, *Wittgenstein*, 169.

51 WITTGENSTEIN, *Investigações filosóficas, Philosophische Untersuchungen*, § 1.

52 Comparar com WITTGENSTEIN, *Blue and Brown Books,* New York; Evanston, Harper & Row, 1964, 77; e ZIFF, Paul, *Semantic Analysis,* Ithaca, Cornell University Press, 1960, 82: "Devido ao seu foco excessivamente estreito, os filósofos falharam em perceber que o que é fundamental aqui são as condições, não os referentes, nem as condições de verdade e nem mesmo a satisfação das condições, mas tão somente condições. 'Oi' ('*hello*') não possui referência. Não pode ser associado a condições de verdade."

53 WITTGENSTEIN, *Investigações filosóficas, Philosophische Untersuchungen*, § 1.

conjuntura é que outras palavras podem, de alguma forma, ser explicadas ou aprendidas a partir de várias combinações daquelas aprendidas ostensivamente. Um simples momento de reflexão séria, porém, mostra a total inadequação dessa suposição. Basta tentar construir o significado de, digamos, "quando" a partir de substantivos simples que ensinamos ao apontar para objetos.

Além disso, Agostinho dá muita importância ao que acontece quando apontamos e falamos e a criança fala em seguida. O que aconteceria, pergunta Wittgenstein, se uma criança apenas "reage por natureza, ao gesto de apontar com o dedo, olhando na direção da ponta do dedo para o pulso, em vez de olhar na direção da ponta do dedo [para fora]"[54]? Ou, como Ziff coloca de forma ainda mais impressionante, "Eu jogo um pedaço de carne para um gato. Ele não vê onde a carne caiu. Eu aponto para a carne: o gato cheira meu dedo"[55]. Na verdade, *tanto* Wittgenstein quanto Agostinho cometem o erro de presumir que as crianças simplesmente seguem o dedo que aponta na direção certa, ao passo que, na realidade, até mesmo essa reação simples deve ser aprendida. Não obstante, isso pode ser aprendido pela criança e deve ser assimilado antes que as definições ostensivas possam funcionar.

Todavia, este ainda é um ponto relativamente menor. Muito mais vital é o problema da capacidade da criança de descobrir *para o que* o adulto está apontando. Afinal, um adulto de pé na cozinha com seu filho, de frente para o fogão, pode apontar à frente e abaixo e ensinar à criança o significado de "fogão", ou "forno", ou "quente", ou "branco", ou "esmaltado", ou "arranhar", ou "sujeira", ou "assar", ou "cozinhar", ou "jantar", ou "objeto", ou "coisa", e assim por diante. Como a criança sabe para o que ele está apontando, o que ele pretende?

> Podem-se, pois, definir ostensivamente o nome de uma pessoa, o nome de uma cor, o nome de um material, um numeral, o nome de uma direção da bússola etc. A definição do número dois "Isto se chama 'dois'" – enquanto se mostram duas nozes – é perfeitamente exata. – Mas como se pode definir o dois desse modo? Aquele para quem se dá a definição não sabe realmente o *que* se quer denominar com "dois"; ele vai supor que você esteja chamando *este* grupo de nozes de "dois"! – Ele *pode* supor isto; mas talvez não [...]. Isso significa que a definição ostensiva pode, em *todos* os casos, ser interpretada deste e daquele modo[56].

---

54 Ibid., § 185.
55 Ziff, *Semantic Analysis*, 92-93.
56 Wittgenstein, *Investigações filosóficas*, *Philosophische Untersuchungen*, § 28; comparar com Waismann, *Wittgenstein*, 51.

Não é que não se possam ensinar algumas palavras a uma criança ao se apontar, mas sim que o processo não pode ser como Agostinho o imagina; precisamos entender melhor o que realmente acontece. Vale a pena examinar, com Cavell, um exemplo concreto do modo como uma criança, como dizemos, "aprende uma palavra nova"[57]. Considere a menininha cujos pais podem dizer que ela já "sabe" duas dúzias de palavras, incluindo a palavra "gatinho": O que significa dizer que ela aprendeu? Um dia, depois que seu pai disse "gatinho" e apontou para o gatinho, ela repetiu a palavra e também apontou para o gatinho. Mas o que significa "repetir a palavra" aqui e para o que ela apontava? Tudo o que sabemos é que ela fez um som que seu pai "acolheu, respondeu (com sorrisos, abraços, palavras de estímulo etc.)" como uma repetição do que ele havia dito, e que ela fez um gesto que ele entendeu como apontar para o que ele havia apontado. Então, "da outra vez que um gato apareceu, à espreita ou em um livro ilustrado, ela fez o mesmo." Concluímos que ela sabe, aprendeu uma palavra nova.

Um dia, porém, passadas algumas semanas, a criança sorri para uma estola de pele, acariciando-a e diz "gatinho". A primeira reação dos pais é de surpresa, e talvez até decepção: a criança não aprendeu a palavra, afinal. Mas a segunda reação é mais feliz: "ela entende por 'gatinho' o que eu quero dizer com 'peludo'. Ou era o que eu queria dizer com 'macio' ou talvez 'gostoso de acariciar'?" Ela aprendeu a dizer a *palavra*, sem dúvida, mas não entendeu a ideia de um gatinho. Captar nosso conceito de "gatinho", entender o que é um gatinho, é outra história. A segunda reação mais feliz dos pais, contudo, ainda ocorre como se a criança tivesse certo número de conceitos prontos, em mente, e tivesse dado um palpite errado dentre eles. Em vez de escolher o conceito de gatinho para corresponder à palavra inglesa "*kitten*" ["gatinho"], ela erroneamente escolheu o conceito de algo peludo, macio ou gostoso de acariciar. Alternativamente, um filósofo pode querer dizer que ela formulou uma generalização indutiva errada: seu uso de "gatinho" se refere não apenas a gatinhos, mas também a estolas de pele e talvez a outras coisas pequenas, macias e peludas. É muito ampla. Mas, se a corrigirmos, ela gradualmente reduzirá a questão por meio de um processo de indução adicional até que tenha clareza sobre o que se pode considerar e o que não se pode considerar como um "gatinho".

Por que, contudo, deveríamos supor que ela pretende dizer "gatinho" para nomear uma certa classe de objetos? Cavell continua:

---

[57] CAVELL, Stanley, *The Claim to Rationality*, Tese de Doutorado em Filosofia (não publicada), Cambridge, Harvard University, 1961-1962, 205-207.

Talvez ela não quisesse dizer o que em minha sintaxe seria registrado como "Isso é um X". Afinal, quando ela vê um gatinho de verdade, ela não apenas pronuncia sua versão alofônica de "gatinho", mas geralmente repete a palavra de novo e de novo aos gritos, agacha-se perto dele, estende o braço em direção a ele, abre e fecha seus dedos (uma versão alomórfica de "acariciar o gatinho"?), franze os lábios e pisca os olhos com prazer. Tudo o que ela fez com a estola de pele foi, sorrindo, dizer uma vez "gatinho" e acariciá-la. Talvez, a sintaxe dessa performance deva ser transcrita como "Isso parece um gatinho" ou "Olhe para o gatinho engraçado" ou "As coisas fofas não são legais?", ou "Veja, eu me lembro de quão feliz você ficou quando eu disse 'gatinho' ou 'Gosto de ser acariciada'". Podemos decidir isso? Trata-se mesmo de uma *escolha* dentre essas alternativas definitivas[58]?

O exemplo ainda nos conduz a uma interpretação errada, porque uma palavra como "gatinho" pode funcionar como um nome. Mas o vocabulário inicial das crianças não precisa consistir em tais substantivos. Imagine-se que uma criança "aprendeu", começou a usar "tchau" junto com um aceno de mão, quando a incentivamos a "dar tchau" quando partimos. Ou imagine-se uma criança que começou a dizer "para cima", levantando os braços de maneira característica para ser pega. Aqui, a tentação é menor em supor que a criança fez uma "generalização indutiva" correta quanto aos objetos que contam como um "tchau" ou um "para cima". Em vez disso, tendemos a dizer que a criança "associa" o som a uma determinada situação, na medida em que associa certos gestos a essa situação. Nem o som nem o gesto precisam ser (entendidos como) o nome de alguma coisa. A situação se repete; os gestos e sons, ou talvez apenas um ou outro são repetidos. Essa é uma espécie de indução, talvez, mas não uma indução sobre características recorrentes de um objeto ao qual o som se refere; em vez disso, trata-se de uma indução sobre características do contexto geral que a torna uma reminiscência de uma situação anterior em que o som foi feito[59]. Será que a criança sabe, nessa fase, o que significa "adeus" ou "para cima"? Não pode haver uma resposta clara, seja afirmativa ou negativa.

---

58 Ibid., 206.

59 Comparar com WITTGENSTEIN, *Da certeza*, § 538: "A criança, em minha opinião, aprende a reagir de determinada maneira; e. ao reagir assim, ainda não sabe nada. O conhecimento só começa posteriormente." Acho bastante surpreendente a onipresença e a tenacidade da visão nome-objeto da aprendizagem de línguas na literatura de psicologia experimental. As raras exceções incluem DIENES, Z. P., *Concept Formation and Personality*, Leicester, Leicester University Press, 1959; a literatura na qual uma criança é observada enquanto de fato aprende uma língua natural é muito mais perceptiva.

Mas a questão rapidamente leva a outra, mais útil: o que a criança pode fazer com as palavras neste ponto, e o que ela ainda não pode fazer?

Cavell pretende nos mostrar, entre outras coisas, que a diferença entre aprendizagem e maturação não é tão clara quanto supomos, que a questão sobre o *que* uma criança aprendeu quando repete ou usa voluntariamente uma palavra deve ser considerada problemática. Uma criança que está começando o processo de aquisição de linguagem precisa aprender não apenas um nome certo para um objeto, mas também o que *conta como* o objeto a ser marcado; não apenas a palavra, mas o conceito. Ela precisa aprender, como disse Ernst Cassirer, "a estar de acordo com o mundo objetivo"[60]. Por sermos adultos e também falantes competentes, tendemos a pensar na criança como um adulto pequeno com problemas de comunicação. Um adulto que chega a um país estranho, diz Wittgenstein, "aprenderá por vezes a linguagem dos habitantes com as definições ostensivas que eles lhe dão; e muitas vezes terá que *adivinhar* o significado dessas definições", adivinhar a palavra ou palavras correspondentes no seu próprio idioma. Nesse sentido, "Agostinho descreve a aprendizagem da linguagem humana como se a criança tivesse ido para uma terra estrangeira e não compreendesse a língua do país; isso significa: como se já tivesse uma linguagem, só que não aquela"[61]. Mas uma criança no processo de aquisição de sua primeira língua, sua língua nativa, está ao mesmo tempo se familiarizando com o mundo, com que tipos de objetos e entidades ele contém, com o que conta como uma entidade nele.

A criança aprende simultaneamente o que "gatinho" significa e o que é um gatinho; e nenhum dos processos acontece de uma vez só, em um momento de *insight* que se baseasse em um palpite de sorte[62]. Quando dizemos à menininha "gatinho" e apontamos para o gato, não estamos na verdade, totalmente, lhe dizendo o que "gatinho" significa ou o que é um gatinho. Ainda não podemos lhe dizer o que "gatinho" significa porque, como diz Cavell, "são necessários dois para *contar* algo; você não pode dar uma informação a uma pessoa a menos que ela saiba como *pedir* por (ou algo comparável) essa informação. [...] Você não pode *dizer* a uma criança o que uma palavra significa quando ela ainda não aprendeu o que é 'pedir um significado' (ou seja, como pedir um significado), da mesma forma que você não pode *emprestar* um chocalho para uma criança que ainda não aprendeu o que significa

---

60 Cassirer, Ernst, *An Essay on Man*, Garden City, Doubleday, 1953, 171.

61 Wittgenstein, *Investigações filosóficas*, *Philosophische Untersuchungen*, § 32.

62 Vygotsky, Lev Semenovich, *Thought and Language*, trad. ing. e edição de Eugenia Haufmann e Gertrude Vakar, Cambridge, M.I.T. Press, 1966, 27.

'emprestar (ou tomar emprestada) uma coisa'"[63]. (Tente fazer com que uma criança "devolva" o chocalho que uma criança mais velha lhe "emprestou"!) Mesmo que consigamos que a criança repita "gatinho" conosco, ela no máximo conquistou uma nova atividade, um novo jogo; ela ainda não aprendeu o "significado" de uma "palavra".

Da mesma forma, quando apontamos para o "gatinho", ainda não estamos dizendo à criança o que é um gatinho. Pois, para saber o que é um gatinho, é necessário saber que é uma espécie de animal, que está vivo, pode sentir dor, crescerá e se tornará um gato, morrerá, está relacionado de algum modo com leões e de outro com cães, que pode ser acariciado, punido e provocado, e assim por diante. "Gatinhos – o que chamamos de gatinhos – ainda não existem em seu mundo"[64]. Sobre uma criança mais velha, "uma que não conheça, mas já esteja madura para" o conceito de, digamos, leão, no sentido de que ela sabe o que é um animal, sabe perguntar por um nome, e assim por diante, pode-se dizer com segurança que quando lhe dizemos "isso é um 'leão'", ela aprende tanto o que é um leão quanto o que "leão" significa. Mesmo assim, o processo não será instantâneo ou exaustivo. A criança ainda pode ter algumas ideias especiais sobre leões diferentes das nossas – que eles talvez tenham alguma relação íntima desconhecida com mentiras ou o ato de mentir. "Porém", diz Cavell, "é provável que isso não traga problemas e a pessoa que um dia foi essa criança pode, por alguma razão, vir a lembrar que ela acreditava nessas coisas, fazia essas associações, quando criança"[65]. "Embora eu não lhe tenha contado e ela não tenha aprendido, nem o que significa a palavra 'gatinho' ou o que é um gatinho", diz Cavell, se tudo correr normalmente, ao final "ela terá aprendido as duas coisas"[66].

A LINGUAGEM COMO ATIVIDADE

O que Wittgenstein oferece como um substituto para a concepção equivocada de linguagem que ele encontra em Agostinho, ou pelo menos como um primeiro passo em direção a uma visão diferente e melhor, é uma concepção da linguagem como atividade. De várias maneiras e em muitos níveis, ele explora a ideia de que a linguagem se baseia no falar e no responder ao que se fala, e que essas são coisas

---

63 CAVELL, *Claim to Rationality*, 204.
64 Ibid., 207.
65 Ibid., 214.
66 Ibid., 206.

que *fazemos*. A linguagem é, antes de mais nada, a fala, e "o falar de uma linguagem é parte de uma atividade ou de uma forma de vida"[67]. Nesse sentido, "palavras são também atos"[68]. Assim, compreender uma linguagem não é uma questão de apreender alguma essência interna de significado, mas sim de saber como fazer certas coisas. "Compreender uma linguagem significa dominar uma técnica"[69]. É nessa atividade, nessa técnica, que as palavras são colocadas em uso, de modo que "A linguagem é um instrumento. Seus conceitos são instrumentos"[70]. Wittgenstein nos aconselha: "Pergunte-se: em que oportunidade, para que finalidade, dizemos isso? Que modos de ação acompanham essas palavras? (Pense no cumprimento!) Em que cenas elas são usadas; e para quê?[71]" Especificamente, ele incorpora e explora essa compreensão pragmática da linguagem em duas grandes analogias: a comparação entre palavras e ferramentas, e aquela entre palavras e peças ou marcadores ou sinais num jogo.

"Imagine ferramentas dentro de uma caixa", diz ele; "ali há um martelo, um alicate, uma serra, uma chave de fenda, um metro, um pote de cola, cola, pregos e parafusos. – Tão diferentes como são as funções desses objetos, são também diferentes as funções das palavras"[72]. A ênfase agora está nas "funções" das palavras, mais do que em seus "significados"; e nem todas podem ser usadas para todos os fins, ainda que muitas possam ser usadas para fins diversos. Ao mesmo tempo, elas também têm certas características em comum, pelo fato de serem ferramentas, coisas projetadas para o trabalho humano. Tal semelhança, contudo, também pode nos iludir por sua grande variedade de funções.

> Tal como olhar para a cabine de uma locomotiva: lá estão alavancas que parecem mais ou menos iguais. (Isto é compreensível, porque todas elas devem ser pegas com a mão.) Mas uma é a alavanca de uma manivela que pode ser alterada continuamente (ela regula a abertura de uma válvula); a outra é a alavanca de um comutador que só tem duas posições de funcionamento, ou ela está fechada ou aberta; um terceiro é o cabo do freio, quanto mais forte se puxa, mais forte se freia;

---

67 Wittgenstein, *Investigações filosóficas, Philosophische Untersuchungen*, § 23. Sem dúvida, a proposta desenvolvida por Wittgenstein tem antecedentes, como a ênfase dada por Saussure à *parole* e os escritos tardios de Croce.

68 Ibid., § 546.

69 Ibid., § 199.

70 Ibid., § 569.

71 Ibid., § 489.

72 Ibid., § 11.

uma quarta é a alavanca de uma bomba que só funciona quando se a movimenta para lá e para cá[73].

Palavras diferentes, assim como ferramentas diferentes, são usadas de maneiras muito diferentes. O que isso significa fica mais claro quando nos voltamos para a segunda analogia, muito mais desenvolvida nas *Investigações*: a analogia entre a linguagem e os jogos, entre as palavras e as peças ou sinais que usamos nos jogos. "As palavras denominam e possuem uma função[74]." Pode-se pensar em palavras usadas como expressões em jogos competitivos, como o "xeque" no xadrez ou o "bati" no bridge. Ou melhor ainda, pode-se pensar no uso ritual de palavras em brincadeiras infantis, como o último grito "um, dois, três, salve todos!" muito usado, ao menos na minha infância, como uma expressão ritual no pique-esconde, permitindo que todos os jogadores voltassem em segurança para a base sem serem batidos. Pronunciar tal expressão no decorrer do jogo obviamente não é fazer uma afirmação verdadeira ou falsa sobre os fatos. Em vez disso, muda o *status*, as relações entre os jogadores. Pronunciar tal expressão é como fazer um movimento no jogo, e a expressão é apenas um dispositivo por meio do qual o movimento é feito.

O significado de tais expressões em nossa linguagem talvez possa se tornar mais acessível por meio do conceito de "performativo" de Austin[75]. Austin chama a atenção para uma aparente peculiaridade de certos verbos: em sua forma ativa da primeira pessoa do singular, eles não são usados para fazer declarações verdadeiras ou falsas, mas para realizar uma ação. Eles são uma maneira de "se fazer algo em vez de apenas se dizer algo"[76]. Especificamente, o uso em primeira pessoa desses verbos é a própria execução da ação que o verbo "nomeia". Sendo assim, Austin chama esses verbos de "performativos". O exemplo característico é o de prometer. Quando dizemos "eu prometo", não estamos descrevendo nossa atividade ou estado de espírito, nada foi dito de verdadeiro ou falso, mas foi performada uma ação

---

73 Ibid., § 12.

74 Wittgenstein, *Zettel*, § 601; comparar com *Investigações filosóficas, Philosophische Untersuchungen*, § 7; e Waismann, *Wittgenstein*, 105, 150, 169.

75 Austin, J. L., *Philosophical Papers,* Oxford, Clarendon Press, 1961, 66-67, 220-239; ver também sua publicação póstuma *How to Do Things with Words*, Urmson, J. O. (ed.), New York, Oxford University Press, 1965. Trad. bras.: *Quando dizer é fazer. Palavras e ação*, trad. e apresentação de Danilo Marcondes de Souza Filho, Porto Alegre, Artes Médicas, Série Discursos Analíticos, 1990. Algo como uma noção performativa segundo Austin também é desenvolvido por Hart, H. L. A., The Ascription of Responsibility and Rights, in: Flew, Antony (ed.), *Logic and Language*. First and Second Series, Garden City, Doubleday, 1965.

76 Austin, *Philosophical Papers*, 222.

chamada "prometer". Da mesma forma, se no momento apropriado "durante uma cerimônia de casamento, eu digo, como as pessoas dizem, 'sim'", então "não estou me referindo a um casamento, estou me casando". Ou ainda, se eu disser "Aposto seis pence que vai chover amanhã", não estou fazendo uma previsão factual, mas uma aposta. Ou suponha que, nas circunstâncias apropriadas "estou com a garrafa de champanhe na mão e digo 'batizo este navio de *Rainha Elizabeth*'". Então, não estou descrevendo uma cerimônia de batismo, mas realizando o batismo[77].

Os verbos performativos, segundo aponta Austin, exibem uma "assimetria típica" entre sua forma ativa na primeira pessoa do singular do presente do indicativo e as demais pessoas e tempos. "Por exemplo, quando dizemos 'Eu prometo que [...]', é uma situação muito diferente de quando dizemos 'Ele promete que [...]' ou no pretérito 'Eu prometi que [...]'"[78]. Os últimos proferimentos[79] podem ser descrições, afirmações ou relatos do que foi dito; proferi-los não é prometer. Mas proferir "eu prometo" *pode*, na ocasião, *ser* uma promessa. Sem dúvida, as palavras certas devem ser ditas nas circunstâncias certas. Qualquer um dos enunciados acima ditos durante uma leitura em voz alta, ao relatar que alguém falou assim, ao ensaiar uma peça, como uma piada, e assim por diante, não "performará" a ação. As circunstâncias devem ser adequadas, o procedimento deve estar de acordo com as convenções apropriadas, o falante deve estar em condições de poder performar a ação.

Uma vez descobertos os performativos, Austin ficava cada vez mais impressionado com as dificuldades que seu conceito acarretava e dedicou muita energia para tentar preservá-lo, apesar delas. Ele foi forçado a reconhecer que o contraste entre performativos e palavras usadas para fazer declarações descritivas sobre o mundo, declarações que podem ser verdadeiras ou falsas, não era tão nítido quanto ele supunha. Mesmo proferimentos performativos têm implicações factuais, e essas podem ser verdadeiras ou falsas. Por exemplo, quando prometemos, sugerimos que nos consideramos capazes e pretendemos cumprir o que prometemos, e essas implicações podem ser verdadeiras ou falsas. Se forem falsas, podemos dizer que a

---

77 Ibid.

78 Ibid., 229; comparar com 66n.

79 Segundo a tradução de Danilo Marcondes, em nota de seu estudo sobre a obra de Austin: "Traduzimos *statement* por 'declaração', *sentence* por 'sentença' e *utterance* por 'proferimento'. A sentença é entendida aqui como uma unidade linguística, possuindo uma estrutura gramatical e dotada de significado, tomada em abstrato. A declaração seria então o uso da sentença para afirmar ou negar algo, podendo ser falsa ou verdadeira. O proferimento é a emissão concreta e particular de uma sentença, em um momento determinado, por um falante determinado." MARCONDES, in: AUSTIN, *Quando dizer é fazer. Palavras e ação*, 21. Adotamos aqui, portanto, a tradução e o uso dos termos "declaração", "sentença" e "proferimento" conforme apresentado acima. (N. dos T.)

promessa não foi sincera. E, com alguns performativos, pode-se sentir a fragilidade da distinção entre seu uso performativo e descritivo, tal qual o exemplo da sinceridade. Assim, se digo "eu te condeno", de certa forma, estou condenando você, não importa como me sinta ou o que pense. Esse é o aspecto performativo do proferimento. No entanto, o proferimento também parece ter um aspecto descritivo; e, se eu não o condeno sinceramente em minha mente, então, enquanto um proferimento descritivo, este é, de certa forma, falso. Ainda que, oficialmente, ao pronunciar as palavras eu o condene, não o condeno de verdade.

Além disso, Austin logo percebeu que proferimentos performativos podem ser igualmente expressos com o verbo na voz passiva e na segunda ou terceira pessoas. Não é necessário dizer literalmente "eu aviso" para avisar alguém; pode-se dizer "Os passageiros são avisados que [...]." Pode-se até mesmo avisar sem usar esse verbo, por exemplo, ao colocar uma placa que diz "Touro Perigoso". Da mesma forma, em circunstâncias adequadas, pode-se prometer simplesmente, dizendo "pode contar com isso" ou "sim", ou qualquer outra coisa. Desse modo, a linha divisória entre proferimentos performativos e descritivos se torna indefinida.

Os performativos podem ser (quase) verdadeiros ou falsos, e mesmo os não performativos podem ser usados para performar ações. Por fim, Austin admitiu que "de fato, talvez não haja grande distinção entre declarações e proferimentos performativos"[80].

É verdade que certos verbos têm a peculiaridade de, ao pronunciá-los na primeira pessoa do singular do presente do indicativo na voz ativa, performarmos a ação que eles nomeiam. Mas a existência desses verbos é relativamente pouco interessante em comparação com a descoberta de maior abrangência implícita em Austin, e explicitada por Wittgenstein: que, em grande parte ou talvez até em sua totalidade, a linguagem é performativa num sentido mais amplo, o que podemos chamar de semiperformativo. Embora a fala nem sempre seja o performar da ação nomeada no discurso, é sempre uma ação performada, por cujas consequências o falante é responsável.

Para desenvolver essa maneira de encarar a linguagem, Wittgenstein apresenta o que chama de "jogos de linguagem" ("*language games*"). Até certo ponto, um jogo de linguagem é literalmente um jogo, tipo informal de interação entre uma criança e um adulto, porém ritualizada, por meio da qual uma criança é treinada em certas

---

80 AUSTIN, *Quando dizer é fazer. Palavras e ação*, 56. Comparar com o último parágrafo do capítulo traduzido com o original em inglês: "*Perhaps indeed there is no great distinction between statements and performative utterances*". AUSTIN, *How To do Things With Words*, 52. (N. dos T.)

características de sua língua nativa. Por exemplo, o adulto aponta e diz uma palavra, e a criança a repete, como no exemplo de Cavell sobre ensinar a criança a dizer "gatinho". O adulto e a criança se envolvem em uma espécie de jogo que envolve *action and speech* [ação e fala]; mas o uso da fala aqui ainda é muito parecido com o uso de gestos.

Mais comumente, Wittgenstein entende por jogo de linguagem uma espécie de versão drasticamente simplificada ou modelo de como a linguagem funciona, uma espécie de instância primitiva da linguagem[81]. Embora esses sejam modelos geralmente inventados por Wittgenstein, eles amiúde se baseiam em alguma pequena parte da língua que falamos (ou em qualquer língua natural[82]). Tanto os jogos de linguagem a partir dos quais as crianças aprendem quanto os jogos de linguagem que são partes primitivas ou reduzidas de uma língua completa sempre envolvem, nos exemplos de Wittgenstein, tanto a fala quanto outra atividade ligada a esse discurso. O jogo de linguagem é "também a totalidade: da linguagem e das atividades com ela entrelaçadas"[83].

Os primeiros jogos de linguagem que Wittgenstein inventou tinham como objetivo iluminar o relato de Agostinho sobre como ele aprendeu a falar. Embora os pressupostos desses relatos sejam incorretos a respeito da nossa língua (ou de qualquer língua natural), eles poderiam ser considerados "corretos para uma língua mais simples do que a nossa"[84]. O "conceito filosófico de significado [de Agostinho] se ajusta a uma representação primitiva da maneira como a linguagem funciona. Pode-se, entretanto, dizer que ela seria a representação de uma língua mais primitiva que a nossa"[85]. Wittgenstein passa a esboçar uma versão imaginária primitiva de uma "linguagem" para a qual a explicação de Agostinho seria precisa:

---

81 Mas não a linguagem de um povo "primitivo"!

82 No original, *actual language*. "Língua natural" é um termo técnico de linguística: refere-se a um dos idiomas falado por alguma comunidade cultural, e se opõe a línguas artificiais (como o esperanto) e linguagens outras como a matemática, a lógica formal etc. (N. dos T.)

83 WITTGENSTEIN, *Investigações filosóficas*, Philosophische Untersuchungen, § 7.

84 WITTGENSTEIN, *Blue and Brown Books*, 77.

85 WITTGENSTEIN, *Philosophical Investigations*, Philosophische Untersuchungen, § 2. Se comparada a tradução direta do alemão ao português, com a forma como Pitkin cita o mesmo trecho em inglês, é possível perceber que o termo representação não aparece aqui, mas a referência atenuada de que o conceito de significado "tem seu lugar" a partir de uma "ideia do modo em que funciona a linguagem", no original em inglês: "*Augustine's concept of meaning* has its place in a primitive idea *of the way language functions. But one can also say that it is the idea of a language more primitive than ours.*" Grifo nosso. (N. dos T.)

Imaginemos uma linguagem que concorde com a descrição dada por Agostinho: a linguagem deve servir de comunicação entre um construtor A e um ajudante B. A executa uma edificação com blocos de construção; há disponíveis blocos, colunas, lajotas e vigas. B tem que lhe alcançar os blocos de construção na sequência em que A deles precisa. Para esta finalidade, eles se servem de uma língua que consiste das palavras: "bloco", "coluna", "lajota", "viga". A chama as palavras; B traz a peça que aprendeu a trazer para este chamado[86].

Wittgenstein nos convida a conceber esta como "uma linguagem primitiva completa" e a imaginar uma sociedade que não tenha outra linguagem que não seja esta[87]. As crianças aprenderiam a língua dos adultos ao "serem treinadas em seus usos", como um animal é treinado, pelo "exemplo, recompensa, punição e coisas do gênero"[88]. De fato, um animal poderia ser facilmente treinado para desempenhar o papel de assistente neste jogo.

Um jogo de linguagem um pouco mais complexo pode ser gerado estendendo-o para incluir os "nomes" dos números cardinais, do um ao dez[89]. O assistente memorizaria a sequência de palavras, "um", "dois" e assim por diante até "dez", em ordem. Quando o construtor gritasse, digamos, "Cinco lajotas!", o assistente iria até as lajotas e diria a série de numerais para si mesmo até chegar a cinco, pegando uma lajota a cada palavra. Então ele levaria as lajotas para o construtor. Mas a extensão é, na verdade, um jogo bem diferente do original. Por exemplo, o treinamento para isso teria que ser bem diferente. Implicaria memorizar uma lista ordenada de palavras. E, embora o *uso* dos numerais possa ser ensinado pelo mesmo tipo de treinamento que o uso dos nomes das pedras, a maneira como cada um dos dois processos usa os gestos, como o de apontar, é diferente. No ensino ostensivo de números, "a mesma palavra, por exemplo, 'três', será ensinada apontando para lajes ou para tijolos, ou para colunas etc. E, por outro lado, diferentes numerais serão ensinados apontando para grupos de pedras com o mesmo formato"[90]. Quando o treinamento terminasse, haveria a expectativa de que o assistente deveria responder aos numerais de uma maneira muito diferente da qual ele deveria responder aos

---

86 Wittgenstein, *Investigações filosóficas, Philosophische Untersuchungen*, § 2.
87 Ibid.
88 Wittgenstein, *Blue and Brown Books*, 77.
89 Wittgenstein, *Philosophical Investigations, Philosophische Untersuchungen*, § 8; *Blue and Brown Books*, 79.
90 Wittgenstein, *Blue and Brown Books*, 79.

nomes das pedras. Essas diferenças mostram com evidência que os numerais são "um *tipo* de ferramenta totalmente diferente" na linguagem[91].

Podemos nos sentir tentados a perguntar: "Mas como o assistente sabe o que trazer quando escuta a palavra 'lajota' e o que tem que fazer com a palavra 'cinco'? Ele não precisa, antes de mais nada, compreender o seu significado?"[92] Wittgenstein responde: "Bem, assumo que ele *age* conforme descrevi. As explicações chegam a um fim em algum lugar"[93]. Nada sobre o significado da palavra "cinco" está em questão aqui, apenas o modo como a palavra "cinco" é usada. Neste jogo de linguagem, a questão do significado é reduzida a uma de duas alternativas extremamente simples. Poderíamos dizer que o assistente entende o significado de "lajota", "bloco" e assim por diante; mas então "compreender o significado" implicaria nada mais, nada menos do que performar certas ações ao ouvir as palavras. Um cachorro poderia fazê-lo. Alternativamente, podemos querer dizer que ele não precisa de modo algum "entender o significado" das palavras, que não existe algo como "significado" ou "compreensão do significado" envolvido neste jogo de linguagem; existe apenas o modo como as palavras são usadas por A e respondidas por B.

Nessa linguagem, tal como a definimos, não pode haver discurso como o conhecemos, nenhuma ciência, literatura ou filosofia. Não pode haver nem mesmo uma ação tão simples como "como se chama" um objeto, mesmo que seja um dos tijolos[94]. Não há palavras para perguntar "o que é isso?" ou "como isso se chama?" Dentro da linguagem, nem mesmo é possível *imaginar* como uma determinada pedra de construção é chamada, pois os falantes não teriam o vocabulário (ou sintaxe) para se fazer essa pergunta. Não se pode perguntar qual o significado de uma palavra, nem explicar o significado de uma palavra, nem dar um sinônimo dela. E existiriam conceitos nesta linguagem? "Não é em todo jogo de linguagem que ocorre algo que se poderia chamar de conceito"[95].

Perguntar o nome de um objeto "é, poderíamos dizer, um jogo de linguagem específico. Na realidade, isso significa: nós somos ensinados, treinados para perguntar: 'como se chama isto?' – e então a denominação se segue. E há também um jogo

---

91 Ibid., comparar com *Investigações filosóficas, Philosophische Untersuchungen*, § 17.
92 Nessa passagem, a autora faz uma mescla de exemplos referentes aos parágrafos 1 e 17. Ibid., §§ 1, 17. (N. dos T.)
93 WITTGENSTEIN, *Investigações filosóficas, Philosophische Untersuchungen*, § 1.
94 Ibid., § 27.
95 WITTGENSTEIN, *Foundations of Mathematics*, 195.

de linguagem: *inventar* um nome para alguma coisa"[96]. Pedir e explicar os nomes das coisas ou os significados das palavras são, em si, jogos de linguagem; e é de se esperar que sejam tanto diferentes do jogo dos construtores quanto um do outro, do mesmo modo como o jogo com numerais difere do jogo dos nomes das pedras para construção. Assim, vemos um terceiro aspecto do que Wittgenstein entende por jogo de linguagem: além de jogos pelos quais as crianças aprendem uma língua e combinações primitivas imaginárias entre fala e ação, os jogos de linguagem também incluem nossas muitas atividades verbais, as coisas que realmente fazemos através da linguagem ou com a utilização dela.

> Ponha diante de si a multiplicidade de jogos de linguagem por estes e outros exemplos:
> Dar ordens e agir segundo ordens –
> Descrever um objeto segundo a aparência ou por medição –
> Produzir um objeto segundo uma descrição (desenho) –
> Informar um acontecimento –
> Fazer conjecturas sobre um acontecimento –
> Propor uma hipótese e prová-la –
> Apresentar os resultados de um experimento mediante tabelas e diagramas –
> Inventar uma história; e ler –
> Atuar em teatro –
> Cantar cantigas de roda –
> Adivinhar enigmas –
> Fazer uma piada; contá-la –
> Resolver a comprovação de um cálculo aplicado –
> Traduzir de uma língua para outra –
> Solicitar, agradecer, blasfemar, cumprimentar, rezar[97].

Qualquer um deles pode ser considerado um jogo de linguagem em separado, e podemos imaginar uma linguagem que consista apenas nas palavras e ações necessárias a esse jogo. "Pode-se facilmente imaginar uma linguagem que consista somente de ordens e informes numa batalha. – Ou uma linguagem que consista somente de perguntas e de uma expressão de afirmação e de negação. E de inúmeras

---

96 WITTGENSTEIN, *Investigações filosóficas*, *Philosophische Untersuchungen*, § 27, grifo meu.
97 Ibid., § 23.

outras⁹⁸." Ao imaginar essas linguagens, precisamos pensar não apenas no vocabulário necessário, mas ainda mais no que seus falantes *fazem* enquanto falam. Em cada caso, "falar uma língua faz parte de uma atividade" e, consequentemente, "imaginar uma linguagem significa imaginar uma forma de vida"⁹⁹.

Uma razão pela qual Wittgenstein enfatiza a diversidade de jogos de linguagem que jogamos é mostrar o que há de errado com a suposição tradicional, anteriormente compartilhada por ele e implícita na passagem de Agostinho, de que a função essencial da linguagem é fazer afirmações sobre questões de fato. Ele diz: "É interessante comparar a multiplicidade de ferramentas da linguagem e seus modos de emprego, a multiplicidade de tipos de palavra e de sentença, com o que os lógicos dizem sobre a estrutura da linguagem. (E também o autor do *Tractatus Logico-Philosophicus*.)¹⁰⁰" Diante dessa multiplicidade de usos da linguagem, é menos provável supor que um ou dois deles devam ser considerados casos privilegiados para definir a essência da linguagem, e que os outros precisem ser traduzidos para esses casos privilegiados antes que possam ser totalmente compreendidos. Referir, descrever, afirmar, declarar figuram apenas como mais alguns jogos de linguagem, não mais exemplares que os outros. Wittgenstein não sente mais a necessidade de traduzir ou analisar proferimentos comuns para sua verdadeira "forma lógica", a forma de uma afirmação simples. Claro, às vezes, em casos específicos para fins específicos, a análise é útil; é útil aprender que "quando ele disse X, ele realmente quis dizer Y". Mas não devemos, com base nisso, supor que exista "algo como uma análise última das nossas formas de linguagem, portanto *uma* forma decomposta completa da expressão"¹⁰¹. Chamar uma sentença de versão analisada de outra

> nos induz facilmente a querer dizer que aquela forma seria a mais fundamental; ela mostra antes de tudo o que se quis dizer com a outra etc. Nós, talvez, imaginamos: quem só possui a forma não analisada, deixou escapar a análise; quem, no entanto, conhece a forma analisada, possui, com isso, tudo. – Mas não posso dizer que este perde um aspecto da coisa, tal como aquele?¹⁰²

---

98 Ibid., § 19.
99 Ibid.
100 Ibid., § 23.
101 Ibid., § 91.
102 Ibid., § 63.

Não que jamais nos refiramos ou descrevamos, nunca façamos afirmações verdadeiras ou falsas, nunca usemos palavras como nomes. Mas essas funções não são privilegiadas ou definitivas. Da mesma forma, pode-se pensar em um nome como uma espécie de ferramenta, e podemos manter alguns nomes em nossa caixa de ferramentas; mas qualquer um que tente generalizar sobre as ferramentas, usando apenas nomes como exemplo, estaria muito enganado. Tomando como modelo as definições ostensivas, não se pode compreender como as crianças aprendem a linguagem. Tomando a referência como modelo, não se pode entender como as palavras têm significados. Como diz Cavell, a questão não é "*simplesmente* que 'a linguagem tem muitas funções' além de nomear coisas; é também que a maneira como os filósofos explicam a função de nomear torna impossível entender de que modo a linguagem consegue realizar *essa* função"[103].

Nesse sentido, o jogo dos construtores pretende nos mostrar o quanto o aprendizado de uma língua natural difere daquele modelo. No jogo, o significado é realmente indistinguível da ação-resposta apropriada. Cada palavra está associada a apenas um único jogo de linguagem e, quando o assistente tiver aprendido esse jogo, ele saberá tudo o que há para saber sobre a palavra. Seu treinamento é um treinamento por repetição: fazer o mesmo sempre que ouvir o mesmo comando. Mas uma criança mal começou a aprender sua língua nativa, quando aprende a repetir um som, enquanto apontamos para algo. Esse apontar e nomear é em si um jogo de linguagem, e aprendê-lo não é aprender nenhum outro. Aprender o significado de uma palavra em uma língua natural significa tornar-se capaz de usá-la em todos, ou na maioria, de seus jogos de linguagem apropriados, não apenas repeti-la depois de outra pessoa. Assim, pode-se resumir a crítica de Wittgenstein à passagem de Agostinho da seguinte maneira: Agostinho descreve o aprendizado da linguagem como se a criança tivesse apenas que aprender novas palavras, em conexão com jogos de linguagem já aprendidos. Mas os jogos de linguagem nos quais a palavra deve ser usada também devem, de alguma forma, ser aprendidos. "A definição ostensiva", segundo Wittgenstein, "explica o uso – o significado – da palavra [apenas] quando já está claro que papel em geral a palavra deve cumprir. Se, portanto, sei que alguém quer me explicar o nome de uma cor, a explicação ostensiva 'isto se chama "sépia"' me auxiliará na compreensão da palavra"[104]. Somente se eu souber o que é uma cor, estarei totalmente pronto para o significado de "sépia". Aqui, novamente, saber o que é uma cor significa ser capaz de fazer algo, saber como os termos de cores são usados.

---
103 Cavell, *Claim to Rationality*, 208.
104 Wittgenstein, *Investigações filosóficas, Philosophische Untersuchungen*, § 30; comparar com *Da certeza*, § 548.

O APRENDIZADO DE JOGOS DE LINGUAGEM

As palavras são relativamente fáceis de ensinar, mas como a criança aprende conceitos ou os jogos de linguagem? Wittgenstein responde que a criança os aprende não por explicação, mas por treinamento. "Como [posso] explico[ar] para alguém o significado de 'regular', 'uniforme', 'igual'? Para alguém que, digamos, só fala francês, explicarei essas palavras pelos correspondentes em francês. Para quem, entretanto, ainda não possui esses *conceitos*, ensinarei a usar as palavras por *exemplos* e *exercício* [pela *prática*]"[105]. O treinamento difere da explicação pelo menos nestes dois aspectos: é relativamente não verbal, depende de gestos, expressões faciais e semelhantes; e visa, principalmente, a produzir certas ações do aluno, independentemente do que se passa em sua cabeça. Os cães podem ser treinados, mas eles não podem "entender explicações". Pode-se ensinar a uma criança a expressão "o mesmo", de tais maneiras:

> Eu lhe mostrarei nesta lição, portanto, as mesmas cores, as mesmas extensões, as mesmas figuras, para ele encontrar e fazer, e assim por diante. Eu o orientarei, talvez, a dar continuidade uniformemente a uma ordem para uma série de ornamentos. E também a dar continuidade a progressões. [...] Eu faço antes dele, e ele faz depois de mim; eu o influencio por manifestações de estímulo, de rejeição, de expectativa, de encorajamento. Eu o deixo fazer ou o retenho; e assim por diante[106].

Tampouco o tipo de treinamento dado ao assistente no jogo dos construtores seria suficiente para treinar uma criança nos jogos de linguagem de uma língua natural. Pois, como Noam Chomsky observou recentemente, a característica mais notável de uma língua natural é o seu "aspecto criativo". Podemos compreender sentenças que nunca ouvimos antes se as palavras soarem familiares, e qualquer falante competente pode usar palavras familiares em contextos que nunca encontrara antes.

> Um falante maduro pode produzir uma nova sentença de sua língua em uma ocasião apropriada, e outros falantes podem entendê-la de imediato, embora seja igualmente nova para eles. A maior parte de nossa experiência linguística, seja como falantes ou como ouvintes, se dá com sentenças novas; uma vez que aprendemos uma língua, a classe de sentenças com as quais podemos operar fluentemente

---

105 WITTGENSTEIN, *Investigações filosóficas, Philosophische Untersuchungen*, § 208.
106 Ibid., § 95.

e sem dificuldade ou hesitação é tão vasta que para todos os propósitos práticos (e, obviamente, para todos os propósitos teóricos), podemos considerá-la infinita[107].

A abertura criativa da linguagem é ainda mais impressionante quando olhamos além da mudança nas sentenças, para mudanças nas correlações entre a fala e o mundo.

O uso normal da linguagem não é apenas inovador e potencialmente infinito em seu escopo, mas também livre do controle por estímulos detectáveis, externos ou internos. É por causa dessa liberdade frente ao controle por estímulos que a linguagem pode servir como um instrumento de pensamento e autoexpressão, o que não acontece apenas com os excepcionalmente dotados e talentosos, mas também, de fato, com todos os seres humanos normais[108].

Em suma, para aprender uma língua natural não basta ser treinado para fazer a mesma coisa sempre que ocorrer a mesma situação. A criança não aprende meramente a construir novas combinações de peças conhecidas; aprende a falar, a nos dizer o que vê, pensa e sente[109]. A questão é: como esse tipo de aprendizagem é possível? Essa pergunta tem uma resposta tradicional conhecida, intimamente correlacionada com a visão tradicional da linguagem como um meio para referir-se a fenômenos: a criança deve, de alguma forma, ser levada a descobrir, ou intuir, ou adivinhar, o "universal" por trás dos exemplos ou das situações particulares das quais recebe a "essência" de um conceito, o significado de uma palavra. Wittgenstein quer desafiar essa explicação tradicional de duas maneiras. Primeiro, ele procura mostrar que, essa explicação não é adequada, que a apreensão de definições, essências ou universais não pode explicar o que precisa ser explicado. E, em segundo lugar, ele tenta mostrar que, mesmo o aprendizado de definições, princípios, generalidades, depende, em última análise, de nossas capacidades e inclinações humanas naturais, que não têm nenhuma explicação adicional.

O tipo de treinamento necessário para a aquisição de uma língua natural, diz Wittgenstein, requer "induzir a criança a continuar" da mesma *maneira*, em casos

---

107 CHOMSKY, Noam, Current Issues in Linguistic Theory, in: FODOR, Jerry A.; KATZ, Jerrold J. (eds.), *The Structure of Language*, Englewood Cliffs, Prentice-Hall, 1964, 51, 50; comparar com LENNEBERG, Eric, The Capacity for Language Acquisition, ibid.; e WITTGENSTEIN, *Blue and Brown Books*, 21.

108 CHOMSKY, Noam, *Language and Mind*, New York, Harcourt, Brace & World, 1968, 11; comparar com a excelente discussão em ZIFF, *Semantic Analysis*, 64-66.

109 ZIFF, *Semantic Analysis*, 61; FANN, *Ludwig Wittgenstein*, 260; HENLE, Paul (ed.), *Language, Thought and Culture*, Ann Arbor, University of Michigan Press, 1965, Capítulo III.

novos e diferentes. Isso é diferente do treinamento para repetição, que "não se aplica a nada além dos exemplos dados"; este ensino aponta para o que vai além dos exemplos dados[110]. Wittgenstein investiga esse tipo de treinamento por meio de jogos de linguagem que se concentram na expansão de uma série matemática. "A anota uma linha de números. B o observa e tenta encontrar um sistema na sequência desses números[111]." Em algum ponto, B pode dizer: "Agora sei continuar", e prosseguir dando continuidade à série. Wittgenstein imagina esses jogos como uma espécie de treinamento, em vez de explicação, o professor "induzindo" a criança a continuar de maneiras como esta: "ele para por um instante sua enumeração, com uma expressão facial e um tom de voz elevado que se poderia chamar de expectativa"[112]. O treinamento aqui é claramente diferente daquele no jogo dos construtores, pois aqui a criança deve fazer mais do que repetir a mesma ação ao ouvir uma ordem. Ela deverá escrever novos números de acordo com o sistema do professor. Espera-se não que ela faça a mesma coisa, mas que prossiga da mesma maneira.

Embora possamos supor que, para continuar a série, o aluno deve pensar na fórmula matemática correta que a gera, Wittgenstein argumenta que apreender a fórmula não é necessário nem suficiente. Quando o aluno diz que sabe dar prosseguimento à série e o faz, é *possível* que ele tenha descoberto a fórmula. Possível, mas não obrigatório; ele pode simplesmente pensar, "Sim, eu conheço *aquela* série", ou ter uma sensação mais ou menos paralela ao pensamento, "Isto é fácil!" – o ato de inspirar[113] rapidamente. O significado deste ponto ficará claro somente mais adiante, quando nos voltarmos para a natureza do entendimento. Mais importante para os atuais propósitos é que, mesmo que o aluno pense na fórmula, mesmo que ela "venha à sua mente", ele pode, não obstante, ser incapaz de continuar a série corretamente. Pois até mesmo uma fórmula algébrica precisa ser aplicada, e isso sempre significa que pode ser aplicada incorretamente. Dar a fórmula a uma criança que ainda não entende nada sobre séries matemáticas não permitiria que ela continuasse a série; a fórmula é útil apenas para quem entende corretamente a técnica de sua aplicação. Parece provável que seria necessária uma regra para a aplicação da fórmula. Mas essa regra em si exigiria interpretação e aplicação; portanto, seria necessária

---

110 WITTGENSTEIN, *Investigações filosóficas*, *Philosophische Untersuchungen*, § 208; comparar com RYLE, Gilbert, *The Concept of Mind*, New York, Barnes & Noble, 1949, 42-43.

111 WITTGENSTEIN, *Blue and Brown Books*, 112; comparar com p. 13; *Philosophical Investigations*, *Philosophische Untersuchungen*, §§ 143, 151, 179-190; e WAISMANN, *Wittgenstein*, 153.

112 WITTGENSTEIN, *Blue and Brown Books*, 105.

113 WITTGENSTEIN, *Investigações filosóficas*, *Philosophische Untersuchungen* § 151; comparar com *Blue and Brown Books*, 112-113.

outra regra para seu uso correto. E assim por diante, indefinidamente. "Uma regra fica ali, como uma placa de sinalização. – Não deixa ela aberta nenhuma dúvida sobre o caminho que tenho que tomar?"[114] Não apenas alguém pode entender que a seta aponta com a sua parte traseira e não com a ponta, mas pode nem mesmo entender que ela tem por objetivo apontar, ou que ele deve segui-la, ou que deve seguir naquela direção acompanhando a estrada, e não se embrenhando pelo campo.

Pode parecer lamentável que Wittgenstein use analogias como jogos e séries matemáticas, pois tais analogias podem confundir. Elas podem sugerir que Wittgenstein considera a linguagem, como jogos e matemática, uma questão de regras estritas – regras que a criança deve aprender, que o adulto conhece, que definem claramente os significados das palavras e são incisivas ao separar o uso correto do incorreto[115]. Mas, é claro, essa era a visão de Wittgenstein quando ele escreveu o *Tractatus*, uma visão que ele diz ocorrer com frequência na filosofia e que ele faz questão de rejeitar nos seus escritos do segundo momento. Caracteristicamente, ele o faz, por assim dizer, em seus próprios termos: ao explorar a maneira como as regras realmente funcionam, mesmo em jogos e séries matemáticas, ao mostrar que *até mesmo nelas* as regras não podem explicar o que precisa ser explicado. Assim, ele mostra que, embora alguns jogos tenham regras formais e explícitas, também existem jogos infantis informais em que, de modo algum, isso é verdade, e jogos em que se inventam regras à medida que avançamos[116]. Além disso, embora o aprendizado de um jogo possa implicar o aprendizado explícito de suas regras, isso não é necessário; pode-se aprender simplesmente pela observação e pela prática[117]. E mesmo um jogo governado por regras formais e definidas não é "delimitado por regras em todas as partes"; não há "de fato, regras para a altura, por exemplo, em que se pode lançar a bola no tênis, ou com que força, mas o tênis é realmente um jogo e tem também regras"[118]. E, acima de tudo, de novo, mesmo a regra ou o sistema de regras mais rígido, em última análise, requer aplicação.

A regra, as fórmulas algébricas para gerar uma série matemática, são analogias para o significado de uma palavra, no sentido de sua definição no dicionário. Tal

---

114 Wittgenstein, *Investigações filosóficas*, *Philosophische Untersuchungen*, § 85; comparar com Waismann, *Wittgenstein*, 154-155.

115 Do mesmo modo, por exemplo, Pole, David, *The Later Philosophy of Wittgenstein*, London, Athlone Press, 1963. Minha discussão está baseada nas críticas de Cavell a Pole sobre esse ponto: Cavell, *Must We Mean What...*, 47-52.

116 Wittgenstein, *Investigações filosóficas*, *Philosophische Untersuchungen*, § 83.

117 Ibid., § 31.

118 Ibid., § 68; comparar com § 84.

como as fórmulas e regras têm que ser aplicadas, as palavras da língua precisam ser *usadas*. E assim como nenhuma regra dita sua própria aplicação, a definição de uma palavra no dicionário não nos diz como usá-la. Não nos diz, isto é, a menos que já conheçamos muito sobre essa palavra, tenhamos o lugar para ela já separado em nosso sistema de conceitos, conheçamos os jogos de linguagem aos quais ela pertence. É por isso que, como antes observamos, uma definição do dicionário não ajuda muito na filosofia. E é por isso que o aprendizado de línguas não pode ser entendido como uma questão de "apreender universais" ou "essências" ou "significados".

Somos quase irresistivelmente tentados a supor que os números que o professor escreve, os exemplos que ele dá são como pistas a partir das quais a criança deve adivinhar a mensagem real. Mas Wittgenstein sugere que os exemplos do professor e as próprias tentativas da criança não são simplesmente um todo a seguir para que a criança adivinhe uma essência oculta. Eles são tudo o que existe; não há essência oculta além deles para adivinhar. "Somos tentados", diz Wittgenstein, "a pensar que nossos exemplos são meios *indiretos* para produzir certa imagem ou ideia na mente de uma pessoa, que são *indícios* de algo que não podem mostrar"[119]. Parece que o professor "*dá a entender*" ao aluno o significado – sem lhe falar diretamente; mas que o aluno ao fim fosse levado a dar para si mesmo a correta explicação ostensiva. E aqui reside nossa ilusão"[120]. Somos tentados a exclamar: "Não o deixa adivinhar o essencial? Você lhe dá exemplos, mas ele tem que adivinhar a tendência deles, portanto, a sua intenção"[121]. Mas isso implica, como vimos antes, que a criança já tenha uma linguagem, um sistema conceitual, dentre cujos elementos ela então seleciona um, ao adivinhar o significado que pretendíamos ou a resposta que queríamos.

> Há um estranho mal-entendido em que somos mais propensos a cair, que consiste em considerar os "meios externos" que o professor usa para induzir a criança a prosseguir como o que poderíamos chamar de um meio indireto de se fazer compreender pela criança. Consideramos o caso como se a criança já possuísse uma linguagem na qual pensava e que o trabalho do professor é induzi-la a adivinhar seu significado no universo de significados com que se depara a mente da criança, como se a criança pudesse em sua própria linguagem particular perguntar a si mesma algo como: "Ele quer que eu continue, ou repita o que ele disse, ou algo mais?"[122].

---

119 Wittgenstein, *Blue and Brown Books*, 125.
120 Wittgenstein, *Philosophical Investigations, Philosophische Untersuchungen*, § 362.
121 Ibid., § 210.
122 Wittgenstein, *Blue and Brown Books*, 105.

Mas, falando francamente, não há nenhum conhecimento adicional que o professor tenha e que seus exemplos apenas insinuem. Os exemplos também constituem seu conhecimento. Quando ensino a alguém um novo conceito (e não apenas um nome novo para se encaixar num sistema de conceitos, um jogo de linguagem que ele já aprendeu) pelo exemplo e pela prática, "Nesse caso, compartilho com ele não menos do que eu mesmo sei"[123]. Claro que o professor conhece a fórmula, a regra, a definição; mas isso pode ser explicado ao aluno que possui os conceitos necessários, aprende os jogos de linguagem relevantes. Para tal aluno, não precisa *haver sugestão*. O lugar onde a explicação falha e o treinamento se faz necessário é onde o aluno não possui o conhecimento de como *usar* a palavra. E esse tipo de conhecimento está completamente contido nos exemplos; sobre como usar as palavras, o próprio professor sabe apenas a partir dos exemplos aprendidos. O conhecimento dos jogos de linguagem é um "saber como" e não um "saber que".

Dá-se exemplos e se quer que eles sejam compreendidos em um determinado sentido. – Mas com essa expressão não quero dizer: ele deveria, então, nesses exemplos, ver a generalidade que eu – por alguma razão – não posso expressar. Senão: ele deveria, pois, empregar esses exemplos de determinada forma. A exemplificação não é aqui um meio de explicação indireto, na falta de um melhor. Pois toda explicação geral pode ser também mal compreendida[124].

A criança deve fazer certas coisas e não outras com base nos exemplos; o que ela deve fazer se reflete na resposta do professor. A ação correta ou pretendida da criança receberá um incentivo ou elogio. Se a criança for induzida a fazer a coisa certa de novo, e fazê-lo repetidamente, ela "aprendeu" o que há para aprender.

Mas, é claro, tudo depende da resposta correta da criança aos "métodos de treinamento" que temos disponíveis e de que ela seja capaz de fazer as coisas que estamos tentando treiná-la para fazer – pronunciar nossos sons e perceber o que percebemos no mundo. Somente se a criança for estimulada por gestos de estímulo, impedida por movimentos que visam a impedi-la, e se sentir satisfeita com nossos sinais de aprovação, ela poderá ser treinada. E, apenas sua capacidade natural de perceber e falar como nós, a capacita a aprender. Wittgenstein diz: "Se um leão pudesse falar, não poderíamos entendê-lo"[125]. Caracteristicamente, ele não explica;

---

123 WITTGENSTEIN, *Philosophical Investigations, Philosophische Untersuchungen*, § 208.
124 Ibid., § 71.
125 Ibid., § 223.

mas Ziff o faz: "Para ser capaz de falar e entender inglês, é necessário ter órgãos sensoriais (naturais ou artificiais) capazes de fazer contrastes entre 'bin', 'fin', 'gin', 'kin' etc., e entre uma lata de lixo (*a bin*), um estrondo (*a din*), uma barbatana (*a fin*), gim (*gin*), parente (*kin*) etc."[126]. Tudo isso é muito simples e natural; tudo isso deve ser simplesmente aceito como algo pressuposto sem questionamento.

Ao ensinar os jogos de linguagem das séries matemáticas, o que o professor faz como estímulo ou correção deve depender dos erros específicos que o aluno comete, onde ele faz errado. Talvez,

> primeiro, nós conduzimos o aprendiz pela mão a tomar nota da série [...] mas depois *a possibilidade de comunicação [de fazê-lo compreender]* vai depender de que ele continue a escrever por si mesmo. – E aqui poderíamos pensar, por exemplo, que ele, na realidade, copia os algarismos por si mesmo, não segundo a série, mas, irregularmente, primeiro este, depois aquele. E então *ali* deixa de haver comunicação. – Ou pode ser que ele cometa "*erro[s]*" de continuidade na série[127].

Em cada etapa, "o efeito de qualquer *explicação* adicional depende da sua *reação*"[128].

Suponha, por exemplo, que tenhamos feito nosso aluno escrever a série 2, 4, 6, 8, ... e o testado até 1.000. Agora, fazemos com que ele continue para além de 1.000 e ele escreve 1.000, 1.004, 1.008, 1.012.

Nós lhe dizemos: "Olhe o que você fez!" – Ele não nos entende. Nós dizemos: "Você deveria ter adicionado dois; veja como você começou a série!" – Ele responde: "Sim! Não está certo? Eu pensei que deveria fazer assim." – Ou suponha que ele, apontando para a série, dissesse: "Mas eu dei prosseguimento da mesma forma!" – De nada nos serviria dizer "Mas você não vê, então, que ...?", e repetirmos para ele as velhas explicações e exemplos. – Poderíamos, num caso como esse, talvez, dizer: esta pessoa, por natureza, compreende aquela ordem a partir da nossa explicação, do mesmo modo que nós a ordem: "Adicione sempre 2 até 1.000, até 2.000, 4, até 3.000, 6 etc."[129]

Esse treinamento deve ter seu fundamento nas reações humanas naturais, pré-linguísticas.

---

126 Ziff, op. cit., 75; comparar com QUINE, Willard van Orman, *Word and Object*, Cambridge, M.I.T. Press, 1960, 83.
127 WITTGENSTEIN, *Philosophical Investigations*, *Philosophische Untersuchungen*, § 143.
128 Ibid., § 145.
129 Ibid., § 185.

Sendo assim, o segundo Wittgenstein, em sua obra, desenvolve uma visão radicalmente diferente da natureza do aprendizado da linguagem, dos significados e da própria linguagem. Na visão tradicional, as palavras representam coisas, e a criança deve de algum modo formar uma indução correta sobre a classe de coisas que uma determinada palavra representa. Na visão madura de Wittgenstein, as palavras são usadas para fazer coisas e a criança deve aprender o modo como elas são usadas. Essa aprendizagem é necessariamente uma questão de treinamento, mais que de explicação, uma vez que ela precede a possibilidade de explicação. E, em última análise, depende de nossas capacidades naturais. Cavell resume a visão da seguinte maneira:

> Aprendemos e ensinamos palavras em *certos* contextos e, então, espera-se, e esperamos que outros sejam capazes de projetá-las em outros contextos. Nada *garante* que essa projeção ocorrerá (em particular, nem a compreensão de universais, nem a compreensão de manuais), assim como nada garante que faremos e compreenderemos as mesmas projeções. Aquilo que no geral fazemos é uma questão de nosso compartilhamento de itinerários de interesse e sentimento, modos de resposta, senso de humor, de relevância e de realização, do que é revoltante, do que é semelhante a algo mais, do que é repreender, do que perdoar, de quando um enunciado é uma afirmação, quando é um apelo, quando é uma explicação – todo o turbilhão de organismos que Wittgenstein chama de "formas de vida". A fala e a atividade humanas, a sanidade e a comunidade não se baseiam em nada mais, nada menos, do que isso[130].

---

130 Cavell, *Must We Mean What...*, 52.

III A AQUISIÇÃO DA LINGUAGEM E O SIGNIFICADO

O problema da aquisição da linguagem, de como chegamos a dominar nossa língua nativa, é uma preocupação central contínua na obra do segundo Wittgenstein. Repetidas vezes, ele pergunta: "Como aprendemos o significado desta palavra [...]? Em que exemplos; em que jogos de linguagem?"[1]. Mas ele não está interessado nas questões envolvidas na aquisição em si; ele os usa para investigar a natureza do que a criança aprende: linguagem, conceitos, significado. E estes, por sua vez, iluminam a vida e o pensamento humanos, e o nosso mundo. Neste capítulo, exploraremos uma das características mais fundamentais da aquisição da linguagem e do significado que Wittgenstein enfatiza: sua qualidade fragmentada e conglomerada. Como o treinamento, por exemplos, que "apontam para além" de si mesmos, aprender a língua nativa é o que chamarei de "aprender com os casos". E os conceitos e significados que se aprendem são, consequentemente, também compostos, montados a partir de casos. A importância dessas ideias pode ser aproximada (embora também em cada caso um tanto distorcida), observando-se três exemplos não linguísticos: o contraste entre os sistemas da *common law* (direito consuetudinário) e do direito romano; o contraste estabelecido por Michael Oakeshott entre a moralidade habitual implícita e a moralidade didática baseada em princípios explícitos; e o contraste traçado por Thomas Kuhn entre a ciência vista como a atividade dos cientistas e a ciência vista como um corpo de conhecimento construído.

O contraste entre os sistemas da *common law* e do direito romano talvez seja o mais conhecido. Os sistemas jurídicos que se originaram sob o domínio romano derivam de um código legal sistemático, único, compulsório, redigido e promulgado por um governante e alterado apenas pela legislação. Os juízes no direito

---

[1] WITTGENSTEIN, Ludwig, *Philosophical Investigations*, trad. alem./ing. de G. E. M. Anscombe, New York, Macmillan, ³1968. Trad. alem./port.: *Investigações filosóficas*, de Marcos Montagnoli, Petrópolis, Vozes, ⁴2005. *Investigações filosóficas*, *Philosophische Untersuchungen*, trad. bras. de João José R. L. Almeida, Wittgenstein Translations, Edição Bilíngue Alemão-Português, 2017, disponível em: http://www.psicanaliseefilosofia.com.br/textos/InvestigacoesFilosoficas-Original.pdf, Acesso em: 3 jun. 2020, § 77.

romano devem decidir os casos em referência a este código de leis, complementado, quando necessário, pelos comentários e pelas opiniões de especialistas jurídicos sobre o que o código de leis significa. Eles não precisam ler ou consultar as decisões uns dos outros. A *common law* (direito consuetudinário), por outro lado, não é derivada de qualquer compreensão ampla de um código de leis; e, embora possa ser alterada pela legislação, a maior parte dela não se origina na legislação. Tem origem em processos judiciais, em decisões específicas de juízes específicos, de acordo com o princípio do *stare decisis*, que exige consistência e continuidade, de forma que as decisões anteriores se tornam precedentes vinculativos para os processos posteriores. A elaboração dos princípios da *common law* é realizada menos pelos comentários de estudiosos do direito do que pelas decisões concretas proferidas por juízes em disputas específicas.

Os tribunais da *common law* (direito consuetudinário) normalmente não emitem pareceres consultivos, considerando princípios abstratos; suas decisões são sempre tomadas no contexto de alguma disputa concreta e específica. Como consequência, ao estudar a *common law*, muitas vezes é difícil ter certeza de quais foram as características decisivas de um caso. Ao contrário dos exemplos hipotéticos que inventamos, os casos jurídicos concretos têm uma complexidade infinita de "características" que podem ser relevantes. Os participantes, juízes, alunos têm de determinar quais são as características relevantes. O raciocínio característico dos tribunais de *common law* é aquele chamado por um comentador de "raciocínio por exemplos"[2]. É claro que os tribunais de *common law* emitem pareceres e devem ser coerentes; portanto, os princípios da *common law* também existem. Mas a maneira como esses princípios são articulados, usados e aprendidos é diferente da maneira como os preceitos do direito romano são articulados, usados e aprendidos. A articulação de princípios por um tribunal de *common law*, como a declaração do tribunal sobre quais características de um caso foram decisivas, está sempre sujeita a uma nova articulação e revisão em casos posteriores, de maneiras que não poderiam ter sido previstas. Fatos em um caso que nunca foram explicitamente mencionados na decisão do acórdão podem revelar-se, em retrospecto, à luz de um caso posterior, como bastante cruciais. Uma articulação de princípio que parecia totalmente adequada na época pode revelar-se, à luz de casos posteriores e imprevistos, uma formulação imprópria. Às vezes, ficamos com a impressão perturbadora de que, como disse um comentador, na *common law* "as regras mudam de caso para caso e

---

2 BODENHEIMER, Edgar, A Neglected Theory of Legal Reasoning, *Journal of Legal Education*, 21 (1969) 373. Em português, ver a expressão jurídica "raciocínio por analogia". (N. dos T.)

são refeitas a cada caso"³. Pode-se dizer que os princípios sempre permanecem, em algum sentido, derivados e dependentes dos casos particulares dos quais são abstraídos. É por isso que a *common law* é tão frequentemente ensinada pelo "método do caso", de modo que os alunos aprendam não apenas os princípios, mas também o conteúdo concreto das decisões específicas nas quais esses princípios foram moldados. Os princípios abstratos recebem todo o seu significado e conteúdo, são concretizados, pelos detalhes dos casos em que surgiram; e só quem pode voltar aos casos em toda a sua riqueza e complexidade originais saberá como aplicar os princípios de forma coerente em novos casos.

A distinção entre o direito romano e os sistemas de *common law* (direito consuetudinário) é paralela à distinção que Michael Oakeshott traça entre duas formas, como ele as chama, da vida moral, cada uma delas com sua maneira característica de ser aprendida⁴. A primeira forma da vida moral, diz ele, é reflexiva, racionalista, baseada em princípios e explícita; seus praticantes podem dizer o que estão fazendo e por quê, enunciar os princípios sob os quais agem. A criança é instruída em seus princípios sistematicamente. Em sua outra forma, "a vida moral é *um hábito de afeto e comportamento*, não um hábito de *pensamento* reflexivo, mas um hábito de *afeto* e *conduta* [...] Há, na ocasião, nada mais do que o seguir irrefletido de uma tradição de conduta na qual fomos criados"⁵. Ser educado em uma tradição é muito diferente de aprender a partir de princípios ou regras explícitas e sistemáticas; e o próprio Oakeshott compara isso à maneira como uma criança adquire a linguagem.

> Adquirimos hábitos de conduta, não construindo uma forma de vida sobre regras ou preceitos aprendidos de cor e posteriormente praticados, mas vivendo com pessoas que habitualmente se comportam de determinada maneira: adquirimos hábitos de conduta da mesma forma que adquirimos nossa língua nativa [...] O que aprendemos aqui é o que pode ser aprendido sem a formulação de suas regras⁶.

Se nos concentramos na primeira, a forma de moralidade explicitamente baseada em princípios, podemos dizer que a moralidade é o sistema de regras que ensinamos a nossos filhos; se nos concentrarmos na segunda, a forma inarticulada, podemos dizer que a moralidade é uma atividade ou uma forma de conduta. Pois

---

3 Levi, Edward H., *Introduction to Legal Reasoning*, 1949, 2, citado ibid.
4 Oakeshott, Michael, *Rationalism in Politics*, New York, Basic Books, 1962, em especial "*The Tower of Babel*" e "*Political Education*".
5 Ibid., 61.
6 Ibid., 62.

não se trata apenas de que uma forma é ensinada por meio de regras e a outra por meio da prática; as duas formas são *constituídas* de maneiras correspondentemente diferentes. O primeiro tipo de moralidade é dedutivo; seus princípios existem antes de sua prática e definem essa prática. O segundo tipo é construído a partir da própria prática. É uma daquelas atividades que "surgem espontaneamente (*naively*), como os jogos que as crianças inventam para si mesmas". Aparece, "não em resposta a uma conquista premeditada, mas como um direcionar da atenção que se executa sem saber ao que levará [...]. Pois um direcionamento da atenção, desse modo conduzido, pode construir um caráter para si próprio e definir-se em uma 'prática'"[7].

Esse tipo de atividade também possui princípios ou regras, mas eles são abstraídos da prática e emergem dela. Assim como na linguagem, diz Oakeshott, também na moralidade habitual implícita: "o que é aprendido (ou parte dele) pode ser formulado em regras e preceitos"; mas as regras "são meras simplificações da atividade em si; elas não existem antes da atividade"[8]. Isso significa, em primeiro lugar, que as regras obtêm seus conteúdo e significado reais a partir da atividade, são concretizadas por ela. De maneira semelhante, um princípio constitucional ou ideológico só tem sentido na vida política de uma nação na medida em que é vivido e praticado; e o *que* ele significa, seu conteúdo, é definido precisamente por *como* ele é vivido e praticado. Nesse sentido, "a liberdade de um inglês não é algo exemplificado no procedimento de *habeas corpus*, ela *é*, nessa situação, ter disponível o procedimento"[9]. E isso significa, em segundo lugar, que aprender as regras ou princípios intelectualmente não é equivalente a dominar sua prática; pois *isso* exigiria saber como usá-los e aplicá-los em todos os detalhes não explicitados da prática. Assim, por exemplo, um livro de receitas só serve para quem já sabe cozinhar. "É o enteado e não o pai da atividade" de cozinhar[10].

Um terceiro paralelo à discussão de Oakeshott sobre moralidade e a diferença entre os sistemas de direito romano e da *common law* pode ser encontrado no influente estudo de Kuhn, *A estrutura das revoluções científicas*[11]. Embora muitas vezes, e com razão, pensemos na ciência como um corpo sistemático de conhecimento

---

7 Ibid., 135.

8 Ibid., 62, 101.

9 Ibid., 121.

10 Ibid., 119; comparar também com p. 101.

11 KUHN, Thomas S., The Structure of Scientific Revolutions, in: *International Encyclopedia of Unified Science*, Chicago, University of Chicago Press, ²1970. Trad. bras.: *A estrutura das revoluções científicas*, de Beatriz Vianna Boeira e Nelson Boeira, rev. Alice Kyoto Miyashiro, São Paulo, Perspectiva, ⁵1998. Comparar com OAKESHOTT, op. cit., 119, 213, 215.

adquirido, Kuhn argumenta que, para os cientistas praticantes, ela se assemelha muito mais a uma atividade; e, portanto, o historiador da ciência faz bem em considerá-la também uma atividade. Embora se ensinem ciências às crianças em idade escolar em termos de seus princípios cumulativos e sistemáticos, os próprios cientistas aprendem sua profissão principalmente através do estudo do que Kuhn chama de "paradigmas" de desenvolvimento científico. Por paradigmas, Kuhn afirma se referir a "realizações científicas universalmente reconhecidas que, durante algum tempo, fornecem problemas e soluções modelares para uma comunidade de praticantes"[12]. Eles são conquistas concretas na prática científica real, eles "proporcionam modelos dos quais brotam as tradições coerentes e específicas da pesquisa científica"[13]. Eles não são explicações articuladas de princípios, regras ou teoria, mas coleções de práticas científicas não analisadas, que incluem, "ao mesmo tempo, lei, teoria, aplicação e instrumentação"[14].

Estudar paradigmas

é o que prepara basicamente o estudante para ser membro da comunidade científica determinada na qual atuará mais tarde. Uma vez que ali o estudante reúne-se a homens que aprenderam as bases de seu campo de estudo a partir dos mesmos modelos concretos, sua prática subsequente raramente irá provocar desacordo declarado sobre pontos fundamentais. Homens cuja pesquisa está baseada em paradigmas compartilhados estão comprometidos com as mesmas regras e padrões para a prática científica[15].

Kuhn reconheceu que o termo "paradigma" é, pelo menos em um aspecto, falacioso.

No seu uso estabelecido, um paradigma é um modelo ou padrão aceitos... Por exemplo, na gramática, "*amo, amas, amat*" é um paradigma porque apresenta um padrão a ser usado na conjugação de um grande número de outros verbos latinos – para produzir, entre outros, "*laudo, laudas, laudat*". Nesta aplicação costumeira, o paradigma funciona ao permitir a reprodução de exemplos, cada um dos quais poderia, em princípio, substituir aquele. Por outro lado, na ciência, um paradigma

---

12 Kuhn, op. cit., 13.
13 Ibid., 30; comparar com "*Postscript*-1969", 174-210.
14 Ibid.
15 Ibid., 30. Kuhn é ambivalente neste último ponto, como as passagens citadas subsequentemente indicam.

raramente é suscetível de reprodução. Tal como uma decisão judicial aceita no direito costumeiro, o paradigma é um objeto a ser melhor articulado e precisado em condições novas ou mais rigorosas[16].

É um exemplo, em suma, que "aponta para além de si mesmo", que precisa ser aplicado a problemas sempre novos e diferentes. Por exemplo, um paradigma desenvolvido no estudo de um conjunto de fenômenos pode ser "ambíguo na sua aplicação a outros fenômenos estreitamente relacionados. Nesse caso, experiências são necessárias para permitir uma escolha entre modos alternativos de aplicação do paradigma à nova área de interesse"[17].

Como Oakeshott, Kuhn está ansioso para deixar claro que aprender por paradigmas (neste sentido aberto) tem efeitos diferentes do que aprender por regras ou princípios explícitos que outra pessoa tenha abstraído para você. Ele também observa que "as regras [...] derivam de paradigmas, mas os paradigmas podem dirigir a pesquisa mesmo na ausência de regras"[18]. É relativamente fácil determinar quais são os paradigmas compartilhados de uma comunidade científica madura, mas isso ainda não é uma determinação das *regras* compartilhadas dessa comunidade. A regra

> exige uma segunda etapa, de natureza um tanto diferente. Ao empreendê-la, o historiador deve comparar entre si os paradigmas da comunidade e em seguida compará-los com os relatórios de pesquisa habituais do grupo. Com isso, o historiador visa a descobrir que elementos isoláveis, explícitos ou implícitos, os membros dessa comunidade podem ter *abstraído* de seus paradigmas mais globais, empregando-os depois em suas pesquisas. [Os próprios cientistas aparentemente podem] concordar na *identificação* de um paradigma, sem entretanto estar em acordo (ou sequer tentar entrar em acordo) quanto a uma *interpretação* ou *racionalização* completa a respeito do paradigma em questão. A falta de uma interpretação padronizada ou de uma redução a regras que goze de unanimidade não impede que um paradigma oriente a pesquisa. [...] Na verdade, a existência de um paradigma nem mesmo precisa implicar a existência de qualquer conjunto completo de regras[19].

---

16 Ibid., 44.
17 Ibid., 50.
18 Ibid., 66.
19 Ibid., 68-69.

Finalmente, como em nossos exemplos anteriores, os princípios ou regras abstraídos ganham seu significado e conteúdo apenas a partir dos casos, da atividade em que se baseiam. Os próprios conceitos em que os princípios são formulados derivam seu significado dos paradigmas em que se originam. As definições verbais de tais conceitos, como afirma Kuhn,

> têm pouco conteúdo científico quando consideradas em si mesmas. [...] Os conceitos científicos que expressam só obtêm um significado pleno quando relacionados, dentro de um texto ou apresentação sistemática, a outros conceitos científicos, a procedimentos de manipulação e a aplicações do paradigma[20].

A AQUISIÇÃO DA LÍNGUA NATIVA

A *common law* (o direito consuetudinário), a moralidade habitual, a ciência como atividade, todas exibem características importantes que iluminam como aprendemos nossa língua nativa e do que se trata o que aprendemos. Todas são atividades que possuem princípios, regras, teorias gerais; mas, ou os princípios permanecem completamente tácitos e implícitos, ou são abstraídos *ad hoc* quando são necessários e permanecem sempre secundários em relação às ocasiões concretas das quais foram extraídos. Em nenhum de nossos exemplos, os princípios são apresentados de maneira sistemática e dedutiva desde o início, por alguma autoridade ou de acordo com algum plano consciente; em vez disso, eles se acumulam gradualmente através da prática, sujeitos às exigências da prática. Assim, seu significado real e sua plena significância se completam apenas pelos casos concretos dos quais derivam, e são acessíveis apenas a alguém familiarizado com esses casos, pela prática. Esses princípios, e a prática correspondente, tanto são *aprendidos por*, quanto *constituídos de* casos específicos.

Tudo isso se aplica ao modo como uma criança aprende sua língua nativa. Mas nossos exemplos também podem ser enganosos em certos aspectos. Pois eles indicam que existe uma forma alternativa de aprender e constituir essas atividades: a moralidade didática dos princípios explícitos, a sistemática do código no direito romano. Mas, quando se aprende a falar, essa alternativa não está disponível. Nenhuma língua natural é ou poderia ser didaticamente estabelecida por um legislador, e tampouco uma criança poderia ter sua língua nativa ensinada como um corpo de regras articuladas. A criança deve crescer e aprender simultaneamente, e o que ela

---

20 Ibid., 180; comparar com p. 65.

aprende não precisa ser nem pode ser totalmente explicitado. Pelo menos até que esteja madura o suficiente para pedir e entender as definições, a criança simplesmente se depara com as palavras. Principalmente, ela as encontra em situações nas quais ninguém está tentando ensinar nada; a esse respeito, toda a nossa discussão no capítulo anterior estava equivocada. A criança simplesmente vive entre pessoas que falam. Na maior parte do tempo, segundo afirma Ziff, "não se ensina a alguém sua língua nativa, ela simplesmente é aprendida"[21].

Na maioria das vezes, a criança também não se depara com palavras isoladas; aqui, de novo, o capítulo anterior dá uma ideia equivocada. Talvez tenhamos a tendência de pensar na aquisição da linguagem como uma questão de aprender palavras isoladas, porque as crianças falam palavras isoladas muito antes de combiná-las em proferimentos mais complexos; ou talvez sejamos induzidos ao erro por pensar apenas nas ocasiões em que tentamos deliberadamente ensinar uma palavra a uma criança[22]. Mas a criança normalmente encontra não palavras isoladas, mas proferimentos inteiros, em situações reais e contextos verbais complexos. O que ela aprende sobre a linguagem, aprende a partir desses contextos, verbais e cotidianos, e não de regras, princípios ou fórmulas. Não há duas situações que uma criança experimente que sejam exatamente iguais; cada uma tem um número ilimitado de "características" possíveis que podem ser destacadas como semanticamente relevantes. Ninguém diz à criança o que é relevante, porque ninguém é capaz de fazê-lo. A criança pode ou não perceber alguns ou todos os objetos e pessoas presentes, sentimentos (dela própria e de outras pessoas), ações (antes, durante e depois da fala), relações e, claro, as palavras faladas. Wittgenstein diz que a criança aprende uma

---

21 Ziff, Paul, *Semantic Analysis*, Ithaca, Cornell University Press, 1960, 35.
22 Lenneberg, Eric, The Capacity for Language Acquisition, in: Fodor, Jerry A.; Katz, Jerrold J. (eds.), *The Structure of Language*, Englewood Cliffs, Prentice-Hall, 1964, 593-594: "Todas as crianças passam por fases idênticas no processo de aquisição da fala. Primeiro, elas adquirem algumas palavras ou frases, nunca maiores que três sílabas, que se referem a objetos, pessoas ou situações complexas. Nesta fase, elas podem ter um repertório de cinquenta proferimentos (*utterances*) curtos que são um tanto estereotipados e nunca combinados entre si. Todas as tentativas de fazer a criança concatenar as palavras que ela sabe usar isoladamente falharão até que ela atinja certo estágio de maturação. Quando este é alcançado, a combinação de palavras parece ser bastante automática, ou seja, ela vai surpreender os pais ao juntar subitamente duas palavras que podem não ter sido ditas para ela repetir, na verdade, que muitas vezes podem soar um tanto esquisitas e parecer bastante improvável que alguém no ambiente da criança possa alguma vez ter dito tais palavras exatamente nessa sequência. 'Comer xícara' pode significar 'o cachorro está comendo na xícara' ou 'o cachorro está comendo a xícara?', e assim por diante. Qualquer que seja o significado desse proferimento (que foi realmente ouvido), é uma sequência de palavras que ninguém havia usado ainda na situação particular em que as palavras foram ditas. À medida que a criança cresce, frases mais longas serão compostas por itens do vocabulário individual que já faziam parte do repertório da criança há muitos meses, às vezes anos."

palavra "em certas circunstâncias, as quais, contudo, não se aprende a descrever" porque "uma descrição dessas circunstâncias não é necessária para tal". Para ser capaz de usar uma palavra corretamente, "*não* seria necessário ser capaz de descrever seu uso"[23]. E se a um adulto lhe solicitassem descrever o uso de uma palavra explicitamente, ele poderia "dar uma descrição muito inadequada. (Como a maioria das pessoas, se tentassem descrever corretamente a utilização do dinheiro.) (Não estão preparadas para esta tarefa)"[24].

É claro que não devemos interpretar o aprendizado da criança como uma questão de investigação indutiva intencional, como se a criança fosse um pequeno adulto fazendo pesquisas sobre o "código" de que trata nossa linguagem. A criança não precisa formular uma hipótese para falar, nem pode formular uma hipótese. Ela simplesmente é levada a fazer algo que parece apropriado à situação, porque algo na situação lhe parece familiar. Sentada na cadeira onde ontem brincamos de bater palmas, a criança bate palmas. Em pé diante do espelho do banheiro, ela começa a se "barbear" como o pai. Em uma determinada situação, ela faz um som que ali fora feito antes[25]. Antes de mais nada, as crianças nos imitam, tentam ser como somos e fazer o que fazemos. Assim, muitas vezes repetem nossos proferimentos numa imitação surpreendente e precisa da nossa entonação e gestos. Sem dúvida, a palavra já deve "significar algo para" a criança, ou não se repetiria nesta situação; mas a criança não precisa pensar sobre suas razões e não precisa "saber o que a palavra significa".

Vejamos outro exemplo da aquisição concreta de uma língua, neste caso envolvendo uma amiga minha de três anos e meio. É bastante característico que as crianças dessa idade nos assustem de vez em quando, ao dizer de repente algo muito além de seu vocabulário usual, soando incongruentemente adultas. Minha amiga entrou no quarto dos pais pela manhã, arrastando o cobertor. Ao ouvir que deveria levar o cobertor de volta e deixá-lo na sua cama, ela disse: "Só que eu não consigo funcionar de manhã sem meu cobertor". De início, seus pais ficaram surpresos; eles não tinham ideia de que uma palavra como "funcionar" fazia parte do vocabulário da criança. Mas, então, eles reconheceram a expressão característica que a mãe sempre usava sobre seu café da manhã, e tudo pareceu claro: a criança apenas "tinha pegado" a expressão. E mais, ela a "tinha pegado" tão bem ao ponto de usá-la corretamente

---

23 W‍ITTGENSTEIN, Ludwig, *Zettel*, trad. ing. G. E. M. Anscombe, A‍NSCOMBE, G. E. M.; ‍VAN W‍RIGHT, G. H. (eds.), Berkeley; Los Angeles, University of California Press, 1967, §§ 114-115. Trad. port.: *Fichas (Zettel)*, de Ana Berhan da Costa, rev. Artur Morão, Lisboa, Edições 70, fev. 1989, §§ 114-115.

24 Ibid., § 525.

25 Ver particularmente S‍EGERSTEDT, Torgny T., *Die Macht des Wortes*, Zurich, Pan-Verlag, 1947, 35-60.

naquela ocasião (quase?) apropriada. Ou deveríamos dizer que algo na configuração da situação a lembrara daquelas outras situações, envolvendo a mãe e o café, e ela deu por si simplesmente dizendo as palavras? A criança, neste momento, sabe o que é uma função, ou o que "função" significa? A pergunta não tem uma resposta clara; pode-se dizer que sim e não. Está claro que a criança sabe algo sobre a palavra, sabe ao menos como fazer algo com ela, com competência. Mas ela ainda não pode usá-la em outros ambientes linguísticos nos quais "só não consigo [...] sem"; e se perguntássemos o que isso significava, ela não poderia nos dizer.

Com esse exemplo, não somos mais tentados a dizer que a criança aprendeu tudo o que aprendeu sobre o significado de "funcionar" quando um adulto lhe indicou uma função para tal. Claramente, foi a própria criança que "olhou para a linguagem, olhou para o mundo de volta e ficou comparando os dois", como observa Ziff, sem o incentivo deliberado de um adulto. E a linguagem para a qual olhava não era uma palavra isolada, mas uma frase inteira, aprendida até certo ponto como uma unidade[26]. E o "mundo" para o qual olhava não era apenas uma coleção de objetos, um dos quais estava sendo rotulado ou referido. O mundo incluía pessoas, seus sentimentos, suas ações e consequências. O que se repetiu foi um contexto de certa forma familiar porque uma pessoa (mãe, filho) estava prestes a ser privada de algo (café, cobertor) e disse algo que alterava a situação para que a pessoa não fosse dela privada. Mas se dissermos que a criança reconhece fatores recorrentes em situações de fala, isso também pode ser mal interpretado ao expressar que a palavra é o nome da situação, e não o de um objeto. Assim, pensamos em "tchau-tchau" como um *label* [nome] da criança para situações de partida e "não pode" como seu termo para se referir a objetos proibidos (até acompanhamos, dizendo à criança: "Isso 'não pode'"). Mas as palavras aqui não precisam ser nomes, antes são como *signals* [sinais/expressões] em um jogo, a coisa apropriada a fazer sob tais circunstâncias. "Só que não consigo funcionar sem [...]" não é o nome de uma situação, mas um *utterance* [proferimento] apropriado a ser dito nessa situação. Se a criança aprendeu o significado das palavras por indução aqui, a indução não era sobre "o que conta como um x", mas sobre "quando se diz x".

---

26 É evidente que muito depende da frase "até certo ponto". Pois a frase "só que não consigo _____ sem meu ..." forma um ambiente verbal relativamente fixo para "função" funcionar neste ponto, mas a criança facilmente substituiu "café" por "cobertor" conforme a ocasião exigia. Comparar com VYGOTSKY, Lev, *Thought and Language*, ed. e trad. de Eugenia Haufmann e Gertrude Vakar, Cambridge, M.I.T. Press, 1966, 87, 127-128; e WITTGENSTEIN, *Fichas*, § 150.

Com certeza, este é um relato apenas dos primeiros estágios da aquisição da linguagem. Uma vez que a criança começa a falar, seu domínio da linguagem é promovido por seus próprios esforços e nossas respostas. Mas nossas respostas também podem ser mal interpretadas; ninguém diz à criança o que conta como uma resposta, o que é um incentivo, o que é uma correção. A criança simplesmente passa de casos em que ouve a palavra ser usada para casos em que profere a palavra. Se há autoridades nesse processo, é porque a criança as toma como autoridades. "Se o que pode ser dito em uma língua não é determinado por regras, nem sua compreensão garantida por universais, e se sempre há *novos* contextos a serem atendidos, novas necessidades, novas relações, objetos, percepções a serem registradas e compartilhadas", conforme afirma Cavell, então "ainda que 'em certo sentido' aprendamos o significado das palavras e o que são os objetos, o aprendizado nunca acaba, e continuamos encontrando novos potenciais em palavras e novas maneiras pelas quais os objetos são conceitualizados"[27].

À medida que a criança começa a dominar partes consideráveis de sua língua nativa, a natureza sistemática da linguagem se torna uma ajuda poderosa para o aprendizado. Novos casos encontrados podem ser assimilados e encaixados em padrões já familiarizados, e o estoque acumulado de casos conhecidos aumenta. (Chomsky argumentou, persuasivamente, que pelo menos alguns padrões de transformação linguística são inatos e ocorrem em todas as línguas humanas, de modo que não é preciso aprendê-los. Para nossos propósitos, não importa se ele está certo nessa hipótese interessante.) Mesmo que a criança encontre um conceito totalmente novo, o contexto verbal pode lhe soar familiar o suficiente para transmitir alguma ideia sobre seu significado. Ziff fala nesta conexão do "princípio de composição", *grosso modo*, uma regra de economia ou simplicidade ao se tentar emparelhar um proferimento com aqueles aspectos das circunstâncias nas quais ele é proferido que são relevantes ao seu significado[28]. Novamente, isso soa mais como uma pesquisa científica do que com uma criança aprendendo a falar, mas o ponto básico de Ziff é válido.

Dissemos que a criança aprende o significado das palavras ao deparar-se com essas palavras em uso, em contextos verbais e cotidianos. Mas nem todos os exemplos encontrados serão adequados para o aprendizado: nem todo contexto é aquele

---

27 CAVELL, Stanley, *The Claim to Rationality*, Tese de Doutorado em Filosofia (não publicada), Cambridge, Harvard University, 1961-1962, 219.
28 ZIFF, *Semantic Analysis*, 61-66.

em que uma palavra pode ser aprendida corretamente[29]. A criança se aproxima "do gato que está no tapete", mas na verdade nenhum animal está sentado em qualquer tapete pequeno próximo; em vez disso, uma discussão lógico-gramatical está em andamento. Ou talvez, o locutor cometa um erro, apontando para um copo de plástico e dizendo "isso é um copo". Ou talvez, ele conte uma mentira à criança, ou fale por uma metáfora, ou faça uma piada, ou leia uma citação, ou fale ironicamente. Os adultos geralmente conseguem reconhecer desvios "padrão", como citações, poesia, ironia, em relação a certas características e *"labels"* ["nomes"] amplamente convencionais pelos quais são distinguidas[30]. Mas a criança ainda não dominou essas designações. Como ela distingue exemplos "válidos"?

A resposta simples é que a criança não tem como separar o que é "válido" dos exemplos "inválidos" que encontra, mas o princípio da composição é de ajuda significativa na eliminação dos desvios. Embora possa não haver nenhum gato no tapete, quando a criança ouve "o gato está no tapete", essa frase é estruturalmente muito parecida com inúmeras outras encontradas em outros ambientes ("o cachorro está no tapete", "o gato está na cama", "o gato está à espreita", e assim por diante). Além disso, embora as condições de um ambiente para que se diga "o copo está meio cheio" possam ser exatamente as mesmas para que se diga "o copo está meio vazio", aquelas para se dizer "continue servindo até que esteja meio cheio" são significativamente diferentes daquelas para dizer "continue servindo até que esteja meio vazio"; e embora possamos dizer "deixe cheio pela metade", não é provável que digamos "deixe vazio pela metade"[31]. Esses problemas de aprendizagem parecem intrigantes apenas enquanto pensamos em cada palavra ou expressão como um nome para algum fenômeno visível que deveria (idealmente) estar presente para ser nomeado. Mas a criança pode aprender muito sobre, digamos, a chuva, mesmo se cometermos um erro e dissermos "está chovendo" quando na verdade não está chovendo. É possível, por exemplo, aprender que a chuva exige o uso de capa impermeável e botas, será boa para a colheita, significa o cancelamento do piquenique. E talvez, se um erro foi cometido, a criança aprenderá mais tarde que "ao fim e ao cabo, não está chovendo"[32].

---

29 CAVELL, *Claim to Rationality*, 201. Toda a controvérsia na literatura filosófica sobre a validade dos argumentos de "casos paradigmáticos" se baseia neste problema sobre aprender nossa língua nativa. Ver, por exemplo, o debate entre A.G. N. Flew e J. W. N. Watkins em *Analysis* 18 (dezembro de 1957), 25-42.

30 ZIFF, *Semantic Analysis*, 72-74.

31 Ibid., 154.

32 Ibid., 138-139.

É claro que, às vezes, a criança de fato aprende de modo errado, tira conclusões erradas sobre uma palavra e faz conexões espúrias entre padrões. Cada um de nós tem pelo menos um exemplo precioso de um erro que se cometeu quando criança. O meu referia-se à palavra "*nebbach*", uma palavra iídiche que a seu modo adentrou o vocabulário até então completamente alemão de meus pais. "*Nebbach*", na verdade, significa algo como "infelizmente" e funciona como uma interjeição ("Eu vi George e, *nebbach*, ele está com uma aparência péssima"). Por algum motivo, concluí que ela se conectava com as palavras alemãs "*neben*" e "*nebenbei*", que significam "próximo a" ou "ao lado", e concluí que "*nebbach*" significava algo como "a propósito", "por sinal" ou "por acaso" ("Eu vi George e, por acaso, ele está com uma aparência péssima"). E entendi e usei a palavra assim até a adolescência, quando um dia a usei em um contexto particularmente incongruente, numa ocasião em que minha mãe teve tempo para me ouvir e questionar. Então, é claro, ela me corrigiu e descobri o que "*nebbach*" realmente significa. A questão é, em primeiro lugar, que as crianças podem aprender de modo errado; em segundo, que tal aprendizado incorreto provavelmente será reforçado por alguma correlação ou padrão espúrio exatamente do mesmo tipo que as ajuda a aprender corretamente em outros casos; e terceiro, que as crianças às vezes podem passar anos sem problemas entendendo erradamente o sentido de uma palavra.

Mais cedo ou mais tarde, nos tornamos capazes de pedir e entender explicações, e de procurar definições em um dicionário. Tornamo-nos capazes de abstrair regras, princípios e definições de modo explícito para nós mesmos quando precisamos de tais coisas. Segundo Wittgenstein, "nós falamos, fazemos colocações [nos expressamos por palavras] e somente *mais tarde* obtemos uma imagem de sua vida"[33]. E a imagem, o princípio, as definições que abstraímos são sempre de certa forma provisórios, sujeitos à revisão ou à substituição após novas experiências, como é verdade em todos os casos de aprendizagem.

SIGNIFICADO

Tudo o que foi dito sobre a aquisição da língua materna tem como objetivo principal esclarecer a natureza da própria linguagem, do significado e do pensamento

---

33 WITTGENSTEIN, *Investigações filosóficas*, 272. Comparar com POLANYI, Michael. *Personal Knowledge*, New York; Evanston, Harper & Row, 1964, 250: "A formalização do significado depende, portanto, *desde o início*, da prática do significado não formalizado." (N. da A.) Na passagem de *Investigações* referida, trata-se da Terceira Parte da publicação, "*Philosophy of Psychology. A Fragment xi*", nem sempre traduzida em conjunto com as *Investigações*. Ela se encontra na versão da Macmillan, por Elizabeth Anscombe, na da Vozes, por Emanuel Leão Carneiro, mas não na da Wittgenstein Translations, por João José R. L. Almeida. (N. dos T.)

conceitual. Pois o que aprendemos a partir dos casos é tudo o que sabemos, e, ao fim e ao cabo conhecemos significados e conceitos. Tal como acontece na *common law*, na moralidade habitual, na ciência como atividade: não apenas o aprendizado, mas a própria substância da empreitada se constitui de casos, um conglomerado de casos. Os significados das palavras não são apenas aprendidos a partir de casos e de seus usos; é através de seu uso em vários casos que eles são gerados e modificados, desenvolvidos e concretizados. A criança aprende o significado de "funcionar" ouvindo a palavra ser usada, ou usando-a, em expressões como "Só não consigo funcionar sem [...]" em ocasiões apropriadas. E os adultos, que sabem o que significa "funcionar", não sabem nada em específico de diferente do que a criança sabe; eles apenas já se depararam com mais casos. Podemos estar inclinados a supor que você não pode entender uma expressão como "Só não consigo funcionar sem [...]" até que saiba o que significa "funcionar". Mas Wittgenstein sugere que, muito pelo contrário, o significado é construído a partir de tais expressões.

"O que significa 'determinar o comprimento', aprende-se pelo fato de se aprender o que é *comprimento* e o que é *determinar*; antes, aprende-se o significado da palavra 'comprimento', entre outros, aprendendo-se o que é determinação do comprimento."[34] E, pode-se acrescentar, aprender isso em vários contextos; pois, é claro, "determinar o comprimento" resulta em atividades muito diferentes quando se trata de determinar a duração de uma vida, a duração de um trabalho de conclusão de curso e o tamanho de uma sala. Wittgenstein diz que somos inclinados a pensar em "medir a distância até o sol" como se ela também *pudesse* ser medida por uma régua[35]. Para muitos propósitos, pensar assim não faz mal nenhum. Mas torna-se um problema se a analogia nos leva a contradições, confusões, paradoxos; se começarmos a sentir que a distância (comprimento) é o tipo de coisa que pode, *em princípio*, ser medida por uma régua onde quer que ela ocorra. Mas por que deveríamos supor tal coisa? O comprimento de uma sala (ou a distância de parede a parede) é uma ocasião mais definitiva e mais privilegiada de "comprimento" do que outras? Aprendemos o significado de comprimento com uma grande variedade – uma família inteira – de casos. A pergunta "Como medimos o comprimento?", com uma família de ocasiões a ela associadas, nos ajuda a entender o que *é* o comprimento. O que é o comprimento pode ser *abstraído* dos usos de se "medir o comprimento" em conjunto com os usos de "ser mais longo que", junto com os usos de

---

34 WITTGENSTEIN, *Investigações filosóficas*, 290.
35 WITTGENSTEIN, *Foundations of Mathematics,* G. H. von Wright; R. Rhees; G. E. M. Anscombe (eds.), trad. alem./ing. de G. E. M. Anscombe, Oxford, Basil Blackwell, 1964, 67.

"se ter mudado de comprimento", e assim por diante. E cada uma dessas expressões terá uma variedade de usos, mudando conforme as usemos com referência a vidas, trabalhos de conclusão de cursos ou salas.

Isso não significa que a palavra "comprimento" seja vaga ou imprecisa, careça de significado, ou não possa ser definida. Podemos defini-la e, é claro, segundo aponta Cavell, "para *alguns* tipos de precisão, para alguns propósitos, precisaremos de definições"[36]. Mas as definições são baseadas em casos, e secundárias em relação a eles; e elas não interferem na abertura criativa da língua natural. Podemos dar a um de nossos conceitos limites rígidos, usar uma de nossas palavras para um conceito rigidamente limitado, mas Wittgenstein diz também que podemos usá-lo "de modo que o escopo do conceito *não* esteja fechado por uma delimitação"[37]. E é assim que normalmente usamos os conceitos em nossa língua natural, à distinção, digamos, dos conceitos da matemática. É difícil encontrar e determinar a fronteira de um conceito comum, porque ela não existe. "Não conhecemos os limites devido ao fato de que nenhum foi traçado [...] podemos – para uma finalidade particular – *traçar* um limite"[38]. Mas quando fazemos isso, embora "sejamos livres" para traçar a fronteira como quisermos, ela "nunca coincidirá inteiramente com o uso real, já que esse uso não possui uma limitação nítida"[39]. Se outra pessoa tentasse traçar um limite nítido, "eu poderia não reconhecê-lo como o que eu também sempre quis traçar, ou que teria traçado na mente. Pois eu não queria traçar nenhum"[40].

Cavell diz: "Aprendemos o uso de 'alimente o gatinho', 'alimente o leão', 'alimente os cisnes' e um dia um de nós diz 'alimente o medidor' ou 'alimente a caldeira' ou 'alimente a máquina' ou 'alimente seu orgulho' ou 'alimente o cabo', e entendemos, isso não nos incomoda"[41]. A passagem pode servir igualmente para mostrar como a língua é aprendida, ou no que consiste a linguagem: como são compostos os significados, como os adultos trabalham com a língua, como a linguagem cresce e se transforma[42]. Cada uso envolve uma espécie de projeção de uma série de casos familiares e paradigmáticos em outros novos e sem precedentes; ainda assim, em

---

36 Cavell, *Claim to Rationality*, 219.
37 Wittgenstein, *Investigações filosóficas, Philosophische Untersuchungen*, § 68.
38 Ibid., § 69; grifo meu.
39 Wittgenstein, Ludwig, *Blue and Brown Books*, New York; Evanston, Harper & Row, 1964, 19.
40 Wittgenstein, *Investigações filosóficas, Philosophische Untersuchungen*, § 76.
41 Cavell, *Claim to Rationality*, 220.
42 Polanyi, op. cit., 105.

cada um, não é toda e qualquer projeção que é aceitável, e as rotas permitidas de projeção são profundamente controladas.

É tentador dizer que esse é o ponto principal sobre a língua natural, para que *serve* uma língua natural. Por que não limitamos as palavras ao contexto preciso em que se originam ou no qual as encontramos pela primeira vez? Por que não usamos uma palavra nova e diferente a cada vez que nos deparamos com um novo contexto? Mas cada contexto é novo. O resultado não seria uma língua; pois como alguém poderia "aprender" os "significados" de "palavras" usadas apenas uma vez e depois descartadas, como lenços de papel? Certamente, o objetivo da conversa é precisamente conectar situações novas e desconhecidas a situações antigas e familiares, seja para ajudar nosso próprio entendimento ou para informar alguém, ou para promover alguma atividade ou ainda expressar algum sentimento. E a língua pode realizar tais conexões apenas se os conceitos forem projetáveis, mas projetáveis de modos regulares, modos esses que de fato realizem conexões relevantes. Segundo Cavell: "o que Wittgenstein, em última análise, deseja mostrar é que *não faz sentido* dar uma explicação geral para a generalidade da linguagem, porque não faz sentido supor que as palavras em geral podem *não* se repetir, para que possamos dispor de um nome para uma coisa (seja 'cadeira' ou 'alimentação') e então não estar disposto a chamar *nenhuma* outra coisa de 'a mesma coisa'"[43]. Pois, como afirma Wittgenstein, "os conceitos não são para ser empregados só uma vez" apenas[44].

O indivíduo deve tirar suas próprias conclusões, abstrair suas próprias definições dos casos que encontra; tudo depende dele. E, no entanto, nem tudo depende dele, pois existe algo que se chama cometer um erro, aprender de modo errado. As crianças fazem isso e então nós as corrigimos. Mas, mesmo como adultos, às vezes descobrimos que não sabemos o significado de uma palavra que pensávamos saber. Na verdade, devem-se distinguir pelo menos três níveis aqui, uma vez que é sempre concebível que o adulto ao "corrigir" uma criança possa estar ele próprio enganado sobre o uso correto ou o significado de uma palavra. Devemos distinguir a criança (ou, *grosso modo*, qualquer falante), o adulto (ou, *grosso modo*, qualquer ouvinte) que pode de modo potencial corrigi-la, e o que em geral chamamos de "a língua inglesa". A língua tem regularidades ou regras, de modo que faz sentido chamar alguns usos de corretos, normais ou comuns, outros de estranhos ou incorretos. No entanto, o inglês, como qualquer língua natural, não é um sistema fechado e

---

43 Cavell, *Claim to Rationality*, 233; comparar com p. 228.
44 Wittgenstein, *Fichas*, § 568.

acabado, "em todos os lugares circunscrito por regras". Sempre somos capazes de dizer coisas novas, de projetar conceitos antigos em novas situações; e, ao mesmo tempo, não é toda e qualquer projeção que é aceitável. As projeções são controladas em todos os três níveis mencionados: nem todas nos ocorrerão, serão compreendidas ou aceitas pela pessoa a quem nos dirigimos, ou estarão de acordo com as regularidades da língua inglesa.

Cavell diz que a linguagem

> é tolerante como o aço; seus conceitos são temperados. Embora seja verdade que devemos usar a mesma palavra para, ou projetar uma palavra em, contextos variados (devemos estar dispostos a chamar alguns contextos de *iguais*), é igualmente verdade que o que de fato *conta* como uma projeção legítima é profundamente controlado. Você pode "alimentar o macaco com amendoim" e "alimentar uma máquina com moedas de um centavo", mas não pode alimentar um macaco colocando moedas em sua boca, e se você colocasse amendoim amassado em uma fenda para moedas, você não alimentaria a máquina. Você alimentaria um leão se colocasse uma cesta de cenouras em sua gaiola? O fato de ele não comê-las não seria suficiente para mostrar que você não teria sido comido; ele *poderia* não ter comido sua *carne*. Mas, no *último* caso, "poderia não ter comido" significa "então não tem fome" ou "se recusa a comer". E nem todo caso de "não comer" é "recusar comida". O cisne que passa deslizando ao largo do ovo de Páscoa na praia, ou sobre um cardume de peixinhos, ou sob o gancho da peça de carne que o guardião carrega para a gaiola do leão, não se recusa a comer o ovo, o peixe ou a carne. O que é ou conta como "ser alimentado" está relacionado ao que conta como "recusar-se a comer" e, portanto, relacionado a "recusar-se a se unir", "recusar-se a obedecer" etc[45].

Tudo isso é mais diretamente aplicado ao significado de uma palavra quando Wittgenstein se volta para o que ele chama de "a grande questão que está por trás de todas essas considerações". Essa é a questão da "natureza da linguagem", e ele a explora, mais uma vez, fazendo uso de sua analogia entre a linguagem e os jogos. Wittgenstein imagina um crítico reclamando que ele "não teria dito em lugar nenhum qual seria a essência de um jogo de linguagem e, portanto, da linguagem: o que seria comum a todas essas atividades e o que as tornaria uma linguagem ou partes de uma linguagem". O jovem Wittgenstein do *Tractatus* pode ter considerado a

---

45 CAVELL, *Claim to Rationality*, 223.

pergunta do crítico perfeitamente legítima e respondido que a essência da linguagem está na sua capacidade de retratar o mundo. Mas nas *Investigações* ele rejeita a ideia de que a linguagem tenha esse tipo de essência: "digo que não há uma coisa sequer que seja comum a estas manifestações, motivo pelo qual empregamos a mesma palavra para todas –, mas são *aparentadas* entre si de muitas maneiras diferentes. Por causa deste parentesco, ou destes parentescos, chamamos a todas de 'linguagem'"[46].

Para explicar essa ideia, Wittgenstein volta-se para a questão do que significa a palavra "jogo", tentando mostrar que o significado não é um traço único e característico que todos os jogos têm em comum:

> Não diga: "*Tem* que haver algo que lhes seja comum, do contrário não se chamariam 'jogos'" – mas *olhe* [*e veja*] se há algo que seja comum a todos. – Porque, quando olhá-los, você não verá algo que seria comum a *todos*, mas verá semelhanças, parentescos, aliás, uma boa quantidade deles [...]. Olhe, por exemplo, os jogos de tabuleiro com seus variegados parentescos. Passe agora para os jogos de cartas: aqui você encontra muitas correspondências com aquela primeira classe, mas muitos traços comuns desaparecem, outros se apresentam. Se passarmos agora para os jogos de bola, veremos que certas coisas comuns são mantidas, ao passo que muitas se perdem. – Prestam-se todos eles ao "entretenimento"? Compare o xadrez com o ludo. Ou há, por toda parte, ganhar e perder, ou uma concorrência dos jogadores? Pense nas paciências. Nos jogos de bola, há ganhar e perder; mas, se uma criança atira a bola contra a parede e a agarra novamente, neste caso este traço desapareceu. Veja que papel desempenham habilidade e sorte. E quão diferente é habilidade no jogo de xadrez e habilidade no jogo de tênis. Pense agora nas brincadeiras de roda: aqui se encontra o elemento de entretenimento, mas quantos dos outros traços característicos desapareceram! E, assim, podemos percorrer os muitos, muitos outros grupos de jogos, ver as semelhanças aparecerem e desaparecerem[47].

Assim, podemos explicar a alguém o que é um jogo, descrevendo vários jogos para ele, e então podemos acrescentar (induzindo-o a continuar) "isto e coisas *semelhantes* são chamados 'jogos'"[48]. E, ao ensiná-lo pela apresentação de exemplos dessa maneira, não estaríamos lhe dizendo menos do que conhecemos, pois *não há*

---

46 WITTGENSTEIN, *Investigações filosóficas*, § 65.
47 Ibid., § 66.
48 Ibid., § 69.

nenhuma característica essencial do que seja o lúdico. O que descobrimos quando examinamos exemplos de jogos não é uma essência compartilhada, mas "[uma complicada rede de semelhanças onde] se sobrepõem e se cruzam as distintas semelhanças [: por vezes, semelhanças gerais, por vezes, semelhanças de grau]"[49]. Pode-se dizer que a relação de parentesco entre os casos é intransitiva: o caso A se assemelha ao caso B dessa maneira, o caso B se assemelha ao caso C de maneira diferente, o caso C se assemelha ao caso D, mas de uma terceira maneira; o caso E trata do mesmo que os casos A e D, mas não trata tal como B e C e assim por diante. "E ampliamos nosso conceito [...] como, ao tecer uma fibra, enroscamos fio por fio. E a força da fibra não consiste em que algum fio percorra toda a sua extensão, senão em que muitos fios se sobrepõem mutuamente."[50]

Wittgenstein chama esse tipo de rede de semelhanças parcialmente sobrepostas de "semelhanças de família", pois elas se sobrepõem e se cruzam da mesma forma que "[as várias semelhanças] entre os membros de uma família: altura, traços faciais, cor dos olhos, andar, temperamento etc."[51] Jogos, ele afirma, "formam uma família". E momentos do que chamaríamos de "linguagem", ou o uso da linguagem, formam uma família. Talvez nenhum membro da família tenha todas as características de parentesco; talvez algumas das características sejam até mesmo mutuamente incompatíveis, de modo que nenhum membro *possa* tê-las todas ao mesmo tempo. Para reconhecer um membro da família como um parente, não é necessário saber *dizer* exatamente de que modo ele se parece com outras pessoas, ou nos lembra delas, ainda que talvez fosse possível fazê-lo. Cavell coloca a questão da seguinte maneira: "Existe uma essência Karamazov, mas você não a encontrará se procurar por *uma* qualidade (veja, isto é, com uma 'imagem' errada do que seja uma qualidade em mente)." É possível descobrir isso aprendendo a reconhecer ocasiões, "nas quais aquele seja 'um Karamazov intelectual', e aquele outro seja 'um Karamazov espiritual', e essa seja a 'autoridade Karamazov'"[52].

Essa noção de "semelhança de família" foi talvez o mais amplamente adotado e aclamado *insight* de toda a obra de Wittgenstein; no entanto, a meu ver, há sempre certa margem de incompreensão, porque as analogias de Wittgenstein são enganosas. Primeiro, elas sugerem falsamente uma objetividade física para as características relevantes que não existe de fato. Pode-se ver cada fibra separada em uma corda,

---

49 WITTGENSTEIN, *Investigações filosóficas*, *Philosophische Untersuchungen*, § 66; comparar com § 75.
50 Ibid., § 67.
51 Ibid.
52 CAVELL, *Claim to Rationality*, 233.

ver onde uma termina e a outra começa. Pode-se estabelecer a base biológica para os membros e semelhanças familiares; os traços característicos são controlados por padrões cromossômicos, e assim por diante. Mas, na linguagem, raramente fica tão claro quais características contam, e um conceito deve sempre ser projetável em novas situações. Em segundo lugar, as analogias ainda sugerem, ou pelo menos permitem, uma interpretação nome-objeto. Elas nos permitem pensar que, se todos os jogos não compartilham uma única característica comum, pelo menos grupos de jogos compartilham aglomerados de características que se sobrepõem parcialmente[53]. Mas o ponto fundamental não são as características dos jogos, mas as características das situações em que falamos sobre jogos – não como reconhecer um jogo, mas quando usar a palavra "jogo".

ATIVIDADES MENTAIS

Isso se torna muito mais claro nas longas seções das *Investigações* em que Wittgenstein explora conceitos como "compreender", "tencionar", "querer dizer" [*mean*, i.e., "significar"], "esperar" [*expect*, i.e., "presumir", "julgar provável"], "ler" – verbos que podemos utilizar para nos referirmos a atividades mentais. O tratamento dado por Wittgenstein a esses conceitos é extraordinariamente denso e complexo, e ele muda constantemente de um para o outro. Ainda assim, o padrão básico da argumentação é discernível. Se as palavras fossem simplesmente nomes [*labels*] para fenômenos, os verbos seriam designações para ações ou estados do ser. Alguns se refeririam a atividades ou em estados físicos, que seria possível descrever em uma ilustração. Mas outros, como "compreender" ou "esperar" [*expect*], não poderiam ser ilustrados dessa forma. Se, no entanto, estivermos convencidos de que esses verbos devem se referir a algo, postularemos ou assumiremos uma atividade ou um estado invisível, mental, interior, privado, acessível apenas pela introspecção[54]. (Talvez julguemos que essa suposição é corroborada pelos fatos da fisiologia cerebral. Certamente podemos sentir, sempre que lemos ou entendemos, ou queremos

---

[53] Ver, por exemplo, BAMBROUGH, Renford, Universals and Family Resemblances, in: PITCHER, George (ed.), *Wittgenstein. The Philosophical Investigations*, Garden City, Doubleday, 1966, 186-204. Talvez tal tentação teria sido ligeiramente diminuída se o "*game*" ("jogo") inglês estivesse em íntima ligação com um verbo tão significativo e abrangente (afinal, como verbo, *game* tem o sentido específico de "jogar a dinheiro") quanto o alemão "*Spiel*" o é com relação a "*spielen*". A passagem citada na n. 47, acima, reflete com mais precisão o uso comum em alemão do que em inglês pelo mesmo motivo.

[54] WITTGENSTEIN, *Blue and Brown Books*, 125. O ponto constitui o tema principal de *The Concept of Mind*, de Gilbert Ryle, New York, Barnes & Noble, 1949, 15-16, em que ele o chama de "o dogma do Fantasma na Máquina". Embora o tratamento de Ryle seja muito mais fácil de entender, o de Wittgenstein vai mais longe.

dizer que estamos usando nossos cérebros, o que de fato implica que algum processo fisiológico está acontecendo. Portanto, pensamos vagamente que tal processo deve ser o referente da palavra.) Wittgenstein se esforça continuamente para nos fazer abrir mão deste hábito de pensamento. Ele nos mostra que o processo interno ou mental é um postulado e não um fato observado; embora um processo ou sentimento interno característico possa estar presente em *algumas* ocasiões em que compreendemos, lemos ou esperamos [*expect*] algo, não está presente em *todas* as ocasiões. Parte da dificuldade surge do fato de que essas palavras não são (ou não são meramente) nomes que se referem a *o que quer que seja*. Elas também são usadas em outros jogos de linguagem, e esses usos também ajudam a moldar seu significado. Além disso, como veremos no próximo capítulo, seu significado depende do contexto de seu uso.

Veja-se o caso de "compreender": o que acontece quando alguém de repente compreende algo? Wittgenstein novamente recorre aqui aos jogos de linguagem em que uma pessoa escreve uma série de números e a outra supostamente continua a série corretamente. Em um momento, o homem está observando, intrigado; no momento seguinte, ele diz "Agora entendi" ou "Agora posso continuar", e prossegue com a série. O que mudou? Certamente, o fato de ele dizer essas palavras ou seus movimentos físicos não pode constituir sua compreensão; assim, tentamos "agora apreender o processo mental da compreensão, que, ao que parece, se esconde por detrás daquelas manifestações rudimentares concomitantes, e que, por isso, nos saltam aos olhos"[55]. Mas, quando olhamos "para dentro", para o que se passa em nossas mentes quando de repente entendemos algo, podemos encontrar inúmeros pensamentos ou sentimentos diferentes, ou mesmo nada.

> Por exemplo, enquanto A assentava lentamente um número após o outro, B se ocupou em experimentar diferentes fórmulas algébricas para os números anotados. Quando A estava escrevendo o número 19, B experimentou a fórmula $a_n = n^2 + n - 1$ e o próximo número confirmou sua suposição. Mas também: B não pensa em fórmulas. Ele observa, com certo sentimento de tensão, como A escreve seus números; e, assim, todo tipo de pensamentos vagos flutuam em sua cabeça. Finalmente, ele se pergunta "Qual é a série das diferenças?" Ele descobre: 4, 6, 8, 10, e diz: agora eu posso dar continuidade. Ou ele olha bem e diz: "Sim, eu conheço a série!" – e lhe dá prosseguimento; como ele, talvez, também tivesse feito se A houvesse anotado a série 1, 3, 5, 7, 9. – Ou ele não diz absolutamente

---
55 W<small>ITTGENSTEIN</small>, *Investigações filosóficas, Philosophische Untersuchungen*, § 153.

nada, e simplesmente escreve, dando continuidade à série. Talvez ele tivesse uma sensação que se pode chamar de "isto é fácil!". (Uma sensação como essa seria, por exemplo, uma ligeira e rápida retração da respiração, semelhante a quando se toma um leve susto.)[56]

Pode até ser que "absolutamente nada [tenha ocorrido] antes na mente de B, na hora em que ele, de repente, disse 'Agora sei dar continuidade' – talvez com um sentimento de alívio; e que ele realmente [haja progredido] no cálculo da série sem utilizar a fórmula"[57].

Agora, qual desses fenômenos é a atividade ou estado de compreender? Mas ele pode pensar ou dizer qualquer uma dessas coisas sem ter entendido. "Pois é certamente imaginável que a fórmula pode lhe ocorrer, e ele, ainda assim, não compreender. 'Ele compreende' tem que incluir mais do que: lhe ocorre a fórmula. E, do mesmo modo, também mais do que qualquer um daqueles *processos concomitantes*, mais ou menos característicos, ou exteriorizações, da compreensão."[58] Nenhum deles, queremos dizer, é o ato em si de compreender. Mas talvez estejamos errados ao supor que a compreensão seja um fenômeno único, sempre presente quando alguém realmente entende. Não precisamos presumir que, quando um homem nos diz "Agora entendo", ele está fazendo um relato descritivo de um evento ou processo que acabou de observar dentro de si mesmo. "Seria completamente equivocado chamar essas palavras, por exemplo, neste último caso, de 'descrição de uma condição mental'. – Poder-se-ia, antes, chamá-las de 'signo'; e julgamos, segundo o que foi continuado, se ele foi corretamente aplicado."[59] A compreensão não é meramente um estado ou atividade a ser designada, mas um compromisso com a performance que virá.

Vejamos agora o exemplo de "querer dizer" [*mean*]. Nós dizemos algo, e queremos ou não dizer isso; ou dizemos algo e queremos dizer outra coisa com isso. Ou falamos com ou sem sentido. Mas como fazemos tais coisas? "O que ocorre em nós quando *queremos* dizer algo com palavras (e não somente [as] dizemos)?"[60] O que, por exemplo, "[significa] o *querer* dizer as palavras 'Isto é azul', ora como [uma] expressão sobre o objeto para o qual se aponta, ora como [uma] explicação

---

56 Ibid., § 151.
57 Ibid., § 179.
58 Ibid., § 152.
59 Ibid., § 180.
60 Ibid., § 507

da palavra 'azul'?"[61] Certamente, não é necessário que alguma coisa se modifique em nossa aparência quando queremos dizer isso de uma maneira do que quando queremos dizer de outra maneira. Portanto, concluímos que a diferença deve ser interna – uma intenção, um direcionamento de nossa atenção. E, às vezes, a intenção lá estará, claramente; mas nem sempre. A palavra "significado" [*meaning*] é usada em jogos de linguagem muito mais complexos do que supomos a princípio.

Lembre-se do exemplo do que pode acontecer no jogo da série de números naturais se um aluno escreveu corretamente a série de números pares até 1.000, mas depois continuou 1.004, 1.008, 1.012 [...] O professor o interrompe, e o aluno diz surpreso: "Sim! Não está certo? Eu pensei que deveria fazer assim." A resposta, claro, é não. O professor queria que ele escrevesse 1.002 depois de 1.000 e 1.004 depois de 1.002. No entanto, o professor não pensou em 1.000 ou 1.002, ou em 1.004 até o aluno cometer seu erro. Na verdade, como a série é infinita, ele não pode ter pensado em todos os termos que o aluno deve escrever; ainda assim, ele pretendia que estes aparecessem na sequência adequada. O professor sabe o que ele pretendia que o aluno fizesse em um caso como este, sem ter que voltar sua mente para seus próprios pensamentos e sentimentos no momento em que estabeleceu a tarefa. "O jogo de linguagem 'tenho (ou tinha) em mente *isto*' (explicação posterior da palavra) é bem diferente do jogo de linguagem: [...] 'Isto lembrava-me de [...] [o que eu tinha dito]'"[62]. O significado não é uma atividade, dotada de duração, que ocorra enquanto falamos. "Se dissermos a alguém 'Eu ficaria muito feliz em ver você' e de fato quisermos dizê-lo, ocorreria um processo consciente simultâneo a essas palavras [...]? Dificilmente será o caso."[63] Tampouco é útil postular um processo inconsciente. "O processo que podemos chamar de 'falar e querer dizer o que se fala' não se distingue necessariamente de dizer e querer dizer o que se diz *no momento em que você fala*."[64]

Às vezes, ao ser questionado sobre o que você quis dizer, você precisará trazer sua mente de volta ao momento e tentar se lembrar de seus pensamentos enquanto falava; mas, em outras ocasiões, isso será inútil. Compare-se dizer "Será um prazer vê-lo" com dizer "O trem parte às 3:30." Se lhe perguntarem se você quis mesmo dizer o que disse ao emitir o primeiro desses proferimentos [*utterances*], "então você provavelmente pensaria nos sentimentos, nas experiências que teve enquanto

---

61 Ibid., 38; comparar com § 666.
62 Wittgenstein, *Investigações filosóficas*, 217; o exemplo é do parágrafo 185.
63 Wittgenstein, *Blue and Brown Books*, 34.
64 Ibid., 43.

falava". Mas sobre o segundo proferimento, a questão de saber se você realmente quis dizer isso não faria muito sentido. Você não saberia o que estava sendo perguntado e não saberia responder. Você poderia responder: "Por que eu estaria querendo dizer outra coisa? Aonde você quer chegar?" De qualquer forma, você não tentaria se lembrar do que se passava em sua mente no momento em que falou. "No primeiro caso, estaríamos inclinados a falar sobre um sentimento característico para expressar o que dissemos, mas não no segundo."[65]

Num terceiro tipo de caso, nossa resposta sobre "o que queremos dizer" parecerá muito mais com uma decisão tomada em retrospectiva, ao sermos questionados, do que com uma lembrança de nossos pensamentos do momento inicial em que falamos. É até possível que tenhamos de fato querido dizer algo que ignorávamos quando fizemos o proferimento. Considere-se esta conversa:

– Napoleão era realmente muito burguês.

– Você quer dizer o homem que venceu a batalha de Austerlitz?

– Eu não sei nada sobre batalhas; houve mais de um Napoleão?

– Houve, sim. Houve o Napoleão I após a Revolução Francesa, que venceu a batalha de Austerlitz; e depois houve Luís Napoleão em meados do século XIX. Achei que você pudesse estar se referindo a ele porque ele *era* realmente muito burguês.

– Não, não. Eu quis dizer mesmo aquele que ganhou a batalha de Austerlitz.

Ele, de fato, se referia ao Napoleão da batalha de Austerlitz, embora nem mesmo soubesse que existira a tal batalha. Novamente, "eu quis dizer" aqui parece ter a qualidade de um semiperformativo; é difícil decidir se proferir essa expressão descreve uma conexão existente ou faz uma nova. Usamos expressões como "Então você quis dizer [...]" ou "Então o que você realmente queria dizer [...]" para, segundo Wittgenstein, "levar alguém de uma forma de expressão para a outra", ou seja, partir do que se disse originalmente e chegar ao que agora se está disposto a aceitar como uma interpretação do proferimento original[66].

Se supomos que o "querer dizer" deve ter sido uma atividade que acontecia ao mesmo tempo em que a fala aconteceu, isso se dá, em primeiro lugar, porque usamos o pretérito. Perguntamos "Você *quis* dizer [...]?" e respondemos que o que

---

65 Ibid., 146.

66 WITTGENSTEIN, *Philosophical Investigations*, *Philosophische Untersuchungen*, § 334. Claro que haverá outras vezes em que nos sentiremos incapazes de decidir se nos referimos ao homem que venceu a batalha de Austerlitz ou não (se, por exemplo, estivéssemos lendo sobre Napoleão, mas não soubéssemos que eram dois, então não saberíamos sobre qual estávamos lendo).

queríamos dizer era que ele deveria escrever 1.002 depois de 1.000. "A expressão 'querer dizer' no pretérito [perfeito] dá a entender que um determinado ato de significado foi performado quando a regra foi dada, embora, na verdade, tal expressão não aluda a tal ato."[67] E, é claro, esse fato a respeito do uso da expressão é acompanhado por todo um conjunto de "regras" de uma gramática referentes a "o que você quis dizer", que impedem que esta seja uma mera decisão *arbitrária* tomada posteriormente, ao ser questionado. "O que há a favor de se dizer que minhas palavras descrevem uma conexão existente", um significado que já existia antes de eu ser questionado sobre ele? "Bem, elas dizem respeito a coisas diferentes que não surgiram graças a elas. Elas dizem, por exemplo, que naquela hora eu *teria* dado uma determinada resposta se tivesse sido perguntado."[68] O que eu quis dizer não é a mesma coisa que eu quero dizer agora, ou o que agora eu gostaria de ter expressado, ou o que eu quereria dizer se proferisse as mesmas palavras agora. A questão do que eu quis dizer "refere-se a um tempo determinado [...] mas não a uma *vivência* [experiência] durante este tempo"[69].

Às vezes, para que consiga responder, terei que lembrar o que pensei naquele momento. Mas, em outras ocasiões, isso não será necessário ou não será de grande ajuda. A gramática da expressão "querer dizer" ["*to mean*"] – a maneira como aprendemos a operar com ela – nos empurra para duas direções opostas aqui. Por um lado, nos diz que o ato de querer dizer ocorreu com a fala original; por outro lado, quando procuramos por esse ato, nada do que percebemos nos satisfaz como sendo o próprio ato. Em suma, uma expressão como "querer dizer" ["*to mean*"] não é simplesmente o nome de algum processo interno reconhecível; é uma ferramenta complexa, composta e reunida a partir de uma variedade de partes heterogêneas – os diversos contextos e jogos de linguagem nos quais a palavra é usada. Entre eles, incluem-se sentimentos, ações e circunstâncias, fenômenos aos quais a palavra pode se referir, mas também fenômenos que caracterizam as ocasiões para seu uso enquanto sinal.

Da mesma forma, "nem a expressão 'ter em mente assim e assim a explicação' nem a expressão 'interpretar assim e assim a explicação' designam um processo que acompanha quem dá e quem ouve [o ato de dar e o de receber] a explicação"[70]. A intenção *com a qual* se age não "acompanha" a ação, nem o significado do que se diz "acompanha" a fala. Significado e intenção não são "nem 'articulados' nem

---

67 WITTGENSTEIN, *Blue and Brown Books*, 142; comparar com p. 39.
68 WITTGENSTEIN, *Philosophical Investigations, Philosophische Untersuchungen*, § 684.
69 WITTGENSTEIN, *Investigações filosóficas*, 281.
70 Ibid., § 34.

'inarticulados'; não podem ser comparados nem com um som isolado que se faz ouvir ao agir ou falar, nem com uma melodia"[71]. Essas expressões verbais não representam um processo ou atividade que acompanhe a fala porque, nesse sentido, não representam absolutamente nada[72]. Sua gramática, os jogos de linguagem em que são usados, são muito mais complexos do que a analogia com verbos como "comer" poderia sugerir. É por isso que verbos como "saber", "pretender", "entender" e "significar" são peculiarmente deficientes no particípio presente. Não dizemos "Eu estou sabendo isso", "Ele estava entendendo isso"[73], e coisas do gênero. E uma perspectiva wittgensteiniana esclarece o motivo para o fato, que não é imediatamente óbvio: não temos *uso* para tais expressões, elas não estão dentre nossos jogos de linguagem para esses conceitos. Significar, pretender, saber não são (sempre) processos que têm duração, como comer ou correr. "Como seria, se alguém perguntasse: Quando é que você sabe jogar xadrez? Sempre? Ou enquanto faz um lance? E durante cada lance, todo o xadrez? – E como é estranho que saber jogar xadrez necessite de tempo tão curto, e uma partida de tempo muito mais longo!"[74]

Nossos conceitos, portanto, são aglomerados, reunidos a partir da variedade de casos em que são caracteristicamente usados. Aprendemos seu uso e seu significado por meio de tais casos, e o significado em si é meramente uma súmula do que aprendemos. Esses casos podem ser extremamente heterogêneos, não apenas no sentido de que existem muitos tipos diferentes de, por assim dizer, "jogos", mas no sentido de que muitos jogos de linguagem diferentes podem ser jogados com uma única palavra. E mesmo que a palavra seja um substantivo, muitos desses jogos de linguagem não precisam ser jogos do tipo nome [*label*], mas podem envolver uma sinalização quase performativa. Portanto, o significado de uma palavra pode, de fato, ser um conglomerado formado por partes de natureza muitíssimo distintas. Isso virá a revelar-se um fato da maior importância, como veremos em breve; mas primeiro precisamos examinar mais um elemento na configuração da linguagem: a relevância do contexto.

---

71 Ibid., 281.

72 Apel, Karl-Otto, *Analytical Philosophy of Language and the Geisteswlssenschaften*, Dordrecht, D. Reidel, 1967, 36.

73 Em inglês, não se diz "estou sabendo" e "estou entendendo", embora, em português, as expressões sejam perfeitamente normais. (N. dos T.)

74 Wittgenstein, *Investigações filosóficas*, 86. Comparar com Ryle, *Concept of Mind*, 116; ver também Jean-Paul Sartre sobre o estado mental interior que chamamos de "amor": "Não estou constantemente pensando nas pessoas que amo, mas sustento que as amo mesmo quando não estou pensando nelas." An Explication of The Stranger, in: Brée, Germaine (ed.), *Camus*, Englewood Cliffs, Prentice-Hall, 1962, 113.

IV CONTEXTO, SENTIDO E CONCEITOS

O significado é composto a partir das circunstâncias em que uma palavra é usada, e o que caracteriza essas circunstâncias com frequência é a situação de fala, e não a presença de algo a que se faz referência. Como consequência, a importância da situação, das circunstâncias e do contexto para o significado é muito maior do que se poderia supor. É comum presumirmos, e com razão, que o significado de uma palavra permaneça fixo, independentemente do contexto em que é usada. Pensamos na palavra como uma constante, inserida em uma variedade de diferentes expressões verbais em ocasiões variadas. Na primeira metade deste capítulo, veremos o que há de errado nessa suposição, como o significado depende do contexto e a partir dele precisa ser completado. Estaremos então prontos, na segunda metade do capítulo, para resumir o significado do que foi dito até agora para o pensamento conceitual.

Podemos começar de onde paramos, com o vocabulário da "atividade mental", especificamente "significado" e "entendimento". Foi sugerido que estes nos parecerão processos internos misteriosos apenas enquanto insistirmos em que as palavras devem ser simplesmente nomes para classes de fenômenos; em vez disso, precisamos reconhecer sua função em outros jogos de linguagem também. Mas isso não é suficiente para resolver os problemas que envolvem esses verbos. Uma maneira de explicar por que não seria esse o caso, afinal, é dizer que as palavras *podem, às vezes,* ser usadas como nomes e podem ser usadas para se referir ao significado ou ao entendimento. E certamente elas são usadas para se referir a algo que *é* uma atividade mental (o que mais poderia ser?). Só que partimos de uma ideia errada, de uma imagem errada, do que é uma atividade mental e de como ela é reconhecida.

Uma maneira mais acessível de explicar por que a distinção entre a função de rotular e a de sinalizar não é suficiente para resolver os problemas desses verbos pode ser mostrar o que permanece sem solução. Uma palavra como "significado" pode, por vezes, ser um performativo verdadeiro, de modo que, ao dizer "quero dizer" *fazemos* uma conexão em vez de descrevê-la. Mas "compreender" é, no máximo, quase performativo; dizer "eu entendo" não é de forma alguma equivalente a compreender. Podemos dizer que entendemos e depois descobrir que estávamos errados; "eu entendo" pode ser falso de uma forma que "eu prometo" não pode. Portanto, fica a pergunta: Como podemos perceber quando nós mesmos entendemos? Como sabemos quando dizer "eu entendo" sem que isso acabe por se mostrar falso? E a antiga resposta ainda nos tentará: sabemos ao percebermos pela introspecção, o processo característico ou o sentimento de entendimento. Além disso, o poder explicativo da ideia de funções sinalizadoras ou quase performativas é muito menor se considerados outros verbos de "atividade mental" discutidos por Wittgenstein – verbos como "esperando", "lendo" ou "apontando para". O que ajuda a resolver esses problemas é precisamente o significado do contexto.

Dissemos que, às vezes, o aluno que está jogando os jogos da série numérica diz "agora eu entendi" porque teve uma experiência característica, como se a fórmula lhe ocorresse. Mas dissemos que tal experiência não é necessária nem suficiente para seu entendimento e, portanto, não pode ser o próprio entendimento. Wittgenstein diz que as "circunstâncias específicas" são a justificativa para alguém dizer que entende quando a fórmula lhe ocorre: "aquilo que para nós o justifica dizer, em tal caso, que ele compreende, que ele sabe continuar, são *as circunstâncias* nas quais ele teve uma tal vivência"[1]. Que tipo de circunstâncias? Bem, por exemplo, "a saber, em certas circunstâncias [...], quando ele aprendeu álgebra, já teve de usar tais fórmulas anteriormente"[2]. Apenas sob circunstâncias contextuais apropriadas, a experiência ou sentimentos característicos de entendimento súbito *serão* o entendimento. Como diz Cavell, um homem pode entender "na ausência de qualquer sentimento ou comportamento em especial. A *pergunta* é: *Quais* os comportamentos e sentimentos que especialmente *contarão como*" entendimento em várias circunstâncias? O ponto é "que 'por si só' nenhum sentimento ou comportamento específico" constituirá o entendimento[3].

---

1 WITTGENSTEIN, Ludwig, *Philosophical Investigations*, trad. ing. de G. E. M. Anscombe, New York, Macmillan, ³1968. Trad. bras.: *Investigações filosóficas*, de Marcos Montagnoli, Petrópolis, Vozes, ⁴2005. *Investigações filosóficas*, *Philosophische Untersuchungen*, trad. bras. de João José R. L. Almeida, Wittgenstein Translations, Edição Bilíngue Alemão-Português, 2017, disponível em: http://www.psicanaliseefilosofia.com.br/textos/InvestigacoesFilosoficas-Original.pdf, §§ 154, 155; comparar com o seu "*Bemerkungen Uber Frazers The Golden Bough*", Synthese, 17, 1961, 247.

2 Ibid., § 179; comparar com §§ 181, 323.

3 CAVELL, Stanley, *The Claim to Rationality*, Tese de Doutorado em Filosofia (não publicada), Cambridge, Harvard University, 1961-1962, 54.

Trata-se de algo assim: aprendemos determinada palavra em uma variedade de contextos, aprendemos a usá-la em uma variedade de contextos. Às vezes, o que torna um contexto adequado para o seu uso será um sentimento característico que vivenciamos, às vezes, certo comportamento da parte de outra pessoa, às vezes, um compromisso que estamos dispostos a assumir, mas sempre contra um pano de fundo de circunstâncias contextuais adequadas. Aprendemos a dizer "eu entendo", por exemplo, quando a fórmula nos ocorre, sob certas circunstâncias; mas também aprendemos a dizer "ele entende" quando alguém sorri, pega o giz que estava conosco e se dirige ao quadro-negro, sob certas circunstâncias. Aprendemos também, com base no modo com que a palavra é usada, que nem a experiência de pensar a fórmula, nem o sorriso, nem o movimento em direção ao quadro-negro são o entendimento. Pois qualquer um dos dois pode ocorrer sem que nós (ou ele) sejamos capazes de continuar a série corretamente. E mesmo ser capaz de continuar a série não é o entendimento em si, pois podemos imaginar circunstâncias em que diríamos que ele entendeu, mas não foi capaz de continuar a série corretamente. Nosso conceito de entendimento é um conglomerado dessas várias ocasiões a partir de seu uso, incluindo suas circunstâncias contextuais apropriadas. Wittgenstein diz que "estes modos de uso de 'entender' compõem o seu significado, meu *conceito* de entender. Pois quero aplicar 'entender' para tudo"[4]. Temos, como diz Wittgenstein, toda uma série de adereços prontos para apoiar nosso conceito; no entanto, cada um deles depende das circunstâncias, cada um é corrigível, nenhum é o entendimento em si. (Que eles devam ser agrupados em um único conceito agora pode parecer bastante arbitrário, mas devemos deixar para depois essa questão.)

Ainda podemos ser tentados a concluir que o entendimento deve ser a soma total das experiências características e de todas as circunstâncias contextuais necessárias. Mas Wittgenstein responde que as circunstâncias contextuais meramente "formam o espaço de nosso jogo de linguagem", não são elas mesmas parte do jogo[5]. Em algumas circunstâncias, pensar na fórmula nos justifica dizer que entendemos; então, "eu entendo" é equivalente a "eu conheço a fórmula". Mas isso não significa que essas expressões sejam equivalentes em todos os lugares, sinônimas. Como afirma Wittgenstein,

---

4 WITTGENSTEIN, *Investigações filosóficas,* § 532; comparar com RYLE, Gilbert, *The Concept of Mind*, New York, Barnes & Noble, 1949, 96.
5 WITTGENSTEIN, *Investigações filosóficas,* § 179.

Dizemos também: "Agora sou capaz de continuar, quero dizer, eu sei a fórmula", como dizemos: "Eu posso andar, isto é, eu tenho tempo"; mas também: "Eu posso andar, isto é, já estou bastante forte"; ou: "Eu posso andar, no que tange ao estado de minha perna", a saber: quando confrontamos esta condição de andar com outras condições[6].

Mas Wittgenstein adverte contra supor "que haja alguma *totalidade* de condições que correspondam à natureza do caso (por exemplo, para o fato de alguém andar)," que "eu posso andar" seja um nome para a totalidade dessas condições[7]. Diferentes conceitos, diferentes expressões podem "[se tocar] aqui e juntos caminhar um trecho do caminho. Mas não se é obrigado a acreditar que todas as linhas são *círculos*," que, se elas coincidem em um trecho, devem coincidir em todos os lugares[8].

Pode-se dizer do entendimento ou do significado o que Wittgenstein diz sobre a intenção: que "está entalhada na situação, nos costumes e nas instituições humanas. Se não houvesse a técnica do jogo de xadrez, eu não poderia intencionar jogar uma partida de xadrez"[9]. É por isso que um falante pode "ter em mente" ("*mean*") algo que ele desconhece num dado momento (o Napoleão que venceu a batalha de Austerlitz); nossa língua e nossa cultura fazem as conexões entre o que ele diz e o que ele tem em mente (pode ter em mente). E é por isso que o professor pode ter em mente, ou pretender, que o aluno escreva 1.002 depois de 1.000, mesmo que ele não pense nesses números. Ele "tinha em mente" que o aluno escreveria 1.002 no sentido de que ele "dominava uma determinada técnica de aritmética e de álgebra, e dava a outrem a instrução habitual no desenvolvimento de uma série"[10]. As circunstâncias tornam possível a intenção.

Tomemos outra atividade mental, "esperar". Esta, igualmente, carece de marcadores físicos definitivos; nem sempre podemos dizer, a partir do comportamento de um homem, se ele está esperando alguma coisa ou o que está esperando. Isto também está associado a certos sentimentos ou a experiências características, mas eles não são necessários nem suficientes para constituir uma expectativa. Assim, podemos estar "esperando N para o chá na quinta-feira" sem ter nenhuma experiência

---

6 Ibid., § 183.

7 Ibid.; comparar com WITTGENSTEIN, Ludwig, *Blue and Brown Books*, New York; Evanston, Harper & Row, 1964, 114.

8 WITTGENSTEIN, *Investigações filosóficas*, 192. Trata-se aqui da Parte II da mencionada tradução, que na publicação brasileira não traz os parágrafos para a chamada "Filosofia da Psicologia", no Fragmento X ("*Philosophy of Psychology. A Fragment X*"), no original em inglês § 108. (N. dos T.)

9 Ibid., § 337.

10 Ibid., § 692.

ou sentimento interior particular, sem nem mesmo pensar nele. E, pelo contrário, o sentimento não é suficiente. Aqui, por exemplo, está um sentimento característico que Wittgenstein chama de "certamente um caso de expectativa": "Olho a mecha que arde, sigo com extrema tensão a progressão da chama e como ela se aproxima do material explosivo."[11] Ainda assim esse sentimento característico depende das circunstâncias. "Uma expectativa está inserida na situação da qual se origina. A expectativa de uma explosão pode originar-se, por exemplo, de uma situação na qual *se deve esperar por* uma explosão."[12] Mas agora suponha, como Cavell sugere, "que ao se barbear numa manhã, você deixa cair sua navalha na pia e de repente se vê arrebatado por esse sentimento característico de ver uma chama se aproximando de um explosivo". Se alguém perceber sua tensão e perguntar se algo está errado, é improvável que você diga: "Estou esperando pela explosão", ou mesmo, "Estou esperando a explosão", mas talvez diga alguma coisa como "Tenho a estranha sensação de que algo está prestes a explodir". Mas, o que torna o sentimento *queer* (*estranho*)? Estávamos imaginando que fosse apenas o sentimento comum e característico de esperar uma explosão. "Obviamente, sua estranheza vem de sua ocorrência *ali*, onde, embora você não esteja de fato esperando nada (= não há nada que se possa esperar nessas circunstâncias...), você tenha essa sensação de estar à espera de algo."[13]

Portanto, existe um sentimento característico do que seja a espera por uma explosão, e pode-se reconhecer esse sentimento mesmo que tenha ocorrido em circunstâncias em que nenhuma explosão seria esperada. Mas esse sentimento, por si só, não constitui "esperar uma explosão". Para isso, também são necessárias circunstâncias contextuais adequadas. E é possível esperar sem qualquer sentimento característico específico, caso em que a expectativa presumivelmente consiste apenas nas circunstâncias contextuais, incluindo o que as precede e vem a seguir. Tampouco existe um sentimento característico em separado para cada uma das diferentes coisas que se podem esperar.

Outro método pelo qual Wittgenstein demonstra a importância do contexto nas atividades mentais é inventar experimentos nos quais nós devemos performar essas atividades sob comando. Ele nos convida, por exemplo, a dizer "Está frio aqui" e a *ter em mente* (*mean*) "Está quente aqui". Ou apontar para um pedaço de papel – e então para sua cor e depois para sua forma. Não é que não possamos apontar diretamente para a cor ou a forma, mas que nos sentimos embaraçosamente

---

11 Ibid., § 576.
12 Ibid., § 581.
13 CAVELL, *Claim to Rationality*, 124.

inseguros sobre se conseguimos ou não. Experimentamos uma sensação estranha de tensão; concentramo-nos, "piscamos com esforço" enquanto "tentamos exibir os significados corretos diante de" nossas mentes[14]. No entanto, no curso normal de nossas vidas, não sentimos nenhuma tensão extra ao apontar para a cor de um objeto ou querer dizer algo por palavras; nenhuma concentração especial é necessária.

Sentimos tensão e esforço nos experimentos, não porque querer dizer (*meaning*) e apontar sejam atividades particularmente difíceis, nem porque sejam involuntárias, mas porque não são simplesmente atividades – ou, pelo menos, não no sentido em que estávamos encarando as atividades. Às vezes, o significado, ou a indicação, não é definido por qualquer coisa que façamos ou que aconteça conosco, mas pelas circunstâncias contextuais.

> Há, evidentemente, o que se pode chamar de "vivências características" de apontar, digamos, para a forma. Por exemplo, percorrer o contorno com o dedo ou com o olhar enquanto se aponta. – Mas, assim como *isto* pouco acontece em todos os casos nos quais "tenho em mente a forma", do mesmo modo acontece pouco, nesses casos todos, um outro processo característico qualquer. – Mas, também, se tal processo se repetisse em todos os casos, dependeria das circunstâncias – isto é, daquilo que acontece antes e depois do apontar – se disséssemos "Ele apontou para a forma e não para a cor"[15].

E para alguns casos em que se aponta, simplesmente não haverá experiência característica. Podemos pensar que seguir o contorno com o dedo é uma característica de apontar para a forma, mas "você conhece também uma vivência característica de apontar para a figura [peça] de um jogo como figura [peça] de jogo? E, no entanto, pode-se dizer: 'Eu tenho em mente que esta figura [peça] de jogo se chama 'rei' e não este pedaço de madeira, para o qual aponto!'"[16]

A sensação de tensão e estranheza que experimentamos ao tentar apontar para a cor de um pedaço de papel e, em seguida, para sua forma desaparece, assim que percebemos que essas expressões estão simplesmente fora de seus contextos normais. Estamos nos esforçando para realizar uma determinada ação ou sentir algo quando o que está faltando não é nada que fazemos ou sentimos, mas um conjunto

---

14 Wittgenstein, *Investigações filosóficas*, §§ 510, 33, e p. 233. Nessa última passagem, Wittgenstein se refere às sensações: "Mesmo que isto seja uma comunicação, ele não o aprende a partir de suas sensações." (N. dos T.)

15 Ibid., § 35.

16 Ibid.

específico de circunstâncias. Precisamos perguntar em que contexto a expressão "apontar para a cor" pode normalmente ser usada. Pois, então, como se refere Cavell, imediatamente percebemos que "apontar para a cor" é normalmente usado em circunstâncias em que o próprio objeto não está presente.

> Se olharmos para o modo em que "apontar para a cor do seu carro" é de fato usado, perceberemos que o contexto normalmente será que não apontamos para *aquele* objeto, mas para alguma outra coisa da mesma cor, e cuja cor, portanto, serve como uma *amostra* do original. E assim que colocamos o pedido em seu contexto normal, descobrimos que nada poderia ser mais fácil[17].

O que alguém faz quando "aponta para a cor do seu carro" não requer nenhum tipo de pressão ou esforço mental especial de sua parte, para garantir que ele não esteja apontando, por engano, para seu formato ou para o próprio carro. Apontar para a cor em vez da forma não é uma atividade mental especial, nem é esquisito ou difícil; é simplesmente uma questão de circunstâncias diferentes, um contexto diferente. Portanto, não somos mais tentados a "considerar apontar para algo, ou significá-lo, como se um esforço interior especial fosse requerido [...] ao ver isso, também vemos que, e como, a dificuldade fomos nós mesmos que criamos"[18]. Fizemos com que a atividade parecesse misteriosa por imaginá-la em um contexto inapropriado, ao privar a expressão do contexto normal em que ela está em casa, no qual é usada e aprendida, no qual tem significado. Tal expressão comum "só parece estranha ao se imaginar para ela um jogo de linguagem diferente daquele em que efetivamente a aplicamos [usamos]"[19]. O contexto de uso suplementa e completa o significado de maneiras essenciais, e um contexto inapropriado pode impedir que uma expressão faça sentido, mesmo que saibamos perfeitamente o que as palavras significam – na verdade, só porque sabemos o que as palavras significam.

FAZER SENTIDO

Estamos inclinados a supor que podemos dizer, examinando o caso em particular, se sabemos o significado de uma palavra específica ou se uma expressão ou sentença específica faz sentido em inglês. "*It is raining*" ("Está chovendo") e "*How are you?*" ("Como vai

---

17 CAVELL, *Claim to Rationality*, 91a.

18 Ibid., 91b; comparar com WITTGENSTEIN, Ludwig, *On Certainty*, ANSCOMBE, G. E. M.; VAN WRIGHT, G. H. (eds.), trad. ing. de Denis Paul e G. E. M. Anscombe, New York; Evanston, Harper & Row, 1969. Trad. port.: *Da certeza*, de Maria Elisa Costa, revisão António Fidalgo, Lisboa, Edições 70, 1969, § 622.

19 WITTGENSTEIN, *Investigações filosóficas*, § 195.

você?") fazem todo o sentido; "*to why up red hurry*" ("por que razão vermelha pressa") é um absurdo patente; talvez alguns versos se situem nesse entremeio. E de algum modo tal suposição é correta, mas de outro modo é falsa. Pois ela funciona apenas enquanto consideramos a palavra ou expressão em abstrato, e não em seu uso efetivo (*actual use*). Assim que a imaginamos realmente falada por alguém, não como um exemplo filosófico, o contexto passa a desempenhar um papel essencial para determinar se podemos ou não entender o que foi dito, se o proferimento (*utterance*) faz sentido.

Considere uma expressão perfeitamente clara e familiar como "*all of it*" ("tudo isso")[20], tal qual pode aparecer em uma pergunta como "*Did you* [...] *all of it*?" ("Você [...] tudo isso?") onde o espaço em branco é preenchido por algum verbo. Sabemos o que significa "tudo", sabemos como fazer essas perguntas e como respondê-las; elas fazem todo sentido. Ou será que não? Cavell sugere que imaginemos essa pergunta sendo feita em resposta a cada uma das seguintes afirmações:

> Eu lustrei a mesa. (Você a poliu inteira?)
>
> Eu arranhei a mesa.
>
> Toquei o concerto de Brahms.
>
> Eu toquei violino.
>
> Fumei o cigarro.
>
> Eu comi a maçã.
>
> Eu mordi a maçã.
>
> Eu varri o quarto.
>
> Decorei o quarto.
>
> Entrei no quarto.
>
> Eu desbeicei a xícara.
>
> Eu quebrei a xícara.
>
> Eu deixei cair a xícara.
>
> Eu reparei no envelope.
>
> Eu olhei para o envelope[21].

---

20 *All of it* pode ser traduzida para o português com variações quanto à desinência de gênero – tudo isso, toda, todo, inteiro, inteira, e com variações coloquiais que podem omitir o pronome, ficando apenas – tudo, toda, todo. (N. dos T.)

21 Cavell, *Claim to Rationality*, 240. Original em inglês: *I polished the table. (Did you polish all of it?) / I scratched the table. / I played the Brahms concerto. /I played the violin. // I smoked the cigarette. // I ate the apple. / I bit the apple. // I swept out the room. / I decorated the room. / I entered the room. // I nicked the cup. / I broke the cup. / I dropped the cup. // I noticed the envelope./ I glanced at the envelope.* (N. dos T.)

Para alguns desses casos, a pergunta "Tudo isso?" faz sentido; para outros, parece não fazer sentido algum; para outros, ainda, pode-se dizer que seu sentido não é nem perfeitamente claro nem totalmente obscuro. Sobre estes, Cavell observa que eles "têm" ou "fazem" *algum* sentido.

É fácil escolher os casos bem definidos. A pergunta "Tudo isso?" faz muito sentido, por exemplo, quando questionado se "Eu poli a mesa", "Toquei o concerto de Brahms", "Fumei o cigarro", "Comi a maçã". Não faz sentido aparente quando questionado sobre "entrei na sala", "acertei o objetivo", "reparei no envelope". Mas Cavell mostra que existem casos limítrofes.

> O que pode significar perguntar se você tocou todo o violino, ou o quanto da mesa você arranhou, ou se você deixou cair a xícara inteira? Mas pode haver algum sentido nessas questões. Fazer nossas perguntas sobre o violino pode ser explicado como perguntar se você tocou as escalas cromáticas a cada posição do arco até o topo do braço do violino, ou pode ser perguntar se você usou posições mais altas onde elas aumentariam o tom ou tornariam o fraseado mais suave; sobre arranhar a mesa, eles poderiam sugerir que havia um propósito em arranhá-la – digamos, determinar de que cor ela fora pintada originalmente; perguntar se você derrubou a xícara inteira faria sentido se, digamos, a xícara em questão fosse um adereço de mágica composto de duas metades, uma das quais, quando um voluntário da plateia é convidado a beber, cai ao se tocar a xícara[22].

Mesmo em contextos em que a pergunta parece não ter um sentido claro, o sentido às vezes pode ser esclarecido por explicações apropriadas; e, inversamente, mesmo nos contextos em que o sentido parece claro, podemos, no entanto, nos surpreender ao descobrir que esse sentido claro não é o que ou quem fez a pergunta quis dizer, afinal. Defender ou mostrar o sentido do que você diz é uma questão de fazer conexões; às vezes, o falante pode fazer isso de maneiras aceitáveis, às vezes, não.

Há casos em que o sentido não aparece à primeira vista, mas em que é possível demonstrá-lo, uma vez que se apresente um contexto apropriado. "Fazer algum sentido" parece significar "claramente fazer sentido em algum contexto". Mas isso é tudo o que "*claramente* fazer sentido" pode significar, pois certamente não pode significar "claramente fazer sentido em *todos* os contextos". Então, qual é a diferença entre fazer algum sentido e claramente fazer sentido? Nos casos que claramente fazem sentido, o contexto, a aplicação parecem imediatamente óbvios; nos exemplos

---
22 Ibid., 241.

que fazem apenas algum sentido, há que fazer um certo esforço para encontrar o contexto ou a aplicação. Ou talvez devêssemos dizer que eles têm que ser inventados. No entanto, não serve qualquer invenção; o contexto ou aplicação deve ser reconhecível como um uso normal e totalmente natural. Cavell tenta explicar isso contrastando a maneira como se pode entender, digamos, "Você tocou o violino todo?" com um exemplo wittgensteiniano de uma expressão cuja "gramática precisa ser explicada": "A rosa tem dentes na boca do animal". Como uma possível explicação para essa expressão, Wittgenstein propõe: "A vaca mastiga sua forragem, e depois seu esterco vai adubar a rosa", de modo que os dentes da rosa estão na mandíbula da vaca[23]. Mas, claro, esta é apenas uma dentre as muitas explicações possíveis e "perfeitamente boas" para a frase, "porque não se sabe de antemão onde se deveria procurar dentes na rosa"[24]. A partir de expressões como "Você tocou todo o violino?" que, segundo Cavell, "tem algum sentido – por assim dizer, um sentido que é preciso *complementar* (*completion*) –, sentimos que há um contexto *certo* para seu uso, e que 'descobrir' sua aplicação é uma questão de chegar a *esse* contexto"[25]. Com tais expressões, "não temos a mesma liberdade" do que com "A rosa tem dentes". É como se precisássemos apenas exercitar a capacidade de projeção da qual depende a linguagem como um todo. Temos liberdade, mas também estamos sujeitos à mesma exigência de qualquer projeção, que sua adequação seja feita em termos de "convite à projeção" pelo contexto; temos que mostrar *como* o próximo contexto é uma instância desse antigo conceito[26].

E às vezes isso acabará por não ser possível.

Se eu perguntar "Você comeu toda a maçã?" e você responder categoricamente, "Sim", então qual será sua resposta se eu me aproximar e disser: "Mas você não comeu tudo; você vai deixar desperdiçar o miolo, o caule e as sementes?" É possível que você aceite isso. Talvez essa seja minha forma de vida com maçãs; eu "como maçãs" dessa forma e isso não é tão bizarro, mas você pode estar disposto a aceitar minha versão de "comer a maçã inteira" e ajustar a sua a ela, admitindo, "Eu comi tudo, exceto o miolo". Mas essa tolerância tem seus limites. Se em outra ocasião alguém objetar, "Mas você não fumou todo o cigarro, você desperdiçou todo o filtro", então mesmo que ele costume fumar o filtro até não haver mais cinza, e

---

23 W<small>ITTGENSTEIN</small>, *Investigações filosóficas*, 222.
24 Ibid. e nos *Blue and Brown Books*, 10.
25 C<small>AVELL</small>, *Claim to Rationality*, 243.
26 Ibid.

dê numa baforada a última tragada, não é provável que admita sua versão de "fumar o cigarro inteiro" e concilie a versão dele e a nossa dessa atividade, dizendo: "Bem, fumei tudo menos o filtro": sua maneira de "fumar" é bizarra demais; não se pode falar com todos sobre tudo. Se alguém se opõe à nossa alegação de ter decorado toda a sala com o fundamento de que deixamos espaços entre os enfeites ou deixamos de colocar um objeto em qualquer lugar que caberia (fisicamente), poderíamos sentir: "Você tem um conceito de 'decoração' muito diferente do que eu tenho" ou mesmo, "Você não sabe o que é decoração". Você não pode compartilhar cada prazer com todo mundo. Se alguém disser que não tocamos todo o concerto de Brahms, alegando que tocamos apenas a parte do violino, provavelmente não sentiremos por um momento que ele tenha um conceito diferente de "tocar um concerto", mas simplesmente que ele não tem nenhum conceito do que seja tal coisa[27].

O que é aceitável é uma questão de quão bizarro consideramos a explicação, se podemos ou não ser levados a ver a intenção, o propósito prático da pergunta, feita dessa maneira. Embora às vezes,

> a pergunta "Tudo?" faça *algum* sentido, talvez o suficiente para o propósito em questão, e talvez represente a única, ou a melhor maneira de descobrir o que você quer saber, quando for perguntado sobre "Eu quebrei a xícara" ou "Eu arranhei a mesa". Isto é, *pode* ser útil perguntar se você quebrou *toda* a xícara: por exemplo, se de um lado há um monograma de ouro que você desejaria preservar, se possível[28].

Nesse caso, podemos ver novamente o que o interlocutor quis dizer com a sua pergunta: "Ele possui conceitos, nossos conceitos, de 'quebrar algo' e de 'quebrar algo por inteiro', e ele mostrou *como* o conceito se projeta neste contexto de uma forma que todos conseguimos entender"[29]. Mas qual seria seu ponto ao perguntar se quebramos todo o copo se o que ele acabou por significar fosse "que pode haver *algum fragmento ou outro* que poderia ter sido quebrado em fragmentos menores? Ouvir 'Mas você não o quebrou todo; aqui está uma parte (fragmento) que não está quebrada' pode nos parecer uma piada", e esse pode ser o seu objetivo ao dizê-lo, também[30].

---

27 Ibid., 243-244.
28 Ibid., 244.
29 Ibid., 245.
30 Ibid., 244-245.

O significado da expressão "tudo isso" ("*all of it*"), se por um lado é bastante constante, por outro difere em cada contexto, a depender da intenção (*point*) do falante ao dizê-lo. Assim, podemos dizer "toquei todo o violino; *tenho em mente* (*quero dizer*), toquei escalas cromáticas em cada corda até o topo da escala", ou "toquei todo o violino; *quer dizer*, usei posições mais altas onde elas teriam melhorado o tom ou feito o fraseado mais suave". Não é fácil encontrar uma maneira satisfatória de expressar essa dualidade, como o significado permanece fixo e ao mesmo tempo flutua com o ponto de vista do falante; independe e depende do contexto.

Uma razão pela qual temos problemas aqui é relativamente acessível: nossa terminologia de significado, intenção e assim por diante funciona de forma diferente com respeito a palavras isoladas do que no que diz respeito às frases, e ficamos emaranhados em nosso próprio vocabulário[31]. Podemos falar de "significado" em conexão com palavras e frases, mas o significado de uma palavra não é o mesmo que o significado em relação a uma frase. O significado de uma palavra é algo como sua definição no dicionário, um sinônimo ou expressão sinônima que pode substituí-la. As frases não têm significados neste sentido; não há dicionários de frases. Quando perguntamos sobre o significado em conexão com uma frase (a menos que seja uma frase curta em uma língua estrangeira), geralmente perguntamos não o que a frase significa, mas o que algum falante quer dizer ao dizê-la. A resposta será uma reafirmação de seu pensamento, válida apenas para aquele contexto particular e outros semelhantes, não uma definição geralmente válida. ("Posso andar; quero dizer, tenho tempo"; "Posso andar; quero dizer, agora estou forte o suficiente.") Mas, embora as frases não tenham significados, elas têm, ou fazem, *sentido*. As palavras não fazem sentido, embora possam ter, ou ser usadas em, vários sentidos.

Mas as dificuldades terminológicas não são as únicas ao tentarmos entender que parte do significado ou sentido permanece fixa e qual varia com o contexto. Evidentemente, a diferença é semelhante à que há entre o significado de uma palavra e seu uso, ou entre aprender uma nova palavra em um jogo de linguagem já conhecido e aprender um novo jogo de linguagem. O significado, ou o que quer que permaneça fixo independentemente do contexto, não é de forma alguma tudo o que é regular ou regulamentado numa língua, nem tudo o que aprendemos quando aprendemos uma língua. Além do significado ou sentido, há algo mais que faz uma expressão como "tudo isso" soar específica em alguns contextos e perder todo

---

31 A discussão nesse parágrafo está baseada em Ziff, Paul, *Semantic Analysis,* Ithaca, Cornell University Press, 1960, 149-151; e Ryle, Gilbert, *Ordinary Language*, in: Chappell, V. C. (ed.), *Ordinary Language*, Englewood Cliffs, Prentice-Hall, 1964.

o sentido em outros. Há algo que faz "apontar para a cor" de um objeto parecer difícil. Há algo que caracteriza certas situações como sendo tais que uma explosão "seja esperada". Essas regularidades na língua são chamadas por Wittgenstein de "gramática", e elas vão muito além do elemento de significado ou sentido que permanece fixo, independentemente do contexto. A gramática é o que uma criança aprende por meio da experiência e do treinamento, não da explicação; é o que todos nós sabemos, mas não sabemos dizer. A gramática inclui todos os padrões, regularidades ou regras da língua, permitindo novas projeções e ainda controlando quais projeções serão aceitáveis. (Obviamente, a noção é bem diferente do que normalmente chamamos de "gramática", que é aprendida na escola. Discutiremos isso no próximo capítulo.)

Os filósofos contemporâneos geralmente distinguem aqui entre semântica, sintática e pragmática. A semântica é um equivalente próximo ao significado das palavras; a sintaxe é o elemento adicional de significância dado pela ordem das palavras. Assim, "o homem mordeu o cachorro" significa algo diferente de "o cachorro mordeu o homem", por causa da forma como as palavras são organizadas. "Pragmática", tal como o termo é geralmente usado, lida com as circunstâncias do uso de uma palavra ou expressão na fala. Diz respeito à "origem, usos e efeitos dos signos no contexto do comportamento em que ocorrem"[32]. Às vezes, a semântica e a sintática são agrupadas sob o mesmo termo "semântica" e contrastadas com a pragmática.

Esse contraste pode parecer, a princípio, corresponder à diferença que estamos tentando esclarecer, sendo a semântica (incluindo a sintaxe) o que permanece fixo, independentemente do contexto, e a pragmática o que varia. Mas essa maneira de colocar o problema provavelmente reforçará a suposição que estamos tentando contestar nesta discussão: a de que o significado é totalmente separável do contexto. A discussão da pragmática e da semântica por filósofos contemporâneos difere, sob vários aspectos cruciais, do tratamento dado por Wittgenstein a esses assuntos. Benson Mates é um porta-voz bastante representativo da abordagem não wittgensteiniana aqui. Ele diz, ao criticar a filosofia da linguagem ordinária:

> Todos nós já ouvimos a trivial platitude de que "não se pode separar" o significado de uma palavra de todo o contexto em que ocorre, incluindo não apenas o contexto linguístico real, mas também os objetivos, sentimentos, crenças e esperanças do falante, o mesmo para o ouvinte e quaisquer espectadores, a situação social,

---

[32] MORRIS, Charles, *Signs, Language and Behavior*, New York, George Braziller, 1955, 219.

o ambiente físico, o contexto histórico, as regras do jogo e assim por diante, *ad infinitum*. Não há dúvida de que há alguma verdade nisso, mas não consigo ver como isso ajuda a iniciar uma investigação empírica da linguagem. No mínimo, clivagens provisórias do tema devem ser feitas em algum lugar[33].

Mates sugere que, como uma clivagem provisória, "há muito a ser dito sobre" a distinção entre semântica e pragmática. E ele identifica que o trabalho de filósofos da linguagem ordinária é falho, porque muitos dos fatores comuns que eles encontram "entre os casos em que uma expressão é empregada pertencem mais à pragmática da expressão do que à sua semântica". Fatores que "pertencem à categoria da pragmática da expressão [...] devem ser evitados ao se 'extrair' ou 'ver' o significado"[34].

Mates, então, de maneira bastante característica, considera a pragmática de uma expressão, seu uso na fala, como sendo subjetiva e infinitamente complexa e, portanto, totalmente inadequada para qualquer estudo sistemático. Tudo e qualquer coisa podem ser relevantes para o uso de uma expressão, dependendo dos sentimentos subjetivos e motivações de falantes e ouvintes. Wittgenstein, ao contrário, mostra que o uso de uma expressão é tão profundo e rigorosamente controlado quanto sua semântica, sua sintaxe ou sua inflexão. Certamente, nem o significado nem o uso são "circunscritos em todos os lugares por regras", e todas as regras exigem interpretação e aplicação. Mas tanto o significado quanto o uso devem ser e são aprendidos pela criança a partir dos casos, precisamente com base naquela confusão aparentemente infinita e variável de experiências que Mates rejeita como incontroláveis. A pragmática é tão governada por regras quanto a semântica, e da mesma maneira que ela.

É por isso que, além de tudo o que nossas palavras e sua combinação sintática em um proferimento (*utterance*) podem significar, o nosso dizê-las tem outras implicações. Como essas implicações não fazem parte do significado das palavras e não podem ser estritamente deduzidas delas, o lógico não quer ter nada a ver com elas; parecem-lhe arbitrárias, subjetivas, infinitamente complexas. No entanto, elas são tão reguladas e sistemáticas quanto qualquer outro aspecto de nossa língua natural.

---

33 MATES, Benson, On the Verification of Statements, in: CHAPPELL, op. cit., 71.
34 Ibid., 72.

O uso concreto da linguagem comporta "implicações" que, é claro, não são dedutivas, mas que, no entanto, são totalmente controladas em nosso entendimento mútuo: não há razão na lógica [...] porque, se você diz, "Agora estou te ouvindo", você "deve" estar sugerindo que antes desse momento havia algo específico impedindo que você me ouvisse (e não que, visto que ouvir é um processo fisiológico ou causal que sempre ocorre no momento presente, em um *agora*, tanto faz você dizer "estou te ouvindo" quanto "estou te ouvindo agora")[35].

Não é em todos os contextos que posso dizer, de maneira significativa, "Agora estou ouvindo você" ou perguntar "Você [...] tudo isso?" Não é em todos os contextos que uma expressão perfeitamente comum e significativa fará sentido. Wittgenstein imagina alguém dizendo: "Quero chegar em casa custe o que custar", e então comenta: "Porém, se não há dificuldade, *posso* pretender, neste caso, chegar a essa casa custe o que custar?"[36] Dizer "custe o que custar" tem implicações, e somente onde essas implicações são apropriadas a expressão faz sentido.

Austin faz uma afirmação semelhante ao discutir o que ele chama de "economia natural da linguagem". Examinamos anteriormente sua demonstração de que não se pode classificar toda e qualquer ação como voluntária ou involuntária. Não apenas as palavras "voluntário" e "involuntário" estão confinadas a classes de verbos diferentes e muito restritas como também "na grande maioria dos casos de uso da grande maioria dos verbos", nenhuma expressão modificadora é apropriada. "Para o caso *padrão* coberto por qualquer verbo normal [...] nenhuma expressão modificadora é necessária ou permitida". O modificador é adequado

> apenas se fizermos a ação nomeada de alguma maneira ou em circunstâncias *específicas*, diferentes daquelas em que tal ato é feito naturalmente [...] É hora de dormir, estou sozinho, bocejo: mas não bocejo de modo involuntário (nem voluntário!), tampouco deliberado. Bocejar dessa maneira específica não é apenas bocejar[37].

Não é em todos os contextos que uma ação pode ser realizada voluntariamente, que faz sentido chamar uma ação de "voluntária".

---

35 CAVELL, *Claim to Rationality*, 272.
36 WITTGENSTEIN, *Investigações filosóficas*, § 623.
37 AUSTIN, J. L., *Philosophical Papers*, Oxford, Clarendon Press, 1961, 137-138.

É um fato da maior importância que não dizemos constantemente tudo o que se poderia dizer. Não falamos o tempo todo, não fazemos proferimentos a respeito de tudo o que é verdade, ou tudo o que sabemos, ou tudo o que pensamos. Como consequência, quando falamos, essa ação em si tem significado; o contexto em que falamos e nosso ato de falar têm implicações para o significado e o sentido do que é dito[38]. Dizer algo é uma ação com implicações que vão além das implicações do que é dito literalmente, do significado abstrato que o proferimento teria se ninguém o dissesse. Assim, se no andamento comum dos eventos, alguém perguntar a você se você se veste da maneira que se veste, voluntariamente, então, como aponta Cavell,

> você não vai entender que ele esteja curioso meramente sobre seus processos psicológicos (se o usar [aquelas roupas] "procede da livre escolha [...]"); você vai entender que ele está insinuando ou sugerindo que sua maneira de vestir é de alguma forma estranha. Se for respondido a isso que "voluntário" não *significa* (*mean*) "peculiar" (nem "especial" nem "suspeito") e, portanto, que a insinuação ou sugestão é mera parte da pragmática da expressão, não parte de seu *significado* (semântica), minha réplica é esta: essa resposta é relevante para uma questão diferente da que está sendo afirmada aqui; só cabe levantá-la *aqui* se você for capaz de explicar a *relação* entre a pragmática e a semântica da expressão[39].

Embora essa relação claramente não seja de simples implicação lógica ("voluntário" não significa ou implica "estranho"), é, no entanto, objetivamente obrigatória na gramática da língua. O homem não perguntaria se eu me vestia assim voluntariamente a menos que achasse que minha maneira de vestir é de alguma forma estranha. "Chame-se essa insinuação do proferimento de 'pragmática'; mas

---

38 Stephen Toulmin afirma que a linguagem não consiste em "proposições atemporais, mas de proferimentos que dependem de todas as maneiras do contexto ou da ocasião em que são proferidos. As afirmações (*statements*) são feitas em situações específicas, e a interpretação a ser dada a elas está ligada à sua relação com essas situações: elas são, a esse respeito, como fogos de artifício, sinais ou luzes muito fortes." TOULMIN, *The Uses of Argument*, London; New York, Cambridge University Press, 1958, 180. Toulmin aponta que a lógica medieval lidava com proferimentos dependentes do contexto em vez de proposições atemporais, e especula que a mudança pode ter ocorrido após a introdução da impressão e da alfabetização generalizada: "em um mundo amplamente pré-alfabetizado, o caráter transitório qual fogos de artifício de nossos proferimentos permaneceria esmagadoramente óbvio. A concepção da proposição cuja duração é maior do que o momento de seu proferimento – como uma estátua que permanece inalterada após a morte do escultor que a moldou – se tornaria plausível somente depois que a palavra registrada em caráter pemanente passasse a desempenhar um papel muito maior na vida dos homens especulativos" (p. 181). Mas Toulmin admite que a causa mais provável da mudança é o deslocamento de interesse do pensamento aristotélico para o platônico no final da Idade Média.

39 CAVELL, *Must We Mean What...*, 9.

o fato é que ele não diria (não poderia) dizer o que disse sem dar a entender o que deu a entender: ele NECESSARIAMENTE QUER DIZER (*MUST MEAN*) que minhas roupas são estranhas"[40]. Embora "voluntário" não signifique nem insinue "estranho", sua pergunta, nessas circunstâncias, "Você se veste assim voluntariamente?" tem implicações. "*Aprender quais são essas implicações faz parte da aquisição da linguagem*, não menos do que aprender sua sintaxe, ou aprender a que os termos se aplicam: elas são uma parte essencial do que comunicamos quando falamos."[41]

Esse, então, é um aspecto em que o tratamento wittgensteiniano do significado e uso difere radicalmente da distinção contemporânea usual entre semântica e pragmática. Uma segunda diferença intimamente relacionada diz respeito à relação entre esses dois aspectos da linguagem. Mates, de modo claro e característico, considera a semântica como totalmente independente da pragmática, de modo que se pode limitar o estudo à primeira e evitar o pântano infinito da última. Assim, o significado de uma palavra ou expressão é essencialmente autocontido e fixo, não importa como ou onde essa palavra ou expressão seja usada. Mas Wittgenstein argumenta que o significado e o uso estão intimamente relacionados, porque o uso ajuda a determinar o significado[42]. O significado é aprendido e moldado nos exemplos de uso; portanto, tanto seu aprendizado quanto sua configuração dependem da pragmática. Pode-se considerar a sinalização de aspectos performativos de "eu prometo" como parte de sua pragmática, mas eles contribuem para a semântica, o significado de "promessa" tanto quanto "ele prometeu", ou "eles podem prometer" ou "isso é uma promessa". O significado semântico é composto de casos de uso de uma palavra, incluindo todos os muitos e variados jogos de linguagem que são jogados com ela; portanto, o significado é em grande parte produto da pragmática.

Frequentemente, acredita-se que Wittgenstein tenha ensinado que significado e uso são idênticos. Mas uma leitura cuidadosa mostra que esta não é uma interpretação correta; ele considera o significado e o uso em separado, mas intimamente relacionados e interdependentes. "Dizemos que 'o comportamento flui do caráter' e é assim que o uso flui do significado."[43] Como o caráter de um homem permanece

---

40 Ibid.

41 Ibid., 11-12.

42 Comparar com APEL, Karl-Otto, *Analytic Philosophy of Language and the Geisteswissenschaften,* Dordrecht, D. Reidel, 1967, 40-41.

43 WITTGENSTEIN, Ludwig, *Remarks on the Foundations of Mathematics,* VON WRIGHT, G. H.; RHEES, R.; ANSCOMBE, G. E. M. (eds.), trad. alem./ing. de G. E. M. Anscombe, Oxford, Basil Blackwell, 1964, 7. Comparar com *Investigações filosóficas,* §§ 30, 43, 138, 197, 556, 551, 561; *Da certeza,* § 64; e WAISMANN, Friedrich, *Wittgenstein und der Wiener Kreis,* MCGUINESS, B. F. (ed.), London, Basil Blackwell, 1967, 167.

relativamente fixo e se manifesta em suas ações, também o significado é o elemento relativamente fixo que perpassa os muitos usos de uma palavra. Mas o caráter de um homem também é moldado por suas ações, e lemos seu caráter pelo que ele faz. Assim também, o significado é gradualmente moldado pelo uso e pode ser aprendido com o uso. "Deixe o uso *ensinar* a você o significado."[44]

Essas passagens indicam claramente que uso e significado não são idênticos para Wittgenstein. Se às vezes ele parece escrever como se assim fosse, isso se deve em parte a problemas de tradução, mas também porque está escrevendo especificamente para alguém que está com perplexidades conceituais (*conceptual puzzlement*)[45]. Essa pessoa sentirá que o que ela precisa é de significado – da essência de um conceito enigmático; o que ela de fato precisa é de uma ideia geral do uso da palavra. Assim, o cerne da mensagem de Wittgenstein, dirigida a tal pessoa, é realmente: "Não *pergunte pelo* significado; *pergunte pelo* uso"[46]. Mas, nesse caso, a preferência de filósofos como Mates por "uma investigação empírica da linguagem" que "evite" a pragmática parece de todo equivocada, uma garantia segura de que o estudo resultante permanecerá irrelevante para as perplexidades conceituais (que estão centralmente relacionados à filosofia). Essa é a terceira, e mais significativa, maneira pela qual a discussão de Wittgenstein sobre significado e uso difere da distinção filosófica contemporânea entre semântica e pragmática. Para Wittgenstein, é a pragmática de uma expressão sobre a qual provavelmente ficaremos confusos e da qual precisamos ser lembrados.

PERPLEXIDADES CONCEITUAIS

Vamos usar um exemplo para nos ajudar a resumir o que foi dito até agora sobre significado e conceitos; e assim abordar a discussão de Wittgenstein sobre as perplexidades e os paradoxos conceituais. Elaboramos três teses principais: que as palavras não são, ou não são meramente nomes (*labels*), mas frequentemente sinais (*signals*); que a linguagem é aprendida a partir de exemplos de uso e, consequentemente, o significado é composto a partir de exemplos de uso; e que o significado depende do

---

44 WITTGENSTEIN, *Investigações filosóficas*, 212; comparar com p. 220.

45 Na passagem mais comumente citada, ibid., § 43, a tradução de Anscombe diz que a palavra "significado" pode ser definida pela doutrina de que o significado é o uso. O alemão original traz *erklären*, que a palavra pode ser *explicada* por aquela doutrina.

46 Citado em RYLE, Gilbert, *Theory of Meaning*, in: CATON, C. E. (ed.), *Philosophy and Ordinary Language*, Urbana, University of Illinois Press, 1963, 143; grifo meu. Comparar com WISDOM, John, Ludwig Wittgenstein, 1934-1937, in: FANN, (ed.), *Ludwig Wittgenstein*, New York, Dell, 1967, 46.

contexto, que significado e sentido precisam ser complementados pelo contexto. Essas três teses implicam ainda uma conclusão simples, mas notavelmente importante: os vários casos a partir dos quais o significado de uma palavra é composto não precisam ser mutuamente coerentes; é possível – talvez inevitável – que tenham implicações contraditórias. Essas implicações incoerentes ou contraditórias que dão origem às perplexidades e aos paradoxos conceituais.

Exemplifiquemos com um conceito que tem sido, de fato, uma preocupação filosófica central, o conceito de conhecimento. Pelo menos desde Sócrates, os filósofos têm se interessado pela natureza do conhecimento verdadeiro, como ele pode ser distinguido da mera opinião ou crença. (Claro, a preocupação de Sócrates não era pelo conhecimento, mas pela *episteme*, mas devemos adiar o significado dessa complicação.) Em vários diálogos, o Sócrates platônico estabelece gradualmente uma série de critérios pelos quais distingue o conhecimento verdadeiro[47]. Ele é eterno e deve permanecer e existir sempre; está mais firmemente fixado na mente do que na opinião; é suscitado pelo ensino mais do que pela persuasão ou pela propaganda; é capaz de "dar conta de si mesmo" – isto é, o homem que sabe pode explicar; e, finalmente, o conhecimento tem que ser verdadeiro.

Estaremos ocupados apenas com o último critério, um critério que foi notado por muitos filósofos subsequentes, e que lhes causou perplexidade[48]. O conhecimento é necessariamente verdadeiro; uma falsidade nunca pode fazer parte do conhecimento; alguém que sabe que não pode estar errado. É claro que as falsidades costumam ser confundidas com conhecimento, e alguém que afirma saber pode estar errado. Mas isso não torna as falsidades conhecimento. Se afirmamos saber algo – digamos, que Napoleão nasceu em 1765 – e subsequentemente descobre-se que Napoleão nasceu de fato em 1769, então dizemos em retrospecto: "Não sabíamos quando Napoleão tinha nascido. Afirmávamos que sabíamos. Pensávamos que sabíamos; mas não sabíamos." Para uma proposição realmente ser qualificada como

---

47 PLATÃO, *Diálogos de Platão,* trad. bras. de Carlos Alberto Nunes, Belém, Ed. UFPA, 13 volumes, ³2000. Ver *República,* V. 474B-480 (Volume 6-7); *Crátilo,* 440 (Volume 9); *Mênon,* 91 (Volume 1-2); *Górgias,* 454 (Volume 3-4); *Timeu,* 28 (Volume 11); *Teeteto,* 202 (Volume 9). (N. dos T.)

48 Por exemplo, Thomas Hobbes: "Há duas coisas necessariamente implícitas nesta palavra conhecimento; uma é a verdade, a outra evidência; pois o que não é verdadeiro nunca pode ser conhecido. Pois se um homem disser que sabe de uma coisa com absoluta certeza, se a mesma depois se revelar falsa, ele será obrigado a confessar que não era conhecimento, mas opinião." HOBBES, *Elements of Law,* I, 6, 2.

conhecimento, não é possível que ela venha a se revelar falsa. Esse não é o único requisito, mas é um requisito[49].

Essa descoberta conduz facilmente a um caminho epistemológico semelhante ao seguinte: uma vez que o conhecimento tem que ser verdadeiro, para que qualquer coisa seja realmente conhecimento, ela nunca deve, por toda a eternidade, subsequentemente revelar-se falsa. Contudo, se considerados os tipos de coisas que normalmente encontramos em nossas vidas humanas, na Terra, não podemos ter certeza absoluta de que algo nunca será falso por toda a eternidade. Na verdade, podemos ter quase certeza de que algo do que agora pensamos saber mais tarde fatalmente *há* de se revelar falso. Portanto, a rigor, não devemos alegar "saber" nenhuma das coisas que normalmente afirmamos saber. Devíamos apenas ter dito que *acreditávamos* que Napoleão nasceu em 1765. Pois, se alguém diz que acredita que Napoleão nasceu em 1765 e subsequentemente se descobre que a data correta é 1769, não dizemos em retrospecto o que diríamos sobre uma alegação de conhecimento. Não dizemos: "Ele pensava que acreditava que Napoleão havia nascido em 1765, mas não acreditava realmente nisso." Continuamos a afirmar que ele acreditava nisso, embora possamos acrescentar "mas ele se enganou" ou "mas essa crença terminou se revelando falsa". Crenças falsas existem, mas não existe um conhecimento falso. Portanto, parece que sobre as coisas humanas comuns, falíveis, não devemos, estritamente falando, reivindicar conhecimento, mas, no máximo, uma crença.

Na filosofia, várias escolas de pensamento epistemológicas e metafísicas divergem a esse respeito. Algumas afirmam que não existe conhecimento, na verdade. Outras argumentam que, na verdade, só podemos conhecer nossas próprias sensações, ou apenas verdades tautológicas, ou apenas Formas transcendentes. Não precisamos nos preocupar mais com eles aqui. A pergunta inicial: "O conhecimento deve ser infalivelmente verdadeiro?" e o *insight*, inicial: "Se você sabe, não pode estar errado, então, na verdade, não devemos alegar que sabemos [...]" – são eles que nos interessam. Pois esses são *insights* conceituais, perplexidades conceituais. Não é preciso ser filósofo para descobri-los; qualquer um que especule abstratamente sobre o conhecimento pode se deparar com eles.

Agora, examinemos uma maneira possível de responder a essas "descobertas", referindo-se ao nosso uso comum. Pode-se dizer: as situações humanas, falíveis, comuns,

---

49 A questão é apresentada por WITTGENSTEIN, *Da certeza*, §§ 42, 90, 367; CHISHOLM, R. M., *Perceiving*, Ithaca, Cornell University Press, 1957, 16; RYLE, *Concept of Mind*, 152; MALCOLM, Norman, *Knowledge and Certainty*, Englewood Cliffs, Prentice-Hall, 1963, 60; e AUSTIN, *Philosophical Papers*, 65 e ss. Requisitos adicionais, como Austin e Wittgenstein apontam, incluem "estar em posição de saber".

em que geralmente afirmamos saber as coisas, são precisamente o tipo de situação na qual cada um de nós, ao crescer, aprendeu a palavra "conhecimento". Elas são o que aprendemos a chamar de "conhecimento". São paradigmáticas para o conceito; elas o definem. De onde terá vindo esse outro conceito, mais estrito, de como o conhecimento "deve" ser para ser qualificado como conhecimento? O que faz o filósofo pensar com sua "descoberta" que o que ele chama de "conhecimento" é de alguma forma mais verdadeiro conhecimento do que o que o resto de nós chama de "conhecimento"? As ocasiões comuns e falíveis em que afirmamos saber as coisas definem o que é o conhecimento, de modo que não podem, em geral, deixar de ser conhecimento.

Espera-se que o leitor seja capaz de perceber certo poder na lógica tanto da "descoberta" inicial quanto da resposta. Juntas, elas constituem um paradoxo conceitual, os dois lados de uma disputa aparentemente interminável e insolúvel. A resposta é do tipo que caracterizamos anteriormente como uma vulgarização da filosofia da linguagem ordinária: ela tenta refutar um *insight* conceitual, uma posição filosófica, com evidências da linguagem ordinária. Mas a "descoberta" não pode ser refutada dessa maneira, pois é claro que todos nós sabemos muito bem que a "descoberta" entra em conflito com o uso comum. É por isso que concluímos imediatamente que "de fato, estritamente falando", não devemos falar como fazemos normalmente.

O que é útil aqui é levar a sério a pergunta feita ironicamente na refutação: De onde *vem* a ideia "mais estrita" de conhecimento, com base na qual nossas alegações de conhecimento costumeiras parecem inadequadas? A resposta óbvia, mas surpreendente, é que esta também vem do uso comum. Vem de fatos de uso comum como o que citamos ao apresentá-la: o fato de que, quando o que uma pessoa afirma saber acaba se revelando falso, concluímos que ela não sabia. A noção "mais estrita" de conhecimento envolvida na "descoberta" deriva do uso comum com tanta certeza quanto a noção "mais comum" que busca refutá-la. Mas elas derivam de partes diferentes, aspectos diferentes de nosso uso comum do conceito de "conhecimento". Nossos modos comuns de operar com essa família de palavras apenas incluem esses dois fatos, por mais contraditórios que possam parecer: que afirmamos saber apenas (ou principalmente?) em situações humanas falíveis, mas que dizemos em retrospecto que uma pessoa não sabia se o que ela disse se revelou falso. O conceito de conhecimento é composto tanto do que estamos afirmando ao alegarmos que sabemos algo como de quando temos permissão de fazer tais alegações, e isso é o que se espera de nós. É tentador dizer que os fatos são contraditórios, mas isso é um absurdo. Os fatos são como são. A contradição surge apenas quando tentamos derivar uma resposta geral e abstrata para a questão de se o conhecimento deve ser infalivelmente verdadeiro. A gramática das palavras nos tensiona inexoravelmente em direções opostas aqui. É perfeitamente possível formular algumas generalizações coerentes sobre o conceito de "conhecimento", por exemplo, uma definição do dicionário. Mas para outras questões gerais sobre ele, nenhuma resposta coerente é possível.

Enquanto acreditarmos que uma palavra como "conhecimento" deve ser um nome para alguns ([algumas] classes de) fenômenos, seremos impedidos de ver a dualidade de sua gramática. Pois, é claro, os fenômenos no mundo não devem ter características contraditórias, ser X e não X ao mesmo tempo. Mas assim que mudamos nossa atenção do substantivo para o verbo e começamos a pensar nele como um sinal em vez de um nome, a dificuldade deixa de ser um obstáculo, mas se torna acessível à investigação. Estabelecemos: Sim, isso *e* isso é o que dizemos, o que fazemos. E esse reconhecimento pode gerar uma nova perspectiva da natureza do conhecimento.

Austin observou que dizer que se sabe algo assemelha-se mais a prometer algo do que se poderia supor. O verbo "saber" não é um performativo; dizer "eu sei" não constitui conhecimento. Mas é semiperformativo. Quando afirmamos saber, não estamos apenas descrevendo nosso estado de espírito; também estamos assumindo um certo tipo de compromisso. Dizer que temos certeza pode descrever nosso estado de espírito, mas dizer que sabemos faz mais do que isso, faz algo diferente. Significa emitir certo tipo de garantia, assumir certo tipo de responsabilidade pela verdade do que afirmamos saber. O conhecimento não é uma versão mais forte de uma crença, diz Austin, não mais do que prometer seja

> algo superior, na mesma escala que esperar e pretender, até mesmo a mais simples intenção plena: pois não *há* nada nessa escala superior a pretender plenamente. Quando digo "eu sei", *dou aos outros minha palavra; dou aos outros minha autoridade ao dizer* que [o que afirmei saber é verdade]. Se digo apenas que estou certo de algo, e revela-se que eu estava enganado, os outros não me criticam tal como me criticariam se eu tivesse dito "eu sei". Se estou certo de algo, é apenas da minha parte, você pode pegar ou largar: aceite, se você acha que sou uma pessoa perspicaz e cuidadosa, é sua responsabilidade. Mas não sei algo apenas "da minha parte"; e quando digo "eu sei", não quero dizer que você pode pegar ou largar (embora, claro, você *possa* pegar ou largar)[50].

---

50 Austin, *Philosophical Papers*, 67-68.

O que nos impressiona quando fazemos a "descoberta" conceitual de que se você sabe você não pode estar errado, é a disparidade aparente entre o parecer oferecer quando afirmamos que sabemos algo e o que realmente temos a oferecer. Oferecemos, ou reivindicamos, infalibilidade, mas obviamente não somos infalíveis, e ninguém supõe que o sejamos. À luz da sugestão de Austin, podemos agora dizer: a disparidade aparente é preenchida por nosso ato de fala, por nossa autoridade ao falar, por nosso compromisso. Quando afirmamos saber ou chamamos algo de conhecimento, assumimos a responsabilidade de garantir que a coisa nunca venha a se revelar falsa. É claro que tanto nós quanto nossos ouvintes sabemos que isso pode vir a acontecer; mas damos nossa palavra, nossa garantia, mesmo assim, e aqueles com quem falamos normalmente a aceitam.

É tentador especular sobre como é enormemente útil para os seres humanos ter um conceito que funcione dessa forma, para jogar esses jogos de linguagem. Pois, obviamente, isso permite que algumas pessoas ajam baseadas na responsabilidade de outras pessoas, informadas por elas. Em um mundo assolado por eventos imprevisíveis e incontroláveis, isso torna a ação um pouco mais viável e a responsabilidade um pouco mais suportável. Mas, para que o jogo funcione como funciona, para que o conceito funcione como funciona, as regras *têm que* incluir a "disparidade" entre o que oferecemos ao falarmos e o que parece ser possível oferecermos. Criaturas que realmente pudessem prever o futuro de maneira infalível, que realmente fossem oniscientes, não precisariam de tal conceito. E se "eu sei" não significasse nada diferente de "eu acredito" ou "tenho certeza", a expressão não poderia desempenhar para nós o papel que desempenha, não poderia nos dar o tipo de liberdade para agir com base nas informações de outra pessoa. A inconsistência implícita na gramática do conhecimento não é uma falha, prejudicando esse conceito; é essencial para a função do conceito.

DIAGNÓSTICOS DE WITTGENSTEIN

Wittgenstein oferece duas explicações principais sobre o que acontece nas perplexidades conceituais, nos *insights* e paradoxos, embora as explicações sejam evidentemente relacionadas. A primeira enfatiza o tipo de incoerência gramatical que acabamos de discutir; a outra enfatiza a importância do contexto.

O primeiro diagnóstico de Wittgenstein é que a perplexidade conceitual surge de nosso desejo de ordem, clareza, sistematização, em nossa linguagem. Obviamente, a capacidade de generalizar, abstrair, encontrar e formar padrões é uma característica essencial da mente humana. É o que torna a linguagem possível; permite-nos compreender as instruções da forma "Isto e coisas semelhantes são chamados de 'jogos'" ou "Continue esta série da mesma maneira" ou "Assim, só que mais ainda." Permite-nos extrapolar a partir do que é familiar e, assim, lidar com ideias como "permanência", "infinito", "Deus", sem experimentá-las diretamente de nenhuma maneira empírica. Mas essa mesma capacidade também pode criar problemas à medida que buscamos ordem em nossa língua. Wittgenstein sugere que a capacidade é acompanhada por um tipo de necessidade, um "anseio por generalidade", uma "demanda por um caráter absoluto"[51]. Diante dessa necessidade, pensamos que precisamos de uma definição melhor, mas as definições não nos satisfazem, pois, "como em certos estados de indigestão, sentimos uma espécie de fome que não pode ser saciada comendo"[52]. Wittgenstein diz que não encontramos por acaso "a pureza cristalina da lógica" quando estamos conceitualmente confusos; este é um "requisito" que trazemos para nossas investigações[53]. "Os enigmas que tentamos solucionar sempre surgem justamente dessa atitude em relação à linguagem."[54]

Mas o que há de errado em buscar clareza, generalidade e ordem na linguagem, em buscar regras? Nos *Blue and Brown Books*, Wittgenstein ainda diz que as regras desejadas, a ordem desejada, simplesmente não existem.

> Não podemos delimitar claramente os conceitos que usamos; não porque não saibamos sua definição real, mas porque não existe tal "definição". Supor que *deve* haver definição seria como supor que sempre que as crianças brincam com uma bola, elas jogam um jogo de acordo com regras estritas[55].

O tipo de cálculo ideal que procuramos existe na matemática, mas "nosso uso comum da linguagem conforma-se a este padrão de exatidão apenas em casos raros"[56]. Mas há outras passagens que dizem o que se torna sua posição firme nas *Investigações*: há regras de certa espécie a serem encontradas, mas ficamos "enredados" nelas, e elas não fornecem o tipo de clareza que buscávamos. Nas perplexidades

---

51 WITTGENSTEIN, *Blue and Brown Books*, 17; CAVELL, *Must We Mean What* ..., 77.
52 WITTGENSTEIN, *Blue and Brown Books*, 27.
53 WITTGENSTEIN, *Investigações filosóficas*, § 107; comparar com §§ 108, 38.
54 WITTGENSTEIN, *Blue and Brown Books*, 26; comparar com *Investigações filosóficas*, § 81. Wittgenstein diz explicitamente que tem em mente seu próprio trabalho no *Tractatus*.
55 WITTGENSTEIN, *Blue and Brown Books*, 25.
56 Ibid.

conceituais, alguém "vê uma lei na forma como uma palavra é usada e, tentando aplicar essa lei de maneira coerente, depara-se com casos em que ela leva a resultados paradoxais"[57]. Somos nós que "ditamos as regras, uma técnica, para um jogo", mas "quando seguimos as regras, as coisas não acontecem como havíamos suposto" e acabamos "enredados em nossas próprias regras"[58].

Mas agora pode-se supor que isso ocorre porque estabelecemos as regras erradas, fizemos uma generalização incorreta em vez de uma correta. (Essa suposição corresponderia à vulgarização da filosofia da linguagem ordinária, que tenta refutar um *insight* conceitual com base em evidência da linguagem ordinária, uma "regra melhor".) Wittgenstein, entretanto, está dizendo algo profundamente diferente. Não é que a linguagem não tenha regras, de modo que nossa busca por ordem seja, nesse sentido, mal orientada; nem que simplesmente estabeleçamos regras erradas. Em vez disso, as regras que podem ser abstraídas de nosso uso comum de uma expressão, dos casos em que essa expressão ocorre, são de fato muitas vezes mutuamente incoerentes ou contraditórias. Os casos têm implicações contraditórias. "Pode parecer estranho (*queer*) dizer que podemos usar corretamente qualquer uma das duas formas de expressão que parecem se contradizer; mas tais casos são muito frequentes"[59]. Se as palavras fossem nomes, isso não poderia acontecer; pois as coisas rotuladas não poderiam ter características contraditórias. Mas se as palavras são ferramentas, cada uma usada em uma variedade de jogos de linguagem, então não

---

57 Ibid., 27. Toulmin aponta o estreito paralelo de tais passagens com a discussão de Heinrich Hertz, familiar a Wittgenstein, dos debates do século XIX sobre a natureza da "força da eletricidade": "Por que as pessoas nunca perguntam o que é a natureza do ouro, ou qual é a natureza da velocidade? A natureza do ouro é mais conhecida por nós do que a da força? Podemos, por nossas concepções, por nossas palavras, representar completamente a natureza de qualquer coisa? Certamente, não. Eu imagino que a diferença deve residir nisto. Com os termos 'velocidade' e 'ouro', conectamos um grande número de relações a outros termos; e entre todas essas relações não encontramos contradições que nos ofendam. Portanto, estamos satisfeitos e não fazemos mais perguntas. Mas acumulamos em torno dos termos 'força' e 'eletricidade' mais relações do que podem ser totalmente reconciliadas entre si. Temos um sentimento obscuro disso e queremos ter as coisas esclarecidas. Nosso desejo confuso encontra expressão na questão confusa da natureza da força e da eletricidade. Mas a resposta que desejamos não é realmente uma resposta a esta pergunta. Não é descobrindo mais e novas relações e conexões que ela pode ser respondida; mas removendo as contradições existentes entre aquelas já conhecidas e, portanto, talvez reduzindo seu número. *Quando essas dolorosas contradições forem removidas, a questão da natureza da força não terá sido respondida; mas nossas mentes, não mais perplexas*, deixarão de fazer perguntas ilegítimas". HERTZ, Heinrich, *Principles of Mechanics*, Introduction, citado em TOULMIN, Ludwig Wittgenstein, *Encounter*, XXXII, jan. (1969) 68.

58 Aqui o termo "*entangled*" aparece como "enleado" na tradução de Marcos Montagnoli e "enredado" na tradução de João Almeida. Optamos pela segunda nessa passagem. WITTGENSTEIN, *Investigações filosóficas*, *Philosophische Untersuchungen*, § 125. Comparar com CAVELL, *Must We Mean What...*, 77.

59 WITTGENSTEIN, *Blue and Brown Books*, 29; comparar com WAISMANN, *Wittgenstein*, 125.

há nenhuma surpresa. "Não se deve esperar que esta palavra tenha uma utilização uniforme; deve, antes, esperar-se o contrário."[60]

Ao contemplar um conceito de modo abstrato, generalizamos muito apressadamente e da maneira errada. Pensamos em um exemplo – ou melhor, uma imagem vem à mente – e extrapolamos uma generalização a partir dele. Estamos convencidos de que a generalização está correta, porque sabemos que o exemplo está correto. E esse procedimento funcionaria bem se todos os exemplos válidos do uso de uma palavra tivessem as mesmas implicações, ou pelo menos se elas fossem coerentes entre si. Nunca nos ocorre que possa haver outros exemplos igualmente corretos e válidos de uso incoerente com o primeiro. Wittgenstein diz que a perplexidade conceitual é como um mal-estar, e sua "causa principal" é "uma dieta unilateral: alimentamos nosso pensar só com uma espécie de exemplos"[61]. Temos uma imagem mental e acreditamos que ela nos obriga a uma determinada generalização; mas essa crença meramente reflete "que nos ocorreu apenas um caso e nenhum outro"[62]. Se notarmos outros casos conflitantes, nossa convicção de que deve haver uma única regra coerente nos leva a descartá-los como detalhes que levam à confusão. "Evoca-se uma imagem que parece determinar o sentido de um *modo inequívoco*. O real emprego parece algo infetado diante daquele emprego que a imagem nos indica."[63] Portanto, nos apegamos à imagem e à generalização que tem base nela.

Como consequência, quando estamos conceitualmente perplexos, precisamos exatamente do que não queremos. Queremos escapar do incômodo confuso dos casos detalhados e prosseguir diretamente para a essência, o núcleo central, do conceito que causa perplexidade. Mas esse desejo apenas nos enreda nas contradições gramaticais implícitas; qualquer regra que satisfaça o desejo entrará em conflito com outros casos. É como se "no emprego real das expressões, tomássemos, por assim dizer, atalhos, andássemos por vielas". Na perplexidade conceitual, acreditamos ver "diante de nós a avenida reta e larga", mas "não a podemos utilizar, porque está permanentemente impedida"[64]. O próprio desejo de generalidade e clareza nos isola daquilo que resolveria nossa perplexidade: a complicada e confusa pluralidade

---

60 Wittgenstein, Ludwig, *Zettel*, trad. ing. de G. E. M. Anscombe, Anscombe, G. E. M.; van Wright, G. H. (eds.), Berkeley; Los Angeles, University of California Press, 1967, §§ 114-115. Trad. port.: *Fichas (Zettel)*, de Ana Berhan da Costa, rev. Artur Morão, Lisboa, Edições 70, fev. 1989, § 112; comparar com § 113.

61 Wittgenstein, *Investigações filosóficas*, § 593.

62 Ibid., § 140.

63 Ibid., § 426.

64 Ibid.

de outros exemplos válidos do uso da palavra. Em vez de "desejo de generalidade", diz Wittgenstein, pode-se também falar aqui de nossa "atitude desdenhosa em relação ao caso particular", ou melhor, em relação a todos os casos particulares, exceto um, que consideramos ser geral[65]. Queremos considerar o conceito em geral, em abstrato, então descartamos "como irrelevantes os casos concretos", as únicas coisas que poderiam ter nos mostrado o que precisávamos entender[66]. "Poder-se-ia dizer: é preciso dar uma guinada em nossa reflexão, mas em volta de nossa verdadeira necessidade como ponto axial."[67] É por isso que Wittgenstein insiste em que não devemos apenas especular em abstrato, mas devemos "olhar e ver" como uma palavra é realmente usada. "A dificuldade é, porém, eliminar o preconceito que se opõe a este aprendizado. Não se trata de nenhum preconceito *tolo*."[68] Não é tolice porque em tantas outras situações a nossa capacidade de generalizar, de fazer e encontrar padrões é a nossa ferramenta mais poderosa. "Em inúmeros casos, esforçamo-nos para encontrar uma imagem, e encontrada esta, a aplicação se dá, por assim dizer, como por si mesma; então, já temos aqui uma imagem que se nos impõe a cada passo, mas não nos ajuda a sair da dificuldade que ora apenas se inicia"[69].

Tudo isso deve tornar um pouco mais claro o valor da atenção meticulosa que a filosofia da linguagem ordinária dá aos detalhes de uso. Pois Wittgenstein trata o mal-estar das perplexidades conceituais variando nossa dieta, lembrando-nos da riqueza e da pluralidade de nossa fala concreta, comum e ordinária[70]. Ao fazer isso, ele realmente não nos diz nada de novo; ele "compila recordações [lembretes]" para a gente[71]. Aqui, "os problemas não são solucionados pelo ensino de uma nova experiência, mas pela combinação do que há muito já se conhece"[72]. O que realmente nos falta quando estamos perplexos conceitualmente não é uma definição ou regra, mas uma ideia geral clara dos casos relevantes. Wittgenstein diz: "*não* ambiciono *exatidão*, mas uma visão sinóptica"[73]. A ideia de compreensão perspícua (*perspi-*

---

65 WITTGENSTEIN, *Blue and Brown Books*, 18.

66 Ibid., 19-20.

67 WITTGENSTEIN, *Investigações filosóficas*, § 108.

68 Ibid., § 340.

69 Ibid., § 425.

70 "O lema aqui é: Dê uma olhada *mais ampla* ao redor", WITTGENSTEIN, *Foundations of Mathematics*, 54.

71 WITTGENSTEIN, *Investigações filosóficas*, § 127.

72 Ibid., § 109; comparar com "Bemrkungen über Frazers *The Golden Bough*", 235: "[...] weil man nur richtig zusammenstellen muss, was man *weiss*, und nichts dazusetzen, und die Befriedigung, die durch die Erklärung angestrebt wird, ergibt sich von selbst."

73 WITTGENSTEIN, *Fichas (Zettel)*, § 464; comparar com § 113.

cuity), de uma "representação perspícua", diz ele, é de "importância fundamental" e "designa nossa forma de exposição", nossa maneira de ver as coisas[74]. Uma das principais causas da perplexidade conceitual é o fato de que "não *dominamos com uma clara visão* o uso de nossas palavras. – Falta à nossa gramática uma disposição clara"[75]. Portanto, a verdadeira tarefa aqui [da filosofia] "não é solucionar a contradição [...], mas tornar visível em seu conjunto" o problema que nos preocupa, "o estado [de coisas] *antes* da solução da contradição"[76]. Decerto, uma ideia geral perspícua da incoerência não é o mesmo que uma regra única, uniformizada e coerente que se aplique a todos os casos. Mas se nenhuma regra única, unificadora e coerente pode se adequar a *todos* os casos, então talvez uma perspectiva geral dos fatos caóticos seja realmente necessária.

A LINGUAGEM EM PONTO MORTO

O segundo diagnóstico sobre as perplexidades e paradoxos conceituais de Wittgenstein concentra-se em seu caráter especulativo e abstrato que lhe é característico, sua origem na contemplação e não na fala concreta (*actual speech*). Em nosso anseio pela generalidade, tentamos nos abstrair de todos os casos particulares e concretos em que uma expressão pode realmente ser usada, para contemplá-la isoladamente, em repouso. Tentamos considerá-la fora de qualquer contexto; ou, pode-se dizer, criamos um contexto novo e especial de contemplação abstrata. Mas este contexto especial não é um contexto para a fala (*speech*); nele, a linguagem está sendo usada não por uma pessoa para dizer algo a outra, mas como um objeto de estudo. Quando especulamos dessa maneira sobre os conceitos, diz Wittgenstein, "falta o jogo de linguagem no qual devem ser empregadas[os]"[77]. Consequentemente, problemas conceituais "surgem quando a linguagem *sai de férias*"; eles envolvem "confusões que nos dão o que fazer [...] quando a linguagem está em ponto morto, não quando ela trabalha"[78]. Claro, podemos achar que isso é uma vantagem, não uma falha. Afinal, na contemplação abstrata, muitas vezes podemos ser mais objetivos, distanciados e perceptivos do que no curso da vida cotidiana; o que em geral

---

74 Nossa "visão do mundo". (N. dos T.)

75 Wittgenstein, *Investigações filosóficas*, § 122.

76 Ibid., § 125.

77 Ibid., § 96.

78 Ibid., § 38, 132. Na tradução de Marcos Montagnoli "When language *goes on holiday*" – "quando a linguagem *folga.*" Optamos por traduzir aqui "sai de férias" e por manter a versão da autora para a passagem. (N. dos T.)

todos tomamos como certo, com frequência está errado. Mas Wittgenstein sustenta que o resultado de se contemplar conceitos dessa maneira abstrata específica não é uma nova descoberta, e sim perplexidade e paradoxo. Pois o significado e o sentido dependem do contexto, são incompletos sem ele; então, quando consideramos uma expressão separada de qualquer contexto de fala, nós a privamos de aspectos importantes de seu significado.

Voltemos ao problema da natureza do conhecimento. Os filósofos tradicionais, ao desenvolverem a ideia de que não sabemos de fato, estritamente falando, os tipos de coisas que em geral afirmamos saber, normalmente procedem mais ou menos como se segue: Eles partem de algum fato simples e óbvio – um fato tão óbvio que todos concordaremos que certamente deve ser um exemplo de conhecimento, se existe algo digno desse nome. Descartes, por exemplo, começa sua meditação com um fato de que "não se pode de modo algum duvidar [...] Por exemplo, que agora estou aqui, sentando junto ao fogo, [...]"[79]. Então, esses filósofos passam a mostrar que mesmo esse tipo de fato pode ao final ser posto em dúvida, pode acabar sendo falso, afinal; sendo assim, nem mesmo *isso* é conhecimento. Mas o tipo de exemplo escolhido é, caracteristicamente, um exemplo fragmentado de conhecimento, não de uma situação em que uma pessoa possa realmente ser levada a *dizer* a outra que sabe algo. É um exemplo de "conhecimento", não de "conhecer" ("*know*"); é mais um nome do que um exemplo de sinalização.

Em seu ensaio *Other Minds*, Austin critica essa maneira de proceder e sugere que analisemos, em vez disso, um caso imaginário de alguém que ao de fato afirmar saber algo seja desafiado por um ouvinte[80]. Austin imagina alguém anunciando que há um pintassilgo no jardim e a pergunta, "Como você sabe?" Ele busca catalogar alguns dos possíveis tipos de respostas que podem ser dadas, mostrando sua grande variedade ("Eu o vi", "Por suas cores", "Fui criado no campo", e assim por diante). A resposta dada dependerá, é claro, dos fatos desse caso (se o homem viu o pássaro, onde ele foi criado), mas também do que ele pensa que o interlocutor esteja questionando, do que ele pensa que seja a dúvida. Se o contexto não deixar claro qual a

---

79 SMITH, Norman Kemp, (ed.) e trad. ing., *Descartes Philosophical Writings*, New York, Random House, 1958, 177. A obra citada é um compilado de textos de Descartes traduzidos e editados por Norman Kemp Smith. O trecho em especial faz parte das *Meditações,* a parte específica citada aqui por Pitkin, na *Primeira Meditação*. Tradução do latim para o português de DESCARTES, *Meditações sobre filosofia primeira,* CASTILHO, Fausto (ed.), e trad. bras., nota prévia e revisão, edição em latim e português, Campinas, Editora Unicamp, Coleção Multilíngues de Filosofia Unicamp, Cartesiana I, 2004, 23.

80 AUSTIN, *Philosophical Papers*, 44-84.

dúvida do interlocutor, ele pode até ser questionado, por sua vez, com "O que você quer dizer? O que você está sugerindo?"[81]

Na perplexidade conceitual, na especulação filosófica tradicional sobre o conhecimento como a de Descartes, não se especifica o que está se afirmando saber nem o que está sendo questionado nessa afirmação, e assim não temos como responder à dúvida que é levantada, ou mesmo como entender qual tipo de resposta poderia ser apropriado. Na prática, podemos explicar nosso conhecimento apenas em relação a dúvidas específicas; não há resposta para a questão genérica de como sabemos alguma coisa. Dúvidas reais sobre afirmações reais podem (às vezes) ser respondidas. Mas "a astúcia do metafísico", diz Austin, consiste em levantar dúvidas sobre um exemplo imaginário de conhecimento sem "especificar ou limitar o que pode estar errado com ele", como o contexto normalmente especifica e limita o que pode estar errado com as afirmações comuns de conhecimento[82]. Na ausência de tais especificações ou limites, não temos como responder, e o conhecimento como um todo parece posto em dúvida.

Austin atribui a escolha de um exemplo abstrato e irreal à "astúcia" do filósofo tradicional. Mas deveria ser óbvio que o tipo de exemplo realista de Austin não servirá aos propósitos das perplexidades conceituais sobre o conhecimento; há boas razões para os filósofos tradicionais não o terem usado. Exemplos concretos de afirmações de conhecimento podem ser postos em dúvida, mas essas dúvidas também podem ser respondidas; o que queremos entender quando estamos conceitualmente confusos é uma dúvida mais ampla do que essa – a possibilidade perpétua e abstrata da dúvida. É por isso que devemos escolher um exemplo de conhecimento tão óbvio que ninguém possa duvidar dele (de maneira ordinária), e então mostrar que se pode, no entanto, duvidar. Todos nós sabemos que é gramaticalmente errado afirmar que se sabe quando há alguma razão para duvidar. Não dizemos: "Eu sei a resposta, mas posso estar errado", embora, é claro, sempre possamos estar. Austin argumenta: "É natural e *sempre* possível ('humanamente' possível) que eu possa estar enganado [...] mas isso por si só não é um obstáculo ao uso" da expressão "eu sei" como a usamos de fato[83]. Mas por que não é um obstáculo? Se você tivesse

---

81 Ibid., 55.

82 Ibid. Comparar com WITTGENSTEIN, *Da certeza*, § 24: "A pergunta do idealista seria mais ou menos assim: 'Que direito tenho eu de não duvidar da existência das minhas mãos?' [...] Mas alguém que faz essa pergunta não está a considerar o fato de que uma dúvida acerca da existência apenas tem cabimento no jogo de linguagem. Daí que tenhamos, primeiro, de perguntar: O que seria uma dúvida dessas? E não a compreendamos imediatamente."

83 AUSTIN, *Philosophical Papers*, 66; comparar com POLANYI, Michael, *Personal Knowledge*, New York; Evanston, Harper & Row, 1964, 303.

algum motivo específico para pensar que podia estar errado, não deveria afirmar que sabe; na perplexidade conceitual, passamos a pensar na falibilidade humana genérica como mais uma dessas razões. Isso não é astúcia, mas uma extrapolação da gramática do "conhecimento", uma *parte* dessa gramática. Por que a falibilidade humana genérica não deveria ser mais uma dessas razões?

Chegamos novamente à disparidade aparente entre o que parecemos oferecer ao afirmar que sabemos e o que podemos oferecer. Mas já dissemos que essa disparidade é preenchida pelo ato de falar. Quando nos abstraímos de qualquer ato desse tipo, de qualquer situação em que tal ato possa ocorrer, a disparidade parece intransponível. De maneira semelhante, se especularmos à parte de qualquer contexto sobre um conceito como "permanência", podemos facilmente nos persuadir de que nada é permanente, que "de fato, estritamente falando", nunca deveríamos chamar nada de "permanente". No entanto, essa palavra tem usos normais, que definem seu significado. E normalmente não é usada acerca de coisas que são, por assim dizer, absolutamente permanentes (pois não existem tais coisas na Terra), mas acerca de coisas permanentes em contraste com outras coisas específicas (uma instalação permanente em vez de temporária, um permanente em vez de cachos temporários no cabelo, e assim por diante). O contexto especifica o que pode contar como permanência em um determinado caso; nosso ato de falar dá uma garantia de que a coisa é permanente nesse sentido. A gramática de "permanente" inclui essas duas características, embora possam parecer contraditórias: que "permanente" significa "para sempre" e, ainda assim, é usado acerca de coisas neste mundo que não duram literal ou absolutamente para sempre. (Não há como falar sobre esses assuntos sem paradoxos, pois, é claro, "para sempre" tem uma gramática semelhante.)

Nossos conceitos são moldados no uso prático (*working use*); eles servem para diferenciar algumas características de nosso mundo, nossas ações, nossos sentimentos, de outros. Eles não foram feitos para especular sobre o mundo como um todo, em geral; pois não teríamos uso para tais conceitos. Ao especular abstratamente sobre um conceito em separado de qualquer contexto da fala, nós o usamos sem nenhum de seus contrastes usuais; nós, por assim dizer, extrapolamos o conceito para o infinito. Mas assim o privamos do contexto, dos contrastes, que normalmente completam seu significado. "O que às vezes acontece pode sempre acontecer." Wittgenstein pergunta:

– Que tipo de proposição é esta? É semelhante à seguinte: [...] "Se pode ocorrer que alguém faça uma jogada errada num jogo, então poderia ser que todas as pessoas, em todos os jogos, nada mais fizessem que jogadas erradas." [...] Às vezes as ordens não são cumpridas. Como seria, porém, se as ordens *nunca* fossem cumpridas? O conceito de "ordem" teria perdido sua finalidade[84].

Ao especular abstratamente sobre o conhecimento, buscamos um exemplo que seja melhor, mais forte do que qualquer afirmação comum, na língua falada, de que se sabe algo; porque somente se pudermos mostrar que tal exemplo também pode ser posto em dúvida, é que levantaremos dúvidas sobre o conhecimento como um todo. Mas, como resultado, algo muito estranho acontece. Terminamos com um exemplo *tão* óbvio que ninguém precisaria *dizê-lo*, alegar conhecê-lo, e assim privamos o "conhecimento" de uma parte essencial de seu significado. Pegamos um exemplo realmente óbvio de conhecimento, como o "que agora estou aqui" de Descartes. Mas isso *é* um exemplo de *conhecimento*? Certamente ninguém diria que eu *não* sei disso. No entanto, nem eu nem qualquer outra pessoa teríamos a oportunidade de afirmar saber disso aqui e agora, como afirma Cavell, "exceto por alguma razão especial que torna essa 'descrição' do meu 'conhecimento' relevante para alguma coisa que fiz ou estou fazendo ou dizendo," além de algum motivo para falar sobre isso[85].

Cavell continua:

Pode-se pensar: "Que diferença faz que ninguém tivesse *dito*, sem uma razão especial para dizê-lo, que você sabia [...]? Você *sabia*; é *verdade* que você sabia. Você está dizendo que às vezes não se pode dizer o que é verdade?" O que estou dizendo é que "Porque é verdade" não é uma *razão* ou base para dizer qualquer coisa, não constitui o *objetivo* de você dizer algo; e estou dizendo que deve haver, na gramática, razões para o que você diz, ou pelas quais você diz de algo, para que o que você diga se torne compreensível. Podemos entender o que as *palavras* significam sem entender *por que* você as diz; mas se não entendermos o motivo que o leva a dizê-las, não poderemos entender o que *você* quer dizer[86].

Se um fato é tão manifestamente óbvio que ninguém o diria, ali e naquele momento, é um exemplo de conhecimento, é uma questão que não pode ser

---

[84] Wittgenstein, *Investigações filosóficas*, § 345.
[85] Cavell, *Claim to Rationality*, 258-259. Comparar com Wittgenstein, *Da certeza*, § 622, § 553: "É estranho: se eu disser, sem ser em ocasião especial, 'Eu sei', por exemplo, 'eu sei que agora estou sentado numa cadeira', esta afirmação parece-me injustificada e presunçosa. Mas se fizer a mesma declaração quando houver alguma necessidade, então, mesmo que eu não esteja um pouco mais certo de que seja verdade, parece-me que ela é perfeitamente justificada e vulgar [cotidiana]".
[86] Cavell, *Claim to Rationality*, 258-259.

respondida de modo inequívoco com sim ou não. Alguns aspectos da gramática do "conhecimento" nos inclinam a dizer sim: afinal, "você *sabia* ou, pelo menos, certamente não *deixou* de saber", e assim por diante. Outros aspectos da gramática – os menos óbvios – continuam a sugerir uma resposta negativa. Eles sugerem que "conhecimento" existe apenas quando alguém (corretamente) afirma saber, porque o significado de "conhecimento" não é meramente descritivo. Um elemento importante no significado de "conhecimento" não é referencial, mas semiperformativo; um elemento importante de seu significado depende do ato de falar, de afirmar saber. Esse ato, já dissemos, é o que resolve a disparidade aparente entre o que "Eu sei" significa ou afirma e o que nos justifica dizê-lo em ocasiões específicas. Imaginar exemplos de "conhecimento" quando ninguém afirmaria saber é inevitavelmente imaginar apenas parte da gramática, parte do significado do conceito e, portanto, apenas parte do que é o conhecimento. O problema conceitual surge na primeira etapa: "O primeiro passo é totalmente imperceptível [...] (O passo decisivo no truque do prestidigitador está dado, e justamente ele nos parecia inocente.)"[87]

O que significa, por mais surpreendente que essa proposição possa parecer, é que algo muito obviamente verdadeiro para ser dito não faz sentido por inteiro. Ao escolhermos o exemplo "mais óbvio", escolhemos um tão óbvio que não temos mais certeza do que ele exemplifica. Wittgenstein diz que é como a pergunta: "Esta sala tem comprimento?"[88] A resposta é tão obviamente sim que não sabemos o que a pergunta significa ou qual deveria ser a resposta (certamente ele *não pode* estar dizendo isso [...] pois não é possível que ele não saiba *isso*). Nem mesmo podemos imaginar o contrário: O que seria uma sala sem comprimento? Mas Wittgenstein pergunta: "Mas por que digo: 'Não posso imaginar o contrário?' Por que não digo: 'Não posso imaginar a coisa em si?'" Posso imaginar cada cômodo tendo um comprimento? Bem, eu simplesmente imagino um cômodo.

> Só que essa imagem joga [desempenha], em conexão com essa sentença, um papel totalmente diferente do que uma imagem em conexão com a sentença "Esta mesa tem a mesma extensão que aquela". Pois aqui compreendo o que significa fazer-se uma imagem do contrário[89].

---

87 Wittgenstein, *Investigações filosóficas*, § 308.
88 Wittgenstein, *Blue and Brown Books*, 30.
89 Wittgenstein, *Investigações filosóficas*, *Philosophische Untersuchungen*, § 251. Aqui optamos pela versão traduzida de João José R. L. de Almeida, pelo emprego dos termos "imagem -imaginar" (*Bild sein – image-imagine*) na passagem. (N. dos T.)

São passagens como essa que têm levado alguns comentadores à conclusão de que Wittgenstein é um verificacionista tal qual os positivistas lógicos, sustentando que o significado de uma proposição depende das operações realizadas para sua verificação ou seu falseamento na realidade[90]. Mas inúmeros proferimentos têm significado claro e fazem sentido perfeitamente bem, embora nem mesmo sejam asserções que poderiam ser concebíveis como verdadeiras ou falsas, muito menos operacionalmente passíveis de falseamento. Wittgenstein observa: "a questão do modo e da possibilidade de verificação de uma proposição é somente uma forma especial da questão: 'O que você tem em mente com isto?' A resposta é uma contribuição para a gramática da proposição." A verificação é apenas uma pequena parte do uso, da gramática. E mesmo onde a verificação é relevante, o pedido de verificação não é, como Cavell destaca,

a única maneira pela qual uma explicação da gramática pode ser solicitada; também fica claro que não entenderemos a gramática de uma afirmação se não pudermos responder a perguntas tais quais: "Como você ensinaria a alguém o que isso diz?"; "Como você daria uma dica sobre sua verdade?"; "Como é se perguntar se isso é verdade?"[91]

O significado de um conceito decorre de seu uso na vida humana presente. Na especulação conceitual, queremos pensar sobre esse significado inteiramente à parte de seu uso, mas é apenas no uso que uma expressão faz todo o sentido. Decerto, "como você sabe?" ainda tem sentido quando perguntamos em geral: "Como é que alguém sabe alguma coisa?" Ou seja, as palavras têm sentido, a frase parece fazer sentido. Cavell diz que não falamos bobagens ou mudamos o significado da expressão, mas sim "o privamos de tudo, *exceto* do significado, isto é, o privamos de sua aplicação normal"[92]. E o que há de errado nisso?

O que fica de fora de uma expressão se ela [é] usada "fora de seu jogo de linguagem comum"? Não o que as *palavras* significam (elas significam o de sempre, o que um bom dicionário diz que significam), mas o que *nós* queremos dizer ao usá-las quando e onde o fazemos. Seu objetivo, o objetivo de *dizê-las*, está perdido [...]. O

---

90 Ver, por exemplo, CHIHARA, C. S.; FODOR, J. A., Operationalism and Ordinary Language. A Critique of Wittgenstein, in: PITCHER, George (ed.), *Wittgenstein. The Philosophical Investigations*, Garden City, Doubleday, 1966, 384-419.
91 CAVELL, *Must We Mean What...*, 56.
92 CAVELL, *Claim to Rationality*, 64.

que perdemos não é o significado de nossas palavras – ou seja, as definições para assegurar ou explicar seu significado não substituirão nossa perda. O que perdemos é a plena compreensão do que estamos dizendo; não sabemos mais o que *nós* queremos dizer[93].

O que nos confunde quando estamos em uma perplexidade conceitual é bastante real; isto é, não há engano quanto a isso. Existem realmente implicações contraditórias na gramática de conceitos significativos como "conhecimento", generalizações contraditórias derivadas de diferentes partes dessa gramática. O problema de contemplar tal conceito em abstrato, à parte de qualquer contexto específico no qual ele possa realmente ser usado, é justamente onde surge nossa perplexidade, precisamente ao ignorar aquelas características de sua gramática que, portanto, excluímos. Não é a definição que é preocupante; a definição e a sintaxe são perfeitamente claras e coerentes. A fonte e a solução para a nossa perplexidade residem no resto da gramática, na confusão complexa de casos de uso, no compromisso e na responsabilidade assumidos quando falamos, nas "circunstâncias contextuais" que definem o contexto da fala.

---

93 Ibid., 261-262.

V O PROBLEMA DAS PALAVRAS E O MUNDO

O que foi dito até agora sobre a visão wittgensteiniana da linguagem evidentemente levanta problemas sérios e difíceis em uma área central para a filosofia tradicional, mas igualmente significativa para o estudo da sociedade e da política: a relação entre a mente e a realidade, entre a linguagem e o mundo. Se assumirmos que as palavras são nomes, e a língua basicamente nosso meio de nos referirmos às coisas no mundo, então a linguagem e o mundo estão obviamente separados, embora correlacionados. Essa suposição corresponde à visão convencional de nosso tempo, com suas raízes positivistas. Ela ensina que as coisas no mundo são o que são, não importa como pensemos sobre elas, não importa como as chamemos. O que dizemos pode ser exato ou impreciso, verdadeiro ou falso, conforme corresponda ou não à realidade preexistente e independente a que se refere. Mas se muitas palavras são por completo ou em parte sinais em vez de nomes, se sua gramática é com frequência inconsistente internamente em suas implicações, então a questão de "a que se referem" torna-se de fato problemática. Da mesma forma, se o significado do que é dito depende não apenas de fatos correspondentes, mas do falante e da situação, nenhuma ideia simples de correlação entre palavras e mundo será aceitável. Se as "verdades" mais óbvias em qualquer situação são óbvias demais para serem ditas e, portanto, óbvias demais para fazerem sentido, a natureza dos "fatos" naquela situação não é uma questão simples. Neste capítulo, exploraremos esses problemas e algumas de suas implicações.

Comecemos com um exemplo aparentemente trivial introduzido, mas não investigado, por Ziff. Ele observa que as palavras "*cadaver*" e "*corpse*" ("cadáver" e "corpo morto"[1]) diferem em significado, sendo a diferença, é claro, o produto de padrões de uso ligeiramente diferentes. "*Corpse*" significa um corpo humano morto; "*cadaver*" significa um corpo morto destinado à dissecação. Assim,

---
[1] Tal diferença no emprego dos termos em inglês não encontra paralelo em seu uso pelos falantes na língua portuguesa. (N. dos T.)

um campo de batalha pode estar repleto de *corpses,* mas não, normalmente, de *cadavers.* Ziff diz

> As palavras "*corpse*" e "*cadaver*" são sinônimos muito próximos, na verdade sinônimos quase exatos. A única diferença entre elas parece ser esta: "*cadaver*" é uma palavra empregada por pessoas que se dedicam à prática da medicina e serve para caracterizar algo que responde a certos interesses dessas pessoas, por exemplo, um interesse na dissecação[2].

Mas, no decorrer do desenvolvimento desta questão, Ziff também observa: "Não há diferença entre um *corpse* e um *cadaver*, mas há uma diferença entre '*corpse*' e '*cadaver*'." Ele acrescenta que, apesar da diferença entre as duas palavras, "alguém aponta para um *corpse* se e somente se apontar para um *cadaver*: a classe dos *corpses* é idêntica à dos *cadavers*"[3].

Podemos sentir que o ponto de Ziff é claro e óbvio; ainda assim o que ele diz é literalmente falso. Um *corpse* não é a mesma coisa que um *cadaver*, precisamente porque e à medida que as duas palavras diferem quanto ao significado[4]. E se alguém "aponta para um *corpse* se e somente se alguém aponta para um *cadaver*" depende da atividade de "apontar para", a qual, como vimos, é muito problemática. Se aquilo para que se aponta às vezes não depende dos movimentos físicos nem das intenções da pessoa que aponta, mas das circunstâncias, então o mesmo gesto pode ser apontar para um *corpse* em algumas circunstâncias e apontar para um *cadaver* em outras. Às vezes, de fato, pode ocorrer simultaneamente, mas nem sempre. Podemos perceber o que Ziff está tentando dizer, mas aparentemente é difícil dizê-lo de modo não paradoxal. Existe essa *coisa*, que já foi um ser humano vivo, mas agora está morta, jaz diante de nós. Em um contexto, nós a chamamos de *corpse*; em outro contexto, de *cadaver*. Mas a coisa não muda como resultado do que dizemos; é o que é, não importa como a chamemos. Mas, então, o que é? Se dizemos "*a corpse*" ou "*a cadaver*", já pressupomos um contexto; se apenas apontarmos em silêncio,

---

2 Ziff, Paul, *Semantic Analysis*, Ithaca, Cornell University Press, 1960, 211.

3 Ibid., 211, 214.

4 Com relação a outros conceitos, o próprio Ziff vê isso. Quando, por exemplo, ele distingue entre os significados de "*statement*" [declaração], "*assertion*" [afirmação], "*remark*" [comentário] etc., ele não hesita em concluir que os fenômenos associados a essas palavras diferem consequentemente. "*Statements* [declarações] e *utterances* [proferimentos] não precisam ser confundidos [...] Mas nem *statements* devem ser identificadas com *assertions* [afirmações], nem *assertions* com *contentions* [alegações], nem *contentions* com descrições, nem descrições com observações, nem observações com comentários, e assim por diante." Ibid., 120.

não respondemos à pergunta. Gostaríamos de encontrar alguma designação básica, neutra e livre de contexto para a coisa – digamos, "*dead body*" [corpo morto] – mas há uma dúvida incômoda: "corpo morto" é realmente mais neutro e livre de contexto do que os outros termos, ou é apenas mais uma palavra com sua esfera de aplicabilidade específica e limitada, suas próprias implicações? Se tais termos fossem meramente nomes, obviamente, todos eles se refeririam à mesma coisa; uma vez que não são, a questão daquilo a que eles se referem no mundo é problemática.

Wittgenstein discute um exemplo intimamente relacionado na segunda metade das *Investigações*: um desses enigmas visuais, que pode ser interpretado de mais de uma maneira, pode ser visto como a cabeça de um coelho (essas duas voltas são as orelhas) ou como a cabeça de um pato (essas duas voltas são o bico)[5]. Uma pessoa olha para a figura e diz: "É um pato" ou "Vejo um pato" ou, possivelmente, "Vejo a figura de um pato". Outra pessoa olha e diz: "Vejo um coelho". Mas aquele que vivencia a experiência vai chamá-la de enigma visual ou, como faz Wittgenstein, de coelho-pato. E ele dirá sobre os sujeitos do experimento coisas como: "O primeiro homem o viu como um pato, o segundo como um coelho." Uma vez que as pessoas ingênuas percebam a ambiguidade, elas podem ver a figura de várias maneiras e podem dizer coisas como: "Agora eu o vejo como um coelho" ou "A princípio, eu o vi como um pato". Antes de se darem conta da ambiguidade, elas não terão dito essas coisas; elas não percebiam então que poderiam ver algo *como* uma coisa e outra, mas simplesmente vê-la. Teria feito tão pouco sentido para elas dizer que estavam vendo uma coisa *como* outra, "quanto dizer, olhando facas e garfos: 'Eu vejo isto agora como facas e garfos'. Não entenderíamos esta colocação. – Tampouco esta: 'Isto para mim agora é um garfo', ou 'Isto pode ser também um garfo'. Não se 'toma por' talher aquilo que na mesa se reconhece como talher"[6].

Tudo isso é bastante familiar. "Ver" não é o mesmo que "ver como"; cada um tem suas funções e implicações apropriadas. Ver não é o mesmo que ver *como*, e cada uma dessas atividades só pode ser realizada em circunstâncias apropriadas. "Não posso tentar ver a figura convencional de um leão *como* leão, tampouco ver um F como esta letra. (Mas sim, por exemplo, como uma forca.)"[7] Tentar ver a imagem de um leão como um leão traz uma sensação de incongruência e tensão,

---

[5] WITTGENSTEIN, Ludwig, *Philosophical Investigations,* trad. alem./ing. de G. E. M. Anscombe, New York, Macmillan, ³1968. Trad. alem./port.: *Investigações filosóficas*, de Marcos Montagnoli, Petrópolis, Vozes, ⁴2005, 255.

[6] Ibid., 256.

[7] Ibid., 269.

não muito diferente de tentar apontar para a cor de um objeto diretamente à sua frente, e pelo mesmo motivo. Falta o contexto necessário.

Mas agora nosso problema é este: Quais são os fatos objetivos do mundo, em contraposição ao que pessoas em particular diriam ou poderiam dizer sobre eles? O homem que não percebeu a ambiguidade do coelho-pato está vendo um coelho ou está vendo um enigma visual de coelho-pato *como* um coelho? Ele diria o primeiro; podemos dizer o último, e ele também o faria em retrospecto, depois de descobrir a ambiguidade. É óbvio que um deles deve ser a verdade real e objetiva? Pode-se querer dizer: A visão do experimentador é "mais verdadeira" porque ele tem algum conhecimento que falta ao sujeito – a saber, que a imagem é uma imagem complicada. A verdade real, que até o sujeito reconheceria se estivesse bem informado, é que ele está vendo um coelho-pato como um coelho. Mas pode-se, por outro lado, querer argumentar que a verdade é uma questão de acordo interpessoal, intersubjetivo, aquilo com relação a que os dois homens poderiam concordar. Nesse caso, a visão do sujeito é "mais verdadeira". Pois o experimentador *poderia* dizer do sujeito "Ele vê um coelho" se estivesse tentando dar um relato fenomenológico da experiência do sujeito. Mas o sujeito ingênuo não diria, independentemente do que tentasse explicar, "Estou vendo um coelho-pato como um coelho".

Em qualquer situação específica em que os homens discordem sobre os fatos, é possível buscar formulações alternativas do que foi dito e talvez chegar a um acordo sobre uma delas. Se um homem disser "*corpse*" e outro "*cadaver*", talvez os dois aceitem "corpo morto". Se um homem disser "vejo um coelho" e o outro "vejo como um coelho", ainda assim eles podem conversar até que concordem em algo. Mas será que aquilo sobre o que eles concordam é realmente a verdade neutra e objetiva? Austin diz que às vezes "não existe *uma maneira certa* de dizer o que é visto", porque "pode não haver uma maneira certa de ver"[8]. Mas como, por vezes, pode não haver uma maneira certa de ver a realidade? O caminho certo não é aquele que corresponde aos fatos?

LINGUÍSTICA COMPARATIVA

Onde a filosofia wittgensteiniana e da linguagem ordinária levantam tais problemas, onde elas parecem desafiar as suposições positivistas sobre um mundo fixo, independente e preexistente refletido de forma mais ou menos precisa na linguagem, existem paralelos surpreendentes com trabalhos recentes em antropologia cultural

---
8 AUSTIN, J. L., *Sense and Sensibilia*, WARNOCK, G. J. (ed.), Oxford, Clarendon Press, 1962, 101.

e linguística. Dos esforços pioneiros de etnógrafos como Wilhelm von Humboldt aos trabalhos recentes de Edward Sapir e Benjamin Lee Whorf, os antropólogos e linguistas nos dizem que o que um povo considera como parte do "mundo" depende muito da linguagem desse povo[9]. Mesmo algumas das distinções e correspondências mais óbvias que consideramos fatos reais são concebidas de maneira diferente em outras culturas. Embora ele próprio fosse bicultural, as principais obras de Wittgenstein dizem muito pouco sobre essas diferenças culturais e linguísticas[10]. Como resultado, ele muitas vezes nos parece etnograficamente ingênuo, querendo postular como partes da natureza humana o que sabemos ser culturalmente determinado. Ainda assim, as descobertas da linguística comparada complementam e enriquecem seu argumento acerca das palavras e do mundo.

Para começar no nível mais simples, línguas diferentes têm vocabulários radicalmente diferentes; uma é rica e eloquente onde a outra é pobre, dependendo, ao que parece, do que é significativo na cultura correspondente. Assim, os idiomas dos esquimós têm muitas palavras diferentes para o que chamamos de "neve", dependendo de se a neve está caindo, compactada, congelada, lamacenta, e assim por diante[11]. Em bulu, uma língua dos Camarões, "há pelo menos 25 termos para diferentes tipos de cestas, mas nenhum genérico específico que inclua apenas cestas e nada mais"[12]. Em anuak, que é falado no Sudão, uma única palavra designa qualquer coisa feita de metal, de uma agulha a um avião[13]. Mas esses exemplos não

---

9 Sapir, Edward, *Language*, New York; Harcourt, Brace & World, 1949; Whorf, Benjamin Lee, *Language, Thought and Reality*, Carroll, John B. (ed.), Cambridge, M.I.T. Press, 1967; Humboldt, Wilhelm von, *Uber die Verschiedenheit des menschlichen Sprachbaues*, Pott, A. F. (ed.), Berlim, S. Calvary, 1880; Weisgerber, Leo, *Vom Weltbild der Deutsclien Sprache*, Düsseldorf, Padagogischer Verlag Schwarm, 1950. Ver também Ohman, Susanne, *Woninhalt und Weltbild*, Stockholm, Kungl. Boktryckeriet P.A. Norstedt & Soner, 1951.

10 Wittgenstein, *Investigações filosóficas*, 277; *Blue and Brown Books*, New York; Evanston, Harper & Row, 1964, 102-103. Mas compare a extensa discussão em Bemerkungen uber Frazers *The Golden Bough*, *Synthese*, 17, 1961, onde Wittgenstein é revelado como altamente sensível às diferenças na perspectiva étnica. Seus comentários sobre o etnocentrismo ingênuo de Frazer são contundentes: "*Welche Enge des seelischen Lebens bei Frazer! Daher: Welche Unmöglichkeit, ein anderes Leben zu begreifen, als das englische seiner Zeit! Fraser kann sich keinen Priester vorstellen, der nicht im Grunde ein englischer Parson unserer Zeit ist, mit seiner ganzen Dummheit und Flauheit [...]. Frazer ist viel mehr savage, als die meisten seiner savages.*" (p. 237-238, 241).

11 Whorf, *Language, Thought and Reality*, 216.

12 Nida, Eugene A. Principles of Translation as Exemplified by Bible Translating, in: Brower, Reuben A. (ed.), *On Translation*, Cambridge, Harvard University Press, 1959, 26.

13 Sapir, Edward, Language and Environment, *American Anthropologist*, n. s., 14, 1912, 228, citado em Henle, Paul (ed.), *Language, Thought and Culture*, Ann Arbor, University of Michigan Press, 1965, 5. Ver também Ohman, op. cit., 44-45 e passim.

abalam realmente nossas suposições convencionais sobre objetividade e fato. Sentimos que as categorias dos esquimós continuam correspondendo ao que chamamos de neve, as categorias bulu à nossa cesta, e que poderíamos perceber as distinções mais sutis se tivéssemos alguma razão prática para fazê-lo. As distinções estão objetivamente lá fora, no mundo.

As coisas são mais desafiadoras se nos voltarmos, por exemplo, para o vocabulário das cores. Os navajos possuem termos para cores que correspondem aproximadamente ao nosso "branco", "vermelho" e "amarelo", observa Henle, mas eles têm dois termos que correspondem ao nosso "preto", um para "o negrume da escuridão", o outro "o preto de objetos como carvão". Nosso "cinza" e "marrom", entretanto, correspondem a um único termo em sua língua e, da mesma forma, nosso "azul" e "verde"[14]. A palavra alemã com o sentido de "violeta" foi introduzida apenas no século XIX, do francês. Antes disso, a palavra, que agora significa "marrom", era usada tanto para o que chamamos de "marrom" quanto para o que chamamos de "violeta"[15]. Nida menciona que em uma alta porcentagem das línguas africanas existem apenas três palavras para cores. Ele acrescenta, um tanto obscuramente, que as palavras "correspondem" ao nosso "preto", "branco" e "vermelho", mas "ainda assim dividem todo o espectro"[16]. Obviamente, um alemão do século XVIII poderia, quando necessário, perceber a diferença entre o marrom e o violeta, como podemos perceber a diferença entre o preto da escuridão e o preto do carvão. Mas quantas e quais cores existem no mundo?

Essas diferenças tornam-se cada vez mais marcantes à medida que passamos do concreto para o abstrato, e à medida que nos afastamos de palavras que frequentemente funcionam como nomes para palavras envolvidas em jogos de linguagem mais complexos. Todos nós sabemos que existem certas palavras que podem ser traduzidas apenas por longas explicações circunlocutórias, que realmente não podem ser traduzidas por completo e, portanto, são muitas vezes tomadas emprestadas dos idiomas originais: palavras como as alemãs "*Weltanschauung*", "*Gemütlichkeit*" e "*überhaupt*", ou do francês "*vis-à-vis*" e "*fait accompli*"[17]. As línguas europeias não têm uma tradução correspondente para o termo inglês "*fair*" ("justo"); é claro que eles podem traduzir a palavra, mas geralmente com a mesma palavra que também se traduz como "*just*" ("justo"), de modo que a distinção marcada em inglês entre

---

14 Henle, op. cit., 7.
15 Ohman, op. cit., 137.
16 Nida, op. cit., 13.
17 Ohman, op. cit., 68.

"*fair*" e "*just*" se perde. Correspondentemente, o alemão possui três palavras – "*vertreten*", "*darstellen*" e "*repräsentieren*"; e todas elas devem normalmente ser traduzidas pela inglesa "*represent*" [representar]. "*Darstellen*" significa *to depict* [retratar] ou *stand for* [substituir; ocupar o lugar de], "*vertreten*" significa *to act for as an agent* [agir como um agente/representante]. "*Repräsentieren*" é bastante próxima de "*vertreten*" e não é fácil distingui-las (é mais formal, mais nobre; os teóricos alemães às vezes argumentam que meros interesses egoístas podem ser "*vertreten*", mas não "*repräsentieren*"), mas conceitualmente não têm relação com "*darstellen*". Portanto, para um falante de inglês, a maneira como uma *painting* [pintura], um *paintor* [pintor] ou um *actor* [ator] "representa" é parte do mesmo conceito que a maneira como um *agent* [agente] ou um *Congressman* [congressista] "representa". Para quem fala alemão, não. Aqui, somos muito menos tentados a dizer categoricamente que aquilo que dois homens de culturas diferentes veem deve ser o mesmo, ainda que suas palavras sejam diferentes. Aqui não somos mais tentados a dizer, como fizemos com relação às palavras das línguas dos esquimós que se referem à neve, que um falante alemão exposto a muita pintura e legislação acabaria por perceber os paralelos entre os dois tipos de representação. Começa a parecer que a linguagem pode criar objetos, em vez de apenas simbolizar objetos preexistentes de todo independentes de nossa conceituação[18].

E esses exemplos de diferenças nos significados das palavras ainda são relativamente raros e limitados, em comparação com as diferenças na simbolização das relações, quando passamos do vocabulário para a gramática e a sintaxe. Aqui, algumas línguas parecem, por assim dizer, exigir de seus falantes informações que, em outros idiomas, não existem, ou são ambíguas ou obscuras, ou ficam implícitas. Rabin ilustra alguns casos:

> Um falante de turco deve expressar em uma frase verbal se ele mesmo experimentou o evento ou tem certeza disso (*gitti,* "ele foi"), ou sabe disso por ouvir dizer (*gitmish,* "ele supostamente foi"). É claro que *gitti* não é o mesmo que ele foi, porque implica uma certeza que não está presente no último. O equivalente russo a "falo" deve significar "falo habitualmente" ou "estou falando no momento". O *H[ebrew]* (hebraico*) halakhti* significa indiferentemente "eu fui", "eu tinha ido", "eu havia partido", "eu estava indo": naturalmente não corresponde a nenhum desses[19].

---

18 SEGERSTEDT, Torgny T., *Die Macht des Wortes*, Zurique, Pan-Verlag, 1947, 98.
19 RABIN, L. Linguistics of Translation, in: *Aspects of Translation*, Studies in Communication Nº 2, London, University College Communications Research Center, 1958, 128; comparar com NIDA, op. cit., 22-23.

Os verbos hopi, como Whorf aponta, não possuem tempos, mas devem sempre indicar "que tipo de validade o falante pretende que a declaração tenha": se ele está relatando um evento, esperando por um evento ou fazendo uma generalização sobre os eventos[20]. O nianja, uma língua relacionada ao zulu e falada na África Oriental, "tem dois tempos pretéritos, um para eventos passados com resultado ou influência presente, um para o passado sem influência presente. Um passado registrado em situações externas se distingue de um passado registrado apenas na psique ou na memória"[21]. Ao ser traduzida para o navaho, Kluckhohn e Leighton destacam que a frase em inglês "*I drop it*" [deixo cair] é terrivelmente vaga. "O navajo deve especificar quatro particularidades que o inglês deixa por esclarecer ou para inferir a partir do contexto."[22] O navajo tem de especificar se a coisa que se deixou cair é algo definido ou algo geral; ele deve escolher entre radicais verbais dependendo se a coisa em questão é redonda, comprida, fluida ou animada; ele deve indicar se o agente controla a queda do objeto; e ele deve especificar rigorosamente "se o ato está em andamento, ou prestes a começar, ou prestes a parar, ou ocorre habitualmente, ou é repetidamente executado"[23].

Em inglês, Whorf destaca, as frases "eu puxo o galho de lado" e "eu tenho um dedo a mais no meu pé" têm pouca semelhança; presumivelmente, um falante de inglês não veria esses dois "fatos" da mesma forma[24]. Mas em shawnee, por exemplo, os dois proferimentos correspondentes são exatamente iguais, exceto pelas duas últimas sílabas (e a última parte em uma construção linguística de shawnee geralmente é a parte menos importante e enfática)[25]. Analisando as partes dos proferimentos shawnee, Whorf mostra como os dois "fatos" parecem muito semelhantes a um falante shawnee. As traduções literais de ambas as sentenças são, *grosso modo*, "eu – contorno bifurcado – ramificado ou semelhante a um galho", e só então elas divergem, a primeira terminação "feita à mão – o sujeito faz isso para o objeto apropriado", e a última, "pertencente aos dedos do pé", com a ausência de sufixo adicional, indicando que o sujeito manifesta uma condição em sua própria pessoa. Se lhe for exposto esse raciocínio, Whorf sugere, até mesmo um falante de

---

20 Whorf, op. cit., 217.

21 Ibid., 265.

22 Kluckhohn, Clyde; Leighton, Dorothea, *The Navaho*, Cambridge, Harvard University Press, 1946, 204, citado em Henle, op. cit., 9.

23 Ibid., 10. Outros exemplos podem ser encontrados em Rabin, op. cit., 128.

24 Whorf, op. cit., 233.

25 Ibid., 234.

inglês pode ver o paralelo. E, se num primeiro momento, ele poderia ter assumido que "as sentenças são diferentes porque falam sobre fatos diferentes", ele pode agora concluir que "os fatos são diferentes para falantes cujo contexto linguístico fornece formulações diferentes deles"[26].

O argumento de Whorf em favor da influência da linguagem nas concepções de mundo é mais forte quando ele demonstra não apenas uma peculiaridade linguística isolada, mas uma orientação totalmente diferente refletida em vários pontos de uma língua. Assim, ele argumenta, de forma persuasiva, que o hopi é "uma língua atemporal"[27]. Já observamos que os verbos hopi não possuem tempos, o que dificulta distinguir entre passado, presente e futuro. A língua hopi

> reconhece o tempo psicológico, que é muito parecido com a "duração" de Bergson, mas este "tempo" é bastante diferente do tempo matemático, T, usado por nossos físicos. Estão entre as propriedades peculiares do tempo hopi ele variar acompanhando cada observador, não permitir a simultaneidade e ter dimensões zero; isto é, não lhe pode ser dado um número maior que um. Os hopi não dizem: "fiquei cinco dias", mas "saí no quinto dia". Uma palavra que se refira a este tipo de tempo, como a palavra dia, não pode ter plural. [A gramática hopi torna mais fácil distinguir entre momentâneo, contínuo e eventos repetidos, e indicar a sequência real de eventos relatados, de modo que] o universo possa ser descrito sem recurso a um conceito de tempo dimensional[28].

Dadas essas diferenças, fica difícil dizer que o tempo é aquilo que é no mundo real, objetivamente, de modo totalmente independente da conceituação que os seres humanos fazem dele. Na verdade, os linguistas e antropólogos que discutem esses exemplos, e alguns filósofos que os comentam, concluem que nossa linguagem molda ou mesmo determina nosso mundo. Sapir diz que "o 'mundo real' é em grande parte construído inconscientemente com base nos hábitos linguísticos do grupo"[29]. Frantz Fanon concorda: "Falar uma língua é assumir um mundo, uma cultura", isso significa "suportar o peso de uma civilização. [...] Um homem que possui uma língua possui consequentemente o mundo que essa língua expressa e

---

26 Ibid., 235.
27 Ibid., 216; comparar com p. 134-159.
28 Ibid., 216-217.
29 Citado em WHORF, op. cit., 134.

implica"³⁰. Assim, também, Peter Winch: "Nossa ideia do que pertence ao reino da realidade nos é dada pelo nosso uso da língua. Os conceitos que estabelecemos dão a forma da experiência que temos do mundo"³¹.

De certa forma, a questão se torna mais crítica com respeito à ciência, em que nossas esperanças de objetividade, independentemente de tempo e cultura, são maiores. Mas a própria ciência faz parte de uma cultura e sua linguagem deve ser aprendida. "Uma parte da situação tem a ver com visibilidade", como disse Willard van Orman Quine, se perguntarmos "quem se encarregaria de traduzir 'Neutrinos não têm massa' para a língua da selva?"³² Os neutrinos existem objetivamente no mundo exterior? À medida que um leigo é gradualmente treinado para se tornar um cientista, ele é iniciado em uma nova língua, em novas maneiras de ver, em um novo mundo, tal como precisaríamos fazer com os nativos da selva para que eles pudessem entender os neutrinos. Kuhn observa:

> Ao olhar uma carta topográfica, o estudante vê linhas sobre o papel; o cartógrafo vê a representação de um terreno. Ao olhar uma fotografia da câmara de Wilson, o estudante vê linhas interrompidas e confusas; o físico vê um registro de eventos subnucleares que lhe são familiares. Somente após várias dessas transformações [na percepção] de [sua] visão é que o estudante se torna um habitante do mundo do cientista, vendo o que o cientista vê e respondendo como o cientista responde³³.

---

30 FANON, Frantz, *Black Skin, White Masks*, trad. ing. de Charles Lam Markmann, New York, Grove Press, 1967, 38, 17-18. Trad. bras.: *Pele negra, máscaras brancas*, de Renato da Silveira, Salvador, EDUFBA, 2008, 50, 33-34. Aqui, como o próprio início da citação indica, a palavra *language* é usada de forma específica, e optamos por traduzir como *língua*. No caso do exemplo citado por Fanon, do negro antilhano que adota a língua francesa, e o peso de sua cultura e civilização. (N. dos T.)

31 WINCH, Peter, *The Idea of a Social Science*, HOLLAND, R. F. (ed.), New York, Humanities Press, 1965, 15. Comparar também com POLANYI, Michael, *Personal Knowledge*, New York; Evanston, Harper & Row, 1964, 112. Whorf diz que "toda língua é um vasto sistema-padrão, diferente de outros, no qual são culturalmente ordenadas as formas e categorias pelas quais a personalidade não apenas se comunica, mas também analisa a natureza, percebe ou negligencia tipos de relacionamento e fenômenos, canaliza seu raciocínio e constrói a casa de sua consciência"; op. cit., 252. Tullio de Mauro afirma que toda língua tem "sua própria topografia particular [...] Nenhuma língua é apenas a roupagem semântica de um corpo único de conceitos e categorias universais: ao contrário, cada uma tem o poder de moldar o pensamento das comunidades que a adotam"; *Ludwig Wittgenstein*, Dordrecht, D. Reidel, 1967, 11.

32 QUINE, Willard van Orman, *Word and Object*, Cambridge, M.I.T. Press, 1960, 76; comparar com WINCH, Peter, Understanding a Primitive Society, *American Philosophical Quarterly*, I, out. (1964) 307-324 (317).

33 KUHN, Thomas S., The Structure of Scientific Revolutions, in: *International Encyclopedia of Unified Science*, Chicago, University of Chicago Press, ²1970. Trad. bras.: *A estrutura das revoluções científicas*, de Beatriz Vianna Boeira e Nelson Boeira, rev. Alice Kyoto Miyashiro, São Paulo, Perspectiva, ⁵1998, 146.

Mas, em tais exemplos, ainda pode parecer óbvio qual é a "verdade objetiva" da questão; o aluno simplesmente ainda não aprendeu a ver o que realmente está lá. Essa interpretação não é mais tão fácil de se adotar se alguém examina as mudanças correspondentes na percepção que ocorrem no que Kuhn chama de revoluções científicas, quando há uma mudança de paradigmas em toda a comunidade científica.

> O historiador da ciência que examinar as pesquisas do passado a partir da perspectiva da historiografia contemporânea pode sentir-se tentado a proclamar que, quando mudam os paradigmas, muda com eles o próprio mundo. Guiados por um novo paradigma, os cientistas adotam novos instrumentos e orientam seu olhar em novas direções. E o que é ainda mais importante: durante as revoluções, os cientistas veem coisas novas e diferentes quando, empregando instrumentos familiares, olham para os mesmos pontos já examinados anteriormente. É como se a comunidade profissional tivesse sido subitamente transportada para um novo planeta, onde objetos familiares são vistos sob uma luz diferente e a eles se apegam objetos desconhecidos. [...] Mudanças de paradigma [...] levam os cientistas a ver o mundo definido por seus compromissos de pesquisa de uma maneira diferente[34].

Kuhn ilustra com um exemplo do trabalho de Galileu:

> Desde a Antiguidade remota, muitas pessoas haviam visto um ou outro objeto pesado oscilando de um lado para outro em uma corda ou corrente até chegar ao estado de repouso. Para os aristotélicos – que acreditavam que um corpo pesado é movido pela sua própria natureza de uma posição mais elevada para uma mais baixa, onde alcança um estado de repouso natural –, o corpo oscilante estava simplesmente caindo com dificuldade. Preso pela corrente, somente poderia alcançar o repouso no ponto mais baixo de sua oscilação após um movimento tortuoso e um tempo considerável. Galileu, por outro lado, ao olhar o corpo oscilante, viu um pêndulo, um corpo que por pouco não conseguia repetir indefinidamente o mesmo movimento[35].

A mudança na percepção (*vision*) ocorreu por meio do gênio de Galileu, mas "note-se que neste caso o gênio não se manifesta através de uma observação mais acurada ou objetiva do corpo oscilante. Do ponto de vista descritivo, a percepção

---
34 Ibid., 145-146.
35 Ibid., 154.

aristotélica é tão acurada como a de Galileu"³⁶. Em vez disso, Galileu estava fazendo uso de uma teoria do movimento relativamente nova, um paradigma do final da Idade Média – "a teoria do *impetus*" – segundo a qual "o movimento contínuo de um corpo pesado é devido a um poder interno, implantado no corpo pelo propulsor que iniciou seu movimento." Até a invenção da teoria do *impetus*, "não havia pêndulos para serem vistos pelos cientistas, mas tão somente pedras oscilantes"³⁷.

O que um aristotélico ou um escolástico viam, por sua vez, governava quais parâmetros lhe ocorreria medir e, portanto, quais leis do movimento ele seria capaz de desenvolver.

> Ao contemplar a queda de uma pedra, Aristóteles via uma mudança de estado, mais do que um processo. Por conseguinte, para ele as medidas relevantes de um movimento eram a distância total percorrida e o tempo total transcorrido, parâmetros esses que produzem o que atualmente chamaríamos não de velocidade, mas de velocidade média. De maneira similar, por ser a pedra impulsionada por sua natureza a alcançar seu ponto final de repouso, Aristóteles via, como parâmetro de distância relevante para qualquer instante no decorrer do movimento, a distância *até* o ponto final, mais do que aquela *a partir do* ponto de origem do movimento³⁸.

Uma pesquisa científica normal guiada apenas pelas categorias conceituais da ciência aristotélica "não poderia ter produzido as leis que Galileu descobriu". Regularidades que "não poderiam ter existido para um aristotélico" eram, "para um homem que via a pedra oscilante do mesmo modo que Galileu, uma consequência da experiência imediata"³⁹. Assim, pode-se dizer de Galileu o que Kuhn de fato afirma sobre Lavoisier após sua "descoberta do" oxigênio: que ele "passou a trabalhar em um mundo diferente"⁴⁰.

Se nos surpreende a ideia de que os componentes do mundo são tão profundamente dependentes da cultura e da língua, isso pode ser, como sugere Cavell, porque "esquecemos que aprendemos a língua e aprendemos o mundo *juntos*, que

---

36 Ibid., 154.
37 Ibid., 155-157.
38 Ibid., 160.
39 Ibid., 160, 159.
40 Ibid., 153.

eles são elaborados e se tornam distorcidos juntos e nos mesmos lugares"[41]. Tendemos a esquecer que as crianças aprendem muito mais conosco, os adultos, do que aquilo que lhes é *dito* – que nos apresentamos como modelos para elas, que exercemos autoridade, que as iniciamos em parcelas importantes do nosso mundo. Assim, destaca Cavell,

> quando você diz "amo o meu amor", a criança pode aprender o significado da palavra "amor" e o que é o *amor*. Por exemplo, que (*o que você faz*) será amor no mundo da criança, e se estiver misturado com ressentimento e intimidação, então o amor é uma mistura de ressentimento e intimidação, e quando o amor for buscado, o que será buscado será *isso*. Quando você diz "prometo levar você amanhã", a criança começa a aprender os intervalos temporais, e o que é a confiança, e o que você fizer irá mostrar o quanto vale a confiança. Quando você diz "vista o seu suéter", a criança aprende o que são ordens e o que é *autoridade*, e se dar ordens é algo que gera ansiedade em você, então as autoridades são ansiosas, e a própria autoridade é uma coisa incerta. Claro, há a esperança de que a pessoa, crescendo, aprenderá outras coisas sobre esses conceitos e "objetos" também. Eles vão crescer gradualmente à medida que o mundo da criança for crescendo[42].

Mas tudo o que a criança sabe sobre eles é o que aprendeu, e tudo o que aprendeu fará parte do que eles são.

Aprendemos a língua e o mundo juntos, aprendemos a respeito do amor e da palavra "amor", e do mesmo modo a respeito da beleza e da palavra "beleza". Nosso vocabulário e nossa percepção mundana se expandem gradualmente e juntos e, em alguns aspectos, como dissemos, o processo nunca termina. Quando pensamos em uma criança que está começando a aprender suas primeiras palavras, começando a aprender o que "gatinho" significa e o que é um gatinho, podemos perceber que a criança realmente vive em um mundo muito diferente do nosso.

> Eu queria dizer: os gatinhos – o que chamamos de "gatinhos" – ainda não existem no mundo dela, ela ainda não adquiriu as formas de vida que os contêm. Eles não existem, do mesmo modo que cidades e prefeitos só existirão no mundo dela muito depois [...] que surgirem os gatinhos; ou como Deus, o amor, a responsabilidade ou a beleza não existem em nosso mundo: não os controlamos, esquecemos,

---

[41] Cavell, *Must We Mean What...*, 19.
[42] Cavell, Stanley, *The Claim to Rationality*, Tese de Doutorado em Filosofia (não publicada), Cambridge, Harvard University, 214.

distorcemos, ou os aprendemos por meio de modelos fragmentados, e as formas de vida que poderiam fazer um proferimento como "Deus existe" ou "Deus está morto" ou "Eu te amo" ou "Não posso fazer de outra maneira" ou "A beleza não é senão o começo do horror[43]" podem conter todo o peso que podem conter, podem exprimir tudo que pode ser extraído de nós. Não sabemos o significado das palavras[44].

A ideia é intrigante, mas difícil. Evidentemente, Cavell está tentando dizer que ao nos confrontarmos com palavras como "Deus", "amor" e "beleza" somos hoje como crianças, que conhecem alguns usos dos termos e têm alguma noção do seu significado, mas um significado incompleto. Porém, quando dizemos que uma criança tem alguma ideia, mas não sabe totalmente o que é uma "função", temos um padrão óbvio de medida: a criança ainda não sabe o que sabemos. O que significa dizer a nosso respeito que não sabemos (completamente) o que Deus, o amor ou a beleza são (significam)? Por qual padrão nosso conhecimento é incompleto? Pela experiência de alguma época anterior ou cultura diferente, talvez; como se poderia dizer que a Europa medieval ou os primeiros cristãos conheciam Deus de uma maneira que nós não conhecemos, conheciam o conceito de uma maneira que nós não conhecemos. Ou talvez o padrão de comparação seja a excepcional individualidade de um gênio, como o poeta. Assim, se não podemos conferir o devido peso ou atribuir o significado completo a um verso como "A beleza não é senão o começo do horror", então Rilke é o "adulto" de nossa imaturidade nessa área.

O MUNDO OBJETIVO

Há, porém, dificuldades mais sérias no relato de Cavell e em tudo o que foi dito sob a perspectiva do relativismo linguístico whorfiano; estamos desenvolvendo apenas metade de um problema complexo. Cavell disse que se aprendem a língua e o mundo ao mesmo tempo, de modo que "saber usar a palavra 'raiva' é saber o que é raiva"[45]. Mas, certamente, isso simplifica demais a correlação entre a aquisição de línguas e o aprendizado experiencial do mundo. Em primeiro lugar, *podemos* aprender a dizer coisas sobre Deus ou sobre a beleza que não entendemos totalmente, podemos aprender a citar Rilke ou Hegel sem compreendê-los. Mas, então, seremos

---

43 Aqui há uma clara referência à obra do poeta Rainer Maria Rilke; ver sobre o assunto na obra do poeta KLEINBARD, David, *The Beginning of Terror. A Psychological Study of Rainer Maria Rilke's Life and Work*, New York, NYU Press, ²1995. (N. dos T.)

44 CAVELL, *The Claim to Rationality*, 207.

45 Ibid., 227.

como a criança que aprendeu a dizer "Simplesmente não consigo funcionar sem [...]", mas não sabe realmente o que é uma função e não pode fazer muito mais do que isso com a palavra. Só podemos repetir o que aprendemos com Rilke; ainda não podemos operar de forma espontânea e independente com sua compreensão da beleza. Ainda assim, na medida em que isso seja possível, mesmo que seja uma forma de adquirir progressivamente uma sensibilidade e compreensão ampliadas, o *slogan* "saber usar a palavra 'raiva' é saber o que é raiva" não funcionará.

Além disso, se olharmos novamente para os exemplos de Cavell a respeito da aprendizagem do que é amor, a confiança ou a autoridade, notamos que eles não são de fato exemplos em que a linguagem e o mundo são aprendidos *diretamente* juntos, em uma função bijetiva (*one-to-one correlation*). Pois Cavell diz que a criança aprende o que são os intervalos temporais e o que é confiança com a frase dita pelo adulto – "prometo levar você amanhã" –, e com suas ações subsequentes. As palavras "confiança" e "intervalo temporal" não são ditas. Ou, novamente, Cavell ilustra a aprendizagem do que é autoridade com o exemplo do adulto que manda a criança colocar o suéter; a palavra "autoridade" não é usada nem pelo adulto nem pela criança, mas apenas por Cavell. Portanto, o próprio Cavell reconhece que a criança pode aprender coisas sobre o mundo além do vocabulário imediatamente relevante, e vice-versa. Quando mais tarde ela encontrar as palavras "confiança" e "autoridade", isso as vinculará ao vocabulário que já possui ("tenho que", "prometo", "devo", "com certeza"), e esse vocabulário já estará vinculado às experiências que chamamos (como a criança ainda não pode chamá-las) de "primeiros encontros com a autoridade" ou "confiança".

A certa altura, Wittgenstein pergunta: "Poderia entender a palavra 'dor' alguém que nunca sentiu dor?"[46] Como sempre, ele não responde à própria pergunta, mas sou tentada a dizer que a resposta é sim e não. Afinal, aprendemos muitas palavras que se referem a fenômenos que não experimentamos e não podemos experimentar. E, ainda assim, o conhecimento pela experiência pode acrescentar algo a mais. Wittgenstein também pergunta:

> Se eu pudesse imaginar esta situação: alguém se recorda, pela primeira vez em sua vida, de alguma coisa e diz: "Sim, agora sei o que é 'recordar' como [*é sentir/feels like*] *funciona* a recordação." – Como ele sabe que esse sentimento é "recordar"? Compare: "Sim, agora eu sei o que é 'formigar'"[47].

---

46 Wittgenstein, *Investigações filosóficas*, § 315.

47 Ibid., 296.

Como sempre, o que estamos preparados para dizer aqui depende do exemplo específico que vem à mente. Nem sabemos como imaginar um homem que, embora saiba falar, nunca tenha se lembrado de nada em sua vida. Um homem que nunca tenha sentido dor parece um pouco mais possível, embora, de forma alguma, totalmente claro (dor física, talvez, mas dor psicológica?). Imaginar um homem que sente uma sensação de formigamento pela primeira vez na vida não é nada difícil. Da mesma forma, todos nós podemos entender exclamações como "Agora que eu experimentei, pela primeira vez eu entendo o que o 'amor' significa!" (ou "a dor de dente" ou "o terror"). E é importante que o mesmo *insight* possa ser expresso com a mesma facilidade dizendo-se: "Pela primeira vez eu entendo o que é o amor!" Mas o que faríamos com a exclamação: "Agora que experimentei, pela primeira vez entendi o que 'doze' significa!"? Ou "paralelo"? No entanto, só uma pessoa que já soubesse alguma coisa a respeito do significado de "amor" ou "dor de dente" seria capaz de identificar a experiência quando ela ocorre. E também conseguimos imaginar alguém aprendendo a palavra "acrofobia", e pensando consigo: "Então foi isso que aconteceu comigo naquele dia no telhado da igreja!"

Embora possa parecer estranho, mesmo os cegos congênitos aprendem a usar e compreendem palavras como "ver" e "verde". E por que não? A maioria de nós aprende a usar e compreende expressões como "transe" ou "percepção extrassensorial" ou "êxtase religioso" sem ter essas experiências. Supor que se pode aprender o significado de uma palavra apenas experimentando o que ela representa é permanecer cativo ao modelo da linguagem como rotulação de objetos. A pessoa cega congênita, que aprendeu o português, sabe o que *é* o verde? Bem, do mesmo modo que a maioria de nós sabe o que é um transe, ou êxtase religioso. Nosso sistema conceitual depende tanto do que aprendemos a dizer quanto do que vivenciamos; e ambas as dimensões se expandem à medida que aprendemos e crescemos, embora de forma diferente para palavras diferentes, e não formando uma função bijetiva.

É essencial notar como a maioria dos escritores citados neste capítulo experimenta certa dificuldade em articular seus pontos de vista, em encontrar um vocabulário que lhes permita dizer o que pensam sem paradoxos. Kuhn, por exemplo, tenta reservar os verbos "olhar para" e "contemplar" para as coisas como elas realmente, objetivamente, estão no mundo, usando "ver" para a experiência subjetiva e fenomenológica do cientista. ("Quando Aristóteles e Galileu olharam para as pedras oscilantes, o primeiro viu uma queda violenta e o segundo, um pêndulo."[48])

---

48 Kuhn, op. cit., 156. O fato de Kuhn estar ciente de que seu uso dos verbos é de alguma forma forçado é mostrado por sua pergunta nervosa (p. 155): "Esses homens realmente *viram* coisas diferentes ao *olhar para* o mesmo tipo de objetos?"

Mas Kuhn não consegue tornar bem claras suas ideias, pois esses verbos têm usos comuns que governam seu significado; e esses usos e esse significado infelizmente não correspondem à distinção de Kuhn. Seria bom se "o que ele vê" fosse sempre equivalente ao que ele *diria* que vê. Mas o fato é que, embora a expressão seja usada assim às vezes ("Ele vê um coelho", dito pelo experimentador), também é usada em outras ocasiões para o que realmente lá existe para ser visto ("Ele vê um coelho-pato como um coelho"). Seria bom se "Ele olha para tal coisa" sempre se referisse à coisa para a qual nós acreditamos que ele está olhando, ou à coisa que objetivamente está no mundo. Mas, embora a expressão às vezes seja usada dessa forma, às vezes ela também é usada para fazer um relato fenomenológico da experiência do falante. O fato é que usamos esses verbos de modos aparentemente ambíguos, ora para nos referirmos ao que o espectador está experimentando, ora com referência à origem de sua experiência, e, na maioria das vezes, para exprimir as duas coisas ao mesmo tempo. Como Wittgenstein assinala, queremos dizer ao mesmo tempo "Isto não é de fato um *ver*!" e "Isto é de fato um ver!" e "ambos devem poder ser justificados conceitualmente"[49].

Além disso, Kuhn muitas vezes quer dizer que a distinção é inválida, que os fatos objetivos mudam com uma mudança de paradigma ou conceito, como quando ele diz que antes da teoria do *impetus* "não havia pêndulos [...] para serem vistos pelos cientistas"[50]. No entanto, para descrever seu exemplo, ele *precisa* encontrar palavras para designar "a mesma coisa" que é vista de uma forma por Aristóteles, e de outra forma por Galileu. Ele usa "um corpo pesado oscilando de um lado para outro em uma corrente", ou "um corpo oscilante"[51]. Essa é, então, uma verdade objetiva a qual podemos recorrer? A própria afirmação do problema introduz um viés a favor da existência de uma realidade neutra e objetiva. Nós sabemos o que realmente estava ali porque Kuhn nos diz, é obrigado a nos dizer a fim de deixar clara sua argumentação.

Existem ambiguidades aparentes igualmente difíceis no próprio conceito de "mundo". Kuhn reconhece, em sua discussão sobre as revoluções científicas, que

> mudanças dessa espécie nunca são totais. Não importa o que o cientista possa então ver, após a revolução o cientista ainda está olhando para o mesmo mundo. Além disso, grande parte de sua linguagem e a maior parte de seus instrumentos

---

49 Wittgenstein, *Philosophical Investigations*, 266.
50 Kuhn, op. cit., 155.
51 Kuhn, op. cit., 154.

de laboratório continuam sendo os mesmos de antes, embora anteriormente ele os possa ter empregado de maneira diferente[52].

O próprio Kuhn está dividido entre modos de falar que sugerem que o mundo muda quando os conceitos mudam e aqueles que sugerem que o mundo permanece o mesmo. Ele reclama:

> Em um sentido que sou incapaz de explicar melhor, os proponentes dos paradigmas competidores praticam seus ofícios em *mundos diferentes*. Um contém corpos que caem lentamente; o outro, pêndulos que repetem seus movimentos sem cessar [...] Por exercerem sua profissão em mundos diferentes, os dois grupos de cientistas veem coisas diferentes quando olham de um mesmo ponto para a mesma direção. Isso não significa que possam ver o que lhes aprouver. Ambos olham para *o mundo e o que olham não mudou*[53].

Ao final, Kuhn não consegue abandonar a visão mais convencional da questão: que o mundo é constante e independe de nossas interpretações, e que apenas as interpretações mudam. Ele diz que não é capaz de abandoná-la "na ausência de uma alternativa já desdobrada [disponível]", mesmo que "ela já não funciona[e] efetivamente"[54].

Cavell encontra dificuldades semelhantes, e usa expressões como "eu queria dizer" para introduzir a ideia de que a criança vive em um mundo diferente do nosso. E quando Sapir diz que o mundo real é em boa parte construído a partir de nossa linguagem, ele coloca "mundo real" entre aspas. Não é preciso ser profundamente wittgensteiniano para ver que as dificuldades desses autores apresentam características de um paradoxo conceitual que se origina na gramática complexa da palavra "mundo". Como observa Wittgenstein, "as palavras 'linguagem', 'experiência', 'mundo', caso tenham um emprego [uso], este tem que ser tão modesto como as palavras 'mesa', 'lâmpada', 'porta'"[55]. O significado de "mundo" é determinado tanto pelos jogos de linguagem em que a palavra é usada quanto pelos jogos de qualquer outra palavra; e se eles têm implicações contraditórias, então qualquer

---

52 Kuhn, op. cit., 165.
53 Ibid., 190; grifo meu.
54 Ibid., 161.
55 Wittgenstein, *Investigações filosóficas*, § 97; comparar com "Bemerkungen über Frazers *The Golden Bough*", 234: "*Denn, wenn ich damals anfing von der 'Welt' zu reden (und nicht von diesem Baum oder Tisch), was wollte ich anderes als etwas Höheres in meine Worte bannen*".

discussão geral sobre a natureza do mundo será afetada pelas ambiguidades resultantes. O fato é que falamos sobre o mundo como algo que nos é externo e independe da nossa vontade, que permanece fixo enquanto as interpretações humanas a seu respeito mudam; contrastamos "o mundo real" com nossos desejos, nossas fantasias e mentiras. Mas *também* usamos expressões como "meu mundo" ou "o mundo dos antigos gregos", ou dizemos que duas pessoas "vivem em mundos totalmente diferentes". Esta última maneira de falar sobre o mundo, mais subjetiva e de origem recente, tampouco talvez seja uma resposta ao sentido moderno de relatividade. Como afirma Ziff, a palavra "*world*" [mundo] deriva etimologicamente do termo anglo-saxão *weorold*, que significa o curso da vida de um homem[56]. Assim, o mundo sempre foi, de certo modo, o meu mundo. Além disso, um mundo não é uma coleção aleatória ou caótica de coisas; o conceito requer uma certa coerência e consistência. Um mero "amontoado de artigos [fenômenos] incoerentes", como diz Arendt, seria um "não mundo", não seria um mundo absolutamente[57]. E é claro que o nosso sistema conceitual é o que fornece, ao menos em parte, senão por completo, tal coerência. Nesse sentido, o conhecimento humano é, como observa Cavell, "uma estrutura positiva e convencional que 'trazemos ao' mundo [...] além da qual não há nada que devamos chamar de 'mundo'"[58]. Portanto, o mundo é necessariamente objetivo e subjetivo, independente da linguagem e estruturado por ela. Pode-se dizer igualmente "isto é assim por ser o mundo tal como é" ou "isto é assim por usamos a palavra 'mundo' do modo como a usamos". Ambas as formulações são verdadeiras, e sua dualidade ilustra o que pretendem expressar.

Poderíamos chegar à conclusão de que a palavra "mundo" é irremediavelmente imperfeita por sua ambiguidade e deveria ser abandonada. Mas vimos que a ambiguidade reside não apenas nesta palavra em particular, mas em muitos dos conceitos a ela relacionados, ou mesmo em todos eles (por exemplo, "ver" e "olhar para"). Além disso, não é fácil abandonar um conceito; no mínimo, como constatou Kuhn, não podemos fazer isso na ausência de uma alternativa já desenvolvida. Talvez aqui precisemos de uma conceituação nova e melhor, mas uma conceituação nova e melhor *de quê*? Um novo conceito livre dessas ambiguidades não será

---

56 ZIFF, *Semantic Analysis*, 50.

57 ARENDT, Hannah, *The Human Condition*, Garden City, Doubleday, 1958. Trad. bras.: *A condição humana*, de Roberto Raposo, Rio de Janeiro, Forense Universitária, [10]2005, 17. Nessa passagem, Pitkin substitui a expressão original de Arendt "*unrelated articles*" por "*unrelated phenomena*", e mantivemos as duas versões na tradução. (N. dos T.)

58 CAVELL, *Claim to Rationality*, 107.

um conceito do mundo, não satisfará o que nos preocupa. Não podemos discutir *este* problema sem esbarrar nas implicações inconsistentes de nossa gramática nesta esfera.

Algo, no entanto, parece claro: pelo menos nossa *conversa* sobre o mundo é delimitada convencionalmente. Quer o que vemos objetivamente exista ou não, quer haja ou não alguma realidade objetiva para ver, o que dizemos ou pensamos discursivamente sobre isso deve ser dito ou pensado na linguagem. E isso significa que, ao dizê-lo, devemos introduzir as suposições e implicações intrínsecas à nossa linguagem, devemos assumir qualquer posição que o próprio ato de falar requeira. "É o que é, e não importa o que digamos sobre isso", apenas enquanto não nos comprometermos a dizer o que é "isso". Nossas únicas maneiras de dizer o que é alguma coisa requerem linguagem. "Aquela" coisa pode ser o que é se a chamamos de *corpse* ou *cadaver*, mas assim que tentamos dizer o que ela é, invocamos um sistema conceitual com tudo o que isso implica. Além disso, nosso sistema conceitual, que governa o que podemos dizer sobre a realidade, certamente também afeta o que percebemos. Nossos conceitos afetam o que tendemos a notar ou lembrar. Segundo Wittgenstein, os conceitos "nos conduzem às investigações"; eles não são meramente "a expressão de nosso interesse", mas também "conduzem nosso interesse"[59].

Mas isso não significa necessariamente que nossos conceitos determinem a realidade por completo. Apesar dos paralelos esclarecedores, Wittgenstein não propõe uma doutrina de determinismo linguístico como a de Whorf, mas tenta manter um equilíbrio dialético entre as influências mútuas da linguagem e do mundo. A questão conceitual básica sobre a relação entre as palavras e o mundo não permite uma resposta única e consistente; mas pode ser substituída por todo um conjunto de perguntas mais específicas que têm respostas consistentes e são esclarecedoras. Assim, por exemplo: experimentamos a realidade antes de aprender a linguagem; o que pode ou não ser experimentado dessa forma? Como é essa experiência? De que forma ela é modificada quando aprendemos a linguagem? Ou ainda: às vezes notamos distinções que nossa língua não marca, ou reconhecemos uma experiência recorrente que não podemos identificar; como são essas ocasiões? Quando e como elas ocorrem? Ou ainda: às vezes mudamos nossos conceitos por causa de algo novo e inesperado que descobrimos sobre a realidade. É claro que tais revisões sempre ocorrem em meio ao contexto de nosso sistema conceitual restante; mas elas

---

59 Wittgenstein, *Philosophical Investigations*, § 570.

sugerem, sim, que a experiência pode modificar conceitos e os conceitos devem ser investigados.

Acima de tudo, ao explorar essas questões, devemos esperar respostas diferentes dependendo de quais conceitos resolvermos investigar. Como já vimos, faz sentido para alguns dos nossos conceitos, mas não todos, a distinção entre ter conhecimento linguístico sobre a palavra e ter conhecimento experiencial sobre a coisa. Alguns conceitos, algumas áreas inteiras de nosso sistema conceitual, são relativamente inacessíveis à revisão pela experiência, enquanto sobre outros é relativamente fácil fazer novas descobertas que resultem numa revisão conceitual. Se nosso exemplo é um substantivo usado principalmente como nome para um objeto físico simples, é mais provável que descubramos que o que "isso" é independe do que o chamamos. Mas se nosso exemplo é um conceito moldado em muitos jogos de linguagem complexos, então é mais provável que sintamos que "isso" não está "dado" no mundo, mas construído ou escolhido por nosso esquema conceitual. Podemos julgar que um elefante é obviamente uma "coisa no mundo" e que um povo qualquer, ao avistar elefantes pela primeira vez, dará a essa espécie um nome característico. Mas não sentiremos a mesma segurança em relação a irmãs adotivas, trunfos ou erros. Há sérias dificuldades para imaginar seres humanos que, na ausência de tais conceitos, "se deparam com" uma irmã adotiva ou um erro e tentam nomear tais fenômenos. Assim, é fácil imaginar a descoberta de novas informações sobre elefantes que nos façam revisar nossa ideia de o que (e como) são os elefantes; mas se nosso conceito sobre erros mudar, não será por causa de novas descobertas empíricas que fizemos sobre os erros.

Isso, por fim, é um forte indício de que a interdependência das palavras e o mundo, o papel determinante e limitador dos conceitos sobre o que é percebido como realidade, geralmente será mais intensa no que diz respeito às coisas humanas, sociais, culturais e políticas. Aqui, ainda mais do que na parte da nossa linguagem que rotula e conceitua o mundo físico, o que vemos e o que está lá para ser visto dependerão dos conceitos que influenciarem nossa experiência. Pois ações, relações, sentimentos, práticas e instituições não se aproximam de nós como elefantes e ficam ali parados, balançando de leve as suas orelhas, claramente diferenciados do que os cerca, aguardando que os inspecionemos e lhes demos nomes. Não obstante, uma discussão de como e por que o mundo humano é especial quanto a esse aspecto só virá em capítulos posteriores; primeiro, devemos examinar o modo como Wittgenstein trata dos problemas que abordamos neste capítulo, como ele trata da relação entre a mente e a realidade.

VI GRAMÁTICA E FORMAS DE VIDA

O problema sobre a relação entre as palavras e o mundo surge, de certa forma, a partir de nossos conceitos; ainda assim, não é um problema "meramente verbal", e a própria natureza de nossos conceitos depende de nossas vidas como criaturas animadas no mundo. Neste capítulo, exploraremos a maneira como Wittgenstein tenta manter um equilíbrio dialético entre essas duas verdades. No processo, examinaremos suas noções de "gramática", as regras não escritas que governam nossa linguagem e regulam nossos jogos de linguagem; "critérios", um elemento da gramática especificamente destinado a mostrar como as palavras se relacionam com o mundo; e as "formas de vida", que fundamentam os jogos de linguagem e as regularidades gramaticais. "A relação entre a mente (linguagem) e o mundo *überhaupt é*", sugere Cavell, "a principal pergunta" que essas noções wittgensteinianas pretendem responder[1].

Às vezes, Wittgenstein parece dizer que a gramática diz respeito apenas às relações entre as palavras, à consistência interna de nossa linguagem. Este é frequentemente o caso quando ele fala de duas expressões que sejam "gramaticalmente relacionadas" ou quando expõe falsas analogias entre expressões como "gramaticalmente enganosas". Às vezes, ele parece até mesmo enfatizar o caráter puramente linguístico e não empírico da gramática, em particular ao diagnosticar perplexidades conceituais. Ele observa que as questões conceituais frequentemente nos parecem empíricas, embora, na verdade, sejam gramaticais. Ele diz à pessoa que se depara com a perplexidade conceitual: "Você interpreta um movimento gramatical que você fez como um fenômeno quase físico que você observou[a]"[2]. E ele diz que

---

1 Cavell, Stanley, *The Claim to Rationality*, Tese de Doutorado em Filosofia (não publicada), Cambridge, Harvard University, 1961-1962, 129.

2 Wittgenstein, Ludwig, *Philosophical Investigations*, trad. ing. de G. E. M. Anscombe, New York, Macmillan, ³1968. Trad. bras.: *Investigações filosóficas*, de Marcos Montagnoli, Petrópolis, Vozes, ⁴2005. *Investigações filosóficas, Philosophische Untersuchungen*, trad. bras. de João José R. L. Almeida, Wittgenstein Translations, Edição Bilíngue Alemão-Português, 2017, disponível em: http://www.psicanaliseefilosofia.com.br/textos/InvestigacoesFilosoficas-Original.pdf, § 401; comparar com § 251.

tal perplexidade surge, porque "afirma-se da coisa o que já se encontra no modo de sua exposição [representação]", o que certamente implica que a linguagem é um método de representação e se distingue do mundo representado[3].

Mas Wittgenstein também insistem que sua preocupação com a gramática "*não* significa que eu queira falar apenas de palavras"[4]. Wittgenstein não rejeita de fato nosso desejo, quando estamos perplexos conceitualmente, de ir além de meras palavras até a essência da coisa em si – para investigar o conhecimento, não apenas a palavra "conhecimento"; ele redireciona esse desejo. Ele afirma também estar interessado na essência, só que, "a *essência* se expressa na gramática"[5]. Descobrimos a resposta às nossas perguntas sobre a essência do conhecimento estudando a gramática do "conhecimento". Wittgenstein também afirma que "a gramática diz que espécie de objeto uma coisa é"[6]. E isso, decerto, sugere que a gramática não trata meramente a cerca da linguagem, mas pode ser informativa sobre os objetos no mundo, pode responder a certos tipos de perguntas que dizem respeito aos objetos no mundo.

A perplexidade conceitual, diz Wittgenstein, surge quando estamos confusos sobre a gramática de uma expressão, emaranhados nas regras que vemos governar seu uso. A perplexidade deixa de ser paradoxal e se torna passível de investigação quando alcançamos uma visão geral perspicaz da gramática. Assim, se nos perguntamos se o conhecimento deve ser verdadeiro, infalível, Wittgenstein recomenda que prossigamos investigando as expressões em que essa palavra, e palavras relacionadas, são usadas; por exemplo, perguntando "como é o processo para 'conhecer' neste caso?" Tal questão pode parecer "apenas vagamente relevante, se é que relevante" para a essência do conhecimento em si, mas é de fato

> uma questão relativa à gramática da palavra "saber", e isso se torna mais claro se a colocarmos na forma: "O que *chamamos* de 'conhecer'?" Faz parte da gramática da palavra "cadeira" que *isso* seja o que chamamos de "sentar-se em uma cadeira", e faz parte da gramática da palavra "significado" que isso seja o que chamamos de "explicação de um significado"[7].

---

3 Ibid., § 104.
4 Ibid., § 370; grifo meu.
5 Ibid., § 371.
6 Ibid., § 372.
7 WITTGENSTEIN, Ludwig, *Blue and Brown Books*, New York; Evanston, Harper & Row, 1964, 23-24.

A gramática de uma palavra, então, inclui todas as variadas expressões verbais nas quais essa palavra é caracteristicamente usada. A gramática de "cadeira" inclui não apenas "sentar-se em uma cadeira", mas também "consertar uma cadeira", "emprestar uma cadeira", "achar uma cadeira igual a outra", "guardar uma cadeira para alguém", "reunir uma cadeira (de uma disciplina numa universidade)", e assim por diante. Isso já terá sido esclarecido pelos capítulos anteriores. Mas esta passagem nos diz mais do que isso; ela começa a esboçar a relação entre a gramática e o mundo. Precisamos observar cuidadosamente as palavras que Wittgenstein coloca em itálico nela. A gramática, observa ele, nos diz como chamaríamos qualquer coisa particularmente; por exemplo, o que, em um caso particular, *chamamos* de "conhecer". Diz-nos o que *contaria* como "conhecer". O "chamamos" em itálico já é uma dica, mas ainda pode ser concebido como concernente às relações entre as palavras: essa gramática nos diz qual relato verbal de fenômenos seria chamado de "conhecer", quais grupos de palavras significariam o mesmo que a expressão "conhecer". Mas o demonstrativo em itálico "*isso*" deve impedir tal interpretação. A gramática nos diz que *isso*, um conjunto de fenômenos no mundo, é o que chamamos de "conhecer". Assim, a gramática wittgensteiniana, como observa Cavell, é muito mais uma questão de "determinar a relação entre uma expressão e para que no mundo tal expressão é usada"[8]. Ela especifica não apenas as expressões em que uma palavra é caracteristicamente usada, mas também, de modo crucial "o que conta como uma aplicação" dessas expressões[9].

Assim, a gramática de "cadeira" nos diz não apenas que uma cadeira é o tipo de coisa em que se pode "sentar", mas que tipo de fenômenos cotidianos contam como "sentar-se em uma cadeira". Diz-nos não apenas que alguém "se senta" em uma "cadeira", mas *como* se senta em uma cadeira. O que a torna uma cadeira é o *modo* pelo qual usamos o objeto, ao nos sentarmos nela de tal modo característico. Como observa Cavell:

> Você *pode* sentar-se em um cigarro, ou em uma tachinha, ou em um mastro de bandeira, mas não *desse* modo. Você pode sentar-se em uma mesa ou em um toco de árvore desse modo (o "gramatical")? Quase, especialmente se eles forem colocados contra uma parede. Ou seja, você pode *usar* uma mesa ou um toco como cadeira (= um lugar para se sentar, um assento) de um modo que você não pode usar uma tacha como cadeira. Mas você também pode usar uma chave de fenda

---

8 Cavell, *Claim to Rationality*, 46.
9 Ibid., 131.

como punhal; e isso não transforma uma chave de fenda em um punhal. O que pode *servir como uma cadeira* não é a cadeira, e nada serviria de cadeira (de nada se diria que serviria de cadeira) se não houvesse (nada que chamássemos de) cadeiras (propriamente ditas). Poderíamos dizer: faz parte da gramática da palavra "cadeira" que *isto* seja o que chamamos de "servir como uma cadeira"[10].

Mas a gramática não nos diz explicitamente, em palavras, de que modo sentar-se em uma cadeira é diferente de sentar-se em um alfinete. É crucial para o posicionamento de Wittgenstein que o "*isso*" em itálico aponte não para uma descrição verbal das circunstâncias, mas para as próprias circunstâncias (reais, lembradas ou imaginadas). Pois ele aponta para o tipo de caso paradigmático do uso de uma palavra que discutimos em conexão com o "aprendizado a partir de casos"; ele se baseia em conexões já feitas entre as palavras e o mundo. Os tipos de palavras cuja gramática Wittgenstein investiga não são termos técnicos ou especializados, como os nomes de espécies de pássaros canoros, sobre os quais pode haver problemas técnicos de identificação. Ele investiga termos como "conhecimento", "significado" e "dor", exemplos dos quais não são reconhecidos por quaisquer delimitações características, cujo reconhecimento não é um problema de expertise ou formação especial.

Não há marcas ou traços característicos sobre sentar-se em uma cadeira que possam ser listados ou esboçados em uma página; isso poderia ser feito para pintassilgos ou para ilustrar como os cadetes de West Point devem se sentar. [...] Existem manuais técnicos sobre o reconhecimento de pássaros, mas nenhum que nos ensine as delimitações especiais para reconhecer quando alguém está sentado, ou pretende sentar-se, ou senta-se desconfortavelmente, [em uma cadeira][11].

Cavell sustenta que, ao trazer em itálico o demonstrativo "*isso*", Wittgenstein almeja "nos lembrar daqueles fatos muito gerais da natureza que todos nós – todos os que podemos falar e agir juntos – usamos (e temos que usar) como critérios; fatos dos quais *apenas* precisamos ser lembrados, pois não podemos deixar de sabê-los no sentido de nunca os haver *aprendido*"[12]. Não é que não saibamos nada sobre o

---
10 Ibid., 82-83.

11 Ibid., 83.

12 Ibid.; comparar com WITTGENSTEIN, Ludwig, *On Certainty*, ANSCOMBE, G. E. M.; VAN WRIGHT, G. H. (eds.), trad. ing. de Denis Paul e G. E. M. Anscombe, New York; Evanston, Harper & Row, 1969. Trad. port.: *Da certeza*, de Maria Elisa Costa, revisão António Fidalgo, Lisboa, Edições 70, 1969, §§

ato humano de sentar-se; pelo contrário, sabemos demais; apenas não somos capazes de dizer o que sabemos, não conseguimos explicitar o que sabemos. Por outro lado, talvez não seja preciso. Se alguém persiste no sentimento de que deveria ser fácil dizer como os seres humanos se sentam em cadeiras, o que conta como "sentar-se em uma cadeira", talvez isso ocorra porque facilmente esteja capturado pela primeira imagem de se sentar em uma cadeira que lhe vem à mente. Mas Wittgenstein poderia lhe dizer, como fez sobre "pretender", que "há muitas combinações de ações e circunstâncias que deveríamos chamar de 'sentar-se em uma cadeira'". Considere, junto com Cavell, o exemplo das circunstâncias "nas quais alguém não estava agora *na* cadeira, mas tinha (como dizemos, fazendo o que chamamos de) 'se levantado por um momento para desligar a cafeteira', *mas é ela que está sentada ali naquela cadeira*"[13].

A gramática wittgensteiniana, então, não relaciona um nome a um objeto, ensinando-nos as características distintivas desse tipo de objeto; a gramática se refere a,

> por assim dizer, vários conceitos que se relacionam ao conceito desse objeto. Aqui, o teste do conhecimento que se tem de um conceito (por exemplo, de uma cadeira ou de um pássaro; do significado de uma palavra; do que ela significa para saber algo) seria a capacidade que se tem de usar o conceito em conjunto com outros conceitos, o conhecimento de quais conceitos são relevantes para aquele em questão e quais não o são; o conhecimento de como vários conceitos relevantes, usados em conjunto com os conceitos de diferentes tipos de objetos, requerem diferentes tipos de contextos para que sejam empregados com competência[14].

A gramática, pode-se dizer, estabelece o lugar de um conceito em nosso sistema de conceituação e, por conseguinte, em nosso mundo. Ela controla quais outros conceitos, quais questões e observações são *relevantes* para um conceito em particular. Esse é o sentido, creio eu, em que "a gramática nos diz que tipo de objeto qualquer coisa é". A gramática relaciona o conceito de "cadeira" a conceitos como "sentar-se", "consertar" e "emprestar"; o que significa dizer que, para algo ser uma cadeira, deve ser tal que um ser humano possa sentar-se nela e sentar-se nela *dessa* maneira. A menos, é claro, que esteja "quebrada", o que pode acontecer com

---

27-28: "Reconhecemos as circunstâncias normais, mas não podemos descrevê-las com precisão. Quando muito, sabemos descrever uma série de circunstâncias anormais. O que é 'aprender uma regra'? *Isto*. O que é '[cometer] fazer um erro ao aplicá-la'? *Isto*. E aquilo para que se aponte aqui é algo indeterminado."
13 Cavell, *Claim to Rationality*, 86.
14 Ibid., 90; comparar com p. 93.

cadeiras, mas não da mesma forma que pode acontecer com relógios, empresas ou promessas. E se estiver quebrada, talvez seja possível consertá-la, mas consertá-la *dessa* maneira, não como se consertam um vestido ou os modos de alguém. Tudo isso se torna mais fácil de aceitar quanto mais nos afastamos de substantivos que nos tentam a pensar neles como nomes para objetos físicos simples. Ninguém ficará surpreso ao aprender que saber o que é "um erro" não depende de ter aprendido suas características ou seus traços distintivos, mas de ter aprendido quais tipos de circunstâncias contam como "cometer um erro", "prevenir um erro", "desculpar um erro", e assim por diante. E não faremos descobertas empíricas sobre erros que nossas categorias gramaticais não permitam.

A gramática se aprende, já o dissemos, a partir de casos, da experiência com palavras em certos contextos verbais e cotidianos. Nesse sentido, ela depende da realidade vivenciada; desse modo, nossa experiência da realidade é anterior à linguagem, anterior à gramática. (Pode-se dizer que a antecede em torno de um ano e meio a dois anos. A criança tem um acúmulo de experiências pré-verbais no momento em que começa a falar.) Mas, porque ao aprendermos a gramática, aprendemos o que conta como circunstâncias variadas, a gramática também é anterior à experiência. Embora não seja cronologicamente anterior ao aprendizado, é logicamente anterior, uma vez aprendida. É anterior não tanto ao que podemos vivenciar, mas ao que podemos *dizer* (e, portanto, ao que podemos pensar discursivamente) sobre nossa experiência. É por isso que a gramática pode nos dizer o que é uma coisa e por que Wittgenstein às vezes soa como um idealista filosófico que considera a realidade um produto de nossas convenções. Na verdade, o paralelo correto mais próximo provavelmente não é o idealismo, mas Kant. Wittgenstein ensina o que pode ser considerado uma espécie de kantianismo linguístico; o que Wittgenstein chama de "conhecimento gramatical" muito se assemelha ao "conhecimento transcendental" de Kant; e a validade da gramática pode muito bem ser considerada sintética *a priori*[15]. Vale a pena lembrar, também, a observação de Austin de que sua abordagem poderia ser chamada de "'fenomenologia linguística', só que a expressão é um tanto difícil de pronunciar"[16].

O tema idealista, a insistência em que nossa linguagem controla o que pode ocorrer no mundo, parece-me um dos poucos fios profundos de continuidade entre o *Tractatus* e a obra posterior de Wittgenstein. No *Tractatus*, como vimos, a

---

15 Ibid., 175.
16 AUSTIN, J. L., *Philosophical Papers*, Oxford, Clarendon Press, 1961, 130.

linguagem é levada a retratar a realidade, e certos aspectos de nossa experiência (religião, estética, ética) são levados a transcender o alcance da linguagem como um todo. Portanto, parece haver uma realidade independente da linguagem. No entanto, há uma ênfase contínua, ao mesmo tempo, na linguagem como uma estrutura que governa as possibilidades de qualquer coisa que possamos dizer sobre a realidade. "A lógica é *anterior* a toda experiência – de que algo é *assim*."[17] Os fatos da realidade só podem ser formulados de acordo com essa lógica, pois "entender uma proposição significa saber o que é o caso se ela for verdadeira. (Pode-se, pois, entendê-la e não saber se é verdadeira.)[18] Consequentemente,

> se conheço o objeto, conheço também todas as possibilidades de seu aparecimento em estados de coisas. (Cada uma dessas possibilidades deve estar na natureza do objeto.) Não se pode encontrar depois uma nova possibilidade. [...] Não é preciso, por certo, que uma mancha no campo visual seja vermelha, mas *uma* cor ela deve ter: tem à sua volta, por assim dizer, o espaço de cores. O som deve ter *uma* altura, o objeto do tato, *uma* dureza etc. Os objetos contêm a possibilidade de todas as situações[19].

Em suma, para cada falante nativo de uma língua, "*os limites da minha linguagem* significam os limites de meu mundo. A lógica preenche o mundo: os limites do mundo são também seus limites"[20].

Em sua filosofia tardia, o segundo Wittgenstein não diz mais que os "objetos" contêm ou governam as "possibilidades de todas as situações", mas que a "gramática" o faz. Ao conhecer a gramática de uma palavra, sabemos que tipo de coisas são – podem ser – ditas com ela, o que contaria como ocasiões apropriadas para dizê-las. Um "tom" é o tipo de coisa que tem uma "altura" – o que significa dizer que nossos conceitos de "tom" e "altura" estão gramaticalmente relacionados de certas maneiras. Um "objeto" é o tipo de coisa que tem algum grau de "dureza" se o "tocarmos" – o que significa que essas expressões estão gramaticalmente relacionadas de certas

---

17 WITTGENSTEIN, Ludwig, *Tractatus Logico Philosophicus*, trad. ing. de D. F. Pears e B. F. McGuinness, New York, Humanities Press, 1961, § 5.552. Trad. bras.: *Tractatus Logico Philosophicus*, tradução, apresentação e ensaio introdutório de Luiz Henrique Lopes dos Santos, Introdução de Bertrand Russell, 3ª ed., 4ª reimpr., São Paulo, Editora da Universidade de São Paulo, 2020, 225 (§ 5.552).

18 Ibid., 159 (§ 4.024).

19 Ibid., 131-132 (§ 2.0123, 2.0131, 2.014).

20 Ibid., 229 (§§ 5.6, 5.61; comparar com p. 259, §§ 5.62, 6.43, 6.431).

maneiras. A gramática governa "as '*possibilidades*' dos fenômenos", ao regular "a espécie de asserções que fazemos sobre os fenômenos"[21].

Na filosofia do segundo Wittgenstein, ele não mais afirma que "uma nova possibilidade não pode ser descoberta mais tarde"; pois a linguagem é um sistema aberto, e mesmo o que é governado por regras não precisa ser "circunscrito de regras por todo lado". Mas as maneiras pelas quais novos casos podem ocorrer, o que contará como um novo caso, os caminhos para o crescimento e a mudança conceituais permanecem profundamente controlados pela gramática.

A escrita do segundo Wittgenstein não fala mais sobre o problemático conceito de "o mundo", mas examina várias maneiras particulares nas quais os conceitos e sua gramática determinam as possibilidades dos fenômenos, ao determinar o que contaria como ocasiões de vários fenômenos. Por exemplo, ele pergunta: "Uma máquina pode ter dor de dente?" Se dissermos que não, Wittgenstein pergunta que tipo de "não pode" seria: "Você quis dizer que toda a nossa experiência passada mostrou que uma máquina nunca teve dor de dente?"[22] Sem dúvida, nossa experiência se coaduna com essa conclusão, mas não chegamos à conclusão pela experiência; não é uma generalização empírica. Tem a ver com o significado de termos como "máquina" e "dor de dente", com sua gramática. A gramática nos diz que uma "máquina" não é o tipo de coisa que pode "sentir dor"; uma "dor de dente" não é o tipo de coisa que aflige "máquinas". Nada que pudéssemos experimentar ou observar em conexão com uma máquina seria, ou contaria como, a máquina "está com dor de dente". Quando você diz que uma máquina não pode ter dor de dente, "a impossibilidade da qual você fala é lógica"[23].

Ou ainda: "Dizemos que o cão tem medo de que o seu dono vá bater nele; mas não: ele tem medo de que seu dono vá bater nele amanhã. Por que não?"[24] Claramente, "tem medo de que seu dono vá bater nele amanhã" é uma expressão que só faz sentido contra um determinado pano de fundo, em um determinado contexto, como "aponte para a cor". E, no caso de um cachorro, "o contexto adequado para que esse comportamento fosse" medo do que vai acontecer amanhã "ainda estaria faltando"[25]. Um cão não pode – lógica e gramaticalmente não pode – ter medo de que algo aconteça amanhã. Não estamos dispostos a atribuir, e nossa linguagem

---

21 WITTGENSTEIN, *Investigações filosóficas*, § 90; comparar com § 97.
22 WITTGENSTEIN, *Blue and Brown Books*, 16.
23 Ibid.
24 WITTGENSTEIN, *Investigações filosóficas*, § 650.
25 Ibid., § 250.

não nos permite atribuir, esse predicado a um animal. (Claro, podemos fazê-lo, por exemplo, no contexto da ficção; mas também antropomorfizamos o cão de outras maneiras. Por exemplo, imaginamos que ele pensa por palavras.)

Tudo isso certamente parece indicar que Wittgenstein está dizendo que o mundo é como é simplesmente porque assim o determina a convenção humana. Como atribuímos "medo do amanhã" apenas aos seres humanos, cães não podem fazê-lo; nada que um cachorro pudesse fazer se qualificaria. A gramática governa as possibilidades da experiência inteligível e, portanto, limita o que o mundo poderia vir a conter. Podemos fazer apenas as descobertas empíricas permitidas pelos conceitos que já possuímos. É gramaticalmente impossível descobrir, por meio de pesquisas empíricas, um solteiro casado, um triângulo de quatro lados, uma máquina com dor de dente.

Mas Wittgenstein também ensina um tema muito diferente e conflitante sobre a relação entre conceitos e mundo, um tema que soa mais como pragmatismo, ou Nietzsche, ou mesmo Marx do que como filosofia da linguagem ordinária. O gênio especial de Wittgenstein reside em ser capaz de manter esses temas conflitantes em equilíbrio e em nos ensinar maneiras de fazer isso por nós mesmos. Este segundo tema diz respeito à maneira como nossos conceitos dependem do mundo, são os produtos não tanto do mundo diretamente, mas de nossas vidas vividas naquele mundo. Resumindo de modo um tanto simplista, o que Wittgenstein argumenta é que um conceito é determinado não pelo "objeto" para o qual é um "nome" (uma vez que pode não haver nenhum), mas pelos jogos de linguagem nos quais é usado; nesse sentido, ele é convencional. Mas o fato de jogarmos esses jogos de linguagem em vez de outros não é resultado nem de acidente nem de livre escolha arbitrária. É o resultado de como é o mundo em que vivemos e como somos, o que naturalmente sentimos e fazemos:

> É possível explicar a formação de conceitos por [...] fatos naturais muito genéricos. (Com[o] aqueles que, por causa da sua generalidade, normalmente não se fazem notar.) [...] Quem acredita que certos conceitos são simplesmente os conceitos corretos, [que] alguém que tivesse outros conceitos não compreenderia justamente algo que nós compreendemos, ele pode representar-se certos fatos naturais bem genéricos de modo diferente do que estamos acostumados, e outras formações do conceito diferentes das habituais vão tornar-se compreensíveis para ele[26].

---

26 Ibid., 295.

A certa altura, Wittgenstein pergunta como é que uma flecha em um diagrama *aponta*[27]. Superficialmente, esta questão tem apenas a intenção de nos lembrar que "apontar" uma flecha em uma certa direção é uma questão de convenção humana, que tem que ser aprendida, que toda regra ainda precisa ser aplicada e pode ser mal aplicada. Mas também há um significado mais profundo. Pois, de onde vem tal convenção, de que as setas nos diagramas e nas placas de sinalização "apontam" na direção da ponta da seta? As setas/flechas são algo que os seres humanos costumavam usar como instrumentos de caça. Elas eram feitas com uma ponta afiada em uma das extremidades para esse propósito e, para funcionar, devem ser atiradas com a ponta para a frente. Portanto, a convenção sobre como uma seta aponta não é arbitrária. Com certeza, se a física deste planeta fosse muito diferente, se o que chamamos de caça tivesse um propósito totalmente diferente do que tem agora, alguém poderia precisar de "flechas" muito diferentes ou atirar flechas de uma maneira radicalmente diferente. Logo, as setas que apontam são convencionais; mas essa convenção não é baseada em um acordo arbitrário que poderia muito bem ter sido arranjado de outra forma.

O argumento é mais facilmente apreendido onde a convencionalidade de nossos conceitos é óbvia, e seu fundamento na natureza, portanto, mais surpreendente. Examinemos o modo como Wittgenstein aborda nossos sistemas de medidas ou de distinção de cores. Temos, por exemplo, a convenção de que doze polegadas equivalem a um pé. "Ninguém", afirma Wittgenstein, normalmente o verá

> como uma proposição empírica. Isso expressa uma convenção. Mas o ato de medir perderia totalmente *seu caráter ordinário* se, por exemplo, colocar doze pedacinhos de pau cada um medindo uma polegada de comprimento de ponta a ponta não produzisse normalmente um comprimento que pudesse, por sua vez, ser preservado de uma maneira especial[28].

A proposição convencional faz sentido apenas contra um pano de fundo com certa constância na forma do que chamamos de "objetos", na capacidade humana de lembrar números de um certo tamanho, nos vários usos que as medidas de comprimento têm em nossas vidas, e assim por diante. A proposição "doze polegadas é igual a um pé" pressupõe todo esse pano de fundo, mas não afirma, por si só,

---

27 Ibid., § 454.
28 WITTGENSTEIN, Ludwig, *Remarks on the Foundations of Mathematics*, VON WRIGHT, G. H.; RHEES, R.; ANSCOMBE, G. E. M. (eds.), trad. alem./ing. de G. E. M. Anscombe, Oxford, Basil Blackwell, 1964, 159.

nem expressa as verdades de fundo que dão o sentido presente ao ato de medir. "A proposição *é baseada em* uma técnica. E, se se quiser, também nos fatos físicos e psicológicos que tornam a técnica *possível*. Mas não se segue que seu sentido seja expressar essas condições."[29] A proposição "doze polegadas é igual a um pé" não *significa* que "os objetos geralmente não mudam de forma rapidamente, que os seres humanos podem se lembrar de números etc."

"O que chamamos de 'medir'", diz Wittgenstein, "é parcialmente determinado por uma constância nos resultados da medição"[30]. Nada que não produza resultados com esse tipo de constância seria (o que chamamos) "medir". A convenção impede nossa "descoberta repentina" de um tipo de medição cujos resultados fossem aleatórios. A convenção sobre pés e polegadas é arbitrária. Mas nossa noção de medição, que está por trás disso, não é arbitrária; surge do fato natural de que, dados o mundo em que vivemos e nós mesmos, quando fazemos o que é chamado "medir", obtemos uma certa constância de resultados. "O procedimento de colocar um pedaço de queijo sobre a balança e de determinar o preço mediante a oscilação da balança perderia o sentido se acontecesse frequentemente que tais pedaços, de repente, aumentassem ou encolhessem sem causa manifesta."[31] Se tal mudança básica ocorresse em nosso mundo, a leitura da balança não seria "falsa", em nosso sentido atual de "peso verdadeiro" e "peso falso". Em vez disso, toda a ideia de pesagem teria que ser revisada pelo menos para "esses pedaços" de queijo, e nossas práticas com queijo e balanças também teriam que ser mudadas. "*Nenhum* parâmetro, pode-se dizer, seria correto, se em geral eles não concordassem. – Mas, quando digo isso, não quero dizer que seriam, então, todos *falsos*."[32]

Quase o mesmo poderia ser dito sobre nosso sistema de cores. Também é uma convenção arbitrária que impomos, que difere em diferentes culturas[33]. Mas o tipo de jogos de linguagem que são jogados com termos para cores, o conceito de uma cor, baseia-se em uma convenção mais profunda que não é escolhida por nós, e pressupõe aqueles aspectos da natureza e do mundo sem os quais tais jogos de linguagem seriam impossíveis. Como seria se os homens não "concordassem em geral" em seus juízos sobre cores?

---

29 Ibid.
30 WITTGENSTEIN, *Investigações filosóficas*, § 242.
31 Ibid., § 142.
32 WITTGENSTEIN, *Foundations of Mathematics*, 98
33 Mas as diferenças costumam ser exageradas. Ver BERLIN, Brent; KAY, Paul, *Basic Color Terms*, Berkeley; Los Angeles, University of California Press, 1969.

Este diria que é vermelha a flor que ele considera azul etc. – Mas com que direito poder-se-ia, então, chamar as palavras de "vermelho" e "azul" dessas pessoas de *nossas* "palavras para a[s] cor[es]"? – Como é que eles aprenderiam a usar aquelas palavras? E o jogo de linguagem que eles aprenderam é o que chamamos de uso dos "nomes de cor[es]?" É evidente que aqui há diferenças de grau³⁴.

Wittgenstein resume: "Temos um sistema de cores, tal como temos um sistema de números. Residirão os sistemas na *nossa* natureza ou na natureza das coisas? Como devemos dizer? – *Não* na natureza dos números ou das cores"³⁵. Pois, é claro, os jogos de linguagem jogados com palavras para as cores são a *fonte* de nosso conceito do que seja uma "cor"; eles definem "a natureza das cores". E, no entanto, se alguns aspectos fundamentais do mundo e de nós mesmos relacionados ao que chamamos de "cores" fossem diferentes, nosso conceito de cor também teria que ser diferente.

"Dizes 'Isto é vermelho', mas como se decide se tens razão? Não o decide a concordância entre as pessoas? – Mas apelo para esta concordância nos meus juízos de cor? [...] É decidido por apelo à maioria? Fomos ensinados a determinar a cor *desta* forma?"³⁶ Pode-se imaginar um jogo de linguagem assim: "deixo que certo número de pessoas olhe para um objeto; a cada uma delas ocorre um grupo de palavras [...]; se a palavra 'vermelho' ocorreu à maioria dos espectadores [...] o predicado 'vermelho' pertence ao objeto por direito"³⁷. Pode-se imaginar tal jogo, e "tal técnica poderia ter a sua importância", mas *não* seria como agora, de fato, quando decidimos de que cor é algo, ou ensinamos cores, ou justificamos o que dizer sobre as cores dos objetos. Nosso jogo de linguagem atual com palavras de cores "só funciona, evidentemente, se prevalecer certa concordância, mas o conceito de concordância *não entra no* jogo de linguagem"³⁸. Ele é pressuposto pelo jogo e por parte do *significado* de "cor", porém deles não faz parte.

Mas, embora o ponto de Wittgenstein seja mais facilmente acessível por meio de tais exemplos, sua real complexidade e relevância emergem apenas quando ele se volta para conceitos em que a linha divisória entre convenção arbitrária e

---

34 Wittgenstein, *Investigações filosóficas*, 292.
35 Wittgenstein, Ludwig, *Zettel*, Anscombe, G. E. M.; van Wright, G. H. (eds.), trad. ing. de G. E. M. Anscombe Berkeley; Los Angeles, University of California Press, 1967, § 357. Trad. port.: *Fichas (Zettel)*, de Ana Berhan da Costa, rev. Artur Morão, Lisboa, Edições 70, fev. 1989, § 357.
36 Ibid., §§ 429, 431.
37 Ibid.
38 Ibid., § 430; grifo meu.

precondições naturais subjacentes não é clara – conceitos, portanto, que realmente levantam problemas sobre a relação do pensamento com o mundo. Os exemplos que ele discute de modo extensivo aqui são, mais uma vez, focos da especulação filosófica tradicional: os conceitos de dor e raiva. Em particular, esses conceitos estão associados a uma tradição de especulação sobre nossas relações com os sentimentos de outras pessoas. Há uma diferença notável entre o que sentimos quando estamos com raiva ou com dor e o modo como descobrimos que outras pessoas estão com raiva ou com dor. Por isso, costuma-se dizer que conhecemos os sentimentos dos outros apenas indiretamente, ou que não podemos realmente conhecer seus sentimentos. Seu comportamento e suas palavras parecem sinais externos que não nos dão acesso aos sentimentos em si; sobre os sentimentos dos outros nós podemos, na melhor das hipóteses, apenas conjeturar.

Pode-se tentar refutar tais argumentos com dados extraídos de nossa linguagem ordinária. Afinal, aprendemos expressões como "minha dor" ou "estou com dor" em conexão com certos sentimentos internos, mas aprendemos expressões como "sua dor" ou "ele está com dor" em conexão com determinado comportamento demonstrado por outras pessoas – ao estremecer, gemer, reclamar, e assim por diante. Visto que foi assim que aprendemos essas expressões, deve ser isso o que significam. Portanto, a dor de alguém é o que aprendemos a chamar de "sua dor", ou seja, esse comportamento que expressa dor. É simplesmente errado ou absurdo exigir que os fenômenos que definem "minha dor" apareçam nos casos em que "sua dor" está em questão. Mas tal tentativa de refutação, como argumentamos antes, é uma vulgarização da filosofia da linguagem ordinária e não pode ter sucesso. Ninguém, que esteja conceitualmente preocupado com a dor, vai considerar tal refutação satisfatória; vai responder que ela deixa de lado o ponto principal. A questão, ele dirá, é que há algo totalmente arbitrário em combinar fenômenos tão diferentes, como o que sinto quando me machuco e o que ele faz depois de acertar o polegar com um martelo, em um único conceito chamado "dor".

CRITÉRIOS

Wittgenstein investiga os conceitos de dor e raiva com o auxílio da noção de "critérios", explicitamente definidos apenas nos *Blue and Brown Books*, mas também usada nas obras posteriores. A meu ver, a noção de critério de modo algum consegue resolver o problema da dor e da raiva, mas apenas o reconfigura, ao longo das linhas que acabamos de esboçar. No entanto, Wittgenstein se ocupa tanto com a questão, e ela tem recebido tanta atenção crítica, que é necessário examiná-la rapidamente. Posteriormente, veremos que as ideias mais gerais de Wittgenstein nos permitem lidar com o problema conceitual da dor sem recorrer à noção de critérios.

Os critérios são uma parte ou aspecto da gramática; e eles entram em jogo na investigação ou na explicação da gramática de uma expressão. Por exemplo, "para entender a gramática" destes vários "estados", como o estado de espera por algo, ter uma opinião, saber alguma coisa, mas também estados físicos como dureza, peso, encaixe, "faz-se necessário perguntar: 'Qual é o critério para dizer que alguém [ou qualquer coisa] se encontra nesse estado?'"[39] Assim, Wittgenstein recomenda como exercícios para estudar a gramática do "encaixar-se", "ser capaz" e "compreender" questões como estas:

(1) Quando se diz que um cilindro C se encaixa num cilindro vazio V? Somente enquanto C estiver enfiado em V? (2) Às vezes, se diz: Em tal e tal tempo, C não mais se encaixou em V. Quais critérios se utilizam neste caso para que isso tenha acontecido neste tempo? (3) O que se consideraria critério para um corpo, num determinado tempo, ter alterado o seu peso, se naquele momento não estivesse numa balança? (4) Ontem eu sabia a [o] poesia [poema] de cor; hoje não sei mais. Em que casos tem sentido a pergunta: "Quando é que deixei de sabê-la de cor?" (5) Alguém me pergunta: "Você é capaz de levantar este peso?" Eu respondo que "sim". Então, ele diz: "Demonstre!" – e eu não sou capaz. Em que circunstâncias admitir-se-ia a seguinte justificativa: "Ao responder 'sim', eu *era capaz*, só que agora já não o sou?"[40]

Outro exemplo: investigamos a gramática de "ter uma opinião", perguntando o que conta como estar nesse tipo de estado. "O que consideramos, em casos especiais, critérios para que alguém tenha esta ou aquela opinião? Quando dizemos: ele chegou outrora a essa opinião? E quando dizemos: ele mudou de opinião? etc. A imagem, que as respostas a estas perguntas nos dão, mostra *o que* aqui se trata gramaticalmente como *estado*"[41].

Critérios, então, são as coisas com base nas quais dizemos se algo é o caso, o que nos dá oportunidade de dizer que algo é assim, o que justifica o que dizemos. São, por assim dizer, respostas potenciais para indagações potenciais tais como

---

39 WITTGENSTEIN, *Investigações filosóficas*, § 572.
40 Ibid., § 182.
41 Ibid., § 573.

"como você sabe?", "como você pode dizer?", "o que faz você pensar assim?", "por que você diz isso?". Mas Wittgenstein também afirma duas outras coisas sobre os critérios, que infelizmente parecem ter implicações contraditórias para o conceito de dor. Por um lado, os critérios devem ser analíticos; eles *definem* aquilo do que sejam critérios. No entanto, por outro lado, os critérios entram em jogo apenas em alguns casos, não em todos. E a única caracterização adequada desses casos parece ser: casos em que a própria coisa não é percebida diretamente, mas apenas por meio de critérios.

Primeiro, se presume que os critérios devam ser definitivos. Wittgenstein, explicitamente, distingue-os do que ele chama de "sintomas", que são apenas empiricamente correlacionados com um conceito. Ele diz que se, por exemplo, "angina" é clinicamente definida pela presença de um bacilo específico, então podemos justificar a alegação de que alguém está com angina dizendo que encontramos o bacilo em seu sangue. Isso seria fornecer critérios. Mas podemos, em vez disso, justificar a alegação mencionando a garganta inflamada, que estaria causando sintomas. Um sintoma é "um fenômeno do qual a experiência nos ensinou que coincide, de uma forma ou de outra, com o fenômeno que é nosso critério definidor". O vínculo entre um conceito e seus sintomas é uma "hipótese", mas o vínculo entre um conceito e seus critérios é uma "tautologia" ou (parte de) uma definição[42].

Com relação à dor, Wittgenstein argumenta que o comportamento e o aspecto característicos de alguém que está ferido servem como critérios para definir que essa pessoa está sentindo dor. Eles não são apenas sintomas experiencialmente correlacionados com outra coisa, que seria a própria dor. A partir desses critérios, aprendemos o que significa "sua dor", o que é a sua dor. Assim, "quando aprendemos o uso da frase 'fulano tem dor de dente', nos foram apontados certos tipos de comportamento daqueles dos quais se dizia terem dor de dente", por exemplo, o ato de levar a mão à bochecha[43]. Podemos correlacionar outros fenômenos com este critério, por exemplo, o aparecimento de uma placa vermelha na bochecha; estes se relacionarão a uma hipótese de que talvez seja dor de dente. Mas segurar a bochecha não está apenas empiricamente correlacionado a outra coisa, que é sua dor de dente; o ato define sua dor de dente. Wittgenstein poderia ter dito que faz parte da gramática da "dor de dente" que *isso* seja o que *se chama* de "ele estar com dor de dente".

---

42 Wittgenstein, *Blue and Brown Books*, 24-25.
43 Ibid., 24.

Visto que os critérios definem um conceito, a evidência empírica não pode violar o vínculo entre eles e o conceito. É como se Wittgenstein estivesse dizendo que o comportamento que expressa dor de um homem *é* a sua dor, uma posição que caracterizamos como uma vulgarização. Além disso, Wittgenstein diz, explicitamente, que a perplexidade conceitual tradicional sobre a dor é meramente uma objeção contra nossa convenção gramatical: nós nos "rebelamos" contra o uso "*desta* expressão em conexão com *esses* critérios"[44]. Wittgenstein afirma que "a proposição 'As sensações são privadas' é comparável a 'Paciência se joga sozinho'"[45]. Ou seja, é uma proposição tautológica sobre nossa gramática, uma convenção arbitrária como as dos jogos.

Mas Wittgenstein também diz que os critérios desempenham um papel apenas em certos casos, não em todos. E quando se tenta especificar em que casos os critérios contam, a única conclusão possível parece ser: casos em que algo não é percebido ou conhecido diretamente, por si só, mas *apenas* por meio de critérios[46]. Assim, na passagem citada anteriormente, pergunta-se pelo critério de como um corpo teria mudado de peso em um determinado momento, "se não estava de fato na balança naquele momento". Ou alguém pergunta o critério em que se baseava minha capacidade de levantar um peso quando afirmei ser capaz de fazê-lo, se não tentei levantá-lo naquele momento. Sobre conceitos como "dor", em particular, Wittgenstein tem a oferecer uma doutrina que pode parecer muito estranha: com respeito à minha própria dor, normalmente nenhum critério está envolvido. Quando falamos da nossa própria dor, em geral procedemos sem observar ou sem tomar conhecimento de critérios. Não identificamos nossas próprias sensações por critérios, pois não *há* critérios para quem está sentindo dor ou uma sensação[47]. Nós dois olhamos para um objeto vermelho; posso ter certeza de que você tem a mesma imagem mental que eu tenho, de que ambos vemos a mesma cor? "Qual é o critério de vermelhidão de uma imagem? Para mim, quando o outro a tem: o que ele diz e faz. Para mim, *quando eu a tenho: nada.*"[48] Mas se não uso critérios nem preciso

---

44 Ibid., 57.

45 Wittgenstein, *Investigações filosóficas*, § 248.

46 Já falamos da gramática como uma conexão de uma palavra a expressões nas quais ela é caracteristicamente usada e a ocasiões em que essas expressões são caracteristicamente usadas. Mas é claro que ela também pode conectar uma palavra a outras palavras "relacionadas" que não precisam aparecer juntas em expressões características. São estas últimas conexões, a meu ver, que os critérios devem fornecer. Eles conectam "conhecimento" e "conhecer", por exemplo, com "descobrir", "verificar", "esquecer": eles associam "dor" a "estremecer", "sofrimento", "confortar".

47 Ibid., § 290; comparar com Cavell, *Claim to Rationality*, 127.

48 Wittgenstein, *Investigações filosóficas*, § 377; grifo meu.

deles para saber quando estou com dor, então certamente (é a impressão que temos) deve ser porque percebo minha própria dor *diretamente*. Por outro lado, parece claro que tenho apenas sinais indiretos da dor de outra pessoa e que esses sinais às vezes podem dar errado. Assim, esses sinais, seu comportamento, não podem ser, ou definir, sua própria dor. E, de fato, Wittgenstein nega explicitamente que esteja dizendo que o comportamento que expressa dor seja dor, "que a palavra 'dor' significa propriamente grito[ar]"[49].

Mas, então, toda a noção de critérios não melhorou em nada nossa compreensão do problema da dor; no máximo, reafirmou o mesmo dilema de maneira igualmente insolúvel. O comportamento que expressa dor do outro é tudo o que vivenciamos da sua dor; nós nunca *sentimos sua* dor[50]. Portanto, esse comportamento deve ter sido o modo como aprendemos a usar a expressão "sua dor", e não é um mero sintoma, correlacionado com *alguma outra coisa* que aprendemos a chamar de "sua dor". No entanto, seu comportamento não é a sua dor em si; e quando dizemos que outra pessoa está sentindo dor, estamos sujeitos a estar errados de algumas maneiras pelas quais não poderíamos estar errados se fôssemos nós mesmos que estivéssemos sentindo dor. Felizmente, a análise mais ampla que Wittgenstein faz da linguagem e do significado fornece a perspectiva a partir da qual podemos resolver essas dificuldades.

Tal como nossos outros conceitos, "dor" é um conglomerado de casos, de várias expressões em que essas palavras são caracteristicamente usadas e de várias ocasiões cotidianas em que essas expressões são usadas de modo característico. Tal conceito, como Austin aponta a respeito da "raiva", é um complexo de diversas partes, tal qual "ter caxumba". Compreende "todo um padrão de eventos, incluindo ocasiões, sintomas, sentimentos e manifestações, e, possivelmente, outros fatores também"[51]. No entanto, juntos, eles constituem nosso conceito de raiva, e estamos certos em querer chamar toda essa diversidade de "raiva". Austin argumenta que é apenas "tolice" perguntar qual desses elementos realmente é a própria raiva; e, em particular, que "não há sentido em dizer que" o que caracteristicamente sinto quando estou zangada seja a própria raiva. Eu diria que Austin está errado ao considerar a perplexidade conceitual "tolice" e que há boas razões para querermos dizer que o que sentimos quando estamos com raiva é a raiva em si; também há uma boa razão

---

49 Ibid., § 244; comparar com § 304.

50 Comparar com Austin, *Philosophical Papers*, 83; e Ryle, Gilbert, *The Concept of Mind*, New York, Barnes & Noble, 1949, 209.

51 Austin, *Philosophical Papers*, 77.

para não dizer isso. A razão pela qual Wittgenstein tem dificuldades aqui, a razão pela qual tais conceitos apresentam um problema constante na filosofia tradicional, a razão pela qual nós mesmos estamos perdidos se dão porque a própria gramática de tais conceitos parece ter implicações contraditórias.

Em primeiro lugar, essa gramática exibe uma assimetria característica entre as expressões de "primeira", "segunda" e "terceira pessoa". Se alguém diz a respeito de outro homem que ele está sentindo dor, às vezes faz sentido fazer-lhe perguntas tais quais "como você sabe?", "como pode dizer isso?", "como você descobriu?" E, às vezes, faz sentido dizer que um homem "sabe que outra pessoa está sentindo dor", "descobriu que outra pessoa está sentindo dor", e assim por diante. Essas perguntas e proferimentos *não* fazem sentido no que diz respeito a um homem dizendo sobre si próprio: "Estou sentindo dor". O contexto de uma discussão conceitual muitas vezes nos engana redondamente a esse respeito. Pois ela nos leva a buscar analogias como esta: "Como você sabe que ele está sentindo dor?" "Pelo seu comportamento." "Bem, nesse caso, como você sabe que está sentindo dor?" Em uma discussão conceitual, faz-se o possível para dar uma resposta à última questão, porque parece fazer sentido quando em analogia com a outra. Talvez a resposta seja: "Com base nas minhas sensações". Mas se um homem, de fato, na vida normal, nos disser que está sentindo dor de dente, nunca seria uma opção retrucar com "Como você sabe?" ou "Como você pode saber?" Para que serviria esse tipo de questionamento?

Assim, nunca *sei* que estou sentindo dor, não porque *ignore* meus sentimentos, mas porque não faz sentido dizer "Eu sei que estou sentindo dor" (exceto como uma resposta forçada a perguntas estranhas como "Você está certo de que sente dor?").

> Se usamos a palavra "saber" como normalmente é usada (de que outra maneira usá-la senão assim!), então os outros saberão com muita frequência quando sinto dor. [...] Ninguém pode, em absoluto, dizer isso de mim (a não ser como brincadeira) que eu *sei* que sinto dores. O que quer dizer isto – a não ser que eu sinto dores? Não se pode dizer que os outros aprendem minhas sensações *somente* pelo meu comportamento, pois não se pode dizer de mim que as aprendi. Eu as *sinto*. Está correto: tem sentido dizer de outras pessoas que elas estão em dúvida se eu sinto dor; mas não tem sentido dizer isso de mim mesmo[52].

---
52 WITTGENSTEIN, *Investigações filosóficas*, § 246.

Com respeito à minha própria dor, a "expressão de dúvida não pertence ao jogo de linguagem"[53]. Esse é um fundamento para explicar por que Wittgenstein afirma que não é preciso e nem se pode ter critérios para a própria dor. Os critérios são respostas potenciais a possíveis perguntas tais quais "Como você pode saber?" Mas tais perguntas não fazem sentido depois de todo e qualquer proferimento; elas não fazem sentido depois de proferimentos como "Estou sentindo dor".

Mas, embora a gramática de tais conceitos contenha essa assimetria característica, a assimetria não é tão simples quanto estamos inclinados a supor, ou como nosso argumento anterior sugeriu. Nossa discussão sugeriu que aprendêssemos a chamar este (sentimento) de "minha dor" e aquele (comportamento) de "sua dor". Porém, assim, desse modo ele destacou um aspecto de um conjunto extremamente complexo de jogos de linguagem, ignorando todo o resto. Nós "definitivamente aprendemos um uso diferente e muito mais complicado" da palavra "dor"[54]. Não apenas aprendemos a falar da "minha dor" quando a sentimos, mas também que outras pessoas proferem palavras tais quais "minha dor" quando elas se comportam de certas maneiras em certas circunstâncias. Não apenas aprendemos a falar na "sua dor" quando outra pessoa se comporta de tal modo, mas também que ela usará palavras como "sua dor" quando nós nos machucarmos. Portanto, o sentimento, o comportamento e as circunstâncias estão entrelaçados na gramática de maneiras muito complexas para formar um único conceito, e o comportamento e as circunstâncias da dor fazem parte de nosso conceito de "dor" tanto quanto a sensação de dor. O que, então, insiste em nos fazer querer dizer o contrário? Bem, há ainda outros aspectos da gramática da "dor". Por exemplo, essa dor gramatical é algo que alguém "sente" ou "tem", ou algo que se "sofre de" ou se "passa por". E não "sentimos", "temos" ou "sofremos (de)", nem "estamos passando" por um comportamento que expresse dor – ao estremecer, gemer ou gritar. Gramaticalmente, pode-se "fingir" ou "simular" que se está com dor, por exemplo, estremecendo, gemendo e coisas do gênero. Mas não se pode "fingir" ou "simular" que se está estremecendo ou gemendo.

Muitas de nossas dificuldades, como de costume, surgem da visão nome-objeto da linguagem, neste caso, infelizmente, encorajada pelo tratamento dado por Wittgenstein aos critérios e a sua maneira de falar sobre "o que *chamamos*" de coisas. A pergunta: "É *isso* que *chamamos* de 'sua dor'?" não pode ser respondida de

---

53 Ibid., § 288.
54 WITTGENSTEIN, *Blue and Brown Books*, 60.

forma consistente; está fadada a dar origem a paradoxos. Não aprendemos a *chamar* isto de "raiva dele" e aquilo de "minha raiva". Aprendemos quando, em que circunstâncias linguísticas e cotidianas, é apropriado *dizer* várias coisas, *falar* de várias coisas[55]. Às vezes, é apropriado que eu diga "estou com dor" quando sofro, ou que se diga "ele está com dor" quando o vejo se comportar de certas maneiras em certas circunstâncias; ou dizer "afinal de contas, ele não estava com tanta dor assim" em outras circunstâncias, e "eu não estava sentindo dor, afinal" em outras circunstâncias ainda muito diferentes. Só muito depois é possível se questionar se a dor é uma "coisa" e, em caso afirmativo, se *isto* (o seu comportamento) quer dizer a sua dor. E quando dizemos "estou com dor", muitas vezes não é como uma afirmação de um fato empírico que pode ser verdadeiro ou falso, mas como um sinal, como quando se diz "ai!". Somos treinados (ou, pelo menos, aprendemos) quando crianças a complementar e até substituir nossas expressões naturais de dor por expressões verbais delas; e as últimas não precisam funcionar como descrições empíricas de nossa condição mais do que as primeiras. À medida que crescemos, "a expressão verbal da dor substitui o grito e não o descreve"[56]. É por isso que perguntas tais quais "Como você pode saber?" não fazem sentido quando feitas após proferimentos como "estou com dor", assim como não fariam sentido após o proferimento "ai!"

No entanto, de fato se pode falsamente alegar que se está sentindo dor; e tais expressões não seriam performativos verdadeiros, cujo mero proferimento os tornaria reais. Além disso, há ocasiões em que realmente nosso comportamento nos ensina sobre nossos sentimentos – em particular, quando de modo repentino tomamos ciência de sentimentos dos quais não tínhamos plena consciência. "Acho que devo ter ficado com muita raiva", observamos, "numa mordida quebrei ao meio a haste do meu cachimbo!" Em tais contextos, uma pergunta tal qual "Como você podia saber que estava com raiva?" faria sentido, e aprendemos sobre nossa própria raiva a partir de critérios. Mas essas ocasiões são raras[57]. Na verdade, embora seja possível imaginá-las a respeito da raiva, não tenho certeza se é possível imaginá-las no que diz respeito à dor. O melhor que posso fazer é relembrar um casal conhecido. O marido estava presente quando sua esposa deu à luz seu filho. Depois, ele lhe

---

[55] Eu acredito que Wittgenstein usa essa locução em conexão com os critérios apenas uma vez, no parágrafo 573 das *Investigações filosóficas*.

[56] Ibid., § 244.

[57] WITTGENSTEIN, *Fichas*, § 539: "Concluo que ele necessita de ir ao médico através da observação do seu comportamento; mas *não* tiro essa conclusão no meu próprio caso, através da observação do meu comportamento. Ou melhor: às vezes, também faço isso, mas *não* em casos paralelos."

perguntou: "Doeu muito?" E ela respondeu: "Não. Na verdade, não doeu; só deu muito trabalho." E ele retrucou: "Então, por que você gritou tanto assim?" Ela não se lembrava de ter gritado. Aqui não está claro se devemos dizer que ela estava com dor, mas se esqueceu, ou que ela não estava com dor, mas gritou mesmo assim (para alguns, por razões psicológicas ou fisiológicas).

Portanto, embora haja uma assimetria característica entre a primeira e a terceira pessoa do singular na gramática de proferimentos sobre dor e raiva, e embora ambos os conceitos tenham sido tradicionalmente usados de modo indiferenciado para discutir o conhecimento acerca dos sentimentos dos outros, sua gramática também é significativamente diferente. Tampouco é possível aplicar diretamente a eles as conclusões anteriores obtidas a respeito de compreender e esperar. Concluímos que, mesmo o sentimento característico da espera o será apenas em circunstâncias apropriadas; caso contrário, poderia se tratar de uma "sensação peculiar de que algo está prestes a explodir". Mas não se podem imaginar um caso comparável de dor, uma situação em que seríamos movidos a dizer: "tenho essa sensação peculiar de dor, embora não haja motivo para dor". E esse é um dos motivos pelos quais, com a dor, somos particularmente inclinados a insistir em que, aquilo que sinto quando estou com dor é "a própria dor". Como sempre, é perigoso generalizar a partir de um exemplo qualquer; precisamos olhar e ver em detalhes como nossa gramática funciona.

Mas a perplexidade inicial básica sobre a dor ainda parece permanecer. Mesmo que a "minha dor" e a "sua dor" não sejam facilmente classificadas, que uma corresponda ao sentimento de dor e a outra ao comportamento que expressa dor, ainda assim parece haver algo totalmente arbitrário em combinar fenômenos tão diversos em um único conceito. Um conceito como a dor, já dissemos, é um composto de casos diversos; não se baseia em uma única característica definidora, mas em uma infinidade de acessórios – sentimentos, circunstâncias, ações. Por que eles deveriam ser agrupados; o que nosso próprio sofrimento tem em comum com o fato de alguém segurar sua bochecha? Eles parecem estar ligados por nada além da convenção arbitrária de nossa língua. Mas Wittgenstein responde: "É arbitrário? – Não é com toda elaboração proposicional que se sabe o que fazer, nem toda técnica tem uma aplicação em nossa vida"[58]. Essa observação enigmática pretende, creio eu, sugerir que o poder das regularidades gramaticais não é arbitrário, porque a própria gramática é, em última análise, o produto de nossas vidas e, portanto, parte de nossa própria natureza e do mundo.

---

58 WITTGENSTEIN, *Investigações filosóficas*, § 520.

FORMAS DE VIDA

Nos *Blue and Brown Books*, Wittgenstein chama as regularidades de nossa gramática, que vinculam diversos fenômenos em um único conceito, de "convenções". O segundo Wittgenstein, embora ainda considere a gramática convencional, a substitui de modo geral pela expressão "formas de vida". Tal noção nunca é definida explicitamente, e não devemos tentar extrair mais precisão do que sua valiosa sugestividade suportaria. Mas seu significado geral é claro o suficiente: a vida humana que se vive e observa não é apenas um fluxo contínuo e aleatório, porém exibe padrões recorrentes, regularidades, maneiras características de fazer e ser, de sentir e agir, de falar e interagir. Por serem padrões, regularidades, configurações, Wittgenstein as chama de *formas*; e porque são padrões da tessitura da existência e da atividade dos seres humanos na Terra, ele as chama de formas *de vida*. A ideia está claramente relacionada à ideia de um jogo de linguagem e, de maneira mais geral, à noção wittgensteiniana de linguagem orientada para a ação. "Falar uma língua", afirma ele, "é parte de uma atividade ou de uma forma de vida"[59]. O modo como falamos é apenas uma parte do que fazemos, está inscrito no que fazemos. "Ordenar, perguntar, contar, conversar, fazem parte de nossa história natural assim como andar, comer, beber, brincar."[60] Todos nós conhecemos as formas de vida compartilhadas, os modos humanos elementares e gerais de ser e fazer, embora nunca nos tenham sido ensinadas e não sejamos capazes de traduzir em palavras o que sabemos sobre elas. Wittgenstein afirma que elas fazem parte de nossa "história natural", regularidades "das quais ninguém duvidou, e que escapam à observação somente porque estão continuamente diante de nossos olhos"[61].

A noção de formas de vida deve nos ajudar a entender o sentido em que a linguagem pode ser considerada convencional. Pois, ao denominá-la convencional, pode dar a impressão de que os fundamentos da linguagem são extremamente instáveis, que a qualquer momento outras pessoas possam revogar as convenções que garantem a comunicação, a coerência e a sanidade. Mas isso talvez seja porque, segundo observa Cavell, como parte de nossa tradição liberal, tendemos a "encarar os compromissos e respostas [...] mais como *acordos* do que eles de fato o são", que se interpretem convenções como equivalentes a contratos, como se "a condição de

---
[59] Ibid., § 23.
[60] Ibid., § 25.
[61] Ibid., § 415.

que nossas palavras continuarão a significar o que dizem" dependesse de "que outras pessoas achassem que vale a pena continuar a nos compreender"[62].

Pode-se dizer que a linguagem é convencional de várias maneiras diferentes; nem todas são o que Wittgenstein entende por "formas de vida". Às vezes, falamos de convenções como acordos planejados, firmados de forma consciente e deliberada pelos homens. Esse tipo de convencionalidade desempenha apenas um papel periférico e ocasional na formação da linguagem, como quando mudanças específicas de linguagem são impostas pela legislação. Às vezes, chamamos de convencionais coisas que não são produtos de um acordo deliberado ou de uma escolha consciente, mas evoluíram como o resultado indireto e não intencional inadvertido da atividade contínua de muitos homens. O grosso da linguagem, no que diz respeito aos aspectos que diferem de uma língua para outra, pode ser chamado de convencional neste sentido. Mas há ainda outro sentido em que se pode falar da convencionalidade da linguagem – um sentido que está mais próximo à ideia de "formas de vida". Podemos falar aqui de "convenções naturais", características de nossas vidas e do mundo que logicamente poderiam ter sido de outra forma, mas que, por acaso, são assim entre todos os homens em todos os tempos e lugares. Essas convenções, como destaca Cavell, não são "definidas" nem por costume nem por acordo, mas sim

> pela natureza da vida humana, a condição [...] Que *isto* exprima compreensão, tédio ou raiva [...] não é *necessário*: podemos dizer que uma pessoa "percebe algo de súbito" e que cinco minutos depois sempre deixa de manifestar essa percepção, assim como alguém *pode* reagir com tédio a um terremoto, à morte de seu filho ou à imposição da lei marcial, ou pode ficar com raiva de um alfinete, de uma nuvem ou de um peixe, assim como alguém pode ficar sentado em silêncio (mas confortavelmente?) em uma cadeira de pregos. O fato de que os seres humanos, de modo geral, não reagem dessas maneiras, portanto, é designado a sério pelo rótulo *convencional*; mas agora estamos pensando na convenção não como os arranjos que uma cultura particular achou convenientes. [...] Aqui, o conjunto de "convenções" não são padrões de vida que diferenciem os homens uns dos outros, mas aquelas exigências de conduta que são comuns a todos[63].

O que a ideia de "formas de vida" implica sobre um conceito como "dor" é, em primeiro lugar, o mesmo que ocorre com os conceitos de cores e medidas, ou

---
62 Cavell, *Claim to Rationality*, 217.
63 Ibid., 97-98.

seja, os jogos de linguagem que fazemos só são possíveis com base em regularidades naturais subjacentes. Um conceito que conecta o comportamento de dor, sentimentos de dor e as ocasiões para a dor é funcional em nossas vidas apenas porque esses fenômenos realmente ocorrem juntos. Austin faz essa observação em relação ao conceito de raiva: o sentimento de estar com raiva, ele afirma, "está relacionado de um modo único" à sua expressão comportamental característica:

> Quando estamos com raiva, temos um impulso, que é sentido e/ou posto em ação, de realizar ações de tipos específicos e, a menos que suprimamos a raiva, realmente as realizamos. Há uma relação peculiar e íntima entre a emoção e a maneira natural de extravasá-la, com a qual, quando ficamos com raiva, estamos familiarizados. As maneiras pelas quais a raiva normalmente se manifesta são *naturais* à raiva, assim como há tons *naturalmente* expressivos de várias emoções (indignação etc.). Não se considera normal que exista algo como "estar com raiva", que independa de qualquer impulso, por mais vago que seja, no sentido de extravasar a raiva de modo natural. Além disso, além das expressões naturais de raiva, também existem as *ocasiões* naturais de raiva, as quais também experimentamos, que estão, igual e intimamente, ligadas ao "estar com raiva"[64].

É possível fingir raiva (ou dor), e é possível suprimir qualquer expressão de raiva (ou de dor). Mas se não houvesse expressões características e situações de dor ou raiva, nunca poderíamos ser ensinados a usar essas palavras. Não poderíamos aprender o que conta como nossa própria dor, porque ninguém teria como saber quando estávamos com dor. E não poderíamos aprender o que conta como dor de outra pessoa, porque não haveria como saber quando ela está com dor. Sem algumas expressões características de dor, de fato, não haveria o conceito de dor.

Claro, o fato de que esses fenômenos ocorrem, normal e naturalmente juntos, não constitui prova contra exceções nem contra milagres. O fato de que temos a tendência a manifestar a dor que sentimos através de um comportamento que expressa dor não significa que toda manifestação desse tipo de comportamento seja sempre e necessariamente uma garantia de que a pessoa está realmente sentindo dor. É possível fingir dor e é possível reprimir todos os sinais de dor. Isso faz parte da perplexidade conceitual a respeito da dor de onde partimos. Mas lidamos com esses casos excepcionais, quando eles ocorrem, *dentro* do nosso sistema conceitual. Às vezes, concluímos que alguém estava fingindo ou reprimindo sua dor, ou afinal

---
64 Austin, *Philosophical Papers*, 76-77.

não estava com dor; mas sempre com base em informações adicionais o que, em princípio, não difere de nossas informações iniciais. Tais situações não colocam em questão o conceito de dor em si. O que não é possível sustentar com base nesse tipo de evidência é que todas as pessoas estejam sempre fingindo quando exibem um comportamento que expressa dor, ou escondendo a dor quando não exibem um comportamento que expressa dor ("O que às vezes acontece pode acontecer sempre [...]").

No entanto, o conceito tampouco é à prova de milagres[65].

Digo: "Ali está uma poltrona". O que acontecerá se eu for até lá apanhá-la, e ela de repente sumir da minha vista? – "Então não era uma poltrona mas uma ilusão qualquer." – Mas, em alguns segundos, vejo-a novamente e posso pegá-la etc. "– Então a poltrona estava mesmo lá e seu desaparecimento foi uma ilusão qualquer." – Mas suponha que depois de algum tempo ela desapareça novamente, ou dê a impressão de que desaparece. O que dizer agora? Você dispõe de regras para tais casos, regras que digam que se pode ainda chamar uma tal coisa de "poltrona"?[66]

Nossos conceitos, referentes a cadeiras, objetos materiais, ver e tocar, são tais que este tipo de coisa não deveria acontecer. No entanto, é claro que poderia acontecer; nosso sistema conceitual não pode impedir que isso aconteça. Aqui não se trata apenas de um tipo normal de desvio, como o fingimento, para o qual temos explicações prontas em nosso sistema conceitual, pois "há diferença entre um erro para o qual está reservado um lugar no jogo". Aqui está "uma completa irregularidade" e, se ocorrer com frequência, nossos conceitos existentes deixarão de ser funcionais[67].

Wittgenstein diz: "Há aqui um caso *normal* e casos anormais. Somente em casos normais nos é traçado claramente o uso das palavras; sabemos, não temos dúvida do que temos que dizer neste e naquele caso. Quanto mais anormal é o caso, tanto mais duvidoso se torna o que devemos dizer"[68]. No extremo, como observa Austin, "nós não sabemos o que dizer. As palavras literalmente nos faltam"[69]. Mas não se trata de uma falha comum de percepção ou de conhecimento, e sim do colapso de todo o conceito (como no exemplo dado por Wittgenstein em que o

---

65 Ibid., 56.
66 WITTGENSTEIN, *Investigações filosóficas*, § 80.
67 WITTGENSTEIN, *Da certeza*, § 647.
68 WITTGENSTEIN, *Investigações filosóficas*, §§ 141-142; comparar com § 385; *Blue and Brown Books*, 150-151.
69 AUSTIN, *Philosophical Papers*, 56.

queijo começa a mudar de peso arbitrariamente, o que torna a balança não imprecisa, mas sem sentido).

> E se as coisas fossem bem diferentes do modo como realmente são – então não haveria, por exemplo, uma expressão característica de dor, de medo, de alegria; a regra converter-se-ia em exceção, e a exceção em regra; e se ambos os fenômenos fossem de uma frequência mais ou menos semelhante – com isso nossos jogos de linguagem normais perderiam a sua graça[70].

Precisaríamos de novos conceitos, ou precisaríamos estender, projetar e modificar os antigos, talvez até o ponto em que se tornassem irreconhecíveis. O uso comum de um conceito "é o que se poderia chamar de um uso composto apropriado às circunstâncias comuns". Se assumirmos circunstâncias diferentes em formas fundamentais, o conceito antigo teria de ser substituído, mesmo se conseguíssemos dar ao novo conceito um uso análogo ao antigo. Mas não haveria uma regra fixa acerca disso; teria que ser feita uma escolha dentre uma série de projeções ou analogias possíveis. "Pode-se dizer em tal caso" que o conceito antigo teria mais de um "herdeiro legítimo"[71].

Não existe uma linha divisória geral e fixa entre o que queremos dizer com "poltrona" (ou "dor") e o imenso turbilhão de conhecimentos, em sua maioria inexprimíveis, que temos sobre poltronas (ou dores). Normalmente, não precisamos escolher quais dentre os elementos conhecidos são essenciais e definitivos, pois os recursos habituais se agrupam. Quando são necessárias uma decisão, uma definição, podemos fazê-lo. Nenhuma proposição é intrinsecamente uma definição; o que faz dela uma definição é a maneira como a usamos. "A mesma proposição pode ser tratada uma vez como coisa a verificar pela experiência, outra vez como regra de verificação."[72] Assim, para Wittgenstein, a única diferença entre proposições analíticas e sintéticas está em como as usamos, e podemos usá-las de maneiras diferentes em ocasiões diferentes. No momento em que está explicando a distinção entre critérios e sintomas, ele imediatamente comenta que "na prática, se lhe perguntassem qual fenômeno seria o critério definidor e qual seria um sintoma, você, na maioria dos casos, seria incapaz de responder, exceto se tomasse uma decisão arbitrária *ad hoc*"[73].

---

70 WITTGENSTEIN, *Investigações filosóficas*, § 142.
71 WITTGENSTEIN, *Blue and Brown Books*, 62.
72 WITTGENSTEIN, *Da certeza*, § 98; comparar com *Investigações filosóficas*, § 79.
73 WITTGENSTEIN, *Blue and Brown Books*, 25.

E isso não deveria nos surpreender, uma vez que entendemos como a linguagem é aprendida e moldada por casos de seu uso. E esta é outra maneira de explicar por que a gramática não se resume a palavras apenas, mas trata igualmente do mundo, um por meio do outro.

Assim, se o mundo fosse diferente em aspectos fundamentais, poderíamos fazer jogos de linguagem diferentes sobre as ocasiões de dor. Suponha que

> as superfícies das coisas que estão à nossa volta (pedras, plantas etc.) teriam manchas e zonas que, se tocadas, provocariam dor à nossa pele. (Talvez pela propriedade química dessas superfícies. Mas não precisamos saber isto.) Iríamos falar então de uma folha com manchas de dor, como hoje se fala de uma folha com manchas avermelhadas de uma determinada planta[74].

Ou, como Strawson destaca, se o mundo fosse tal que todas as pessoas em uma determinada região ou época sentissem dor ao mesmo tempo, poderíamos ter expressões tais quais as de agora para temperatura, como "está doendo em tal lugar" ou "está doendo hoje"[75].

Então, quando falamos da maneira como as convenções linguísticas limitam as possibilidades do que pode acontecer no mundo, o que aceitamos como exemplos de vários fenômenos, devemos também reconhecer que essas convenções não são meramente arbitrárias; elas fazem parte de uma rede conceitual em funcionamento, que funciona a nosso dispor. "As máquinas não podem sentir dor". Isso faz parte da gramática e da convenção; nada que uma máquina pudesse fazer seria ou contaria como, "sentir dor". E essa convenção parece arbitrária. No entanto, a questão não é tão simples. Pois, embora a "dor" seja algo que se "sente", ela pode ser reconhecida, ocorre em conexão com o comportamento humano e animal característico de dor em situações características de dor. É essa, aprendemos, a aparência da dor, e subsequentemente atribuiremos dor apenas às criaturas que se comportam dessa maneira em tais situações. Se um objeto inanimado se comportasse dessa maneira, nós lhe atribuiríamos dor (ou seríamos tentados a fazê-lo); mas também, simultaneamente, seria posto em dúvida se de fato se trataria de um objeto inanimado. A convenção não significa categoricamente que apenas criaturas animadas sentem dor, mas que certo comportamento é, em certas circunstâncias, um sinal de que alguém está

---

74 WITTGENSTEIN, *Investigações filosóficas*, § 312.
75 STRAWSON, P. F., Review of Wittgenstein's Philosophical Investigations, in: PITCHER, George (ed.), *Wittgenstein. The Philosophical Investigations*, Garden City, Doubleday, 1966, 47-48.

sentindo dor. E essa convenção não é arbitrária, mas baseada nas expressões naturais humanas e animais, e nas ocasiões em que ocorre a dor.

Wittgenstein se pergunta se essa concepção de critérios não equivale simplesmente à declaração de que "não há dor sem comportamento que expressa dor". Mas, em vez de responder diretamente, ele afirma,

> Dá no mesmo: só de uma pessoa viva e do que lhe é semelhante (se comporta de modo semelhante) é que se pode dizer que tem sensações; que vê; é cega; ouve; é muda; está consciente ou inconsciente. [...] Pode-se dizer que *sente* dor somente o que se comporta como [ser humano]. [...] Olhe uma pedra e imagine que ela tenha sensações! – Alguém diz: Como é que se pode chegar à ideia de atribuir uma *sensação* a uma *coisa*? Poder-se-ia atribuí-la igualmente a um número! – Olhe agora uma mosca irrequieta, e esta dificuldade desaparece imediatamente e a dor parece poder atacar aqui, onde tudo antes estava contra ela, por assim dizer, sem dificuldade[76].

Mas por que Wittgenstein afirma que atribuímos dor apenas "aos seres humanos e ao que se assemelha a eles" em vez de "criaturas animadas"? Claramente, a última citação é verdadeira, e seu primeiro exemplo é de uma mosca. Mas sua referência aos seres humanos aqui tem um objetivo, que mostra ainda outro sentido em que as convenções gramaticais não são arbitrárias. O que ela indica é que o conceito de dor não se originou em nossa observação externa do comportamento animal, como um nome para se referir ao que às vezes são atos observáveis de criaturas animadas, mas da necessidade humana de comunicar-se sobre a dor que se sente ou sobre a dor da pessoa com quem se fala. O que ela indica é que não falamos sobre a dor basicamente por curiosidade científica, apenas ao comentar uma cena que acontece, mas para fazer com que alguém tome alguma atitude. Fala-se sobre dor *entre* seres humanos que experimentam e expressam dor e reagem a ela, em contextos que envolvem atividades tais quais confortar, ajudar, desculpar-se, mas também advertir, ameaçar, punir, regozijar-se com o sofrimento alheio. Quando aprendemos o que é dor, aprendemos que as reações que temos (devemos ter) em relação às pessoas que sentem dor é confortá-las, regozijar-nos com o sofrimento delas, e assim por diante, e que nós mesmos, quando manifestamos dor, é de se esperar que os outros reajam dessas maneiras.

---

76 Wittgenstein, *Investigações filosóficas*, §§ 281, 283, 284.

Tanto naturalmente quanto por formação cultural, reagimos a uma pessoa que exibe comportamento que exprime dor em uma situação de dor de maneiras apropriadas (ou seja, como se ela estivesse com dor), e esperamos que outros reajam dessa forma à nossa dor. Se a ligação entre ocasião, sentimento e comportamento aqui é convencional, essa não é uma convenção que possa ser renegociada a nosso bel-prazer. Para mudar nossas convenções aqui, teríamos que mudar o que fazemos, o modo como vivemos; teríamos que mudar os elos entre dor e conforto, dor e ameaça, dor e medo, dor e pena – não apenas entre essas palavras, mas entre essas maneiras de ser e agir juntos. Esses padrões de ação e reação também fazem parte do que Wittgenstein entende por "formas de vida".

A certa altura, Wittgenstein pergunta se tudo isso significa, em suma, "que a concordância humana decide o que é certo e o que é errado". Mas ele responde: "Certo e errado é o que os [seres humanos] *dizem*, e [eles] estão concordes na linguagem. Isto não é uma concordância de opiniões, mas da[s] forma[s] de vida."[77] A convencionalidade da linguagem não é contratual; e se isso limita as possibilidades empíricas que podemos descobrir em nosso mundo, tal limitação não é arbitrária. Assim, "o limite do empírico está na formação de conceitos", mas nossos conceitos "não são suposições sem garantias, ou intuitivamente reconhecidas como corretas: conceitos são maneiras pelas quais fazemos comparações e segundo as quais agimos"[78]. Nossos conceitos baseiam-se, em última análise, não em "uma espécie de *ver* [visão] de nossa parte; é o nosso *atuar* que está no fundo do jogo da linguagem"[79].

Na medida em que nossos conceitos e nossa linguagem são moldados pela natureza humana e pela condição natural humana, eles não podem ser justificados e devem simplesmente ser aceitos como dados. Podemos explicar a "natureza essencial" da liberdade ou do conhecimento nos referindo à gramática das palavras "liberdade" ou "conhecimento"; podemos explicar sua gramática referindo-nos aos jogos de linguagem em que são usadas; podemos imaginar uma mudança no mundo ou nos seres humanos que teria o efeito de fazer com que esses jogos de linguagem perdessem seu sentido ou se tornassem impossíveis de jogar, e assim podemos tomar consciência de algumas de nossas formas humanas de vida. Porém, não podemos ir além disso e *explicar* tais formas de vida, nem apresentar *razões* para elas. Wittgenstein sustenta que as explicações devem findar em algum lugar: "Se esgotei

---

77 Ibid., § 241.

78 WITTGENSTEIN, *Foundations of Mathematics*, 121, 176.

79 WITTGENSTEIN, *Da certeza*, § 204.

as justificativas, cheguei então à rocha dura, e minha pá se entorta. Estou inclinado a dizer então: 'É assim mesmo que ajo'"[80]. Em última análise, algo deve ser aceito como dado – não as "verdades" predicadas sobre o mundo, não os conceitos pelos quais as expressamos, mas os jogos de linguagem que moldam a gramática desses conceitos e as condições que produzem os jogos de linguagem. "O que deve ser aceito, o dado – poder-se-ia dizer – são *formas de vida*."[81] Essas noções de Wittgenstein foram frequentemente usadas para indicar seu conservadorismo político e cultural. Em um capítulo posterior, tentarei mostrar como isso é um equívoco fundamental. Mas, por enquanto, já é o bastante se a relação dual entre as palavras e o mundo tiver sido explorada: de um lado, as limitações gramaticais impostas às descobertas empíricas; por outro lado, os fundamentos da gramática na realidade de nossa atividade linguística.

---

80 WITTGENSTEIN, *Investigações filosóficas*, § 217.
81 Ibid., 292. (Parte II, Fragmento XI da Filosofia da Psicologia). (N. dos T.)

VII REGIÕES DA LINGUAGEM, DISCURSO MORAL E AÇÃO

A discussão de Wittgenstein sobre jogos de linguagem e formas de vida indica que podemos imaginar que a linguagem se subdivide em grupos de conceitos semelhantes e relacionados, usados em jogos de linguagem semelhantes e relacionados. Certos conceitos mostrarão peculiaridades gramaticais semelhantes porque estão em casa, na mesma área da linguagem, usados em circunstâncias semelhantes para fins semelhantes; outros conceitos mostrarão padrões bastante diferentes porque se originam em conexão com formas de vida bastante diferentes. Assim, vimos assimetrias semelhantes entre o uso pela primeira pessoa e o uso pela segunda e terceira pessoas de vários conceitos na área das atividades mentais ou dos sentimentos. E encontramos características gramaticais de um conceito como "mundo" relacionadas àquelas de conceitos como "ver" e "olhar para". O próprio Wittgenstein fala, num determinado momento, sobre "regiões da linguagem" e novamente invoca a analogia entre a linguagem e uma cidade antiga: "uma rede de ruelas e praças, casas velhas e novas, e casas com remendos de épocas diferentes; e isto tudo circundado por uma grande quantidade de novos bairros com ruas retas e regulares e com casas uniformes"[1]. Algumas áreas da cidade são separadas e claramente distintas. Wittgenstein sugere que encaremos as subdivisões técnicas e especializadas da linguagem, como no simbolismo da química ou na notação do cálculo, como "por assim dizer, subúrbios de nossa linguagem", organizadas, claramente definidas, inconfundivelmente separadas. Na parte velha da cidade, contudo, será mais difícil distinguir ou delinear tais áreas com precisão.

Wittgenstein não avança no tema, mas este é desenvolvido de várias maneiras por seu discípulo Friedrich Waismann, pelo filósofo da linguagem ordinária Gilbert

---

[1] WITTGENSTEIN, Ludwig, *Philosophical Investigations,* trad. ing. de G. E. M. Anscombe, New York, Macmillan, ³1968. Trad. bras.: *Investigações filosóficas,* de Marcos Montagnoli, Petrópolis, Vozes, ⁴2005, §§ 90, 18; comparar com os seus *Blue and Brown Books,* New York; Evanston, Harper & Row, 1964, 81; e FANN, K. T. (ed.), *Ludwig Wittgenstein,* New York, Dell, 1967, 51.

Ryle, e, com uma abordagem filosófica diferente, por Michael Oakeshott[2]. Cada um deles argumenta que existem subdivisões significativas dentro da linguagem, diferindo em aspectos fundamentais. Waismann chama as subdivisões de "estratos de linguagem"; Ryle as chama de "categorias"; Oakeshott as chama de "vozes na conversa da humanidade". Todos os três concordam que essas subdivisões diferem não apenas no vocabulário ou assunto, mas na forma como a linguagem é usada: na gramática, na lógica, na estrutura – o que conta como uma declaração, o que conta como uma justificação, o que é validade ou verdade, o que constitui concordância e qual é o significado da discordância. Neste capítulo, exploraremos a ideia de regiões de linguagem, e de uma região de linguagem em particular.

Para estar a par da variedade de subáreas em nossa língua, Waismann sugere que comparemos proferimentos tais quais

> uma declaração sobre os dados dos sentidos, uma declaração sobre um objeto material, uma lei da natureza, uma descrição de algo meio esquecido, uma declaração sobre a motivação do falante, uma conjectura sobre os motivos pelos quais outra pessoa foi acionada, uma citação das palavras exatas que fulano usou, um breve resumo sobre o teor de um discurso político, a caracterização do *Zeitgeist* de um determinado período histórico, um provérbio, uma metáfora poética, uma proposição matemática, e assim por diante[3].

Os conceitos contidos em algumas dessas declarações serão "absolutamente precisos e passíveis de definição com rigor matemático", mas em outras podem ser "vagos, de trama aberta"[4]. Waismann explica a ideia de trama aberta ao afirmar que "conceitos empíricos", ao contrário dos matemáticos, não são delimitados em todas as direções possíveis. Suponha que eu encontre um ser que parece um homem, fala tal qual homem, se comporta como um homem e tem apenas um palmo de altura – devo dizer que *é* um homem? Ou o caso de uma pessoa tão velha que seria capaz

---

2 WAISMANN, Friedrich, Language Strata, Verifiability, in: FLEW, Antony (ed.), *Logic and Language*, Garden City, Doubleday, 1965; RYLE, Gilbert, Categories, Ibid., e *Dilemmas,* Cambridge, Cambridge University Press, 1966; e *The Concept of Mind*, New York, Barnes & Noble, 1949; OAKESHOTT, Michael, *Rationalism in Politics*, New York, Basic Books, 1962, em particular "The Voice of Poetry in the Conversation of Mankind".

3[3] WAISMANN, Language Strata, 238-239.

4 Ibid., 236.

de lembrar do rei Dario? Você diria que ele é um imortal? Existe algo parecido com uma definição exaustiva que, de uma vez por todas, tranquilize nossa mente?[5]

Além disso, os conceitos funcionam de maneiras caracteristicamente diferentes em diferentes regiões da linguagem. Oakeshott contrasta a maneira como os conceitos são usados no discurso prático cotidiano com a maneira como são usados na ciência, e com a maneira como são usados no discurso poético, na poesia. Os conceitos da ciência, ele argumenta, não são meros nomes diferentes para objetos familiares, substituições equivalentes para os conceitos de nosso discurso cotidiano.

> A palavra "água" *stands for* [representa] uma imagem prática; mas o cientista não percebe primeiro a "água" para depois resolvê-la em H_2O: a *scientia* começa apenas quando a "água" é deixada de lado. Falar de H_2O como "a fórmula química da água" é falar de uma maneira confusa: H_2O é um símbolo cujas regras de comportamento são totalmente diferentes daquelas que governam o símbolo "água"[6].

Se "água" e "H_2O" fossem apenas nomes, eles seriam usados para se referir "à mesma coisa"; mas não são apenas nomes. São sinais usados em jogos de linguagem radicalmente diferentes, desempenhando funções muito diferentes.

No discurso poético, Oakeshott argumenta, os conceitos são usados de maneiras que diferem nitidamente tanto daqueles da ciência quanto daqueles de nosso discurso prático cotidiano sobre o que fazemos. Em primeiro lugar, o poeta, ao contrário do cientista ou de nosso *self* cotidiano, está sempre parcialmente envolvido na criação de imagens, não apenas no uso de imagens; ele está sempre inovando a partir do estoque conceitual disponível[7]. E, em segundo lugar, o discurso poético é "contemplativo", o que significa que seus conceitos e imagens são apreciados por si sós, nem como concreções de qualidades quaisquer que possam surgir em outro lugar (como carvão e madeira podem ser reconhecidos por sua combustibilidade ou dois homens podem ser comparados em relação ao domínio de uma habilidade particular), nem como sinais ou símbolos de outra coisa[8].

---

5 WAISMANN, Verifiability, 126.
6 OAKESHOTT, *Rationalism in Politics*, 222. A partir da perspectiva de Wittgenstein, pode-se objetar que a palavra "água" não "representa uma imagem", seja ela prática ou não; que as regras relevantes não guiam seu "movimento" (*behaviour*), mas o nosso uso dele; e que não é necessário ficar "confuso" ao chamar "H_2O" de "símbolo químico da água". Mas o argumento básico de Oakeshott é totalmente válido.
7 Ibid., 212, 216.
8 Ibid., 220; comparar p. 217 ss.

O discurso poético

> aparece quando imaginar é imaginação contemplativa; isto é, quando as imagens não são reconhecidas como "fatos" ou como "não fatos", quando não provocam aprovação ou desaprovação moral, quando não são lidas como símbolos, ou como causas, efeitos ou meios para outros fins, mas são feitas, refeitas, observadas, reviradas, manipuladas ludicamente, meditadas e apreciadas, e quando formam padrões ampliados os quais não são nada além do que imagens mais complexas e não conclusões[9].

Todavia, à parte as diferenças na forma como os conceitos são usados, Waismann argumenta que as regiões da linguagem diferem na maneira como as proposições são formuladas e relacionadas entre si; é como se fossem "construídas em um *estilo lógico* diferente"[10]. As proposições em diferentes regiões serão "*verdadeiras* em diferentes sentidos, *verificáveis* em diferentes sentidos, *significativas* em diferentes sentidos"[11]. Algumas subdivisões da linguagem, por exemplo, operam pela lógica aristotélica que nos é familiar, mas outras não (embora com frequência suponhamos que sim). Examinemos

> a lógica das cenas meio esmorecidas da memória. Aqui, a situação é tal que muitas vezes somos incapazes de nos lembrar de um ou outro momento em detalhe, isto é, muitas vezes somos incapazes de optar por uma alternativa. Como era aquele banheiro em que entrei numa visita outro dia? Era marfim, creme, bege-claro ou palha? [...] Insistir, nestas circunstâncias, na lei do terceiro excluído, sem qualquer meio para decidir a questão, é defender as leis da lógica da boca para fora[12].

Ou considere a lógica dos aforismos. "Um homem que escreve aforismos pode dizer uma coisa e, em outra ocasião, seu exato oposto, sem incorrer em contradição. Pois cada aforismo, tal qual se apresenta, é perfeitamente completo em si mesmo."[13] Wittgenstein sugere, do mesmo modo, que não há necessidade de haver nenhuma

---

9 Ibid., 224.
10 W<small>AISMANN</small>, Language Strata, 235.
11 Ibid., 242.
12 Ibid., 237.
13 Ibid., 238.

"lei do terceiro excluído" para ordens; claro, é inconveniente receber ordens contraditórias que impõem obrigações, mas isso pode acontecer[14].

Waismann argumenta que a própria natureza e o significado da verdade são diferentes em diferentes estratos de linguagem. Seguindo a noção de "ambiguidade sistemática" de Russell, ele distingue afirmações sobre um indivíduo, daquelas sobre uma classe de indivíduos, ou de uma classe de classes. "Uma declaração do tipo 'Sócrates é mortal' é verdadeira quando há um fato correspondente, e falsa quando não há nenhum fato correspondente." Mas a verdade de uma generalização do tipo "todos os homens são mortais" não pode ser estabelecida do mesmo modo, "visto que há uma infinidade de fatos como 'Sócrates é mortal', 'Platão é mortal' etc." Portanto, as noções de "verdade" relevantes para os dois tipos de declarações são diferentes; "cada tipo de declaração tem sua espécie própria de verdade"[15]. Consequentemente,

> uma lei da natureza nunca é verdadeira no mesmo sentido em que, digamos, "Há um fogo aceso nesta sala" seria, nem no sentido em que "Ele é um sujeito divertido" pode ser; e as duas últimas declarações não são verdadeiras no mesmo sentido em que "Estou com dor de cabeça" seria [...] Novamente, em que sentido alguém pode dizer que um provérbio é verdadeiro? Você já tentou traduzir em palavras alguma experiência rara e sutil, ou alguma impressão meio esquecida (mas intensa)? Se o fizer, você descobrirá que a verdade, neste caso, está inseparavelmente ligada à qualidade literária de sua escrita: ela precisa de nada menos do que um poeta para expressar, plena e fielmente, esses estados de espírito frágeis[16].

As verdades da matemática, ao contrário das da ciência, da poesia, das preocupações práticas do dia a dia, das sensações, da ética, são estritamente dedutivas e dependem por completo da coerência interna. "Tomemos, por exemplo, uma proposição matemática, digamos, um teorema da geometria. Dizer que é verdade significa simplesmente que pode ser deduzido de tais e tais axiomas." Os próprios axiomas são simplesmente pressupostos; para o matemático, a única coisa que interessa é que "*se* tais e tais axiomas se aplicam, *então* os teoremas também se

---

14 WITTGENSTEIN, Ludwig, *Remarks on the Foundations of Mathematics*, VON WRIGHT, G. H.; RHEES, R.; ANSCOMBE, G. E. M. (eds.), trad. ing. de G. E. M. Anscombe, Oxford, Basil Blackwell, 1964, 140-142; WAISMANN, *Wittgenstein*, 119-131.

15 WAISMANN, Language Strata, 232; comparar com WAISMANN, Friedrich, *Wittgenstein und der Wiener Kreis*, McGUINNESS, B. F. (ed.), Londres, Basil Blackwell, 1967, 100.

16 WAISMANN, Language Strata, 239-240.

aplicam"[17]. Não há necessidade de recorrer à "observação" nem à "evidência empírica". Não há espaço aqui para um "debate" produtivo entre "opiniões variadas", nem para o depoimento de testemunhas. Contrapõe, como sugere Arendt, a linguagem de fatos históricos específicos, como "A Alemanha invadiu a Bélgica em agosto de 1914"[18]. No entanto, tal verdade factual, como as verdades da matemática, é "muito menos aberta à discussão" do que, digamos, uma proposição de teoria política, ou uma crítica de arte ou uma opinião política. "Ela diz respeito a eventos e circunstâncias nas quais muitos são envolvidos; é estabelecida por testemunhas e depende de comprovação."[19] Como resultado, a verdade factual dessa espécie está sujeita à distorção por falsidade deliberada ou mentiras de modo característico, de uma forma que as verdades da matemática, da ciência, da poesia e mesmo da opinião política não estão[20].

Com respeito a tal verdade histórica factual, as testemunhas formam uma espécie de elite de especialistas; mas, é claro, há uma elite diferente para cada evento, dependendo de quem for a testemunha. Outros domínios do discurso são caracterizados por elites permanentes de especialistas, cujo julgamento a respeito da verdade nesse domínio é normalmente decisivo. Tome-se como exemplo a ciência, cujas verdades não podem "ser meramente pessoais, mas devem ser aceitas [...] por muitos", como Kuhn observa. Certamente, esse "muitos" não é o público em geral, mas "a comunidade bem definida formada pelos colegas profissionais do cientista". Os cientistas, "em virtude de seu treino e experiência comuns, devem ser vistos como os únicos conhecedores das regras do jogo ou de algum critério equivalente para julgamentos inequívocos"[21]. Muito do que foi dito se aplica à matemática, embora os modos apropriados de resolução sejam diferentes dos científicos. Algo semelhante, mas que também pode diferir significativamente, é verdadeiro sobre a linguagem poética e a crítica estética. Existiriam, contudo, especialistas em determinar

---

17 Ibid., 239.

18 ARENDT, Hannah, Truth and Politics, in: LASLETT, Peter; RUNCIMAN, W. G. (eds.), *Philosophy, Politics and Society*, Oxford, Basil Blackwell, 1967, 122. O mencionado texto "Truth and Politics" ("Verdade e política") faz parte da coletânea publicada da autora *Entre o passado e o futuro*, trad. bras. de Mauro W. Barbosa, São Paulo, Perspectiva, 2005, 308. (N. dos T.)

19 Ibid., 295-296.

20 Ibid., 307, 308, 309. E, segundo Arendt, "O mentiroso é um homem de ação, ao passo que o que fala a verdade, quer ele diga a verdade factual ou racional, notoriamente não o é". (N. dos T.)

21 KUHN, Thomas S., The Structure of Scientific Revolutions, in: *International Encyclopedia of Unified Science*, Chicago, University of Chicago Press, ²1970. Trad. bras.: *A estrutura das revoluções científicas*, de Beatriz Vianna Boeira e Nelson Boeira, rev. Alice Kyoto Miyashiro, São Paulo, Perspectiva, ⁵1998, 211.

o que é valido a respeito das imagens de memória, das expressões de sensação? E como a perícia de um especialista em crítica da arte difere da de um matemático?

Como corolário das diferenças desse tipo, várias regiões da linguagem diferem também no modo pelo qual a formação de juízos se apoia em casos de disputa e, em geral, na importância da disputa e nos modos de sua resolução. Wittgenstein observa que na aritmética, por exemplo,

> pode ter origem uma disputa sobre qual é o resultado correto de um cálculo (por exemplo, de uma adição mais longa). Mas uma tal disputa surge raramente, e é de curta duração. Ela deve, como dizemos, ser decidida "com certeza". Os matemáticos, em geral, não discutem entre si acerca do resultado de um cálculo. (Este é um fato importante.) – Se fosse diferente [...] [então] deste modo não haveria nosso conceito de "certeza matemática"[22].

O fato de que normalmente concordamos sobre os resultados obtidos nos cálculos é, sem dúvida, em parte o resultado de como somos *treinados* em matemática. Aprendemos, desde o início, que nesta área existem "respostas certas" e "erros" (você pode procurá-las no fim do livro)[23]. Aprender aritmética é uma questão de se tornar capaz de produzir respostas que coincidam com aquelas do final do livro (e, portanto, com aquelas produzidas por qualquer outra pessoa competente em aritmética, exceto quando ela "comete um erro"). "Também seria possível imaginar", diz Wittgenstein, um método diferente de treinamento para "uma espécie de aritmética. As crianças são, cada uma a seu modo, capazes de calcular, na medida em que escutam apenas a voz interior e a seguem. Este calcular seria como compor"[24]. Mas a prática resultante seria bem diferente da nossa aritmética.

Somos capazes de desenvolver uma atividade como a aritmética, e ensiná-la como fazemos, e confiar nesse ensino para produzir os resultados alcançados, só porque se trata de seres humanos e do modo como seus cérebros funcionam. A matemática, a aritmética baseiam-se nas "formas de vida" humanas. É simplesmente um fato sobre os seres humanos que, se você os treinar *dessa* maneira, para que eles calculem *dessa* maneira, suas respostas geralmente serão concordantes. "Eu não disse *por que* os matemáticos não discutem, mas somente *que* não discutem. [...] Se

---

22 WITTGENSTEIN, *Investigações filosóficas*, 291; comparar com § 240.
23 WITTGENSTEIN, *Foundations of Mathematics*, 190: "Nossos filhos não apenas praticam a execução de cálculos, mas também são treinados para adotar uma atitude particular em relação a um erro de cálculo."
24 WITTGENSTEIN, *Investigações filosóficas*, § 233.

não houvesse um acordo completo, as pessoas também não aprenderiam a técnica que nós aprendemos. Ela seria mais ou menos diferente da nossa, também a ponto de tornar-se irreconhecível."[25] O que chamamos de "aritmética" é parcialmente determinado por certa constância nos resultados dos cálculos.

> "Todos nós aprendemos a mesma tabuada". Isto poderia ser uma observação sobre a aula de aritmética em nossas escolas, mas também uma constatação sobre o conceito de tabuada. ("Numa corrida de cavalos, os cavalos correm, em geral, tão rápido quanto podem.") Há daltonismo e meios de identificá-lo. Nos enunciados das pessoas consideradas normais sobre a cor vigora, em geral, pleno acordo. Isto caracteriza o conceito dos enunciados sobre a cor. Este acordo não existe, geralmente, na questão [de] se a exteriorização de um sentimento é autêntica ou inautêntica[26].

Na matemática – ou, pelo menos, na aritmética – as disputas surgem apenas quando alguém está errado; não existe algo como "cada pessoa tem direito à sua opinião". A verdade é estabelecida dedutivamente, pela prova. Compare isso com, digamos, verdades sobre fatos históricos específicos, onde "no caso de uma disputa, apenas outra testemunha, mas não alguma terceira ou outra instância, pode ser invocada"[27]. Quando as testemunhas discordam, somos forçados a adotar a versão da maioria, ou a estimar a confiabilidade, ou ainda a deixar o conflito sem solução. Desacordo em opinião política, desacordo entre os críticos literários, desacordo quanto a juízos morais – cada um terá significados diferentes e modos possíveis de resolução. Cada domínio tem suas próprias "maneiras pelas quais um juízo se sustenta", nas quais a "convicção no" juízo pode ser produzida, como observa Cavell. "É apenas em virtude desses padrões recorrentes de sustentação que uma observação contará como – será – estética, ou uma mera questão de gosto, ou moral, propagandística, religiosa, mágica, científica, filosófica."[28]

Dada a sugestão de Wittgenstein de que a gramática nos diz do que é que se trata qualquer tipo de coisa, não é surpreendente que Waismann insista no estudo de diferentes regiões da linguagem como uma nova forma de investigar a ontologia de diferentes regiões do mundo.

---

25 Ibid., 291-292; comparar com § 242 em como "medir" [o entendimento pela linguagem], o que possui uma diferente "constância de resultados" quando comparado com cálculos aritméticos.

26 Ibid., 292-293.

27 ARENDT, Verdade e política, 301.

28 CAVELL, Stanley, *Must We Mean What We Say?*, New York, Charles Scribner's Sons, 1969, 93.

Se estudarmos cuidadosamente a textura dos conceitos que ocorrem em um determinado estrato, a lógica de suas proposições, o significado da verdade, a teia de verificação, os sentidos em que uma descrição pode ser completa ou incompleta – se considerarmos tudo isso, podemos assim caracterizar o assunto. Podemos dizer, por exemplo: um objeto material é algo que pode ser descrito na linguagem de tal estrutura; uma impressão sensorial é algo que pode ser descrito em tal linguagem; um sonho é ____, uma imagem de memória é ____, e assim por diante[29].

Ou seja, podemos estudar ontologia por meio da gramática, não apenas para um conceito particular, mas para regiões inteiras do discurso e do mundo.

Waismann argumenta que, uma vez que as subdivisões da linguagem estejam bem descritas, deve ser possível classificar seu assunto sistematicamente e, assim, "formalizar" nossos conceitos. "A analogia com a ciência", diz ele, "é óbvia"[30]. Essa sugestão, por certo, difere em muito de qualquer coisa que Wittgenstein desenvolveria, para não dizer que é quase diametralmente oposta à sua orientação. Na verdade, o próprio Waismann mais tarde expressou reservas sobre algumas dessas ideias, assim como Ryle avisa que a ideia de categorias de linguagem é meramente um idioma, prejudicial se for levado longe demais[31]. A ideia de regiões, estratos ou categorias em nossa língua tende a fomentar a ilusão de regras sistemáticas, de subdivisões fixas e nitidamente distintas, cujos limites não podem ser violados. É provável que queiramos listar as regiões, catalogá-las e, assim, classificar o mundo. Podemos dizer que corremos o risco de considerar que o centro de nossa cidade velha consista apenas de subúrbios. Mas quaisquer subdivisões distinguidas dentro do corpo principal da linguagem serão sempre questionáveis; no máximo, as categorias serão categorias por *nós* estabelecidas porque temos conceitos disponíveis para elas: "ciência", "moralidade", "religião", e assim por diante. Elas sempre serão até certo ponto arbitrárias e *ad hoc*. Pode-se tratar a matemática como uma região da linguagem, mas também é possível vê-la como uma coleção inteira de diferentes regiões da linguagem com regras diferentes. E tanto mais isso será válido em "regiões" como o "discurso histórico", o "discurso de crítica musical", o "discurso de contabilidade", e assim por diante. Quantas categorias existem? E cada proferimento possível se encaixa em apenas um deles? E cada um deles é internamente coerente ou pode haver subdivisões conflitantes? Aqui, como em outras partes do estudo

---

29 WAISMANN, Language Strata, 246.
30 Ibid.
31 Ibid., 226 (nota do editor); RYLE, *Dilemmas*, 9.

da linguagem, as fronteiras muitas vezes dependem do que decidimos considerar como fronteira para fins específicos.

Questões semelhantes podem, é claro, ser levantadas sobre os conceitos de "jogos de linguagem" e "formas de vida" de Wittgenstein. Nesse caso, também parece arbitrário e difícil demarcar um em relação ao outro, ou especificar quantos pode haver, ou listá-los. Mas Wittgenstein nunca se comprometeria a listar extensivamente ou numerar nossos jogos de linguagem ou nossas formas de vida. (Na verdade, ele inventa novos jogos de linguagem.) Ele usa "jogo de linguagem" mais ou menos como um sinônimo para o "modo de operar com a linguagem em ação", e ninguém se sentiria tentado a classificar todas as maneiras de como podemos fazer isso. Ele usa "forma de vida" mais ou menos como um sinônimo para "padrão coerente de atividade ou reação humana", e ninguém se sentiria tentado a classificar tais padrões exaustivamente. Para Wittgenstein, a questão é que os jogos de linguagem e as formas de vida *existem*, são muitíssimo *variados*, e sempre que um em particular nos interessa, podemos descrevê-lo e explorá-lo.

Formulando a crítica de outra maneira, qualquer categoria rotulada com uma palavra em inglês dependerá, para sua coerência como categoria, em parte do significado e do uso dessa palavra. E se o significado e o uso dessa palavra são compostos de famílias de paradigmas, têm implicações mutuamente incoerentes, então qualquer tentativa de descrever e classificar a categoria "a que se refere" refletirá essas complexidades. Assim, uma discussão sobre *a* natureza ou *a* essência, digamos, do discurso religioso, terá sucesso apenas e na medida em que o discurso religioso tenha uma natureza ou uma essência. E isso depende tanto do que entendemos por discurso "religioso" (que pode ou não ser inequívoco), e se a maneira como as pessoas usam a linguagem "naquele" tipo de discurso de fato apresenta considerável grau de coerência interna, também difere de maneiras uniformes e reconhecíveis de como eles usam a linguagem, digamos, no discurso "científico". Portanto, tal investigação sempre será, pelo menos parcialmente, uma investigação gramatical de qualquer palavra que usamos para nomear a categoria de linguagem que estamos explorando.

Além disso, não é de forma alguma óbvio se as diferentes regiões da linguagem são, por assim dizer, mutuamente traduzíveis, nem se os termos de uma região podem ser reduzidos aos de outra: se, por exemplo, os conceitos usados em relação à vida animada podem ser traduzidos para a linguagem usada em relação a objetos inanimados, ou se um conceito usado em relação à ação humana individual ou a fenômenos políticos pode ser traduzido para a linguagem usada em relação ao comportamento de outras formas de vida ou objetos inanimados. Waismann, que introduz a ideia de estratos de linguagem, pensa, decerto, que são mutuamente traduzíveis, sendo apenas maneiras diferentes de olhar para a mesma coisa.

> Uma ação pode ser vista como uma série de movimentos causados por alguns estímulos fisiológicos [...] ou como algo que possui um propósito ou um significado, independentemente da maneira como seus elos individuais são produzidos [...] quero dizer que existem duas maneiras diferentes de olhar para a coisa; assim como existem duas maneiras diferentes de olhar para uma frase: como uma série de ruídos produzidos por um agente humano; ou como um veículo para o pensamento[32].

Mas outros, como Winch, Polanyi e Oakeshott, sustentam que as regiões não são mutuamente redutíveis, que os termos de uma não podem ser exaustivamente caracterizados ou traduzidos nos termos de outra. H_2O não é apenas um outro nome para água, e prometer não é apenas outro nome para certos movimentos físicos. Winch diz que o comportamento dos animais não é apenas muito mais complexo do que o comportamento das plantas, mas é de outra espécie. Pois

> os conceitos que aplicamos ao comportamento mais complexo são logicamente diferentes daqueles que aplicamos ao menos complexo. [...] A reação de um gato gravemente ferido é "muito mais complexa" do que a de uma árvore que está sendo derrubada. Mas é realmente inteligível dizer que é apenas uma diferença de grau? Dizemos que o gato "se contorce" por isso. Suponha que eu descreva seus movimentos muito complexos em termos puramente mecânicos, usando um conjunto de coordenadas de espaço-tempo. Isso é, de certo modo, uma descrição do que está acontecendo tanto quanto a afirmação de que o gato está se contorcendo de dor. Mas uma afirmação não poderia ser substituída por outra [...] O conceito de contorção pertence a uma estrutura bastante diferente daquela do conceito de movimento em termos de coordenadas de espaço-tempo; e é o primeiro, e não o último, que é apropriado para a concepção do gato como uma criatura animada[33].

---

32 WAISMANN, Language Strata, 247.
33 WINCH, Peter, *The Idea of a Social Science*, HOLLAND, R. F.(ed.), New York, Humanities Press, 1965, 72-73.

A partir dessa perspectiva, parece haver uma lacuna irredutível entre os conceitos de uma região da linguagem e os de outra, entre a ideia de contorção e a mera sucessão de posições físicas dos membros do gato. Consequentemente, alguns escritores têm lutado contra o que consideram esforços equivocados para reduzir os fenômenos de uma região aos de outra – principalmente, para explicar a ação humana em termos causais, ou para explicar ou desafiar as ideias religiosas de um modo científico. W. D. Hudson, por exemplo, critica as tentativas de "reduzir a teologia" à "psicologia humana" como um "caso paradigmático do tipo de violação de fronteira lógica" que, a seu ver, Wittgenstein "condena"[34]. Mas outros autores destacam que as divisões entre as regiões da linguagem não são tão nítidas; e que as diferentes regiões, afinal, formam uma única língua. Pode ser tolice supor que a distância entre a Terra e o Sol seja o tipo de coisa que poderia, em princípio, ser medida por uma régua; mas também há alguma razão para essa suposição. Nossos conceitos de comprimento e distância, afinal, são compostos de todos os seus usos normais. Como o próprio Winch observa, "O que pode ser dito em um contexto pelo uso de uma expressão depende, para seu sentido, dos usos dessa expressão em outros contextos (jogos de linguagem diferentes)"[35]. Assim, a ideia de regiões da linguagem é difícil e talvez sedutora, pois sua natureza, identificação e a distinção de tais regiões são teoricamente problemáticas. Devemos, portanto, ter um cuidado especial para nunca usar a concepção como uma pseudoexplicação, como um pretexto quando não conseguimos pensar, ou não conseguimos olhar e ver, de que modo a linguagem é, de fato, usada.

DISCURSO MORAL

Tendo emitido esse aviso, podemos, mesmo assim, prosseguir e examinar em mais detalhes uma região da linguagem que tem recebido atenção especial de vários filósofos wittgensteinianos e da linguagem ordinária. Podemos chamá-la de região do discurso moral, embora não a descrevam assim. Eles simplesmente compartilham uma maneira distinta de abordar questões de moralidade e filosofia moral. Em vez de estudar regras ou princípios morais ou sistemas tradicionais de moralidade, os ensinamentos de líderes religiosos ou filósofos, eles estão interessados na maneira como o discurso moral funciona na vida cotidiana, como normalmente falamos

---

34 Hudson, Donald, *Ludwig Wittgenstein*, Richmond, John Knox Press, 1968, 62.
35 Winch, Peter, Understanding a Primitive Society, *American Philosophical Quarterly*, v. I, out. (1964) 321.

sobre questões morais. Pois é no uso comum que nossos conceitos de moralidade e ação são aprendidos e moldados; nesse sentido, os princípios especulativos ou didáticos dependem do uso comum de seus conceitos. Claramente, essa abordagem do uso comum não é a única maneira de pensar sobre a moralidade ou a linguagem da moral, mas é uma maneira poderosa e instrutiva, e seremos capazes de usá-la para iluminar certos aspectos da natureza da ação.

Do ponto de vista de nosso emprego ordinário da linguagem na região da moralidade, o discurso moral concentra-se particularmente nas ações e nas ações que deram errado. Tem a ver com a avaliação e a reparação das relações humanas quando estas foram tensionadas ou danificadas pelos resultados imprevistos de alguma ação. Faz parte da condição humana, como observa Cavell, que "a realização da intenção requeira ação, que essa ação requeira movimento, e esse movimento envolva consequências não pretendidas"[36]. Pode-se dizer, seguindo Arendt, que os seres humanos desenvolveram dois grandes modos de diminuir os custos dessa condição, um prospectivo e outro retrospectivo[37]. Prospectivamente, usamos o compromisso, as promessas, para reduzir o risco e a incerteza associados à ação a ser executada. Retrospectivamente, usamos o perdão e o que Austin chama "justificativas", Cavell, "*elaboratives*" ("elaborativos") – os fundamentos, explicações, justificativas e outros modificadores que nos permitem defender uma "conduta que fracassa". Cavell diz que esses conceitos "constituem a maior parte da crítica moral" e seu uso constitui o cerne do discurso moral[38]. Essa é a razão, também, pela qual Austin equipara o estudo das justificativas à própria ética, e afirma que a *Ética* de Aristóteles é um antepassado direto de seu próprio trabalho[39].

Nessa perspectiva, o contexto característico para o discurso moral é o do diálogo entre pessoas de fato envolvidas no ocorrido; ou seja, tal discurso é muito contextual. Sem dúvida, podemos contemplar os princípios morais de forma abstrata ou proferir um discurso público a seu respeito, mas o centro de gravidade do discurso moral se estabelece na conversa pessoal entre um ator e alguém afetado adversamente pelo que ele fez. O discurso moral é pessoal, embora não meramente subjetivo ou privado; é interpessoal, mas não é, de fato, geral ou público. Além

---

36 Cavell, Stanley, *The Claim to Rationality*, Tese de Doutorado em Filosofia (não publicada), Cambridge, Harvard University, 1961-1962, 97.

37 Arendt, Hannah, *The Human Condition*, Garden City, Doubleday, 1958, 213-216. Trad. bras.: *A condição humana*, de Roberto Raposo, posfácio de Celso Lafer, Rio de Janeiro, Forense Universitária, [10]2005, 225-228.

38 Cavell, *Claim to Rationality*, 395.

39 Austin, J. L., *Philosophical Papers*, Oxford, Clarendon Press, 1961, 128.

disso, surge apenas quando alguém é levado a falar. Como vimos, as ações são discutidas apenas quando há algo especial sobre elas; e, então, a discussão não será sobre categorias de ação em abstrato, mas sobre ações específicas nas quais os participantes estão envolvidos. Normalmente, observa Austin, "trata-se de uma situação em que alguém é acusado de ter feito algo, ou (num tom menos acusador) em que se *diz* que alguém fez algo de ruim, errado, malfeito, indesejável ou condenável dentre inúmeras possibilidades". Então, alguém prejudicado ou ofendido, ou outra pessoa falando em seu nome, irá acusar, culpar ou protestar; e o ator, ou outro falando em seu nome, "tentará defender sua conduta ou livrá-lo dela"[40]. Existem várias maneiras de fazer isso, é claro. Ele pode admitir a ação e tentar justificá-la, ou negar que tenha sido ruim. Ou ele pode admitir que foi ruim, mas negar plena responsabilidade, alegando circunstâncias atenuantes ou qualificando de outro modo o relato do que foi feito. Mas, em todo caso, "examinar justificativas é examinar casos em que houve alguma anormalidade ou falha"; e o que precisa ser explicado não é o desempenho da ação, mas como ela deu errado[41].

Outra implicação de considerar as "justificativas" como centrais para o discurso moral é que a moralidade se revela tanto como convencionalmente tradicional quanto pragmaticamente cotidiana e, por consequência, com limitações bem claras. Pois o vocabulário da ação e da moralidade – os conceitos com os quais acusamos, justificamos, caracterizamos a conduta – é essencialmente um vocabulário herdado e relativamente fixo. Forma um corpo de categorias relativamente sistemático, permitindo-nos, como diz Oakeshott, apelar "da incoerência contemporânea para a coerência de toda uma tradição moral"[42]. Ele incorpora um sistema moral, que se desenvolveu num idioma e numa cultura através de gerações. Assim, Kant pergunta, "mas quem haveria de querer propor um novo princípio para toda a moralidade e se apresentar como o seu descobridor original, como se todo o mundo antes dele ignorasse a natureza do dever ou estivesse totalmente equivocado?"[43] Claro, a tradição evolui e pode ter mudado; há professores de moral que também são inovadores. No entanto, nada do que fazemos irá introduzir uma nova moralidade, ou mesmo uma nova proposição de moralidade. E o discurso moral normal, nossas trocas comuns

---

40 Ibid., 123-124.

41 Ibid., 127; comparar com Cavell, *Must We Mean What...*, 7.

42 Oakeshott, op. cit., 106.

43 Citado em Cavell, *Claim to Rationality*, 321. O trecho citado por Cavell se encontra na terceira nota do prefácio original da *Crítica da razão prática* em alemão; ver Kant, Immanuel. *Crítica da razão prática*, trad. bras. baseada na edição original de 1788, com introdução e notas de Valerio Rhoden, São Paulo, WMF Martins Fontes, ⁴2016, Clássicos WMF, 13, nota 17. (N. dos T.)

sobre conduta não envolvem a alteração ou a inovação de conceitos morais, mas sua aplicação. O discurso moral normalmente não é legislativo, mas judicativo; ele avalia a conduta encaixando-a em um vocabulário sistemático tradicional.

Esse recurso pode ser considerado como um lastro de sabedoria e segurança para a moralidade, como quando Austin observa, especificamente com respeito a justificativas: "Nosso estoque comum de palavras incorpora todas as distinções que os homens consideraram que valia a pena estabelecer e as conexões que julgaram merecedoras de nota, por gerações"[44]. Mas o convencionalismo tradicional do vocabulário moral também significa, por certo, que o discurso moral tem limitações bem definidas. É uma ferramenta relativamente cotidiana e pragmática, adequada para casos comuns por sua própria familiaridade, mas inadequada para o extraordinário e o único. Nem toda questão sobre a conduta humana é moral. E, como Cavell argumenta, a competência da moralidade

> como juiz da conduta e do caráter é limitada. Isso é o que Kierkegaard quis dizer com a "suspensão teleológica da ética" e o que Nietzsche quis dizer ao definir uma posição para "além do bem e do mal". O que eles queriam dizer é que existe uma posição cuja excelência não podemos negar, assumida por pessoas que não estamos dispostos ou somos capazes de descartar, mas que, *moralmente*, teria que ser considerada errada. E isso forneceu um tema importante para a literatura moderna: a salvação do *self* através do repúdio à moralidade[45].

Cavell argumenta que a moralidade deve necessariamente se manter aberta a esse tipo de repúdio:

> Ela oferece *uma* possibilidade de resolução de conflitos, uma forma de lidar com o conflito que permite a continuidade das relações pessoais frente à situação difícil e aparentemente inevitável dos mal-entendidos, desejos mutuamente incompatíveis, compromissos, lealdades, interesses e necessidades, uma forma de reparar os esgarçamentos no tecido dos relacionamentos e de manter o *self* em oposição a si mesmo ou aos outros. Outras maneiras de resolver ou lidar com o conflito são fornecidas pela política, pela religião, pelo amor e pelo perdão, pela rebelião e pelo

---

44 Austin, *Philosophical Papers*, 130.

45 Cavell, *Claim to Rationality*, 352. Observe que, neste ponto, Arendt discorda enfaticamente, argumentando que o "comportamento" pode ser julgado a partir de padrões morais convencionais, mas a "ação" deve ser julgada em termos de sua grandeza, de sua singularidade (*Condição humana*, 184); no entanto, é ela que relaciona a ação (não o comportamento) com as promessas e o perdão (ibid., 212-213).

retraimento. A moralidade é uma forma valiosa porque os outros são muitas vezes inacessíveis ou brutais; mas não é tudo; fornece uma porta pela qual alguém, alienado ou em perigo de alienação pela ação de outrem, pode responder com a oferta ou a aceitação de uma explicação, desculpas e justificativas, ou pelo respeito que um ser humano mostrará a outro que vê e pode aceitar a responsabilidade por uma posição que ele mesmo não adotaria. [...] Mas, embora a moralidade esteja aberta ao repúdio, seja pelo profeta, seja pelo eu furioso e sofredor, pelo delinquente, o mais antigo ou o mais novo mal, e embora não possa nos garantir que não teremos inimigos, nem que nossas ações sejam irrepreensíveis, mesmo que aprovadas em todos os testes *morais*; não é qualquer um que, de *qualquer maneira*, pode repudiá-la[46].

A moralidade deve se manter aberta ao repúdio, num primeiro sentido, porque, como domínio do discurso, é limitada pelos conceitos tradicionais que os homens desenvolveram para avaliar, acusar e justificar uma ação. Mas deve se manter aberta ao repúdio também em outro sentido, que tem a ver menos com seus conceitos do que com o que Waismann chamaria de sua "lógica" – os tipos de verdade, evidência, princípios de raciocínio e padrões de racionalidade a ela apropriados. Eles dizem respeito não às limitações da moralidade como um todo, mas às limitações – a abertura ao repúdio – de reivindicações e posições morais específicas. Aqueles de inclinação positivista, incluindo o primeiro Wittgenstein, duvidarão de que o discurso moral possa ter uma lógica ou uma racionalidade, uma vez que lhes parece "normativo" e baseado, em última instância, na preferência pessoal, no gosto ou no sentimento, além do alcance da razão. Na moralidade, ao contrário da ciência, por exemplo, as disputas frequentemente "não podem ser resolvidas", não culminam em concordância, não resultam em conclusões que todos devem aceitar.

Contra essa visão, Waismann, Cavell e Oakeshott argumentam que o discurso moral tem seus próprios padrões de racionalidade; não lhe falta lógica, mas sua lógica é de um tipo e estrutura diferentes da lógica da ciência. Oakeshott afirma, pelo menos no que diz respeito à conduta, que cada tipo de atividade humana possui um "idioma" próprio, com sua própria racionalidade distintiva. A racionalidade não é uma coisa única, a mesma em todas as áreas da conduta ou do pensamento humano, mas tem suas próprias encarnações particulares e distintas em vários domínios da vida humana. Consiste essencialmente na fidelidade ao idioma particular em que alguém está operando; uma espécie de coerência. Assim, por exemplo, a atividade de um cientista "pode ser apropriadamente chamada de 'racional' no que

---

46 CAVELL, *Claim to Rationality*, 353-354.

diz respeito à sua fidelidade à tradição da investigação científica"[47]. Winch diz que a ciência é um modo de vida social e a religião é outro,

> e cada um tem critérios de inteligibilidade peculiares a si mesmo. Portanto, dentro da ciência ou da religião, as ações podem ser lógicas ou ilógicas: na ciência, por exemplo, seria ilógico recusar-se a ser limitado pelos resultados de um experimento devidamente executado; na religião, seria ilógico supor que alguém pudesse opor sua própria força contra a de Deus, e assim por diante[48].

Procurar provas experimentais no domínio da religião é tão irracional quanto procurar revelações no domínio da ciência. Na ciência ou na matemática, a racionalidade de um argumento depende de sua derivação de premissas que todas as partes aceitam, em etapas que todos podem seguir, para um acordo sobre uma conclusão que todos devem aceitar[49]. E, é claro, "todos devem aceitar" não significa que nenhuma criatura humana poderia recusar ou deixar de aceitar a conclusão. Significa, antes, que qualquer pessoa que não aceite a conclusão é considerada incompetente nesse modo de raciocínio ou irracional.

Mas os critérios de racionalidade na argumentação científica não precisam ser considerados os únicos no mundo, como igualmente definidores da racionalidade na estética, na moral ou na política. Cavell observa:

> Suponha-se que seja apenas característico dos argumentos morais que a racionalidade dos antagonistas não dependa do surgimento de um acordo entre eles, que exista algo como a *discordância racional* sobre uma conclusão. Por que supor que "Há uma coisa correta a ser feita em todos os casos, e é possível descobrir que coisa ela é?" Não parece claro que a existência de reivindicações, responsabilidades e desejos incompatíveis e igualmente legítimos indica o contrário?[50]

Afinal, não divergimos apenas dos outros nessas questões; muitas vezes discordamos de nós mesmos[51]. Talvez a habitual dificuldade de se chegar a conclusões na

---

47 Oakeshott, op. cit., 103.

48 Winch, *Idea of a Social Science*, 100-101.

49 Cavell, *Claim to Rationality*, 331.

50 Ibid., 332; comparar com Sesonske, Alexander, *Value and Obligation*, New York, Oxford University Press, 1964, 33-34.

51 Comparar com Platão, *Fedro*, 263: "*Sócrates*: Não é evidente para todo o mundo que, em assuntos dessa natureza, sobre alguns pontos nos declaramos de acordo e sobre outros discordamos? [...] Quando alguém pronuncia a palavra Ferro ou Prata, não pensamos todos a mesma coisa? [...] E com as palavras Justo

argumentação moral e estética "não indique irracionalidade, porém aponte para a espécie de racionalidade que ela tem, e que lhe é necessária"[52]. Mas de que tipo seria; como determinar a racionalidade nesses domínios discursivos? Cavell sugere:

> Pela argumentação, sem dúvida; e talvez a argumentação seja de tal feitio que possa estabelecer a racionalidade na ausência de acordo – muito embora *talvez* venha a se instaurar, o que esperamos que ocorra. Sem a esperança de um acordo, a argumentação seria inútil; mas disso não se segue que sem acordo – e em particular, sem que o acordo seja alcançado de maneiras específicas, por exemplo, sem que haja raiva ou sem que se chegue a um acordo a respeito da conclusão sobre o que deve ser feito – a argumentação tenha sido inútil[53].

O objetivo da argumentação moral não é o acordo sobre uma conclusão, mas o esclarecimento bem-sucedido das posições de duas pessoas em relação uma à outra. Sua função é tornar claras as posições dos vários protagonistas – para eles próprios e para os demais. O discurso moral trata do já feito, como deve ser compreendido e avaliado, que posição cada um assume em relação a ele e, portanto, em relação ao outro e, dessa maneira, como cada um é e como serão suas relações futuras. Espera-se, é claro, que haja uma reconciliação, mas o teste de validade no discurso moral não será a reconciliação, mas a verdadeira revelação do que se é. "O objetivo direto" do discurso moral, observa Cavell, é "determinar as posições que estamos assumindo ou pelas quais podemos ou estamos dispostos a assumir responsabilidade". Consequentemente, de novo, "o que torna a argumentação moral racional não é a suposição de que podemos sempre chegar a um acordo sobre o que deve ser feito com base em métodos racionais. Sua racionalidade reside em seguir os métodos que levam ao conhecimento de nossa posição, de onde nos situamos"[54].

O discurso moral é útil, e é necessário, porque as verdades que ele pode revelar não são, de forma alguma, óbvias. Nossas responsabilidades, "os limites de nossos interesses e nossos compromissos, e as implicações de nossa conduta não são

---

e Bom, não sai cada um por um lado e não discordamos de todos *e de nós mesmos?*"; grifo meu. Referência completa PLATÃO, Fedro, in: ID., *Diálogos,* trad. bras. de Carlos Alberto Nunes, vol. V, ed. da Universidade Federal do Pará, 1975, 263. (N. dos T.)

52 CAVELL, *Must We Mean What...,* 86. Para uma discussão semelhante e útil a respeito do desacordo racional sobre a ética, ver MAYO, Bernard, *Ethics and the Moral Life,* London, Macmillan, 1958, 63, 99, 113-114.

53 CAVELL, *Claim to Rationality,* 332.

54 Ibid., 417.

evidentes [...] o nosso *self* não é óbvio para nós mesmos"⁵⁵. Isso significa que nem sempre percebemos as implicações de nossos próprios posicionamentos, e de quem somos; bem como nem sempre percebemos a realidade de nossa própria ação, o que fizemos. Na elaboração de nossa conduta por meio do discurso, revelamos e descobrimos, como observa Arendt, "o agente juntamente com o ato"⁵⁶. Na ação e sua posterior elaboração na fala, "o agente se revela sem que se conheça a si mesmo ou saiba de antemão 'quem' revela"⁵⁷. Daí a "qualidade reveladora do discurso e da ação": o discurso moral diz respeito à autodefinição e ao autoconhecimento⁵⁸.

Num certo sentido, as afirmações que fazemos e as posições que adotamos em uma discussão moral dependem de cada um de nós, são uma questão de escolha individual; no entanto, num outro sentido, não são de modo algum subjetivas. Você pode assumir a posição que quiser, mas, ao mesmo tempo, existem padrões, e sua posição define você tanto quanto sua própria ação. Como observa Austin, dada quase qualquer desculpa, haverá casos de tal natureza ou de tal gravidade que, dada a situação, ela será inaceitável. Algumas formas de explicar nossa conduta só pioram as coisas; nossa explicação deve ser apropriada à natureza e à gravidade da ofensa.

> Podemos alegar que pisamos num caracol inadvertidamente: mas não em um bebê – você deve olhar por onde pisa. Claro que *foi* (*de fato*), se você quiser, sem querer: mas essa expressão constitui um argumento que não será aceito, dados os padrões envolvidos. E, se você insistir nessa argumentação, você estará endossando padrões tão terríveis que terminará pior do que estava quando começou⁵⁹.

Formulando a questão de outra forma, a validade no discurso moral não é apenas uma questão de saber o que conseguirá restaurar o relacionamento, livrar a cara do ofensor, persuadir ou ludibriar o ofendido para que desista de sua reivindicação. Isso não seria discurso moral, mas uma caricatura e perversão da moralidade; nem

---

55 Ibid.

56 Arendt, *Condição humana*, 193; comparar com Minogue, Kenneth, *The Liberal Mind*, New York, Random House, 1968, 73, que argumenta que, enquanto a filosofia moral tradicional parece "preocupada em descobrir ou analisar as razões pelas quais devemos fazer a coisa certa", o real "significado moral" do discurso sobre a ação "é encontrado nas descobertas que fazemos sobre nós mesmos no decurso de nossas deliberações, no tipo de tentações que encontramos e no caráter moral implícito no decorrer do ato."

57 Arendt, *Condição humana*, 205; comparar com p. 191.

58 Ibid., comparar com Oakeshott, *Rationalism in Politics*, 211; e Cumming, Robert Denoon (ed.), *The Philosophy of Jean-Paul Sartre*, New York, Modern Library, 1966, 416.

59 Austin, *Philosophical Papers*, 142-143; mas é claro que há um problema se "teria sido (de fato) sem querer" em uma situação em que esse termo é inapropriado.

toda conversa sobre ação é moral. Pois o discurso moral deve resultar na revelação verdadeira do *self*; deve ser realizado de certa maneira ou estilo. E aqui os filósofos da linguagem meramente aderem a uma tradição transmitida, mas não iniciada, por Kant, segundo a qual o discurso ou a conduta é moral apenas se trata cada pessoa e se dirige a cada pessoa como pessoa, como um fim em si mesma, e não como um objeto ou meio para algum outro fim. "Uma propriedade que faz com que uma razão seja moral", observa Cavell, "é que ela seja concebida em termos que beneficiarão a pessoa *para* quem o falante apresenta suas razões"[60]. Seja lá como a moralidade for entendida, "*o que* deve ser entendido é um conceito relativo ao tratamento de *pessoas*", e isso significa criaturas com interesses, compromissos, sentimentos, intenções e a capacidade de responsabilidade moral[61]. O discurso moral, então, é precisamente o tipo de troca que Martin Buber chama de relação "Eu-Tu", na qual o outro é tratado e concebido como um ser humano, uma pessoa basicamente *como eu*. É uma relação que requer identificação mútua e empatia. Assim, pode-se dizer, seguindo Arendt, que o discurso moral é um modo "pelo qual os seres humanos se manifestam uns aos outros, não como meros objetos físicos, mas como homens"[62]. Eu considero essa característica do discurso moral como diretamente relacionada ao modo como a discussão moral envolve seus participantes, envolve seus sentimentos, ajuda a definir quem eles são, a maneira como os relacionamentos estão em jogo. Um argumento moral deve ser dirigido aos interesses e compromissos da outra pessoa, ou então não sustentará, não ajudará a iluminar sua posição com veracidade.

Em discussões sobre fatos empíricos comuns, todos nós conhecemos nossos padrões compartilhados de validade e comprovação – quando uma alegação está em dúvida e quando uma dúvida é refutada. Se você disser: "Há um pintassilgo no fundo do jardim", e lhe perguntarem "Como você sabe?", você pode, por exemplo, responder: "Pela cabeça vermelha." Se a resposta for então, "Mas as estrelinhas-de--poupa também têm cabeças vermelhas", sua afirmação estará e permanecerá em dúvida, a menos que você possa dar outra resposta competente (como "Mas é um tom diferente de vermelho" ou "Mas a forma dos olhos é diferente"). Todo falante competente da língua conhece a natureza da dúvida e da comprovação aqui (embora ele possa não saber nada sobre espécies de pássaros, é claro).

---

60 Cavell, *Claim to Rationality*, 372.
61 Ibid., 375; a passagem, na verdade, é sobre justiça, e não sobre moralidade.
62 Arendt, *Condição humana*, 189; comparar com Oakeshott, *Rationalism in Politics*, 210.

Mas as discussões morais não têm o mesmo tipo de padronização. No caso do conhecimento empírico, como observa Cavell,

> Não cabe aos protagonistas atribuir sua própria significação para os fundamentos e motivos de dúvida; o que contará como uma fundamentação adequada e motivação suficiente para dúvida *é determinado pelo padrão da avaliação em si*. Quando eu contraponho uma fundamentação dizendo "mas isso não é suficiente", não há espaço para você dizer: "A meu ver, é o suficiente". Mas, no caso moral, *o que* é "suficiente" é em si mesmo parte do que está em discussão. O que é suficiente para se opor à minha afirmação de estar certo ou de estar justificado ao agir de "certa" maneira depende de mim. Não me importa se ele é um inimigo do Estado; é uma pena ele ter considerado o que eu disse como uma promessa; eu sei que os outros vão desdenhar, mesmo assim [...]; mesmo que eu *tenha* feito mais ou menos o que ele fez, meu caso era diferente. Eu posso me *recusar a aceitar* uma "motivação para dúvida" sem impugná-la como falsa, e sem fornecer um novo fundamento, e ainda assim não ser automaticamente descartado como irracional ou incompetente em termos morais. O que *não posso* fazer, e ainda assim manter minha posição de moralmente competente, é negar a *relevância* de suas dúvidas ("Que diferença faz se prometi, que ele seja um inimigo do Estado, que eu prejudique meus amigos?")[63].

Em suma, o padrão de discussão moral é diferente de uma discussão sobre fato empírico, porque o que está em jogo não é o conhecimento fático do mundo físico, mas o autoconhecimento e o conhecimento das ações, e o que constitui a racionalidade não depende de um acordo final, mas de um esclarecimento verdadeiro das posições. Ou seja,

> O questionamento de uma reivindicação de justiça moral (seja de uma ação ou de um julgamento qualquer) assume as formas das perguntas: "Por que você está fazendo isso?", "Como você pode fazer isso?", "O que você está fazendo?", "Você realmente prestou atenção no que está dizendo?", "Você sabe o que isso significa?"; e avaliar a reivindicação é, como poderíamos dizer agora, determinar *qual* é a sua posição, e contestar a própria posição, questionar se a posição que você *tomou* se ajusta à reivindicação que você fez. O objetivo da avaliação não é determinar *se* ela é adequada, e *o que* será adequado é dado pela própria forma da avaliação; a

---

63 Cavell, *Claim to Rationality*, 350.

questão é determinar *qual* posição você assumiu, isto é, *por qual posição você está se responsabilizando* – e se essa posição é algo que eu possa respeitar[64].

Assim, o desacordo em uma discussão moral não implica necessariamente qualquer falha na moralidade ou qualquer falta de racionalidade dos protagonistas. Claro, nosso confronto moral com outra pessoa pode não "colar":

> Podemos interpretar mal seus interesses e compromissos, ou ela pode nos *cortar* repentinamente. Mas o que se desfaz, então, não será o argumento moral, mas o relacionamento moral. [...] O que é necessário para confrontar outra pessoa não é você gostar dela, mas estar disposto, por qualquer motivo, a levar a posição dela em consideração[65].

AÇÃO

Se Waismann estiver certo, se a investigação de alguma região do discurso puder, de fato, nos ajudar a entender a gramática e, portanto, a natureza das coisas sobre as quais se fala naquela região, então uma compreensão do discurso moral pode ajudar a esclarecer um tópico bastante central para o estudo do social e do político: a natureza da ação. Esse assunto tem recebido considerável atenção teórica e filosófica nos últimos anos, tanto dentro quanto fora da filosofia da linguagem ordinária; mas até mesmo uma revisão apressada da literatura revela uma série de incoerências, confusões e dificuldades. Talvez algumas dessas dificuldades possam ser resolvidas se o assunto for abordado indiretamente por meio de nosso discurso sobre a ação. Mas comecemos, retomando o que tem sido afirmado recentemente sobre a natureza da ação.

Uma das características mais marcantes da literatura recente nesta área é a diversidade e a incoerência de sua terminologia. Todos os autores querem distinguir algo que há de especial na conduta do ser humano. Muitos deles chamam esse algo especial de "ação", mas há grande variedade quanto ao modo como definem esse termo, com o que o contrastam e como distinguem as ações de outros fenômenos. Provavelmente, a maneira mais antiga e talvez a mais habitual de fazer a distinção é contrastar os seres humanos com o resto da natureza. Afirma-se que os fenômenos naturais são governados por leis causais e não têm escolha sobre os eventos em

---

64 Ibid., 351.
65 Ibid., 436.

que estão envolvidos; o que lhes sucede é determinado causalmente. Mas os seres humanos possuem a capacidade de escolha, de modo que faz sentido considerá-los responsáveis pelo que fazem; eles têm, como diria a tradição mais antiga, almas imortais; eles têm, como continuamos a dizer, livre-arbítrio. Claro, por vezes, os seres humanos também estão sujeitos a eventos que não podem controlar ou influenciar; mas, às vezes, eles são capazes de agir e, dessa feita, mudar o curso dos eventos. Em suma, a capacidade de ação é o que distingue o homem do resto da natureza. Somente os seres humanos podem agir.

Outra maneira, um pouco mais abrangente, mas também muito comum de encarar a distinção é pela comparação entre seres animados, incluindo o homem, e objetos inanimados. Os objetos, obviamente, nada podem fazer por sua própria iniciativa, apenas sofrem o curso dos acontecimentos. O que caracteriza as criaturas vivas é precisamente sua capacidade de fazer coisas, de iniciar mudanças, de agir. Outra alternativa é traçar a fronteira entre criaturas animadas dotadas de consciência, ou mente, de um lado, e todas as outras criaturas e objetos, do outro. Nesse caso, o que parece essencial à ideia de ação é ser dotado de uma mente, de vontade, da capacidade de querer, escolher ou decidir sobre uma ação. Muitos autores reconhecem que os seres humanos *também* são objetos físicos e animais, de modo que apenas parte de sua conduta é ação. Em alguns, notadamente em Arendt, a ação é, portanto, definida de uma forma bastante restrita, sendo a maior parte da conduta humana classificada como "comportamento". (Consequentemente, parte do que diremos sobre a ação não se adequará ao conceito arendtiano. Por exemplo, ela insistem que a ação deve ser pública e política, o que tornaria a moralidade e o discurso moral irrelevantes em termos de ação. No entanto, Arendt introduz na discussão categorias como promessa e perdão, as quais teriam mais a ver com a ação ao nível da moralidade do que ao nível público.)

Na verdade, toda a questão de como distinguir a ação é complicada na literatura por uma grande variedade terminológica, às vezes até dentro da obra de um único autor. No mais das vezes, "ação" é contrastada com "comportamento": enquanto apenas os seres humanos (ou apenas os seres animados, ou apenas os seres conscientes) podem ser considerados agentes, o resto do mundo tem comportamentos. (Ou, então, a ação humana deve ser contrastada com o comportamento humano, a capacidade que os homens compartilham com os animais e talvez com as coisas.) Às vezes, a ação é considerada como um tipo ou subdivisão do comportamento (por exemplo, comportamento "significativo"). E, às vezes, um autor afirma estar contrastando um tipo de ação (ação "livre" ou ação "significativa") com outros tipos, com a ação em geral. Além disso, como veremos, muitos escritores contrastam dois tipos de *explicações* – explicações necessárias, causais, características da ciência física, e explicações contingentes em termos de propósito, motivo ou intenção, características da moralidade humana. Eles então associam o último tipo de explicação com "ação", e o primeiro com "comportamento" ou "eventos".

Podemos achar que os termos específicos não importam e, de fato, eles não importam, uma vez que tenhamos certeza do que é que estamos falando. Mas até que isso esteja claro, nossa terminologia provavelmente controlará o resultado de nossas investigações. O fato é que as muitas distinções diferentes que esses autores traçam não são idênticas; as demarcações entre elas não coincidem. A diferença entre seres humanos e objetos inanimados não é a mesma que entre seres humanos e animais, a qual, por sua vez, não é a mesma que entre (o significado de) "ação" e (o significado de) "comportamento", ou entre explicação causal e teleológica. Portanto, as conclusões que um determinado autor tira dependem muito da terminologia específica, da distinção específica que ele investiga. Mas nenhum desses autores está, completa e exclusivamente, apegado a um contraste ou exemplo específico; todos eles se movem por este amplo terreno genérico com graus maiores ou menores de restrição. Às vezes, eles investigam o significado do termo "ação", às vezes, a natureza da explicação teleológica, às vezes, alguns dos muitos verbos para os quais "ação" é um substituto vago e geral. O verdadeiro problema não é a existência de todas essas ambiguidade e complexidade; isso não é uma falha dos autores, mas está na natureza de nossa linguagem. O verdadeiro problema é que esses autores, às vezes, parecem alheios à complexidade, insensíveis às dificuldades que ela cria e, portanto, às maneiras descontroladas como ela domina suas próprias investigações.

Muitos dos autores recentes que estudam ação estão preocupados com a rigidez dos limites que distinguem – se a ação é, de fato, fundamentalmente diferente do comportamento ou dos eventos, ou se essas são apenas maneiras diferentes de olhar para a mesma coisa. Waismann, como vimos, assume a última posição, de que o que os seres humanos fazem "pode ser visto como uma série de movimentos causados por algum estímulo fisiológico", como o comportamento dos ratos; "ou como algo que tem um propósito ou significado independentemente da forma como seus laços únicos são produzidos", o que independe dos processos fisiológicos[66]. Mas outros autores, como A. I. Melden, encontram um irredutível "hiato

---
66 WAISMANN, Language Strata, 247.

entre movimentos corporais e ações". Ele argumenta que "Eu levanto o braço" significa algo diferente de "Meu braço se levanta" e a primeira expressão não pode ser reduzida à segunda. As duas expressões não são de forma alguma "maneiras alternativas de dizer a mesma coisa", nem mesmo "descrições alternativas do mesmo evento [...]. Nenhuma descrição adicional do movimento corporal, em relação às suas propriedades como um movimento corporal, poderia revelar qual recurso adicional o tornaria um caso de ação"[67]. Às vezes, meu braço se levanta porque eu o levantei, e outras vezes ele se levanta, embora eu não o tenha levantado – porque alguma outra pessoa ou uma máquina o levantou, ou porque eu sofro de um espasmo muscular involuntário. Mas, ao nível comportamental, em termos de fenômenos observáveis, os dois tipos de evento podem parecer exatamente iguais.

Procedendo ontologicamente, tentando investigar a natureza da ação em si, os autores que têm estudado essa área recentemente sugerem uma série de características essenciais pelas quais a ação pode ser distinguida do comportamento ou dos eventos. Talvez a mais comum e decerto a menos controversa das sugestões seja a de que a ideia de ação está essencialmente ligada à de agente. Para toda ação deve haver uma agente *responsável* por ela. Eventos que simplesmente acontecem com uma pessoa não são ações; uma ação é algo feito por um agente, não se resume a experiências. O agente é o que faz a ação acontecer, o que a causa, a realiza. Ele é o "fator causal", a fonte e a origem da ação; quem a inicia[68]. No entanto, se as ações diferem dos eventos, como um agente que atua como fator causal difere da causalidade natural dos eventos físicos? Hannah Arendt afirma que o conceito de ação está associado ao de iniciação, de se começar algo novo e inesperado: "Agir, no sentido mais geral do termo, significa tomar iniciativa, iniciar (como o indica a palavra grega *archein*, "começar", "ser o primeiro" e, em alguns casos, "governar"), imprimir movimento a alguma coisa (que é o significado original do termo latino *agere*)"[69]. Contudo, não podem os eventos físicos colocar algo em movimento?

Arendt argumenta que o agente que inicia uma ação deve ser necessariamente humano, que a ação é uma capacidade exclusivamente humana. Os homens são,

---

67 MELDEN, A. I., *Free Action*, New York, Humanities Press, 1961, 85-86; comparar com TAYLOR, Richard, *Action and Purpose*, Englewood Cliffs, Prentice-Hall, 1966, 63.

68 CHISHOLM, Roderick M., Freedom and Action, in: LEHRER, Keith (ed.), *Freedom and Determinism*, New York, Random House, 1966, 29; comparar com TAYLOR, Charles, *The Explanation of Behavior*, New York, Humanities Press, 1967, 57, 61; e TAYLOR, Richard, *Action and Purpose*, 109: "Ao descrever uma coisa qualquer como um ato, deve haver uma referência essencial a um agente como o intérprete ou autor desse ato, não apenas para saber a quem ele pertence, mas até mesmo para saber que se trata de um ato."

69 ARENDT, *Condição humana*, 190.

em certa medida, objetos físicos e, em certa medida, animais, obedecendo a leis causais naturais; mas apenas os seres humanos, ao contrário dos objetos e animais, também podem agir. "A ação não pode nem mesmo ser imaginada fora da sociedade dos homens", observa ela, e "nem um animal nem um deus é capaz de ação"[70]. Ainda assim, às vezes falamos na "ação" de animais ou objetos. Falamos sobre os efeitos de um determinado "agente" químico, das "ações" da água em falésias de arenito e similares. Sem dúvida, existem muitos verbos que atribuímos apenas a seres humanos (ou a seres que nos pareçam humanos); "agir" não está entre eles. Mas podemos decidir usar "agir" como uma designação geral, como um substituto para esses verbos. Outra maneira de fazer a mesma observação seria dizer, seguindo Richard Taylor, que as ações podem ser provocadas, modificadas ou evitadas ao se falar com o agente. Ações são o tipo de "coisas que podem ser ordenadas, solicitadas ou proibidas sem qualquer incongruência"[71]. Sendo assim, apenas criaturas que entendem a linguagem podem agir.

Dois corolários são extraídos dessa característica da ação por vários autores: primeiro, as ações diferem dos eventos por terem um caráter teleológico, uma intencionalidade. Ação envolve "esforço ou propósito"; envolve "'orientação' para uma meta ou um fim"[72]. Embora os homens às vezes apenas se comportem automaticamente ou ajam por impulso sem qualquer razão, Peters argumenta que "o caso paradigmático de uma ação humana é quando algo é feito tendo em vista algum fim"[73]. Ao mesmo tempo, em segundo lugar, as ações diferem dos eventos por serem convencionais ou governadas por regras; elas "se conformam aos padrões e às convenções sociais"[74]. Uma ação é uma performance, e há maneiras certas e erradas de realizar a ação que devem ser aprendidas; a ação está enraizada em convenções e normas que a definem, que nos dizem como deve ser realizada.

Por essas duas razões, afirmam esses autores, as ações possuem o potencial para dar errado. "Só uma atividade pode dar errado", diz Polanyi, "e toda atividade corre o risco de falhar"[75]. Como a ação é teleológica, envolve intenções, ela pode ter

---

[70] Ibid., 31.

[71] TAYLOR, Richard, *Action and Purpose*, 104.

[72] CHISHOLM, Freedom and Action, 29; TAYLOR, Charles, *The Explanation of Behaviour*, 27; comparar com p. 29, 32-34.

[73] PETERS, R. S., *The Concept of Motivation*, New York, Humanities Press, 1958, 4; comparar com TAYLOR, Richard, *Action and Purpose*, 186.

[74] PETERS, *The Concept of Motivation*, 5, 14.

[75] POLANYI, Michael, *Personal Knowledge*, New York; Evanston, Harper & Row, 1964, 313.

sucesso ou falhar na tentativa de alcançar seu propósito ou objetivo. Como a ação é governada por convenções e regras, ela pode ser bem ou mal executada, realizada com sucesso ou sem sucesso. Assim, tanto em termos de performance quanto em termos dos meios, diz Louch, as ações podem "ser bem-feitas ou malfeitas e avaliadas como realizações ou fracassos"[76]. E Winch nos diz que toda ação "é *ipso facto* governada por regras", e que "a ideia de seguir uma regra é logicamente inseparável da ideia de *cometer um erro*. Se é possível dizer que uma pessoa está seguindo uma regra, isso significa que se pode perguntar se ela está fazendo o que faz corretamente ou não"[77]. Objetos físicos, ao se comportarem de acordo com as leis naturais, causais e necessárias, não podem cometer erros. Mas, de um ser humano, podemos dizer que "está fazendo algo de forma eficiente, inteligente, correta [...]. Só faz sentido falar de ações desta forma, não de casos em que algo acontece com um homem [...]. Movimentos *qua* movimentos não são inteligentes, eficientes nem corretos"[78]. Mas, afinal, chamamos animais de "inteligentes" e, às vezes, avaliamos o que eles fazem como "eficiente" ou "ineficiente". Até mesmo as máquinas podem ser avaliadas quanto à eficiência, assim como "meros" movimentos físicos. Além disso, as ações certamente não se distinguem dos comportamentos por serem governadas por regras, pois nos admoestamos uns aos outros com um "comporte-se", falamos em portar-se bem ou mal, temos até uma palavra para esse propósito específico: "mau comportamento". Por que não há uma palavra correspondente: "mau agir"?

Arendt enfatiza que as ações podem dar errado não porque sejam governadas por regras ou teleológicas, mas porque iniciam algo novo, devido ao seu potencial para consequências imprevistas e indesejáveis. Ela diz que a ação é por sua própria natureza "ilimitada" em suas consequências e "imprevisível" em seus resultados finais, porque o homem "atua sobre um meio no qual toda reação se

---

76 Louch, A. R., *Explanation and Human Action*, Berkeley; Los Angeles, University of California Press, 1966, 58; comparar com Cavell, *Must We Mean What...*, 22.

77 Winch, *Idea of a Social Science*, 52, 32. Winch realmente diz que "todo comportamento que é significativo (portanto, todo comportamento especificamente humano) é *ipso facto* governado por regras", mas parece claro que ele se refere ao que estamos chamando de "ação". Comparar com Searle, John, *Speech Acts*, Cambridge, Cambridge University Press, 1969, 42: "Às vezes, a fim de explicar adequadamente um comportamento humano, temos que supor que ele transcorreu de acordo com uma regra, [...] Duas das marcas do comportamento governado por regras em oposição ao comportamento meramente habitual são os fatos de que geralmente reconhecemos desvios como algo errado ou defeituoso e de que a regra, ao contrário da regularidade passada, cobre automaticamente novos casos. Diante de um caso que nunca viu antes, o agente sabe o que fazer."

78 Peters, *The Concept of Motivation*, 14.

converte em reação em cadeia"⁷⁹. Ou seja, o homem age sobre e entre outros seres humanos, os quais são também capazes de ação e iniciativa, coisas que ele não pode prever ou controlar. Ao fazer coisas, manufaturar, trabalhar com matéria inanimada, os homens podem ter total controle sobre o que fazem, desde que sejam suficientemente hábeis. Mas isso nunca é verdade com a ação, porque "se exerce diretamente entre os homens, sem a mediação das coisas ou da matéria"⁸⁰. No entanto, os eventos físicos também frequentemente iniciam algo inesperado. Tanto os eventos físicos quanto as ações humanas têm histórias – são precedidos e seguidos por outros eventos e ações que podem estar relacionados a eles. A cadeia causal física é certamente "infinita" também, exceto na medida em que traçamos limites ao conceitualizá-la. Na verdade, a expressão "reação em cadeia", usada por Arendt, tem origem na física nuclear.

Os autores que estudam a ação também nos dizem que ela pode ser distinguida por um tipo específico de explicação apropriada, que difere do tipo de explicação apropriada aos comportamentos ou eventos físicos. Para comportamentos e eventos governados por leis físicas necessárias, explicações científicas e causais são fundamentais. Mas as ações devem ser explicadas em termos do propósito do ator, motivação, intenção, suas razões para fazer o que faz, e em termos das convenções que governam a ação que ele pretende realizar. É isso o que a explicação *significa* no contexto da ação⁸¹. "O conceito de ação logicamente implica referência a [...] conceitos mentais como propósito, intenção e motivo", afirma John Gunnell, de modo que as explicações referentes a tais conceitos "fornecem o caso paradigmático de explicações da ação humana"⁸². Peters concorda: "Se, de fato, nos deparamos com um caso de ação genuína (isto é, um ato de fazer algo em oposição a sofrer algo), então as explicações causais são *ipso facto* inadequadas"⁸³. No entanto, às vezes perguntamos e explicamos o que "levou" um homem a fazer o que fez, e dizemos que ele agiu "por causa" disso ou daquilo. Wittgenstein até supõe que

---

79 Arendt, *Condição humana*, 203, 205. Ibid.: "[...] e todo processo é causa de novos processos". (N. dos T.)

80 Ibid., 15; comparar com p. 236.

81 Peters, *The Concept of Motivation*, 4; Winch, *Idea of a Social Science*, 78, 115.

82 Gunnell, John, Social Science and Political Reality. The Problem of Explanation, *Social Research*, 35, Spring (1968) 188, 193. Comparar também com Waismann, Language Strata, 247; Taylor, Richard, *Action and Purpose*, 206; Taylor, Charles, *The Explanation of Behaviour*, 35-36; Louch, A. R., *Explanation and Human Action*, 51-52.

83 Peters, *The Concept of Motivation*, 12; comparar com p. 8.

recorremos a explicações causais de nossas ações quando esgotamos as explicações em termos de razões ou motivações[84].

Além disso, segundo vários autores, o tipo de explicação apropriada para ações difere das explicações causais também porque ajuda a definir o que é explicado, em vez de apenas esclarecer como a ação foi realizada. Uma explicação causal, como observa Melden, nos diz como "um evento cujas características já são conhecidas é realizado", mas uma explicação em termos de propósitos e motivos "nos diz o que, de fato, a pessoa estava fazendo"; dá uma "caracterização mais completa da ação"[85]. No entanto, por vezes, também explicamos um evento físico intrigante esclarecendo o que ele realmente era (não era apenas uma bola de fogo; era um relâmpago).

Por último, os autores que estudam a ação argumentam que, uma vez que a explicação de uma ação esclarece qual ação foi realizada, e uma vez que a explicação envolve intenções, motivos, propósitos, estritamente falando, apenas o próprio ator pode nos dizer o que estava fazendo ou explicar sua ação. Objetos físicos e animais não têm vida interior intencional e não podem falar. Eles simplesmente fazem o que nós os vemos fazer; e quando descrevemos e explicamos seu comportamento, eles nunca têm ou oferecem relatos alternativos do que estavam fazendo. Assim, uma vez que a explicação causal é apropriada, o observador pode descrever e definir o que viu. Mas, no que diz respeito às ações, nos casos de explicação teleológica, o ator observado apresenta relato ou definição alternativos de sua ação. E os estudiosos da ação normalmente concluem que o relato do ator, a definição do ator são privilegiados e decisivos. Só o ator sabe o que está fazendo.

Quando essas questões são apresentadas ontologicamente, como afirmações não fundamentadas sobre a natureza da ação, elas compartilham uma qualidade irritantemente arbitrária, que é ainda mais problemática do que as incoerências ou os contraexemplos específicos que podemos encontrar. Cada afirmação parece plausível, mas a maioria delas também parece incorreta de algum modo; e todas elas nos deixam sem saber como realizar uma investigação. Queremos perguntar: O que exatamente há no homem que é considerado tão especial? Por que os animais ou mesmo os objetos não podem agir? Eles nunca nos surpreendem? Seria um determinado nível de desenvolvimento cerebral um pré-requisito? Seria

---

84 WITTGENSTEIN, *Blue and Brown Books*, 15.

85 MELDEN, A. I., *Free Action*, New York, Humanities Press, 1961, 88; comparar com p. 102; TAYLOR, Charles, *The Explanation of Behavior*, 36; FOOTE, Philippa, Free Will as Involving Determinism, in: MORGENBESSER, Sidney; WALSH, James (eds.), *Free Will*, Englewood Cliffs, Prentice-Hall, 1962, 77: "Atribuir um motivo a uma ação não é enquadrá-la numa lei; é antes dizer algo sobre que tipo de ação foi, para qual direção tendia, ou e em *que termos* ela foi encarada."

porque a ação é mais difícil do que o comportamento? Animais inteligentes, como toninhas, chimpanzés ou porcos, podem agir? Quase? O que seria considerado uma ação por parte deles? Certamente todos os tipos de animais fazem escolhas (que trilha seguir, onde dormir); se dissermos que esses eventos são determinados causalmente, ao contrário de nossas ações livres, como podemos afirmar isso? Certamente, um homem escolhendo uma banana se parece muito com um chimpanzé escolhendo uma banana. Como sabemos que os fenômenos são diferentes e como devemos proceder para investigar a diferença? Um impulso comum nessa questão é dizer que experimentamos a escolha, a responsabilidade, o livre-arbítrio *em nós mesmos*, e meramente os projetamos em outros seres humanos, mas aprendemos a não projetá-los em animais e objetos. Mas esse impulso não é muito satisfatório. Primeiro, faz com que a projeção pareça um tanto arbitrária: por que projetar em outras pessoas, mas não em animais? E, ainda mais importante, vai contra tudo o que aprendemos nos capítulos anteriores sobre a natureza de tais conceitos. Pois descobrimos que compreender não é mera, ou particularmente, o que sinto quando entendo, esperar não é, mera ou particularmente, o que sinto quando espero alguém, e mesmo a dor não é, mera ou particularmente, o que sinto quando me machuco. Se a liberdade e a escolha fossem apenas experiências "internas" privadas, nunca poderíamos aprender as palavras.

Uma abordagem wittgensteiniana sugere, pelo menos, dois caminhos para enfrentar a confusão de perplexidades e contradições em torno do conceito de ação. Pode-se fazer uma análise cuidadosa, ao modo de Austin, dos usos normais de termos como "ação", "comportamento", "causa", "explicação", e assim por diante. Isso está muito além do escopo de nosso empreendimento. Uma alternativa seria tentar alcançar uma perspectiva mais clara e ordenadora focalizando a linguagem da ação, em vez de tratar ontologicamente da ação em si. Em vez de perguntar o que é ou parece ser uma ação, pode-se perguntar como, de que maneira, em que circunstâncias, por quais motivos, os seres humanos precisam falar uns com os outros sobre sua conduta. Que jogos de linguagem são jogados com os conceitos nesta região da linguagem? Então, veremos que a linguagem desempenha um papel totalmente diferente no que diz respeito às ações humanas do que em relação ao comportamento animal ou a eventos físicos. Qualquer um desses fenômenos pode ser discutido, descrito, explicado na linguagem. Mas a linguagem também é usada *no curso* da ação humana, pelos próprios atores, uma vez que não é usada pelos animais em seu comportamento nem pelos objetos físicos nos eventos que lhes acontecem. Usamos a linguagem não apenas para falar sobre ação, mas para agir – para realizar ações, para ensinar ações, para planejar ações, para avaliar ações realizadas e corrigir o que as tiver levado ao fracasso. Não falamos com os animais que observamos, nem com (ou, normalmente, mesmo para) os objetos materiais sobre os quais trabalhamos; mas falamos uns com os outros.

Se situarmos esse fato em relação à mudança de perspectiva proposta por Wittgenstein – ver as palavras não como nomes, e sim como ferramentas ou sinais –, então veremos que o vocabulário da ação humana provavelmente será sistematicamente diferente, em termos de gramática e significado, daquele de outras regiões da linguagem. Pois esse vocabulário, como diz Charner Perry, é "formado em relação à prática, e com o fim de orientá-la. Suas distinções e termos refletem os propósitos, as necessidades e exigências da ação"[86]. O vocabulário da ação humana, talvez mais do que qualquer outra região da linguagem, é usado em uma variedade de jogos de linguagem de sinalização, não apenas para rotular. Como diz Oakeshott, "o caráter e o significado desse discurso são apropriados às necessidades do *self* prático. É o meio pelo qual atraímos a atenção de outros"; usamo-lo

> para explicar, argumentar, instruir e negociar; para aconselhar, exortar, ameaçar e comandar; para pacificar, incentivar, confortar e consolar. Por meio dessa linguagem, comunicamos nossos desejos, aversões, preferências, escolhas, pedidos, aprovações e desaprovações; fazemos promessas e reconhecemos deveres; confessamos esperanças e medos; expressamos perdão e penitência[87].

Muito do que foi dito anteriormente sobre a natureza da ação faz sentido em uma nova maneira, faz mais sentido, à luz de como falamos sobre as ações, de como usamos a linguagem em conexão com elas. Dissemos que a ação pressupõe um agente, e esse agente deve ser humano ou semelhante a um ser humano. Agora podemos ver por que isso acontece: atribuímos ações apenas ao que se parece com um ser humano, porque o significado e o uso de nosso vocabulário de ação derivam de jogos de linguagem realizados no curso da ação. Somente alguém que pode falar e compreender a linguagem pode jogar esses jogos; portanto, apenas alguém que pode falar e compreender a linguagem pode agir. A ação, poderíamos dizer, é principalmente um fenômeno de primeira e segunda pessoas, e apenas de modo

---

[86] PERRY, Charner, The Semantics of Political Science, *American Political Science Review*, XLIV, jun. (1950) 397.

[87] OAKESHOTT, *Rationalism in Politics*, 211.

derivado um fenômeno de terceira pessoa. Como Arendt observa, "sem o discurso, a ação deixaria de ser ação, pois não haveria ator, e o ator, o agente do ato, só é possível se for, ao mesmo tempo, o autor [locutor] das palavras"[88]. Mais cautelosamente, diremos que o agente dos atos só é possível se ao mesmo tempo for *capaz* de falar e compreender palavras. Nosso vocabulário de ação é principalmente aplicável aos seres humanos porque seu uso principal é entre os seres humanos falando uns com os outros sobre o que estão fazendo; é por isso que seus conceitos só fazem sentido para seres dotados de fala.

A ação pressupõe um agente, e um agente difere da causa de um evento porque ele faz uma escolha, é responsável, inicia algo novo em vez de apenas continuar a cadeia causal. Novamente, isso faz um novo sentido se os contextos em que falamos sobre ação são geralmente aqueles em que alguém está sendo solicitado a agir ou se abster de agir, se é elogiado ou criticado pelo que fez. Os homens são responsáveis por suas ações porque os consideramos responsáveis; não consideramos as causas físicas responsáveis porque não falamos com os objetos. Uma ação é o tipo de coisa que pode ser ordenada, proibida, elogiada, e assim por diante, porque ordenamos, proibimos, elogiamos os atores. Os eventos físicos geralmente têm resultados inesperados, muitas vezes nos surpreendem, desapontam ou prejudicam; mas nem eles nem suas causas oferecem justificativas ou imploram por perdão. É nesse sentido que parte do nosso conceito de ação significa que uma ação pode "dar errado"; não entendemos desse modo os eventos físicos quando eles causam danos inesperados.

A identificação das ações e do conhecimento sobre elas são significativamente diferentes da identificação e do conhecimento dos eventos; mais uma vez, o papel da linguagem na ação torna mais claro como e por que isso acontece. Não é que as ações sejam por natureza difíceis de identificar, como espécies de borboletas, e sim que muito mais acontece ao dizer "o que foi feito" do que uma mera identificação descritiva. A identificação de ações é problemática porque os conceitos de ação não são meramente nomes que se referem a coisas, mas são compostos de uma variedade de complexos jogos de linguagem de sinalização em uma variedade de circunstâncias. Em outras palavras, a identificação das ações é problemática porque a gramática das palavras de ação é significativamente formada no discurso moral, e no discurso moral devemos levar em consideração as ideias do outro participante, uma vez que nossa relação é o que está em jogo.

---

88 Arendt, *Condição humana*, 191.

Uma boa parte de nosso discurso moral tem a ver precisamente com determinar qual ação foi performada; e isso envolve atenção não apenas ao comportamento observável externamente, mas também às circunstâncias, intenções, aos motivos, propósitos e razões. Na verdade, uma maneira importante de explicar uma conduta que deu errado é deixar claro que nossa intenção era outra, diversa do que os resultados indicam e que, portanto, não fizemos realmente o que parecemos ter feito. "Justificar o que foi feito (dizer se o feito foi certo, sensato ou necessário [...])", como Cavell nos lembra, "sempre pressupõe uma *descrição particular* do que foi feito; um tipo de descrição pode ter sido (chamada) desonesta, outra, corajosa"[89]. Austin afirma praticamente o mesmo:

> Em princípio, está sempre em aberto para nós, ao longo de várias linhas, descrever ou referir-se a "o que eu fiz" de muitas maneiras diferentes. [...] Devemos dizer, estamos dizendo, que ele pegou o dinheiro dela, ou que ele a roubou? Que ele enfiou uma bola num buraco ou que acertou uma tacada? Que ele disse "fechado" ou que aceitou uma oferta? Isto é, até que ponto os motivos, as intenções e convenções devem fazer parte da descrição das ações?[90]

Como observa Cavell: "Aparentemente, do que se trata o 'caso' em questão *faz parte do conteúdo próprio ao argumento moral.* As ações, ao contrário dos envelopes e dos pintassilgos, não vêm com nomes para avaliação, nem, como maçãs, prontas para serem qualificadas"[91].

Em alguns contextos – por exemplo, se estamos falando sobre a avaliação de movimentos ou jogadas em um jogo –, embora um tipo de ação esteja em questão, racionalizações, justificativas e intenções não têm lugar. No contexto do jogo, "o que você fez" depende de seus movimentos (relevantes) e como isso deve ser avaliado é especificado pelas regras. Mas a conduta humana, em geral, como nossa linguagem ordinária, é governada por regras de uma maneira diferente. Se somos tentados a pensar, digamos, em uma promessa, uma espécie de jogada em um jogo com regras aprendidas, então precisamos do lembrete de Cavell:

> imagine alguém argumentando que não deveria ser eliminado porque, embora tenha feito um *swing* (feito uma promessa), o lançamento não foi conveniente; ou

---

[89] Cavell, *Claim to Rationality*, 410.
[90] Austin, *Philosophical Papers*, 148-149.
[91] Cavell, *Claim to Rationality*, 347.

porque, embora ele tenha feito o *swing* (dito "prometo"), não se deu conta da situação, e sua única intenção era fazer um *bunt*, ou então que estava apenas brincando. Então, cabem questões sobre se ele é competente, não apenas no beisebol, mas na forma de vida chamada "jogar um jogo (competitivo)". Mas "defesas" comparáveis *são*, *às vezes*, utilizadas de modo competente para justificar o não cumprimento de uma promessa, e *nunca* o são, como parte do conceito de jogar beisebol[92].

É parte do que chamamos de "moral" que as regras e os árbitros não possam resolver esse tipo de pergunta dessa maneira definitiva; faz parte do que chamamos de "jogos competitivos" que justificativas, pretextos e outras elaborações semelhantes não possam afetar a descrição ou a avaliação do que foi feito.

Se você fez três *swings* em três arremessos e não conseguiu tocar a bola no terceiro, então você *está eliminado*. Para *saber* que você está eliminado, tudo o que você precisa saber são as regras do jogo e ter visto o que fez. Não há lacuna entre a intenção e a ação que *conta*. Mas fora da arena das práticas definidas, no mundo moral, o que estamos fazendo não tem tais descrições definidas, e nossas intenções frequentemente falham, de uma forma ou de outra, na execução. Lá, saber o que você está fazendo, o que vai fazer e o que não fez, não pode ser totalmente dito, olhando para o que de fato, no mundo, você faz. Saber o que você está fazendo é ser capaz de explicar a ação: diga por que você está fazendo, se lhe for solicitado com competência; ou se desculpe ou justifique, se for necessário[93].

Saber o que você está fazendo envolve ser capaz de "explicar", da mesma forma que saber o que você quis dizer com algo que você disse envolve ser capaz de explicá-lo – em outras palavras, explicar por que disse o que disse, se justificar. O que você disse pode diferir, a depender de como você explica o assunto ("Eu posso caminhar; quer dizer, estou com tempo." "Eu posso caminhar; quer dizer, minhas pernas estão bem agora."); e o que você fez vai depender, em parte, de como você quis dizer isso, de como você o explica e o justifica.

Claro que podemos falar objetivamente sobre as ações, observá-las com neutralidade, referir-nos a elas e descrevê-las; mas *o que* estamos então observando e a que estamos nos referindo são complexos, moldados tanto por jogos de linguagem de sinalização, circunstâncias e intenções quanto por nomes e movimentos físicos.

---

92 Ibid., 393.
93 Ibid., 416-417.

Podemos nos referir de maneira simples e objetiva a uma promessa, mas nesse caso estamos nos referindo também às obrigações e aos relacionamentos da instituição da promessa, não apenas ao comportamento observável de murmurar algumas palavras. Podemos descrever algo de forma simples e objetiva como conhecimento, mas o que estamos dizendo sobre isso inclui a perplexidade potencial sobre a infalibilidade que discutimos anteriormente. É por isso que os conceitos de ação não são "traduzíveis" em conceitos de outra região da linguagem, como aqueles para descrever os movimentos físicos de um corpo. Com o mesmo movimento físico, com um simples traço de caneta ou um menear a cabeça, um homem pode quebrar ou fazer uma promessa, renunciar ao seu direito de primogenitura, insultar um amigo, obedecer a uma ordem ou cometer traição. O mesmo movimento pode, em várias circunstâncias e com várias intenções, constituir qualquer uma dessas ações; portanto, em si mesmo, não constitui nenhuma delas.

Mas o que observamos quando olhamos para aquele homem que faz um movimento? Não se trata simplesmente de observar o movimento físico e, então, de alguma forma adicionar, atribuir ou imputar intenções e circunstâncias que levam à hipótese de que ele está fazendo uma promessa. Observamos um homem fazendo uma promessa. Ao especular sobre isso, somos enganados pelo fato de que, em inúmeros casos particulares, quando o que dizemos é desafiado, voltamos aos "fatos brutos" do que vimos ("Ele estava furioso." "Tem certeza? Ele disse mais tarde que não se importava." "Bem, ele certamente *parecia* furioso.") Portanto, supomos que, em geral, deve haver fatos básicos e físicos a serem observados, além dos quais tudo é hipótese. Mas não é simples assim. A observação de que um homem está zangado ou de que fez uma promessa não precisa ser menos factual ou "bruta" do que a observação de que ele está furioso ou murmurou algumas palavras. Sobre qualquer um dos casos é possível, em ocasiões específicas, estar enganado; mas são igualmente reais, igualmente observáveis, igualmente dependentes de conceitos e convenções. Perguntas do tipo "como *que isso* pode ser raiva?" ou "como que murmurar algumas palavras pode *ser* fazer uma promessa?" surgem, sugere Cavell, de uma "imagem ou convicção (filosófica) prévia de que 'consistir em' deve ser tal qual, a ideia de que aquilo em que uma coisa consiste tem que ser determinada pela física e/ou pela geometria (*em vez* de por nossa conceituação dela)"[94].

A natureza das ações, a identificação das ações, o conhecimento das ações, nesse sentido, dependem da gramática de nossa língua na região da ação, incluindo

---
94 Ibid., 87.

o discurso moral, mas não se limitando a ele. Consequentemente, as ações são muito diferentes dos eventos físicos, e seu estudo tende a ser diferente também do estudo da natureza física. Pode ser objetivo e distanciado, mas a objetividade terá um caráter diferente do que tem no estudo de planetas e moléculas. Veremos as peculiaridades dos conceitos de ação e seu significado mais adiante, ao discutirmos os problemas das ciências sociais. Devemos também retornar ao significado político da ação, em particular, quando discutirmos a natureza da associação e o que há de distintivo na filiação política, no discurso político e na política.

VIII JUSTIÇA: SÓCRATES E TRASÍMACO

E agora ultrapassamos o divisor de águas deste livro e entramos em sua outra vertente; daqui em diante, seguimos ladeira abaixo. Tendo completado a maior parte da explicação das ideias de Wittgenstein e de certas ideias dos filósofos da linguagem ordinária, voltamo-nos então para suas possíveis aplicações à área da ciência política e social, da teoria política e social. Consequentemente, a estrutura e o estilo da nossa argumentação terão de mudar. Até agora, tentamos apresentar um discurso coerente e contínuo, cada capítulo se baseando no anterior, desenvolvendo as ideias de modo sequencial. A partir daqui, os capítulos não dependem uns dos outros em sequência ordenada, mas se irradiam de um centro comum. Se, para recorrer a uma metáfora diferente, este livro é uma árvore, até aqui estávamos subindo em seu tronco e agora chegamos aos galhos, que devem ser explorados individualmente. Isso significa, em primeiro lugar, que o leitor deve voltar ao tronco ao iniciar cada capítulo (ou, às vezes, par de capítulos), à medida que começarmos a explorar um ramo diferente. Isso também significa que cada capítulo terminará em suspenso, no ar, ao desdobrar-se em vários pequenos ramos e folhas que apontam para fora, onde novos ramos podem brotar. Tratamos agora de sugestões de aplicações, não de estudos concluídos; não se trata de apresentar realizações, e, sim, de ensejá-las.

Comecemos por examinar, neste capítulo, a discussão que Platão relata no primeiro livro da *República* entre Sócrates e o sofista Trasímaco, sobre a questão central de todo o diálogo: O que é a justiça? Trasímaco responde, prontamente, com a notória afirmação de que "o justo [a justiça] é a vantagem [o interesse] do mais forte", uma ideia que ele desenvolve, dizendo que em cada sociedade as normas e padrões que definem o que é justo e o que é injusto são estabelecidos pela elite dominante, o grupo mais forte da sociedade, agindo em seu próprio interesse[1]. Sócrates só dá

---

[1] PLATÃO, *A República*, trad. bras. de Carlos Alberto Nunes, Belém, EDUFPA, ³2000, I, 338c-339a. No original, a autora não menciona a edição usada, supõe-se que seja a do mesmo tradutor adotado nos *Diálogos*, Benjamin Jowett. Ver PLATÃO, *The Republic of Plato,* trad. ing., introdução, análises, notas e índice

sua resposta mais tarde; e, quando o faz, ele a formula de várias maneiras diferentes, porém relacionadas. Para nossos propósitos, elas podem ser resumidas aproximadamente em termos de: "a justiça consiste em fazer cada um o que lhe compete"[2]. Sócrates e Trasímaco discordam de modo fundamental. Todavia, a reflexão posterior revela que eles discordam *tão* fundamentalmente que, na verdade, *não* discordam em absoluto. Em vez disso, eles parecem estar abordando e respondendo perguntas diferentes, e seus argumentos, de fato, nunca se encontram.

Sócrates e Trasímaco entendem a pergunta "O que é a justiça?" de maneiras diferentes. Cada um deles insistiria em que seu entendimento tem a ver com o que "a 'justiça' em si" realmente é, em contraposição a meras convenções verbais ou a suposições impensadas e comuns das pessoas. Ainda assim, pode-se caracterizar com precisão a diferença entre eles desta maneira: Sócrates responde à pergunta como se esta fosse sobre o significado da palavra "justiça"; ou, pelo menos, podemos reconhecer sua resposta como uma definição plausível. Isso não se aplica à resposta de Trasímaco. Ele não está formulando uma expressão mais ou menos sinônima da palavra "justiça", mas fazendo uma espécie de observação sociológica sobre as coisas que as pessoas chamam de "justas" ou "injustas". A palavra "justiça" não *significa* "no interesse dos mais fortes" e Trasímaco não está sugerindo tal coisa. Trasímaco está tentando nos dizer algo sobre as coisas ou situações que as pessoas *dizem* que são "justas". Sócrates, ao contrário, está tentando nos dizer *o que as pessoas estão dizendo* sobre uma coisa *quando* a chamam de "justa", o que estão dizendo ao chamá-la de "justa".

Claro, tanto Sócrates quanto Trasímaco podem estar errados, cada um a seu modo. A palavra "justiça" pode não significar nada parecido com "cada um ter e fazer o que lhe compete", e as normas e os padrões de justiça das pessoas podem não ser de fato definidos por nenhuma elite. Mas também é possível – é a impressão que se tem – que ambos estejam certos. Esse seria o caso se as pessoas tivessem sido ensinadas a considerar como exemplos de "cada um ter e fazer o que lhe compete" apenas as coisas que, de fato, representam os interesses dos mais fortes, da elite dirigente da sociedade. Mas isso é uma suposição inteligível? Se as pessoas usassem as palavras "justo" e "injusto" como Trasímaco faria, essas palavras *poderiam* ter o significado que Sócrates lhes atribui?

---

de Benjamin Jowett, Oxford, Clarendon Press, 3ª versão revista e ampliada da primeira versão de 1888, 2017. (The Project Gutenberg EBook of The Republic of Plato). (N. dos T.)

2 Ibid., IV, 433a-434c. Na verdade, Sócrates dá várias formulações ligeiramente diferentes aqui, mas ele parece considerá-las equivalentes.

Essas perguntas não são triviais, e sua relevância não se resume à Grécia Antiga. A disputa entre Trasímaco e Sócrates tem paralelos modernos centrais para questões políticas e sociais. As versões modernas também geram a sensação de que ambos os lados podem ter algo importante a dizer, mas que suas argumentações estão desencontradas. O sucessor moderno mais óbvio de Trasímaco é a doutrina marxista da ideologia como falsa consciência. Segundo essa doutrina, a cultura humana é apenas um reflexo, uma superestrutura na base econômica de uma sociedade; os padrões, valores e significados incorporados à cultura são, na verdade, um reflexo do interesse de classe. Portanto, o que as pessoas chamam de "justo", "bonito" ou "bom" é, de fato, determinado pelo que seja do interesse da classe dominante em qualquer sociedade. "As ideias dominantes em todas as épocas sempre foram aquelas da classe dominante."[3] Todas as classes dominantes padecem de um "cálculo egoísta" que as "induz" a transformar as formas sociais que derivam dos modos de produção e das formas de propriedade de sua época "em leis da natureza e da razão"[4]. Como Trasímaco, o marxista ensina que o que as pessoas chamam de "justo" consiste, na verdade, apenas no interesse da classe dominante.

Mas Sócrates também reaparece, por exemplo, sob o disfarce de Karl Barth, que afirma que nenhum argumento desmistificador pode destruir as ideias de justiça, verdade, beleza ou bondade – as ideias sobre as quais as pessoas pretendem falar quando chamam as coisas de justas, verdadeiras, belas ou boas.

> Seja lá o que se almeje dizer com a ideia de justiça ou de verdade, tal não pode se abalar, quando se prova que o tomado por justiça ou verdade em casos concretos tenha sido apenas a precipitação da vantagem política ou econômica de alguma classe social. Mesmo que possa ser demonstrado que os interesses – aqueles determinados pelas relações pessoais e aqueles determinados pelas relações de classe – exercem uma influência inegável sobre o que as pessoas consideram como a medida da justiça ou da verdade; ainda assim, essa dependência não vicia o fato de que aquilo que a ordem considerava justo, e tomava enquanto tal, era precisamente uma ordem *justa*[5].

---

3 Marx, Karl; Engels, Friedrich, Manifesto of the Communist Party, in: Feuer, Lewis S. (ed.), *Marx and Engels. Basic Writings on Politics and Philosophy*, Garden City, Doubleday, 1959, 26. No Brasil, ver Marx, Karl; Engels, Friedrich, *Manifesto do Partido Comunista*, trad. de Sergio Tellaroli, São Paulo, Penguin e Companhia das Letras, 2012, 48. (N. dos T.)

4 Ibid., 46.

5 Barth, Karl, *Wahrheit und Ideologie*, Zürich, Manese Verlag, 1945, 154; nossa tradução.

Em outras palavras, mesmo que tudo o que eles consideram justo seja realmente no interesse do mais forte, ao chamá-lo de "justo" eles não queriam dizer que era no interesse do mais forte. Em vez disso, eles pretendiam invocar a ideia (socrática) de justiça.

Outra maneira ainda de pensar a disputa entre Sócrates e Trasímaco seria em relação à disputa na jurisprudência entre o idealismo jurídico e o realismo jurídico. O idealista sustenta que a lei é um conjunto ideal de normas dedutivamente sistemáticas, juntamente com as decisões derivadas corretamente delas. Nenhuma "lei" inconstitucional ou "juízo" inconsistente pode fazer parte da lei. A lei, nessa perspectiva, é o que orienta um juiz na tomada de decisões corretas – uma concepção mais ou menos paralela à compreensão socrática da justiça. O realista responde que esta é uma abstração sem sentido; que a lei trata, na verdade, de tudo o que os juízes dizem e decidem – certo ou errado, consistente ou inconsistentemente. Pode ser encontrada ao estudar o comportamento dos juízes; é o que orienta suas decisões reais. Nessa perspectiva, a lei consiste no que litigantes e advogados realmente encontram no tribunal – uma concepção mais ou menos paralela à concepção trasimaquiana de justiça.

A disputa também lembra certas questões metodológicas básicas nas ciências sociais. O cientista social trasimaquiano argumentará, com Marx e Durkheim, que as ideias dos homens sobre si mesmos não devem ser aceitas de modo acrítico. "Do mesmo modo que não se julga o indivíduo pela ideia que de si mesmo faz", a ciência da sociedade não pode compreender uma sociedade "pela consciência que ela tem de si mesma. É preciso, ao contrário, explicar essa consciência pelas contradições da vida material"[6]. Uma explicação científica da vida social, se tal coisa é de fato possível, deve ser pautada "não pelas ideias daqueles que dela participam, mas por causas mais profundas que não são percebidas pela consciência"[7]. A resposta socrática provavelmente seria que as ações humanas são compreendidas apenas por meio das intenções e dos motivos dos atores, em termos de seus conceitos e normas. Essa orientação enfatizará a empatia e a *Verstehen*[8]

---

6 Marx, Karl, excerpt from A Contribution to the Critique of Political Economy, in: Feuer (ed.), *Marx and Engels*, 44. No Brasil, ver o texto específico na publicação Marx, Karl, *Contribuição à crítica da economia política*, tradução e introdução de Florestan Fernandes, São Paulo, Expressão Popular, ²2008, 48. (N. dos T.)

7 Durkheim, Emile, Essais sur la conception materialiste de l'histoire, *Revue Philosophique*, dezembro (1897), revisão de A. Labriola, citado em Winch, Peter, *The Idea of a Social Science*, Holland, R. F. (ed.), New York, Humanities Press, 1965, 23-24.

8 Associado aos escritos de Max Weber (1864-1920), *Verstehen* é um conceito e método central que se refere à compreensão do significado da ação do ponto de vista do ator. Há uma perspectiva participativa de se pôr no lugar do outro, e adotar essa postura de pesquisa requer tratar o ator como sujeito, e não como objeto

como instrumentos no estudo do homem, uma abordagem fenomenológica e não comportamental. Cada lado estará convencido de que está certo. Assim, por exemplo, Ludwig Feuerbach argumentou que os deuses não são nada mais que invenções humanas, projeções de nossos valores, esperanças e necessidades mais profundos[9]. É provável que um teólogo moderno responda que os deuses não são nada disso; "Deus" significa algo totalmente à parte. "É um tremendo equívoco supor que, quando você diz algo sobre Deus, o que você 'realmente quer dizer' é algo sobre os homens"[10].

Portanto, a disputa entre Sócrates e Trasímaco parece exemplificar uma questão abrangente e significativa, e gostaríamos de entender sua natureza[11]. Sobre o que estariam discordando? Palavras? Fatos? Valores? Se realmente é possível que ambos estejam certos, por que eles parecem estar em conflito? Como alguém poderia formular uma doutrina única e unificada que abrangesse ambas as verdades simultaneamente? Constatei que as questões aqui são múltiplas e inter-relacionadas, e não fui capaz de tratá-las de uma maneira tão clara e ordenada como eu gostaria.

---

de suas observações. Também implica que, ao contrário dos objetos no mundo natural, os atores humanos não são simplesmente o produto das pressões e dos impulsos motivados por forças externas. Os indivíduos são vistos como criadores do mundo, organizando sua própria compreensão dele e dando-lhe um significado. Pesquisar os atores sem levar em conta os significados que eles atribuem às suas ações ou ao ambiente, nesse sentido, seria tratá-los como objetos. Ver *Verstehen*, in: Calhoun, Craig (ed.), Oxford Reference, disponível em: <https://www.oxfordreference.com/view/10.1093/acref/9780195123715.001.0001/acref-9780195123715-e-1757>, acesso em: 20 out. 2021. (N. dos T.)

9 Feuerbach, Ludwig, *The Essence of Christianity*, New York, Harper & Brothers, 1957.

10 Hudson, Donald, *Ludwig Wittgenstein*, Richmond, John Knox Press, 1968, 62.

11 Um número considerável de outros paralelos se apresenta, mas nem todos com a mesma estrutura que a disputa entre Sócrates e Trasímaco, e não se ajustam à mesma abordagem. Por exemplo, a afirmação de Hobbes de que a tirania nada mais é que "aversão" à monarquia (ou uma "monarquia detestada" – "*monarchy misliked*"). (N. dos T.) Hobbes, *Leviatã*, trad. bras. de João Paulo Monteiro, Maria Beatriz Nizza da Silva, Claudia Berliner, revisão da trad. e ed. Eunice Ostrensky, São Paulo, Martins Fontes – selo Martins, ³2014, Capítulo XIX, 159. Ou o modo como Burke caracteriza os pensadores da Revolução Francesa: "Nesse novo esquema de coisas, um rei é apenas um homem, uma rainha, uma mulher; uma mulher, um animal, e não um animal de ordem muito elevada [...]. O assassinato de um rei, de uma rainha, de um bispo, ou de um pai são apenas homicídios comuns". Burke, Edmund, *Reflections on the Revolution in France*, Indianapolis, Bobbs-Merrill Company, 1955, 87. Trad. bras.: *Reflexões sobre a Revolução em França*, de Renato de Assumpção Faria, Denis Pinto e Carmen Moura, Brasília, Editora Universidade de Brasília, 1982, 101. Ou o modo como David Hume critica a noção de causalidade: aquilo que realmente chamamos de causalidade se "deriva de nada além do costume", da experiência repetida de certos fenômenos que "*sempre* estiveram *entrelaçados*", citado em Russell, Bertrand, *A History of Western Philosophy*, New York, Simon & Schuster, 1945, 671, 665. Comparar com Wittgenstein, Ludwig, *Lectures and Conversations on Aesthetics, Psychology and Religious Belief*, Barrett, Cyril (ed.), Berkeley; Los Angeles, University of California Press, 1967, 24: "A atração de certos tipos de explicação é avassaladora. [...] Em particular, explicações do tipo 'Não é nada além disso.'"

SIGNIFICADO E APLICAÇÃO

Alguém fascinado pela linguagem pode, a princípio, supor, como eu fiz uma vez, que Sócrates e Trasímaco discordam sobre o significado de "justiça", de modo que sua disputa poderia ser solucionada em caráter definitivo por um estudo do uso ordinário do grego antigo (e as disputas paralelas modernas, pela filosofia da linguagem ordinária inglesa). Portanto, o motivo de sua discordância pode ser o fato de estarem usando dois tipos diferentes de definições. Essa ideia encontra apoio em Aristóteles, que fala no *De Anima* de duas maneiras de definir os termos, que se parecem muito com os dois posicionamentos sobre a justiça. Ele distingue entre definições físicas, usadas por cientistas naturais, e definições dialéticas, usadas por filósofos.

> Contudo, o estudioso da natureza e o dialético definiriam diferentemente cada uma das afecções da alma; por exemplo, o que é a cólera. Pois este falaria em desejo de retaliação ou algo do tipo, o outro, por sua vez, falaria em ebulição do sangue e calor em torno do coração. Um discorre sobre a matéria e o outro sobre a forma e a determinação[12].

De modo análogo, Aristóteles afirma que, caso a pergunta seja: "o que é uma casa?" o filósofo responderá, "abrigo preventivo contra a destruição por ventos, chuvas e calor", enquanto o cientista natural dirá "pedras, tijolos, madeiras".

Mas Sócrates e Trasímaco não estão propondo duas definições rivais para "justiça". Como já observamos, a palavra "justiça" não *significa* "no interesse do mais forte", e Trasímaco nunca sugere tal coisa. Do mesmo modo, ninguém definiria a palavra "casa" como "pedras e tijolos e madeira", como nenhum cientista natural (tal como nenhum biólogo definiria "célula" como "carbono, oxigênio, hidrogênio e nitrogênio"). As casas consistem em pedras e madeira, mas não é isso que a

---

12 Aristóteles, *De Anima*, trad. ing. de Kenelm Foster e Silvester Humphries, Londres, Routledge & Kegan Paul, 1951, 52. Trad. bras.: *De Anima*, apresentação, trad. e notas de Maria Cecília Gomes dos Reis, São Paulo, Editora 34, 2007, 49. O próprio Aristóteles, sendo meio filósofo e meio cientista em uma época que não fazia tal distinção, a princípio parece optar pela definição dialética, mas depois sugere uma terceira definição, em compromisso combinatório: "da forma que há nesses materiais em vista daqueles fins". É Philip Rieff quem chama a atenção para a distinção de Aristóteles, e afirma que apenas a definição dialética "torna possível uma ciência moral", enquanto o estilo de definição científico-físico ou natural "exclui as questões morais – isto é, humanas, – por completo": Rieff, Philip, *Freud,* New York, Viking Press, 1959, 16. Nisto ele assume sua posição junto aos fenomenologistas e outros teóricos da ação. Mas é importante notar que a coexistência de dois tipos de definições não está de forma alguma confinada a conceitos humanos, psicológicos, morais ou abstratos. O segundo exemplo do próprio Aristóteles depois de "cólera" é "casa". Portanto, o problema é epistemológico ou semântico em geral, não apenas sobre como estudar questões humanas ou morais.

palavra "casa" significa. E embora Trasímaco esteja nos dizendo algo (verdadeiro ou falso) sobre justiça, ele não está definindo a palavra. O significado de uma palavra, já dissemos, é o que pode se encontrar em um bom dicionário – uma palavra ou frase que pode substituí-la. O significado de "justiça" tem a ver com o que as pessoas pretendem exprimir ao dizê-la, não com as características dos fenômenos sobre os quais falam. Em relação ao significado de "justiça", Sócrates está, pelo menos, aproximadamente certo. Mas então sobre o que Trasímaco estaria certo?

A partir da literatura filosófica moderna, talvez se pudesse traçar a distinção entre "conotação" e "denotação" e argumentar que Sócrates está interessado naquela, e Trasímaco nesta[13]. Mas essa distinção provavelmente é enganadora e não ajudará muito aqui. Pois, embora se possa argumentar que Trasímaco não está interessado na conotação – isto é, no significado – de "justiça", não se pode argumentar que Sócrates não esteja interessado em sua denotação. Se Sócrates está certo sobre o que a palavra significa, ele está certo tanto sobre a conotação quanto sobre a denotação; a palavra não pode então denotar o que Trasímaco afirma.

Talvez, então, Trasímaco esteja nos dizendo algo novo sobre os fenômenos que consideramos justos, algo que não havíamos notado e que, portanto, não faz parte de nossa definição de "justiça", não faz parte do que queremos dizer quando chamamos esses fenômenos de justos. Isso faz sentido, se considerarmos exemplos de descoberta científica, quando algo genuinamente novo (ou, pelo menos, novo para uma cultura particular) é aprendido sobre determinada categoria de fenômenos. Descobrimos que a Terra não é plana, mas esférica e, no processo de assimilar essa descoberta, o conceito de "Terra" muda; o significado de "a Terra" muda. Wittgenstein chama a atenção para "a oscilação das definições científicas: O que hoje vale como fenômeno concomitante empírico do fenômeno A, será utilizado amanhã na definição de A"[14]. Assim, pode parecer que Trasímaco tenha observado uma

---

13 A literatura sobre essa e outras distinções relacionadas é vasta, e virtualmente todo filósofo tem sua própria maneira de desenhar e rotular a distinção. Além de conotação/denotação, encontramos intensão/extensão, sentido/referência, sentido/*nominatum*, significação/denotação e *Sinn/Bedeutung*. As principais obras a serem examinadas incluiriam FREGE, Gottlob, On Sense and Reference, in: GEACH, Peter; BLACK, Max (eds.), *Translations from the Philosophical Writings of Gottlob Frege*, Oxford, Basil Blackwell, 1952; CARNAP, Rudolf, *Meaning and Necessity*, Chicago, University of Chicago Press, 1956; MILL, John Stuart, *A System of Logic*, London, J. W. Parker, 1843; MORRIS, Charles, *Signs, Language and Behavior*, New York, George Braziller, 1955); e RYLE, Gilbert, The Theory of Meaning, in: CATON, Charles E. (ed.), *Philosophy and Ordinary Language*, Urbana, University of Illinois Press, 1963. Este último discute algumas maneiras pelas quais a distinção conotação/denotação pode ser falaciosa.

14 WITTGENSTEIN, Ludwig, *Philosophical Investigations*, trad. alem./ing. de G. E. M. Anscombe, New York, Macmillan, ³1968. Trad. bras.: *Investigações filosóficas*, de Marcos Montagnoli, Petrópolis, Vozes, ⁴2005, § 79.

concomitância até então despercebida de fenômenos que chamamos de "justos": a saber, que são sempre no interesse da elite dominante. Ele está propondo, como disse um comentador, "uma generalização importante" baseada em "supostos fatos da psicologia e da política", fatos sobre os fenômenos que outras pessoas chamam de "justos"[15]. Mais uma vez, somos tentados a dizer que, enquanto Sócrates fala sobre o significado da palavra, Trasímaco fala sobre sua aplicação, como as pessoas a aplicam ao mundo, como a usam.

Mas uma perspectiva wittgensteiniana não parece permitir a espécie de dicotomia a que chegamos, entre o significado (socrático) de uma palavra e os fatos (trasimaquianos) de sua aplicação ou uso. Wittgenstein ensina que, para a maioria dos propósitos, o significado de uma palavra é seu uso; que, se estamos conceitualmente perplexos sobre seu significado, devemos examinar seu uso; que o significado é aprendido com o uso, é abstraído dele. Se Wittgenstein estiver certo sobre isso, então certamente Trasímaco e Sócrates devem estar abordando a mesma questão afinal, e eles não podem estar ambos, em última análise, certos.

Podemos pensar sobre o problema em termos do aprendizado de línguas. Suponha que houvesse uma sociedade na qual a tese de Trasímaco fosse realmente verdadeira: aquelas e apenas aquelas situações que, de fato, atendem aos interesses da elite dominante são consideradas justas. Uma criança que fosse criada nessa sociedade poderia aprender o significado (socrático) da palavra "justiça" ou terminaria pensando que "justiça" é sinônimo de "no interesse da elite governante"? E se pudesse aprender o significado (socrático), como esse aprendizado ocorreria, como poderia ser explicado? Se Trasímaco está certo sobre o uso da palavra, como poderia Sócrates descobrir um significado conflitante?

Essa questão era uma inquietação central para o próprio Platão, e alguém poderia até argumentar que ele inventou uma metafísica inteira para resolver a questão. Pois, se Sócrates está certo sobre o significado, mas Trasímaco tem um argumento sociológico válido sobre como a palavra é usada, como podemos descobrir o que "justiça" significa (um significado socrático)? Tudo o que encontramos é o uso "corrompido" de Trasímaco. De maneira mais geral, Platão julga que todos os nossos conceitos são apenas imperfeitamente incorporados aos objetos ou às situações sobre os quais os usamos para falar. Nenhuma coisa bela é perfeitamente bela, nenhum triângulo é perfeitamente triangular, nenhum par de coisas iguais é

---

15 HOURANI, George F., Thrasymachus' Definition of Justice in Plato's Republic, *Phronesis*, VII (1962) 111; Hourani também cita MURPHY, N. R., *The Interpretation of Plato's Republic*, Oxford, Clarendon Press, 1951, 2.

exatamente igual; nenhuma cama jamais tem todas as características específicas da cama, sem quaisquer características irrelevantes, e assim por diante. Então, como podemos aprender o que significa "cama" ou "bela", quando tudo o que temos para prosseguir é nossa experiência falha, confusa e falível? A resposta de Platão baseia-se no reino das formas, junto com as doutrinas da reencarnação e da reminiscência.

Quem acha essa metafísica difícil de aceitar pode ficar mais satisfeito com uma abordagem wittgensteiniana, cujos elementos básicos para tal agora temos disponíveis e precisamos apenas reunir. Como tantas vezes, o sentido do problema ou da dificuldade aqui surge da suposição de que "justiça" é um nome para uma classe de fenômenos, e que Trasímaco e Sócrates devem, portanto, discordar sobre a delimitação dessa classe de fenômenos. Então, de fato, eles não poderiam ambos estar certos. Mas "justiça" é muito mais do que um nome, funciona em muitos outros jogos de linguagem, não é aprendida ostensivamente com um adulto que aponta e diz para a criança: "Isso é justiça". O significado de "justiça" não é – ou não é principalmente – aprendido pela observação das características compartilhadas dos fenômenos chamados "justos", mas pela observação das características compartilhadas das situações de fala em que a família de palavras é usada, de sua linguagem verbal e de seus contextos cotidianos. Pelo lado verbal, isso implica que o significado de "justiça" é aprendido não apenas em contextos em que algo está sendo chamado de justo ou injusto, mas também em contextos que envolvem cometer uma injustiça com alguém, fazer justiça a uma refeição deliciosa, receber o que merece, justificar uma decisão ou ação, agir por uma causa justa, e assim por diante. Pelo lado do mundo que nos cerca, isso implica que o significado de "justiça" é aprendido, observando os tipos de situações em que os diversos membros dessa família de palavras ocorrem, os tipos de mudanças na ação, no afeto ou no relacionamento que elas produzem – em suma, suas funções de sinalização. Como o significado de "chuva", o significado de "justiça" pode ser aprendido tanto com o que fazemos sobre "ela" quanto com a aparência "dela". Como o significado de "Deus", pode ser aprendido mesmo que o fenômeno nunca seja experimentado, ou seja experimentado apenas parcial ou imperfeitamente.

O mesmo problema que acabamos de analisar em termos da aprendizagem de uma língua surge também na tradução radical, quando entramos em contato com uma língua estrangeira sem a ajuda de um tradutor ou de um dicionário. Suponha-se que um antropólogo encontrasse uma sociedade em que a tese de Trasímaco fosse realmente verdadeira: apenas aquelas coisas que são consideradas justas são no interesse da elite dominante. Ele traduziria a palavra nativa relevante como "justiça" ou como "no interesse da elite dominante"? E se ele chegou a traduzir como "justiça", como ele descobriu que esse era o significado correto? Aqui, também, a resposta está no padrão mais amplo da linguagem e da vida dos nativos. Como observa Wittgenstein,

> se uma palavra da língua de nossa tribo é corretamente traduzida em uma palavra da língua inglesa, isso depende do papel que essa palavra desempenha em toda a vida da tribo; as ocasiões em que é usada, as expressões de emoção pelas quais geralmente é acompanhada, as ideias que geralmente desperta ou que induzem sua pronúncia etc. A título de exercício, pergunte-se: em quais casos você diria que determinada palavra proferida pelo povo da tribo era uma saudação?[16]

Aprendemos o significado e encontramos a tradução de todo o padrão de uso da palavra, tanto o contexto verbal quanto o mundano em que ela e as palavras relacionadas aparecem. É Sócrates, portanto, quem está certo não apenas sobre o significado de "justiça", mas também sobre seus padrões gerais de uso; significado e uso andam juntos. Mas isso novamente nos deixa com a questão sobre no que poderia estar certo Trasímaco. Agora parece que ele estava certo apenas sobre uma pequena parte do uso da palavra ou da gramática – sobre certas características comuns dos fenômenos rotulados como "justos", quando essa palavra é usada para rotular. Mas então ele certamente está nos mostrando uma discrepância dentro da gramática da palavra, entre o significado de "justiça" e nos padrões que seguimos para utilizá-la como nome. Se Trasímaco estiver certo, as coisas que chamamos de "justas" não são justas, ou, pelo menos, há boas razões para duvidar de que sejam. Só conseguiremos de fato começar a resolver o problema quando soubermos explicar esse tipo de discrepância e explicar por que a posição de Trasímaco é tão poderosa, se de fato ele está errado sobre o significado e o uso de "justiça".

O "SER" E O "DEVER"

A sabedoria convencional da ciência política contemporânea nos oferece uma resposta forte e clara quanto à natureza da briga de Sócrates e Trasímaco: o último está preocupado com o que as coisas são, o primeiro, com o que deveriam ser. Robert

---

16 WITTGENSTEIN, Ludwig, *Blue and Brown Books*, New York; Evanston, Harper & Row, 1964, 103; comparar com ZIFF, Paul, *Semantic Analysis*, Ithaca, Cornell University Press, 1960, 74-75; e QUINE, Willard van Orman, *Word and Object*, Cambridge, M.I.T. Press, 1960, 26-27.

Dahl, por exemplo, interpreta o primeiro livro da *República* exatamente dessa maneira: os dois gregos "estão num diálogo de surdos" porque "o argumento de Sócrates é normativo, e o de Trasímaco é empírico"[17]. Essa afirmação pode significar que Sócrates está preocupado com o que a justiça deve ser, Trasímaco, com o que ela é de fato. Mas os dois afirmam estar abordando a questão do que *é* a justiça. Se Sócrates realmente pretendesse reformar o conceito, revisar a justiça tal como ela é agora para que se torne o que deveria ser, teríamos o direito de perguntar a ele com base em que padrões sua ideia proposta de justiça é melhor do que a atual. Por que chamar *isso* de "justiça"? Contudo, claramente não é isso o que acontece na *República*. Sócrates não está tentando mudar um conceito; ele acredita que os conceitos são absolutos e imutáveis, correspondendo a formas atemporais. Ele recomenda sua definição por nos dizer corretamente o que a justiça realmente é, o que a palavra já significa.

Mas, em qualquer caso, Dahl não pretendia argumentar que Sócrates aborda o que a justiça deve ser; ele pretendia caracterizar as diferentes maneiras pelas quais Sócrates e Trasímaco enfrentam o problema do que é a justiça. Nessa investigação compartilhada sobre o ser, Dahl argumenta: "Sócrates reagiu à tentativa de Trasímaco de descrever como os governantes geralmente agem, indicando como os bons governantes deveriam agir"[18]. Certamente é verdade que o Estado imaginário que Sócrates constrói na *República* não é uma abordagem descritiva de algum Estado real, e que Sócrates o considera um ideal desejável. Decerto é verdade que Trasímaco tenta descrever a maneira como os governantes realmente se comportam em todas as sociedades. Além disso, é provável que Sócrates concordaria com a descrição de Trasímaco; e se Trasímaco for sábio e honesto, ele concordará que o ideal de Sócrates exemplifica o que a maioria das pessoas quer dizer com a palavra "justiça". Portanto, parece que os dois podem estar certos e até concordar, porque um está falando sobre como as coisas são e o outro, sobre um ideal. Então por que eles estão discutindo?

Nós os imaginamos concordando sobre o significado de uma palavra e sobre os fatos da conduta política. Mas agora, qual deles está certo sobre o que é a justiça? Essa resposta depende do significado da palavra ou dos fatos da vida política? Não devemos dizer: de ambos? Mas eles parecem ser incompatíveis. Dahl afirma que Trasímaco se preocupa com o modo real como os governantes agem. Mas, se

---

17 DAHL, Robert, *Modern Political Analysis,* Englewood Cliffs, Prentice-Hall, 1963, 65.
18 Ibid.

Trasímaco conclui a partir de suas observações que a justiça é o interesse do mais forte, dizendo: "Por toda parte vejo homens perseguindo o poder e o interesse próprio em nome da justiça", Sócrates responderá: "Você está examinando exemplos de *in*justiça, hipocrisia e corrupção, realizadas em nome da justiça. Para aprender o que é justiça, você deve perguntar o que é a justiça, em nome da qual essas coisas são feitas".

Os fatos empíricos serão relevantes para o problema do que é a justiça apenas se eles forem, na verdade, fatos sobre a justiça; a investigação empírica pressupõe a definição conceitual. Trasímaco pode descobrir um novo fato sobre as coisas chamadas "justas" apenas se primeiro puder identificar essas coisas. E não dependeria sua identificação do significado de "justiça"? Às vezes, essa identificação é fácil e relativamente independente do significado. Para tomar emprestado um exemplo de Frege, dizemos: "A estrela da tarde na verdade é o planeta Vênus", uma descoberta factual. Seria absurdo para um Sócrates responder que isso é falso porque "estrela" obviamente não significa "planeta". O ponto da descoberta é precisamente que o significado de "estrela" acabou se revelando impróprio para aquela coisa, lá, no céu, que na verdade é um planeta. Contudo, tal exemplo depende de uma identificação clara de "aquela coisa, bem ali", independentemente do significado do antigo conceito. Se os fatos de Trasímaco sobre como os governantes agem são ou não relevantes para a questão da justiça, isso depende do que ela significa. Algo parecido com Sócrates. Dahl afirma que ele está preocupado com a maneira como os governantes devem agir. Está certo, visto que os governantes devem agir com justiça. No entanto, poderíamos igualmente dizer que Sócrates está nos dizendo como os governantes agem de fato, *quando* agem com justiça. Essa é uma questão, de fato, do ser, não (meramente) do que deveria ser. Além disso, as opiniões de Trasímaco também são sobre como os bons governantes devem agir.

Embora haja uma disputa aqui, não é entre o ser e o que deveria ser, nem entre fatos e valores. Ambos os protagonistas pretendem nos dizer o que é justiça e, portanto, o que os homens, realmente, fazem quando agem com justiça, o que tem implicações claras sobre a conduta correta. Pode-se dizer que Trasímaco está falando sobre os fatos que as pessoas consideram justos, e Sócrates sobre o que elas devem considerar apenas à luz do significado de "justiça". Todavia, o significado de "justiça" depende dos fatos de sua gramática, então esta é uma disputa sobre fatos, sobre as implicações de dois tipos diferentes de fatos. Depende de haver uma inconsistência na gramática da "justiça", entre o que as pessoas consideram justo e o que a palavra "justiça" significa. O que é característico de uma palavra como "justiça" é que ela permite precisamente esse tipo de inconsistência. Não é necessariamente verdade que um dos polos seja subjetivo e outro idealista, e ambos são verdadeiramente baseados na observação do uso.

VISÃO DE FORA E VISÃO DE DENTRO

Outra forma de falar sobre a disputa entre Trasímaco e Sócrates seria em termos de estar, num certo sentido, vendo de fora ou de dentro. A posição de Trasímaco parece estar, em certo sentido, fora das premissas aceitas, questionando e desmascarando as suposições aceitas, olhando para o que outras pessoas dizem como alguém que fala de um mundo à parte. Sócrates, ao contrário, parte das premissas e suposições tradicionais, aceitando-as e afirmando-as. Mas não é fácil especificar do que se trata realmente esse sentido observável de estar dentro ou estar fora, do quê, exatamente, os dois estão dentro ou fora. Uma possibilidade seria que a tomada de posição se relacionasse à sua cultura e sociedade, os pressupostos e valores da Grécia Antiga. Trasímaco se afasta dessa cultura, põe de lado a falsa consciência que ela pressupõe e observa com distanciamento o que os "nativos" fazem de fato. Ele percebe que, na verdade, eles usam a palavra "justiça" para uma classe de fenômenos que acabam por ocorrer sempre no interesse da elite dominante. É evidente, contudo, que ninguém consegue sair literalmente da própria cultura; Trasímaco fala e vê como um grego do século V. Podemos dizer que ele está tentando escapar de sua cultura, mas isso não será suficiente para explicar por que ele parece ter algo importante a nos dizer. Não explica por que sua descoberta, se é que é mesmo uma descoberta, seria significativa hoje e em uma cultura tão diferente, ou o que a tornaria viável. Claro, Trasímaco pretende que sua descoberta se aplique a todas as culturas e sociedades, mas ele dificilmente teria conseguido escapar, por completo, da sociedade humana.

Além disso, Sócrates também parece ter conseguido se colocar fora das convenções tradicionais, embora de uma maneira diferente. Ele se recusa a aceitar os padrões convencionais sobre quais tipos de fenômenos ou sociedades deveriam ser chamados de "justos". Mesmo que a maioria das pessoas ao seu redor considere apenas aquelas coisas que realmente, servem aos interesses da elite governante, Sócrates se recusa a aceitar seus padrões. Ele se apega ao significado de "justiça" e insiste em julgar, por si mesmo, se as normas convencionais lhe são consoantes.

Outra maneira, ainda que relacionada, de analisar o sentido de estar dentro ou de estar fora aqui, seria em relação ao próprio conceito de justiça, seu significado, suas implicações e suas pressuposições. Sócrates fala tomando partido da estrutura do que se supõe ser verdadeiro para os fenômenos chamados "justos", a saber, os que devem envolver o que cada um possui e faz de acordo com o que é apropriado para si. Ele aceita a intenção, as convenções de se tomar as palavras de modo acrítico e as reafirma. Trasímaco as rejeita, ou as ignora, e olha, por conta própria, para as características comuns dos fenômenos que outras pessoas chamam de "justos". É como tentar fazer filosofia da linguagem ordinária com base em uma pesquisa de opinião pública; e as dificuldades que a posição de Trasímaco enfrenta se relacionam às dificuldades daquele empreendimento que discutimos anteriormente. Trasímaco, por assim dizer, se coloca fora da palavra e observa como os outros a usam, enquanto o próprio Sócrates a usa. Mas é claro que isso não pode ser literalmente verdade. Ambos usam a palavra. Podemos dizer que Sócrates fala situando-se dentro das funções sinalizadoras ou semiperformativas da palavra; sua definição é derivada da afirmação feita ao chamar algo de "justo", a garantia dada por um falante que faz essa afirmação. Ele mesmo faz tal afirmação, dá a garantia, assume a responsabilidade. Trasímaco, de alguma forma, usa a palavra sem fazer tal afirmação ou assumir tal responsabilidade; é como se ele se limitasse a usar a palavra enquanto nome[19].

Podemos dizer que Trasímaco usa a palavra "justiça" entre aspas, para significar "aquilo que se nomeia de justiça" ou "o que outras pessoas chamam de 'justiça'". Quando Trasímaco diz que a justiça é do interesse do mais forte, parece-me, ele está usando a palavra "justiça" como se entre aspas, mas dando ao resto das palavras na frase seu peso total normal. Ele está dizendo que a chamada (ou o que outras pessoas chamam) de "justiça" é, na verdade, o real (ou o que eu, Trasímaco, chamo) interesse do mais forte. Pois seria claramente falso dizer que o que é verdadeiramente justo, no pleno sentido socrático da palavra, é sempre do interesse da elite governante. E a outra alternativa, dizer que a chamada (ou o que outras pessoas chamam) de "justiça" equivale ao chamado (ou o que outras pessoas chamam) de interesse do mais forte, não é a intenção de Trasímaco. Parte de seu ponto é que outras pessoas não estão cientes da hipocrisia cultural, como ele está, e que, portanto, não diriam o que ele diz. Trasímaco, então, se recusa a entrar no conceito de justiça e assumir o fardo, o peso daquilo que normalmente é garantido ou afirmado quando se pronuncia a palavra "justiça". Ele quer questionar precisamente essas convenções.

---

19 Comparar com DUNCAN-JONES, Austin, Authority, *Aristotelian Society Supplementary*, v. 32 (1958) 243; MAYO, Bernard, *Ethics and the Moral Life*, London, Macmillan, 1958, 194-195; e POLANYI, Michael, *Personal Knowledge*, New York; Evanston, Harper & Row, 1964, 249-250.

ALGUNS EXEMPLOS ALTERNATIVOS

Todos nós sabemos que valores, padrões e gostos diferem de cultura para cultura, de modo que o que serve como exemplo de beleza em uma cultura pode ser considerado feio em outra, e o que serve como exemplo de justiça em uma cultura pode ser considerado injusto noutra. Mas, então, as crianças criadas em culturas radicalmente divergentes aprendem o *mesmo* conceito de beleza ou justiça, ou conceitos diferentes? Se respondermos que, expostas a exemplos radicalmente diferentes, elas estão fadadas a aprender conceitos diferentes, então não poderemos traduzir os termos da outra cultura por nossa "beleza" ou "justiça". E, então, a afirmação inicial acerca daquilo que "todos nós sabemos" está errada; essas outras culturas não discordam sobre o que é justo, mas simplesmente não possuem um conceito de justiça. Se, por outro lado, insistimos em que crianças de diferentes culturas podem aprender o mesmo conceito de beleza ou justiça, a partir de exemplos divergentes, devemos explicar como isso é possível. No início deste capítulo, apresentamos uma proposta de explicação: o significado não é aprendido simplesmente rotulando-se exemplos, olhando para os fenômenos que as pessoas qualificam como justos, mas a partir de toda a gramática da palavra, olhando para as ocasiões em que as pessoas dizem "justo". Portanto, o mesmo conceito pode ser aprendido em duas culturas diferentes se sua gramática geral for a mesma, se o conceito for usado nos mesmos tipos de jogos de linguagem, mesmo que os exemplos do que é justo e injusto sejam muito diferentes.

Mas, agora, devemos prosseguir, notando que as respostas que estamos inclinados a dar a tais questões dependem muito dos exemplos específicos que examinamos. No caso do conceito de "delicioso", serão diferentes das que serão dadas no caso do conceito de "verde". Isso deveria, em primeiro lugar, nos alertar para sermos cautelosos com a "justiça" e, em segundo lugar, pode nos proporcionar um sentido mais claro do que é especial a seu respeito e de conceitos similares. Suponha-se que questionemos se crianças em culturas radicalmente diferentes podem aprender o mesmo significado para o conceito "delicioso" (levando-se em conta, é claro, que aprenderão palavras diferentes, sons diferentes, para o conceito), ainda que aprendam com exemplos muito diferentes. Sabemos, por exemplo, que os esquimós comem substâncias que são nauseabundas para nós e as comem com muito gosto e prazer. Quando um esquimó acha sua gordura de baleia podre e com vermes "deliciosa", ele está dizendo a respeito dela a mesma coisa que uma criança dos Estados Unidos diz sobre sua casquinha de sorvete? O exemplo de um termo como "delicioso" sugere fortemente uma resposta afirmativa. O significado do termo depende quase inteiramente da nossa relação com a comida – que queiramos mais, que a anfitriã esteja satisfeita, que a ofereçamos aos nossos amigos, mas não aos inimigos, e assim por diante – e praticamente nada das características da comida. "Delicioso" não é o nome de um determinado conjunto de alimentos, mas uma forma de dizer algo sobre a comida, ou seja, que tem um gosto bom. Para descobrir a palavra dos nativos para "delicioso", um antropólogo não provaria seus alimentos, mas observaria seu comportamento em relação à comida. O significado da palavra parece bastante independente das preferências gustativas de uma cultura específica. Portanto, se interpretarmos "justiça" em analogia com "delicioso", concluiremos que as crianças podem, de fato, aprender o conceito mesmo em uma cultura cujo gosto em matéria do que é justo ou injusto difira radicalmente do nosso.

Mas agora podemos fazer a mesma pergunta sobre a palavra "verde". Afinal, sabemos que diferentes culturas dividem o espectro de cores de maneira diferente. Será que crianças de culturas diferentes aprenderiam essencialmente o mesmo significado de "verde", embora o aprendam de exemplos bem diferentes, de modo que o que exemplifica "verde" em uma cultura seria chamado de outra cor em outra cultura? Aqui, a resposta parece nitidamente negativa. Se o termo "verde" for aprendido de modo exclusivo a partir de exemplos da cor azul, então o significado aprendido é "azul", independentemente da palavra usada para esse significado. E se o termo "verde" for aprendido com os exemplos verdes e azuis, então o significado aprendido não é equivalente nem ao significado de "verde" nem ao significado de "azul". Ao traduzir esse termo, não poderíamos simplesmente substituí-lo pela palavra "verde". Portanto, se interpretarmos "justiça" segundo o modelo de "verde", concluiremos que não faz sentido supor que a palavra possa ter o mesmo significado em duas culturas com padrões radicalmente diferentes daquilo que é justo.

Os dois exemplos, portanto, sugerem conclusões conflitantes sobre justiça. "Delicioso" sugere que o sabor é totalmente independente do significado da palavra, de modo que o tipo de observação que Trasímaco faz (apontando características comuns das coisas que as pessoas chamam de justas) simplesmente não teria relação com o tipo de observação que Sócrates faz (o significado de "justiça"). O exemplo de "verde" sugere que, sempre que os padrões diferem, os significados também devem diferir de maneira análoga, de modo que Sócrates e Trasímaco não poderiam ambos estar certos. Podemos sentir intuitivamente que justiça deve "se situar em algum lugar entre" palavras tais quais "delicioso" e "verde", sendo mais objetiva do que a anterior e mais subjetiva ou semiperformativa do que a última. Mas essa resposta intuitiva não leva em conta uma característica da justiça que está ausente em ambos os outros exemplos: o significado dos padrões.

Dada qualquer substância comestível, estamos preparados para acreditar que alguma cultura a considera deliciosa se vemos que essas pessoas querem mais, oferecem aos amigos, e assim por diante. Mas esse não é o caso com os exemplos de justiça e injustiça. É possível admitir certa variação para padrões e culturas diferentes; mas não será um padrão *qualquer* que será qualificado como padrão de justiça, tampouco qualquer exemplo será um exemplo de justiça. Se um falante considera uma determinada situação justa, ele deve, em princípio, estar preparado para nos mostrar *como* ela é justa, o que ela realmente significa. Não temos expectativa correspondente sobre "delicioso" ou "verde". Diferentemente de "delicioso", a justiça não é meramente uma questão de hábito cultural ou gosto pessoal, mas implica padrões de justificação. Diferentemente de "verde", permite um tipo de desacordo que não é meramente verbal (diferentes definições) nem meramente factual (diferentes percepções). Embora algumas de nossas querelas sobre justiça possam resultar de divergências sobre o que a palavra significa, e de algumas de divergências sobre os fatos de uma situação, muitas se referem a diferenças em nossos padrões sobre o que é justo. Assim, com respeito a um conceito como justiça, faz sentido supor que pode haver um hiato, uma discrepância, um conflito, entre o significado (socrático) baseado na gramática e a aplicação (trasimaquiana) baseada nos padrões das pessoas. Isso não faz sentido com respeito a "delicioso", porque o hiato é grande demais para haver conflito; e não faz sentido com respeito a "verde", porque não pode haver hiato entre significado e padrões.

Ao que parece, um conceito como "justiça" surge de diferentes tipos de jogos de linguagem, até mesmo de regiões de linguagem diferentes tanto de "delicioso" quanto de "verde", de modo que a solução para perplexidades conceituais a esse respeito assumirá outro formato. Wittgenstein sugeriu, certa vez, que seria bom dividir um livro de filosofia em seções sobre diferentes "tipos de palavras" (regiões de linguagem?):

> Você falaria por horas e horas sobre os verbos "ver", "sentir" etc., verbos que descrevem a experiência pessoal. Experimentamos um tipo peculiar de confusão ou confusões que surgem a partir de todas essas palavras. Você teria outro capítulo sobre numerais – e aqui haveria outro tipo de confusão: um capítulo sobre "todos", "quaisquer", "alguns" etc. – e outro tipo de confusão: um capítulo sobre

"você", "eu" etc. – outro tipo ainda: um capítulo sobre "bonito", "bom" – mais um tipo. Entramos em um novo grupo de confusões; a linguagem nos prega peças completamente novas[20].

"MOSTRAR *COMO* ALGO É JUSTO"

A justiça, portanto, não está no meio de um *continuum* que vai das questões subjetivas de gosto às questões objetivas de fato; é um tipo de conceito totalmente diferente, que envolve padrões e a possibilidade de juízo e justificação (como a etimologia sugere). Nossos padrões do que é justo e injusto são obviamente em parte aprendidos, mas também sujeitos a alterações por nossa própria escolha. À medida que são aprendidos, são aprendidos da mesma maneira, através do mesmo processo que usamos para aprender os significados das palavras e a natureza do mundo. Para aprender um conceito como justiça, aparentemente a criança deve dominar não apenas duas, mas três variáveis, ou dimensões de variação: o significado da palavra, os fatos do mundo e os padrões do que é considerado justo.

Do mesmo modo, a tradução radical de um termo semelhante a "justiça" apresenta problemas não apenas em duas, mas em três dimensões. Considere-se um exemplo citado por Weldon, bizarro porque é tão difícil imaginar que ocorra naturalmente, mas instrutivo em sua bizarrice. Weldon nos convida a

> supor que na Alemanha nazista você se propusesse a descobrir os equivalentes alemães das palavras inglesas de avaliação, "*good*" ("bom"), "*honest*" ("honesto"), "*praiseworthy*" ("louvável"), "*treacherous*" ("traiçoeiro"), e assim por diante. Você teria aprendido que o uso correto era "*schön*", "*ehrlich*", "*ehrenwert*", "*unehrlich*", e assim por diante. Além disso, você teria descoberto que as palavras em alemão tinham as mesmas licenças de inferência anexadas a elas que as palavras em inglês. Se você fosse *ehrlich*, provavelmente receberia uma condecoração, se fosse *unehrlich*, provavelmente você iria para um campo de concentração. Até aqui, tudo bem. Mas então você pode ter visto um homem SA (ou muitos deles) espancando um judeu e você poderia ter dito: "*Das ist verbrecherisch*". Seu professor teria dito: "*Durchaus nicht verbrecherisch. Eine ehrenwerte Tat*". E o que você poderia dizer então? Você poderia aceitar a correção da mesma forma que nos Estados Unidos você aceita a correção "Não os chamamos de '*suspenders*' e sim de '*braces*' ('suspensórios'), e o que vocês chamam de '*suspenders*', chamamos de '*garters*' ('ligas')."

---

20 WITTGENSTEIN, *Lectures and Conversations*, 1.

Mas se o tivesse feito, seus amigos não teriam dito: "Você aprendeu alemão muito bem." Eles teriam dito: "Você é um mentiroso e um hipócrita. Você sabe que é perverso se comportar assim, mas está dizendo que é louvável. Você está fingindo para evitar problemas"[21].

Em suma, o professor de alemão não está corrigindo a compreensão de seu aluno do que *ehrenwert* significa, nem sua percepção do evento que ambos testemunharam. Em vez disso, o professor simplesmente considera algo louvável (*ehrenwert*) enquanto seu aluno o considera criminoso. Eles discordam sobre os padrões. Mas o exemplo de Weldon é bizarro, entre outras coisas, porque é manipulado pela própria linguagem em que ele o relata. Recebemos os fatos oficiais pelo relato de Weldon sobre o que os homens veem, em que os protagonistas são identificados e a natureza de suas ações, definida. O nazista teria chamado a ação de "espancamento" ou com o termo alemão equivalente? Somos informados de que as várias traduções que o aluno aprendeu estão realmente corretas, portanto, sabemos que o instrutor não pode estar corrigindo seu alemão.

Na vida real, em situações de tradução radical, é tão difícil traçar uma separação rígida entre padrões e significados, de um lado, e padrões e fatos, do outro, quanto é separar os significados dos fatos. Basta imaginar o exemplo de Weldon acontecendo com um antropólogo que visita alguma tribo primitiva, e imediatamente todos os aspectos da situação se tornam problemáticos. O antropólogo aprendeu as traduções corretamente? Talvez sua linguagem esteja mesmo sendo corrigida. O que exatamente ele viu? Talvez não tenha sido uma surra, mas uma punição oficial por um crime, ou uma cerimônia religiosa, ou um jogo. Os termos nativos que ele pensa significarem "criminoso" e "honrado" realmente querem dizer isso, ou são conceitos totalmente diferentes? E quais são os padrões de criminalidade e honorabilidade dos nativos; quais são os padrões deste nativo em particular?

Dificuldades semelhantes podem ocorrer sem qualquer problema de tradução radical; e, na prática, muitas situações ambíguas nunca são solucionadas. Considere-se este exemplo verdadeiro: uma adolescente imigrante alemã, nos Estados Unidos, se encontra sozinha com uma senhora de meia-idade, também imigrante alemã e conhecida dos pais da menina. Elas estão conversando educadamente quando a senhora diz, aparentemente com admiração: "Nossa, você é uma jovem tão '*self-conscious*' ('tímida')!" A garota para, um tanto perplexa. A senhora parecia estar elogiando, mas timidez dificilmente é uma virtude. Será que ela quis dizer

---

21 WELDON, T. D., *The Vocabulary of Politics*, Harmondsworth, Penguin, 1955, 42-43.

"*self-possessed*" ("tranquila") e se enganou em inglês? A menina sabe muito bem que tanto é tímida de um jeito embaraçoso, quanto madura e tranquila. Hesitante, porque parece estar pedindo um elogio (a mais?), a garota pergunta: "'*Self-conscious*' ('tímida')? A senhora por acaso não estaria querendo dizer 'tranquila' (*self-possessed/selbst-bewusst*), não é? Os dois são diferentes em inglês, a senhora sabe". Mas a senhora afirma com firmeza: "Oh, muito *self-conscious*." E a coisa fica por isso mesmo. Mais tarde, a menina consulta um dicionário e descobre que, de fato, a palavra alemã para confiante (*selbst-bewusst*) é um composto cujas partes, separadamente, seriam traduzidas como "de si" [*self*] e "consciente" [*conscious*], e que há uma palavra completamente diferente com o sentido de *self-conscious* (*selbst-befangen*). Assim, a menina conclui que seu diagnóstico provavelmente foi correto, mas ela nunca saberá com certeza. A senhora pode ter considerado a *self-consciousness* ("timidez") uma grande virtude a ser elogiada polidamente.

Ziff sugere que "existe, por assim dizer, um princípio de exegese empregado" pelos falantes de qualquer língua natural para lidar com declarações ambíguas, estranhas ou desviantes. "*Grosso modo*, o princípio é este: explicar o que é dito de tal forma que, com um mínimo de interpretação, faça sentido"[22]. Portanto, se é dito: "Olhe, um homem!", e alguém responde: "Não, é um espantalho", é provável que esteja corrigindo minha percepção dos fatos, não o uso da linguagem. Se eu disser: "Veja, uma enxada" ("*shovel*"), e a resposta for: "Não, é uma pá" ("*spade*"), o mais provável é que meu interlocutor esteja corrigindo as sutilezas do meu vocabulário. Se eu disser: "Nossa, que vergonha!", e alguém responder: "Não, é uma maravilha", as possibilidades parecem abrir-se; e está claro que é preciso considerar a hipótese de que aquilo que *eu* chamo de vergonhoso, *ele* chama de maravilhoso. Se eu chamo de pá o que você chama de enxada, ou se chamo de homem o que você chama de espantalho, um de nós ou ambos *certamente* ou interpretamos mal os fatos ou então estamos enganados sobre o significado de alguma palavra envolvida. Mas com termos como "vergonha", "maravilhosa" ou "justiça", tal implicação não é necessariamente correta; em vez disso, podemos divergir quanto aos padrões.

A ideia de que um conceito tal qual "justiça" implica padrões de juízo também pode ser expressa assim: quando alguém considera uma situação injusta, esperamos que seja capaz de nos dizer o que é injusto, o que há de injusto nela. Da mesma forma, se alguém considera a timidez uma virtude, esperamos que seja capaz de nos dizer de que modo seria uma virtude, o que nela haveria de virtuoso. Lembre-se

---

22 Ziff, *Semantic Analysis*, 132.

novamente do exemplo do antropólogo discordando de seu guia nativo sobre o evento que acabaram de testemunhar; como a discussão deles provavelmente prosseguirá, se houver tempo e boa vontade? O antropólogo começaria a fazer perguntas da melhor forma que pudesse, para descobrir exatamente o que (o nativo acha que) aconteceu, exatamente o que significam as palavras que julgava conhecer. E se continuar a parecer que a diferença diz respeito a padrões, então ele perguntará ao nativo: "*Por que* você considera que *isso* seja *honroso*?" E tudo então dependerá da explicação que o nativo possa oferecer, se ele consegue conectar o que diz com algo que o antropólogo possa reconhecer como um princípio de honra. Não será necessário que ele convença o antropólogo a concordar com seu juízo, apenas que ele lhe permita ver como alguém pode realizar tal juízo sobre honradez.

Algo parecido acontece, mesmo não havendo problemas de tradução. Suponha-se que se passou a tarde com um amigo, trabalhando na biblioteca, e no caminho de volta para casa, ele diz: "Isso foi muito injusto." E você pergunta, "O quê?", ao que ele responde: "A tarde na biblioteca. Ela foi tão injusta." Ao que você indaga o que ele quis dizer, e talvez ele diga: "Bem, existem tantos livros lá." E você argumenta, "E aí?", ao que ele responde: "Eles são todos de cores diferentes." "Mas por que isso é *injusto*?" você insiste. A conversa pode continuar indefinidamente pelo tempo em que houver paciência de ambos; mas, a não ser que, cedo ou tarde, ele seja capaz de conectar algo sobre a tarde na biblioteca com uma coisa qualquer que você considere ao menos relevante no que diz respeito à justiça, você não saberá o que concluir a respeito. Não será o caso, por exemplo, de concluir que se trata de padrões de justiça distintos dos seus; não é qualquer padrão que pode ser considerado um padrão de *justiça*.

Nossos conceitos fazem parte de um sistema conceitual mais ou menos coerente e inter-relacionado, de modo que, para reconhecermos uma situação como exemplo de justiça, por exemplo, ela deverá estar relacionada de forma adequada às pessoas, à justiça ou a castigos ou recompensas, enfim, a outros conceitos gramaticalmente relacionados à justiça. Desse modo, a explicação e a justificativa de nossos juízos, por exemplo, em domínios como a ética, a estética ou a política, são muito semelhantes à explicação e à justificativa do significado quando falamos; se relacionam com a maneira como mostramos o que queremos dizer, com a maneira como aprendemos novos significados ao aprender a linguagem e com a maneira como os significados das palavras são gradualmente estendidos na própria linguagem. Em todos esses casos, trata-se de fazer, encontrar ou mostrar conexões, construir pontes, "mostrar *como* A é (ou poderia ser considerado) B". Em todos esses casos, nem sempre *qualquer* explicação ou justificativa será aceitável. E, em todos esses casos, isso significa também que nem sempre qualquer tentativa de fazer conexões funcionará de fato com a pessoa em particular a que se dirige, ou será causal e psicologicamente adequada para persuadi-la; e nem sempre qualquer coisa que você diga será, em geral e objetivamente, uma explicação, uma justificativa, ou uma conexão.

Wittgenstein diz que dar uma razão, uma explicação, uma justificação é como traçar um caminho até o ponto onde se está. "Dar a razão pela qual algo foi feito ou dito significa mostrar um *caminho* que leva a essa ação. Em alguns casos, significa dizer o caminho que se percorreu; em outros, significa descrever um caminho que conduz até ali e está de acordo com certas regras aceitas."[23] Portanto, explicar o que você quis dizer com o que você fez ou disse, quando questionado sobre isso, significa mostrar caminhos que vão de suas palavras a outras palavras na língua. Podem ser caminhos que você mesmo percorreu antes ou enquanto falava, mas também podem ser caminhos que você não usou, embora pudesse tê-lo feito. Assim, a questão: "Por quais razões você crê nisto?" poderia significar: "Por que motivos você deduz isto (deduziu isto agora)?" Mas também: "Que fundamentos você pode me indicar, posteriormente, para essa suposição?"[24]

FORMA E SUBSTÂNCIA

Sócrates e Trasímaco, nesse sentido, de fato nos apresentam mais um caso de disputa baseada na extrapolação de diferentes aspectos da gramática de uma palavra. Mas o caso é diferente de qualquer outro examinado anteriormente. Em vez de dizer que ambos os protagonistas têm razão ao partir de uma verdade gramatical, mas se equivocam ao extrapolar dela para o infinito, ignorando outras verdades gramaticais inconsistentes com sua extrapolação, somos obrigados a observar algo mais complexo. Sócrates não só está certo a respeito de parte do significado de "justiça"; ele está inteiramente certo sobre todo o seu significado. *No entanto*, Trasímaco pode estar certo sobre a justiça em alguma sociedade específica, e isso seria um *insight* ("uma percepção") importante sobre essa sociedade. Estamos, de fato, em uma região diferente da linguagem aqui, onde a gramática "nos prega peças novas". Se

---

23 WITTGENSTEIN, *Blue and Brown Books*, 14; comparar com p. 145; *Investigações filosóficas*, §§ 525, 536-537, 539, e p. 196-197; e *Zettel*, trad. ing. de G. E. M. Anscombe, ANSCOMBE, G. E. M.; VAN WRIGHT, G. H. (eds.), Berkeley; Los Angeles, University of California Press, 1967. Trad. port.: *Fichas* (Zettel), de Ana Berhan da Costa, rev. Artur Morão, Lisboa, Edições 70, fev. 1989, § 506.

24 WITTGENSTEIN, *Investigações filosóficas*, § 479; comparar com *Lectures and Conversations*, 22.

em relação a um conceito como "raiva", a perplexidade conceitual diz respeito às ligações gramaticais entre as ocasiões, a expressão e o sentimento de raiva; se, no que diz respeito a um conceito como "conhecimento", a perplexidade conceitual diz respeito às ligações gramaticais entre as ocasiões de invocação e as de revogação do conceito, entre a garantia dada e as evidências disponíveis; com respeito a um conceito como "justiça", a perplexidade conceitual tem um tipo diferente de raiz gramatical.

O conceito de justiça compartilha, com muitos outros conceitos na região do agir humano e das instituições sociais, o que chamei, num outro texto, de tensão entre propósito e institucionalização, entre substância e forma[25]. Essa tensão é essencial para sua função na linguagem e é a fonte gramatical de certas perplexidades conceituais características a seu respeito. A tensão pode surgir por meio de qualquer uma de duas possíveis sequências históricas. Talvez os homens concebam algum ideal, objetivo ou propósito e desenvolvam uma instituição ou um conjunto de procedimentos para alcançar e perpetuar esse objetivo ao longo do tempo e nas atividades de muitos homens. Eles elaboram um conjunto de leis, instituem uma escola ou criam um novo tipo de agência. Mas as regras exigem interpretação, e as instituições tendem a desenvolver propósitos e direções próprios. Depois de um tempo, os homens podem se ver divididos entre seu compromisso com o propósito original e seu compromisso com as instituições que deveriam realizá-lo. Ou, inversamente, uma sociedade pode, gradualmente e sem qualquer intenção deliberada, desenvolver certas formas institucionalizadas ou rituais de proceder e, a partir delas, pode terminar abstraindo regras, princípios ou ideais. A princípio, essas regras ou ideais podem ser meramente abstrações que explicitam como a instituição funciona, mas, depois de um tempo, tornam-se padrões críticos de acordo com os quais a instituição pode ser avaliada e reformada. Novamente, o resultado é uma tensão entre a "substância ideal" e a "forma prática" na qual ela é incorporada. Essa tensão, seja qual for o padrão de sua origem, muitas vezes é incorporada e refletida nos conceitos associados à prática ou à instituição em questão.

O primeiro tipo de sequência causal e sua tensão associada podem ser vistos, por exemplo, em uma ideia e prática como a da punição[26]. A punição é filosoficamente

---

25 Ver o meu *The Concept of Representation*, Berkeley; Los Angeles, University of California Press, 1967, 235-240; e TUSSMAN, Joseph, *Obligation and the Body Politic*, New York, Oxford University Press, 1960, 86.

26 Comparar com RAWLS, John, Two Concepts of Rules, *Philosophical Review*, LXIV, jan. (1955) 3-32; MABBOTT, J. B., Punishment, *Mind*, XLVIII, 1939, 152-167; QUINTON, Anthony, On Punishment, in: LASLETT, Peter (ed.), *Philosophy, Politics and Society*, New York, Macmillan, 1956.

problemática da mesma forma que a justiça. Por um lado, punição significa (*grosso modo*) dano causado a alguém em retribuição, porque alguém violou uma lei ou violou uma norma. Isso é o que significa "punição", sua definição socrática. E por essa definição é impossível – gramaticalmente impossível – punir um homem a menos que ele seja de fato culpado, que tenha violado a norma. Mas também desenvolvemos instituições específicas para punição pública, e também fórmulas e práticas específicas para punir, digamos, nossos filhos; e passamos a chamar o funcionamento dessas instituições e práticas de "punição". Tais instituições e práticas, porém, às vezes infligem dano ao inocente; e, em tais casos, faz todo o sentido dizer "eles puniram um homem inocente". De fato, em alguns contextos, o termo passou a ser quase sinônimo de dano infligido, independentemente de qualquer culpa, como quando dizemos que um jogador de futebol pode receber, ou realmente sofreu, "*a lot of punishment*" ["muitas punições"][27]. (Da mesma forma, como aponta Austin, o termo *deliberately* [lit., "deliberadamente"], que em sua origem significava "por ou após deliberação", com frequência passou a significar [em inglês] apenas a forma externa correspondente: "lentamente e sem pressa, *como se* por deliberação").[28]

O segundo tipo de sequência causal e sua tensão associada são belamente ilustrados pelo estudo de Piaget sobre o desenvolvimento das ideias de equidade ou justiça, e de regras, entre as crianças[29]. Piaget sustenta que a concepção de equidade ou justiça de uma criança se desenvolve, em grande parte, de suas relações com seus pares, como uma pessoa entre iguais; e para estudar o desenvolvimento de tal concepção, Piaget examina a maneira como os meninos suíços jogam e aprendem o jogo de bolinhas de gude. Eles normalmente aprendem o jogo com outras crianças, não com os adultos, e o jogam com outras crianças. E no decorrer do aprendizado do jogo em si – as regras particulares, habilidades motoras e dispositivos estratégicos necessários –, as crianças também aprendem, desenvolvem ideias sobre o que é um jogo, o que é uma regra, de onde vêm as regras, que as regras podem, mas não devem ser quebradas, quando e como elas podem ser alteradas. Ao mesmo tempo, o estudo de Piaget mostra que as crianças também adquirem alguns conceitos pelos quais são eventualmente capazes de julgar as próprias regras e eventuais propostas

---

27 Nessa passagem "*a lot of punishment*" ["muitas punições"] é uma expressão que aparece no contexto do esporte; a expressão significa que o jogador sofreu fisicamente – por exemplo, levando faltas agressivas. (N. dos T.)

28 Austin, J. L., *Philosophical Papers*, Oxford, Clarendon Press, 1961, 147.

29 Piaget, Jean, *The Moral Judgment of the Child*, trad. ing. de Marjorie Gabain, New York, Collier Books, 1962.

de inovações. Essas noções incluem a ideia de justiça ou equidade, e a ideia do que Piaget chama de "o espírito do jogo"[30]. Este último, presumivelmente, governaria apenas regras e inovações no jogo de bolinhas de gude (ou em outros jogos com o mesmo "espírito"); o primeiro se aplicaria a qualquer jogo entre pares e, provavelmente, em muitas outras áreas da vida também.

Pode-se supor que um conceito de espírito do jogo ou de justiça aprendido apenas com base no jogo de bolas de gude, e no momento em que ele é jogado, seria necessariamente conservador no que diz respeito às regras desse jogo. Pode-se supor que essas regras e modos de jogo específicos a partir dos quais se aprende a "justiça" definirão o que é justiça. (O significado e o conteúdo da "justiça" em qualquer sociedade sempre estarão de acordo com as instituições nas quais essa sociedade em particular incorpora a justiça.) Mas Piaget mostra que isso não é verdade. As crianças são capazes de inovar e aceitar inovações, às vezes achando as novas formas de jogar mais justas ou mais de acordo com o espírito do jogo do que as antigas. O fato de isso ser possível parecerá intrigante apenas se pensarmos nas palavras como nomes. Pois, então, parecerá estranho que uma criança que aprendeu a chamar todos os membros de uma determinada família de "Smith" um dia, de alguma forma, decida que um deles não é realmente um Smith, ou que algum recém-chegado é mais parecido com um Smith do que eles. Mas um termo como "imparcialidade" ou "justiça" participa de jogos de linguagem muito mais complexos do que o mero ato de rotular e é aprendido com todos eles. Com base em todo o contexto de seu uso, suas relações verbais e mundanas, uma criança pode aprender não apenas quais as coisas que são consideradas justas pelos falantes que usam a palavra, mas também o que eles estão *dizendo* sobre essas coisas ao chamá-las de "justas". E essa mensagem – o significado de justiça – pode então ser indicada a respeito de outros fenômenos, ou mesmo negada em relação aos fenômenos em conexão com os quais a palavra foi aprendida pela primeira vez. De maneira mais geral, embora aprendamos o significado de termos como "justiça" e adquiramos alguns padrões sobre o que é justiça em conexão com as instituições e práticas existentes, podemos usá-los para criticar e mudar essas instituições e práticas, e muitas vezes o fazemos de fato.

Assim, realmente podem surgir tensões entre propósito, substância e significado, de um lado, e institucionalização, forma e prática convencionalizada, de outro. Esse tipo de tensão pode surgir apenas em relação a conceitos em que o significado esteja vinculado à aplicação por meio de padrões; não pode surgir em relação ao

---

[30] Ibid., 42, 65-76, 98. As próprias descobertas de Piaget, portanto, lançam dúvidas sobre sua afirmação categórica (p. 71) de que "apenas o procedimento é obrigatório" entre as crianças mais velhas.

conceito de "verde", mas também não em relação a um conceito como "delicioso". Eu sugeriria que ela surge com respeito aos conceitos de ação e às instituições sociais, porque uma característica importante da função de tais conceitos em nossa linguagem e em nossas vidas depende da dualidade entre propósito e institucionalização. Se nossos propósitos e ideais não pudessem ser institucionalizados, ensinados, colocados em prática de forma regularizada, eles permaneceriam vazios e ociosos, bênçãos misteriosas que, ocasional e inexplicavelmente, aparecem entre nós, mas que não temos poder de produzir ou prolongar. Portanto, sua incorporação à prática social ou à ação individual é verdadeiramente sua realização, de fato merece (quase) a mesma adesão que o propósito inicial ou ideal, e com razão é designada pelo mesmo nome. No entanto, as ações ficam aquém da intenção, e a prática institucional desenvolve um *momentum* próprio. Precisamos, sempre, manter nossos conceitos parcialmente distanciados das práticas e instituições em que são (supostamente) realizados, para continuarmos a poder criticar, renovar e revisar[31].

Trasímaco e Sócrates debateram em uma época em que, como na nossa, uma disparidade considerável se desenvolveu entre os significados de conceitos como justiça e os padrões pelos quais as pessoas julgavam a justiça, as formas institucionais e as práticas às quais ela deveria estar incorporada. É assim que Sócrates e Trasímaco estão "fora" das convenções aceitas de sua gramática. Cada um escolheu um ramo diferente da bifurcação. Ambos concordam que o termo "justiça" é uma farsa quando usado em conexão com os padrões e as instituições contemporâneos. Mas Sócrates opta pelo significado do termo, contra esses padrões e instituições; enquanto Trasímaco opta pela *Realpolitik* dessas instituições, contra o significado tradicional do termo. Cada posição tem seus perigos concomitantes: hipocrisia e ineficácia em uma, imoralidade e um tipo diferente de ineficácia em outra.

Dissemos que Trasímaco pode estar certo sobre alguma sociedade específica, em que os padrões do que é justo e injusto se tornaram suficientemente corrompidos, ou a percepção social suficientemente distorcida. Mas o próprio Trasímaco propôs sua tese não sobre alguma sociedade corrompida em particular, mas sobre toda a sociedade humana. E se ele estiver com a razão, então o que dissemos sobre

---

[31] Albert Ehrenzweig, contudo, afirma que não se deve dizer que a forma sem substância, a lei positiva sem lei natural, "é puramente arbitrária", enquanto a substância sem forma, a lei natural sem lei positiva, "é ineficaz". Essa formulação, ele argumenta, obscurece a verdade de que a lei positiva e natural, e, correspondentemente a forma e a substância, "não são apenas suplementares, mas idênticas", porque a lei é intencional, semiperformativa, ou, como ele afirma, "direcionada para a justiça": Psychoanalytic Jurisprudence. A Common Language for Babylon, *Columbia Law Review*, v. 65, n. 2 (1965) 1336, 1342. Agradeço ao professor Walter Weyrauch por chamar a minha atenção para este artigo.

forma e substância, sobre usar o conceito de justiça para criticar a prática existente, é um absurdo. Se ele estiver com a razão, então o fato de Sócrates estar certo sobre o significado de "justiça" não faz qualquer diferença para o argumento de Trasímaco; pois, então, esse significado e as funções de sinalização da palavra são uma fraude colossal, uma ilusão socialmente compartilhada e perpetuada. O que é, de fato, o que Trasímaco pensava.

Mas precisamos olhar mais de perto para essa suposta possibilidade, essa aparente generalização sociológica de Trasímaco. Ela possui todas as características de uma típica "percepção" conceitual, uma extrapolação para o infinito como a "percepção" de que "tudo é fluxo", porque nada permanece absolutamente fixo ou permanente. Essas teses, como vimos, não são falsas; não podemos realmente negar as possibilidades que eles alegam. Nem são absurdas. No entanto, elas também não fazem sentido por completo. Elas precisam ser tratadas com questões wittgensteinianas que gradualmente devolvem os conceitos relevantes à sua terra natal, onde seu sentido é totalmente claro. Assim, perguntamos quando conceitos tais quais "fluxo", "mudança", "permanência", "fixidez" são usados; e constatamos que eles são totalmente significativos apenas em contrastes mútuos particulares.

O mesmo ocorre com Trasímaco, embora o medo ou desejo filosófico característico em relação ao que está oculto seja diferente aqui. Aqui, o problema não está em nossa relação com a realidade física – a possibilidade, sempre presente, de que estejamos enganados ou que os homens estejam mentindo; aqui, o perigo ou a esperança característicos não são mentiras, mas hipocrisia ou tendenciosidade – a possibilidade de que os homens sejam incapazes de juízo objetivo. Essa diferença em questões filosóficas, me parece, nos diz algumas coisas importantes sobre as funções gramaticais da palavra "justiça" e sobre o modo como ela difere de palavras tais quais "conhecimento" ou "ver". Mas ainda cabe perguntar como é possível para Trasímaco, ou para quem segue seu argumento, ficar totalmente fora de todas as sociedades e culturas humanas e não ser enganado por sua ilusão? Se todas as sociedades humanas, em todos os tempos, corromperam ou distorceram padrões sobre o que é justo, padrões que servem apenas aos interesses da elite governante, como Trasímaco seria capaz de determinar esse fato? Com quais padrões ele julga ou mede esses outros padrões sociais como tendenciosos? O que pode significar o termo "tendencioso" na ausência de quaisquer padrões pelos quais a tendenciosidade deve ser medida, se não for o contraste com o que é correto ou justo? A resposta parece ser que o próprio Trasímaco implicitamente faz referência ao significado socrático de "justiça" e que seus padrões para detectar preconceitos são aprendidos pelas *afirmações* de seus concidadãos ao julgar algo justo ou injusto. Exatamente da mesma forma, Marx tinha uma ideia clara e totalmente articulada da verdadeira justiça, pela qual julgava as instituições de sua própria sociedade e as considerava terrivelmente deficientes[32]. Se perguntássemos como ele teve essa ideia em uma sociedade tão corrupta, a resposta poderia ser que ele aprendeu com o significado das palavras, não apenas com sua referência aparente.

A questão é que um conceito como "justiça" inclui, em todos nós, tanto forma quanto substância, tanto práticas sociais tradicionais convencionalizadas quanto uma ideia que é um ideal com base no qual elas são avaliadas. Essa ideia e esse ideal não são simples produtos, ou cativos, dos exemplos pelos quais são ensinados, pois não são meros nomes e não são ensinados unicamente por exemplos. Sempre somos potencialmente capazes de arrancar a ideia de algum exemplo particular e reavaliar sua aplicabilidade. Essa, me parece, é uma função crucial do discurso político em nossas vidas. Trata-se, é claro, de um trabalho para toda a vida, que nunca estará terminado. É possível que Trasímaco esteja muitíssimo certo a respeito de determinadas sociedades em determinadas épocas; é incrível como podemos ser cegos para os fatos sociais ao nosso redor, o quanto estamos habituados às formas tradicionais ou aceitas de pensar, como relutamos em pensar criticamente por conta própria, porque o pensamento crítico, uma vez iniciado, provavelmente exigirá de nós ações de reparação. Mas a possibilidade de pensamento crítico e de ação de reparação está sempre presente e é mantida viva precisamente pelo significado de conceitos como "justiça", o significado "ideal" que Sócrates insiste em preservar. Em uma sociedade onde os padrões de justiça se tornaram corrompidos ou tendenciosos, sem relação com o significado de "justiça", exceto pela força do hábito e da inércia, Trasímaco está certo ao se recusar a aceitar as palavras de modo acrítico, certo em desafiar a hipocrisia do discurso corrupto. Mas Sócrates está certo em se recusar a aceitar, em insistir em desafiar ações corruptas e vidas corrompidas. O tipo de distanciamento de Trasímaco em relação à hipocrisia convencional pode ajudar a restaurar a saúde e a coerência interna. Mas isso só pode ser feito em combinação com a definição socrática e seu tipo de distanciamento dos padrões corrompidos. Se todas as sociedades são, necessária e igualmente, corruptas, se a ideia de justiça é uma farsa, então a reforma, a revolta ou a manutenção do *status quo* são igualmente inúteis.

---

32 Comparar com Dahrendorf, Ralf, *Marx in Perspektive*, Hanover, J. H. W. Dietz, 1953.

Claramente, não alcançamos uma compreensão satisfatória da natureza da disputa de Sócrates com Trasímaco, de outras disputas lançadas no mesmo formato, nem do conceito de justiça e de outros da mesma natureza. Mas, talvez, algum progresso tenha sido feito. Eliminamos algumas das abordagens equivocadas mais tentadoras e tentamos algumas que parecem mais promissoras. Ainda precisamos de uma explicação bem mais clara do modo como o tipo de "descoberta" de Trasímaco difere, por um lado, das descobertas da ciência ("A estrela da tarde é realmente o planeta Vênus") e, por outro lado, das "percepções" puramente conceituais discutidas anteriormente ("Falando estritamente, nunca podemos realmente saber o que outra pessoa está sentindo"). Temos falado repetidamente sobre padrões, tendenciosidade e justificativas em relação à justiça; mas essas formas de falar vão diametralmente contra as suposições contemporâneas convencionais sobre juízos "normativos" ou de "valor". Elas exigem uma prestação de contas, e uma tentativa nesse sentido será feita na discussão sobre o juízo. Fizemos algum progresso sobre os tópicos da ação humana e das instituições, e sua complementaridade característica de descrição e regra, de forma e substância. Este tópico também será recorrente na discussão sobre o juízo, mas precisa de uma exploração muito mais completa. Tanto isso quanto toda a questão da tensão entre a perspectiva interna e externa também surgirão novamente quando nos voltarmos para as ciências sociais. Mas, antes de mais nada, teremos que abordar um tópico aparentemente bem distinto: a natureza da associação e da política.

IX ASSOCIAÇÃO, O SOCIAL E O POLÍTICO

Uma dentre as principais preocupações da teoria política e das ciências sociais sempre foi o problema da associação: todo aquele conjunto de questões e dificuldades relacionadas com a forma como o indivíduo faz parte de uma coletividade maior, ou como devemos pensar sobre a relação mútua entre individual e coletivo. Esses problemas incluem preocupações comuns das ciências sociais tais quais a natureza da cultura, como um indivíduo é moldado de modo a se tornar membro de uma determinada sociedade, como a criatividade e a mudança ocorrem, como a personalidade e a cultura interagem, os papéis da escolha e da causalidade na mudança histórica, e assim por diante. Incluem também preocupações caras à teoria política, como a relação entre o público e o privado, o problema da obrigação política, a natureza da cidadania e da autoridade. Além disso, tanto os cientistas sociais quanto os teóricos políticos têm se ocupado em distinguir entre diferentes tipos de associação; por exemplo, o que distingue os fenômenos políticos de outros aspectos da vida coletiva humana, se a associação política é distinta, quais fenômenos são políticos, se todos os povos têm instituições políticas.

A essas questões, vamos tentar aplicar uma perspectiva wittgensteiniana neste capítulo. Mas se descobrirá que Wittgenstein e a filosofia da linguagem ordinária permitem mais de uma abordagem aqui; não será suficiente seguir a primeira pista que vier à mente, mas será necessário, como sempre, investigar. Talvez a abordagem mais óbvia seja uma simples exploração do fenômeno da própria linguagem, como um modelo de associação. Tal abordagem não é, decerto, extraída exclusivamente de Wittgenstein, mas sim do interesse contemporâneo geral pela linguagem. Concluiremos que é uma boa fonte de sugestões, mas que é particularmente enganosa em termos da política. Portanto, vamos complementá-la com uma investigação do discurso político, modelada em nossa discussão anterior sobre o discurso moral; e com um exame do político em si.

A explicação da visão wittgensteiniana da linguagem feita anteriormente buscou manter em equilíbrio dois temas aparentemente conflitantes sobre a relação de um falante individual e sua língua, ou seu grupo linguístico. Por um lado, Wittgenstein parece enfatizar temas nominalísticos, individualistas e até relativistas: cada criança aprende e interpreta regularidades da linguagem por si mesma; qualquer regra ou princípio precisa ser interpretado; as palavras devem ser sempre capazes de se projetar em contextos novos e inesperados; os conceitos são fragmentados e muitas vezes sua gramática tem implicações incoerentes; e uma vez que o que está "no mundo" depende muito de nossos conceitos, o próprio mundo compartilha dessas qualidades. No entanto, por outro lado, Wittgenstein e Austin também enfatizam que há erros no uso da linguagem; que as palavras têm significados que podem ser consultados em um bom dicionário; que não é qualquer nova projeção de um conceito que será aceitável; que não é qualquer desculpa que será apropriada; que não podemos dizer qualquer coisa a qualquer momento e em qualquer contexto; que não depende apenas de cada indivíduo o que suas palavras significam; e que, em um sentido significativo, todos vivemos no mesmo mundo contínuo e objetivo, e nossa atividade real nesse mundo é o que fundamenta e molda nossos conceitos.

Esta difícil perspectiva dupla, eu diria, é a tentativa de Wittgenstein de fazer justiça às realidades manifestas de como são os seres humanos e a nossa linguagem. Uma língua natural é obviamente um produto social. Ela existe antes de qualquer falante individual específico nascer; ele é iniciado nela; as mudanças que ele faz durante sua vida são provavelmente infinitesimais; e ela permanece após sua morte. Claramente, ele é o produto de sua língua muito mais completamente do que ela é um produto dele. Um bebê que cresce na França torna-se um falante de francês; alguém que é criado no Japão torna-se um falante de japonês; nossa língua nativa não é uma questão de escolha, mas é absorvida da nossa sociedade. A sociedade molda o locutor individual conforme sua própria imagem. Aprende-se a língua nativa com uniformidade suficiente para que se possa falar para e ser compreendido pelos outros falantes dessa língua, de modo que faz sentido dizer que existe uma língua chamada inglês e outra chamada japonês. E essas línguas podem ser descritas como entidades objetivas, à parte de qualquer falante individual delas; é possível escrever dicionários e gramáticas. Além disso, quando as línguas mudam, o que, de fato, acontece, essa mudança ocorre de maneiras sistemáticas e padronizadas, cujos princípios podem ser estudados e descritos. Assim, a língua é uma unidade padronizada maior do que qualquer um dos indivíduos que dela participam e independente de qualquer um deles.

Ao mesmo tempo, nossa linguagem é uma das mais íntimas e significativas características constitutivas importantes de quem somos. Não apenas falamos nessa língua, mas também pensamos nela. Suas categorias são o que cada um de nós tem à disposição para conceituar e compreender o mundo; sua estrutura é a base de todos os nossos pensamentos, salvo os mais básicos e inexprimíveis. O que podemos dizer e pensar é em grande parte determinado pela língua que temos disponível. Se formos americanos, podemos pensar em termos de *fairness* ["justiça", "equanimidade"], coisa que um alemão não pode fazer e não podemos pensar em termos de *Gemütlichkeit* [aconchego]. Tornamo-nos as pessoas específicas que nos tornamos à medida que crescemos por causa da comunidade linguística na qual fomos criados. O mesmo se aplica, é claro, à maioria dos padrões culturais; tornamo-nos uma pessoa, com certa linguagem, modos à mesa, porte, estilo de humor, gosto pela comida, e assim por diante indefinidamente, tudo por sermos moldados por uma cultura em vez de outra. A cultura, como a língua que a veicula, é primeiro imposta (ou pelo menos oferecida) ao indivíduo de fora, mas eventualmente se torna uma parte de seu próprio *self*. Normalmente, não experimentamos as categorias de nossa língua como restrições à nossa capacidade de pensar ou de nos expressar; pelo contrário, elas constituem os próprios meios que nos permitem pensar de forma concatenada e nos expressar.

Uma percepção que o modelo de associação de idioma sugere, então, é que nossas distinções habituais entre indivíduo e sociedade, entre o *self* e algum todo maior ao qual ele pertence, não são dicotomias fixas e mutuamente exclusivas. Em vez disso, elas dizem respeito a diferentes aspectos de diferentes perspectivas de uma única realidade. A sociedade não está apenas "fora" do indivíduo, confrontando-o, mas também dentro dele, parte de quem ele é. Todos os indivíduos em seus relacionamentos, inclusive relacionamentos com o passado, constituem a sociedade. Quem um indivíduo é, ao mesmo tempo o distingue de todos os outros e o relaciona com eles. E a língua exemplifica essa dualidade e é seu instrumento. Como observa Arendt,

> [a pluralidade humana] tem o duplo aspecto de igualdade e diferença. Se não fossem iguais, os homens seriam incapazes de compreender-se entre si e aos seus ancestrais, ou de fazer planos para o futuro e prever as necessidades das gerações vindouras. Se não fossem diferentes, se cada ser humano não diferisse de todos os

que existiram, existem, ou virão a existir, os homens não precisariam do discurso ou da ação para se fazerem entender[1].

Em termos wittgensteinianos, pode-se dizer que "indivíduo", "sociedade", "cultura", "estado" são, antes de tudo, conceitos; são palavras da nossa linguagem. Isso não significa reduzir a sociedade real a um mero conceito, do mesmo modo que não significa reduzir o indivíduo real a um mero conceito. Os indivíduos são reais e a sociedade também, mas não são entidades separadas do mesmo tipo, e ambos dependem de nossa conceituação. É tentador supor que a sociedade seja um mero conceito, enquanto os indivíduos são, de fato, reais porque os indivíduos têm corpos físicos tangíveis e visíveis. Mas uma reflexão mais profunda facilmente revela que nosso conceito de pessoa individual não é de forma alguma equivalente ao de seu corpo físico; muito pelo contrário, é tão complexo, tão abstrato, tão *conceitual* quanto nossos conceitos de sociedade ou cultura. O que um indivíduo é depende tanto da gramática do "individual" quanto o que uma sociedade é depende da gramática da "sociedade". Uma vez que esse fato tenha penetrado em nossos hábitos de pensamento, novas maneiras de investigar velhas questões sobre indivíduos e totalidades sociais tornam-se acessíveis.

Consideremos, mais especificamente, como a língua muda com o tempo. Afinal, as línguas não permanecem fixas; elas estão em constante e gradual mudança. E essa mudança não é o crescimento autônomo de um organismo vivo, a língua, independente dos seres humanos individuais que a falam. A mudança linguística simplesmente reflete as mudanças sistemáticas e generalizadas na maneira como os indivíduos falam. A língua consiste nos padrões de fala de muitos indivíduos ao longo do tempo, e cada um desses indivíduos fala como lhe agrada. Ninguém o obriga a adotar os padrões de linguagem existentes, a inová-los ou modificá-los. O que muda acontece de forma livre e natural na fala dos indivíduos. No entanto, essas mudanças não são aleatórias; são sistemáticas e seguem numa direção; e elas estão de acordo com padrões já observáveis na linguagem. Whorf observou que é quase

> como se a mente individual, que seleciona palavras, mas de modo geral não tem consciência de um padrão mais geral, estivesse nas garras de uma mente superior,

---

1 ARENDT, Hannah, *The Human Condition*, Garden City, Doubleday, 1958, 155-156. Trad. bras.: *A condição humana*, de Roberto Raposo, posfácio de Celso Lafer, Rio de Janeiro, Forense Universitária, [10]2005, 188.

muito mais intelectual, que quase nada entende a respeito de casas, camas e chaleiras, mas que pode sistematizar e matematizar numa escala e num âmbito que nenhum matemático jamais atingiu, nem sequer chegou perto de atingir².

O que acontece, claramente, é que as milhares de pequenas mudanças aleatórias feitas uma ou várias vezes por indivíduos tornam-se mudanças *na* linguagem apenas se ocorrerem em larga escala, ou se forem amplamente adotadas por muitos indivíduos. E isso só acontecerá se preencherem uma necessidade, estiverem de acordo com padrões já amplamente compartilhados. Por exemplo, uma das "leis" mais conhecidas da mudança linguística é a tendência a assimilar formas irregulares de expressão às regularidades encontradas em outros domínios de uma língua – ao conjugar verbos irregulares como regulares, por exemplo. Frequentemente, inúmeras regularidades linguísticas diferentes implicam mudanças específicas – reforçando-se mutuamente ou, por vezes, entrando em conflito uma com a outra. Assim, Sapir lista quatro "razões" distintas desse tipo para a tendência crescente entre os falantes de inglês a dizer "*Who did you see?*" em vez de "*Whom did you see?*" ["A quem você viu?"]³. A pressão para se conformar aos padrões existentes, para assimilar casos desviantes, aparentemente está em ação em todos nós; à medida que ela produz uma ou outra mudança específica em muitos falantes, a língua vai mudando.

Há uma tentação em falar de uma espécie de "seleção natural" entre as mudanças nos padrões de fala individuais: apenas os compartilhados sobrevivem. As variações e inovações específicas que os indivíduos introduzem na língua, observa Sapir, "são fenômenos aleatórios, como as ondas do mar, movendo-se para a frente e para trás em um fluxo não proposital". Mas a linguagem como um todo muda sistematicamente; tem uma "deriva" e esse movimento tem

> direção. Em outras palavras, apenas as variações individuais que se encaminham numa determinada direção contribuem para essa deriva, assim como apenas certos movimentos das ondas na baía delineiam a maré. A deriva de uma linguagem é

---

2 WHORF, Benjamin Lee, *Language, Thought, and Reality*, John B. Carroll (ed.), Cambridge, M.I.T. Press, 1967, 257; comparar com SAPIR, *Language*, New York, Harcourt, Brace & World, 1949, 150: "A linguagem não é apenas algo que se espalha no espaço, por assim dizer – uma série de reflexos nas mentes individuais de uma mesma imagem atemporal. A linguagem avança no tempo em uma correnteza de sua própria criação. Possui uma tendência."

3 SAPIR, op. cit., 156-157.

constituída pela seleção inconsciente por parte de seus falantes daquelas variações individuais que cumulativamente apontam para alguma direção específica[4].

Assim, a mudança linguística parece nos apresentar um modelo esclarecedor, talvez até sedutor, de como a escolha individual e a inovação podem ser combinadas com as leis causais necessárias ao nível social, de como a liberdade individual pode ser compatível com a associação. "No ato de fala", como observou Merleau-Ponty,

> o sujeito, no seu tom e no seu estilo, dá testemunho da sua autonomia, visto que nada lhe é mais próprio, e no entanto, ao mesmo tempo, e sem nenhuma contradição, ele está voltado para a comunidade linguística e depende da sua língua. A vontade de falar é a mesma que a vontade de ser compreendido. A presença do indivíduo na instituição e da instituição no indivíduo é evidente no caso da mudança linguística. Muitas vezes, é o desgaste de uma forma que nos sugere uma nova forma de utilizar os meios de discernir que se apresentam na língua num determinado momento. A necessidade constante de comunicação leva-nos a inventar e aceitar um novo uso que não é deliberado e, no entanto, é sistemático[5].

Agora vejamos, por exemplo, como esse tipo de explicação da mudança linguística se assemelha às tentativas de Marx, e particularmente de Engels, e as ilumina de explicar como a escolha individual resulta em mudanças sociais históricas padronizadas. Arendt observa que, como todos os historiadores e teóricos sociais que escreveram desde a Revolução Francesa, Marx e Engels "enfrentaram o duplo enigma" de que a história humana é o produto de ações individuais, de "muitas vontades operando em direções diferentes", como disse Engels, e que, ao mesmo tempo, "a soma das ações registradas que chamamos de história parece fazer sentido"[6]. Engels não está apenas ciente da escolha individual, mas a considera crucial para a distinção entre história humana e eventos de natureza inanimada; no entanto, o padrão existe e as leis causais parecem evidentes. Ele diz que na história humana

> os atores são todos dotados de consciência, são homens agindo por deliberação ou paixão, trabalhando em direção a objetivos definidos; nada acontece sem um propósito consciente, sem um objetivo pretendido. Mas esta distinção, por mais

---

4 Ibid., 155.
5 MERLEAU-PONTY, Maurice, *In Praise of Philosophy*, trad. ing. de John Wild, James M. Edie, Evanston, Northwestern University Press, 1963, 54-55.
6 ARENDT, Hannah, Religion and Politics, *Confluence*, II, set. (1953) 115.

importante que seja para a investigação histórica, [...] não pode alterar o fato de que o curso da história é governado por leis gerais internas⁷.

Quando ele tenta deixar claro como essa dualidade é possível, Engels apresenta os mesmos tipos de argumentos que os linguistas articulam sobre inovação e mudança linguísticas. Primeiro, embora a mudança resulte da escolha e da ação individual, as forças que movem os homens a escolher e agir podem ser amplamente uniformes, de modo que muitas escolhas separadas e semelhantes sejam feitas mais ou menos ao mesmo tempo. Como na deriva da linguagem, assim também na história: o padrão geral de mudança é uniforme porque reflete a uniformidade nas "forças motrizes" por trás das motivações dos homens, as "causas históricas que se transformam em motivos nos cérebros dos atores"⁸. Em segundo lugar, embora as escolhas individuais possam ser aleatórias e com propósitos descoordenados, sua interação em determinadas circunstâncias pode, não obstante, produzir consequências não intencionais e padronizadas. Assim como na deriva da língua, assim também na história: algumas inovações firmam-se, espalham-se e tornam-se parte duradoura da língua porque as condições lhes são propícias. "É precisamente a resultante dessas muitas vontades que operam em diferentes direções e seus múltiplos efeitos sobre o mundo exterior que constitui a história."⁹

Ou consideremos o problema clássico examinado por um conjunto de importantes teóricos políticos: o contrato social. Embora cada teórico desenvolva uma linha de argumento distinta, o problema básico é sempre o mesmo: como criar ou compreender a unidade na multidão. Os teóricos do contrato social sempre presumem que os homens são, por natureza, indivíduos separados, autônomos e independentes, sem relacionamentos, associação, filiação ou obrigação; seu problema então é criar tais laços. O indivíduo separado, eles assumem, é natural; relacionamento e autoridade são convenções humanas que devem ser criadas pelos homens. No entanto, sua tarefa é sempre difícil, pois parece não haver maneira de criar obrigação ou autoridade do nada, sem pressupor algumas convenções a partir das quais construí-las. Os teóricos acham que devem fazer uso de algum artifício como um contrato, pacto ou promessas mútuas, de modo que algum desses dispositivos deve preceder a sociedade; e constatam que é necessário fornecer aos homens

---

7 ENGELS, Friedrich, *Ludwig Feuerbach and the End of Classical German Philosophy*, in: FEUER, Lewis S. (ed.), *Marx and Engels*, Garden City, Doubleday, 1959, 230.

8 Ibid., 231.

9 Ibid.

um motivo para usar esse artifício – geralmente em termos de interesse individual racional. Frequentemente, eles chegam a essas necessidades por meio de uma lei da natureza que precede as convenções sociais.

Mas a transição para a sociedade civil é sempre problemática na teoria contratualista. O interesse individual simplesmente não parece se traduzir em uma obrigação para com o interesse público. Pois, embora seja verdade que um indivíduo se beneficie da existência da sociedade e da civilidade, e que eles não poderiam existir se a maioria das pessoas não se comportasse civilizadamente, no entanto, também é verdade que qualquer indivíduo em particular poderia colher os benefícios sem pagar por eles. Essa dificuldade pode, com efeito, ser superada incorporando quantidades crescentes de obrigações públicas disfarçadas na lei da natureza, mas isso tem outras desvantagens. O contrato começa a parecer menos central, a obrigação política começa a parecer natural ou a qualidade obrigatória dos contratos é questionada[10].

Não é necessário estar interessado na linguagem para sugerir que algumas dessas dificuldades teóricas podem derivar da suposição inicial de que as pessoas seriam por natureza seres separados, autossuficientes e não relacionados entre si, que de algum modo teriam brotado no mundo totalmente adultos e independentes. Mas a preocupação com a linguagem pode estimular ou apoiar tal sugestão; e eu mesma, numa certa época, levantei essa crítica com base nesse exato argumento[11]. Na realidade, ao contrário dos pressupostos da teoria contratualista, nascemos na sociedade praticamente na condição de não pessoas. Nós nos tornamos pessoas, nos tornamos quem somos, apenas ao internalizarmos (algumas das) normas, e alguns padrões e modelos de nossa sociedade. Não concordamos contratualmente em fazê-lo; nós os assumimos à medida que crescemos. Assim, nossos conceitos de promessas e contratos são aprendidos, não escolhidos. E mesmo o interesse pessoal é um produto social, assumindo formas bastante diferentes em diferentes épocas e lugares.

A linguagem parece fornecer um modelo de associação, mostrando como as normas podem ser aprendidas, adquiridas sem escolha e sem uma alternativa real,

---

10 Comparar com HUME, David, Of the Original Contract, in: BARKER, Sir Ernest (ed.), *The Social Contract*, New York, Oxford University Press, 1960, 161: "Somos obrigados a obedecer ao nosso soberano, se diz, porque é dada uma promessa tácita de tal propósito. Mas por que devemos cumprir a promessa dada? [...] Se o motivo for aquela obediência, que devemos prestar ao governo, [...] Tua resposta será: *Porque devemos manter nossa palavra*. Mas [...] ficas constrangido quando te perguntam: *Por que devemos cumprir a palavra dada*? Tampouco poderás dar qualquer resposta que explique de modo imediato, sem cair num círculo vicioso, nossa obrigação de ser leais".

11 PITKIN, Hanna, Obligation and Consent, *American Political Science Review*, LIX, dez. (1965) 990-999, e LX, março (1966) 39-52.

e ainda assim acabar sendo obrigatórias. Afinal, há erros de linguagem, projeções inaceitáveis. As regras gramaticais parecem vincular falantes individuais, embora nunca tenham sido adotadas contratualmente; são obedecidas porque se tornaram parte de nós. Elas não são obstáculos à liberdade, mas o próprio meio de livre autoexpressão. Como disse Joseph Tussman, "os hábitos são nossos poderes; eles são amarras apenas quando tentamos quebrá-los"[12]. Evidentemente, essas considerações estão relacionadas com aquela complementaridade entre regra e afirmação que mencionamos antes, o fato de que a mesma proposição pode às vezes ser uma regra a ser seguida ou aplicada, às vezes uma descrição factual do que é (para ser) feito, "do que fazemos". A regra pode ser adquirida pela criança a partir do comportamento dos adultos ao seu redor, a quem ela imita porque quer ser como eles; ou pode ser deliberadamente ensinada e executada com recompensas e punições. Quando é internalizada com sucesso, torna-se novamente descrição em vez de regra: um fato do que a pessoa faz, de quem ela é[13].

Evidentemente, tal modelo de obrigação e pessoa foi o que inspirou a visão rousseauniana de sociedade livre – produto de um contrato social, mas não de uma associação contratual. Rousseau usa a linguagem convencional do contrato para expressar ideias muito diferentes, pois ele vê que a sociedade transforma a própria pessoa individual do homem "natural", mudando não apenas suas obrigações, mas também seus desejos, interesses e suas necessidades. Ao tornar-se membro de uma sociedade saudável, as faculdades do homem natural "se exercem e se desenvolvem, suas ideias se ampliam, seus sentimentos se enobrecem e sua alma toda se eleva no feliz instante" em que ele é realmente transformado "de um animal estúpido e obtuso em um ser inteligente e em um Homem"[14]. Assim, a aquisição de normas

---

12 Tussman, Joseph, *Obligation and the Body Politic*, New York, Oxford University Press, 1960, 7.

13 Comparar com Segerstedt, Torgny T., *Die Macht des Wortes*, Zurique, Pan-Verlag, 1947, 116-117: "*Das Ich aber, das in einer Gemeinschaft geboren wird, wird nicht umgeformt, sondern aufgebaut. [...] Das Ich wird durch den gesellschaftlichen Kontakt geschaffen, es wächst aus ihm hervor; das Ich kann nicht bereits existieren und dann erst den Kontakt mit anderen suchen, sondern es wird durch den Kontakt mit anderen geformt.*" Ou, ver Minogue, Kenneth, *The Liberal Mind*, New York, Random House, 1968, 77: "Para um jovem militar voluntário e ansioso, um relato de seus deveres como soldado tem uma força puramente descritiva; diz a ele o que está envolvido em uma atividade pela qual ele já tem muito entusiasmo. Se esse entusiasmo diminuir com a experiência, tarefas como limpar o rifle e polir os botões se tornarão tarefas em um sentido muito mais prescritivo; elas se tornam coisas que ele tem que fazer como uma condição para ser outra coisa [...] Também parece ser uma experiência comum que os deveres começam como coisas que 'deveriam' ser feitas, e terminam por se tornar parte da estrutura da vida da pessoa, até que ela se sinta perdida se não as fizer."

14 Rousseau, Jean-Jacques, The Social Contract, in: Barker (ed.), *The Social Contract*, 185. Trad. bras.: *Do contrato social*, de Eduardo Brandão, São Paulo, Penguin Classics, Companhia das Letras, 2011, 70.

culturais, em geral, e da linguagem, em especial, parece oferecer o modelo ideal do que Rousseau buscava: uma forma de associação na qual cada indivíduo seja verdadeiramente um membro, de fato "unido aos seus concidadãos" e limitado pelas normas do grupo, mas não esteja sujeito a nenhuma compulsão externa, e sim apenas "obedeça à sua própria vontade e permaneça tão livre quanto antes"[15]. Sua liberdade reside em obedecer às normas; para ele, são poderes e não restrições. Claro, ele *pode* fazer de outro jeito, pois podemos nos desviar das regularidades da linguagem e das normas morais. Ainda assim, normalmente não sentimos nenhum impulso no sentido de nos desviarmos das regularidades da linguagem; e quando violamos nosso próprio código moral, reconhecemos que o conflito está dentro de nós mesmos, que agimos de forma imoral.

Outros foram além de Rousseau, e tomaram a associação linguística como um modelo não apenas de uma sociedade livre, mas da política em geral. Oakeshott, por exemplo, fala da atividade política como a "exploração das insinuações" de padrões tradicionais em uma comunidade política, continuando seu desenvolvimento em direções para as quais já tendiam anteriormente[16]. A vida política, diz ele, deve emergir, natural e gradativamente, a partir dos padrões existentes, sem nunca chegar ao ponto de mudanças ou descontinuidades deliberadas em grande escala. A escolha individual está envolvida, é claro, mas seguindo o modelo da fala individual na linguagem: "A política de uma comunidade não é menos (nem mais) do que sua linguagem, e é aprendida e praticada da mesma maneira"[17]. Ou seja, os padrões ou regras políticas precedem qualquer indivíduo em particular; ele os assimila em si mesmo à medida que cresce; ele se desvia deles quando tem o impulso de fazê-lo, mas esse impulso será governado pelos padrões que ele internalizou, e se espalhará, se tornará uma mudança no sistema, somente quando outros o compartilharem. Nessa perspectiva, a política é "a atividade de cuidar do acordo geral de um conjunto de pessoas". Oakeshott diz "cuidar de" em vez de "fazer" acordos, porque em estados políticos "a atividade nunca é oferecida como uma folha em branco de possibilidades infinitas. Em qualquer geração, mesmo a mais revolucionária, os acordos que são assumidos sempre excedem em muito os que reconhecidamente mereceriam atenção"[18].

---

15 Ibid., 65.

16 OAKESHOTT, Michael, *Rationalism in Politics*, New York, Basic Books, 1962, 124, 133-136.

17 Ibid., 129.

18 Ibid., 112; comparar com p. 126.

A analogia é sugestiva, o argumento de Oakeshott é plausível e parece estar de acordo com a ênfase de Wittgenstein na complexidade da linguagem e na pluralidade de casos particulares, no modo como as inovações individuais são profundamente controladas. Não é de admirar, então, que, apesar do silêncio de Wittgenstein sobre os assuntos da política, muitos comentadores estejam convencidos de que as implicações de sua doutrina para o pensamento político devem ser conservadoras. Não penso que sejam assim. Não precisamos aplicar cegamente à política a primeira imagem que a visão wittgensteiniana da linguagem traz à mente; ele mesmo nos exortaria a investigar suas implicações e a procurar alternativas. E, quando fazemos isso, notamos maneiras importantes nas quais a associação política não é como o pertencimento a um grupo linguístico, ou a uma cultura, ou mesmo a uma sociedade. É verdade, claro, que parte da cultura que internalizamos – os padrões de comportamento, maneiras, valores, normas e linguagem – é relevante para a vida política, forma nossa "cultura política". E, claramente, a cultura política que adquirimos, as pessoas políticas que nos tornamos fundamentam tudo o que fazemos posteriormente na política: o que vamos querer fazer, como vamos perceber os eventos políticos, que meios políticos serão possíveis para nós, e assim por diante. Mas eles não são o todo da política e não caracterizam o que há de distintivo nela. Vejamos, brevemente, apenas três áreas onde há diferença significativa.

É possível na vida política, e acontece de tempos em tempos, que os homens tenham que escolher, deliberada e conscientemente, realizar mudanças importantes: criar novos modos de ação política, levar a cabo uma revolução, se unir em uma nova associação política, inventar uma nova forma constitucional, e assim por diante. Sem dúvida, cada uma dessas inovações tem raízes no passado, e a maneira como as novas instituições funcionarão na prática depende muito dos hábitos, da cultura política tradicional, dos indivíduos que vivem sob elas. E, sem dúvida, há mudança e inovação na língua também. Mas o papel e o caráter da ação política são bastante diferentes: a ação política é coletiva, pública, ao invés de individual, e é pelo menos parcialmente deliberada e intencional. As pessoas simplesmente não realizam revoluções linguísticas, não elaboram novos padrões linguísticos nem se unem em um novo grupo linguístico. É possível legislar alguma mudança linguística, e isso às vezes é feito a serviço do nacionalismo cultural. Mas, claramente, isso não representa o caso típico de mudança linguística.

Uma segunda maneira pela qual a analogia de pertencimento à língua é falaciosa, quando aplicada diretamente à política, é que ela não leva em conta os papéis desempenhados pelo conflito, pelo poder e pelos interesses. É falacioso quanto ao que está em jogo na política. Raramente, ou nunca, algum indivíduo ou grupo tem um interesse sério na manutenção ou na alteração de padrões linguísticos. Raramente, ou nunca, a mudança da linguagem é efetuada ou impedida pelo exercício do poder. Mais uma vez, isso até pode acontecer, mas tais casos são instrutivos, pois são exemplos de linguagem politizada. Onde dois ou mais grupos linguísticos ou culturais coexistem em uma mesma associação política, as questões de qual será a língua oficial, qual língua será ensinada nas escolas podem ser altamente políticas e carregadas de interesse e poder. Onde uma única nação é polarizada em subculturas distintas – classes, regiões, gerações – elas podem desenvolver maneiras distintas de usar sua linguagem compartilhada a ponto de a comunicação entre as subculturas se tornar difícil. Essas subdivisões da língua também podem ter grande significado político e desempenhar um papel nas relações de poder. Mas esses são casos especiais, casos em que a linguagem é politizada. E, precisamente em tais casos, a analogia com a linguagem *não* sugere uma mudança livre, não coagida e automaticamente harmoniosa.

Uma terceira maneira pela qual a analogia entre linguagem e política pode nos confundir envolve os mecanismos de imposição. As regularidades dos padrões culturais e da linguagem são internalizadas; elas não precisam ser impostas. Mas as leis e os regulamentos de uma ordem política são muito diferentes. Embora algumas delas possam ser internalizadas, em geral as leis governam precisamente o tipo de conduta em que *temos* o impulso ou o interesse em nos engajar. É por isso que as leis acarretam sanções; elas, por vezes, devem ser impostas porque, por vezes, são violadas. Com as regras de linguagem, não é uma questão de "obediência" ou "imposição".

Mas, novamente, um exame mais meticuloso do modelo linguístico pode fazer mais do que apenas mostrar que a analogia com a política é falsa; pode nos ensinar como a política é diferente e, portanto, como é a política. De que modo procede "a sociedade" para "impor" as regras ou regularidades da cultura, da língua, aos seus membros? Certas coisas são óbvias: nenhum indivíduo ou grupo de pessoas conscientemente inventa ou impõe essas normas. Não existe um "governo" para agir pela sociedade neste domínio – nem para legislar nem para fazer cumprir. Se a uniformidade resultar, se o indivíduo se tornar, de fato, um falante padrão da linguagem compartilhada, é simplesmente porque ele adquiriu os padrões uniformes já compartilhados por outros indivíduos ao seu redor, com os quais ele entra em contato. A criança aprende sua língua não com a "sociedade" como um todo, nem com um livro de regras oficial, mas com um número relativamente pequeno de pessoas que encontra, complementado posteriormente por meios de comunicação, livros e coisas semelhantes. Na medida em que essas fontes já são uniformes, a criança passa a fazer parte dessa uniformidade. Se eles são uniformemente desviantes de um padrão social mais amplo – como em uma determinada região em que se fala um dialeto ou existe uma subcultura –, a criança se tornará desviante da mesma maneira. Se não forem uniformes, mas diversos, a criança pode adquirir padrões mistos ou incoerentes, ou pode eventualmente se tornar parcial ou totalmente bilíngue[19]. Com respeito a tais normas culturais, a totalidade ou uniformidade de uma sociedade consiste na nada misteriosa aquisição de padrões semelhantes por crianças expostas a padrões semelhantes. É por isso e desse modo que a língua pode constituir uma unidade além dos indivíduos, e pode-se dizer que um grupo de pessoas realmente fala uma *única* língua[20].

A política, ao contrário, é caracterizada pela implementação ativa de normas, geralmente por meio de uma agência especializada, e pela possibilidade de inovação ou imposição deliberada, ativa e coletiva de padrões. O efeito da analogia com a linguagem será, portanto, levar-nos ao equívoco de imaginar uma política que se tornou totalmente não coercitiva, por um lado, e totalmente passiva ao nível coletivo, por outro. Consequentemente, um teórico como Rousseau nos leva a confundir vida política com educação cultural; e é por isso que sua visão política, tão claramente voltada para a liberdade perfeita, acaba por se assemelhar à tirania perfeita.

Existem esferas da vida humana, como a linguagem, em que todas as normas são internalizadas a ponto de se tornarem nossa forma de autoexpressão. Existem outras esferas em que as normas são internalizadas, mas o conflito interno também é possível, pois o impulso ou o interesse vão contra os ditames dessas normas; a moralidade, me parece, é uma dessas esferas. A vida política tem fundamentos de ambos os tipos, mas ela tem aspectos cruciais e distintivos que são diferentes dos dois, envolvendo não normas internalizadas e implícitas, mas explícitas, conscientemente adotadas e externamente impostas. Interpretar a vida política inteiramente segundo o modelo linguístico, os padrões culturais, a moralidade ou a educação é obscurecer essa diferença crucial e, portanto, colocar em risco a própria política e a liberdade política. Pois significa atribuir à autoridade política externa o poder de impor normas contra os indivíduos, como se essas normas tivessem de fato sido

---

19 Ver, por exemplo, Leopold, Werner, *The Speech Development of a Bilingual Child*, Evanston; Chicago, Northwestern University Press, 1939-1949.

20 Mauro, Tullio de, *Ludwig Wittgenstein*, Dordrecht, D. Reidel, 1967, 53.

internalizadas por eles, como se nenhuma imposição estivesse ocorrendo. O conflito é disfarçado e negado.

Uma coisa, então, é compreender a maneira como uma "sociedade" se perpetua ao produzir indivíduos que compartilham de suas uniformidades. Outra coisa bem diferente é pensar que uma determinada organização da sociedade cria, impõe e implementa normas aos membros. Confundir as duas coisas resulta em perspectivas específicas, ao invés de gerais, da política: a liberdade imposta de Rousseau, o conservadorismo incremental de Oakeshott. Sobre a vida política, em geral, é um equívoco. Mas isso sugeriria que pode haver, afinal, uma boa razão para o impulso do contratualista de imaginar os homens como adultos separados e autossuficientes, de enfatizar sua capacidade de escolha e inovação, em vez de seu desenvolvimento por meio da internalização de padrões sociais. Como atores políticos, eles são ou devem ser vistos como adultos. No entanto, os contratualistas estão certamente errados ao concluir, com base nisso, que esses homens não têm obrigações. O que seria útil aqui é uma visão nova e crítica da obrigação política, que visualize a independência e a responsabilidade da cidadania ativa com base numa visão sociológica da natureza da cultura política.

DISCURSO POLÍTICO

Uma maneira alternativa de investigar a natureza da política e da associação política, também sob uma perspectiva wittgensteiniana, seria investigar o discurso político como uma região de linguagem, tal como Cavell, Austin e outros discutem o discurso moral. Claramente, o discurso político, como o discurso moral, diz respeito à ação humana, e essa ação não é meramente descrita por observadores desinteressados. O discurso político é ele próprio uma parte da atividade política, e é usado no decorrer dessa atividade pelos que dela participam. Consequentemente, seria de se esperar que ele refletisse, como o discurso moral, a perigosa imprevisibilidade da ação, seu potencial para dar errado ou produzir consequências inesperadas. E seria de se esperar que enfrentasse as mesmas dificuldades para identificar ações; também na política, o simples ato de determinar quais são os fatos, qual é a situação, pode ter consequências definitivas e, portanto, ser uma parte central da discussão.

Mas há outros aspectos em que o paralelo com o discurso moral claramente não se sustenta. Falamos do discurso moral como um diálogo característico, uma conversa pessoal sobre uma ação que deu errado ou causou danos, uma tentativa de restaurar a estrutura do relacionamento. Ninguém se sentiria tentado a interpretar o discurso político nesses termos. Em primeiro lugar, seja como for que se possa interpretá-lo, o discurso político certamente não é um diálogo pessoal entre duas ou muito poucas pessoas diretamente afetadas por uma ação de uma delas. Em contraste com essa imagem, as questões políticas parecem alcançar maior escopo e escala, estar dirigidas a um público maior, ser expressas de um modo mais geral e impessoal. Ao contrário do diálogo moral, o discurso político é caracteristicamente um discurso público, tanto no que diz respeito aos seus participantes quanto no que diz respeito ao assunto em questão. É claro que é possível ter conversas pessoais sobre política, e algumas conversas pessoais podem ter efeitos absolutamente cruciais sobre os eventos políticos. Da mesma forma, dissemos, também se pode falar publicamente sobre questões morais. Mas os sermões públicos não são o objetivo do discurso moral, aquilo sobre o qual ele se debruça principalmente; e as relações pessoais não são o objetivo do discurso político. Não existe política privada, política íntima.

Há uma diferença correspondente também no assunto em questão. Onde o discurso moral centra-se na ação de um indivíduo, pela qual ele tem responsabilidade pessoal e que afetou uma ou algumas pessoas com as quais ele está diretamente envolvido, o tópico do discurso político provavelmente será uma ação pública – as ações de grupos de pessoas, particularmente de grupos organizados institucionalmente, ou ações de indivíduos que tenham autoridade ou importância para o público. Além disso, sugerimos que o discurso moral é basicamente retrospectivo, ajudando a restaurar o relacionamento após uma ação que deu errado; embora, é claro, também desempenhe um papel nos compromissos e nas decisões sobre ações futuras. No discurso político, o equilíbrio tende a inclinar-se para o outro lado: embora a avaliação das ações passadas não seja excluída, a preocupação central é a comunicação sobre a ação coletiva futura. O discurso político é sobre o que deve ser feito em conjunto e como deve ser feito. Se a questão central do discurso moral pode ser caracterizada em termos de "o que foi feito?", a questão central na política teria de ser, como sugere Tussman, "o que vamos fazer?"[21] Só que essa formulação tende a encobrir tanto a identificação problemática de vários cursos de ação (*o que*, exatamente, estaremos *fazendo* se seguirmos esse curso de ação?) e a associação problemática que está sempre em jogo (quem somos *nós*; e quem seremos, se seguirmos esse curso de ação?).

---

21 Tussman, op. cit., 16.

Até agora, os paralelos e contrastes entre o discurso moral e político são bastante diretos e acessíveis. Mas as respostas se tornam mais ambíguas quando nos voltamos para os problemas de racionalidade, validade e verdade. Anteriormente, contrastamos o discurso moral com o científico, dizendo que, na ciência, a racionalidade consiste em partir de premissas que todos podem aceitar, seguir passos que todos podem seguir até chegar a conclusões que todos devem aceitar. Mas o "todos" significa "todos competentes cientificamente"; o discurso científico é o domínio de uma elite específica com treinamento compartilhado no que constitui procedimento científico, evidências e modos de resolução. Dissemos que, na moralidade, pelo contrário, não existe tal elite; todos os homens podem participar do discurso moral. E a racionalidade não depende de se chegar a um acordo – em especial, de se chegar a um acordo sobre a coisa certa que tenha sido feita, nem de se chegar a um acordo sem que haja mudança no relacionamento. Dissemos que o critério de validade na argumentação científica, do que é suficiente para questionar uma afirmação ou refutar uma dúvida, é padronizado interpessoalmente; mas que no discurso moral o que é suficiente faz parte do que está em discussão. Aqui, cada protagonista elabora sua própria posição, e a racionalidade requer não tanto que se aceite a posição do outro, mas que se esteja disposto a levá-la em consideração, a analisar as preocupações e compromissos do outro. O propósito final e a esperança são a restauração do relacionamento; mas a racionalidade e a validade não dependem disso, mas da revelação verdadeira de sua posição, de si mesmo.

O que diremos do discurso político sob esse aspecto? Existe, por exemplo, uma elite de especialistas profissionais? Parece que qualquer resposta a essa pergunta seria tendenciosa, já implicando um tipo particular de sistema político. Quem diz que não há especialistas geralmente reconhecidos, que, como na moralidade, cada homem deve, em última análise, "fazer política por si", parece pressupor um modelo democrático e participativo. Quem proclama, em vez disso, a universalidade das elites políticas, o significado da autoridade e da hierarquia na vida política, parece estar pressupondo um modelo elitista. O discurso político parece implicar tanto uma pluralidade de pontos de vista legítimos quanto um tipo de autoridade ou organização ausente do discurso moral. Certamente, as elites políticas são diferentes das científicas, desempenham um papel diferente no que diz respeito ao discurso político. A natureza da educação da elite, o processo de seleção, a maneira de avaliar a competência são claramente muito diferentes. O que é ainda mais importante é que a seleção da elite frequentemente constitui uma parte importante da política, e suas qualificações são um tópico importante do discurso político. Mesmo a questão de até que ponto uma elite deve monopolizar o campo pode ser uma questão política significativa; questões paralelas sobre ciência não são uma parte importante da investigação científica. Sem dúvida, essas diferenças têm a ver com os diferentes tipos de problemas em questão nos dois domínios. O discurso político não se preocupa principalmente com o modo como as coisas funcionam ou como são, mas com o que devemos fazer. Novamente, o tópico é a ação. Portanto, o interesse desempenha um papel aqui que está relativamente ausente do discurso científico.

Se há alguma elite no discurso político, ela, como a elite da ciência, concordou, antes de mais nada, com os métodos de resolução de disputas – o que contará como evidência, o que constitui um argumento conclusivo? Não parece haver um tipo reconhecível de "prova política" ou "método político" que correspondam à prova e ao método científicos; quanto a isso, a política parece mais com a moralidade. No entanto, pode-se argumentar que os métodos de resolução de disputas políticas não são cânones de prova ou validade, mas simplesmente *instituições* estabelecidas, que a resolução de disputas é precisamente o objetivo das instituições políticas. Mas, na ciência, a racionalidade e a competência dependem da aceitação dos métodos padronizados; diremos, então, que a competência e a racionalidade no discurso político dependem da aceitação das instituições estabelecidas? Essa é uma posição conhecida, mas novamente tendenciosa: a ideia de que nenhum homem racional questionaria procedimentos e arranjos políticos estabelecidos, mas apenas buscaria seus interesses através e no contexto deles. Mas isso não trata apenas de negar que a revolução pode ser um ato político; é também ignorar que os métodos e as instituições da política estão em fluxo, são, consciente e deliberadamente, revisados no curso da vida política, são avaliados e contestados no discurso político. Assim, de certa forma, os próprios métodos de resolução de disputas na política devem fazer parte da discussão.

Aqui, o político aparentemente contrasta tanto com o discurso moral quanto com o científico. As disputas sobre os métodos e cânones para resolver questões científicas não são em si científicas; mas as disputas sobre instituições políticas são políticas. O discurso moral envolve a elaboração de uma posição pessoal dentro de uma estrutura de conceitos tradicionais herdados; isto é, como já foi observado, muito mais judicial do que legislativo. O discurso político, ao contrário, parece-nos legislativo, ou melhor, algo centrado na ação política, que é legislativa[22]. Existem

---

22 Comparar com TOCQUEVILLE, Alexis de, *Democracy in America*, trad. ing. de Henry Reeve, New York, Schocken Books, 1961, I, 33. Trad. bras.: *A democracia na América*, de Eduardo Brandão, prefácio, biblio-

conceitos, princípios e instituições tradicionais na política, mas revisá-los e reexaminá-los é parte habitual e frequente da vida política e, portanto, uma função significativa do discurso político.

Dissemos que, na ciência, qualquer pessoa competente sabe o que constitui uma contestação ou comprovação válida de uma afirmação feita. Na moralidade, ao contrário, um participante pode rejeitar de modo competente e racional a posição válida e racional tomada por outro. O que ele não pode fazer, como já dito, é rejeitar a relevância da preocupação do outro; e relacionamos esse fato à exigência de que o outro seja tratado como pessoa, com atenção às suas preocupações e compromissos. Aqui, novamente, respostas conflitantes parecem possíveis no tocante ao discurso político. Certamente, a política é frequentemente contrastada com a moral, como sendo uma esfera onde não há certo e errado, exceto o que funciona, de modo que o discurso político pode parecer o lar natural da retórica, da propaganda e da manipulação. No entanto, pode-se sentir que, mesmo que tais coisas sejam comuns, não são a essência, mas uma perversão do discurso político. Novamente, qualquer conclusão sobre o discurso político parece implicar, ou pressupor, um estilo particular de vida política.

Encontramos dificuldades semelhantes ao tentar afirmar se a racionalidade no discurso político depende ou não de um acordo. É, sem dúvida, evidente que homens racionais e inteligentes muitas vezes continuam a ocupar posições políticas incompatíveis por toda a vida. Pode-se muito bem dizer sobre o político o que Cavell disse sobre o discurso moral: por que deveríamos presumir que há uma coisa certa a ser feita em cada situação e que ela pode ser descoberta? Certamente, a existência de reivindicações, responsabilidades e desejos incompatíveis e igualmente legítimos indica o contrário. No entanto, se o ponto principal do discurso político é facilitar a ação coletiva, decidir o que devemos fazer, então o acordo parece absolutamente essencial. Vale a pena lembrar que Cavell distinguiu entre o objetivo do discurso moral e seus critérios de racionalidade. Sem esperança de acordo ou de restauração do relacionamento, disse ele, o discurso moral perderia o sentido; mas a medida da racionalidade não era a concordância, e sim a revelação da verdade moral, do autoconhecimento. Portanto, talvez devêssemos dizer sobre o discurso político que seu objetivo é facilitar a ação coletiva e que, sem esperança de acordo,

grafia e cronologia de François Furet, São Paulo, Martins Fontes, 2005, I, 52. No mundo "moral, tudo é classificado, coordenado, previsto, decidido de antemão; no mundo político, tudo é agitado, contestado, incerto. Num, obediência passiva, embora voluntária; no outro, independência, desprezo da experiência e despeito de toda autoridade."

ele perderia seu objetivo; mas sua racionalidade não tem a ver com concordância, e sim com a revelação de seu tipo característico de verdade, a aquisição de seu tipo característico de conhecimento. Mas que tipos de verdade e de conhecimento podem ser característicos do discurso político?

Argumentamos que no discurso moral se adquire conhecimento tanto das ações, do que uma pessoa faz, e das pessoas, de quem se é. Parece que existe uma dualidade semelhante, em um nível diferente, no discurso político. Ele também produz conhecimento sobre ações, embora não tanto sobre qual ação especificamente é realizada, quanto, pode-se dizer, sobre qual é a posição atual com respeito à ação – quais cursos de ação estão abertos, como eles devem ser caracterizados, para onde eles conduziriam. O segundo tipo de problema em jogo no discurso político, o segundo tipo de conhecimento que ele produz, é: *quem* está nesta posição, quem somos "nós"? No problema do discurso político sobre "o que devemos fazer?", o "nós" é sempre questionado. Parte da questão torna-se, se dispomos deste ou daquele curso de ação em aberto, quem poderia afirmá-lo, quem poderia considerá-lo como feito em seu nome? Quem ainda estará "conosco" se "nós" tomarmos esse curso de ação?

No discurso político, não falamos (pretendemos falar) apenas por nós mesmos; falamos na primeira pessoa do plural e não na do singular. Mas ao dizermos "nós", fazemos uma afirmação – uma afirmação específica e particular diferente daquela introduzida, por exemplo, quando se diz "eu". Isso é o que Arendt quer dizer ao argumentar que "a consciência é apolítica. [...] Ela não diz, como Jefferson, 'Estremeço *por meu país* quando reflito que Deus é justo; que Sua justiça não pode dormir para sempre', pois ela estremece pelo indivíduo em si e por sua integridade"[23]. Os conselhos da consciência são inicialmente apolíticos, porque são sempre expressos de forma puramente individual e subjetiva. Mas quem se vê na posição de dissidência isolada, e só pode falar em seu próprio nome, ainda não está em posição – lógica e gramatical – de falar politicamente. E parte do conhecimento revelado no discurso político é o escopo e a validade da declaração feita ao dizer "nós": ou seja, quem se mostra disposto e capaz de endossar essa declaração. Isso não é o mesmo que chegar a um acordo sobre as conclusões. No discurso político há, caracteristicamente, desacordo antes, durante e depois da deliberação sobre o que deve ser feito. O que se espera não é a ausência ou a erradicação da dissidência, mas sua contenção

---

[23] ARENDT, Hannah, Civil Disobedience, *The New Yorker*, XLVI, set., 12 (1970) 72. Trad. bras.: Desobediência civil, in: *Crises da República*, de José Volkmann, São Paulo, Perspectiva, Debates, 85, dirigida por J. Guinsburg, ³2013, 58.

dentro da associação política, a prevenção de uma dissidência tão severa que leve à dissociação. O que se espera é que, ao final da deliberação política, a *pólis* seja afirmada por seus membros associados, ainda que a dissidência continue a existir.

O CONCEITO DO POLÍTICO

As ambiguidades que encontramos ao tentar caracterizar o discurso político parecem exibir certa qualidade sistemática. Por um lado, começa a emergir uma imagem da política que é participativa e democrática, igualitária ao invés de hierárquica; uma política de espírito público que trata os outros como pessoas, em termos de suas preocupações e compromissos; uma política que se centra na ação, e não hesita em questionar as instituições tradicionais. Por outro lado, surge uma imagem diferente: uma ênfase no papel da hierarquia, da organização e das elites na política; uma ligação entre a racionalidade política e o apoio às instituições tradicionais; uma ênfase no poder e no conflito de interesses, em vez de no espírito público; uma política na qual os homens se relacionam por barganha, propaganda e manipulação. Não há como caracterizar um discurso político isento de implicações tendenciosas em uma ou outra direção? Qual é o significado de tal ambiguidade sistemática em nossas ideias sobre o político?

Na literatura contemporânea, a primeira imagem tende a aparecer nos escritos de certos teóricos políticos como Arendt, Wolin, Voegelin e Strauss. Suas concepções são frequentemente rejeitadas como "idealistas" e contrapostas pela segunda imagem mais "realista" da política, por cientistas políticos de orientação empírica como Dahl e Easton[24]. Talvez, então, seja útil examinarmos esta disputa à luz de uma compreensão wittgensteiniana dos conceitos. O grupo de teóricos políticos concorda que o que caracteriza o político é, antes de tudo, sua natureza pública, o fato de que ele transcende as preocupações privadas e pessoais. "As palavras 'público', 'comum' e 'geral'," segundo afirma Wolin,

---

24 ARENDT, Hannah, *The Human Condition*, Garden City, Doubleday, 1958. Trad. bras.: *A condição humana*, de Roberto Raposo, posfácio de Celso Lafer, Rio de Janeiro, Forense Universitária, [10]2005. WOLIN, Sheldon S., *Politics and Vision*, Boston; Toronto, Little, Brown, 1960; VOEGELIN, Eric, *The New Science of Politics*, Chicago, University of Chicago Press, 1952; STRAUSS, Leo, *Natural Right and History*, Chicago, University of Chicago Press, 1959; e An Epilogue, in: STORING, Herbert J. (ed.), *Essays on the Scientific Study of Politics*, New York, Holt, Rinehart and Winston, 1962; DAHL, Robert, *Modern Political Analysis*, Englewood Cliffs, Prentice-Hall, 1963; EASTON, David, *The Political System*, New York, A. A. Knopf, 1963; *A Systems Analysis of Political Life*, New York, John Wiley & Sons, 1965; e *A Framework for Political Analysis*, Englewood Cliffs, Prentice-Hall, 1965.

têm uma longa tradição de uso que as tornou sinônimos do que é político. [...] Desde seus primórdios na Grécia, a tradição política ocidental considera a ordem política como uma ordem comum criada para lidar com aquelas preocupações nas quais todos os membros da sociedade têm algum interesse[25].

A origem etimológica do "político" é, naturalmente, o próprio termo grego "*pólis*" – a pequena cidade-estado autônoma; o político originalmente era simplesmente o que dizia respeito à *pólis*. Mas isso não significava apenas o que dizia respeito a um conjunto compacto de pessoas vivendo em uma única área geográfica; nem todo grupo de homens era uma *pólis*. Uma *pólis*, diferentemente de outras coletividades e organizações humanas, era uma comunidade livremente autogovernada, cujos membros participavam de seus interesses públicos. "Em suma, a associação era política porque tratava de assuntos de interesse comum, e porque todos os membros estavam envolvidos em uma vida comum"[26].

Arendt argumenta, da mesma forma, que a vida política dos gregos antigos, a vida da *pólis*, ocorria em um "espaço público" criado por homens entre homens e relacionando-os ao empreendimento contínuo do qual faziam parte, sua comunidade[27]. O político era um domínio de ação, surgindo "diretamente do agir em conjunto"; e ação é algo totalmente diferente da fabricação de objetos físicos por um artesão[28]. Ela resulta não em objetos, mas na formação de eventos, relações e instituições. Isso só é possível entre seres humanos. A ascensão da cidade-estado e sua forma específica de governo a partir de sistemas tribais e despóticos significavam que o homem recebia "além de sua vida privada, uma espécie de segunda vida, o seu *bios politikos*. Agora, cada cidadão pertence a duas ordens de existência; e há uma grande diferença em sua vida entre aquilo que lhe é próprio (*idion*) e o que é comum (*koinon*)"[29]. Todas as considerações de necessidade biológica, do que tinha que ser feito em termos de produção e organização para manter os corpos humanos vivos – vesti-los, alimentá-los e abrigá-los – pertenciam à ordem anterior, a vida "do lar". A vida política era uma esfera de liberdade, possibilitada porque os constrangimentos da necessidade física eram atendidos na outra esfera. A ação política

---

25 Wolin, *Politics and Vision*, 9; comparar com p. 429.
26 Ibid., 70.
27 Arendt, *Condição humana*, 59.
28 Ibid., 189.
29 Jaeger, Werner, *Paideia*, 1945, III, 111, citado ibid., 33.

pressupunha lazer; a vida política pressupunha escravos, que não eram cidadãos, mas permitiam que outros homens cultivassem a cidadania.

Os gregos consideravam que a liberdade humana se situava

> exclusivamente na esfera política; que a necessidade é primordialmente um fenômeno pré-político, característico da organização do lar privado, e que a força e a violência são justificadas nesta última esfera por serem os únicos meios de vencer a necessidade – por exemplo, subjugando escravos – e alcançar a liberdade. Uma vez que todos os seres humanos são sujeitos à necessidade, têm o direito de empregar a violência contra os outros; a violência é o ato pré-político de libertar-se da necessidade da vida para conquistar a liberdade no mundo. [...] Todo o conceito de domínio e de submissão, de governo e de poder no sentido em que o concebemos, bem como a ordem regulamentada que os acompanha, eram tidos como pré-políticos, pertencentes à esfera privada, e não à esfera pública[30].

Portanto, a *pólis* era "uma forma muito especial e livremente escolhida" de organização humana, nitidamente distinta de outras estruturas de poder e sociedades, caracterizadas pela participação de seus membros-cidadãos em igualdade de condições; era uma comunidade autônoma de cidadãos iguais, todos envolvidos em sua vida pública compartilhada[31].

Além disso, a ideia do político envolvia, desde o início, uma noção fundamental de participação e igualdade, de participação com base na igualdade essencial de associação política, de cidadania. Se um homem possui um rebanho de gado, ele pode cuidar bem ou mal dele; ele pode dar-lhes o que precisam ou o que desejam, ou não. Mas seu relacionamento com eles nunca será político, pois, embora ele possa ter que levar em consideração suas necessidades e reações, ele não precisa considerá-*los* como pessoas semelhantes a ele, com reivindicações próprias e o poder de se articular e julgar por si mesmas. Assim, Aristóteles distingue autoridade política de escravidão, de vida doméstica e despotismo oriental precisamente com base no fato de que estas são da ordem da propriedade e implicam uma hierarquia natural, enquanto aquela ocorre entre homens essencialmente iguais. "A autoridade

---
30 ARENDT, *Condição humana*, 40-41.
31 Ibid., 21.

do governante é exercida sobre os homens que são naturalmente livres"; é "uma autoridade exercida pelos que são homens livres e iguais"³². Como observa Arendt,

> a *pólis* diferenciava-se da família pelo fato de somente conhecer "iguais", ao passo que a família era o centro da mais severa desigualdade. Ser livre significava ao mesmo tempo não estar sujeito às necessidades da vida nem ao comando de outro e também não comandar. Não significava domínio nem submissão³³.

Por isso, para Aristóteles, a virtude do cidadão depende da participação, da partilha dos cargos, para que cada um seja ora governante, ora governado, e assim a comunidade se autogoverne.

Essa visão da natureza da vida política se assemelha claramente a algo do que dissemos anteriormente sobre a moralidade. Ambas enfatizam o elemento da ação, com suas implicações de imprevisibilidade e inovação e, consequentemente, de liberdade e responsabilidade. Ambas implicam o foco exclusivamente humano dos dois domínios: o fato de que eles envolvem o discurso não apenas sobre os seres humanos como objetos, mas dirigido a pessoas humanas, levando em consideração seus interesses e opiniões. Mas, para o cientista político moderno, essa visão da vida política provavelmente parecerá irremediavelmente irreal, um ideal de espírito público pelo qual talvez valha a pena lutar (embora muitos questionem isso, citando os crimes horrendos que são cometidos em nome de ideais), porém, certamente, não é uma imagem precisa de como a vida política é hoje, ou talvez nunca tenha sido. Quem encara francamente as realidades da política, eles podem argumentar, não vê uma luta conjunta pelo bem público entre homens, moral e racionalmente, preocupados com o bem-estar uns dos outros ou com a prosperidade de seu empreendimento comum. Em vez disso, vê-se uma história de dominação e poder, na qual as instituições políticas servem para proteger os interesses e a propriedade de alguns homens contra o resto; ou uma história de acomodação mútua entre indivíduos ou grupos privados essencialmente separados, cada um com suas próprias necessidades e interesses, suas próprias reivindicações contrárias às dos outros. Com base na primeira dessas perspectivas intimamente relacionadas, participação e igualdade são antitéticas à própria ideia de vida política; até mesmo o ideal grego pressupunha que os escravos simplesmente fossem deixados de fora ao se considerar

---

32 ARISTÓTELES, *Politics*, trad. ing. de Sir Barker Ernest, New York, Oxford University Press, 1958, 17; comparar também com p. 13. Trad. bilíngue (port. e grego), *Política*, de Antonio Campelo Amaral e Carlos Gomes, Lisboa, Vega, 1998, 69, comparar também com p. 65.

33 ARENDT, *Condição humana*, 41; comparar com ARISTÓTELES, *Política*, 185, 195-197.

o sistema político. Com base na segunda perspectiva, a participação não vem ao caso; é apenas um meio pelo qual se pode esperar facilitar as próprias reivindicações e interesses particulares, mas outros meios podem muito bem ser mais eficazes. As pessoas participam quando querem algo para si; e um representante eficiente ou um administrador beneficente podem muito bem ser capazes de obter mais do sistema para o indivíduo do que o indivíduo poderia conseguir por conta própria. Com base em ambas as perspectivas, conceitos como o bem público ou o interesse público são, na melhor das hipóteses, artifícios retóricos.

Esses autores reconhecem um elemento de generalidade no político, mas o veem como algo confinado ao efeito, ao impacto ou ao escopo legítimo dos resultados políticos. Assim, David Easton, por exemplo, define política como "a alocação autorizada de valores para uma sociedade"[34]. A alocação é geral no sentido de que é vinculativa, obrigatória para toda a sociedade. As decisões políticas são tomadas pelos governos e resultam em leis, que são obrigatórias para todos. Todos, ou muitos, são afetados pelo resultado; mas a decisão em si pode ou não ter sido feita por muitos, ou a partir de uma perspectiva pública geral. O mais provável é que tenha sido feita por poucos, por uma questão de conveniência. Assim, pode-se estudar política onde quer que alguns homens tenham poder sobre outros, tomem decisões que geralmente são vinculativas para grupos inteiros de homens. Robert Dahl, por exemplo, define um sistema político como "qualquer padrão persistente de relações humanas que envolva, num grau significativo, poder, governo ou autoridade"[35].

Os proponentes de tais perspectivas da política orientadas para o poder ou para os interesses apontarão que nada visível na vida política moderna tem a menor semelhança com a imagem aparentemente idealizada atribuída aos gregos por comentadores como Wolin e Arendt. Vemos ao nosso redor não o espírito público, mas a busca do interesse privado, não a ação racional e responsável, mas a ignorância e o preconceito, não a participação, mas a apatia, não a igualdade, mas o domínio da elite. E, de fato, tanto Wolin quanto Arendt falam do político como algo "em declínio" ou que teria sido "sublimado" nos tempos modernos. Dizem que perdemos, esquecemos ou destruímos o político. "Poucos contestariam", observa Wolin, "a proposição de que hoje as sociedades ocidentais apresentam pouca consciência política generalizada dentre seus membros, e menos ainda negariam

---

34 Easton, *The Political System*, 129.
35 Dahl, *Modern Political Analysis*, 6.

que as coisas políticas são em grande medida tidas em descrédito pelos membros dessas sociedades"[36].

O que teria substituído o político, argumentam eles, é a "sociedade" e o "social". O social também diz respeito aos homens em grandes grupos e à unificação de indivíduos separados em um único todo, mas difere em aspectos cruciais do político. Enquanto o político lida com preocupações públicas, compartilhadas e comuns, nas quais o todo não é apenas uma soma de partes separadas, a sociedade é uma esfera de interação não planejada, espontânea e *laissez-faire* de indivíduos separados que permanecem separados, cada um perseguindo seus objetivos privados e produzindo, involuntariamente, resultados que afetam outras pessoas. Assim, o político envolve o exercício consciente e deliberado do poder entre os homens para fins públicos; o "poder" da sociedade sobre seus membros, ao contrário, é indireto, inconsciente e não planejado. Enquanto o político é a esfera da liberdade, da ação autônoma, a sociedade é um padrão de comportamentos humanos sujeitos a leis causais. Os gregos mantiveram sua política pura excluindo dela a necessidade causal, a economia e o poder coercitivo; nos tempos modernos, esses domínios invadiram e destruíram em grande parte o político, que teria sido "sublimado" de modo a transformar-se em burocracia, economia, administração, religião e sociedade[37]. Arendt observa que a sociedade

> em todos os seus níveis, exclui a possibilidade de ação, que antes era [excluída] do lar doméstico. Em vez de ação, a sociedade espera de cada um de seus membros um certo tipo de comportamento, impondo inúmeras e variadas regras, todas elas tendentes a "normalizar" os seus membros, a fazê-los "comportarem-se", a abolir [as ações espontâneas e realizações extraordinárias][38].

Mas o cientista político, cientificamente orientado, provavelmente perguntará com base em quais padrões a vida política contemporânea pode ser considerada como algo em declínio, ou sublimada de modo a transformar-se em relações não políticas. É provável que pergunte o que supostamente mudou: a concepção da vida política ou sua prática. Se for a prática política, argumentará que Wolin e Arendt estão comparando a prática contemporânea com um ideal grego, que a prática política grega estava tão repleta de conflitos e buscas por interesses egoístas

---

36 WOLIN, *Politics and Vision*, 290; comparar com p. 353.

37 Ibid., 288, e Capítulos IX e X, passim.

38 ARENDT, *Condição humana*, 50.

quanto a nossa, além do fato de que categorias inteiras de seres humanos estavam totalmente excluídas. Se o que se supõe ter declinado é a concepção de política, de modo que o padrão de comparação seja propriamente o pensamento grego e não a prática grega, então o problema está em por que a concepção antiga deveria ser tomada como verdadeira, de modo que mudanças em relação a ela sejam consideradas degenerações. Não se poderia argumentar igualmente que, quando um conceito muda, ele cresce e se desenvolve, fica enriquecido?

No entanto, o padrão a que Wolin e Arendt se referem não é realmente a concepção grega de política, mas a nossa. A etimologia e as concepções gregas são úteis apenas como recursos didáticos, para enfatizar aspectos de nosso próprio conceito que negligenciamos ou esquecemos. Wolin e Arendt estão falando sobre o que é o político, sobre o significado de "político"; e estão tentando dizer que uma parte importante do significado se aplica cada vez menos à realidade da prática e das instituições que ainda chamamos, por força do hábito, de "políticas". Eles estão tentando nos afastar das formas habituais e nos aproximar da substância do político, do nosso próprio conceito de político.

Assim, o debate sobre a natureza do político começa a se parecer com aquele entre Sócrates e Trasímaco, uma questão de forma *versus* substância. A substância socrática do que é político, o significado de "político", envolve a ideia de ação, como Wolin e Arendt sugerem, ao invés da mera sujeição passiva aos eventos. Envolve ação coletiva, a ação por um "nós" e não por um "eu". Nossa concepção substantiva do político contém a ideia do público, de coletividade, e a ideia de ação, de intervenção ativa. Mas também incorporamos a concepção, o propósito, nas instituições, e normalmente chamamos essas instituições de políticas também. Nelas, a coletividade política, a tomada de decisões e a tomada de medidas pela *pólis*, às vezes podem ser coletivas apenas de um modo formal. Podemos dizer que o Estado age em um sentido bastante formal, significando apenas que alguma ação individual ou mesmo um evento não planejado são formalmente atribuídos à coletividade. Ou podemos nos referir à participação substantiva dos membros, ou de uma grande proporção deles, em uma decisão genuinamente pública que conduza a uma ação genuinamente conjunta.

Além disso, a diferença entre forma e substância aqui envolve mais de uma dimensão. Pode, por exemplo, depender do grau ou extensão da participação (democracia *versus* oligarquia ou ditadura, exclusão de mulheres ou escravos), ou pode depender do tipo ou da qualidade da participação (deliberação conscientemente dirigida ao público, bem coletivo, ou negociação de interesse próprio entre grupos, ou decretos administrativos impostos). Assim, é possível que as instituições políticas de uma sociedade se desviem muito da concepção do que é político. Como Sócrates e Trasímaco, quem vive em tal sociedade deve, na verdade, escolher se deseja adaptar o conceito às novas realidades, ou conservar o conceito e parar de aplicá-lo às instituições existentes, ou conservá-lo e mudar essas instituições. Apesar das aparências, nenhum desses cursos de ação provavelmente será fácil.

Nesses termos, pode parecer que a disputa sobre o significado do "político" reside entre a perspectiva da reforma e a da descrição distanciada. Pode parecer que, como Sócrates, Wolin e Arendt tentam nos alertar sobre as discrepâncias em nossas vidas para que possamos decidir mudá-las, enquanto os cientistas políticos com inclinações científicas se preocupam em dar um relato preciso de como as coisas são. Mas um relato preciso de como as coisas são muitas vezes é um requisito essencial para a mudança. E Arendt e Wolin também estão tentando dar um relato preciso de como as coisas são.

Além disso, se interpretarmos a disputa desta forma, sugerindo uma escolha entre as duas propostas, mesmo assim podemos perder de vista a centralidade dessa exata disputa para a natureza do político em si. Pois as definições rivais estão muito ligadas à gramática da palavra e ambas a esclarecem. "Político" é, naturalmente, apenas uma palavra dentre uma família inteira de palavras da mesma raiz, e uma análise austiniana desses termos mostra facilmente que alguns deles se prestam muito mais a uma concepção arendtiana das coisas políticas, enquanto outros estão mais associados a uma concepção científico-política. Obviamente, não podemos realizar tal análise aqui, mas algumas suposições preliminares podem ser úteis. Tal investigação provavelmente revelará que o substantivo "política" ("*politics*") e particularmente o adjetivo "político" ("*politic*") se prestam melhor à interpretação sociocientífica de poder ou interesse, do político ("*the political*"). Quando perguntamos "Isso é uma coisa política a ser feita?", realmente queremos dizer algo como "Será que você vai conseguir o que quer com ela? É conveniente? Vai valer a pena?" Uma palavra como "política" ("*policy*"), em contrapartida, não possui tais implicações e se presta muito mais prontamente à ênfase no interesse público; mas, por sua vez, não precisa implicar pluralidade, conflito ou participação. O adjetivo "político" ("*political*") parece ser relativamente neutro nessa dimensão, e acho que é por isso que Arendt e Wolin o usam tanto; porque, em particular, eles o transformam em um substantivo ("o político" – "*the political*"), em vez de usar o substantivo já disponível, "política" ("*politics*"). De fato, Wolin diz explicitamente que há muita política na vida americana moderna, ainda que "o político" ("*the political*") praticamente haja desaparecido[39].

Por que membros diferentes da mesma família de palavras deveriam ter implicações divergentes apenas nesta dimensão central? É tentador concluir que a dualidade é, em si mesma, central para a área conceitual em que essas palavras funcionam, que está embutida na gramática e, portanto, na essência do que é o político. Essa conclusão ganha certa plausibilidade quando notamos que a ambiguidade aparece nos textos dos dois lados da controvérsia, e também no pensamento político grego antigo. Veja-se a intrigante discussão no terceiro livro da *Política* de Aristóteles sobre a natureza da associação política. Aristóteles define um cidadão como um "homem que participa da administração da justiça e do exercício de magistraturas", o que é perfeitamente consistente com sua caracterização de uma associação política como sendo composta por homens livres e iguais[40].

Os cidadãos são pares que governam e ao mesmo tempo são governados; cidadania é participação. Mas, então, a honestidade e a inteligência de Aristóteles o levam a admitir uma dificuldade quanto à definição: ela parece implicar que apenas uma democracia é uma associação política, o que não era o que Aristóteles pretendia. Alternativamente, pode-se tentar argumentar que em uma aristocracia apenas os aristocratas, que participam do governo, são realmente cidadãos; e, presumivelmente, que em uma monarquia apenas o rei é um cidadão. Mas isso é absurdo e eliminaria todas as distinções entre democracia, aristocracia e monarquia. Aristóteles tenta escapar da aparente contradição entre o que ele sabe ser crucial sobre a vida política, o que distingue o poder político da escravidão, e o que ele sabe ser um lugar-comum sobre a vida política, que uma *pólis* pode ser uma democracia, uma aristocracia, uma monarquia ou uma mistura de formas. Mas sua argumentação não é convincente[41]. Talvez as dificuldades de Aristóteles, como as nossas, tenham origem nas complexidades da gramática de nosso conceito compartilhado do político.

---

39 Por exemplo, na p. 353 de WOLIN, *Politics and Vision*; comparar também com ELLUL, Jacques, *The Political illusion*, trad. ing. de Konrad Kellen, New York, A. A. Knopf, 1967, em que as próprias condições que Wolin e Arendt consideram um declínio do político são descritas em termos de uma politização total de todos os aspectos da vida.

40 ARISTÓTELES, *Política*, 185.

41 Ibid., 187.

Talvez o que caracteriza a vida política seja precisamente o problema de *criar* continuamente unidade, um público, em um contexto de diversidade, reivindicações rivais, poder desigual e interesses conflitantes. Na ausência de reivindicações rivais e interesses conflitantes, um tópico nunca entra na esfera política; nenhuma decisão política precisa ser feita. Mas, para a coletividade política, o "nós", para que esteja em ação, precisa que essas reivindicações e interesses conflitantes sejam resolvidos de uma forma que continue a preservar a coletividade. "A conveniência", segundo observa Wolin,

> é em grande medida o resultado do velho problema de tentar estabelecer uma regra uniforme em meio a um contexto de diferenças. É isso que frequentemente leva a concessões e modificações em uma política. A razão não é simplesmente que seja algo bom para que se formulem políticas que irão refletir sensibilidade às variações e diferenças em toda a sociedade, mas sim que uma sociedade política está *simultaneamente tentando agir e permanecer uma comunidade*[42].

Tanto o problema inicial quanto a sua resolução são partes essenciais de nossa concepção do político; dizem respeito ao processo de transição de um para o outro. É por isso que o próprio Wolin critica a *República* de Platão por não ser verdadeiramente política, porque elimina o conflito de uma vez por todas, de modo que "a arte de governar se torna a arte da imposição". Pois a "ordem política não é um padrão estabelecido, mas algo semelhante a um equilíbrio precário", uma "tarefa contínua"[43]. E, por outro lado, mesmo Easton reconhece que as preocupações políticas dizem respeito não apenas ao que é político ou conveniente, mas também a "políticas ('*policy*') para toda a sociedade"; na verdade, ele diz que a primeira concepção é tributária da última[44].

Isso pode sugerir, além do mais, que o discurso político não é apenas propaganda manipuladora, nem apenas uma preocupação moral com os problemas e compromissos de outra pessoa, mas algo como atender a diversas outras pessoas em termos que relacionam seus interesses separados e plurais para um empreendimento comum, para um interesse público comum. Seria, então, característico do discurso político que o significado e o conteúdo do interesse público em si fizessem parte do debate, que fossem vistos de forma diferente das perspectivas diferentes

---

42 WOLIN, *Politics and Vision*, 62; grifo meu. Comparar com ARENDT, *Condição humana*, 28, 48, 61.
43 WOLIN, *Politics and Vision*, 43.
44 EASTON, *The Political System*, 126-128.

dos participantes. Arendt argumenta que esse tipo de pluralidade de perspectivas é precisamente o que caracteriza o mundo político:

> a realidade da esfera pública conta com a presença simultânea de inúmeros aspectos e perspectivas nos quais o mundo comum se apresenta e para os quais nenhuma medida ou denominador comum pode jamais ser inventado. Pois, embora o mundo comum seja o terreno comum a todos, os que estão presentes ocupam nele diferentes lugares, e o lugar de um não pode coincidir com o de outro, da mesma forma como dois objetos não podem ocupar o mesmo lugar no espaço. Ser visto e ouvido por outros é importante pelo fato de que todos veem e ouvem de ângulos diferentes[45].

Não é nenhuma surpresa que tais coisas não possam ser ditas sobre a ciência; mas pode ser uma surpresa que – de uma maneira diferente – tais coisas também não possam ser ditas sobre a moralidade. Na moralidade, também, cada indivíduo possui uma posição única; mas não se diria que a moralidade requer a presença simultânea de inúmeras perspectivas. O discurso moral é um diálogo pessoal; o discurso político diz respeito a um público, uma comunidade e ocorre entre seus membros em geral. Assim, requer uma pluralidade de pontos de vista de saída, e a interação dessas perspectivas variadas, sua conciliação em uma única política pública, embora essa conciliação seja sempre temporária, parcial e provisória.

Arendt afirma que formamos opiniões políticas "considerando um dado tema de diferentes pontos de vista, fazendo presentes em [nossas mentes] as posições dos que estão ausentes". Ela observa que [esse processo de representação[46]]

> não é uma questão de empatia, como se eu procurasse ser ou sentir como alguma outra pessoa, nem de contar narizes e aderir a uma maioria, mas de ser e pensar em minha própria identidade onde efetivamente não me encontro. Quanto mais posições [pontos de vista] de pessoas eu tiver presentes em minha mente ao ponderar um dado problema, e quanto melhor puder imaginar como eu sentiria e pensaria se estivesse em seu lugar, mais forte será minha capacidade de pensamento representativo e mais válidas minhas conclusões finais, minha opinião. [...] É claro que posso recusar-me a fazê-lo e formar uma opinião que leve em consideração apenas

---

45 ARENDT, *Condição humana*, 67.

46 Esse é um importante parágrafo no trabalho de Arendt sobre a representação política e o pensamento kantiano. Nele, ela discute o que é o pensamento político e o processo de representação. Ver ARENDT, HANNAH, Truth and Politics, in: LASLETT, Peter; RUNCIMAN, W. G. (eds.), *Philosophy, Politics and Society*, Oxford, Basil Blackwell, 1967, 115. O mencionado texto "Truth and Politics" ("Verdade e política") faz parte da coletânea publicada da autora *Entre o passado e o futuro*, trad. bras. de Mauro W. Barbosa, São Paulo, Perspectiva, 2005, 299-300: "O pensamento político é representativo". (N. dos T.)

meus próprios interesses ou os interesses do grupo ao qual pertenço; com efeito, nada é mais comum, mesmo entre pessoas altamente experimentadas, do que a cega obstinação que se manifesta na falta de imaginação e na incapacidade de julgar. Mas a autêntica qualidade de uma opinião, como de um [juízo] julgamento, depende de seu grau de imparcialidade[47].

Isso estaria de acordo com pelo menos uma maneira de entender a doutrina de Aristóteles de que o homem é um animal social e político, um animal da *pólis*. Obviamente, Aristóteles não quis dizer que todo homem sempre vive em uma *pólis*, mas que os homens podem se tornar plenamente desenvolvidos, verdadeiramente humanos, exemplificados à perfeição *qua* homens, apenas em uma *pólis*. Mas com o que será que a vida na *pólis* contribui para o pleno florescimento da humanidade do homem que não poderia ser efetuado por nenhuma associação menor – seja a casa, a família, a amizade – nem por outras formas de organização em grande escala? Acredito que a resposta a essa pergunta se encontra no tipo de consciência simultânea de perspectivas inumeráveis sobre uma empreitada pública compartilhada que estivemos discutindo, e na experiência de participar da conciliação dessas perspectivas de ação comum. A família pode ensinar aos homens a moralidade – respeito pelas outras pessoas, reciprocidade de solicitude pessoal. Mas apenas uma *pólis* – uma associação de homens livres e iguais, de cidadãos – pode ensinar os homens sobre o compartilhamento público *im*pessoal, em grande escala. A família pode desenvolver nos homens a capacidade de ir além do egoísmo, em função das necessidades do outro; mas somente a *pólis* pode ensiná-los a relacionar suas próprias necessidades e interesses a um bem público comum e contínuo do qual são apenas uma parte. O que é aprendido dessa forma, Aristóteles chamou de "justiça", e ele, de fato, a considerava um elemento essencial em qualquer homem plenamente desenvolvido e verdadeiramente humano.

Vimos, então, como a linguagem pode servir de modelo de associação e liberdade dentro da ordem; mas como um modelo que deve ser investigado e não aceito cegamente como típico de todas as formas de associação. Indicamos, resumidamente, algumas maneiras pelas quais a associação política pode ser diferenciada – maneiras que têm a ver com as características especiais da ação, particularmente da ação pública coletiva. Tudo isso, é claro, é ainda um esboço. Precisamos de uma análise austiniana e wittgensteiniana, cuidadosa e detalhada aqui, e precisamos colocá-la para funcionar de forma produtiva, a fim de usá-la para repensar alguns dos problemas pendentes na ciência política e na teoria política.

---

47 ARENDT, Verdade e política, 299-300. Comparar com STRAUSS, An Epilogue, 310.

X JUÍZO

As correntes dominantes nas ciências sociais e políticas contemporâneas compartilham o axioma, herdado do positivismo e pouco questionado, de que o mundo inteiro pode ser dividido em duas categorias: fatos e valores; e que todas as afirmações podem ser igualmente divididas entre descritivas e normativas. As primeiras, segundo o axioma, dizem respeito ao que é, as últimas ao que deveria ser; e, desde Hume, sabe-se que não se podem derivar as últimas das primeiras. Na discussão sobre a disputa entre Sócrates e Trasímaco, fizemos uma série de afirmações e suposições que vão contra esse axioma. Argumentamos que os dois homens estavam preocupados com o que *é* a justiça; afirmamos que Sócrates estava lidando com o que os governantes de fato fazem quando agem com justiça; argumentamos que "justiça", ao contrário de "delicioso", está ligada a padrões e justificativas racionais. É hora, agora, de abordar o problema da justificação mais diretamente e examinar a dicotomia axiomática entre "o ser" e "o dever ser" criticamente, a partir de uma perspectiva wittgensteiniana.

A meu ver, a suposta dicotomia não pode sobreviver a tal exame (embora, é claro, a perspectiva de Wittgenstein não seja a única a partir da qual ela pode ser criticada). Isso não significa que Wittgenstein mostre que os fatos e valores são iguais, ou mostre que desejar uma coisa faz com que ela se realize, ou ainda que mostre que relatórios tendenciosos não são diferentes dos objetivos, ou que ensine que não faz diferença se usarmos a propaganda como forma de comunicação. O que uma abordagem wittgensteiniana pode mostrar é que essa distinção não é uma maneira precisa nem útil de dicotomizar os proferimentos nem o mundo; na realidade, os proferimentos e o mundo contêm uma rica pluralidade de elementos dentre os quais fatos e valores são apenas dois. A distinção entre fatos e valores, pode-se dizer, é tão válida e útil quanto aquela entre arenques e frutas. *Claro* que são diferentes, mas isso ninguém questiona. Elas são tão diferentes que não são nem mesmo comparáveis. Mas isso não é razão para tentar classificar o mundo inteiro como (mais ou menos) um arenque ou (mais ou menos) uma fruta. Isso pode ser feito, por exemplo, como um jogo de salão, especialmente se alguém adia os casos difíceis para algum outro momento; mas não é esclarecedor.

A dicotomia foi tão amplamente aceita que seus proponentes agora tendem a considerá-la algo natural e que não pede um questionamento, enquanto os que a criticam tornam-se pouco convincentes e desnecessariamente defensivos. Como resultado, nenhum dos lados sabe explicar com clareza o que significa a distinção. Os autores a rotulam de várias maneiras diferentes que aparentemente consideram equivalentes, mas que obviamente não são. Alguns falam em "o ser" e "o dever ser" ou "o que é" e "o que deveria ser", outros em "fatos" e "valores", ou "afirmações de fatos" e "juízos de valor", outros de proferimentos ou teorias "descritivas" e "normativas", ou de "empíricas" e "normativas", ou ainda de "descritivas" e "prescritivas"[1]. Mas, como já é de se esperar a esta altura da discussão, cada uma dessas expressões tem seu próprio papel característico na linguagem, seu significado e suas implicações distintas; de modo que a linha divisória entre, digamos, fatos e valores, não é absolutamente a mesma que existe entre descrição e prescrição. Na verdade, "linha divisória" é uma expressão falaciosa aqui; qual é a "linha divisória" entre arenques e frutas? A análise austiniana de termos como "voluntário" e "involuntário" sugere que mesmo pares de opostos podem acabar não sendo opostos, mas meramente diferentes. Alguns autores ainda introduzem uma terceira categoria em separado, a de definições ou tautologias. Novamente, as definições certamente são diferentes de fatos e valores, mas nem mesmo essas três categorias cobrem todo o mundo ou todos os nossos proferimentos; e, se tentarmos fazer com que todas as coisas que existem caibam nessas caixas, só iremos conseguir torturar nossas mentes.

Em particular, os defensores da dicotomia entre, digamos, "o ser" e "o dever ser" geralmente têm uma noção bastante clara, embora restrita, do que conta como "o ser", mas "o dever ser" geralmente funciona apenas como uma categoria residual na qual se coloca tudo o mais que existe. Assim, eles classificam teorias científicas gerais junto com observações específicas sobre eventos particulares como parte do "ser", mas tendem a ignorar o *status* dos fatos pessoais – digamos, que estou com raiva ou sofrendo. E "o dever ser" acaba incluindo não apenas valores propriamente ditos, mas obrigações, comandos, desejos, juízos, e assim por diante, que não têm nada em comum, exceto o fato de que eles não fazem parte do "ser" tal como os dicotomistas o definem. É interessante que, a partir do famoso triunvirato "o bom,

---

1 Sobre os riscos dessas perplexidades verbais, ver SESONSKE, Alexander, "Cognitive" and "Normative", *Philosophy and Phenomenological Research*, XVII, set. (1956) 20.

o verdadeiro e o belo", os dicotomistas sempre selecionam o verdadeiro como obviamente uma questão de fato observável ou demonstrável, deixando os outros dois termos como questões obviamente de valor subjetivo. Mas trata-se realmente de uma obviedade?

Outra consequência da ampla aceitação do axioma da dicotomia é que aqueles que deveriam ser seus críticos convincentes tornaram-se desnecessariamente defensivos, admitindo a premissa principal do axioma. Dentro da ciência política, por exemplo, os defensores da dicotomia passaram a distinguir entre o que eles chamam de teorização "empírica", "sistemática" ou "científica", que produz teorias científicas do mundo político; e o que eles chamam de teoria "normativa", que aparentemente abrange tudo, ou a maior parte, do que costumava ser chamado de teoria política. Mas, muitas vezes, aqueles habituados a considerar a teoria política como uma tradição reagem defensivamente: "O trabalho normativo também é importante", segundo eles; "Os alunos devem considerar os valores tanto quanto os fatos"; ou "Defender como as coisas deveriam ser é muito útil para a sociedade". Sem dúvida, que tudo isso corresponde à verdade, mas essa posição pressupõe uma distinção de validade ou relevância duvidosa e aceita uma categorização totalmente falaciosa do que é a teoria política. Mesmo com referência àquelas obras relativamente raras de teoria política, como a *República*, que descrevem explicitamente uma sociedade ideal, essa categorização desvia em vez de promover o entendimento. Pois a *República* tem muito a ver com o ser – por exemplo, como já sugerimos, sobre o que é a justiça. Mas passemos da defesa sumária à investigação.

Comecemos tentando simplesmente classificar os proferimentos sob as duas categorias de "o que é" e "o que deveria ser". Encontraremos um número de enunciados que contêm essas expressões e, portanto, são fáceis de classificar, e muitos outros que não as contêm. Mas, mesmo os proferimentos que contêm a palavra "é" ou a palavra "dever" não correspondem, de fato, ao que os defensores da dicotomia aparentemente supõem. Para muitas afirmações sobre ética, estética, política, muitas avaliações, estimativas, juízos, comandos, sugestões podem ser expressos de forma declarativa. Se alguém disser: "Esta pintura é linda", "Ele foi um homem corajoso", "É imprescindível que você esteja lá" ou "Isso é manifestamente injusto", devemos classificar esses proferimentos como sendo do que é ou do que deveria ser? E se for a segunda alternativa, por quê? Por outro lado, se alguém olha para o céu e diz: "Deve chover amanhã", não estaria fazendo uma previsão factual?

Evidentemente, as palavras "ser" e "dever ser" não podem ser usadas como pedras de toque literais para classificar proferimentos.

Uma segunda alternativa conhecida é classificar os proferimentos pela presença ou ausência de outras "palavras valorativas" características. "Essa lei é injusta" pode usar o verbo "ser", mas pode ser reconhecida como uma afirmação de "dever" pela presença da palavra "injusta". "Injusto", como "bom", "bonito" ou "delicioso", é uma palavra que denota emoção ou valor, usada para expressar os sentimentos e preferências de quem fala. Essas são "palavras de aplauso" e "palavras de vaia", refinamentos convencionais daquelas risadas, lágrimas e grunhidos de prazer que indicam naturalmente nossas reações emotivas ao que encontramos. Essas palavras são inerentemente vagas e subjetivas quanto ao conteúdo; elas limitam-se a expressar os sentimentos do falante. Essa foi a posição, por exemplo, de A. J. Ayer, na sua obra influente *Language, Truth and Logic*[2]. É evidente sua proximidade às ideias iniciais de Wittgenstein no *Tractatus*, de que preocupações "superiores" como beleza, bondade ou justiça "se fazem manifestas", mas não se pode racionalmente, significativamente, falar a seu respeito. *De gustibus non disputandum*.

Uma argumentação mais complexa e sutil é elaborada em *Ethics and Language*, de Charles L. Stevenson, em que juízos de valor ou obrigação são traduzidos como sendo compostos de dois elementos: uma expressão da atitude do falante e um apelo imperativo ao ouvinte para compartilhar essa atitude[3]. Assim, "Isso é bom" ou "Você deve fazer isso" são traduzidos como "Isso eu aprovo; faça isso também". Nessa perspectiva, como na de Ayer, não pode haver base racional ou objetivamente válida para as atitudes de um homem; elas necessariamente contêm um elemento de subjetividade arbitrária. Pode-se passar, racional e objetivamente, de algumas proposições de valor para outras, por meio de fatos relevantes e da lógica. Mas nossos valores formam um sistema hierárquico, de modo que, em última análise, no ápice, deve haver um valor fundamental não fundamentado que o indivíduo meramente postula subjetivamente; valores secundários podem ser deduzidos racionalmente a partir dele, mas ele próprio é irracional. Assim, não pode haver um padrão final de validade ou racionalidade nas discussões sobre valores, a não ser o padrão de eficácia causal na persuasão; tudo o que induz os outros a compartilharem sua atitude é um argumento válido.

---

2 AYER, A. J., *Language, Truth and Logic*, London, Victor Gollancz, 1936.
3 STEVENSON, Charles L., *Ethics and Language*, New Haven, Yale University Press, 1960, 24 e passim.

Ora, pelo menos uma dificuldade desta argumentação é evidente, de cara. Os chamados termos valorativos são parte de nossa linguagem e regidos pela gramática exatamente como outras palavras. Isso significa que aprendemos palavras como "justiça", "bonito" e "bom" da mesma maneira que aprendemos palavras como "comprimento", "correr" ou "magenta" – ouvindo-as e, posteriormente, usando-as nós mesmos. O sentido das palavras do primeiro grupo, e o modo como a gramática determina seu uso não dependem de nós como indivíduos, tal como não dependem de nós os significados e os usos gramaticais das palavras do segundo grupo. Ou seja, em certo sentido e em determinada medida, dependem de cada um de nós; podemos nos desviar das regularidades de certas maneiras e podemos estender e mudar significados de certos modos. Mas nem todo proferimento novo ou desviante será uma metáfora, uma redefinição, uma extensão do significado, em vez de um erro ou de uma esquisitice. Portanto, os significados desses termos não são nem mais nem menos subjetivos do que os significados de outras palavras, se por "subjetivo" queremos dizer que seus significados estão simplesmente a cargo de cada indivíduo.

Além disso, essas palavras diferem claramente umas das outras em significado, e diferem de maneiras que não são vagas nem subjetivas. Longe de serem redutíveis a gritos de prazer ou desprazer, aos "vivas" e "vaias", elas têm esferas de significado bastante definidas e restritas, regidas pela gramática como o resto de nossa linguagem. "Bom" difere no significado não apenas de "mau", mas igualmente de "belo", "excepcional", "excelente", "satisfatório", "legal", e assim por diante. Claro, se tivermos de explicar para um estrangeiro o significado de "excelente" em poucas palavras, diremos que significa "bom" (em vez de, digamos, "ruim"). Mas isso é apenas uma primeira aproximação, e esses termos não são, de forma alguma, intercambiáveis; e suas regiões de uso não são definidas subjetivamente por cada locutor. Por exemplo, como Ziff observa, o fato de nossa linguagem conter palavras como "excelente", "magnífico" e "excepcional" torna "bom" um termo relativamente moderado e desapaixonado. Assim, chamar uma pintura de boa pode ser censurá-la com um elogio fraco. "Eu não diria: 'Guernica é uma pintura boa', já que é uma pintura magnífica. Tampouco diria: 'O quadro de Fouquet com Agnès Sorel como a Madona é uma pintura boa', porque é uma pintura primorosa."[4] O sentido do que é dito depende do que mais poderia ter sido dito, mas não foi. Ziff afirma que chamar Guernica de "bom" é pouco, mas acrescenta: "se estou errado em fazê-lo é

---

4 ZIFF, Paul, *Semantic Analysis*, Ithaca, Cornell University Press, 1960, 147.

irrelevante aqui; dado que sinto o que sinto por *Guernica*, seria um tanto estranho para mim proferir ['*Guernica* é uma pintura boa.']"[5].

Ziff acrescenta uma observação ainda mais forte: "'magnífico', 'grandiosa', 'excepcional', todas estas palavras se aplicam a *Guernica*: mas me pareceria estranho usar 'bom' aqui, e estranho para qualquer um usar 'graciosa', 'elegante'"[6]. Ziff diz que seria estranho para ele usar "bom" aqui, dado o que ele sente por *Guernica*; "bom" não seria uma tradução exata de seu juízo. Presumivelmente, a razão pela qual seria estranho alguém chamar *Guernica* de "graciosa" ou "elegante" é que seria estranho para qualquer um achar *Guernica* graciosa ou elegante; sentiríamos alguma relutância em aceitar os padrões de beleza de tal pessoa como padrões de beleza, ou em acreditar que ela realmente olhou para *Guernica*. Esses desvios são uma questão de grau e temos várias opções para interpretá-los.

A questão de saber se *Guernica* é uma pintura graciosa é uma questão de valor subjetivo ou de fato objetivo? Aparentemente, a linha divisória não é tão clara como se poderia supor. Pode parecer óbvio que "bom" e "mau" ou "bonito" e "feio" são expressões subjetivas, palavras valorativas. Mas a maior parte do nosso vocabulário simplesmente desafia a classificação nessas categorias. Se eu chamar uma pintura de "bela", posso estar fazendo um juízo de valor, expressando meus sentimentos subjetivos a respeito dessa pintura. Mas e se eu disser que é "delicada", "decorativa", "estilizada", "simbolista" ou que o pintor "tem uma paleta sombria"? Se eu chamo uma ação de "boa", posso estar fazendo um juízo de valor expressando sentimentos subjetivos sobre aquela ação. Mas e se eu disser que foi "acidental", "involuntária", ou "voluntária" e "deliberada"? A escolha entre "matar", "homicídio", "assassinato" e "execução" é uma questão de fato objetivo ou de valor subjetivo?

A verdade é, a meu ver, que nenhuma palavra é por natureza "expressiva", "avaliativa", "factual" ou "objetiva". O que importa não é o caráter ou o significado de uma palavra em particular, mas como essa palavra é usada em determinados proferimentos, seja para expressar emoção, afirmar fatos, comandar, recomendar, descrever, explicar ou de outras maneiras. Certas palavras tendem a ser mais usadas em certos tipos de discurso, porque seu significado é associado a uma área da vida humana em que esse tipo de discurso é frequente. Mas elas não precisam ser usadas dessa maneira, nem são essenciais para esse tipo de discurso. Muito poucas palavras em inglês se correlacionam intimamente com atos de fala específicos, como "*hello*"

---

5 Ibid., 221.
6 Ibid.

["olá"], que é usado principalmente, mas não exclusivamente, para saudar[7]. Claramente, palavras como "*good*" ["bom"], "*beautiful*" ["bonito"] e "*just*" ["justo"] podem ser usadas para elogiar, recomendar ou aprovar algo. Mas também o podem "*true*" ["verdadeiro"], "*flat*" ["plano"] ou "*seldom*" ["raramente"]. E mesmo palavras como "*good*" ou "*just*" não são usadas apenas para elogiar ou aprovar. Se alguém disser: "*Be sure to do a good job!*" ["Não deixe de fazer um bom trabalho!"], "*Is that a good example?*" ["Esse é um bom exemplo?"], "*That account of 'good' is not good enough*" ["Essa explicação do sentido de 'bom' não é boa o suficiente"] ou "*No news is good news*" ["Não haver notícias é uma boa notícia"], não estará elogiando ou aprovando nada[8].

Segundo Wittgenstein, o que torna uma palavra uma expressão de aprovação não é o significado da palavra específica, nem a forma do proferimento, mas "o jogo em que aparece". Assim, para estudar o juízo estético, deve-se concentrar

> não nas palavras "bom" ou "belo", [...] mas nas ocasiões em que são ditas – na situação extremamente complicada em que a experiência estética tem lugar, em que a própria expressão ocupa um lugar quase desprezível. Se você veio para uma tribo estrangeira, cuja língua lhe era desconhecida e você queria saber quais palavras correspondem a "bom", "belo" etc., pelo que você procuraria? Procuraria por sorrisos, gestos, comida, brinquedos[9].

Para estudar avaliações ou elogios, "não partimos de certas palavras, mas de certas ocasiões ou atividades". E na realização real de, digamos, juízos estéticos, palavras como "belo" ou "gracioso"

> dificilmente desempenham qualquer papel. Usam-se adjetivos estéticos em uma crítica musical? Você diz: "Olhe para essa transição", ou "A passagem aqui é incoerente". Ou você diz, em uma crítica poética: "Seu uso de imagens é preciso." As palavras que você usa são mais parecidas com "certo" e "correto" (ao modo como essas palavras são usadas no discurso comum) do que "lindo" e "gracioso"[10].

---

7 Ibid., 228.

8 Ibid., 229-230.

9 WITTGENSTEIN, Ludwig, *Lectures and Conversations on Aesthetics, Psychology and Religious Belief*, BARRETT, Cyril (ed.), Berkeley; Los Angeles, University of California Press, 1967, 2.

10 Ibid., 3; comparar com SESONSKE, Alexander, *Value and Obligation*, New York, Oxford University Press, 1964, 8.

De forma análoga,

O que uma pessoa que conhece um bom terno diz quando experimenta um terno no alfaiate? "É o comprimento certo", "É muito curto", "É muito estreito" [...] Em vez de "É muito curto", eu poderia dizer; "Olhe!", ou em vez de "Certo", posso dizer: "Deixe como está". Um bom alfaiate pode não usar nenhuma palavra, mas apenas fazer uma marca de giz e depois alterá-la[11].

Em suma, dizer que uma palavra como "justiça" é um termo de valoração usado para expressar aprovação a algo e estimular a aprovação de terceiros não ajuda muito. Sem dúvida, a palavra pode ser usada dessa forma, mas qualquer outra palavra também pode. E mesmo se "justiça" transmitisse um tipo de aprovação, essa explicação ainda deixaria de levar em conta as diferenças de tipo e conteúdo de aprovação entre "justo", "bonito", "bom", "delicioso", e assim por diante. Dizer que uma decisão foi justa não é dizer que foi uma delícia, e dizer que uma pintura é bela não é dizer que ela é justa. Qual termo é apropriado não depende de como o falante se sente, mas das situações nas quais ele fala e sobre as quais ele fala, e dos significados que essas palavras têm em inglês[12]. Podemos ou não valorizar, desejar ou recomendar algo que acreditamos ser justo, bom ou delicioso. Mas isso não ocorre porque tenham sido causadas associações agradáveis com essas palavras por meio de algum tipo de condicionamento psicológico. Valorizamos um juízo justo ou uma sociedade justa porque sabemos o que é justiça. Consequentemente, haverá outros casos em que não se valoriza algo, mesmo que se reconheça que é justo, porque o que se quer ou do que se precisa naquele ponto é injustiça, ou alguma outra qualidade totalmente diferente.

Os valores de um indivíduo são uma coisa; o sistema conceitual de sua linguagem, que inclui implicações referentes a juízos e comprometimento, é outra completamente diferente. E, em ambos, os valores e compromissos não estão necessariamente organizados de modo hierárquico, baseando sua justificativa final em algum comprometimento irracional superior, inquestionável e arbitrário. O que percebemos aqui, como tantas vezes na filosofia, é que, em argumentos específicos, às vezes remonta-se de um juízo a outro, mais básico. Mas isso não significa que exista uma análise hierárquica final correta dos valores em nossa língua, ou dos

---
11 WITTGENSTEIN, *Lectures and Conversations*, 5.
12 Ou em qualquer língua que esteja em uso na situação dada. (N. dos T.)

valores de qualquer pessoa em particular[13]. Nossos "valores" não se organizam de modo a formar uma hierarquia geral, o que também não ocorre com nossas crenças e nosso conhecimento; eles estão inter-relacionados de forma múltipla e flexível, e todos estão, parcialmente, embutidos em nossos conceitos, porém de forma flexível. Se uma pintura é graciosa ou sombria, se uma passagem musical é incoerente, se uma ação foi feita por engano, estas são questões que desafiam a classificação na dicotomia fato-valor. Devemos concluir ou bem que às vezes se trata de um, às vezes do outro, ou bem que são as duas coisas ao mesmo tempo, e que há algo de errado com a dicotomização.

DERIVANDO "DEVER" DE "SER"

Aqueles que dicotomizam o mundo em fatos e valores geralmente também citam a famosa doutrina que costumam atribuir a Hume, de que "não se pode derivar um 'dever' de um 'ser'". Mas, se na verdade palavras e proferimentos não podem ser classificados sem ambiguidade em uma ou outra dessas categorias, então não se trata de derivação; nenhuma derivação é necessária. Vários filósofos wittgensteinianos e da linguagem ordinária desenvolveram exemplos sobre este tópico nos últimos anos. G. E. M. Anscombe, por exemplo, vem tentando demonstrar que o simples "fato bruto" de que você tenha pedido e recebido mantimentos de uma loja e ainda não tenha pago por eles normalmente é suficiente para mostrar que você deve dinheiro ao dono da mercearia, tem a obrigação de pagar[14]. (É claro que em circunstâncias específicas não é sempre assim: se os mantimentos forem um presente, se o dono da mercearia lhe devesse dinheiro, e assim por diante. Mas essas circunstâncias também são factuais.) Se você "comprou", mas ainda não "pagou", então você "tem uma dívida"; é isso que essas palavras significam. A ideia de dívida é, de fato, uma mera convenção social, mas o mesmo ocorre também com os fatos brutos do caso. Ou, pelo menos, embora alguns dos fatos possam parecer mais "brutos" do que outros, é muito difícil precisar onde terminam os fatos e começam as obrigações, ou mesmo se tal ponto sequer existe.

---

13 Comparar com SESONSKE, *Value and Obligation*, 53; com WITTGENSTEIN, Ludwig, *Philosophical Investigations*, trad. ing. de G. E. M. Anscombe, New York, Macmillan, ³1968. Trad. bras.: *Investigações filosóficas*, de Marcos Montagnoli, Petrópolis, Vozes, ⁴2005, § 91.

14 ANSCOMBE, G. E. M., On Brute Facts, *Analysis*, 18, jan. (1958) 69-72; comparar com CAVELL, Stanley, *Must We Mean What We Say?*, New York, Charles Scribner's Sons, 1969, 28 n, que aponta que esse é o motivo pelo qual Kant sustentou que "um depósito em dinheiro deve ser devolvido porque, se o destinatário se apropriasse dele, não seria mais um depósito".

Do mesmo modo, John Searle tentou demonstrar que o fato de alguém ter dito "Eu prometo" em circunstâncias factuais apropriadas (ele não está citando, brincando, recitando, e assim por diante) já é suficiente para mostrar que ele tem a obrigação de o performar[15]. Se ele prometeu, ele tem uma obrigação; isso é o que significa "prometer". Claro, os fatos em tais exemplos são o que Searle chama de "fatos institucionais"; eles estão no domínio das instituições e ações humanas, e vimos que isso significa que sua identificação é coisa diferente de se descobrir a gravidade específica de um metal ou a altura de uma montanha[16]. Mas é difícil negar que são fatos, ou de classificá-los como valores.

Esse breve resumo não faz justiça aos argumentos de Searle e de Anscombe, mas, mesmo quando expressos na sua melhor forma, os argumentos desse tipo tendem a não convencer as pessoas que acreditam no axioma da dicotomia. Pois é provável que lhes pareça que Anscombe e Searle se deixaram levar pela banalização comum, e provaram, no máximo, uma conexão *na linguagem* entre palavras como "promessa" ou "dívida" e palavras como "obrigação". O que precisa ser mostrado, contudo, é uma conexão entre os fatos, no mundo real, e a obrigação real e vinculativa. Mas essa demanda não pode ser aceita de modo acrítico, pois Wittgenstein nos ensinou a ser cautelosos sobre a possibilidade de separar tais fatos e obrigações dos conceitos através dos quais os pensamos. Quem acredita na dicotomia entre fatos e valores objetará: "Mas como pode o simples fato de se fazerem certos ruídos em certas circunstâncias dar origem a uma obrigação? Certamente há uma premissa de valor oculta suprimida aqui, de que as promessas obrigam, de que promessas devem ser cumpridas. Searle dá a impressão de que é impossível questionar o poder obrigatório das promessas, mas não é. Podemos questionar, e às vezes questionar as instituições sociais é de extrema importância". Precisamos, no entanto, examinar cuidadosamente esse argumento e suas premissas.

Quando alguém se compromete a questionar se uma promessa obriga mesmo, o que está questionando? Como ele definiria promessa no próprio questionamento que faz? Poderia optar por defini-la como (aproximadamente) obrigações assumidas pelo falante, uma prática social composta do que é dito e o que deve ser subsequentemente feito, dando à palavra seu significado completo (socrático). Mas

---

15 SEARLE, John, How to Derive "Ought" from "Is", *Philosophical Review*, LXXIII, jan. (1964) 43-58. Searle aponta (p. 44) que suas derivações não são estritamente "implicadas", mas também não são apenas contingentes.

16 Ibid., 54; comparar com ANSCOMBE, On Brute Facts, 70: "O pedido e o fornecimento de batatas formam um conjunto de eventos, e algo é uma conta, apenas no contexto das nossas instituições".

então, ele não deveria se surpreender diante da constatação de que as promessas criam obrigações. Nesse caso, é o questionamento dele que causa perplexidade. Provavelmente, ele definirá que (o que chamamos de) "promessa", o fato empírico de pronunciar certas palavras em certas circunstâncias, convencionalmente cria (o que chamamos de) "obrigações". Nesse caso, seu questionamento é compreensível, mas a resposta é negativa: as (coisas que chamamos de) "promessas" não criam obrigações necessariamente, ainda que normalmente se diga que elas criem (o que chamamos de) "obrigações". Uma (coisa que chamamos de) "promessa" pode acabar não sendo uma promessa real, caso em que ela não cria obrigações. Uma palavra como "promessa", que tem a ver com ação, tem aspectos formais e substantivos de significado, como sugerimos anteriormente. Ela tem tanto funções de sinalização quanto de rotulagem. Pode ser usada às vezes com todo o seu peso de sinalização, o que inclui suas consequências obrigatórias para o compromisso; mas, outras vezes, é usada como se estivesse entre aspas, para falar do que chamamos de promessa, o que formalmente parecia uma promessa. Tanto o "fato" quanto a "obrigação" fazem parte da gramática da "promessa", estando conectados em graus variados com formas variadas da palavra (verbo ou substantivo, primeira ou terceira pessoa, e assim por diante). *Se* algo é uma promessa não apenas na forma, mas em substância e com todo o peso do significado do termo, *então* deve dar origem a uma obrigação.

Mas isso não significa necessariamente, como o argumento de Searle parece de fato sugerir, que seja impossível questionar obrigações ou instituições convencionais. Podemos, sob certas circunstâncias, questionar de forma competente e significativa o que é convencionalmente considerado obrigatório. Mas, quando o fazemos, estamos questionando o conceito e a instituição como um todo, não apenas seu "componente valorativo". Não estamos perguntando se as promessas devem criar obrigações, mas se a instituição da promessa deve existir. É difícil imaginar uma tribo entre a qual as promessas não criem obrigações, porque não sabemos o que imaginar o que seria uma "promessa" entre eles; se "isso" não dá origem a nenhuma obrigação, por que chamá-lo de promessa? Mas talvez possamos imaginar uma tribo na qual não exista a instituição da promessa; isso vai depender de se a promessa é uma convenção cultural como o são a *suttee*[17] e a escravidão, ou se, em

---

[17] *Suttee*, "*good woman*" ou "*chaste wife*" ("boa mulher" ou "esposa casta") é um antigo costume entre algumas comunidades hindus, segundo o qual a esposa se imolava na pira funerária de seu marido morto. Embora nunca amplamente praticado, era o ideal de devoção feminina mantido por certos brâmanes e castas reais, ligado ao mito da deusa hindu Sati, filha do deus Shiva. Cf. DONIGER, Wendy, "*suttee*", *Encyclopedia Britannica*, 8 May. 2019, disponível em: https://www.britannica.com/topic/suttee, Acesso em: 24 jan. 2022. (N. dos T.)

vez disso, faz parte das formas de vida humanas naturais e necessárias. Podemos imaginar uma tribo que não reconhece nenhum modo formal ou especial de prometer, de dar a palavra; mas se interpretarmos a promessa de forma mais ampla, de modo a incluir todas as maneiras ordinárias e implícitas de dar a palavra, a instituição e seu poder obrigatório parecerão essenciais à própria vida social humana, de modo que deverão ser aceitos.

Ao argumento de que o fato de alguém ter prometido não pode dar origem a uma obrigação sem a premissa de valor implícita de que as promessas criam obrigações, deve-se responder que tal premissa não é necessária porque já está contida no conceito do que é uma promessa e, portanto, na afirmação do fato. A lacuna aparente entre os fatos e a obrigação é a nossa lacuna comum entre os aspectos de rotulagem e sinalização da gramática da palavra (por exemplo, entre o que se afirma ao dizer "Eu sei" e o que temos a dizer). Ou seja, não existe lacuna. Ou, alternativamente, a lacuna é preenchida pelo ato de falar, o compromisso assumido em chamar o que alguém fez de "prometer". Portanto, o problema não está em como se podem derivar valores de fatos. Nenhuma derivação é necessária. Os valores já estão nos fatos, ou melhor, há algo radicalmente errado com a suposição de que tudo deve ser ou um fato ou um valor.

Podemos fazer a mesma argumentação em um nível diferente se olharmos para as chamadas proposições "normativas" e "descritivas", para regras e descrições. Wittgenstein observou bem cedo que "toda regulamentação (*Vorschrift*) pode ser entendida como uma descrição, toda descrição como uma regulamentação"[18]. Cavell observa que se realmente olharmos para as regras, buscá-las em livros sobre jogos, gramáticas ou procedimentos parlamentares, encontraremos a grande maioria das regras formulada no modo indicativo.

> No *Hoyle's Rules of Games*, encontramos afirmações como: "O oponente à esquerda do jogador que dá as cartas faz a primeira jogada [...] O parceiro de quem deu as cartas coloca sua mão inteira virada para cima sobre a mesa, com seus trunfos, se houver, à direita. A mão exposta é o *morto* [...] O objetivo do jogo é apenas ganhar vazas, a fim de cumprir ou derrotar o contrato"; no *Robert's Rules of Order*, as regras tomam forma, "O pedido privilegiado de suspensão da sessão tem precedência em relação a todos os outros, com exceção de pedido privilegiado de 'determinação do

---

18 WITTGENSTEIN, Ludwig, *Philosophische Bemerkungen*, RHEES, Rush (ed.), Oxford, Basil Blackwell, 1964, 59; minha versão traduzida direto do alemão. Trad. bras.: *Observações filosóficas*, de Adail Sobral e Maria Stela Gonçalves, São Paulo, Loyola, 2005, 74.

momento de suspensão', diante do qual ele deve ceder" [...]; numa gramática do inglês escolhida ao acaso encontramos, "radicais mudos que formam o nominativo singular pela adição de -s no caso de masculinos e femininos [...] Antes do -s do nominativo singular, as labiais surdas (p, b) permanecem inalteradas"[19].

À primeira vista, essas regras parecem comandos, dizendo o que se deve ou tem que fazer; mas, encaradas sob um outro ângulo, são o que sua forma indicativa sugere: afirmações descritivas de como alguém faz certas coisas, como jogar bridge ou falar inglês. Cavell argumenta que a explicação dessa complementaridade

> tem a ver com o fato de que seu tema são as ações. Quando dizemos como uma ação é feita (como agir), o que dizemos pode relatar ou descrever a maneira como *de fato* a fazemos [...] mas também pode mostrar uma maneira de fazer ou dizer algo que deve ser *seguido*. [Se tais expressões] são entendidas como afirmações de fatos nas quais é necessário acreditar, são afirmações; se são tomadas como orientações que devem ser seguidas, são regras. Tais expressões não são regras "em si mesmas" nem afirmações (sintéticas), do mesmo modo que outras expressões não são, em si mesmas, postulados, conclusões, definições ou respostas[20].

É por isso que as observações de Sócrates sobre a justiça são tanto sobre o ser como sobre o que deveria ser, porque ele nos diz não apenas o que os homens devem fazer, mas o que eles, de fato, fazem quando agem com justiça.

Claro, as regras às vezes são espécies de imperativos, mas nem sempre. "No artigo da *Britannica* (11ª edição) sobre xadrez, apenas um dos vinte parágrafos que descrevem o jogo é intitulado 'Regras', e somente ali é dito o que *devemos* fazer. Este parágrafo trata de assuntos como a convenção de dizer '*j'adoube*' ao tocar em uma peça para endireitá-la"[21]. Talvez coisas desse tipo sejam diferentes de afirmações sobre como as peças se movem, já que as penalidades impostas por jogadas erradas diferem das jogadas que determinam se estamos, de fato, jogando,

> de modo que diríamos tranquilamente que podemos jogar (estar jogando) xadrez sem o "*j'adoube*" convencional, mas afirmaríamos bem menos tranquilamente que

---

19 CAVELL, *Must We Mean What...*, 15.
20 Ibid.
21 Ibid., 25.

seria possível jogar sem seguir a regra de que "a dama se move em qualquer direção, na horizontal, na vertical e na diagonal, para a frente ou para trás"[22].

A diferença parece ser entre fazer alguma coisa mal, erradamente, estranhamente, de modo inepto, parcialmente, e simplesmente *não* fazê-la. Isso sugeriria que a forma declarativa é para aquelas ações que são fáceis, naturais, normais para nós; e o imperativo para aquelas que exigem que sejamos preparados, admoestados ou lembrados de fazer. Se antes da introdução do xadrez nossa cultura tivesse jogado outro jogo bastante semelhante no qual a "dama" se movesse como um cavalo do xadrez, poderíamos precisar de uma admoestação de que "você deve mover a dama em linha reta"[23].

Assim, a mesma regra pode ser formulada de maneiras bastante diversas, dependendo das situações da pessoa que fala e da pessoa a quem ela se dirige. Expressões como "Você deve (tem que, é obrigado a) mover a dama em linha reta" afirmam a mesma coisa que o imperativo "Mova a rainha em linha reta (você, na verdade, sempre move a rainha em linha reta)". Segundo observa Cavell:

> Qual deles você dirá em uma determinada ocasião não depende de nenhum motivo ou desígnio especial seu, nem de qualquer modo especial de argumentação. Não se trata de *passar de* "ser" para "dever ser", mas apenas de considerar qual deles deve ser dito quando, por exemplo, se levam em conta a posição e as circunstâncias da pessoa com quem você está falando. O que quer que torne uma das afirmações verdadeira, as torna todas verdadeiras, embora nem todas sejam adequadas[24].

Sua adequação depende das circunstâncias em que alguém opta por dizê-las a outra pessoa; e é claro que as formas diferem, a esse respeito, de maneiras que não são de forma alguma arbitrárias ou subjetivas, mas regidas pela gramática. Cada uma das diferentes formas tem seu próprio pano de fundo distinto e, portanto, implicações. Há uma série de formas diferentes para escolher, do que Cavell chama de "imperativos modais", como "*shall*" ["modal de futuro"], "*will*" ["modal de futuro"], "*must*" ["tem que"], "*should*" ["deve, devia, deveria"], "*ought to*" ["sinônimo de *should*"], "*might*" ["poderia"], "*may*" ["pode"], "*are to*" ["tem que"], e assim por diante. Cada um deles difere em suas suposições, implicações e contexto

---

22 Ibid.
23 Ibid., 26 n.
24 Ibid., 27.

apropriado, de maneiras reguladas pela sua gramática. "*To tell me what I must do is not the same as to tell me what I ought to do*" ["Dizer-me o que eu tenho que fazer não é o mesmo que dizer-me o que eu deveria fazer"]²⁵. A dama se move em linhas retas; ou, se é necessário fazer uma advertência, você tem que movê-la em linha reta. Mas

> o que significaria dizer-me que eu *ought* ["devia"] mover a dama em linha reta? "*Ought*", ao contrário de "*must*" ["tem que"], implica que há uma alternativa; "*ought*" implica que você pode, se optar por isso, fazer o contrário. Isso *não* significa meramente que há algo mais a fazer que esteja em seu *poder* ("Eu *posso* mover a dama assim como o cavalo; veja só!"), mas que ele faz parte dos seus *direitos*. Mas se eu disser, verdadeira e apropriadamente, "*You must*" ("Você tem que") [...] então, num sentido absolutamente correto, nada do que você fizer pode provar que estou errado. *Você* PODE *mover o pequeno objeto chamado* dama *de várias maneiras, você pode erguê-la ou jogá-la longe*; nenhum desses movimentos consistirá no que se entende por *mover a dama* [...] Mais uma vez, se eu pedi dinheiro emprestado, eu *must* (em circunstâncias normais) pagá-lo de volta (embora seja bastante doloroso). Faz sentido dizer-me que eu *ought* reembolsá-lo, apenas se houver uma razão específica para supor, digamos, que a pessoa de quem recebi o dinheiro *pretendia dá-lo* a mim, em vez de apenas *emprestá-lo* (no entanto, ela precisa muito do dinheiro, mais do que eu imagino), ou se houver um motivo para pagar amanhã em vez de na próxima semana, quando a dívida vencer (vou economizar juros; apenas irei gastá-lo e terei que fazer outro empréstimo)²⁶.

Da mesma forma, se você fez uma promessa, tem uma obrigação já à primeira vista de cumpri-la. Se você for tentado a não fazê-lo, posso adverti-lo de que "*you must*" ("você tem que"); isso não é o mesmo que dizer que "*you should*" ou "*you ought*". Este último só faz sentido quando (e, portanto, implica que) você tem um motivo para quebrar a promessa que seja forte o suficiente para permitir que você o faça sem culpa, de modo que você tem uma alternativa real, só que eu o exorto a fazer um esforço ou sacrifício especial. Este é um dos motivos pelos quais a formulação comum na filosofia, do que é considerado um preceito moral típico, de que "Você *ought* ["deveria"] cumprir suas promessas", é tão esquisito e produz discussões tão esquisitas. Tanto "*ought*" ("deveria") quanto "*must*" ("tem que") aqui

---

25 Ibid., 27-28.
26 Ibid., 28.

sugerem que "sempre desejamos fortemente escapar ao cumprimento das promessas". Além disso, "*ought*" ("deveria") sugere ainda "que sempre temos alguma boa razão (ao menos, à primeira vista) para não as cumprir (talvez um incômodo pessoal profundo) e que, portanto, estamos agindo *bem* quando as cumprimos. Mas não estamos, normalmente; nem bem nem mal"[27].

Todos os imperativos modais só fazem sentido no contexto em que temos conhecimento do que está fazendo a pessoa a quem nos dirigimos, ou da posição em que ela está – de que está fazendo certa coisa, mas correndo o perigo de fazê-la mal, inadequadamente, de modo contraproducente, e assim por diante. O que nós "*may*" ["podemos"], "*should*" ["deveríamos"], "*must*" ["temos que"], "*are allowed*" ["temos permissão de"], "*are supposed*" ["temos que"], "*ought to*" ["deveríamos"] fazer depende de quem somos e do que estamos empenhados em fazer, do que podemos ou estamos em condições de realizar. Os imperativos modais, diferentemente de um imperativo ou ordem,

> requerem o reconhecimento de uma posição ou ação contextual na qual a ação relevante é situada [...]. Para dar uma ordem, basta eu ter poder ou autoridade, e as únicas características que devo reconhecer no objeto do comando são aquelas que me dizem que o objeto está sujeito ao meu poder ou à minha autoridade. Empregar um "imperativo" modal, no entanto, requer que eu reconheça o objeto como uma pessoa (alguém fazendo algo ou em determinada posição) a cuja razoabilidade (razão) apela-se ao usar a segunda pessoa. (Comparem-se "Abre-te, Sésamo!" com "Tu tens que abrir, Sésamo".)[28]

Assim, as ordens, os imperativos não são, de forma alguma, o paradigma dos proferimentos morais, como também não são dos proferimentos factuais; eles constituem uma alternativa ao paradigma.

VERIFICAÇÃO E MODO IMPESSOAL

Outra maneira ainda de tentar distinguir "o ser" do "dever ser", frequentemente invocada por defensores da dicotomia, e derivada do positivismo lógico, é o critério de falseabilidade. Afirma-se que um proferimento diz respeito a um fato, ou seja, o que "é", se puder, *em princípio*, ser refutada por evidência empírica encontrada

---
27 Ibid., 30.
28 Ibid., 30-31.

na experiência²⁹. Mas que tipo de proferimentos seriam, em princípio, de fato refutáveis pela experiência ou pela observação? Certamente, quando se julga uma pintura graciosa ou sombria, um homem corajoso ou cruel, uma ação acidental ou equivocada, isto é feito com base na observação e na experiência. Claro, outros podem discordar, mas isso também é verdade no caso das observações "factuais" de eventos físicos. Em ambos os tipos de asserções, parece que é possível estar certo ou errado, evidências e argumentos podem ser reunidos para apoiar o que é dito. O dicotomista responderá que, em afirmações de fato, estamos de acordo quanto às evidências que, em princípio, refutariam a afirmação de forma decisiva. Mas isso é realmente sempre verdadeiro para proposições científicas ou gerais do senso comum sobre eventos físicos? E seria realmente sempre falso em nossos juízos sobre ações ou obras de arte?

O fato é que, dentro de um campo de discurso como a ética ou a estética, distinguem-se mera propaganda, preferência pessoal e semelhantes do juízo genuíno com base no conhecimento³⁰. Como Ziff destaca, a impressão inicial de implausibilidade de equiparar "Isso é bom" com "Isso eu aprovo; aprove você também!" resulta do fato de que a primeira expressão, mas não a segunda, "possui a forma de uma observação impessoal"³¹. É uma observação sobre o objeto, não sobre o falante ou a pessoa a quem se dirige. Ao dizer que uma determinada pintura é boa, estamos "presumivelmente falando sobre a pintura, ao passo que ao dizer 'Aprovo essa pintura' a pessoa está claramente dizendo a alguém algo sobre si mesma." Além disso, pode-se enfatizar o aspecto impessoal de "Essa pintura é boa" de várias maneiras. Por exemplo, se diz: "Essa pintura é boa, mas não gosto dela". E certamente não há nada de estranho em "Essa batata está boa, mas eu detesto batatas" ou "Essa chave

---

29 Ver, por exemplo, SESONSKE, "Cognitive and Normative", 2; PAP, Arthur, *Elements of Analytic Philosophy*, New York, Macmillan, 1949, 124.

30 Comparar com SESONSKE, *Value and Obligation*, 13: "Nada neste uso do senso comum indica que as afirmações éticas são consideradas verdadeiras ou falsas em qualquer sentido diferente do que as afirmações não éticas. Nossas respostas verbais são, em geral, bastante semelhantes e nosso comportamento segue o mesmo padrão em ambos os casos. Se aceitamos uma afirmação como verdadeira, ajustamos nosso comportamento para estar de acordo com ela; se duvidamos dela, buscamos justificações e se razões satisfatórias forem dadas, então admitimos que a afirmação é verdadeira." Ou compare com MAYO, Bernard, *Ethics and the Moral Life*, Londres, Macmillan, 1958, 86-88, que cita, supreendentemente, David Hume, sobre a objetividade no juízo como paralela à objetividade na percepção física.

31 ZIFF, *Semantic Analysis*, 233; comparar com SEARLE, John, *Speech Acts*, Cambridge, Cambridge University Press, 1969, 139: "'Se isso é bom, então devemos comprá-lo', não equivale a 'Se eu recomendo isso, então devemos comprá-lo'. 'Isso costumava ser bom', não equivale a 'Eu costumava elogiar isso'. 'Eu me pergunto se isso é bom' não equivale a 'Eu me pergunto se eu recomendo isso' etc."

de fenda é boa, mas não tenho interesse em chaves de fenda"³². Por outro lado, até mesmo o comentário impessoal sobre uma pintura tem algumas implicações pessoais. Assim, embora "Essa pintura é boa, mas eu não gosto dela" soe bastante natural, dificilmente se poderia dizer "Essa pintura é boa e não gosto dela" – exceto, como Ziff aponta, em um "contexto bastante especial, por exemplo, um em que alguém tenha dito que eu, de fato, gosto de todas as pinturas boas"³³.

O que Ziff chama de "forma impessoal" de um proferimento como "Isso é bom", o que o separa de uma afirmação de aprovação ou preferência pessoal, é o que Kant chama de "falar em uma voz universal"³⁴. Kant distingue dois tipos de "juízo estético" ou juízo de gosto: o "gosto das sensações" e o "gosto das reflexões"³⁵. Cavell descreve a distinção da seguinte maneira:

> O primeiro diz respeito apenas ao que achamos agradável, o último deve – deve por motivos lógicos, alguns de nós diriam – dizer respeito e afirmar mais do que isso. E é apenas no segundo cujo tópico é o belo, isto é, cujo papel seria o estético em seu sentido mais comum. O algo a mais que esses juízos devem fazer é "exigir", "imputar" ou "reivindicar" validade geral, acordo universal [...]; e, quando assim julgamos, continuamos a afirmar este acordo, embora saibamos, por experiência, que ele não será aceito³⁶.

Kant diz que aquele que chama uma pintura de bela ou boa fala como se julgasse "não apenas por si mesmo, mas por todos os homens"; exige "a concordância de todos"³⁷.

Kant também expressa essa ideia ao dizer que falamos "da beleza como se fosse uma propriedade das coisas". Cavell explica:

---

32 Ziff, *Semantic Analysis*, 233.

33 Ibid., 235.

34 Kant, Immanuel, *Critique of Judgment*, seções 7 e 8, citadas em Cavell, *Must We Mean What We Say?*, 89. Trad. bras.: *Crítica da faculdade de julgar*, de Fernando Costa Mattos, Petrópolis, Vozes, Bragança Paulista, Editora Universitária, São Francisco, 2016, Coleção Pensamento Humano, 112. Comparar com Polanyi, Michael, *Personal Knowledge*, New York; Evanston, Harper & Row, 1964, 300-311; e Sesonske, *Value and Obligation*, 16: "Afirmações éticas lançam reivindicações sobre nós, mas reivindicações apresentadas como impessoais e racionalmente justificáveis."

35 Cavell, *Must We Mean What We Say?*, 88.

36 Ibid., 88-89.

37 Ibid., 89 e ss.

Apenas "como se" porque ela não pode ser uma propriedade comum das coisas: sua presença ou ausência não pode ser estabelecida da maneira que as propriedades comuns o são; isto é, ela não pode ser estabelecida publicamente, e não sabemos (não há) condições causais, ou regras utilizáveis, para produzir, alterar, apagar ou aumentar esta "propriedade". Então por que não apenas dizer que *não é* uma propriedade de um objeto? Suponho que não deveria haver uma razão para não dizer isso, se pudéssemos encontrar outra maneira de registrar nossa convicção de que se trata de uma propriedade deveras, que de algum modo aquilo que estamos apontando está *lá*, no objeto; e nosso conhecimento de que os homens fazem objetos que criam tal reação em nós, e o fazem exatamente com a ideia de criá-la; e o fato de que, embora saibamos que nem todos concordarão conosco quando dissermos que ela está presente, pensamos que *as pessoas não estão vendo alguma coisa* se não concordam conosco[38].

Tomando emprestado o exemplo de Kant, alguém

não se incomoda nem um pouco se, ao dizer que o vinho das Canárias é agradável, alguém corrija a sua expressão e lhe lembre que ele deveria dizer: "ele é agradável para *mim*"; e isto não apenas no gosto da língua, do palato e da garganta, mas também naquilo que possa ser agradável aos olhos e ouvidos de alguém. [...] Quanto a isso, seria tolice discutir sobre o juízo de alguém, que difere do nosso, qualificando-o como incorreto como se houvesse uma contraposição lógica entre eles; em relação ao agradável, portanto, vale o princípio: cada um tem seu próprio gosto (dos sentidos). [...] Com o belo ocorre algo inteiramente diverso. Seria risível (de maneira exatamente inversa) se alguém que imaginasse algo conforme ao seu gosto dissesse, para justificar-se: "esse objeto (o edifício que vemos, a roupa que alguém veste, o concerto que ouvimos, o poema submetido a julgamento) é belo para mim." Pois ele não deveria denominá-lo belo se apraz apenas a ele [...][39].

Ele não deve chamá-lo de belo se apenas o agrada; que tipo de "deve" é esse? Qual autoridade está falando? Kant chama esse tipo de certo e errado de transcendental. Wittgenstein chamaria isso de uma questão de gramática. A gramática do gosto é diferente da gramática da beleza, que é diferente da gramática da aprovação, e assim por diante. Ele diz que "há um domínio de expressão de deleite, quando

---

38 Ibid.
39 KANT, *Crítica da faculdade de julgar*, 108, 109.

você prova comida agradável ou cheira algo agradável etc., então há o domínio da arte, que é algo bastante diferente"[40]. No último domínio, "quando fazemos um julgamento estético sobre uma coisa, nós não apenas olhamos boquiabertos e dizemos: 'Oh! Que maravilha!' Nós distinguimos entre uma pessoa que sabe do que está falando e uma pessoa que não sabe"[41].

Os julgamentos estéticos são mais propensos a coincidir com meras expressões de prazer ou desprazer pessoal quando o falante não sabe do que está falando, quando ele é tecnicamente ignorante sobre o tipo de coisa que está julgando. Se um homem que nada sabe sobre rosas disser "Aquela rosa ali, com duas cores, é boa", então, como Ziff aponta, "a inferência de que ele gosta da rosa é bastante segura". Em contraste, alguém que diz "A condessa de Sastago é uma rosa-chá híbrida muito boa" tem uma probabilidade bem maior de fazer uma observação impessoal. O homem ignorante que chama uma rosa de boa simplesmente porque gosta dela

> está em uma posição difícil. Pode-se ver o caso da seguinte maneira: ele quer falar impessoalmente, para se manter fora de cena, para dizer algo sobre a rosa; mas como ele nada sabe sobre rosas, ele não pode encontrar nenhum fato sobre a rosa em que se agarrar que o coloque fora de si mesmo[42].

Ou seja, se ele disser que é bom e não puder fornecer um apoio competente para seu juízo, recairá no fato de que ele gosta da rosa, ele *bate em retirada*. Isso, me parece, é o que Kant quer dizer quando observa que "não devemos" falar na voz universal, no modo impessoal, se estivermos apenas expressando uma preferência pessoal. Cavell reformula o exemplo de Kant:

A: O vinho das Ilhas Canárias é agradável.

B: Como você pode dizer isso? Tem gosto de titica de canário.

A: Bom, eu gosto[43].

Aqui, o gosto pessoal é perfeitamente apropriado, não uma batida em retirada. Agora compare o diálogo acima com estes dois:

---

40 Wittgenstein, *Lectures and Conversations*, 11.

41 Ibid., 6.

42 Ziff, *Semantic Analysis*, 234.

43 Cavell, *Must We Mean What...*, 91.

A: Ele toca lindamente, não é?

B: Sim, até demais. Beethoven não é Chopin.

A: Ele toca lindamente, não é?

B: Como você pode dizer isso? Não havia harmonia, estrutura, nenhuma ideia do que a música significava. Ele é simplesmente um bom colorista.

Nos últimos exemplos, A não pode mais simplesmente replicar "Bom, eu gostei". Ou melhor, como diz Cavell:

Poder, é claro, ele pode; mas não pareceria uma réplica débil, uma *retirada* de volta ao gosto pessoal? Porque as razões de B são obviamente relevantes para a avaliação de desempenho, e porque são discutíveis de uma forma que qualquer pessoa que conheça essas coisas saberá como acompanhá-las. A *não precisa* acompanhá-las; mas, se não o fizer, haverá um custo, algo que se perde em nossa estimativa a seu respeito[44].

O ponto de Cavell aqui é muito parecido com o de Austin sobre as desculpas no discurso moral, de que existem "padrões de inaceitabilidade" nessas áreas tanto quanto em domínios como a ciência ou a matemática. As palavras são governadas pela gramática em todas essas áreas, e o que você diz tem implicações que você pode ou não ser capaz de defender com competência. Claro, pode-se abusar do apelo aos padrões, mas isso é verdade em qualquer esfera; não significa que o abuso seja mais *típico* do discurso ético ou estético do que do discurso científico. "Essa cerâmica é encantadora" não equivale a "Eu aprovo essa cerâmica; aprove-a também!", do mesmo modo que "Há um pintassilgo no fundo do jardim" não equivale a "Eu acredito (imagino?) que haja um pintassilgo no fundo do jardim; acredite também!" Como afirma Cavell:

É verdade que às vezes apelamos para padrões não aceitos por nosso interlocutor; mas isso não mostra nada além de que estamos [...] (meramente) expressando nossa própria opinião ou sentimento sobre o assunto. É claro que *podemos* expressar nossa opinião ou sentimento pessoal – normalmente o fazemos quando não está claro qual (ou se alguma) regra ou padrão se ajusta ao caso em questão e quando, portanto, não queremos ou não podemos apelar a uma regra ou padrão[45].

---

44 Ibid., 91-92.
45 Ibid., 23.

Em resumo, fazemos isso quando não sabemos nada sobre (digamos) rosas, ou quando encontramos um caso sem precedentes.

"Pode-se abusar da prática de apelar para uma norma", continua Cavell,

> assim como ocorre em qualquer outra de nossas práticas. Às vezes, as pessoas apelam para uma regra quando merecemos atenção mais íntima delas. Às vezes, as pessoas nos dizem que devemos fazer algo quando tudo o que querem é nos dizer que querem que a gente o faça. Mas isso é abuso tanto quando o contexto é moral quanto quando o contexto é musical ("Você deve acentuar a *appoggiatura*"), ou científico ("Você deve usar um grupo de controle aqui"), ou atlético ("Você deve economizar seu fôlego nas duas primeiras voltas"). Persuasão privada (ou apelo pessoal) não é o paradigma do proferimento ético [ou estético, ou político], mas representa o colapso ou transcendência [desses modos de interação][46].

Embora possamos dizer com frequência "Isso atende a esses padrões, mas é bom?", tal fato não está de forma alguma confinado à ética, à estética ou à política, aos chamados juízos de valor. Às vezes, faz igualmente sentido dizer: "É bem verdade que a coisa pesa vinte quilos, mas seria ela pesada?", "É bem verdade que aquela coisa parece vermelha para uma pessoa comum sob luz branca, mas seria ela vermelha?"[47]

Além disso, os padrões podem ser desafiados e às vezes alterados. Mas, é claro, isso é verdade tanto para os padrões científicos quanto para os padrões estéticos[48]. E, em ambos os casos, embora de maneiras diferentes, nem sempre uma coisa qualquer que você faça estará desafiando os padrões, nem qualquer desafio será uma proposta de novos padrões. Já temos, por assim dizer, algumas noções implícitas do que *contará como* um novo princípio de estética ou moralidade, um novo método científico ou um novo tipo de prova em matemática, uma nova aplicação de um conceito habitual. Todas essas atividades, como a linguagem, têm regras, mas não são completamente circunscritas por regras. A inovação é possível, mas nem toda nova jogada será uma inovação.

Para alguém que acredite na dicotomia entre fatos e valores é provável que lhe pareça, entretanto, que tais argumentos, no máximo, demonstram algo sobre as

---

46 Ibid.

47 Ziff, *Semantic Analysis*, 235.

48 Sesonske, *Value and Obligation*, 27; Cavell, Stanley, *The Claim to Rationality*, Tese de Doutorado em Filosofia (não publicada), Cambridge, Harvard University, 1961-1962, 343-344.

formas linguísticas, não sobre a realidade. Por exemplo, distinguimos entre a forma pessoal e impessoal em proferimentos estéticos, entre afirmações que "exigem consentimento universal" e aqueles que se contentam em [apenas] expressar preferências pessoais. Mas, é claro, o dicotomista nunca argumentou que "Esta pintura é graciosa" *significa* literalmente *o mesmo* que "Eu gosto desta pintura; goste você também"; ele argumentou apenas que eles são *funcionalmente equivalentes*. Ele reconhece que a forma e o sentido de "Esta pintura é graciosa" implicam a existência de padrões e evidências. O que ele quer questionar é se o que está implícito aqui é realmente *verdade*, se tais padrões objetivos existem em um domínio como a estética, se *temos o direito* de falar de uma forma impessoal nesse caso[49]. Ele acredita que as formas de nossa linguagem aqui fazem parecer que oferecemos o que, de fato, não nos cabe dar, nos faz falar como se houvesse padrões e objetividade onde não os há.

Mas deve-se perguntar qual é a medida para "padrões" ou para "objetividade" em questão. Em que medida a ciência e a matemática são consideradas "objetivas", enquanto a ética, a estética e a política são "subjetivas" ou "normativas"? Padrões, objetividade, racionalidade funcionam de maneira diferente em diferentes domínios do discurso. O fato de falarmos de arte de maneira diferente do modo como falamos sobre eventos físicos não é prova de que o discurso estético seja menos objetivo do que o discurso científico. Pelo contrário, precisamos olhar e ver como funciona a objetividade, como ela se mostra, em diferentes domínios. Só então entenderemos do que trata a racionalidade na ética; e como ela difere da racionalidade na ciência.

Por exemplo, dissemos que determinar fatos sobre ações não é como determinar fatos sobre eventos físicos, porque nossa conversa sobre ação (que molda a gramática de nossos conceitos de ação e, portanto, nossa noção do que conta como um fato aqui) serve a propósitos diferentes, tem funções diferentes. Usamos a linguagem de maneiras diferentes aqui. Especificamente no discurso moral, a questão é menos estabelecer uma verdade geral objetiva, independentemente do tempo e da pessoa, do que tornar clara nossa posição a respeito de uma situação específica. Para essa função, o discurso moral deve ser suficientemente flexível para permitir que cada falante escolha uma posição verdadeira para ele, encontre sua posição pessoal; isso não seria possível se os fatos morais fossem determinados da mesma maneira impessoal que os fatos sobre objetos físicos, de modo que o que é verdade para um é verdade para todos. Ao mesmo tempo, a linguagem do discurso moral deve ser

---

49 Comparar com MAYO, op. cit., 89.

estável o suficiente para que o que um homem diz realmente constitua uma tomada *de posição*, realmente nos diga algo sobre ele. Nesse sentido, o que é verdade *para* um determinado indivíduo não é apenas verdade para ele pessoalmente, mas é objetivamente a verdade *dele para* todos. Não cabe apenas a ele avaliar o significado ou mesmo a verdade da posição que escolhe assumir; não cabe apenas a ele decidir se apoiou e elaborou adequadamente a afirmação inicial feita. A estabilidade é fornecida por nossos conceitos e suas conexões na gramática, que não escolhemos e só podemos mudar de maneira restrita. A flexibilidade é fornecida pela maneira como atuamos com esses conceitos, pela maneira como os usamos na ação, os relacionamos com o mundo. A identificação de ações é significativamente diferente da identificação de objetos, mas a diferença não tem a ver tanto com subjetividade ou valores quanto com comprometimento. Como dissemos antes, falar sobre ações exige que o falante assuma uma posição com consequências em termos de comprometimento e responsabilidade, independentemente do que ele possa sentir, querer ou valorizar.

Existem padrões, erros, razões boas e más, argumentos válidos e não válidos na ética (e na estética e na política), assim como em ciências ou em matemática. Claro, os padrões éticos não são absolutos nem são imunes a qualquer contestação. Não existe um Árbitro Mestre de Ética no Céu para decidir nossas disputas sobre ações de uma vez por todas. Tudo o que temos é um coletivo de seres humanos falíveis confrontando-se uns com os outros, cada um com seus próprios padrões e valores, cada um preso em sua própria subjetividade. Mas por que devemos supor que padrões absolutos e incontestáveis ou um Árbitro Mestre são necessários? Sua ausência é tão característica da matemática e da ciência quanto da ética e da estética: nenhum desses domínios tem acesso a quaisquer padrões ou juízes transcendentes ou sobre-humanos. Nós simplesmente *usamos* os padrões de maneira diferente neles. Algumas formas de vida humana têm árbitros, algumas têm padrões explícitos, algumas têm respostas certas e erradas, algumas têm manuais. Mas os árbitros são sempre humanos e falíveis, os padrões estão sempre nas mentes dos homens individualmente, as respostas são elaboradas por homens, os manuais são escritos por homens.

O que acontece quando temos a impressão de que domínios como a ética ou a estética são arbitrários e subjetivos é que comparamos usos reais de padrões e juízos nesses domínios com uma idealização incorreta do que acontece na ciência ou na matemática – um ideal de padrões livre de qualquer convenção, absoluto, capaz de ser invocado sem a possibilidade de contradição e, portanto, sem responsabilidade ou compromisso. Mas esse ideal não existe na realidade. Mesmo na ciência e na matemática, existem suposições e convenções garantidas apenas pelo compromisso com elas, a maneira como as usamos. A ciência e a matemática não têm acesso a quaisquer garantias transcendentais, nem alcançam um consenso universal. As pessoas obtêm resultados variados até mesmo para problemas de aritmética; de vez em quando, alguém questiona até a lei da gravidade. O que caracteriza a matemática ou as ciências não é que as posições divergentes sejam literalmente impossíveis, mas que não são aceitáveis como posições na matemática ou nas ciências. O fato de alguém obter uma resposta diferente em aritmética não abala a fé na existência de "respostas certas" nesse campo, nem por um instante. Se alguém nos diz que, na sua opinião, três vezes vinte é igual a setenta, não dizemos que ele tem direito a sua opinião, nem revemos ansiosamente a validade da matemática. Em matemática, podemos provar a validade das proposições dedutivamente. Mas o que isso significa não é que nenhum ser humano possa duvidar delas, mas apenas que não aceitaremos dúvidas sobre tais provas como relevantes ou competentes. Em matemática e em ciências, existem especialistas que ensinam a nós, leigos, as respostas certas e como derivá-las. Mas o que isso significa é simplesmente que nós, seres humanos falíveis, estamos preparados, nesses campos, para considerar alguns de nós com treinamento especial *como* especialistas.

Wittgenstein discute o papel dos axiomas e das provas na matemática longamente em *Foundations of Mathematics*, perguntando o que torna uma proposição um axioma e o que torna uma prova vinculante. A resposta a ambas as questões é, essencialmente: o que fazemos; que, por sua vez, depende de nossas formas de vida.

> Algo é um axioma, *não* porque o aceitamos como extremamente provável, ou, mais ainda, certo, mas porque lhe atribuímos uma função particular, a qual entra em conflito com a de uma proposição empírica [...] Um axioma, eu gostaria de dizer, é uma classe gramatical à parte[50].

É o modo como a usamos, não uma mensagem transcendente de outro mundo, que transforma uma proposição em um axioma. O mesmo ocorre com a prova e seu poder vinculante, ou, como Wittgenstein a chama, "a dureza do *dever* lógico"[51].

---
50 WITTGENSTEIN, Ludwig, *Remarks on the Foundations of Mathematics*, VON WRIGHT, G. H.; RHEES, R.; ANSCOMBE, G. E. M. (eds.), trad. alem./ing. de G. E. M. Anscombe, Oxford, Basil Blackwell, 1964,114.
51 Ibid., 37.

Dizemos a alguém: "'Se você admite *isto* – então deve admitir *isto* também.' – Ele *deve* admiti-lo – e o tempo todo é possível que ele não o admita!"[52] O "deve" não é uma previsão de que ninguém poderia deixar de aceitar uma prova ou conclusão lógica; pelo contrário, anuncia qual a atitude que estamos preparados para tomar em relação a qualquer um que não a aceite. Depende do que fazemos. "Eu *examino* a prova e depois aceito o seu resultado. – Quero dizer: isso é simplesmente o que *fazemos*. Este é o uso e o costume entre nós, um fato de nossa história natural."[53]

É claro que a prova deve ser tal que possamos usá-la dessa maneira, deve ser capaz de convencer, deve mostrar não apenas que algo é assim (como um experimento poderia fazer), mas como de fato é. Não é "que a regra me obrigue a agir assim; mas que me permite que eu me prenda a ela e me deixe ser compelido por ela"[54]. Uma prova não é como um experimento científico: "Nós não aceitamos o resultado de uma prova porque foi obtido uma vez ou porque frequentemente é o resultado. Em vez disso, vemos na prova a razão para dizer que esse *deve* ser o resultado"[55]. Ao contrário de um experimento, uma prova matemática "não meramente mostra *que* é assim, mas: *como* é assim. Mostra *como* o resultado de 13 + 14 é 27. 'Uma prova deve poder ser assimilada [*übersehbar*, clara]' significa: devemos estar preparados para usá-la como diretriz ao julgar"[56]. Uma prova não é apenas algo com que a maioria das pessoas concorda, embora, a não ser que a maioria das pessoas possa concordar, não poderia se tratar de uma prova. Mas o que a torna uma prova é o jogo que jogamos com ela; e esse jogo não é a regra da maioria, mas que todos devem concordar ou serem considerados incompetentes ou irracionais. "Nós dizemos, não: 'Então *é assim* que fazemos!', mas: 'Então é assim que a coisa é!'"[57]

Essas observações sobre provas matemáticas e "a dureza do *dever* lógico" podem, creio, ajudar a ver como são a certeza, os padrões, a racionalidade e as provas entre os seres humanos. Quando falamos impessoalmente, de uma forma que reivindica validade universal, de modo objetivo, nunca é porque temos garantias transcendentes, sobre-humanas, nem porque estamos absolutamente certos de que ninguém discordará de nós. Em vez disso, nós, por assim dizer, anunciamos que atitude estamos preparados para assumir em relação àqueles que discordam

---

52 Ibid., 18.
53 Ibid., 20.
54 Ibid., 193; tradução nossa.
55 Ibid., 81; tradução nossa.
56 Ibid., 75.
57 Ibid., 96.

de nós, que tipo de fundamentação poderíamos dar para nossa afirmação se desafiados, como consideramos essa afirmação e pretendemos usá-la, como deve ser usada e considerada por outros. E somos responsáveis por aquilo que assumimos; se não podemos fundamentar nossa posição de maneira apropriada, há um custo que se paga.

Esse custo é diferente em cada domínio do discurso, mas em cada domínio, como observa Cavell, o custo particular é "necessário e específico para os tipos de juízos que chamamos de estéticos", morais, científicos, matemáticos ou históricos[58]. Se um homem alegar descuido ao pisar no bebê, pode-se concluir que ele é insensível e certamente não devemos manter o bebê no chão quando ele estiver por perto. Se ele recuar para "Bem, eu gostei", depois que outra pessoa afirmou que uma apresentação musical carecia de harmonia e estrutura e o intérprete era apenas um bom colorista, podemos tirar certas conclusões acerca de seu conhecimento sobre música, e elas afetarão nossa aceitação de suas avaliações sobre apresentações musicais no futuro.

O custo é diferente no que diz respeito a situações de fatos físicos. Vejamos, por exemplo, esta sequência:

A: Há um pintassilgo no jardim.

B: Como você sabe?

A: Pela cor da cabeça dele.

B: Mas as estrelinhas-de-poupa também têm cabeças dessa cor.

A: Bem, *eu* acho que é um pintassilgo (para mim, é um pintassilgo).

Como observa Cavell: "Esta não é mais uma réplica débil, um recuo à opinião pessoal", nem é a invocação de padrões terríveis. E não vamos concluir que o homem desconheça os pintassilgos, ou não saiba se expressar bem, ou seja um grosseiro insensível.

O custo aqui é que talvez ele seja louco, ou não saiba o que a palavra "saber" significa, ou que seja de alguma outra forma ininteligível. Ou seja, nós *o descartamos* como um interlocutor competente em matéria de conhecimento (sobre pássaros?): o que quer que esteja acontecendo, ele *não* sabe que há um pintassilgo no jardim, não importa tudo o (mais) que ele pense "saber". Mas nós não descartamos, pelo menos não de modo tão firme e em boa consciência, e não com as mesmas

---

58 Cavell, *Must We Mean What...*, 92.

consequências, a pessoa que gostou da performance de Beethoven [ou que pisou no bebê]: ela ainda merece alguma consideração da nossa parte, embora reduzida; até mesmo pode ter razões para fazer o juízo que fez, ou ter argumentos contra as nossas objeções, que por algum motivo ele não pode apresentar (talvez porque os intimidamos de tal modo que ele os esqueceu)[59].

Existem diferenças importantes entre os domínios do discurso, e eles, às vezes, nos inclinam a dizer que a matemática e as ciências são objetivas e racionais de uma forma que a ética e a estética não o são. Mas três modificações importantes devem ser mantidas em mente para entender essa proposição. Primeiro, as diferenças não são dicotômicas, mas plurais; as diferenças entre objetividade na matemática e na ciência, na ciência e no senso comum cotidiano, ou na ética e na estética, são tão interessantes e importantes quanto aquelas que há entre objetividade na ciência e na estética. Agrupar todos esses diferentes domínios do discurso em duas grandes classes realmente ofusca ao invés de esclarecer. Em segundo lugar, as diferenças que existem resultam de como *nós agimos*, de como operamos com a linguagem nesses vários domínios. Elas não resultam de qualquer garantia transcendental acessível em certos domínios mas não em outros. Todos os proferimentos, todas as verdades, todos os juízos, todas as afirmações são de fato feitos, avaliados, aceitos ou rejeitados por seres humanos falíveis. Em terceiro, há também diferenças importantes *no interior* de cada domínio do discurso: entre racional e irracional, entre autorreferencial e impessoal, entre competente e incompetente, entre os modos de falar que têm fundamentação e os que não têm. Sempre há padrões para a distinção, embora os padrões funcionem de maneira diferente em domínios diferentes, dependendo da maneira como a linguagem ali funciona.

---

59 Ibid.

XI AÇÃO E O PROBLEMA DAS CIÊNCIAS SOCIAIS

Se a gramática da ação humana realmente forma uma região distinta da linguagem cujos conceitos não podem ser traduzidos para os de outras regiões, se as ações são de fato irredutivelmente diferentes dos eventos físicos, então, é claro, consequências sérias se seguem para o estudo da política e da sociedade. Nos últimos anos, um número de publicações crescente na literatura tem criticado a tentativa de tornar este estudo científico, de desenvolver uma ciência da política ou da sociedade. A literatura se baseia em uma ampla variedade de raízes; seus autores incluem defensores da teoria política tradicional como Voegelin e Wolin; teóricos do direito natural como Strauss; filósofos influenciados pelo existencialismo e pela fenomenologia como Arendt, Schutz; Natanson; filósofos influenciados pela análise da linguagem ordinária como Louch, Charles e Richard Taylor; Winch, que afirma explicitamente derivar seus pontos de vista de Wittgenstein; e muitos outros[1]. No entanto, apesar de suas perspectivas divergentes e algumas diferenças importantes entre eles, seus argumentos básicos são notavelmente paralelos, de modo que o tratamento conjunto é viável. Muito do que eles têm a dizer se assemelha bastante às posições de Wittgenstein, alguns deles recorrem especificamente ao seu trabalho,

---

1 Voegelin, Eric, *The New Science of Politics*, Chicago, University of Chicago Press, 1952; Wolin, Sheldon S., *Politics and Vision,* Boston; Toronto, Little, Brown, 1960, e Political Theory as a Vocation, *American Political Science Review*, LXIH, dez. (1969) 1062-1082; Strauss, Leo, *Natural Right and History,* Chicago, University of Chicago Press, 1959, e An Epilogue, in: Storing, Herbert J. (ed.), *Essays on the Scientific Study of Politics*, New York, Holt, Rinehart and Winston, 1962; Arendt, Hannah, *The Human Condition*, Garden City, Doubleday, 1958. Trad. bras.: *A condição humana*, de Roberto Raposo, posfácio de Celso Lafer, Rio de Janeiro, Forense Universitária, [10]2005; Schutz, Alfred, *Phenomenology of the Social World*, trad. ing. de Georg Walsh e Frederick Lehnert, Evanston, Northwestern University Press, 1967, e *Collected Papers*, Natanson, Maurice (ed.), The Hague, M. Nijhoff, 1962-1966; Natanson, Maurice (ed.), *Philosophy of the Social Sciences,* New York, Random House, 1963; Louch, A. R., *Explanation and Human Action*, Berkeley; Los Angeles, University of California Press, 1966; Taylor, Charles, *The Explanation of Behaviour*, New York, Humanities Press, 1967; Taylor, Richard, *Action and Purpose*, Englewood Cliffs, N. J., Prentice-Hall, 1966; Winch, Peter, *The Idea of a Social Science and its Relation to Philosophy*, New York, Humanities Press, 1965; e Understanding a Primitive Society, *American Philosophical Quarterly*, I, out. (1964) 307-324.

e eles estão, de fato, tentando nos dizer algo verdadeiro e importante sobre as ciências sociais. Mas seus argumentos são por vezes imprecisos, simplificados demais, absurdos ou simplesmente falsos; e eles entram em conflito com os ensinamentos de Wittgenstein exatamente onde ele poderia ser mais útil para eles. Neste capítulo e no próximo, examinaremos primeiro o que eles dizem, e então o submeteremos a uma tentativa de crítica wittgensteiniana, na esperança de separar o ponto valioso dos argumentos insatisfatórios que não se sustentam.

Em breve resumo, a estrutura comum de seus argumentos é mais ou menos assim: A área de estudos sociais e políticos tem por objeto as ações – que distinguem os seres humanos de todas as outras espécies, envolvendo liberdade, escolha e responsabilidade, significado e sentido, convenções, normas e regras. Embora outros aspectos da conduta humana, compartilhados com os animais, possam talvez ser estudados cientificamente, as ações não podem. Isso porque, como a linguagem das ações é usada e moldada no curso da ação pelos atores, as ações só podem ser identificadas a partir dos conceitos dos atores e de acordo com as normas dos atores. Isso significa, em primeiro lugar, que a observação científica, objetiva e imparcial das ações é impossível; e segundo, que a explicação das ações deve necessariamente acontecer em termos de intenções, motivos, razões, propósitos dos atores – nunca em termos científicos, causais.

É claro que existem variações significativas desse padrão básico de argumentação. Algumas resultam da grande variedade de maneiras em que se pode distinguir e definir "ação" – um tema cujas dificuldades foram examinadas anteriormente. Assim, como mencionado, Arendt define a ação de forma restrita, confinando-a à esfera pública, política. Como resultado, ela ataca a possibilidade de uma ciência política científica, mas pensa que uma ciência social científica é perfeitamente viável. De fato, ela argumenta que os fenômenos sociais são inteiramente constituídos de comportamento humano, não de ação, de modo que são previsíveis, causados e bastante passíveis de estudo científico. Mas a ação e, portanto, a verdadeira vida política, não o são; elas são criativas, imprevisíveis, livres de necessidade causal. O nascimento da ciência social científica "coincidiu com o surgimento da sociedade", com o declínio do político e com a ascensão do social. Tanto a sociedade quanto a ciência social compartilham "o mesmo conformismo, a suposição de que os homens se comportam ao invés de agir uns em relação aos outros"[2]. Assim, a ciência social não é apenas viável, mas torna-se cada vez mais bem-sucedida à medida que

---

[2] ARENDT, *Condição humana*, 51.

os homens se tornam produtos da massa cada vez mais social, comportada e previsível, e perdem sua capacidade de ação.

Nessa perspectiva, a tentativa de tornar o estudo da vida política científico não é apenas inútil, mas enfraquece diretamente a singularidade da ação, a autonomia da esfera do político. Arendt, Wolin e Strauss desenvolvem argumentações nessa linha, atacando a explicação causal dos fenômenos políticos em termos não políticos. A ciência social pressupõe "que os fenômenos políticos são mais bem explicados como resultantes de fatores sociais e, portanto, as instituições e crenças políticas são mais bem compreendidas por um método que vai 'além' delas, chegando aos processos sociais 'subjacentes' que ditam a forma das coisas políticas", comenta Wolin[3]. Tal pressuposição

> não é apenas metodológica, nem mesmo fundamentalmente ética em seu caráter, mas substantiva; isto é, diz respeito ao *status* da política e do político. Quando a ciência social moderna afirma que os fenômenos políticos devem ser explicados resolvendo-os em componentes sociológicos, psicológicos ou econômicos, está dizendo que não há fenômenos especificamente políticos[4].

Arendt concorda; a ciência social moderna pressupõe "que a política é apenas uma função da sociedade, de que a ação, o discurso e o pensamento são, fundamentalmente, superestruturas assentadas no interesse social". Essa suposição, que ela chama de "funcionalização" do político, "torna impossível perceber qualquer grande abismo entre" as esferas do político e do social e, portanto, entender a verdadeira natureza da ação política[5]. Sua verdadeira natureza, segundo observa Strauss, "é *sui generis* e não pode ser entendida como derivada do subpolítico"[6].

Mais comumente, no entanto, o ataque é dirigido contra todas as ciências sociais, contra as tentativas de estudar quaisquer atividades exclusivamente humanas de uma maneira científica. De fato, até mesmo Arendt às vezes concebe a ação de forma mais ampla do que sua definição permitiria; e mesmo a explicação de Strauss sobre por que uma ciência política é impossível se aplicaria igualmente bem a qualquer ciência social. Como muitos desses autores, Strauss reconhece, explicitamente, que alguns aspectos do comportamento humano podem ser

---

3 WOLIN, *Politics and Vision*, 287.
4 Ibid., 288.
5 ARENDT, *Condição humana*, 42.
6 STRAUSS, An Epilogue, 311.

estudados cientificamente: "podemos observar, se nos esforçarmos o suficiente, o comportamento manifesto dos homens tal como observamos o comportamento manifesto dos ratos"[7]. Mas com os ratos, isso seria tudo o que é possível fazer, enquanto com seres humanos temos uma alternativa por causa da linguagem. "No caso dos ratos, limitamo-nos a observar seu comportamento manifesto porque eles não falam, e não falam porque não têm nada a dizer ou porque não são dotados de interioridade."

Strauss dá assim duas razões para a resistência singular do homem à explicação científica – uma bastante tradicional e outra muito mais moderna. Ele diz que os homens se distinguem por serem "dotados de interioridade", ou, mais explicitamente, porque possuem "almas" que não são observáveis. "As ações, paixões ou estados da alma nunca podem se tornar dados dos sentidos"[8]. Mas Strauss também diz que o que distingue os homens é o uso da linguagem, e nisto ele é apoiado por quase todos os outros filósofos desse grupo. Ao contrário dos ratos ou dos objetos inanimados, os homens usam a linguagem no decorrer de suas atividades, e isso torna o objeto de pesquisa da ciência política fundamentalmente diferente daquele da ciência física.

Como observa Winch, tanto os cientistas físicos quanto os sociais trazem um sistema de conceitos para o seu objeto de pesquisa, mas o que o cientista físico estuda também possui

> uma existência independente desses conceitos. Existiam tempestades e trovões muito antes de existirem seres humanos para formar conceitos a seu respeito [...] Mas não faz sentido supor que seres humanos pudessem estar dando ordens e obedecendo a eles antes mesmo que chegassem a formar o conceito de ordem e obediência. Pois a realização de tais atos é, em si, a principal manifestação de sua aquisição conceitual. Um ato de obediência em si contém, como elemento essencial, um reconhecimento de que o que se passou antes constitui uma ordem. Mas é claro que não faria sentido supor que um trovão contivesse qualquer reconhecimento de que o que aconteceu antes constitui uma tempestade[9].

O aspecto distintivo da ciência social, então, é que "*aquilo que o sociólogo está estudando*, assim como o seu estudo em si, são atividades humanas", e, portanto,

---

7 Ibid., 320.
8 Ibid., 316.
9 WINCH, *Idea of a Social Science*, 125.

regidas por regras, intencionais, conceituais[10]. As pessoas estudadas por um sociólogo possuem suas próprias concepções do que estão fazendo. Assim, "as concepções segundo as quais normalmente pensamos os eventos sociais [...] entram na própria vida social e não apenas na descrição que o observador faz dela"[11]. Passagens semelhantes ocorrem em Gunnell, Schutz e Voegelin.

Mas quer a dificuldade crucial seja a alma humana ou o uso humano da linguagem, ao que parece ela vai além da vida política do homem em quase todas as áreas da atividade humana. Usamos a linguagem, e nossos conceitos estruturam e interpretam o que fazemos, não apenas na política, mas também na atividade social, econômica, científica, estética, moral e religiosa. Assim, o ataque ao estudo científico deve realmente se estender a todos esses domínios, e uma ciência social é problemática da mesma forma que uma ciência política. Qualquer campo de atividade humana que envolva a linguagem apresentará ao observador uma interpretação pré-verbalizada do que está sendo feito, verbalizada em termos de que tipo de atividade está sendo realizada.

A partir deste fato, a maioria desses críticos das ciências sociais deriva a tese principal de que a identificação das ações necessariamente deve se dar nos termos dos atores, nas normas e nos conceitos dos atores. Observando que a ação é convencional e intencional, eles argumentam que ela só pode ser identificada de acordo com as convenções que a regem e os propósitos que a informam. Muitos deles ficam impressionados, como Winch, pelas dificuldades de identificar ações, especificar o que foi feito, dizer se duas ações eram iguais, diferenciar uma ação de meros movimentos. Winch examina o exemplo de um homem que vota no *Labor Party* (Partido Trabalhista); o que o homem faz "não é *simplesmente* marcar um furo em um pedaço de papel; ele *está votando*. E o que quero perguntar é, o que dá à ação esse sentido, em vez de, digamos, ser um lance em um jogo ou uma parte de

---

10 Ibid., 87.

11 Ibid., 95; comparar com GUNNELL, John, Social Science and Political Reality, *Social Research*, 35, Spring (1968) 180; SCHUTZ, Alfred, Concept and Theory Formation in the Social Sciences, in: NATANSON (ed.), *Philosophy of the Social Sciences*, 242, 246; e VOEGELIN, *New Science of Politics*, 27: "A ciência política padece de uma dificuldade que se origina em sua própria natureza enquanto ciência do homem em sua existência histórica. Pois o homem não espera que a ciência lhe explique sua vida, e, quando o teórico se aproxima da realidade social, encontra o campo já ocupado pelo que se pode chamar de autointerpretação da sociedade. A sociedade humana não é meramente um fato, ou um evento no mundo externo a ser estudado por um observador, como um fenômeno natural. Embora tenha a exterioridade como um de seus componentes importantes, é como um pequeno mundo inteiro, um *cosmion*, iluminado de significado de dentro para fora pelos seres humanos que continuamente o criam e o carregam como modo e condição de sua autorrealização."

um ritual religioso". Consideradas em termos de movimentos físicos, todas essas ações podem parecer (à visão, ao ouvido, ao olfato etc.) exatamente iguais; então como elas são distintas umas das outras e dos movimentos físicos equivalentes feitos por uma máquina? "De maneira mais geral, por quais critérios distinguimos atos que têm sentido daqueles que não têm?"[12] O problema é conhecido, e Winch é bastante explícito ao derivar seu argumento de Wittgenstein. Mas onde a solução de Wittgenstein é múltipla, envolvendo o contexto social e a qualidade quase performativa de se atribuir uma ação, e rejeitando a ideia de que algum sentimento ou pensamento interior particular (regularmente) caracterize uma ação, a solução de Winch é bem diferente.

A certa altura, ele parece estar se movendo em direção a uma ênfase wittgensteiniana no contexto social, as circunstâncias circundantes de uma ação. Ele diz que, para que a marca do homem no papel seja um voto, ele "deve viver em uma sociedade que tenha certas instituições políticas específicas" e "seu ato deve ser uma participação na vida política do país"[13]. Mas Winch então passa a desenvolver uma posição diferente em relação ao eleitor, uma posição que ele geralmente adota no restante do livro, aparentemente sem perceber que isso constitui uma ruptura com Wittgenstein. Para que a ação seja um ato de votação, prossegue Winch, o eleitor "deve ter ele mesmo certa familiaridade com" as instituições políticas em que atua, "deve estar ciente da relação simbólica entre o que está fazendo agora e o governo que chega ao poder após a eleição"[14]. Da mesma forma, se um homem "colocar um pedaço de papel entre as folhas de um livro, pode-se dizer que ele está 'usando um marcador' somente se ele agir com a ideia de usar o papel para determinar onde ele deve retomar a leitura"[15]. Em geral, uma ação deve ser definida e identificada pela intenção, pela consciência e pela concepção que tem o ator do que ele está fazendo. A noção de ação está ligada às de intenção, motivo, propósito; e a identificação da ação é, portanto, dependente da compreensão do ator. Como observa Schutz,

---

12 WINCH, *Idea of a Social Science*, 49; comparar com p. 35. Observe que Winch define o assunto da ciência social não como "ação", mas, seguindo Max Weber, como atividade humana "se, e na medida em que o agente ou agentes associam um sentido subjetivo (*Sinn*) a ela", portanto, como um comportamento significativo, que Winch diz se tratar de "todo comportamento especificamente humano". WEBER, Max, *Wirtschaft und Gesellschaft*, Tübingen, Mohr, 1956, Capítulo I, citado da p. 45. As citações do próprio Winch são da p. 52.

13 Ibid., 51.

14 Ibid.

15 Ibid., 50.

"estritamente falando, o ator e apenas ele sabe o que faz, por que o faz e quando e onde sua ação começa e termina"¹⁶.

Winch conclui que quem estuda a sociedade e a política pode identificar seu objeto de pesquisa apenas pelos conceitos dos atores que esteja estudando. Pois

> duas coisas podem ser chamadas de "iguais" ou "diferentes" apenas em referência a um conjunto de critérios que estabelecem o que deve ser considerado uma diferença relevante. Quando as "coisas" em questão são puramente físicas, os critérios a que se recorre serão naturalmente escolhidos pelo observador. Mas, quando se está lidando com "coisas" intelectuais (ou, de fato, qualquer espécie de coisa social), não é assim. Pois o fato de seu caráter *ser* intelectual ou social, e não físico, depende por completo do fato de elas pertencerem de um modo determinado a um sistema de ideias ou a um modo de vida. Segue-se que, se o investigador sociológico quiser considerá-los *como* eventos sociais (como, *ex hypothesi*, deve fazer), deve levar a sério os critérios que são aplicados para distinguir "diferentes" tipos de ações e identificar os tipos de ações "iguais" dentro do modo de vida que se está estudando. Não lhe é permitido impor arbitrariamente de fora seus próprios padrões. Na medida em que o faz, os eventos que estuda perdem completamente seu caráter de eventos *sociais*¹⁷.

Assim, por exemplo, não se pode compreender o comportamento do Troilo de Chaucer em relação a Créssida, nem mesmo identificá-lo, exceto em relação às concepções e convenções sobre o amor cortesão, pois são elas que definem sua ação e lhe dão sentido¹⁸.

Strauss desenvolve praticamente o mesmo argumento em relação ao estudo da política. Suas conceituações devem ser extraídas da "linguagem do homem político", do "mercado", e suas verdades dependem da "consciência pré-científica das coisas políticas"¹⁹. Apenas essa consciência pré-científica dos participantes políticos pode definir e identificar os fenômenos políticos; assim, uma ciência política que a rejeite carece de "orientação sobre as coisas políticas". Não tem "critérios de

---

16 Schutz, Concept and Theory Formation, 243.
17 Winch, *Idea of a Social Science*, 108.
18 Ibid., 82.
19 Strauss, An Epilogue, 315, 310, 311.

relevância" e, portanto, "nenhuma proteção, exceto pelo recurso sub-reptício ao senso comum, contra o risco de se perder no estudo de irrelevâncias"[20].

Além disso, Winch argumenta que não apenas a identificação das ações, mas também o que contará como evidência, como prova, como realidade, em relação a elas, depende dos conceitos e das normas dos atores e de sua atividade específica. Sua ideia aqui é muito parecida com a noção de regiões linguísticas. Ele argumenta, por exemplo, que, na teologia e no discurso religioso, Deus é real, embora Ele não possa ser descoberto por meio de experimentos científicos. Que tipo de realidade Ele possui, em que sentido Ele é real, "só pode ser visto a partir da tradição religiosa em que o conceito de Deus é usado [...] A questão é que é no uso religioso da linguagem que a concepção da realidade de Deus tem seu lugar"[21]. Winch apressa-se a observar que isso não significa que a realidade de Deus seja "subjetiva" ou esteja "à mercê do que qualquer um se permita afirmar; se assim fosse, Deus não teria realidade". Realidade, racionalidade e prova são independentes das ideias de indivíduos particulares, mas são dependentes do tipo de atividade humana que esteja acontecendo, que deve ser definida pelos participantes. Temos dificuldade de entender, argumenta Winch, apenas porque "o fascínio que temos pela ciência torna mais fácil adotar sua forma científica como um paradigma contra o qual medir a respeitabilidade intelectual de outros modos de discurso"[22].

A tese torna-se mais poderosa e convincente quando Winch e Schutz extraem exemplos não de uma única cultura e língua, mas da pesquisa antropológica "em que o objeto de estudo é uma sociedade culturalmente distante daquela do investigador"[23]. O abismo aparente entre os movimentos que o antropólogo pode observar de fora e seu significado dentro da cultura e para os atores são muito surpreendentes. Como Schutz aponta, dois conjuntos de movimentos que se parecem totalmente podem apresentar "significados inteiramente diferentes para os atores" em duas culturas diferentes. O cientista social deve derivar sua interpretação dos atores, porque o que lhe interessa é precisamente a diferença – quer o padrão de movimentos seja "uma dança de guerra, escambo, a recepção de um embaixador amigo ou qualquer outra coisa", e apenas os próprios atores podem dizer de que se trata[24].

---
20 Ibid., 318.
21 WINCH, Understanding a Primitive Society, 309.
22 Ibid., 308.
23 WINCH, *Idea of a Social Science*, 90.
24 SCHUTZ, Concept and Theory Formation, 237.

Winch examina o exemplo de um povo que acredita em magia e a pratica. O sistema de magia tem suas próprias regras, sua própria coerência, que é independente de qualquer indivíduo em particular; os indivíduos podem, às vezes, cometer erros em magia, assim como podem cometer erros em ciência. Winch cita a observação de Collingwood de que "selvagens", assim como nós, às vezes erroneamente supõem que "podem fazer o que, de fato, não pode ser feito. Mas esse erro não é a essência da magia; é uma perversão da magia. E deve-se ter cuidado com a forma como a atribuímos a pessoas que chamamos de selvagens, que um dia se levantarão e testemunharão contra nós"[25]. Em outras palavras, o que a magia significa em outras culturas que realmente nela acreditam e a praticam não é em nada parecido com o que "magia" significa para nós, com nossas tradições de magia negra medieval, ciência moderna, mágicos de teatro etc.

Como exemplo, Winch toma um estudo sobre os azande, um povo africano, feito por E. E. Evans-Pritchard[26]. Para um zande, a feitiçaria não é "ilusória", "supersticiosa" ou "irracional". Está "tão entrelaçada ao curso dos acontecimentos cotidianos que é parte do mundo ordinário [...] Ficaria tão surpreso se não a encontrasse diariamente quanto nós o ficaríamos se topássemos com ela. Para ele, nada há de milagroso a seu respeito"[27]. Os azande, de fato, conduzem seus negócios corriqueiros satisfatoriamente em termos de feitiçaria e magia, e ficam perdidos e confusos quando privados delas – por exemplo, quando caem nas mãos das cortes europeias. De fato, quando Evans-Pritchard morava entre eles, ele administrava sua própria casa no estilo zande, e comenta: "Devo observar que achei essa maneira de organizar minha casa e meus negócios tão satisfatória quanto qualquer outra que conheço"[28].

---

25 COLLINGWOOD, R. G., *Principles of Art*, 67, apud WINCH, Understanding a Primitive Society, 309-310.

26 EVANS-PRITCHARD, E. E., *Witchcraft, Oracles and Magic Among the Azande*, Oxford, Clarendon Press, 1965. Trad. bras.: *Bruxaria, oráculos e magia entre os azande*, de Eduardo Viveiros de Castro, Rio de Janeiro, Zahar, 2005. O mesmo estudo é usado para propósitos filosóficos similares por POLANYI, Michael, *Personal Knowledge*, New York; Evanston, Harper & Row, 1964, 287-294. Ver também o artigo extraordinário de ERNEST GELLNER, The Entry of the Philosophers, *Times Literary Supplement*, 4 abril 1968, 347-349, no qual Winch é citado erroneamente por dizer muitas coisas tolas sobre os azande que, na verdade, não disse.

27 EVANS-PRITCHARD, *Bruxaria, oráculos e magia entre os azande*, 65-66, apud WINCH, Understanding a Primitive Society, 310; comparar com SCHUTZ, Concept and Theory Formation, 238: "Para os habitantes de Salem, no século XVII, a feitiçaria não era uma ilusão, mas um elemento de sua realidade social."

28 WINCH, Understanding a Primitive Society, 311. A citação é à passagem de EVANS-PRITCHARD, *Bruxaria, oráculos e magia entre os azande*, 195. (N. dos T.)

A magia, a feitiçaria e os oráculos dos azande configuram um sistema internamente coerente capaz de servir de base a uma cultura e a vidas humanas satisfatórias. Desvios e erros são possíveis dentro desse sistema, como o são em nossa ciência, mas o próprio sistema define o que conta como desvio ou erro. Como nós, os azande às vezes são até céticos em relação a partes de seu próprio sistema de pensamento, mas "tal ceticismo nem chega perto de suplantar o modo místico de pensar, pois é necessariamente expresso em termos pertencentes a esse modo de pensar"[29]. Em termos do nosso sistema de pensamento, de orientação científica, gostaríamos de dizer que seu sistema como um todo é um erro, que confunde a verdadeira natureza da realidade. Mas será que tal afirmação faz sentido? O problema é claramente uma versão do dilema do relativismo cultural: pode-se julgar toda uma cultura ou sistema de pensamento pelos padrões de outra?

O sistema de feitiçaria zande inclui o uso de um oráculo de veneno, em que um veneno preparado ritualmente é administrado a uma galinha; o que resulta é um poder oracular que responde às perguntas de forma positiva ou negativa. Se o oráculo responde a uma pergunta específica tanto positiva quanto negativamente em sucessão imediata, os azande não ficam desanimados, mas têm várias explicações para o comportamento do oráculo: uma quebra de tabu, preparação inadequada do veneno e coisas do gênero. Eles não veem nenhuma contradição. Ademais, a bruxaria é considerada uma condição hereditária, orgânica, cuja presença ou ausência pode ser estabelecida postumamente examinando as entranhas da pessoa. Mas os azande estão cientes de suas relações de sangue para além da família imediata, e reconhecem um conjunto de relativamente poucos clãs. Assim, em nossos termos, um número relativamente pequeno de autópsias poderia rapidamente provar que todos os azande são feiticeiros, e também que nenhum é feiticeiro. Evans-Pritchard observa: "Os azande entendem perfeitamente o argumento, mas refutam suas conclusões, as quais, se aceitas, tornariam contraditória toda a noção de bruxaria"[30]. Novamente, isso não os incomoda. Evans-Pritchard afirma: "Os azande não percebem a contradição como nós a percebemos, porque não possuem um interesse teórico no assunto, e as situações em que manifestam suas crenças na bruxaria não os obrigam a enfrentar o problema"[31].

---

29 Ibid., 313.

30 EVANS-PRITCHARD, *Bruxaria, oráculos e magia entre os azande*, 44, apud WINCH, Understanding a Primitive Society, 314.

31 Ibid., 45, citação ibid.

Winch argumenta que isso ocorre porque "as noções zande de feitiçaria não constituem um sistema teórico em termos do qual os azande tentam obter uma compreensão quase científica do mundo". Ele observa que o europeu que pressiona o pensamento zande até "onde ele não iria naturalmente – para contradizê-lo" está cometendo um "erro de categoria", tal qual tratar conceitos de uma região linguística como se pertencessem a outra[32]. Especificamente, "a atitude com que" os azande consultam oráculos ou se envolvem em feitiçaria

> é muito diferente daquela com que um cientista faz experimentos. As revelações de oráculos não são tratadas como hipóteses e, como seu sentido deriva da forma como são tratadas em seu contexto, *não são*, portanto, hipóteses. Elas não são um problema de interesse intelectual, mas a principal maneira pela qual os azande decidem como devem agir[33].

E um antropólogo visitante descobre que pode administrar sua casa com elas, tanto quanto com qualquer outra maneira conhecida. Sem dúvida, um ocidental com atitude científica gostaria de argumentar que, a longo prazo e em geral, a ciência e a tecnologia científica funcionam melhor do que a feitiçaria, mas mesmo essa afirmativa talvez só faça sentido dentro de nossa própria perspectiva tecnológica. Os padrões zande que importam na vida e que contam como em "bom funcionamento" também podem ser diferentes.

Os azande não possuem uma ciência como a nossa; portanto, em seus termos, o sistema de feitiçaria não é "científico" nem "não científico". Mas Winch observa que, de fato, os azande possuem "uma distinção prática bastante clara entre o técnico e o mágico"[34]. Eles aplicam algo muito parecido com o que chamaríamos de tecnologia primitiva nas práticas de sua agricultura, mas "sua atitude e pensamento sobre ritos mágicos são bem diferentes daqueles relativos às medidas tecnológicas". Por conseguinte, "há todas as razões para pensar que o conceito de 'influência' mágica deles é bem diferente"[35]. Winch sugere que, em vez de assimilarmos a feitiçaria

---

32 Winch, Understanding a Primitive Society, 315.

33 Ibid., 312.

34 Ibid., 319.

35 Ibid., 320; comparar com Wittgenstein, Ludwig, Bemerkungen über Frazers The Golden Bough, *Synthese*, 17 (1961) 237: *"Der selbe Wilde, der, anscheinend um seinen Feind zu töten, dessen Bild durchsticht, baut seine Hütte aus Holz wirklich und schnitzt seinen Pfeil kunstgerecht und nicht in Effigie. [...] Ein Irrtum entsteht erst, wenn die Magie wissenschaftlich ausgelegt wird."* A coisa importante a notar sobre uma dança da chuva nativa, aponta Wittgenstein, é que ela é realizada *no início da estação chuvosa* (p. 243-244).

zande a uma espécie de ciência ou mesmo de tecnologia primitiva, procuremos compreendê-la através do nosso conceito de religião. Assim, o zande ao consultar seu oráculo não parece mais alguém tentando causar um evento físico que ele deseja que aconteça. Ele se parece muito mais com um cristão orando pelo que deseja, cuja oração certamente não é um mecanismo causal para fazer Deus agir conforme programado. Quando um cristão ora, "se for da Tua vontade", diz Winch, embora essa oração seja uma expressão do desejo de que um determinado evento ocorra, ela também deve ser considerada

> como algo que liberta o fiel da dependência daquilo que ele pede. As orações não podem desempenhar esse papel se forem consideradas como um meio de influenciar o resultado, pois, nesse caso, quem ora ainda depende do resultado. Ele se liberta disso reconhecendo sua total dependência de Deus; e isso é totalmente diferente de qualquer dependência do resultado, precisamente porque Deus é eterno e o resultado é contingente[36].

Winch tem o cuidado de dizer que os ritos mágicos zande diferem em muitos aspectos da oração cristã, mas ele sugere que eles são semelhantes no desejo de "aceitação" do fato de que as coisas importantes da vida são contingentes. Uma maneira de fazer isso, a mais comum em nossa sociedade, é usar a tecnologia científica para controlar ou dominar a contingência. Mas um homem pode querer lidar com a contingência de eventos importantes "de uma maneira bem diferente: contemplá-la, obter algum sentido em sua vida a ela relacionado" e, assim, libertar-se interiormente dela. Então, não se trata de ter certeza de um bom resultado, pois o que quer que façamos, o resultado pode dar errado. "O importante é" entender e aceitar *isso*. Assim, a magia zande, como um certo aspecto da oração cristã, pode ser vista como um reconhecimento, uma aceitação do fato de que "nossa vida está sujeita a contingências, em vez de uma tentativa de controlá-las"[37].

O exemplo de uma sociedade primitiva culturalmente diferente da nossa deixa claro, então, o que Winch considera verdadeiro mesmo dentro de uma única sociedade: cada domínio do discurso tem sua própria lógica e coerência e deve ser entendido a partir de suas próprias convenções. A esfera da ação humana, em particular, só pode ser entendida em termos de conceitos e convenções sobre a ação, e isso significa considerar os conceitos e convenções dos atores. A explicação deve ser

---

36 WINCH, Understanding a Primitive Society, 320.
37 Ibid., 320-321.

fundamentada na própria compreensão do ator, assim como a explicação de outra sociedade deve ser fundamentada na compreensão que essa sociedade tem das coisas. Às vezes, Winch parece apenas querer dizer que as explicações e a compreensão são melhores, mais profundas, mais bem-sucedidas se expressas nos termos do ator do que se expressas nos termos de um observador externo e imparcial. Assim, "um monge nutre certas relações sociais características com os outros monges e com pessoas de fora do mosteiro; mas seria impossível dar algo mais do que um relato superficial dessas relações se não se levarem em conta as ideias religiosas em torno das quais a vida do monge decorre"[38]. Ou ainda, "seria inteligente tentar explicar como o amor de Romeu por Julieta se transpõe em seu comportamento nos mesmos termos que aplicaríamos ao rato cuja excitação sexual o faz atravessar uma rede eletrificada para alcançar sua companheira? Shakespeare não o faz muito melhor?"[39]

Mas, em outras ocasiões, Winch parece querer dizer que a explicação não expressa nos próprios termos do ator não é uma explicação, não pode fornecer qualquer compreensão da ação humana, nem mesmo faz sentido. Tome-se novamente o caso do homem, N, que vota no Partido Trabalhista, e suponha que um observador, O, diga que ele o fez porque achava que aquele partido era o que tinha mais possibilidade de manter a paz na indústria.

> A força da explicação de O baseia-se no fato de que os conceitos que aparecem nela devem ser compreendidos não apenas por O e seus ouvintes, mas também *pelo próprio N*. N deve ter alguma ideia do que seja "preservar a paz na indústria" e de uma conexão entre isso e o tipo de governo que ele espera estar no poder se os trabalhistas forem eleitos.

N pode não ter formulado claramente sua própria razão para votar, e o observador pode formulá-la por ele; mesmo assim, "a aceitabilidade de tal explicação depende da compreensão de N sobre os conceitos contidos nela. Se N não compreende o conceito de paz industrial, não faz sentido dizer que a razão para fazer qualquer coisa seja um desejo pela promoção da paz na indústria"[40].

Winch encontra algumas dificuldades nas explicações psicanalíticas freudianas da ação, que muitas vezes citam motivos inconscientes e razões dos quais o ator não tem conhecimento. A princípio, Winch diz que, mesmo tais explicações, "para

---

38 WINCH, *Idea of a Social Science*, 23.
39 Ibid., 77.
40 Ibid., 46-47.

serem aceitáveis, devem ser em termos de conceitos que sejam comuns tanto ao agente quanto ao observador. Não faria sentido" explicar um deslize cotidiano baseado no ressentimento do ator em relação a uma pessoa que recebeu uma promoção que deveria ser dele, a menos que o próprio ator entendesse "o que significava 'receber uma promoção que deveria ser de outra pessoa'"[41]. Mas depois ele sustenta que "um psicanalista pode explicar o comportamento neurótico de um paciente em termos de fatores desconhecidos para o paciente e de conceitos que seriam ininteligíveis para ele"[42].

A última visão faz parte, me parece, da posição mais moderada que Winch, em última análise, quer assumir: que as ações podem ser explicadas em termos ininteligíveis para os atores, desde que esses termos sejam traduzíveis para os próprios atores. O cientista social não precisa "deter-se no tipo irrefletido de compreensão" que os participantes de uma instituição social possuem sobre o que estão fazendo; mas

> qualquer compreensão mais reflexiva deve necessariamente pressupor, se for para contar como compreensão genuína, a compreensão irrefletida do participante [...]. Por exemplo, a preferência pela liquidez é um conceito técnico da economia: geralmente, não é usado por homens de negócios na condução de suas atividades, mas pelo economista que deseja *explicar* a natureza e as consequências de certos tipos de comportamento empresarial. Mas está logicamente ligado a conceitos que entram na atividade empresarial, pois seu uso pelo economista pressupõe sua compreensão do que é conduzir um negócio, o que, por sua vez, envolve a compreensão de conceitos empresariais como dinheiro, lucro, custo, risco etc. É apenas a relação entre seu relato e esses conceitos que o torna um relato da atividade econômica, e não, por exemplo, uma questão teológica[43].

Assim, como Voegelin, Strauss, Gunnell e Schutz, Winch permite o refinamento reflexivo do vocabulário do mercado, mas exige que o vocabulário refinado tenha como ponto de partida o vocabulário do mercado, e permaneça gramaticalmente vinculado a ele[44].

---

41 Ibid., 48.

42 Ibid., 89-90.

43 Ibid., 89.

44 Comparar com VOEGELIN, *The New Science of Politics*, 28; STRAUSS, An Epilogue, 310; GUNNELL, Social Science and Political Reality, 186; SCHUTZ, Concept and Theory Formation, 242, 246. Comparar com APEL, Karl-Otto, *Analytic Philosophy of Language and the Geisteswissenschaften*, trad. ing. de Harald Holstclilie, Dordrecht, D. Reidel, 1967, 29.

Mas esse requisito acaba levando-os a concluir que é impossível que a ciência social seja científica, porque o vocabulário realmente usado na vida social humana, no curso da ação pelos atores, é logicamente incompatível com a explicação científica causal. A ação humana pode ser mais complexa do que o comportamento animal ou do que os eventos físicos, mas não é meramente mais complexa. Winch observa: "o que se considera, a partir de um ponto de vista, uma mudança no grau de complexidade é, a partir de outro ponto de vista, uma diferença de espécie: os conceitos que aplicamos ao comportamento mais complexo são logicamente diferentes daqueles que se aplicam aos menos complexos". A ação humana "envolve um esquema de conceitos que é logicamente incompatível com os tipos de explicação oferecidos nas ciências naturais", de modo que tentar falar sobre a ação em termos de leis causais inevitavelmente cria "dificuldades lógicas"[45]. Louch afirma algo parecido: "A ideia de uma ciência do homem ou da sociedade é insustentável" porque seu método e sua concepção de ciência são "emprestados da física", enquanto sua concepção de objeto de pesquisa é "emprestada da ação moral"[46]. Assim, Winch argumenta sobre a previsão científica das ações de modo semelhante à argumentação de Wittgenstein sobre os paradoxos conceituais e os *insights* ["percepções"]:

> Os conceitos centrais que pertencem à nossa compreensão da vida social são incompatíveis com conceitos centrais à atividade de previsão científica. Quando falamos da possibilidade de previsão científica de desenvolvimentos sociais desse tipo, literalmente não entendemos o que estamos dizendo. Não podemos entender, porque não faz sentido[47].

Nossos conceitos de ação requerem explicação em termos de motivos e razões em vez de causas; em relação a eles, compreender significa aprender, consiste em "apreender o *sentido* ou o *significado* do que está sendo feito ou dito. Tal noção se distancia do mundo das estatísticas e leis causais: é mais próxima do domínio do discurso e das relações internas que ligam as partes de uma área do discurso"[48]. Esse paralelo entre entender a ação humana e entender a fala humana é a base

---

45 Winch, *Idea of a Social Science*, 72, 117.
46 Louch, *Explanation and Human Action*, viii, 235. Comparar com Taylor, Richard, *Action and Purpose*, 140, 242, mas também p. 112-116, 133, 206; Gunnell, Social Science and Political Reality, 178, 188, 193, 195; Taylor, Charles, *The Explanation of Behaviour*, 35-36; Apel, *Analytic Philosophy*, 20.
47 Winch, *Idea of a Social Science*, 94.
48 Ibid., 115; comparar com Peters, R. S., *The Concept of Motivation*, New York, Humanities Press, 1958, 7; Gunnell, Social Science and Political Reality, 193.

fundamental da tese principal de Winch, de que o estudo da sociedade deve ser filosófico e não científico. Aqui, também, o conteúdo exato da tese de Winch não é fácil de entender. Às vezes, ele parece estar dizendo que um estudo científico de sociedade é impossível, que qualquer estudo da sociedade está fadado a ser filosófico. Às vezes, ele simplesmente diz que "qualquer estudo *válido* sobre a sociedade deve possuir caráter filosófico", e que é "desastroso" adotar uma atitude não filosófica e não autoconsciente a respeito de conceitos de investigação de uma sociedade humana[49]. Ele então considera abordagens não filosóficas como viáveis, mas "superficiais", "intrigantes" e menos "inteligentes" do que as filosóficas[50]. Ainda em outras ocasiões, ele meramente afirma que "muitas das questões teóricas mais importantes que foram levantadas" nas ciências sociais de fato "pertencem à filosofia e não à ciência"[51]. Por exemplo, "o problema central da sociologia, o de dar conta da natureza dos fenômenos sociais em geral, pertence à filosofia"[52]. Seja como for, outros autores do grupo que estamos examinando defendem uma posição semelhante: o estudo da sociedade deve ser filosófico. Louch diz que "a ética e o estudo da ação humana são uma só coisa"[53].

Um corolário final proposto por vários autores é que o estudo social nunca pode ser isento de valores, por causa dos próprios conceitos que deve empregar. Como diz Strauss, qualquer ciência política que use "a perspectiva do cidadão" também "avalia necessariamente as coisas políticas; o conhecimento em que culmina tem o caráter de conselho categórico e de exortação"[54]. Outros dizem que um estudo da ação, usando o vocabulário da ação, é "inevitavelmente normativo"[55]. A linguagem da ação em si contém "valores" e "avaliação", observa Louch, e, sem essa linguagem, "não estamos mais em condições de identificar performances". Os processos de identificação e avaliação de uma ação não são separáveis; nós os "identificamos e descrevemos por meio de termos de avaliação"[56]. Logo, "não há duas etapas, uma identificação de propriedades e qualidades na natureza e depois uma avaliação delas, etapas que então poderiam

---

49 WINCH, *Idea of a Social Science*, 3, 103.
50 Ibid., 23, 88, 77.
51 Ibid., 17.
52 Ibid., 43.
53 LOUCH, *Explanation and Human Action*, 235; comparar com STRAUSS, An Epilogue, 308-309; GUNNELL, Social Science and Political Reality, 183.
54 STRAUSS, An Epilogue, 316.
55 MADELL, Geoffrey, Action and Causal Explanation, *Mind*, LXXVI (1967) 39.
56 LOUCH, *Explanation and Human Action*, 58-59.

se tornar o assunto de diferentes especialistas. Há apenas um estágio, o delineamento e a descrição das ocorrências em termos de valor"[57].

CRÍTICA

A partir da premissa inicial de que o objeto de pesquisa da ciência social é fundamentalmente diferente do da ciência natural, Winch e outros chegam à conclusão de que o estudo científico de questões sociais e políticas é inadequado ou impossível. Os dois elos mais importantes em sua cadeia de argumentação são a tese de que as ações devem necessariamente ser identificadas nos conceitos dos atores, e a de que os conceitos de ação são logicamente incompatíveis com a explicação causal. Ambas as teses merecem maior atenção; pois ambas são literalmente falsas, mas cada uma aponta para uma dificuldade genuína que a ciência social enfrenta. Dedicaremos o restante deste capítulo a uma consideração mais cuidadosa da primeira dessas teses, deixando o problema da explicação causal para o próximo capítulo. A primeira tese, sobre a identificação de ações, é particularmente escorregadia, porque é frequentemente argumentada em vários níveis diferentes ao mesmo tempo: a própria concepção de ator individual define o que ele está fazendo; os conceitos e normas de (todos os atores em) uma determinada região linguística ou de empreendimento humano definem as ações naquela região; e de modo transcultural, as normas e conceitos de (atores em) uma dada cultura definem suas ações. A tese é falsa em cada um desses níveis.

O argumento de que, de fato, falando de modo estrito, apenas o ator individual sabe o que está fazendo é tão evidentemente falso que apenas alguém nas garras da perplexidade conceitual poderia se persuadir de sua verdade. É claro que, *às vezes*, acontece que apenas o ator saiba o que está fazendo, que, apesar de todas as aparências e opiniões de todos os observadores, ele esteja fazendo apenas o que dissera que pretendia fazer. Mas também há outras ocasiões em que, como se diz, o ator não sabia o que estava fazendo, não percebia o que estava fazendo. Ele podia, por exemplo, estar agindo neuroticamente, de modo que suas reais intenções e o real significado de sua ação não fossem acessíveis à sua própria consciência. Ou poderia ser insensível ou obtuso, de modo que simplesmente não conseguisse enxergar o que realmente fez; embora suas intenções simplórias fossem boas, sua ação real foi uma vez mais outra coisa, mesmo que ele não consiga compreendê-la. Ou então sua ação pode ter consequências e significados de um tipo histórico em grande escala

---
57 Ibid., 56.

que ele ignora e que não faziam parte de suas intenções. Ele negaria ter "feito" tais coisas, mas um observador objetivo teria que afirmar que ele as fez, embora talvez a culpa seja menor. ("Pai, perdoa-lhes, pois não sabem o que fazem.") Todos esses são lugares-comuns de nossas compreensão e avaliação das ações.

Além disso, a questão depende em grande medida de que tipo de ação é tomada como exemplo; algumas (do que normalmente chamamos) ações são muito mais dependentes das intenções e dos conceitos do ator do que outras. Assim, podemos concordar que não se pode prometer sem a intenção de prometer (embora pudéssemos argumentar até mesmo quanto a este ponto), mas quem iria querer sustentar que não se pode ofender sem a intenção de ofender? Que não se pode decepcionar sem querer decepcionar? Pode-se mentir com a intenção de mentir, mas não é preciso pretender enganar para enganar. O mesmo se aplica aos crimes em nosso ordenamento jurídico: alguns dependem da intenção relevante, enquanto outros dependem das consequências objetivas.

É tentador dizer que, quanto mais uma ação se aproxima de movimentos físicos, pode ser feita por animais ou mesmo por objetos, e menos ela depende de intenção, consciência ou conceitos do ator. Tais ações não requerem que o ator tenha um conceito da ação. Inversamente, quanto mais uma ação é complexa, abstrata, regida por convenções sociais, composta talvez por uma variedade de jogos de linguagem não inteiramente coerentes, menos podemos atribuí-las a alguém que carece do conceito, consciência e intenção relevantes. Muitas atividades dos seres humanos podem ser facilmente atribuídas e realizadas por crianças e animais. Assim, pode-se comer sem que se tenha o conceito de comer (e sem a intenção?), matar sem o conceito ou a intenção de matar (mas assassinar?), escapar sem o conceito, a intenção ou mesmo a consciência de escapar (mas fugir?), e o mesmo com "querer", "precisar", "avisar", "temer", "ajudar" e centenas de outros verbos. Muitas vezes, as coisas são complicadas mesmo em relação a um único verbo; lembre-se da observação de Wittgenstein de que um cão pode "temer que seu dono bata nele", mas não "teme que seu dono bata nele amanhã".

Winch argumenta, por exemplo, que obedecer "contém, como elemento essencial, um reconhecimento do que veio antes como uma ordem"[58]. Obedecer significa fazer alguma coisa *porque* se recebeu ordem de fazê-lo, ou seja, envolve um elemento da intenção de obedecer. No entanto, nada é mais comum do que

---

[58] Winch, *Idea of a Social Science*, 125; comparar com Ryle, Gilbert, *The Concept of Mind*, New York, Barnes & Noble, 1949, 144; e com meu artigo Obligation and Consent, *American Political Science Review*, LX, mar. (1966) 50.

falarmos de animais nos obedecendo (ou desobedecendo). Eles têm um conceito de obediência? Podemos imediatamente gerar o "abismo" filosófico de sempre entre significado e aplicação aqui: obedecer parece significar, implicar, que a ação é tomada *por causa* da ordem, em reconhecimento à ordem. No entanto, "tudo o que se sabe" dos animais, e de fato de outras pessoas, é que eles agem após a emissão do comando; não podemos "ver suas mentes por dentro" para dizer se eles pretendiam obedecer ou não. Assim, há a tentação de dizer, com reducionismo trasimaquiano, que a obediência é uma mera hipótese que impomos ao comportamento observado (a ordem emitida, os movimentos que se seguem). Então, haveria a tentação de se responder com a refutação de que esse comportamento muito observado é o que todos aprendemos a chamar de "obediência", daí o que significa "obediência". Mas, a esta altura, já sabemos identificar essas tentações e a perplexidade conceitual em que elas se originam. Obedecer, assim como esperar, compreender e coisas do gênero não são definidas simplesmente pelo "desempenho externo" ou pelo comportamento, nem pela "experiência interior" ou pela intenção, mas por um ou ambos sob o pano de fundo de um contexto apropriado, um cenário social. Muitas combinações diferentes desses elementos podem ser "obedecer", embora nem tudo o que pareça obediência o seja. Assim, às vezes se concluirá que um homem não estava realmente obedecendo a uma ordem, mas apenas, por acaso, fez o que estava expresso na ordem. Outras vezes, se concluirá que ele obedeceu, embora insista que não era sua intenção; e dir-se-á "ações falam mais alto que palavras". Tudo depende das circunstâncias e do motivo de nosso interesse na questão[59]. Quando os animais são treinados para obedecer, não estamos filosoficamente preocupados se eles "realmente" têm a "intenção" necessária. Quando os seres humanos obedecem, as ambiguidades de interpretação tornam-se possíveis e, portanto, relevantes, porque os seres humanos são capazes de *expressar* suas intenções, de argumentar com nossa versão do que estão fazendo.

Tais conversações sobre qual ação foi performada constituem, argumenta-se aqui, uma grande parte da conversa sobre ações e um elemento essencial no discurso moral. Mas, em tais discussões, as opiniões de ambos os participantes são pelo menos relevantes; não se é obrigado a aceitar a palavra do ator ou do

---

[59] Comparar com o contraste feito por Wittgenstein entre "Eu deixo o quarto, porque você está ordenando" e "Eu deixo o quarto, mas não porque você está ordenando". Sob que circunstâncias acreditamos ou duvidamos de tais sentenças? WITTGENSTEIN, Ludwig, *Philosophical Investigations*, trad. alem./ing. de G. E. M. Anscombe, New York, Macmillan, ³1968. Trad. bras.: *Investigações filosóficas*, de Marcos Montagnoli, Petrópolis, Vozes, ⁴2005, § 487.

observador em todos os casos, quanto ao que foi feito. Às vezes, se concluirá que, apesar das intenções do ator, ele obedeceu; às vezes, se concluirá que, faltando a intenção necessária, ele não obedeceu; e, às vezes, não haverá certeza sobre o que concluir. Nem as intenções nem os resultados observados são *a priori* definitivos para a ação. Seus papéis relativos dependem muito da situação, do interesse que se tem dela e da ação específica em questão. O problema real da ação e da intencionalidade não é que a ação pode ser identificada apenas de acordo com a intenção e, portanto, pelo próprio ator; mas que, no que diz respeito à ação humana, a intenção e, portanto, as posições do ator, são sempre potencialmente relevantes e devem ser levadas em consideração.

Claro, Winch ainda pode querer defender, ou podemos decidir, que apenas aquelas ações para as quais a intenção e a consciência são essenciais são verdadeiramente "ações", ou que a ciência social está (ou deveria estar?) interessada apenas nas ações e nos contextos em que a intenção do ator é relevante (ou definitiva?). Mas estamos em melhor posição para ver agora quais seriam os custos e as dificuldades dessa decisão. A categoria não intencional é simplesmente muito mais ampla do que Winch e os outros supõem; e a linha divisória entre as ocasiões em que a intenção é relevante ou definitiva e aquelas em que isso não ocorre é muito mais ambígua e difícil do que se supõe. Será que eles realmente pretendem argumentar que a ciência social não está preocupada com, digamos, obediência? Percepções? Ajudas? Ofensas? Não, a verdade é que esses autores simplesmente não consideraram a pluralidade de exemplos possíveis.

Voltemo-nos agora para o segundo nível: a alegada autonomia dos campos de atividade humana e das regiões linguísticas. Cada um, afirma-se, tem suas próprias regras, normas e conceitos característicos, sua própria definição do que contará como um determinado tipo de ação. A identificação de qualquer ação deve ser feita em função da região a que ela pertence. Winch examina a oração como um exemplo:

> O fariseu que disse "Deus, eu te dou graças por não ser como os outros homens" estava fazendo o mesmo tipo de coisa que o publicano que orou "Deus, tenha misericórdia de mim, pois sou um pecador"? Para responder, seria necessário começar considerando o que está envolvido na ideia de oração, e esta é uma questão *religiosa*[60].

---
60 WINCH, *Idea of a Social Science*, 87.

Presumivelmente, ambos os homens pensam que estão rezando; então, em primeiro lugar, se apenas o próprio ator é que sabe, então eles estão rezando. Mas Winch vê outra indagação aqui, que ele diz que só pode ser respondida no discurso religioso. A pergunta que ele imagina que será feita provavelmente é esta: Pode-se afirmar que qualquer discurso dirigido a um deus é oração, ou pode-se argumentar que uma comunicação egoísta ou hipócrita não é realmente uma oração, não se dirige de fato a Deus. Resolver esse problema parece ser o que Winch considera a questão religiosa. Mas, nessa disputa, ambos os lados estão no mesmo domínio do discurso; seu conflito não é entre regiões de linguagem, mas entre forma e substância, ou aplicação e significado, ou comportamento e intenção – todas essas qualidades difíceis que já encontramos.

Sem dúvida, pode-se imaginar que outras disciplinas ou regiões linguísticas abordem a questão de saber se o publicano e o fariseu estão fazendo a mesma coisa, mas então o resultado será diferente do que Winch prevê. Por exemplo, a psicologia pode indagar sobre o significado que a ação de cada homem tem em sua própria economia psíquica. Ou o direito pode investigar, por exemplo, para resolver uma disputa sobre oração nas escolas públicas. Será que Winch realmente quer dizer que tais investigações são impossíveis? Impróprias? Tais relatos do que os homens estão fazendo, de disciplinas rivais ou regiões de linguagem, não precisam ser mutuamente incompatíveis; eles podem coexistir. Suponha que um religioso argumente que embelezar sua igreja com pedras preciosas é uma forma de honrar e adorar a Deus. Um economista observa e diz que não, é um investimento de fundos em bens não produtivos. Um antropólogo acrescenta: "Parece-me uma forma de arte; digo que é uma forma de arte". Mas esse exemplo deixa bem claro que a escolha não é exclusiva. A maneira de adorar de um homem também pode ser uma forma de arte e um ato de troca ou poupança econômica. O economista e o antropólogo estão errados apenas ao afirmar suas opiniões como alternativas que excluem as do próprio homem. É claro que não perguntamos ao economista o que constitui uma oração; mas a economia também não pretende nos dizer o que constitui a oração. Conflitos e problemas sobre o que conta como oração ocorrem apenas em certas esferas do discurso; mas a "oração" não é a única forma verdadeira de caracterizar a ação do homem. E mesmo que uma disciplina não religiosa, como o direito, resolva decidir o que constitui a oração, não podemos concluir com Winch que ela deva aceitar uma definição religiosa da atividade. Aqui, também, simplesmente não é verdade que as normas e conceitos dos atores sejam necessariamente definitivos.

A tese de Winch é mais poderosa no nível transcultural, obviamente, porque é mais provável que se erre ao descrever as ações de pessoas de uma cultura muito diferente com base em nada mais do que observação – sem conhecer sua língua, seus costumes e suas instituições. Aqui, se eles não nos dizem o que estão fazendo, parece que nos faltam informações não apenas sobre as intenções (como pode ser o caso de um ator individual em nossa própria sociedade), mas também sobre as convenções e regras que definem a ação e como ela deve ser feita. Mesmo aqui, porém, não se pode dizer categoricamente: "Só os atores podem realmente dizer o que estão fazendo".

Como antes, na discussão sobre a ação, a escolha dos exemplos desempenha um papel importante. Quando Schutz diz que o problema do antropólogo é saber se os movimentos observados dos nativos constituem "uma dança de guerra, escambo, a recepção de um embaixador amigo ou qualquer outra coisa", ele evoca a imagem de um antropólogo que afirma estar testemunhando uma dança de guerra, quando os nativos insistem em dizer que é escambo. Esse exemplo faz com que a posição do antropólogo pareça estranha. Como ele pode insistir em que o que eles consideram escambo é, "na realidade", uma dança de guerra? Mas tais exemplos predeterminam o resultado e confundem de várias maneiras. Primeiro, eles negligenciam outros tipos de ações que o antropólogo pode atribuir e descrever com segurança sem nenhum conhecimento da língua ou da cultura nativa. Suponha que o antropólogo diga: "Não sei o que eles pretendem fazer, mas posso ver que, de fato, o movimento deles espalha essas sementes em locais férteis e depois eles colhem os frutos. Pode ser um jogo, uma atividade ou cerimônia religiosa ou alguma outra coisa, mas, na verdade, eles estão *plantando*". Da mesma forma, ele pode identificar atividades como as de caçar, comer, fazer roupas e muitas outras.

De fato, às vezes, o antropólogo *deve* divergir do relato dos nativos sobre o que estão fazendo, a fim de não induzir ao erro seus leitores, por causa do compromisso implicado em *seu* ato de falar ou escrever. Suponha que os nativos se envolvam em certos procedimentos e lhe digam que estão "fazendo chover". Como ele relatará com veracidade o que eles estão fazendo? Se ele diz simplesmente "eles estão fazendo chuva", ele está insinuando que sua magia realmente pode produzir precipitação causalmente; tal é a natureza da nossa língua. Se ele diz "eles estão engajados em um ritual mágico projetado para fazer chover", ele está pelo menos sugerindo fortemente que suas ações não podem produzir chuva; nesse caso, ele é fiel ao conhecimento, mas de maneira relevantemente falsa para com o mundo deles, seu modo de perceber e agir. Como na discussão sobre "o mundo" e a diferença entre "*corpses*" e "*cadavers*"[61], começa a parecer que pode não haver nada completamente neutro a ser dito pelo antropólogo; qualquer coisa que ele diga tem implicações. Nossa linguagem contém várias expressões ("fazendo chover", "tentando fazer chover", "envolvendo-se em um ritual", e assim por diante), cada uma com seus usos e implicações característicos. O que dizer vai depender se estamos interessados em suas intenções e percepções, ou (como costumamos dizer) "nos resultados objetivos do que eles estão fazendo".

Mas a situação mais comum é aquela em que o relato do antropólogo não rivaliza com o relato do nativo, e sim coexiste pacificamente com ele. Aqui, o antropólogo não diz "embora eles afirmem que é A, é realmente B que eles estão fazendo", mas sim "ao fazer A, posso ver que eles estão ao mesmo tempo fazendo B, embora possam negar ou ignorá-lo". O antropólogo pode ver consequências sociais, políticas, econômicas e configurações das quais os nativos não estão cientes. Pode parecer óbvio que a tribo não poderia se envolver em uma dança de guerra sem saber disso, sem pretender se envolver em uma dança de guerra e sem conceber o que está fazendo como uma dança de guerra. Mas teríamos a mesma certeza se o exemplo fosse diferente? Suponha-se que o antropólogo dissesse que eles estão "reafirmando normas tribais" ou "reintegrando membros afastados na tribo" ou "tornando possível externar hostilidade de maneiras controladas e socialmente inofensivas" ou ainda "demonstrando respeito pela autoridade dos anciãos tribais". Parece-me que eles podem estar fazendo qualquer uma dessas coisas sem saber ou dizer que estão fazendo. Nesses casos, é claro, eles não estão fazendo o que o antropólogo afirma *em vez do* que eles dizem que estão fazendo; na verdade, estão fazendo as duas coisas, fazendo uma *por meio* da outra.

Isso, me parece, é o que Winch e os outros tentam dizer quando afirmam que o cientista social pode usar conceitos desconhecidos para os atores, desde que esses conceitos sejam definidos em termos dos conceitos dos próprios atores. Ele quer dizer que o antropólogo *pode* descobrir que os nativos estão "reintegrando um membro afastado", mas, é claro, que ele deve *mostrar* que é isso que eles estão fazendo – que existe alguém que foi afastado, que após a ação ele é reintegrado, e assim por diante. E mostrar essas coisas vai pressupor sua compreensão de algumas normas e de alguns conceitos nativos. Mas a maneira pela qual Winch expressa esse requisito é excessivamente rigorosa. Não se trata de que "reafirmar normas tribais"

---

[61] No caso, "*corpses*" e "*cadavers*" significam "cadáver" ou "corpo morto". Tal diferença no emprego dos termos em inglês não encontra paralelo em seu uso pelos falantes na língua portuguesa. Ver discussão no Capítulo V deste livro. (N. dos T.)

deva ser traduzível em termos de "dança da primavera" ou de qualquer outro termo nativo, nem que, como menciona Winch, deva haver um "vínculo lógico" entre as expressões. Em vez disso, o antropólogo deve ser capaz de saber, capaz de demonstrar, que eles *estão* reafirmando normas tribais por essa dança, e para isso ele pode ter que relacioná-la com *alguns* conceitos e costumes nativos. Se "reafirmar normas tribais" e "dança da primavera" são a mesma ação é uma daquelas questões que já conhecemos bem, a esta altura, que podem ser respondidas tanto com sim quanto com não. As expressões, em geral, não significam o mesmo; mas *isso* que os nativos estão fazendo pode verdadeiramente ser dito das duas maneiras.

Nossa imagem inicial, de um antropólogo insistindo em que testemunhou uma dança de guerra, muito embora os nativos digam que é escambo, induz ao erro também ao omitir qualquer consciência sobre os problemas de tradução. Se o antropólogo está convencido de que a ação é uma dança de guerra, por que ele traduz a palavra como "escambo"? Argumentou-se, anteriormente, que tal problema pode ser respondido em termos de todo um sistema de palavras e práticas nativas. Talvez o antropólogo se sinta obrigado a traduzir a palavra nativa como "escambo" por causa de suas ligações com outras expressões e ocasiões. Ele pode até ter encontrado uma palavra nativa *diferente* que pareça significar "dança de guerra". No entanto, a ação também faz parte de um contexto maior e pode continuar a parecer uma dança de guerra – pode parecer ter sido precedida por um incidente de provocação, seguido por atos de guerra, e assim por diante. Pode não ter nenhuma das configurações que associamos a um ato de escambo, pode não ser precedida pela preparação de mercadorias nem seguida de atos de troca.

Se esse tipo de conflito de interpretação persistir, estamos essencialmente perdidos. O que *não* faremos é concluir, com Winch, que os nativos devem estar certos (que nossa tradução da palavra dos nativos deve estar certa). O que é mais provável aqui, é claro, é que os nativos tenham uma distribuição de conceitos totalmente diferente, um sistema conceitual diferente do nosso, de modo que nem "dança de guerra" nem "escambo" sejam uma tradução adequada. Talvez eles tenham uma palavra para ambos, de alguma forma pensando em barganha, como um prelúdio para hostilidades, ou ameaças e bazófias, como um prelúdio para as trocas. Tudo então depende, como o próprio Winch comenta, de selecionar o conceito correto dentre os existentes para extrapolar, e estendê-lo corretamente para os deles, como o próprio Winch faz ao ligar a feitiçaria zande à oração cristã.

Na verdade, me parece que a própria discussão de Winch sobre feitiçaria entre os azande refuta sua tese principal sobre perspectivas transculturais de ação. Pois ele nos dá um relato do que os azande fazem e como isso deve ser entendido, e esse relato está em inglês, baseado em parte na observação antropológica do que eles fazem e em parte em traduções do que eles dizem. E Winch acaba explicando a feitiçaria zande em relação a uma de nossas instituições – uma forma de oração cristã. O que ele demonstra não é que a tradução seja impossível, nem que a ação não possa ser descrita por um observador fora da cultura, nem que apenas os nativos possam definir o que fazem, nem que a ação deva ser explicada em termos de seus conceitos e instituições, e não dos nossos. O que ele demonstra é apenas que certos antropólogos fizeram seu trabalho mal; observaram superficialmente, tiraram conclusões injustificadas, foram influenciados por suposições, usaram as palavras inglesas *erradas* e as instituições ocidentais análogas *erradas*. O próprio Winch faz um relato "de forasteiro" da feitiçaria zande; o que mais ele poderia oferecer?

Selecionar o conceito em inglês e a instituição inglesa adequados e estendê-los ou modificá-los até que se adaptem ao conceito ou à instituição nativa é obviamente outro exemplo do tipo de inovação dentro de restrições que foi discutido repetidamente antes. Do mesmo modo, depende muito de que se veja ou mostre "*como* o novo conceito é (ou pode ser visto como)" um caso do antigo. Não adianta, como observa Cavell, chamar "qualquer coisa que eles façam de 'sacrifício', 'expiação', 'apaziguamento' etc., a menos que se entenda *como* o que eles fazem pode ser considerado como (pode gramaticalmente ser) tais ações." A tribo que estudamos pode ser culturalmente muito diferente de nós; ela pode

> esperar por um futuro diferente, temer um lugar diferente, questionar de formas distintas das nossas; mas a esperança ainda estará gramaticalmente relacionada à satisfação e à decepção, expressas de maneiras óbvias; o medo ainda estará gramaticalmente relacionado a alguma razão para temer, embora possa não ser algo que, de fato, nos afete, que possamos ver como uma razão para se temer[62].

O fato de que nos digam que estão "expiando" ou "fazendo escambo" não será, por si só, suficiente para decidir a questão, pois estará sempre em aberto o questionamento da tradução do que é dito por eles. Aqui, novamente, como dentro de uma única cultura ou sociedade, a ação é, em última análise, dual, consistindo *tanto* no

---

62 CAVELL, Stanley, *The Claim to Rationality*, Tese de Doutorado em Filosofia (não publicada), Cambridge, Harvard University, 1961-1962, 98.

que o observador externo pode ver *quanto* na compreensão dos atores sobre o que estão fazendo. A dualidade, e não apenas esta última característica, é o que distingue a ação. A dualidade, e não apenas a intencionalidade, coloca o problema para a ciência social. Esse problema não é, como Winch e outros argumentam, nossa incapacidade de observar ações objetivamente ou identificá-las sem consultar os atores. Em vez disso, o problema é duplo: a perplexidade conceitual de quando a ciência social tenta generalizar sobre ações, e a necessidade de compromisso e de se elaborarem juízos.

Os conceitos de ação, desenvolvidos em grande parte no curso da ação, são moldados por jogos de linguagem de sinalização ou semiperformativos, de modo que sua gramática é rica em implicações potencialmente contraditórias. Eles funcionam bem no contexto, em casos particulares; mas qualquer pessoa que tente articular princípios amplos, gerais e abstratos sobre a natureza da promessa, da obediência, da votação e coisas do gênero encontrará perplexidade conceitual e paradoxo. Qualquer um que tente estudar tais fenômenos cientificamente, através da observação empírica, ficará preocupado com o problema de quais fenômenos contam como exemplos de promessa, obediência, votação, aproximadamente da mesma forma que Trasímaco e Sócrates estão em desacordo sobre o que conta como um exemplo de justiça.

A mesma complexidade gramatical dos conceitos de ação também significa que a identificação de ações e sua discussão, embora possam ser objetivas e imparciais, nunca são como a identificação e a discussão de eventos físicos. Sempre envolvem implicações sobre compromissos e responsabilidades; envolvem sempre, nesse sentido, posicionamento. O vocabulário da ação pode ser usado para rotular, referir, descrever, até mesmo explicar causalmente. Mas a referência, a descrição, a explicação serão em termos do significado geral dos conceitos usados, e esse significado é parcialmente moldado por seus papéis em outros tipos de jogos de linguagem. Assim, como observa Geoffrey Madell, "lembrar não é meramente afirmar algo que envolva a memória, mas fazer uma afirmação *correta*; perceber é estar certo sobre o que está diante de seus olhos; inferir é afirmar *corretamente* o que se segue a partir de certas premissas"[63].

Esta é, de modo evidente, a base da posição de Madell, Louch e Strauss que examinamos anteriormente, segundo a qual o estudo social deve necessariamente ser "normativo", engajar-se em "exortação" e "avaliação" e expressar até mesmo suas descrições e explicações em "termos de valores". Mas essas maneiras de colocar o

---

63 MADELL, Action and Causal Explanation, 39.

problema são terrivelmente falaciosas, porque ainda estão nas garras da dicotomização entre fato e valor. Se falar sobre uma ação não é factual da mesma forma que falar sobre um evento físico, eles concluem que tem que ser normativo ou avaliativo ou mesmo exortativo – como se essa fosse a única alternativa. Mas não há apenas duas alternativas aqui; os conceitos de ação não são puramente nomes nem puramente performativos.

Richard Taylor, em certo ponto, é tentado pela possibilidade de que a distinção entre ações e eventos possa não ser uma distinção "real ou natural", mas uma mera

> distinção relativa que os homens traçam para propósitos práticos – como a distinção entre coisas que são e não são ferramentas, por exemplo, ou coisas que são e não são comidas, e assim por diante. Ao afirmar que um objeto é uma ferramenta, não se está apenas *descrevendo* o objeto, mas sim imputando-lhe algo – a saber, utilidade como instrumento de fabricação e afins. Da mesma forma, ao afirmar que determinado espécime de comportamento humano é um ato de alguém, pode ser que não se esteja descrevendo nada, mas sim imputando algo a essa pessoa, ou seja, responsabilidade pelo comportamento em questão[64].

Algumas vezes, uma ação se parecerá exatamente com um movimento involuntário, e será tentador dizer que a diferença é meramente algo que lhe seja atribuído. "Não encontramos nele algo que possamos rotular como responsabilidade por seu comportamento, mas sim lhe *imputamos* responsabilidade e, assim, investimos seu comportamento do *status* de ato."

Mas Taylor acaba rejeitando essa interpretação, alegando que

> é bem possível e até bastante comum *errar* ao considerar um homem responsável por algum ato, seja moral, legal ou outro, ao passo que isso seria logicamente impossível se sua responsabilidade consistisse apenas em que isso lhe fosse imputado. A atribuição de responsabilidade é, a esse respeito, como a atribuição de qualquer predicado comum – não como a atribuição daqueles predicados às vezes incorporados nos chamados predicados de "enunciados performativos"[65].

Mas, então, o mesmo argumento se aplica aos próprios exemplos de Taylor: chamar algo de ferramenta não a torna uma ferramenta, e chamar algo de comida não a torna comida.

---
64 Taylor, Richard, *Action and Purpose*, 100.
65 Ibid., 101.

Sugerimos que tais conceitos não são nomes nem estritamente performativos, mas semiperformativos. Você pode achar que "compreende" algo e estar enganado, e ainda assim dizer que o que você entende é mais do que uma descrição; é um compromisso. O mesmo se dá com a identificação e a descrição de várias ações. Uma ação, segundo observa Chisholm,

> é tanto imputável quanto descritiva. Quando dizemos de um homem que ele *fez* alguma coisa, podemos estar declarando, por meio de imputação, que o homem deve ser considerado responsável por ter feito determinada coisa acontecer; isto é, podemos estar pronunciando um veredito, notificando aos ouvintes que imediatamente estamos responsabilizando esse homem. Mas também estamos fazendo uma afirmação descritiva; estamos dizendo que o homem foi um fator causal para fazer algo acontecer, ou para impedir que algo acontecesse[66].

E, claro, os dois estão intrinsecamente inter-relacionados: atribuímos responsabilidade *porque* ele *realizou* a ação, e parte disso significa para ele que a tenha feito e que ele é responsável por ela. Dizer que ele agiu vai além da rotulação de movimentos observada ao imputar-se, mas não de forma arbitrária.

Portanto, o que é relevante sobre as ações não é que, mesmo ao se referir ou descrever de modo objetivo, deva-se necessariamente estimar, avaliar ou exortar. Pelo contrário, devem-se necessariamente fazer afirmações ou juízos que tenham implicações. Não se trata de uma questão de avaliação, mas de responsabilidade. Não é que sempre que dizemos que alguém prometeu, estamos avaliando-o ou o que ele fez; mas insinuando algo sobre suas obrigações e compromissos subsequentes. Da mesma forma, não é que, sempre que falamos de "saber" ou dizemos que alguém "sabe" alguma coisa, estejamos avaliando-o ou seu conhecimento; mas, sim, insinuando que o "conhecimento" é verdadeiro, nos comprometendo com essa implicação. Essas implicações fazem parte dos conceitos por causa dos jogos de linguagem de que esses conceitos se originam, e nenhuma ciência social que use nossos conceitos de ação ordinária ou outros baseados neles estará livre de tais implicações. Veremos brevemente as tentativas de escapar dessa necessidade por meio da redefinição, mas primeiro devemos nos voltar para uma crítica da segunda tese central desenvolvida por Winch e outros: o problema da explicação.

---

66 Chisholm, Freedom and Action, in: Lehrer, Keith (ed.), *Freedom and Determinism,* New York, Random House, 1966, 28.

XII EXPLICAÇÃO, LIBERDADE E OS CONCEITOS DAS CIÊNCIAS SOCIAIS

Winch e outros críticos das ciências sociais argumentam que os conceitos de ação são logicamente incompatíveis com a necessidade causal e, portanto, com a explicação científica e causal. Argumentamos que essa afirmação é falsa, mas, assim mesmo, aponta para uma dificuldade genuína sobre a explicação nas ciências sociais. Neste capítulo, examinaremos primeiro a questão da explicação nas ciências sociais e, em seguida, voltaremos a uma maneira importante pela qual as ciências sociais tentaram escapar tanto das dificuldades de explicar as ações quanto das dificuldades de identificá-las, que discutimos no último capítulo: a tentativa de criar um novo vocabulário ou novas definições.

É verdade evidente, como Winch e os outros sustentam, que, quando nos pedem para explicar uma de nossas ações, muitas vezes respondemos em termos de nossas intenções, nossos motivos, propósitos ou razões para fazer o que fizemos. Nunca damos tais explicações para eventos, a menos que estejamos interpretando um evento como uma ação – por exemplo, como uma ação de Deus, e especulando sobre seus motivos ou propósitos. Sob esse aspecto, as ações certamente são diferentes dos eventos. Mas o que talvez cause desconforto é o fato de que às vezes *também* falamos, de maneira bastante comum e ordinária, sobre as causas de uma ação; também se podem dar explicações causais sobre ações. Um dos críticos das ciências sociais observa esse fato, mas o descarta como um hábito descuidado do falar, uma "convenção de linguagem pela qual, ao fornecer uma razão para uma ação, emprega-se o termo 'porque'"[1]. Mas em tais assuntos as convenções da linguagem não são apenas uma mera distração, e sim, em geral, provas importantes. Estamos realmente certos de que, quando um homem explica sua ação usando a palavra "porque", ele está sempre "fornecendo uma razão" e nunca uma causa? O próprio Winch diz que nosso conceito de "influência causal" não é "monolítico: quando falamos, por

---
1 GUNNELL, John, Social Science and Political Reality, *Social Research*, 35, Spring (1968) 193.

exemplo, sobre 'o que fez Jonas casar-se', não estamos dizendo a mesma coisa do que quando falamos 'do que fez o avião cair'"[2]. No entanto, ele não tira a conclusão apropriada de seu próprio exemplo: de que se casar é uma ação, então a causalidade, às vezes, *é* relevante para as ações.

Vamos considerar um exemplo. Suponha que estamos observando um jogo de xadrez, e, depois de um lance específico você me pergunta: "Por que ele fez isso?" Um catálogo austiniano de possíveis respostas pode incluir pelo menos estas:

"Ele está tentando a defesa de Petroff."

"Ele quer deixar o garoto ganhar para variar."

"Ele cometeu um erro."

"Ele está terrivelmente cansado."

"Ele é um idiota."

"O cavalo estava ameaçando sua torre."

"Isso se chama 'roque'."

Qual dessas explicações poderia ser precedida de "porque"? São todas explicações em termos de propósitos, razões, motivos ou intenções? Algumas delas são causais? As causais implicam que o movimento não foi uma ação? Algumas delas são difíceis de classificar como explicações propositais ou causais?

Gunnell observa: "Referir-se à causa de uma ação é referir-se a um agente que a realiza"[3]. Mas isso está errado; um homem normalmente não é a causa de suas próprias ações, ele simplesmente age. O que Gunnell está tentando dizer é que, se o que observamos tem uma causa, em vez de um agente, não é uma ação. Como vimos anteriormente, o conceito de uma ação requer um agente. Mas pelo menos algumas ações também podem ser explicadas causalmente. Isso acontece, como Richard Taylor destaca, quando damos uma explicação causal para a vontade do ator, seus motivos, suas razões etc. A causa atua sobre a mente do agente, não diretamente sobre o evento. A explicação causal de uma ação não explica "o que causou isso", mas "o que fez alguém fazê-lo acontecer". Taylor conclui que, desde que esta regra seja observada, o conceito de ação é "perfeitamente compatível com a tese do determinismo causal universal à qual se poderia querer opô-lo a princípio"[4].

---

2 WINCH, Peter, Understanding a Primitive Society, *American Philosophical Quarterly*, I, out. (1964) 320.

3 GUNNELL, Social Science and Political Reality, 195.

4 TAYLOR, Richard, *Action and Purpose*, Englewood Cliffs, Prentice-Hall, 1966, 115.

Mas as coisas não são tão simples. Pois, se a vontade do agente é causalmente determinada, não parece mais haver diferença entre um agente e uma causa inanimada, um evento que causa outro evento. Como muitos teóricos da ação, Taylor diz que o que distingue um agente é que ele "cria coisas, as produz ou as faz acontecer"[5]. Mas, se sua vontade é determinada causalmente, essa fórmula se aplica a ele tanto quanto a uma causa física inanimada. Pode-se dizer de ambas que elas dão origem às coisas *em um sentido*, mas ambas são meros elos em uma cadeia causal. Infelizmente, nestes pontos tão cruciais, Taylor recua, argumentando que os conceitos de ação e agência são, no fundo, "logicamente impossíveis de analisar", de modo que não há mais nada a ser dito[6].

O que há de problemático aqui, na questão da ação e da causalidade, é o paralelo exato de um problema filosófico tradicional, que remonta à Antiguidade; na verdade, é *a* versão moderna desse problema: o problema do livre-arbítrio. Em suas origens, no pensamento patrístico, a questão era a aparente incompatibilidade entre a ação (livre-arbítrio) e a onisciência e a onipotência de Deus (determinismo). Ao que parecia, os homens deveriam ser salvos ou condenados com base no que faziam e pensavam; no entanto, Deus fez os homens e o mundo como eles são (de modo que Ele, e não eles, seja culpado por suas falhas), e Deus já sabia o que eles fariam (de modo que sua aparente livre escolha deve ser predeterminada). A ciência e a causalidade substituíram Deus em versões mais recentes do problema, como em outras esferas, e perdemos a esperança de salvação; mas a questão filosófica permanece a mesma. Todos sabemos que os homens não são culpados do que não fazem, do que simplesmente lhes acontece. Mas nós elogiamos e culpamos os homens e os consideramos responsáveis por, ao menos, algumas de suas ações, e, portanto, essas ações devem ser feitas por eles, devem ser o resultado da livre escolha. Além disso, todos nós já tivemos a experiência de escolher, de decidir, de agir livremente.

No entanto, todos nós também podemos seguir a lógica de um argumento determinista. As escolhas e ações de um homem podem ser explicadas retrospectivamente (e, às vezes, previstas). Ele escolhe o que faz, age como age, por ser quem é, como é e por causa da situação em que se encontra. Mas ele não escolheu essa situação; e quem ele é, é o resultado de eventos, experiências e escolhas anteriores. Ele próprio fez essas escolhas anteriores, mas sempre em uma determinada situação, e sempre como resultado de quem ele era então, que, por sua vez, era o produto

---

5 Ibid., 112; comparar com p. 115, 140.
6 Ibid., 112, 91 ss.

de eventos, experiências e escolhas ainda anteriores. E assim remontamos até sua infância, até chegarmos a um ponto em que ele claramente ainda não era capaz de escolher, mas era apenas a vítima dos eventos. Assim, parece que o sentimento de escolha e nossas formas de falar sobre a ação são enganosos.

Para a pessoa que já sentiu a força dessas posições conflitantes, os fatos referentes ao uso ordinário dos termos em questão, por si só, são inúteis, parecerão irrelevantes. Ela não se impressiona com o suposto fato de que não falamos sobre as causas das ações, mas apenas sobre os motivos e afins, ou as causas da vontade do agente. Apesar da argumentação de Taylor, ela notará que há um conflito aqui, e que o conceito de ação não é compatível com o de determinismo causal, mesmo que às vezes associemos as duas coisas no discurso comum. Para ser útil aqui, o apelo à linguagem ordinária deve ser aplicado de forma mais sutil, não deve tentar negar ou refutar o conflito, mas explicá-lo.

A esta altura, já sabemos muito bem como uma abordagem wittgensteiniana faz isso. Nossa percepção de que há um conflito, nossa convicção de que uma ação deve estar livre de determinismo e de que a causalidade implica o determinismo, têm suas raízes na gramática de conceitos como "ação", "liberdade", "causalidade", tanto quanto a suposta prova de que não há problema algum. São os fatos da nossa gramática que têm implicações contraditórias quando tentamos generalizar sobre ação e causalidade em abstrato. E a discrepância não se dá, como sugerem os críticos da ciência social, entre o conceito de ação e o de causalidade, mas *dentro* da gramática da ação, *dentro* da gramática da causalidade. Uma palavra como "causa", como diz Wittgenstein, é usada em uma variedade de "maneiras muito diferentes". Ele nos convida a comparar uma pergunta como "Qual é a causa do desemprego?" (para a qual a resposta pode ser algo como "Um declínio no investimento em bens duráveis") com outra como "O que fez você pular desse jeito?" (para a qual uma resposta pode ser "Sua sombra me assustou") ou algo como "O que faz essa roda girar?" (que pode ser respondido desenhando-se um mecanismo)[7]. Se ajudar, pode-se dizer que essas questões ocorrem em diferentes regiões da linguagem, mas todas elas tratam sobre causalidade, e as generalizações sobre causalidade devem levar todas elas em consideração.

Coisas semelhantes podem ser ditas sobre previsões. Winch sustenta que o conceito de previsão é logicamente incompatível com o de ação. No entanto, é claro, por vezes podemos prever e de fato prevemos as ações de outras pessoas, algumas

---

[7] WITTGENSTEIN, *Lectures and Conversations on Aesthetics, Psychology and Religious Belief*, BARRETT, Cyril (ed.), Berkeley; Los Angeles, University of California Press, 1967, 13.

delas com grande precisão. Não temos dificuldade em usar e entender afirmações como "George virá à reunião amanhã", "Papai vai ficar furioso" ou "o general Custer vai liderar a cavalaria ele mesmo". Às vezes, até prevemos nossas próprias ações, o que não deve ser confundido com decidir o que fazer. Claro, às vezes, erramos em nossas previsões, e algumas pessoas são difíceis de prever, e alguns tipos de ações e situações ainda mais. Mas não é de forma alguma óbvio o que isso prova. As verdadeiras confusões surgem na generalização, na teorização. O problema não é que não podemos prever ações, ou que não podemos prevê-las com certeza, mas que "prever o que ele fará" ou "saber com certeza o que ele fará" tem uma gramática diferente de "prever a posição de Marte" ou "saber com certeza a estrutura de um certo tipo de molécula". Não podemos tratá-los coerentemente como iguais, pois suas implicações são diferentes; no entanto, também não podemos nos contentar em tratá-los como totalmente distintos, pois nossa ideia de "previsão" (ou "certeza", ou "causa") é construída a partir de casos como esses.

A linguagem da ação, dissemos, é caracteristicamente moldada ao ser usada no curso da ação pelos atores; mas esses não são seus únicos usos, nem as únicas influências em sua gramática. Às vezes, descrevemos (o que é chamado de) ação objetivamente; às vezes, prevemos (o que é chamado de) ação; às vezes, damos (o que é chamado de) uma explicação causal de uma ação. Assim, o problema para a ciência social não é que a previsão e a causalidade não se apliquem às ações, ou que a objetividade seja impossível, mas que esses conceitos se aplicam às ações de maneiras distintas, de formas que dão origem a dificuldades conceituais quando tentamos generalizar sobre elas.

Mesmo que não consiga eliminar esse problema, uma cuidadosa análise austiniana sobre nossas maneiras de explicar as ações certamente seria de grande utilidade para o estudo social e político. Ela nos ajudaria a esclarecer as diferenças entre conceitos como "propósito", "motivo", "razão" e "intenção", e mostraria exatamente como a causalidade funciona e não funciona na esfera das ações[8]. Já comentamos

---

[8] Alguns esforços úteis em direção a tal estudo serão encontrados no livro inacabado do próprio AUSTIN, *Some Ways of Spilling Ink*, in: FRIEDRICH, Carl J. (ed.), *Responsibility*, Nomos III, New York, Liberal Arts Press, 1960, 305-308; WITTGENSTEIN, *Blue and Brown Books*, New York; Evanston, Harper & Row, 1964, 15, 88, 143; SCHUTZ, Alfred, Concept and Theory Formation, in: NATANSON, Maurice (ed.), *Philosophy of the Social Sciences*, New York, Random House, 1963, e o trabalho de Durke Kenneth, Other Useful Materials Would Be Found, in: BRAITHEWAITE, R. B., *Scientific Explanation*, Cambridge, Cambridge University Press, 1964; BROWN, R., *Explanation in Social Science*, Chicago, Aldine Press, 1963; GASKING, Douglas, Causation and Recipes, *Mind*, 64 (1955) 479-487; HANSON, N. R., On the Symmetry between Explanation and Prediction, *Philosophical Review*, 68 (1959) 349-358; HOSPERS, John, What is Explanation?, in: FLEW, Antony (ed.), *Essays in Conceptual Analysis*, London, Macmillan, 1956; LERNER, Daniel

uma característica da causalidade neste domínio: apesar de não causar o evento (ação) diretamente, ela afeta a vontade, a mente ou as intenções do agente. Peters chama nossa atenção para outras características: por exemplo, que a separação entre ação e evento não é tão fixa quanto se poderia supor, e essa referência à causalidade, às vezes, nos leva até essa linha divisória. Ele observa que há uma diferença entre perguntar "Qual *razão ele teve para* fazer isso?" e perguntar "Qual foi *a razão* pela qual ele fez isso?"[9] A primeira é sempre uma pergunta intencional, relacionada com o que se passa na mente do homem. Mas a segunda, apesar de tratar também das "razões", pode, por vezes, desencadear corretamente eventos causais. Mas, segundo sustenta Peters, nesses casos se levantam dúvidas sobre o *status* da ação enquanto ação (por completo). Estamos particularmente propensos a considerar "a razão pela qual ele fez isso" segundo uma interpretação causal nos casos em que algo deu seriamente errado. No uso ordinário, distintivamente da ciência social, falar sobre o que levou um homem a tomar determinada ação é como perguntar

> o que o fez, o levou ou o forçou a fazer isso. Geralmente são casos de lapsos de ação ou omissões em agir – quando há algum tipo de *desvio* do modelo teleológico de regras a seguir, quando as pessoas, por assim dizer, entendem errado [...]. Nesses casos, não é como se o homem tivesse feito algo, mas como se tivesse padecido de algum mal,

e eles se assemelham aos tipos de casos em que os gregos homéricos "sugeriam que os deuses intervêm e tomam posse da mente do indivíduo"[10]. Quando perguntamos "O que o levou a fazer isso?" nós, por assim dizer, insinuamos (de modo delicado) que o homem deve ter sido possuído ou compelido por uma força externa a cometer um ato tão infeliz. É quase como se uma ação fosse, em parte, ação e, em parte, evento (inesperado) que se intrometeu ali; e o evento é o que precisa ser explicado causalmente. No entanto, continuamos a tratar do ocorrido como uma

---

(ed.), *Evidence and Inference*, Glencoe, Illinois, Free Press, 1959; LERNER, Daniel (ed.), *Cause and Effect*, New York, Free Press, 1965; LEVINSON, Arnold, Knowledge and Society, *Inquiry*, 9, Summer (1966) 132-146; MACIVER, A. M, Historical Explanation, e WARNOCK, G. J., Every Event has a Cause, in: FLEW, *Logic and Language*; MACINTYRE, Alasdair, A Mistake About Causality in Social Science, in: LASLETT, Peter; RUNCIMAN, W. G. (eds.), *Philosophy, Politics and Society*, Second Series, New York, Barnes & Noble, 1962; PASSMORE, John, Explanation in Everyday Life, in Science, and in History, *History and Theory*, II (1962) 105-123; e, é claro, as obras de Ernest Nagel e Carl G. Hempel, assim como vários livros úteis de estudos sobre a filosofia da ciência editados por Herbert Feigl.

9 PETERS, R. S., *The Concept of Motivation*, New York, Humanities Press, 1958, 9.

10 Ibid., 10; comparar com DODDS, E. R., *The Greeks and the Irrational*, Berkeley; Los Angeles, University of California Press, 1951.

ação do homem em questão, do que ele fez; não mudamos para "O que fez isso acontecer?" ou "Quem *fez* isso?"

Mas parece-me que nosso uso da explicação causal em conexão com a ação ainda é mais amplo do que Peters sugere. Nós pedimos e damos explicações causais para ações particulares em toda uma variedade de contextos em que a escolha e a responsabilidade do ator ou são mínimas ou *não nos interessam*. Por exemplo, quando discutimos como fazer com que outra pessoa – um terceiro – faça o que queremos, falamos sobre o que fará ou pode fazer com que ele faça isso. Aqui, as causas não são incompatíveis com motivos, razões ou intenções; uma das melhores maneiras de levar alguém a fazer algo é dar-lhe uma boa razão ou, pelo menos, um motivo para fazê-lo. Ou ainda, as explicações causais figuram na explicação de ações em que o contexto esteja na terceira pessoa e afastado do tempo da ação, em que não estamos interessados no crédito ou na culpa devida ao ator, nem no diálogo moral, mas nas intenções que ele tinha, o que deu origem a essas intenções. Isso acontece com frequência nas explicações históricas. Aqui não negamos que o homem agiu, nem mesmo que seja responsável pelo que fez; simplesmente desviamos o interesse (ou pressupomos um interesse já desviado) desses aspectos da ação.

Tal estudo austiniano sobre a explicação das ações também teria que tratar com cuidadosa atenção das diferenças entre explicar ações específicas e explicar categorias de ação; pois essa diferença provavelmente será crucial para separar nosso discurso ordinário sobre a ação da explicação científico-social. Fora da ciência social, suspeita-se, a explicação das ações é, em geral, a explicação de ações específicas, notadamente de ações que de alguma forma deram errado ou foram estranhas. A ciência social, em contrapartida, muitas vezes se preocupa em explicar o funcionamento normal de classes de ações. Filósofos das ciências sociais, às vezes, argumentam que nossas explicações ordinárias de ações particulares devem pressupor princípios explicativos gerais implícitos, que podem ser explicitados e sistematizados. Mas o teor geral da obra de Wittgenstein pode ser tomado como um alerta contra tais suposições. O que funciona sem problemas em casos particulares pode não se prestar a uma generalização coerente em abstrato; e devemos ser cautelosos ao presumir que "deve" haver princípios gerais em jogo.

Novamente, isso ocorre porque os conceitos de ação, causalidade e explicação não são meramente nomes imutáveis com um significado que permanece fixo independentemente do contexto em que são usados e da afirmação feita ao proferi-los. Por exemplo, uma característica familiar do que distingue uma ação livre de um evento causado é que o ator teve uma escolha, poderia ter feito de outra forma. Mas o que podemos e não podemos fazer não é meramente uma questão de fato impessoal, independente do contexto e do falante. Suponha que você peça a um amigo: "Por favor, venha comigo esta noite", e ele responda que "não pode", que "não está livre". Ele pode, é claro, querer dizer: "Estou fisicamente paralisado (ou preso) de modo que não poderia ir com você, não importa o que eu quisesse, decidisse ou fizesse", embora seja difícil imaginar um conjunto de circunstâncias em que isso precisasse ser dito e ele o dissesse a você com essas palavras. Mas ele também poderia dizer: "Não posso; isto é, tenho outro compromisso", ou "Não posso; isto é, estou esperando um telefonema", ou "Não posso; não quero perder um programa que vai passar na tevê". Observando essa variedade, podemos estar inclinados a dizer que "não posso" é puramente um sinal, uma expressão performativa equivalente a dizer "Não vou; mas não me culpe". (Os paralelos com a abordagem dada por Stevenson aos "juízos de valor" cujo significado é "Isso eu aprovo; faça assim também", discutido no Capítulo X, devem ser evidentes.) É como se "não posso" fosse um convite (ou uma exigência?) para que se lide com esta situação como se eu fosse aleijado ou estivesse preso, embora ambos saibamos que não se trata disso.

Mas essa interpretação também não pode estar totalmente correta. Pois não é adequado dizer "não posso" se tudo o que queremos dizer é "Não vou; mas não me culpe". A outra pessoa estaria certa em nos repreender se disséssemos "não posso" em tais circunstâncias. É sempre possível contestar a afirmação feita em "não posso" com "Pode, sim; você simplesmente não *quer*." E, então, deve-se decidir se realmente não se pode ou se simplesmente não se quer. E tudo depende do que contará como uma boa razão para não ir, *em nosso relacionamento e em nossas circunstâncias específicas*, incluindo a importância do que é pedido e o grau de sua necessidade. Isso, eu sugeriria, é o que significa "não posso". Ao dizer isso, tomo uma posição em relação a você, à nossa situação e ao que me impede de ir; e por essa posição serei julgada. O programa de tevê pode ser uma razão perfeitamente adequada para recusar se você pediu um favor simples, mas não se você me pediu para salvar seu bebê agonizante. "Não posso" não é um performativo estrito, cujo proferimento cria a condição que nomeia, como às vezes ocorre com "não vou"; nem é uma mera observação imparcial de um fato neutro, ainda que pareça ser. É uma combinação entre sinal e nome.

Se eu "posso" ou "não posso" fazer algo, se eu "tenho uma escolha", se fiz algo "livremente" são questões parcialmente dependentes da posição adotada pelo falante e da situação específica em questão. Decidimos tais questões sobre ações específicas em contextos específicos. Isso não significa que uma decisão qualquer seja tão boa quanto qualquer outra, que chamar uma ação de "livre escolha" a torne livre. Mas isso significa que não é totalmente aceitável generalizar ao infinito a questão de saber se alguma ação é realmente livre. Não sabemos realmente o que estamos supondo, quando supomos que "o homem tem livre-arbítrio" ou que "todas as ações são determinadas causalmente". E não sabemos por pelo menos duas razões, ambas já conhecidas. Primeiro, um número reduzidíssimo de termos, como "livre" e "determinado", são usados aqui como substitutos para categorias conceituais inteiras. O que é uma ação livre? "Bem, *você* sabe", dizemos, "uma que é escolhida, quando poderíamos ter escolhido de outra forma, uma que é feita por nossa própria vontade, de modo voluntário, não involuntariamente, uma pela qual é justo sermos responsáveis, uma feita de modo deliberado, uma não determinada ou causada, e assim por diante". Mas cada uma dessas expressões tem suas próprias funções e implicações particulares; elas não são equivalentes, e as conclusões a serem tiradas sobre as "ações livres" dependerão dos exemplos dos quais partimos. A segunda razão, relacionada à primeira, pela qual não sabemos por completo o que se quer dizer com livre-arbítrio ou determinismo, é que expressões como "livre" ou "causa" são comumente usadas em contextos específicos, para avaliar alguma ação específica realizada ou planejada. Os termos são totalmente definidos apenas nos contextos em que são normalmente usados; e ali aparecem sempre em contraste com outra coisa. Uma ação é livre e não imposta, digamos; e sabemos em casos práticos como dizer se essa ação, naquele contexto, foi feita "por livre e espontânea vontade". Não há como dizê-lo de tal maneira em situações em geral. Os critérios pelos quais normalmente fazemos as distinções não podem ser aqueles pelos quais todas as ações são vistas como determinadas causalmente, pois esses critérios ordinários diferenciam algumas ações de outras. Portanto, nossa suposição determinista, embora obviamente faça algum sentido, não é totalmente aceitável. Nós mesmos não sabemos bem.

É realmente impossível imaginar como alguém poderia "descobrir" que todas as nossas ações são determinadas causalmente, de modo a "determinar" que, mesmo as chamadas ações e escolhas livres não são livres. Pois a liberdade ou a determinação causal das ações não são fatos empíricos do mundo, como o ponto de ebulição do álcool. Elas estão profundamente enraizadas em nosso sistema conceitual e, se tentarmos imaginá-las alteradas, devemos imaginar nosso sistema conceitual alterado de maneiras fundamentais. É por isso que fatos empíricos adicionais sobre, digamos, fisiologia cerebral, não mudam o problema; os fatos que encontramos já estão estruturados pelo sistema conceitual que trazemos para eles. Charles Taylor sugere que um número suficiente de fatos novos e diferentes, anômalos podem eventualmente forçar uma grande nova conceitualização em direção ao determinismo, mais ou menos do modo como Kuhn descreve as revoluções científicas[11]. Mas esses conceitos são usados em nossas vidas e em nossas interações, enquanto os conceitos das ciências físicas não o são. Mudar esses conceitos exigiria mudar aspectos fundamentais não apenas de como vemos o mundo, mas de como interagimos e nos relacionamos uns com os outros.

Considere-se, por exemplo, o que acontece com um conceito aparentemente tão distante como o "eu", de uma "pessoa", no desenvolvimento da tese determinista. Enquanto estivermos preocupados apenas com impedimentos externos à liberdade de ação, não haverá problema conceitual; a maneira como eles interferem na ação do *self* ou da pessoa é clara. Mas, quando seguimos o argumento determinista sobre o modo como as escolhas de um homem são moldadas por seu caráter e ideias, e estas por suas experiências e escolhas anteriores, e estas por seu caráter e ideias ainda anteriores, e assim por diante, até chegarmos à situação do bebê indefeso, algo peculiar acontece com a noção de pessoa. Vemos que os homens são compelidos por seu caráter a fazer o que fazem, impedidos de fazer o contrário. Mas quem é essa "pessoa" que é compelida por seu "caráter"? Como pode o caráter de um homem, sua personalidade, sua mente, sua vontade se tornarem algo externo a "ele", que o obrigam causalmente? Podemos argumentar que, a essa altura, já não resta nenhum "ele" que esteja sendo obrigado a agir, pois um homem *é* seu caráter, personalidade ou vontade. Segundo observa Polanyi, "à medida que nos identificamos ora com um, ora com outro nível de nossa pessoa, nos sentimos passivamente submetidos às atividades daquela pessoa que ainda não reconhecemos como tal"[12]. Nosso conceito normal de pessoa entra em colapso aqui, porque é um conceito que usamos em nossos jogos de linguagem, em nossas vidas, de maneiras que o vinculam gramaticalmente a noções de escolha e responsabilidade.

Nossos conceitos são convencionais, mas as convenções sobre as quais esses conceitos se baseiam não são arbitrárias; elas são moldadas pela condição e a conduta humana, por nossas formas de vida. O determinista diria que nossas distinções aqui resultam de nossa ignorância, que chamamos alguns eventos de ações,

---

11 TAYLOR, Charles, *The Explanation of Behaviour*, New York, Humanities Press, 1967, 99-102.
12 POLANYI, Michael, *Personal Knowledge*, New York, Evanston, Harper & Row, 1964, 320.

ou algumas ações de livres, porque ignoramos suas causas. Mas isso não é verdade. Não chamamos um evento de ação livre apenas porque ignoramos suas causas. O que distingue as ações dos eventos não são o conhecimento ou a ignorância, mas as diferentes formas de vida que os cercam.

O fato é que temos aqui duas perspectivas diferentes – a do agente engajado na ação e a do observador –, dois tipos diferentes de jogos de linguagem. Ambos os tipos de jogos são praticados com o mesmo conjunto de conceitos, embora sejam combinados de várias maneiras e em vários graus na gramática de diferentes conceitos específicos. Há muitos jogos de linguagem diferentes envolvidos, mesmo que possamos agrupá-los de acordo com as duas perspectivas básicas. Ambas as perspectivas são antigas e conhecidas, e nenhuma delas foi inventada pela ciência social. E precisamos de ambas em nossas vidas, não podemos abrir mão de nenhuma das duas.

Talvez tenha havido, ou possa haver, culturas e sociedades em que essa dualidade seja mínima. Dizem que entre os antigos gregos a palavra *dikē*, que veio a significar "justiça" e mensurar a retidão da ação humana, originalmente significava simplesmente "o caminho": um relato descritivo de como as coisas de fato eram, ou eram feitas. Da mesma forma, as palavras gregas que passaram a significar "bondade" e "virtude", originalmente significavam algo mais próximo de "lucratividade", "eficiência", "vigor", "utilidade". Tais usos sugerem, como concluiu Nietzsche, uma sociedade que ainda conhece uma unidade perfeita entre dever e desejo, na qual as normas são perfeitamente internalizadas. Kant pensava nessa condição como característica de um ser perfeitamente racional; Nietzsche tentou recriá-la.

Sem o tipo de mudança em nossas vidas e "eus" que Nietzsche vislumbrava, continuamos a precisar tanto de distanciamento quanto de engajamento como perspectivas separadas. Precisamos prever e explicar as ações de outras pessoas, e às vezes as nossas próprias, em relação às circunstâncias que as provocaram. Se tivéssemos que considerar todas as ações como escolhas arbitrárias, todos os homens como tendo propósitos que não podem ser influenciados causalmente, não conseguiríamos provocar nem mesmo pequenas alterações na conduta uns dos outros, muito menos mudanças sociais em larga escala. Mas também precisamos assumir compromissos, responsabilizar cada um e decidir por nós mesmos o que fazer. Nenhuma das duas perspectivas é, em geral, mais verdadeira ou mais válida do que a outra. Certamente, como disse Leon Goldstein, elas são "complementares e, de fato, uma requer a outra"[13]. Tanto Kierkegaard quanto Freud nos dizem coisas verdadeiras e importantes sobre a ansiedade[14]. Apesar de estarmos habituados a considerar, em algumas circunstâncias, que a explicação científica nos diz a "verdade real" sobre a ansiedade, estamos acostumados, em outras circunstâncias; a dizer que o relato fenomenológico, experiencial nos diz a "verdade real" sobre ela. E isso sugere fortemente que nenhuma das duas é a verdade real em nenhum sentido exclusivo e absoluto.

Pode-se querer dizer com isso que são perspectivas diferentes sobre uma mesma realidade. Mas elas têm implicações logicamente incompatíveis, e presumimos que a realidade não seja logicamente contraditória. O homem que se preocupa com o livre-arbítrio, ou com a ação e as ciências sociais, não quer ouvir sobre nossos conceitos contraditórios. Ele quer saber se as ações dos homens são na realidade, de fato, livres ou determinadas causalmente. O que Wittgenstein tenta mostrar é que a própria pergunta é necessariamente expressa na linguagem, não apenas as respostas possíveis para essa pergunta; e que, portanto, por mais que se tente ir além das palavras para a realidade dos fatos, ela permanece dependente sobre os significados de seus conceitos. O que a pessoa que pergunta quer saber não é inequívoco, mesmo que pareça perfeitamente claro para ela.

A BUSCA POR UMA NOVA LÍNGUA

Mesmo os que criticam as ciências sociais costumam admitir que é possível observar o comportamento dos homens como observamos o comportamento de ratos, amebas e moléculas. Nosso sistema conceitual implicará distrações e tendenciosidade nas observações, mas isso é tão verdadeiro na física ou na biologia quanto nas ciências sociais. A questão é: Se observarmos a conduta humana dessa maneira, *o quê* se estará observando? Em qual língua iremos expressá-la? O que quer que um observador hipotético da humanidade e livre de conceitos pudesse ver, certamente não seriam promessas, decisões, poder, interesses, organização, guerra ou culto religioso; pois nenhum desses fenômenos se mostra a olho nu, livre de conceitos (embora sejam perfeitamente "observáveis" para alguém que tenha conceitos). Todos esses conceitos são, de modo significativo, moldados por jogos de linguagem semiperformativos. Assim, a ciência do observador livre de conceitos não seria sobre

---

13 GOLDSTEIN, Leon J., The Phenomenological and Naturalistic Approaches to the Social, in: NATANSON (ed.), *Philosophy of the Social Sciences*, 291; comparar com p. 286; e GUNNELL, Social Science and Political Reality, 182 (embora contraste com a argumentação do restante do artigo de Gunnell).

14 MAY, Rollo apud GOLDSTEIN, Phenomenological and Naturalistic Approaches, 289-290.

tais fenômenos. Isso, como observou Schutz, "não nos diria nada sobre a realidade social vivida pelos homens na vida cotidiana". Seria "abstrato" e seus conceitos, "distantes dos traços óbvios e habituais de qualquer sociedade"[15].

Uma maneira de tentar imaginar que tipo de coisas tal ciência poderia ver é considerar o que pode e o que não pode ser realizado por observadores habilidosos do comportamento animal. Eles podem ver muita coisa e desenvolver uma ciência. Mas o *tipo* de coisa que eles veem, os *tipos* de perguntas que lhes ocorre fazer, os *tipos* de coisas que parecem exigir explicação e o *tipo* de observação que conta como uma explicação seriam ainda muito diferentes de qualquer relato da vida social e política dos seres humanos. A transformação de nossas formas existentes de observar e explicar a humanidade nesse tipo de ciência, como disse Charner Perry, "envolve muito mais do que a aplicação superficial do método científico a um determinado objeto. Ela envolve uma transformação do problema de pesquisa, a substituição de um ponto de vista e de um conjunto de termos por outro"[16]. Em outras palavras, uma ciência social "puramente observacional" e que independa do sistema conceitual que existe na esfera das ações pode ou não ser possível, pode ou não ser interessante ou útil; mas não poderia nos dizer as coisas que agora almejamos saber sobre a sociedade e a política. Não poderia responder às perguntas que agora se podem formular, pois elas são formuladas com os conceitos disponíveis.

Na prática, o que os cientistas sociais fazem não é, obviamente, a observação isenta de conceitos de eventos transcorridos entre seres humanos, mas uma tentativa de elaborar os conceitos que já existem de modo a torná-los cientificamente utilizáveis. Isso implica a invenção de novos conceitos técnicos, a tentativa de utilizar apenas aqueles conceitos que parecem "realistas" ou "factuais", o uso de "definições operacionais" e a tentativa de redefinir conceitos conhecidos de forma a torná-los realistas, factuais ou científicos. O esforço não foi espetacularmente bem-sucedido (o que não quer dizer que não haja conquistas espetaculares no campo das ciências sociais). Os termos técnicos ainda refletem nosso sistema conceitual, em relação ao qual devem ser definidos. Termos que parecem realistas ou factuais acabam sendo gramaticalmente tão complexos quanto qualquer "termo valorativo". Em última análise, as definições operacionais são úteis apenas se chegarem perto de definições reais; se nossa definição operacional de "poder" não estiver relacionada ao significado de "poder", então os resultados de qualquer estudo que realizarmos com ela não

---
15 Schutz, Concept and Theory Formation, 241.
16 Perry, Charner, The Semantics of Political Science, *American Political Science Review*, XLIV, jun. (1950) 398.

fornecerá informações sobre poder. E a tentativa de redefinir termos habituais para torná-los científicos está sujeita a vicissitudes de outra natureza.

Como muitos pressupõem que haja uma dicotomia entre "fatos" e "valores", os cientistas sociais tendem a supor que estarão a salvo da perplexidade conceitual se limitarem seu trabalho a termos realistas "livres de valores". Eles supõem que, excetuados os termos que envolvem "valores", outras palavras podem funcionar como nomes. Assim, por exemplo, os cientistas políticos tendem a supor que se eles se apegassem a um conceito direto, realista e desagradável como "poder", evitando conceitos idealistas e avaliativos como "justiça", então eles não deveriam ter problemas sérios em identificar do que se trata o que estão estudando. Mas "poder" faz parte de nosso vocabulário para ações tanto quanto "justiça", e é também muito usado em jogos de linguagem complexos que podem dar origem a aparentes contradições gramaticais.

É claro que uma perspectiva wittgensteiniana e as ferramentas de análise austinianas não são pré-requisitos absolutos para o tipo de panorama lúcido da gramática plural que é necessário aqui. Vários autores das ciências sociais, às vezes, fazem descobertas "wittgensteinianas" significativas sobre um conceito como "poder" sem recorrer à filosofia da linguagem ordinária. Mas os exemplos desse tipo de *insight* que já encontrei tendem a ter um escopo bastante limitado. A descoberta é mais ou menos acidental e geralmente cobre apenas uma fração do que precisa ser dito sobre a gramática de uma palavra. Além disso, o autor é muitas vezes incapaz de caracterizar o que descobriu com total precisão, sendo limitado pelas tradicionais pressuposições sobre a natureza do significado que dependem da tradicional distinção rígida entre nome e objeto. Então, muitas vezes ele não pode dar continuidade à pesquisa com base na sua descoberta, nem explorar todo o seu potencial[17].

Em vez de desenvolver esses temas em um nível geral, vamos examinar dois estudos de caso de conceitos problemáticos: "poder" e "legitimação". Ao examiná--los, indicaremos também um tipo de utilidade que a análise austiniana pode ter como contribuição técnica para o esclarecimento de conceitos nas ciências sociais.

17 Exemplos desse tipo de percepção conceitual parcial que permanece incompleta, com respeito ao conceito de poder, podem ser encontrados em BACHRACH, Peter; BARATZ, Morton S., Decisions and Nondecisions. An Analytical Framework, *American Political Science Review*, LVII, set. (1963) 632-642; KREITZER, Donald J., An Analysis of the Nature of Power, *Southwest Social Science Quarterly*, 45, mar. (1965) 375-383; RIKER, William H., Some Ambiguities in the Notion of Power, *American Political Science Review*, LVIII, jun. (1964) 341-349.

O conceito de poder tem sido muitíssimo problemático na pesquisa em ciência política, a ponto de alguns comentadores terem sugerido que ele fosse abandonado[18]. Uma abordagem wittgensteiniana sugerirá que comecemos perguntando não o que é poder, mas como a palavra "poder" é usada. Etimologicamente, está relacionado ao francês *pouvoir*, que vem do latim *poter*, ambos com o significado de "poder", "ser capaz de". Isso sugere, por sua vez, que o poder é algo – qualquer coisa – que faz ou torna alguém capaz de fazer algo, com capacidade para fazer alguma coisa. Poder é capacidade, potencial, habilidade ou recursos. É muito melhor concebê-lo em termos de "capacidades" do que como uma palavra que nomeia "coisas", "que é exclusivamente referencial", como Dorothy Emmet observa[19]. Ora, alguns cientistas sociais que estudam o poder argumentaram que, embora a única maneira prática de observar o poder esteja em seu exercício, uma definição operacional da palavra pode servir caso se queria examinar realizações ou sucessos reais. Mas, em primeiro lugar, essa definição operacional se distancia tanto do significado normal de "poder" que pode ser seriamente tendenciosa, a menos que seja usada com o máximo cuidado; e, em segundo lugar, a suposição em que ela se baseia é falsa. Temos várias maneiras mais ou menos confiáveis de avaliar o poder de indivíduos, grupos, cargos, nações, que são bastante independentes do exercício desse poder (embora, é claro, observar seu exercício seja uma forma de avaliar o poder).

Em seguida, muitas vezes afirma-se, na literatura das ciências sociais, que o poder é uma relação, ou seja, é relacional[20]. Mas o uso ordinário sugere que isso não é verdade. "Poder" é algo que se pode "ter" ou "não ter", "exercer" ou "não exercer". Pode-se também "ter" um "relacionamento", mas sempre "com" outra pessoa; geralmente não se "tem o poder com" outra pessoa. O que os cientistas sociais querem dizer ao chamar o poder de relacional, se os compreendo bem, é que os fenômenos do poder acontecem entre as pessoas, que envolvem o poder de um homem sobre outro, mas não sobre um terceiro. Mas isso não é necessariamente verdade.

É importante distinguir aqui entre as expressões "poder para" e "poder sobre". Se "poder" fosse um nome para determinados fenômenos, tal distinção não poderia ser de grande importância, pois as duas expressões necessariamente envolveriam a mesma ideia de poder simplesmente colocada em contextos verbais diferentes.

---

18 Por exemplo, segundo March, James G. The Power of Power, in: Easton, David (ed.), *Varieties of Political Theory*, Englewood Cliffs, Prentice-Hall, 1966, 68-70.

19 Emmet, Dorothy, The Concept of Power, *Aristotelian Society Proceedings*, LIV (1953-1954) 19-20.

20 Ver, por exemplo, Dahl, Robert, The Concept of Power, in: Ulmer, S. Sidney (ed.), *Introductory Readings in Political Behavior*, Chicago, Rand McNally, 1961, 344.

Mas, se o conceito de poder é construído a partir de algo, abstraído das suas várias expressões características e ocasiões de uso, então a ideia de poder em "poder para" pode ser significativamente diferente da ideia de poder em "poder sobre". É o que ocorre, de fato. Um homem pode ter poder sobre outro ou outros, e esse tipo de poder é de fato relacional, embora não seja um relacionamento. Mas ele pode ter poder para fazer ou realizar algo sozinho, e esse poder não ser nada relacional; pode envolver outras pessoas se o que ele tem poder para fazer é uma ação social ou política, mas isso não é necessário. Que um homem tenha o poder para fazer algo pode ser provado pelo ato de fazê-lo, embora ele possa muito bem ter o poder sem exercê-lo, sem fazer a coisa. Que um homem tenha poder sobre outro pode ser provado por conseguir que o outro faça alguma coisa, mas também por fazer alguma coisa ao outro (embora isso aproxime-se de tê-lo em seu poder); e novamente o poder pode existir sem ser exercido[21].

Um número notável de estudos científicos sociais sobre o poder começa por anunciar que eles não tentarão distinguir poder de influência, de controle ou de outros fenômenos intimamente relacionados, porque essas distinções sutis não importam realmente. Mesmo que esses termos fossem nomes, isso seria uma suposição científica questionável; mas dado que não são, os resultados podem ser desastrosos. Os cientistas sociais são tão propensos quanto os filósofos a pensar em termos de dicotomias amplas e evitar a tarefa aparentemente trivial das distinções sutis. Isso é muito bom quando nosso objeto de estudo pode ser claramente identificado a partir das palavras em que falamos dele ("estude aquela coisa, ali, seja lá o que for"); mas, se sua identificação depende de conceitos, então a confusão sobre os termos resultará, como disse Arendt, em "certa cegueira para as diferenças linguísticas [em relação às realidades]"[22]. Se se usam termos diferentes de modo intercambiável e se ignoram distinções sutis, observa Cavell, é provável que haja "algo que não esteja sendo percebido sobre o mundo"[23].

---

21 A distinção é notada por Riker, quando ele contrasta as definições de poder de dois outros autores: Some Ambiguities in the Notion of Power, 343. Mas Riker não pode aceitar tal ambiguidade, porque "por mais desejável que seja na poesia", ela "não tem lugar na ciência ou na filosofia"!

22 ARENDT, Hannah, Reflections on Violence, *New York Review of Books*, XII (1969) 24. Trad. bras.: *Da violência*, de Maria Claudia Drummond, Brasília, Universidade de Brasília, 1985, Coleção Pensamento Político, 65, 27. Comparar com ARENDT, *Between Past and Future*, Cleveland; New York, World Publishing, 1961, 95. Trad. bras.: *Entre o passado e o futuro*, de Mauro W. Barbosa, São Paulo, Perspectiva, Debates, 64, dirigida por J. Guinsburg, 2005, 149.

23 CAVELL, Stanley, *Must We Mean What We Say?*, New York, Charles Scribner's Sons, 1969, 36.

De modo mais frequente, porém, não conseguimos realmente eliminar as distinções marcadas em nossa linguagem, mas apenas permitimos que elas direcionem nosso pensamento de maneiras não examinadas e, portanto, descontroladas. A "cegueira em relação às realidades" que disso resulta não é aleatória, mas reflete e perpetua certas suposições não examinadas sobre o mundo. No caso do vocabulário sobre poder, influência e autoridade, Arendt observa:

> Por trás da confusão aparente [...] está a firme convicção de que a questão política mais crucial é, e sempre foi, a questão de: Quem governa quem? [...] É apenas depois que se cessa de reduzir as questões públicas ao problema da dominação, que as informações originais na esfera dos problemas humanos deverão aparecer, ou antes reaparecer, em sua genuína diversidade[24].

Em outras palavras, o cientista social que pretende usar "poder" e "influência" de forma *intercambiável* não o faz realmente. Ele simplesmente abdicou da tarefa de identificar os critérios que fazem com que ele use ora um termo, ora outro; e, assim, ele deixa suas próprias suposições e implicações nessa área sem serem examinadas e controladas por sua própria inteligência crítica.

Em seu artigo sobre poder, por exemplo, Dahl anuncia que está procurando explicar a "noção primitiva" subjacente a "todos" os conceitos relacionados ao poder, incluindo influência, controle e autoridade[25]. Ele solicita permissão ao leitor para usar os termos de modo "intercambiável", embora reconheça que alguns leitores possam "preferir" que ele use a palavra "influência" e outros, "controle". Quando ele passa a explicar a noção básica e primitiva subjacente a todos os termos relacionados ao poder, Dahl contrasta um homem parado na rua e dizendo para si mesmo: "Eu ordeno que todos os carros circulem do lado direito da rua" com um policial direcionando o trânsito. E conclui: "A tem poder sobre B na medida em que pode fazer com que B faça algo que de outro modo B não faria". Ora, o fato de A conseguir que B faça alguma coisa pode de fato resultar, em várias situações, de seu poder ou de sua autoridade, de seu controle ou de sua influência. Então, que mal faz Dahl ao chamar isso de "poder" e tomá-lo como a noção primitiva que fundamenta a influência, a autoridade e tudo o mais?

---

24 ARENDT, *Da violência*, 27. "Poder, força, autoridade, violência – nada mais são do que palavras a indicar os meios pelos quais o homem governa o homem; são elas consideradas sinônimos por terem a mesma função." (N. dos T.)

25 DAHL, The Concept of Power, 344.

Como sugerimos, o dano potencial é duplo, dependendo de se ele realmente usa as duas palavras de forma completamente intercambiável, ou de se ele simplesmente alterna entre elas por razões que ele mesmo não examinou. No primeiro caso, uma distinção importante é obliterada, e transferem-se as suposições e implicações que acompanham nosso conceito de poder ao discurso sobre influência, e vice-versa. Para dizer com precisão quais são essas suposições e implicações diferentes, seria preciso conduzir um estudo austiniano das duas famílias de palavras; e aqui novamente estou apenas sugerindo uma possível linha de investigação, não a demonstrando. Desconfio de que tal estudo tiraria conclusões importantes a partir de fatos como estes: que falamos de "influência indireta", mas não de "poder indireto"; que existe algo como "poder físico", mas não existe "influência física"; que se pode ter "*the power of* (*attorney, the sword, the purse*)[26]" mas não sob "a influência de (alguma coisa)"; ou que se pode estar "no poder", mas não "na influência". É claro que algumas diferenças surgem do fato de que "*influence*" ["influência"], diferentemente de "*power*" ["poder"], tem uma forma verbal em inglês. Mas "*to power*" ["empoderar"] entrou no vocabulário em língua inglesa nos últimos anos por meio da propaganda e do jargão da engenharia, e provavelmente poderíamos formular hipóteses interessantes sobre a diferença de significado entre os dois substantivos examinando a diferença de significado e as implicações entre "*to power*" ["empoderar"] e "*to influence*" ["influenciar"].

Os significados de "poder" e "influência", então, diferem de maneiras significativas, e o poder não é muito parecido com a influência, embora, em muitas situações, tanto o poder quanto a influência estejam envolvidos. Mas enquanto Dahl aparentemente pensa que está usando as duas palavras de forma intercambiável, na verdade, ele muitas vezes as usa de forma bastante seletiva de acordo com seus respectivos significados ordinários. A pergunta que devemos nos fazer é esta: Por que Dahl precisa introduzir a palavra "influência"? Por que ele não limita seu artigo ao termo "poder"? Assim, examinamos os casos em que "influência" aparece e descobrimos que Dahl a usa onde a palavra "poder" soaria discrepante e estranha. Por exemplo, Dahl escreve: "Algumas das possíveis bases do poder de um presidente sobre um senador são seu patrocínio, seu veto constitucional, a possibilidade de convocar conferências na Casa Branca, sua *influência* junto ao eleitorado nacional,

---

26 *Power of attorney* é simplesmente o que chamamos no Brasil de "procuração". *Power of the sword* é o poder do presidente como comandante em chefe das Forças Armadas. *Power of the purse* é o poder do Legislativo de levantar fundos de modo a financiar o funcionamento do governo. As duas últimas são expressões muito usadas nos EUA; estão na Constituição do país. (N. dos T.)

seu carisma, seu charme e afins"[27]. Todas as outras vezes em que ele usa a palavra "influência", exceto quando faz parte de uma lista de sinônimos de "poder", tem a ver com a relação entre um senador que, individualmente, favorece ou se opõe a um projeto de lei, e os outros membros do Senado[28]. Aqui, Dahl quase nunca fala do "poder" do senador sobre o Senado, mas de sua "influência". E com razão; pois, enquanto alguns senadores têm poder sobre alguns de seus colegas, a maior parte de suas atividades a favor ou contra a legislação envolve o exercício de influência sobre outros, não de um poder sobre eles. É claro que não se pode dizer, categoricamente que o poder não esteja envolvido, pois todo exercício bem-sucedido de influência demonstra que alguém tinha pelo menos o poder de influenciar outro. Mas isso não significa poder *sobre* outrem.

O problema, está claro, é que termos como "poder" e "influência" não são nomes para categorias de fenômenos mutuamente exclusivos, como "gorilas" e "elefantes". A gramática de cada um desses termos é internamente complexa, permitindo inferências contraditórias; e, ao mesmo tempo, os conceitos não são comparáveis de modo estrito. Eles são de tipos diferentes, ou se movem em dimensões diferentes. A literatura das ciências sociais está repleta de tentativas de distingui-los de maneira simples, ou de fazer de um deles uma subcategoria do outro. Mas os termos não têm limites claros e não se encaixam como peças de um quebra-cabeça. Isso se torna muito mais fácil de ver quando mudamos de "O que é poder?" para "O que estamos dizendo quando chamamos algo de 'poder'?", ou, ainda melhor, para "Quando e como usamos 'poder' e palavras a ele relacionadas?"

O problema com essas últimas perguntas, e as respostas que provavelmente encontraremos, é que elas não produzirão um todo consistente, livre de ambiguidade interna: o "fenômeno" ao qual a palavra "poder" se refere. E isso sugere que um termo como "poder" pode não ser capaz de servir para formular o tipo de hipóteses ou leis inequívocas e gerais que o cientista social procura formular. Se "poder" fosse uma palavra excepcional a esse respeito, poderíamos simplesmente aconselhar os cientistas sociais a abandoná-lo e se voltarem para outros conceitos. Mas, se suas complexidades são bastante características de todo o nosso vocabulário das ações e dos fenômenos sociopolíticos, então o problema é mais grave. Além disso, *quais* fenômenos devemos estudar em vez disso, quando sobre o que persistentemente queremos saber mais e compreender é *poder*?

---

27 Ibid., 345; grifo meu.
28 Ibid., 349, 355, 356, 358, 361.

LEGITIMIDADE

Além da seleção de palavras "realistas", "factuais" e do uso de definições operacionais, os cientistas sociais também tentaram forjar um sistema conceitual adequado ao trabalho científico, redefinindo os conceitos disponíveis. Muitas vezes, eles o fizeram de maneira característica, destinada a remover aqueles aspectos do significado de um termo que parecem trazer implicações de juízo ou compromisso e, assim, reduzir o termo ao seu nome ou componente formal. No entanto, normalmente eles pressupõem, ao mesmo tempo, que nenhuma mudança real e substantiva foi feita no significado do termo. Já apontamos algumas das dificuldades inerentes a tal esforço, por exemplo, na tentativa de imaginar um conceito de "prometer" que não inclua a obrigação de cumprir. Mas a questão provavelmente pode ser argumentada de modo mais sutil e mais convincente, se olharmos para um exemplo real em vez de um exemplo hipotético e vermos exatamente o que é e o que não é possível no caminho da redefinição "neutra", e quais consequências a redefinição provavelmente terá. Um dos exemplos mais claros e também mais significativos é apresentado pela trajetória do conceito de legitimidade nas ciências sociais. A noção de legitimidade foi, até onde sei, "despida de subjetividade" e redefinida para uso científico-social pela primeira vez por Max Weber, embora, como de costume em tal processo, Weber não pretendesse nenhuma redefinição substantiva. A essa altura, a definição de "legitimidade" de Weber tornou-se moeda corrente na maioria das ciências sociais, de modo que suas vicissitudes formam uma história de considerável significado geral.

Etimologicamente, o *Oxford English Dictionary* nos diz que a palavra *legitimate* ["legítimo"] "expressa um *status* que foi conferido ou ratificado por alguma autoridade", embora o termo inglês não expressa o sentido original do particípio do verbo "legitimar". Filho legítimo é aquele "que possui o *status* de ter sido gerado em conformidade com a lei". Um soberano legítimo é aquele cujo título baseia-se "no princípio estrito do direito hereditário", e com relação a qualquer governo, "legitimidade" significa "a condição de estar de acordo com a lei ou com o princípio". Desse modo, em geral, o que é legítimo está "de acordo com as leis ou normas, sancionado ou autorizado pela lei ou por direito", e assim, por vezes, tem o sentido de "normal, regular, conforme o padrão", ou "sancionado pelas leis do raciocínio, logicamente admissível ou inferível". Ora, obviamente, tais significados envolvem a sinalização ou as funções semiperformativas para as quais serve o termo "legitimidade". Chamar algo de legítimo normalmente significa inferir algo sobre sua autoridade, um vínculo; chamar algo de legítimo é tomar uma posição em relação a isso – um posicionamento que pode ter consequências em relação às próprias obrigações e responsabilidades ou às de outras pessoas. (Há ligações gramaticais, podemos dizer também, entre o termo "legitimidade" e termos como "autoridade", "obediência", "obrigação", mas também, é claro, termos como "ilegítimo", "resistência", "rebelião".)

No entanto, a palavra não é de forma alguma um performativo puro, nem uma expressão de preferência pessoal ou gosto individual. Como John Schaar observa, as definições do dicionário "giram todas em torno dos aspectos legais ou de direitos, e baseiam a força de uma reivindicação em fundamentos externos e independentes da mera afirmação ou opinião do requerente"[29]. Como em "justiça", o termo "legitimidade" invoca certos padrões e, portanto, não se assemelha nem a "verde" nem a "delicioso".

Mas Weber buscava um termo que pudesse ser um nome puro, neutro em relação à posição e ao compromisso do falante. Então, ele encarava o termo "legitimidade" de maneira muito diferente. Especificamente, ele argumentava que esse tipo de termo possui um significado "normativo" e um "empírico", e que o sociólogo deve usar apenas o último[30]. Como seria possível formular os significados "normativo" e "empírico" do termo? Weber não aborda o significado "normativo" explicitamente, mas a definição que ele defende para uso nas ciências sociais é a de que "legitimidade" significa "a representação da existência de uma ordem [exemplar ou vinculante]"[31]. Weber argumenta que um sociólogo considera uma lei como válida ou um sistema [ordenamento] político como legítimo precisamente na medida em que as ações ou a conduta das pessoas sejam "orientadas pela" vigência dessa lei ou

---

29 SCHAAR, John H., Reflections on Authority, *New American Review*, 8 (1970) 48; comparar com ARENDT, Hannah, What Was Authority?, in: FRIEDRICH, Carl J. (ed.), *Authority*, Nomos I, Cambridge, Harvard University Press, 1958, 83. Trad. bras.: Que é autoridade?, de Mauro W. Barbosa, in: ARENDT, Hannah, *Entre o passado e o futuro*, São Paulo, Perspectiva, Debates, 64, dirigida por J. Guinsburg, 2005, 210.

30 WEBER, Max, *Basic Concepts in Sociology*, trad. ing. de H. P. Seeber, New York, Citadel Press, 1962, 73. Trad. bras.: Conceitos Sociológicos Fundamentais, de Regis Barbosa e Karen Elsabe Barbosa, in: ID., *Economia e sociedade, fundamentos da sociologia compreensiva*, Brasília, Editora Universidade de Brasília, rev. tec. de Gabriel Cohn, [4]2015, Volume I, 17,18, 19, 20, § 4, § 5, § 6. Quem critica Weber da maneira que faço aqui também deve reconhecer a profunda consciência de Weber, em outros contextos, dos custos e perigos da racionalidade científica, da "gaiola de ferro".

31 Ibid., 19; comparar com WEBER, Max, *The Theory of Social and Economic Organization*, trad. ing. de A. R. Henderson e Talcott Parsons, PARSONS, Talcott (ed.), London, William Hodge, 1947, 114. Trata-se de outra tradução em língua inglesa do mesmo texto original em alemão de Weber *Wirtschaft und Gesellschaft*. No Brasil, como mencionado acima, comparar com WEBER, *Economia e sociedade*, ver tópico Conceito de Ação Social, 13-15. (N. dos T.)

ordem em questão. Essa orientação geralmente assume a forma de obediência, mas a desobediência realizada secretamente ou com culpa é igualmente um reconhecimento da lei. De qualquer forma, "a legitimidade de uma dominação [um sistema de autoridade] deve naturalmente ser considerada [sociologicamente] apenas uma probabilidade de, em grau relevante, ser reconhecida e praticamente tratada como tal [em relação ao sistema]"[32].

Presumivelmente, se a definição "empírica" de "legitimidade" significa "a representação da existência de uma ordem [exemplar ou vinculante]", então sua definição "normativa" teria que ser algo como "que é digna de ser (poderia ser? deveria ser?) considerada exemplar ou vinculante". A definição de Weber é, de modo essencial, equivalente à definição de "legítima" como "a condição de ser considerada legítima", e a definição "normativa" correspondente seria "digna de ser considerada legítima". Se for preciso escolher, a última se aproxima mais, pois o que é legítimo merece ser considerado legítimo; mas podem-se imaginar casos em que algo mereça ser considerado legítimo por outras razões, ainda que, de fato, não o seja. A verdade é que "legítimo" significa algo semelhante a "lícito, exemplar, vinculante" – não "o que é *comumente considerado* lícito, exemplar, vinculante", nem "o que *deve ser* considerado lícito, exemplar, vinculante".

Como ocorre tantas vezes em tais casos, o próprio Weber usa o termo de forma incoerente, uma vez que ele não se dá conta de que está comprometido com uma grande redefinição substantiva. Assim, ele, às vezes, o usa de acordo com sua definição e, às vezes, de maneira normal, ordinária. Por exemplo, ele fala repetidamente da "crença na legitimidade" das pessoas em seu governo, e diz que os governos tentam "despertar e cultivar essa crença" de várias maneiras[33]. Mas em termos de sua definição, isso significaria "uma crença na *crença* popular de que os atos do governo são exemplares ou vinculativos", o que claramente não é o que Weber quer dizer. Ele quer dizer crença na legitimidade do governo, no sentido pleno e normal dessa palavra – a crença que, em outros lugares, ele definiu como um equivalente à própria legitimidade.

Claramente, o que Weber fez é muito parecido com o reducionismo de Trasímaco, e tem algumas das mesmas raízes e consequências. Ele assume a postura do antropólogo visitante, o olhar do observador externo, e define "legitimidade" como o que se chama de legitimidade ou "o que eles (os nativos) chamam

---

32 WEBER, *Economia e sociedade*, 140. Trata-se do Capítulo III, do Volume I, "Os Tipos de Dominação". (N. dos T.)

33 Por exemplo, ibid., 139.

de 'legitimidade'". Ele se recusa a assumir o compromisso e a responsabilidade implícitos nas funções de sinalização da palavra, tentando se colocar como um falante inteiramente externo. É como se ele tivesse definido "vermelho" como "ter o *status* de ser considerado vermelho", ou "falso" como "ter o ônus de ser considerado contrário à verdade". Em pelo menos uma passagem, Weber diz isso com todas as letras, aparentemente sem sentir qualquer incongruência. Ele diz que o Estado "é uma relação de homens dominando homens, relação mantida por meio de violência legítima (isto é, considerada como legítima) [*auf das Mittel der legitimen (das heisst: als legitim angesehnen) Gewaltsamkeit gestützt*]"[34].

Examinemos algumas implicações e consequências da adoção da definição de Weber. Em primeiro lugar, definir a legitimidade como "ser considerado vinculante" convida à pergunta "Para quem?" Weber nunca coloca essa questão nem a vê como problemática. Ele parte do princípio de que a crença relevante deve ser mantida por aqueles sujeitos a uma lei ou a um sistema, e deve se refletir em sua conduta. Essa suposição pressupõe claramente o único contexto com o qual Weber está de fato preocupado: a legitimidade política; se a preocupação se volta para o nascimento legítimo ou a inferência legítima, então a pergunta "Quem deve acreditar que o nascimento ou a inferência é exemplar ou legal?" não tem essa resposta aparentemente óbvia. Além disso, a resposta que Weber dá como certa consegue combinar nitidamente suas próprias predileções democráticas (um governo só é legítimo na medida em que tem o consentimento dos governados) com um conhecido princípio básico do direito internacional: que a legitimidade *de jure* depende, em última análise, da legitimidade *de facto*, da capacidade de governar com sucesso ao longo do tempo. Pode-se ver por que a definição de Weber parecia obviamente certa para ele; era, como os psicanalistas gostam de dizer, "sobredeterminada". Mas o direito internacional distingue entre *de facto* e *de jure* aqui, e especifica sob quais circunstâncias (por exemplo, depois de quanto tempo) um se torna (equivalente ao) outro. E o impulso aparentemente democrático de identificar a legitimidade com o consentimento da maioria confunde o governo da maioria com heteronomia e conformismo. A democracia exige que o indivíduo aceite a decisão da maioria

---

34 WEBER, Max, Politics as a Vocation, in: GERTH, H. H.; MILLS, C. Wright (eds.), *From Max Weber*, New York, Galaxy, Oxford University Press, 1958, 78; Politik als Beruf, in: WINCKELMANN, Johannes (ed.), *Gesammelte Politische Schriften*, Tubingen; J. C. B. Mohr, Paul Siebeck, 1958, 493. Trad. bras.: A política como vocação, in: *Ensaios de sociologia*, rev. tec. Fernando Henrique Cardoso, Rio de Janeiro, LTC, [6]2002, 56.

após a votação, não que ele tente adivinhar o resultado da votação e dê seu próprio voto de acordo com a maioria prevista.

Ironicamente, a definição de Weber está, de certa forma, mais de acordo com a fenomenologia do que com o estudo social positivista; ela vê o cientista social como alguém que reage passivamente ao que quer que esteja na mente dos sujeitos observados, e não como um investigador ativo de uma realidade social objetiva e independente. Ou talvez se deva dizer que a definição de Weber é fenomenológica em relação aos outros, aos sujeitos observados, e positivista em relação a ele próprio. O único juízo de legitimidade que ele não aceitará de modo acrítico, ou aceitará de modo algum, é o seu próprio. Como Schaar observa, o significado normal de "legitimidade" implica alguns padrões externos a quem a afirma, mas a definição de Weber dissolve a legitimidade "em crença ou opinião [...] Por um procedimento cirúrgico, o conceito mais antigo teve suas partes 'normativas' e 'filosóficas' incômodas removidas", de modo que o "investigador [sociológico] não pode examinar nada além da opinião popular para decidir se um determinado regime, instituição ou comando é legítimo ou ilegítimo. Tomando emprestada a linguagem da lei, não pode haver nenhuma investigação independente sobre a designação"[35]. Ao tentar isolar o sociólogo do contexto dos juízos e posicionamentos, Weber, de fato, tornou incompreensível que alguém pudesse julgar a legitimidade e a ilegitimidade de acordo com padrões racionais e objetivos. Pois, com base em quais critérios os sujeitos observados pelo cientista social tomam sua decisão sobre a legitimidade? A definição de Weber não lhes dá nenhum critério. A contrapartida necessária à "objetividade" do cientista social de Weber é a total subjetividade e a irracionalidade imputadas aos assuntos que ele estuda. A convicção positivista de que as decisões das pessoas sobre o que é legítimo devem ser expressões irracionais de preferência pessoal é um correlato perfeito da "objetividade" weberiana.

De fato, nos termos da definição de Weber, os sujeitos que o sociólogo estuda não precisam tomar nenhuma *decisão* sobre legitimidade. Weber afasta o sociólogo do conceito comum de legitimidade não apenas por um passo, mas por dois. Pois o conceito de "o que eles [os sujeitos observados] consideram legítimo" logo é substituído por uma outra "operacionalização". Eles são levados a considerar um governo ou uma lei legítimos se *agirem como se* o fossem. Como resultado, conforme observa Schaar, a "análise dissolve a legitimidade em aceitação ou aquiescência"

---

35 SCHAAR, Reflections on Authority, 48.

por parte daqueles que estão sujeitos ao poder[36]. Mas pode haver muitas razões para obedecer, ou para desobedecer, de maneira furtiva, além da razão que Weber embute em sua definição – de que se considera a lei ou o governo legítimo. A definição weberiana bloqueia nosso acesso intelectual a tais questões.

A esta altura, a definição de Weber tornou-se mais ou menos um termo geralmente aceito na ciência social e política. Schaar coletou três definições contemporâneas representativas, às quais podemos acrescentar uma quarta:

> Legitimidade envolve a capacidade do sistema de engendrar e manter a crença de que as instituições políticas existentes são as mais adequadas para a sociedade.
>
> Na tradição de Weber, a legitimidade tem sido definida como o grau em que as instituições são valorizadas por si mesmas e consideradas corretas e apropriadas.
>
> Podemos definir legitimidade política como a qualidade de "dever ser" que é percebida pelo público como inerente a um regime político. É legítimo o governo que é visto como moralmente adequado para uma sociedade.
>
> A crença de que a estrutura, os procedimentos, os atos, as decisões, as políticas, os funcionários ou os líderes do governo possuem a qualidade de "retidão", decoro ou bondade moral e devem ser aceitos por causa dessa qualidade – independentemente do conteúdo específico do ato em particular em questão – é o que queremos dizer com "legitimidade"[37].

Assim, um estudante não iniciado que chega no meio de um curso de ciência política moderna pode se surpreender ao ouvir tais proposições como a de que um governo pode se tornar cada vez mais legítimo pelo uso criterioso e eficiente da polícia secreta e da propaganda. Isso parece tão absurdo quanto afirmar que se pode aumentar a validade de um argumento ameaçando atirar em quem discordar.

A mudança na definição de legitimidade iniciada por Weber é típica de toda uma série de mudanças semelhantes nas ciências sociais – às vezes, explícitas e às vezes, implícitas, mas nunca, até onde é possível ver, ao manter a consciência do significado que estamos discutindo aqui. A mudança sempre consiste em se afastar das partes da gramática de um conceito que têm caráter sinalizador ou semiperformativo e se aproximar das partes que atuam no sentido de rotular ou referir, de

---

36 Ibid.

37 LIPSET, Seymour Martin, *Political Man*, Garden City, Doubleday, 1960, 77; BIERSTADT, Robert, Legitimacy, in: *Dictionary of the Social Sciences*, New York, UNESCO, 1964, 386; MERELMAN, Richard M., Learning and Legitimacy, *American Political Science Review*, LX, set. (1966) 548; DAHL, Robert, *Modern Political Analysis*, Englewood Cliffs, Prentice-Hall, 1963, 19.

seu significado substantivo para seu significado formal. Então, a questão se torna: o que acontece se toda uma região do trabalho intelectual humano empreende uma mudança sistemática nas definições de todo um conjunto de vocabulário, afastando-se das funções de sinalização e aproximando-se das de rotulação? A resposta parece ser, inicialmente, confusão. A mudança nunca é feita por completo; as funções de sinalização não podem realmente ser abandonadas, mas seu uso pode ser minimizado. O cientista social tenta usar as palavras de uma forma em sua vida e de outra forma em seu trabalho, mas geralmente sem qualquer consciência de que isso envolve uma diferença expressiva no significado das palavras, ou do que se trata essa diferença. Como resultado, uma esfera é "contaminada" pela outra. E, em segundo lugar, não é de admirar que, como consequência adicional, os não iniciados desenvolvam um sentimento vago, mas persistente sobre as ciências sociais e os cientistas sociais: que eles são de alguma forma destrutivos ou cínicos, que são de alguma forma covardes e se recusam a assumir compromissos e juízos, que eles são de alguma forma intrinsecamente conservadores e apoiadores do *status quo*.

Existirá, talvez, também o perigo de que as novas definições e as concepções que elas implicam possam se espalhar da ciência social para outros domínios de atividade, por exemplo, para os processos de governo e a própria vida política? Sem dúvida, nisso reside o perigo que os críticos da ciência social parecem prever. Teóricos como Arendt, Wolin e Strauss não estão realmente preocupados com o perigo de que os fenômenos políticos possam ser explicados por fenômenos apolíticos, sociais, econômicos, psicológicos, como se o que estivesse em jogo fosse o prestígio independente do conceito do político. O que eles temem é que se perca, abandone, esqueça ou enfraqueça nossa capacidade de ação política – não de resposta cega e reativa (como os sujeitos da sociologia de Weber), mas de ação racional, ação que está ligada à faculdade de julgar e à responsabilidade.

É perfeitamente possível, e mesmo desejável, estudar o homem objetivamente, conhecer a nós mesmos objetivamente. Esse empreendimento não nasceu com a ciência social moderna, ainda que não tenha existido na sociedade tribal e tradicional. Mas argumentamos que a ciência social moderna busca esse empreendimento de novas maneiras, algumas das quais dão origem a problemas teóricos (como a natureza da explicação causal nos assuntos humanos) e práticos (como os antecipados por Wolin, Arendt e Strauss). Tentamos demonstrar que a ação não se limita nem ao que é observável em termos comportamentais nem ao que é fenomenologicamente dado na experiência; o que sugere que precisamos é de formas de estudo social e político que possam fazer justiça a toda a complexidade da ação, que não sejam rigidamente doutrinárias sobre tais questões, mas abertas, inventivas, observadoras, flexíveis.

Essa necessidade parece muito próxima do apelo de C. Wright Mills para o que ele chamou de "a imaginação sociológica", a capacidade de perceber e compreender fenômenos sociais em mais de um nível de análise ao mesmo tempo. Mills estava preocupado principalmente com uma dualidade particular: a distinção entre "os problemas pessoais do meio social" e "as questões públicas da estrutura social". Os problemas ocorrem e são devidamente resolvidos na esfera do "indivíduo como entidade biográfica e no âmbito de seu meio social imediato – o ambiente social que está diretamente aberto à sua experiência pessoal e, em certa medida, à sua atividade voluntária". As questões, ao contrário,

> têm a ver com assuntos que transcendem esses ambientes locais do indivíduo e o alcance de sua vida interior. Têm a ver com a organização de muitos desses meios sociais em instituições de uma sociedade histórica como um todo, com as maneiras pelas quais vários meios sociais se sobrepõem e se interpenetram para formar a estrutura maior da vida social e histórica. Uma questão é um assunto público[38].

Muitas vezes, o filósofo ou teórico social sente que é necessário optar por uma dessas duas perspectivas, supondo que deve haver uma realidade única e coerente – seja a do indivíduo e suas experiências ou a da sociedade em que elas ocorrem. A primeira perspectiva é então apoiada por exemplos como "a realidade da guerra é o que é experimentado pelo soldado individual no *front*". A última é apoiada por exemplos como "você não pode resolver o desemprego em massa incentivando o indivíduo a se esforçar mais para encontrar um emprego". Mas é um erro optar por uma dessas perspectivas. É preciso olhar para uma e outra, ser porco-espinho e raposa ao mesmo tempo. Da mesma forma, precisamos da "imaginação sociológica ou política" para ver a ação tanto da perspectiva da escolha quanto da perspectiva da causação. Só assim compreenderemos verdadeiramente a natureza da ação.

Em suma, afirmo que precisamos urgentemente desenvolver abordagens na ciência social e política que não rebaixem e diminuam o homem; que sejam objetivas sem ignorar a realidade da pessoa do investigador, sem anestesiar a compaixão e a raiva, e sem reduzir o conhecimento à impotência. Como disse um cientista social pioneiro, ao discutir assuntos humanos não precisamos de forma alguma "escolher

---

38 Mills, C. Wright, *The Sociological Imagination*, New York, Oxford University Press, 1959, 8-9.

entre a descrição vívida e intuitiva de um artista e a abstração de um cientista que pensa apenas quantitativamente. Não é necessário e não é admissível perder o sentimento quando o sentimento é investigado cientificamente"[39]. Algo mais será dito no último capítulo sobre o significado contemporâneo deste problema.

---

[39] Fenichel, Otto, *The Psychoanalytic Theory of Neurosis*, New York, W. W. Norton, 1945, 9.

XIII FILOSOFIA E O ESTUDO DA TEORIA POLÍTICA

É hora de retornar ao tópico que há muito adiamos: a relação entre perplexidade conceitual e filosofia, e a natureza da própria filosofia. Enquanto falamos de perplexidade, paradoxo e *insight* [percepção] "conceituais", Wittgenstein fala de confusão ou perplexidade "filosófica"; e ele chama o homem que se preocupa com tais problemas de "filósofo". Como mencionamos no início, nossa terminologia alterada foi introduzida por várias razões: para enfatizar a onipresença de tais problemas em outros domínios que não a filosofia, como a teoria política e social; para evitar uma rejeição prematura das ideias de Wittgenstein por se concluir equivocadamente que ele deprecia a filosofia tradicional; e para permitir que suas complexas visões sobre a filosofia fossem adiadas até que suas outras ideias tivessem sido apresentadas. Na primeira metade deste capítulo, examinaremos esses pontos de vista, para que possamos começar, na segunda metade, a avaliar sua importância para a teoria política.

Comecemos revisando os dois principais diagnósticos de perplexidade conceitual ou filosófica de Wittgenstein, conforme discutimos anteriormente. O primeiro diagnóstico enfatizou a qualidade paradoxal dos "*insights*" [das "percepções"] conceituais, a maneira como elas simultaneamente se conflitam e ainda dependem do uso ordinário. Wittgenstein atribuiu essa qualidade, e a própria perplexidade, à nossa "ânsia por generalidade", nossa tentativa de derivar regras gerais e consistentes da gramática de nossa língua, quando, na realidade, essa gramática tem implicações incoerentes. O segundo diagnóstico enfatizou a origem de tal perplexidade e *insight* na contemplação, na ausência de qualquer situação de fala genuína em que uma pessoa realmente usasse a palavra que causa perplexidade para dizer algo a outra. Wittgenstein atribuiu essa qualidade, e a própria perplexidade, ao fato de que, quando "a linguagem está suspensa", se perdem os elementos de significado ou sentido normalmente fornecidos pelo contexto da fala e pelo ato de falar.

Um terceiro diagnóstico, ou elemento do diagnóstico geral de Wittgenstein, que ainda não foi discutido, se desenvolve a partir do conceito de formas de vida. Wittgenstein sustenta que os problemas conceituais ou filosóficos surgem quando queremos nos desvencilhar ou rejeitar aspectos de nossa própria gramática dos quais não se pode escapar porque surgem de nossas formas de vida. Quando algo nos deixa perplexos desse modo, pensamos que estamos fazendo uma pergunta empírica sobre "um fato do mundo", mas, na verdade, trata-se de "uma questão de expressão"[1]. Assim, "afirma-se da coisa o que já se encontra no modo de sua exposição"[2]. E isso nos impede de ver que nossa real objeção é à arbitrariedade da nossa gramática, às limitações que ela parece impor ao pensamento e ao mundo. Quando estamos perplexos, conceitual ou filosoficamente, nossa "notação nos deixa insatisfeitos [...] Nossa linguagem ordinária, a qual de todas as notações possíveis é aquela que permeia toda a vida, mantém a mente rigidamente em uma mesma posição, por assim dizer, e nesta posição, por vezes, ela se vê limitada, e deseja outras também"[3]. Ao percebermos a limitação, nos rebelamos contra "o uso *dessa* expressão em conexão com *esses* critérios"[4]. Mas a gramática não é meramente arbitrária; está fundamentada no que fazemos, em nossas formas de vida. E estas são "pressupostos sem questionamento", o que simplesmente "tem que ser aceito". Ao tentar escapar delas ou rebelar-se contra elas, o filósofo está tentando fazer o impossível, e a filosofia tradicional é um registro dos "galos que o intelecto fez ao dar cabeçadas contra os limites da linguagem"[5].

Isso provavelmente soará como uma crítica catastrófica à filosofia tradicional, e não deveríamos nos surpreender se Wittgenstein é muitas vezes mal-entendido ao rejeitar os problemas filosóficos como pseudoproblemas e as doutrinas filosóficas como erros ou violações do uso ordinário. Além disso, como sugere nossa conversa sobre diagnósticos, Wittgenstein frequentemente fala da perplexidade filosófica como uma doença, para a qual ele desenvolveu "terapias"[6]. Ele diz que "o filósofo

---

1 WITTGENSTEIN, Ludwig, The Yellow Book (não publicado), citado em AMBROSE, Alice; LAZEROWITZ, Morris, Ludwig Wittgenstein. Philosophy, Experiment and Proof, in: MACE, C. A. (ed.), *British Philosophy in the MidCentury*, London, George Allen & Unwin, 1966, 169; comparar com WITTGENSTEIN, Ludwig, *Blue and Brown Books*, New York; Evanston, Harper & Row, 1964, 57.

2 WITTGENSTEIN, Ludwig, *Philosophical Investigations*, trad. ing. de G. E. M. Anscombe, New York, Macmillan, ³1968. Trad. bras.: *Investigações filosóficas*, de Marcos Montagnoli, Petrópolis, Vozes, ⁴2005, § 104.

3 WITTGENSTEIN, *Blue and Brown Books*, 59.

4 Ibid., 57.

5 WITTGENSTEIN, *Investigações filosóficas*, § 119.

6 Ibid., § 133.

trata de uma dúvida; como o tratamento para uma doença"⁷. Em ambos os casos, o sinal de um tratamento bem-sucedido é que a doença desaparece. "Pois a clareza a que aspiramos é, todavia, uma clareza *completa*. Mas isto significa apenas que os problemas filosóficos devem desaparecer *completamente*"⁸.

É claro que o paciente principal na analogia, assim como o médico, é o próprio Wittgenstein, que conhecia por amarga experiência o poder das dúvidas e dos paradoxos conceituais, das "imagens" que cativam a mente. Assim, é óbvia a autorreferência na famosa frase: "Qual é o seu objetivo na filosofia? – Mostrar à mosca a saída do apanha-moscas"⁹. E é por isso que ele insistem que a verdadeira descoberta filosófica "aquieta a filosofia, de tal modo que ela não seja mais açoitada por questões que a coloquem a ela *mesma* em questão"¹⁰. De certo modo, é precisamente em passagens como esta que Wittgenstein diagnostica sua própria "doença" anterior, em que ele parece ainda mais próximo das visões que emergiram dessa "doença" e aparecem no *Tractatus*. Pois foi o *Tractatus* que concluiu que a linguagem – o que pode ser dito com sentido – tem limites definidos, e que a maior parte da filosofia tradicional está além desses limites. Foi o *Tractatus* que concluiu com um *ukaz*¹¹ da limitação filosófica: "Sobre aquilo de que não se pode falar, deve-se calar"¹².

Toda a orientação seguida pela filosofia do segundo Wittgenstein, argumentamos, é outra. Ela não legisla; descreve. O fato é que os filósofos escrevem e são lidos; e seria de supor que a atitude do último Wittgenstein seria a de que deveríamos "olhar e ver" o que eles estão fazendo, como usam a linguagem, que tipo de significado e sentido têm seus proferimentos. Além disso, já em 1930, o homem que pensava que os filósofos davam cabeçadas nos limites da linguagem também zombava de e a questionava sua própria metáfora: "Correr contra o limite da linguagem? Mas a linguagem não é uma gaiola"¹³. E ele teria dito: "Não pense que

---

7 Ibid., § 255; tradução nossa, seguindo HELLER, Erich, *The Artist's Journey into the Interior,* New York, Random House, 1959, 204.

8 Ibid., § 133.

9 Ibid., § 309; comparar com WITTGENSTEIN, Ludwig, *Remarks on the Foundations of Mathematics*, VON WRIGHT, G. H.; RHEES, R.; ANSCOMBE, G. E. M. (eds.), trad. ing. de G. E. M. Anscombe, Oxford, Basil Blackwell, 1964, 17; e HELLER, *The Artist's Journey into the Interior*, 226.

10 WITTGENSTEIN, *Investigações filosóficas*, § 133.

11 Uma proclamação ou decreto de um czar no Império Russo. (N. dos T.)

12 Trata-se da famosa proposição que encerra o *Tractatus*, ver WITTGENSTEIN, Ludwig, *Tractatus Logico-Philosophicus,* trad. ing. de D. F. Pears e B. F. McGuinness, New York, Humanities Press, 1961, § 7. Trad. bras., apresentação e ensaio introdutório de Luiz Henrique Lopes dos Santos, introdução de Bertrand Russell, 3ª ed. 4ª reimpr., São Paulo, Editora da Universidade de São Paulo, 2020, 261 (§ 7). (N. dos T.)

13 WAISMANN, Friedrich, *Wittgenstein und der Wiener Kreis*, MC-GUINNESS, B. F. (ed.), London, Basil Blackwell, 1967, 117; tradução nossa.

eu desprezo a metafísica ou a ridicularizo. Pelo contrário, considero os grandes escritos metafísicos do passado entre as mais nobres produções da mente humana"[14]. Alguns dos seguidores de Wittgenstein também afirmam o valor da filosofia, "o que a filosofia pode realizar positivamente e o tipo de importância que pode ter"; e Waismann, em particular, empreende uma defesa apaixonada da metafísica como "uma das grandes forças libertadoras"[15]. Seria tal visão compatível com a noção de filosofia como doença, como o desejo de escapar do que deve ser aceito?

Sugere-se aqui que, quando Wittgenstein parece criticar a filosofia tradicional, fala dela como uma doença a ser curada ou uma fuga do que deve ser aceito, ele tem em mente principalmente um aspecto da filosofia, o que chamamos de perplexidade conceitual, *insight*, paradoxo. Ele não tem em mente os grandes sistemas filosóficos do passado, mas os dilemas, dúvidas ou questões iniciais dos quais eles surgem; e, secundariamente, as "percepções" ou "descobertas" iniciais, breves e aforísticas, com as quais respondemos a essas dúvidas. Às vezes, essa perplexidade e o *insight* permanecem estéreis, ou mesmo continuam a nos obcecar e a interferir na busca de outros tópicos. ("Isto não é de fato um ver!", "Isto é de fato um ver!" "Uma imagem mantinha-nos [cativos] prisioneiros. E não podíamos escapar, pois ela residia em nossa linguagem, e esta parecia repeti-la para nós, inexoravelmente"[16].) Elas não nos dão aquilo de que precisamos. Por isso constituem uma doença. Mas às vezes elas produzem resultados e se tornam o foco de uma grande obra de filosofia. O que caracteriza tal obra? O que ela fornece que pode ser valoroso? Como ela difere da doença filosófica? Responder a essas perguntas envolve nada menos do que a própria natureza da filosofia, e o que pode ser dito aqui deve ser tomado como uma tentativa muito provisória.

PROGRESSO ATRAVÉS DO QUESTIONAMENTO DE CONCEITOS

Wittgenstein acusa o filósofo de ficar insatisfeito e se rebelar contra o sistema de notação, que deve ser aceito como dado. No entanto, em outros contextos, a insatisfação com uma notação herdada, a rebelião contra as suposições aceitas, o reexame de conceitos fundamentais podem ser altamente produtivos e propícios ao progresso

---

14 Drury, M. O'C., A Symposium on Wittgenstein, in: Fann, K. T., *Ludwig Wittgenstein*, New York, Dell, 1967, 68; comparar com Waismann, *Wittgenstein*, 118.

15 Stanley, Cavell, *Must We Mean What We Say?*, New York, Charles Scribner's Sons, 1969, 46; Waismann, Friedrich, How I See Philosophy, in: Lewis, H. D. (ed.), *Contemporary British Philosophy*, New York, Macmillan, 1956, 461.

16 Wittgenstein, *Investigações filosóficas*, 266, § 115.

intelectual. Na ciência, por exemplo, questionar suposições não examinadas pode, às vezes, como Cavell observa, "produzir descobertas tais como que a Terra gira em torno do Sol e não vice-versa, ou que o problema sobre o movimento não é o que mantém um objeto em movimento, mas o que o faz parar"[17]. Em consequência a tais mudanças nas suposições, pode seguir-se toda uma nova era de progresso científico. Obviamente, o primeiro homem a supor que a Terra poderia girar em torno do Sol estava se rebelando contra o conceito anteriormente aceito de "a Terra". Na ciência, como observa Wisdom, "algumas das declarações mais absurdas já feitas acabaram por levar às mais tremendas descobertas"[18]. Se o impulso de rebelião contra os conceitos aceitos é tão produtivo na ciência, por que deveria ser uma doença na filosofia?

Kuhn observa que o reexame autoconsciente de conceitos e suposições ocorre na ciência apenas em tempos de crise. Quando a ciência está progredindo normalmente, os cientistas trabalham com sucesso a partir de paradigmas compartilhados com base nos quais aprenderam o que sabem; as regras são deixadas em grande parte implícitas e os conceitos são pressupostos sem questionamento. Kuhn argumenta que os paradigmas e a teoria já estabelecidos dificultam o surgimento e o reconhecimento de casos anômalos. "A novidade somente emerge com dificuldade (dificuldade que se manifesta através de uma resistência) contra um pano de fundo fornecido pelas expectativas"[19]. Mas ela emerge, e se ela emerge, persistentemente e com frequência crescente, se os "quebra-cabeças" da ciência normal não se resolvem mais de acordo com as previsões da teoria aceita, então uma crise científica pode ocorrer. Não se trata, obviamente, de que um conjunto de anomalias acumuladas falseie a teoria existente, uma vez que nenhuma teoria pode ser abandonada até que haja "uma alternativa [...] disponível para substituí-la"[20]. O que ocorre é mais um "obscurecimento" do paradigma aceito, uma "proliferação" de diferentes versões do paradigma e, consequentemente, um "relaxamento" das regras (em grande parte implícitas) que regem a pesquisa normal[21].

---
17 Cavell, Stanley, *The Claim to Rationality*, Tese de Doutorado em Filosofia (não publicada), Cambridge, Harvard University, 1961-1962, 184.
18 Wisdom, John, *Paradox and Discovery*, Oxford, Basil Blackwell, 1965, 124.
19 Kuhn, Thomas S., The Structure of Scientific Revolutions, in: *International Encyclopedia of Unified Science*, Chicago, University of Chicago Press, ²1970. Trad. bras.: *A estrutura das revoluções científicas*, de Beatriz Vianna Boeira e Nelson Boeira, rev. Alice Kyoto Miyashiro, São Paulo, Perspectiva, ⁵1998, 90-91.
20 Ibid., 108.
21 Ibid., 115, 123.

É somente nesses momentos, argumenta Kuhn, que os cientistas sentem a necessidade de examinar e tornar explícitos os pressupostos e as implicações de seus paradigmas previamente aceitos. As "regras" tornam-se importantes apenas quando os paradigmas

> pareçam inseguros [...] [momentos] regularmente marcado[s] por debates frequentes e profundos sobre métodos legítimos, problemas e padrões de solução [...] que ocorrem periodicamente pouco antes e durante as revoluções científicas – os períodos durante os quais os paradigmas são primeiramente atacados e então modificados[22].

Na ciência normal, esses debates não são necessários; os fundamentos podem ser pressupostos sem questionamento:

> Enquanto os instrumentos proporcionados por um paradigma continuam capazes de resolver os problemas que este define, a ciência move-se com maior rapidez e aprofunda-se ainda mais através da utilização confiante desses instrumentos. A razão é clara. Na manufatura, como na ciência, a produção de novos instrumentos é uma extravagância reservada para as ocasiões que o exigem[23].

Kuhn chama explicitamente de "filosófico" o questionamento dos pressupostos fundamentais, das convenções anteriormente tidas como certas, e afirma que os cientistas recorrem a ele

> sobretudo nos períodos de crises reconhecidas [...]. Em geral, os cientistas não precisaram ou mesmo desejaram ser filósofos. Na verdade, a ciência normal usualmente mantém a filosofia criadora ao alcance da mão e provavelmente faz isso por boas razões. Na medida em que o trabalho de pesquisa normal pode ser conduzido utilizando-se do paradigma como modelo, as regras e pressupostos não precisam ser explicados. [...] Isso não quer dizer que a busca de pressupostos (mesmo os não existentes) não possa eventualmente ser uma maneira eficaz de enfraquecer o domínio de uma tradição sobre a mente e sugerir as bases para uma nova. Não é por acaso que a emergência da física newtoniana, no século XVII, e da relatividade e da mecânica quântica, no século XX, foi precedida

---
22 Ibid., 72-73.
23 Ibid., 105.

e acompanhada por análises filosóficas fundamentais da tradição de pesquisa contemporânea[24].

O exemplo da ciência sugere, assim, uma hipótese sobre quando, e em que circunstâncias, somos levados a reexaminar e questionar conceitos e premissas fundamentais. As épocas "em que é preciso que se faça filosofia", como Cavell comenta, são aquelas em que "existem mais fatos do que se sabe o que fazer deles, ou quando não se sabe o que novos fatos mostrariam. Ou seja, quando você precisa ter clareza do que já se sabe"[25]. Há momentos em que parece que tudo de empírico que existe sobre uma determinada situação é conhecido, bem como os significados de todas as palavras relevantes, que "tudo está diante de nossos olhos. E ainda assim sentimos que há algo que não sabemos, que não compreendemos". Aqui podemos ter o impulso de fazer uma pergunta como "O que é X?" e ter ao mesmo tempo a impressão de que já sabemos a resposta. "Pode-se dizer que temos todos os elementos de uma resposta", mas faltam o arranjo adequado, a perspicácia[26]. Wittgenstein diz que a investigação filosófica

> não emerge de um interesse por fatos da natureza nem da necessidade de apreender conexões causais, mas de uma aspiração por compreender o fundamento ou a essência de tudo o que é empírico. Não que para isto devêssemos rastrear fatos novos: para nossa investigação é muito mais essencial que não queiramos aprender nada *novo* com ela. Queremos *compreender* algo que já está aberto diante de nossos olhos. Porque, em certo sentido, é *isto* que parecemos não compreender[27].

Por exemplo, quando Agostinho contempla a natureza do tempo, ele diz que, embora saiba o que é o tempo, mesmo sem ninguém perguntar, assim que lhe é pedido que *diga* do que se trata, ele não sabe. Wittgenstein comenta: "Aquilo que sabemos, se ninguém nos pergunta, mas que já não sabemos mais, se devemos explicá-lo, é algo de que devemos nos *lembrar*. (E, obviamente, é algo de que, por um motivo qualquer, dificilmente nos lembramos.")[28] Justamente tais considerações levaram Platão à doutrina da recordação.

---

24 Ibid., 120.
25 Cavell, *Must We Mean What...*, 21.
26 Ibid., 20.
27 Wittgenstein, *Investigações filosóficas*, § 89.
28 Ibid.

Parece faltar tanto ao cientista quanto ao filósofo clareza sobre os fatos diante deles. Mas o cientista sente essa falta quando seus modos normais de proceder fracassam, quando seu empreendimento está em crise. O filósofo, ao contrário, caracteristicamente fica insatisfeito com seu sistema de notação quando não está em uso. No uso ordinário, os conceitos funcionam bem; é somente quando são contemplados abstratamente que dão origem à perplexidade filosófica. Além disso, uma "descoberta" conceitual em filosofia não é realmente *nova* do mesmo modo que uma nova conceituação científica o é. Em vez disso, é uma metade, ou um aspecto proeminente, de nosso antigo sistema conceitual preexistente, de nossa gramática. O filósofo é cativado por aquele aspecto, por aquele exemplo ou imagem particular, e extrapola uma regra geral ou *insight* a partir dele, apenas para que possa conflitar com a gramática habitual restante do conceito. Por causa do conflito, ele conclui que fez uma nova descoberta. No entanto, ao contrário do cientista filosofante, ele é realmente incapaz de abandonar a parte restante da gramática e deixá-la para trás. O cientista está habilitado a fazer o que o filósofo tradicional não pode, pelo menos em parte, na medida em que encontra maneiras de usar a nova conceituação em seu trabalho. A nova conceituação sugere novos jogos de linguagem científicos, por assim dizer, e ele é livre para explorar suas consequências sem que primeiro tenha que mudar seus próprios jogos de linguagem ou os de outras pessoas. O conceito que ele reexamina pode já ser técnico, usado apenas no discurso científico. Mas, mesmo que seja um conceito bastante comum, como os de "tempo" ou "simultaneidade", que estão profundamente embutidos em vários jogos de linguagem ordinária e em nossas vidas comuns, ainda assim, quando o cientista os revisa, ele pode buscar sua nova conceituação de modo bem diferente das maneiras comuns de falar ou agir em relação ao tempo ou à simultaneidade. Ele simplesmente torna o novo conceito técnico, ali mesmo. É assim que o filosofar de Einstein sobre o tempo produz consequências radicalmente diferentes das de Agostinho. (É claro que também se pode argumentar que *consideramo*s as percepções conceituais como científicas apenas se forem produtivas para novos trabalhos na ciência; caso contrário, elas permanecem na esfera da filosofia.)

Na filosofia, caracteristicamente, questionamos conceitos ou nos rebelamos contra conceitos cujos fundamentos são muito profundos em nossas vidas e em nós mesmos; e nossas "descobertas" não são posteriormente utilizadas com fins pragmáticos. Às vezes, um filósofo questiona convenções moldadas por jogos de linguagem que são, de fato, formas de vida, em verdade naturais aos seres humanos em todos os tempos e lugares, e que, portanto, literalmente não podem ser mudadas. Sob esse aspecto, a filosofia, como observa Cavell, "refere-se àquelas necessidades que, sendo humanos, não podemos deixar de conhecer. Só que nada é mais humano do que negá-las"[29]. Outras vezes, o filósofo pode se opor a uma convenção que é, de fato, cultural e, portanto, poderia ser concebivelmente mudada. Mas poderia ser mudada nas formas lentas e complexas como os padrões culturais implícitos mudam, e não através de *insight* intelectual. O mero filosofar não pode mudá-lo, e tal mudança não é uma simples questão de decisão ou escolha. Em que circunstâncias elaborar a preocupação filosófica com as aparentes contradições na gramática do "conhecimento" poderia conduzir, frutiferamente, a um conceito modificado de conhecimento, livre dessas aparentes contradições? Para mudar tal conceito, o filósofo teria que mudar não apenas nossas palavras, mas os jogos de linguagem que fazemos. Pois o conceito de "conhecimento" é o que é por causa de como o usamos; nenhum conceito livre dessas "contradições" poderia funcionar como funciona em nossas vidas.

É por isso, penso eu, que a abordagem de Wittgenstein parece questionar a linha divisória entre as convenções naturais e culturais. Com relação a qualquer indivíduo adulto, a linha *é*, de fato, tênue; muitas das convenções de sua cultura são tão parte dele, tão naturais *para* ele, quanto aquelas convenções verdadeiramente naturais para todos os seres humanos. Nossa cultura se torna parte de nossa natureza. Consequentemente, para qualquer filósofo em particular, é quase tão difícil mudar aquelas partes ou escapar daquelas partes de seu sistema conceitual baseado em convenções culturais como daquelas baseadas em formas universais de vida. Sem dúvida, características básicas de nossa natureza, como o que chama a nossa atenção, como expressamos nossos sentimentos, como nos movemos no mundo, são até certo ponto culturais e não naturais; mas isso não as torna fáceis de mudar. Podemos escapar delas no máximo tornando-nos profundamente iniciados em uma cultura diferente, e, mesmo assim, escapamos de uma apenas para aderir às convenções da outra. "Compare um conceito com um estilo de pintura", sugere Wittgenstein no final das *Investigações*. "Será que somente nosso estilo de pintura é arbitrário? Podemos escolher um conforme o gosto? (por exemplo, o estilo dos egípcios.) Ou trata-se aqui apenas de bonito e feio?"[30] É possível ser capaz de aprender a pintar (mas aprender a ver?) como um egípcio, mas o *que* se deveria fazer para aprendê-lo? E isto teria ocorrido se não houvesse o conhecimento da pintura egípcia?

---

29 Cavell, *Must We Mean What…*, 96.
30 Wittgenstein, *Investigações filosóficas*, 295.

FILOSOFIA BEM-SUCEDIDA

O que Wittgenstein está dizendo, me parece, é algo assim: filosofar é a tentativa de esclarecer as características mais significativas, fundamentais e inescapáveis do mundo e de nós mesmos, não reunindo novos fatos, mas investigando, de novo, os fatos que já temos. Mas isso necessariamente significa esclarecer os conceitos, seus limites e suas implicações. Embora, ao filosofar, não estejamos interessados em nossa linguagem, e sim na realidade, nossa investigação é tão verdadeiramente sobre uma quanto sobre a outra – é sobre uma por meio da outra. Ao filosofar, olhamos para o mundo e para a linguagem simultaneamente[31]. Nosso impulso é fugir, sair, libertar-se do que parece arbitrário e meramente convencional em nossa linguagem; gostaríamos de escapar dos limites de nosso sistema conceitual e ver com certo distanciamento os pressupostos implícitos que ele impõe ao nosso pensamento. Cavell diz que, ao filosofar se é "levado a falar como se estivesse além dos limites da linguagem humana, por assim dizer, olhando de fora para ela"[32]. E, é claro, nosso sistema conceitual *é* convencional, e *contém* implicações contraditórias, e *tende* a estruturar e limitar nosso pensamento. É por isso que o que Wisdom chama de "pronunciamentos estranhos [do filósofo] que pretendem lançar dúvidas sobre todas as declarações de algum modo habituais, por exemplo, afirmações sobre o bem e o mal ou afirmações sobre o passado e o futuro", realmente têm fundamento em "alguma idiossincrasia real" da gramática dessas afirmações[33].

Nesse sentido, o impulso para a filosofia é o impulso para se tornar autoconsciente sobre os próprios conceitos e suposições e, assim, ir além do convencional até chegar às verdadeiras necessidades do *self* e do mundo. E o que Wittgenstein diz sobre esse impulso não é que seu objetivo seja impossível, mas que o objetivo falha, o impulso contínuo se assemelha a uma doença. Quando o objetivo é bem-sucedido para algum filósofo individual em particular, é porque ele se tornou consciente com precisão de (alguma parte de) suas suposições e (simultaneamente) de seu mundo, coisas das quais antes não tinha consciência, e que o deixavam perplexo. Quando as suposições, o mundo e a perplexidade desse indivíduo são os de uma sociedade inteira ou de uma época inteira, o resultado pode ser uma filosofia verdadeiramente grandiosa. É sobre tais realizações que se pode dizer, com Cavell,

---

31 Cavell, *Must We Mean What...*, 99.
32 Cavell, Stanley, Existentialism and Analytic Philosophy, *Daedalus*, 93, Summer 1964, 969.
33 Wisdom, *Paradox and Discovery*, 119.

que a filosofia é "o mundo de uma cultura específica trazida à consciência de si mesma"[34]. Obviamente, esta é uma tarefa interminável, que nunca se cumprirá de uma vez por todas, tanto porque o mundo muda para diferentes indivíduos, culturas e épocas, como porque o que precisa ser dito ou mostrado sempre dependerá do que se está deixando de ver. O oculto, o reprimido, o distorcido, o conteúdo da "falsa consciência" também variam com a pessoa, com a cultura e com o tempo. De fato, o que é uma visão filosófica libertadora para uma geração pode se tornar a sabedoria convencional incrustada e falaciosa da próxima. A filosofia bem-sucedida permite que a mente investigadora descubra o que precisa saber sobre si mesma ou sobre o mundo; a grande filosofia realiza este serviço para todos nós.

A certa altura, Wittgenstein diz que o filósofo fez uma nova descoberta, mas não se trata de um fato novo e, sim, de "uma nova concepção [maneira de ver as coisas]. É como se tivesse inventado uma nova maneira de pintar; ou mesmo um novo metro [medida] ou uma nova espécie de canto [canção]"[35]. Ele diz que a concepção de uma maneira tão nova de ver as coisas é uma reminiscência do que acontece quando um desenho enigmático que primeiro nos impressionou de uma maneira é, subitamente, visto de outra. Não vemos nada que não tenhamos visto antes, mas o vemos de forma diferente.

> Onde, outrora, havia galhos, há hoje uma figura humana. Minha impressão visual mudou, e eu reconheço então que ela não tinha somente cor e forma, mas também uma "organização" bem determinada. – Minha impressão visual mudou; como é que ela era antes; e como é agora? – Apresento-a mediante uma cópia precisa – e esta não é uma boa apresentação [representação]? – assim não se mostra nenhuma mudança[36].

Se isso é tomado como análogo à filosofia tradicional, então, a meu ver, não se trata de uma analogia à perplexidade conceitual e ao *insight* – o que Wittgenstein consideraria uma "doença" –, mas àqueles grandes sistemas filosóficos que realmente transformam as maneiras de ver reorganizando-as, de modo que nada, e ao mesmo tempo tudo, se modifica. Um sistema filosófico, nesse sentido, como observa Waismann, "não se contenta em estabelecer apenas um ponto isolado como verdade, mas efetua uma mudança em toda a nossa perspectiva mental de modo que, o resultado

---

34 Cavell, *Must We Mean What...*, 313.
35 Wittgenstein, *Investigações filosóficas*, § 401; comparar com §§ 144, 610.
36 Ibid., 257.

consiste em miríades de pontos ínfimos que são trazidos à vista ou postos fora de vista, conforme o caso". Consequentemente, o que é central para um sistema filosófico é "visão", e "o que é decisivo é uma nova maneira de se ver as coisas"[37]. A partir de sua perplexidade inicial, ou *insight* inicial, o grande filósofo tradicional desenvolve uma complexa estrutura de visão, explorando suas implicações sistemáticas e redistribuindo vários aspectos da realidade e de nossas vidas em um todo novo e coerente. Tal sistema tem uma coerência interna que o torna relativamente imune ao desafio de "fatos" anômalos individuais ou de contra-argumentos isolados, assim como as teorias científicas são resistentes ao desafio por contraprova empírica. Em um sistema filosófico desenvolvido, pode-se dizer, nos é oferecido um relato sistemático supostamente novo e coerente da natureza do mundo ou de alguma sub-região importante do mundo (ação humana, estados mentais, arte, *insight*).

Segundo essa perspectiva, o próprio Wittgenstein, ao mesmo tempo, é e não é um filósofo bem-sucedido. É claro que ele experimentou tanto o impulso filosófico quanto sua frustração pela doença da perplexidade conceitual. Mas, quando é bem-sucedido, traz esclarecimentos sobre parte da gramática e do mundo *sem* construir nenhum sistema filosófico. Ele nos dá, por assim dizer, os instrumentos e as percepções para que façamos filosofia por conta própria, quando e onde ela se fizer necessária. Pode-se dizer que, em nosso tempo, os sistemas filosóficos se tornaram uma impossibilidade; o mundo está muito fragmentado e nossa autoconsciência progrediu muito. Então, Wittgenstein fornece uma espécie de substituto para a filosofia adequada à nossa época, uma espécie de filosofia do tipo faça-você-mesmo que produz apenas uma clareza parcial e *ad hoc*, não uma doutrina sistemática. O próprio Wittgenstein disse que houve uma "virada" no "desenvolvimento do pensamento humano", de modo que o que ele estava fazendo era uma espécie de sucessor da filosofia tradicional, um "novo assunto", e não apenas um estágio de seu "desenvolvimento contínuo"[38].

Na medida em que a filosofia tenta fornecer coerência e ordem onde o sistema conceitual real tem implicações incoerentes, ela pode produzir a sensação agradável de nos proporcionar uma nova visão, mas será ilusória. Mas na medida em que nos ensina com precisão a unidade e a coerência que nosso sistema conceitual possui – junto com suas limitações e pressuposições –, a filosofia presta um serviço vital. Assim, quando Wittgenstein parece condenar o filósofo tradicional por "predicar

---

[37] WAISMANN, How I See Philosophy, 483-484.

[38] MOORE, G. E., Wittgenstein's Lectures in 1930-1933, in: AMMERMAN, Robert R. (ed.), *Classics of Analytic Philosophy*, New York, McGraw-Hill, 1965, 283; comparar com p. 271.

da coisa o que está no método de representá-la", podemos lê-lo não em referência à filosofia como tal, mas à doença filosófica. Podemos entender sua obra não como uma descrição de toda a filosofia como uma doença, e sim como uma descrição da filosofia em estado de doença. Pois Wittgenstein, afinal, também disse que "a gramática nos diz que tipo de coisa é alguma coisa", o que certamente sugere que às vezes "predicar da realidade o que está em nosso método de representação" é perfeitamente saudável e informativo.

Como observa Cavell, tal predicação "causará doença apenas quando se compreende mal o método de representação adotado, ou não se tem consciência do seu real funcionamento"[39]. Pois, somente através de um método de representação, somos capazes de conceber o mundo de forma coerente.

A analogia com a pintura seria esta: olhando para uma paisagem em que há duas figuras, uma próxima e uma distante, alguém não familiarizado com nossas convenções de representação pode tomar o fato de que uma figura pareça menor que a outra *na tela* significa (representa) que aquela figura A é, na realidade, menor que a outra. Faz sentido aqui que se diga: Ele predicou das pessoas o que se encontra no método de representá-las. Mas como, então, sabemos se uma pessoa é (está sendo representada como) *mais distante e aproximadamente do mesmo tamanho* que outra? Não podemos dizer também: Porque pressupomos das pessoas o que se encontra no método de representação? Apenas *nós* sabemos o método *certo*. Pois "o método" agora significa "o método de tornar uma figura mais distante" e consiste não apenas em "pintar uma figura menor que outra" (pois isso, por si só, *pode* representar o fato de uma pessoa ser menor que outra), mas também em "colocar as figuras em planos diferentes". Lendo o método com precisão, lemos o mundo com precisão[40].

Embora a filosofia, nesse sentido, consista em uma tentativa de metavisão de nosso próprio sistema conceitual, as únicas ferramentas de que ela dispõe para formular ou responder suas questões são as partes desse mesmo sistema conceitual. Pode-se olhar criticamente para um conceito específico, ou mesmo para uma região da linguagem, mas alguém o fará com o sistema conceitual que já possui: o que mais se poderia usar? Como Wittgenstein observou muito cedo, mesmo um jogo jogado com as regras de algum outro jogo como "partes" suas, ainda é apenas mais

---
39 Cavell, *Claim to Rationality*, 88.
40 Ibid., 89.

um jogo, não realmente um metajogo[41]. Não existe um ponto arquimediano externo de onde possamos olhar criticamente para nossa linguagem como um todo. É como Otto Neurath observou sobre a ciência: "somos como marinheiros que devem reconstruir seu navio em alto-mar, sem nunca poder desmontá-lo num dique seco e reconstruí-lo com os melhores componentes"[42].

É por isso que a afirmação do filósofo sobre o que o intriga, ou seu *insight*, é caracteristicamente paradoxal, pois ao mesmo tempo depende de e entra em conflito com "o que todos nós normalmente dizemos". Às vezes, os próprios filósofos reconhecem e assumem tal paradoxo, como quando Hume se espanta ao constatar que, por mais claras e decisivas que sejam suas percepções céticas em seu estudo, ele não pode viver segundo elas quando sai para o mundo prático[43]. Para outros filósofos, a qualidade paradoxal de suas descobertas permanece desconhecida e só se revela ao longo do tempo, no trabalho de seus sucessores. Com o tempo, vemos que os problemas filosóficos caracteristicamente não são, de fato, *resolvidos* pelos filósofos que os discutem; sua discussão continua ao longo de gerações, os adversários em uma controvérsia parecem num diálogo de surdos, a posição de um homem raramente é conclusiva para outros, as questões filosóficas parecem nunca ser resolvidas.

O que a filosofia pode, positivamente, realizar é nos ensinar que nossa linguagem é convencional, que qualquer linguagem é convencional e quais são as suas convenções. Se a filosofia passa a ser entendida como o descontentamento com um sistema convencional que não pode ser mudado, então ela parecerá uma doença que precisa ser curada. Mas também pode ser considerada, de forma mais ampla, como uma busca de perspectivas sobre nossas próprias suposições, uma tentativa de nos afastarmos ou nos distanciarmos daquilo que normalmente pressupomos sem questionamento, o desejo de superar limitações e alcançar um ponto de vista universal. Ao tomar essa forma, a filosofia tem a capacidade de nos gerar consciência sobre o próprio método de representação, o sistema conceitual – *de que* se trata tanto de um sistema conceitual convencional, e de *como* ele representa, de como deve ser "lido". Para tanto, a filosofia precisa apenas tornar totalmente claras as pressuposições e convenções já existentes. É por isso que Wittgenstein enfatiza, com tanta frequência, o caráter puramente descritivo e não reformador da filosofia;

---

41 WAISMANN, *Wittgenstein*, 120-121, 134.

42 Citada como epígrafe em QUINE, Willard van Orman, *Word and Object*, Cambridge, M.I.T. Press, 1960; tradução nossa.

43 CAVELL, *Must We Mean What...*, 5961.

ela "não deve, de forma alguma, tocar o uso real da linguagem; o que pode, enfim, é apenas descrevê-lo". A filosofia "deixa tudo como é"[44].

Se, como diz Waismann, a filosofia é "uma das grandes forças libertadoras", isto ocorre não porque ela nos libere da convencionalidade enquanto tal, pois ela é inescapável. É inevitável que "falar seja falar uma língua", e toda língua, "toda notação particular enfatizam algum ponto de vista particular"[45]. A filosofia também não é libertadora no sentido de que nos liberte das cláusulas e pressuposições particulares de nosso próprio sistema conceitual. Em vez disso, a filosofia nos liberta de ilusões sobre esse sistema conceitual, de fragmentos de filosofias anteriores que se tornam *slogans* vazios de interpretação, de evasivas e hipocrisias, de distorções e mal-entendidos. Esse tipo de liberação "deixa tudo como é", exceto, é claro, a mente que é liberada[46]. Não se trata de que nada possa mudar os conceitos ou a gramática. O cientista ainda os muda de uma maneira, o poeta de outra, a deriva incremental do discurso ordinário de outra. Mas, ainda que existam muitas maneiras de mudar a linguagem, filosofar não é uma delas[47]. Quando a filosofia é bem-sucedida, ela revela o sistema conceitual como existe agora, não detalhes triviais e evanescentes, mas suas necessidades profundas. Pois a filosofia se ocupa precisamente daqueles conceitos que refletem as formas de vida mais fundamentais. Para mudar tais conceitos, as formas de vida precisariam mudar; e isso não se realiza ao filosofar.

TEORIA POLÍTICA

Mas quais podem ser as implicações de tal compreensão da filosofia para a teoria política? Primeiro, significa claramente que há uma diferença entre filosofia política e teoria política. A filosofia política é, presumivelmente, a filosofia que trata da esfera política, de conceitos políticos centrais. Mas, se por teoria política queremos dizer aquela longa e diversificada tradição de discurso, incluindo pelo menos Platão e Aristóteles, Cícero e Maquiavel, Hobbes, Locke, Rousseau e Burke, Bentham e Marx, então a teoria política não é apenas – não se identifica com – a filosofia política. Se filosofia significa autoconsciência sobre os próprios conceitos, a investigação simultânea de características fundamentais do mundo e da linguagem, então alguns teóricos políticos são muito mais filosóficos do que outros. Compare, por exemplo,

---

44 WITTGENSTEIN, *Investigações filosóficas*, § 124.
45 CAVELL, *Claim to Rationality*, 88; WITTGENSTEIN, *Blue and Brown Books*, 28.
46 FANN, K. T., *Wittgenstein's Conception of Philosophy*, Berkeley; Los Angeles, University of California Press, 1969, 105.
47 CAVELL, *Must We Mean What...*, 57-58.

Hobbes em seu longo e explícito exame da natureza da liberdade, ou do contrato, ou da representação, com um autor como Maquiavel, que toma seu próprio sistema conceitual como um pressuposto quase nunca questionado. (É claro que *nós* podemos aprender muito observando cuidadosamente os conceitos de virtude, fortuna e Estado segundo Maquiavel; mas ele mesmo não os examina.) Mesmo em Platão, que claramente era filósofo e teórico político, há diferenças importantes de estilo e estrutura entre os diálogos políticos e aqueles que são puramente filosóficos.

Assim como a filosofia, a teoria política se preocupa em examinar e questionar os fundamentos, em revelar conexões e relações que normalmente permanecem ocultas, em fornecer uma abordagem distanciada e uma visão geral sobre o que normalmente é percebido apenas aos poucos, em formas fragmentadas. Mas enquanto a filosofia está preocupada com aqueles conceitos fundamentais que surgem da própria condição humana, ou daqueles padrões culturais que mudam apenas lenta e inadvertidamente, sem planejamento deliberado, a teoria política está frequentemente preocupada com aspectos de nossas vidas que podem ser diferentes se optamos por mudá-los. Preocupa-se precisamente com aqueles padrões e instituições que são, ou poderiam se tornar, políticos – sujeitos à nossa escolha e ação coletivas, públicas e deliberadas. A teoria política não se preocupa apenas com a discrepância e a ordem no sistema conceitual, mas com a discrepância e a ordem na relação entre os conceitos e as práticas institucionais. Os conceitos que utiliza são muitas vezes aqueles que permitem aquela tensão entre forma e substância que discutimos em relação à justiça, às penalidades e ao político em si. E seu interesse não recai apenas nas tensões internas ao conceito e no que elas dizem sobre o mundo, mas nas tensões entre o conceito e a prática, entre o que se diz e o que se faz. Da mesma forma, seus conceitos são aqueles, como "justiça", que envolvem o que chamamos de "padrões", que são, até certo ponto, separáveis tanto do significado conceitual quanto do significado dos fatos mundanos. Assim, a teoria política também se preocupa com a discrepância e a ordem em nossas instituições e práticas públicas, que podem não ser refletidas em problemas conceituais, mas podem se alojar na lacuna entre forma e substância, ou entre significado e padrões.

Mas talvez o caráter distintivo mais marcante na teoria política seja sua intenção, tanto no sentido de objetivo ou propósito, quanto no sentido de estilo ou estrutura. Na filosofia, o impulso primário é contemplativo; há um desejo de ordem, mas a ordem deve ser alcançada na mente, através da compreensão. Se houver um impulso (como Wittgenstein argumenta, equivocado) em direção à mudança ou renovação, a mudança pretendida é, no máximo, a do pensamento e do discurso. Porém, a teoria política, particularmente a grande e bem-sucedida teoria política, quase sempre teve como objetivo efetuar mudanças no mundo. Nem sempre pretende transformações radicalmente progressivas; de fato, a maior parte da teoria política tradicional olha para trás e não para a frente, escolhe a ordem em vez da inovação. No entanto, a grande teoria política também sempre tem um elemento heroico, uma mistura de profecia – incluindo a convocação que o profeta dirige ao povo no sentido de que se retomem a sua verdadeira tradição, seu senso de urgência e missão absoluta, sua visão apocalíptica e seu chamado para a ação[48]. A filosofia é contemplativa; a teoria política, embora sempre seja em parte uma mistura de contemplação imparcial e judiciosa do *theōrós* original, também inclui, por vezes, a visão exigente que o profeta tem de alternativas realizáveis[49]. A filosofia se dirige a uma mente ou a uma cultura desestabilizada; a teoria política se dirige para uma sociedade em crise. É claro que na teoria política também se trata apenas de palavras, e ela não pode mudar diretamente nada além de nossa consciência. Mas, na esfera da política, a consciência é o fundamento da ação, e uma mudança na visão de mundo pode nos levar a mudar o mundo. O teórico político nunca perde de vista esse fato.

Essas diferenças entre filosofia e teoria política não são fixas nem óbvias, nem devemos esperar que sejam. Não é óbvio, de antemão, quais de nossos conceitos se fundam em formas de vida que devem ser aceitas tais como são, seja porque são inevitáveis para os seres humanos ou porque só podem mudar por meio de uma deriva cultural; não é óbvio, de antemão, o que pode ser alterado pela escolha coletiva, assim como não é óbvio quais cursos alternativos de ação estão realmente abertos aos homens em um determinado momento. A demarcação entre conceitos e instituições também não é fixa nem óbvia; embora os padrões sejam separáveis do significado, eles não se separam por completo, sua flexibilidade é limitada. Assim, a relação entre teoria política e filosofia está fadada a ser íntima e complexa. Às vezes, as duas iniciativas serão úteis uma para a outra ou até mesmo para se superpor em parte; às vezes elas estarão distantes; e problemas conceituais ou filosóficos podem atrapalhar o trabalho da teoria política.

48 Ver particularmente WOLIN, Sheldon S., *Hobbes*, Los Angeles, William Andrews Clark Memorial Library, University of California, 1970; e Political Theory as a Vocation, *American Political Science Review*, LXIII, dez. (1969) 1062-1082.

49 Acerca do *theōrós* ver WOLIN, Sheldon S., Political Theory: II. Trends and Goals, *International Encyclopedia of the Social Sciences*, v. 12, 1968, 318-329.

Em um estudo anterior, tentei distinguir as questões conceituais das de teoria política com relação a um problema tradicional: o problema da obrigação política e a teoria do contrato social[50]. Uma das primeiras coisas que me chamou a atenção nessa tentativa foi que "o" problema da obrigação política era, de fato, um conjunto de questões, algumas das quais claramente filosófico-conceituais e outras, não. O problema pode ser formulado em relação aos cursos alternativos de ação em uma situação em que a desobediência política seja cogitada. Em seguida, diz respeito aos limites da obrigação – quando, sob que circunstâncias, a obrigação termina e a resistência ou revolução se justifica. Ou, sob circunstâncias ligeiramente diferentes, quando já existe um movimento revolucionário organizado, o mesmo problema relativamente prático pode assumir a forma de questionamento ao *locus* da soberania: a quem se deve obedecer? Mas, à medida que o teórico tenta formular princípios gerais em resposta a esses problemas, surgem questões mais abstratas que estão igualmente envolvidas na obrigação política. O teórico busca então a diferença geral entre a autoridade legítima que tem o direito de comandar e o mero poder coercitivo sem legitimidade. E aqui começam os enigmas filosóficos, pois o teórico logo estará perguntando se realmente existe alguma diferença entre governos e ladrões de rodovias, se existe realmente algo como "autoridade legítima" e, em última análise, por que mesmo a autoridade legítima deve ser obedecida. Não é difícil mostrar que diferentes teorias da obrigação política se dirigem, principalmente, a algumas dessas questões, e não a outras, e que mesmo um único teórico parece estar respondendo ora a uma questão, ora a outra. Além disso, muitas vezes parece que o teórico se distrai ou se deixa seduzir pelas questões conceitual-filosóficas, abandonando a busca inicial por uma teoria geral que seja prática. Às vezes, o teórico parece ser levado, por suas próprias especulações conceituais, a adotar uma posição que é totalmente insatisfatória em termos de seus próprios problemas e objetivos iniciais concretos. Assim, os teóricos do contrato, buscando delinear uma doutrina racional sobre quando e por que a resistência e a rebelião se justificam, muitas vezes acabam com uma teoria que justifica a obediência ilimitada.

Uma maneira relativamente óbvia pela qual a filosofia wittgensteiniana pode ser útil na teoria política, então, é na resolução da perplexidade conceitual, quando ela surge como uma intrusão estranha, desviando-nos do problema sob investigação. Wittgenstein pode nos ajudar a separar questões conceituais ou gramaticais do resto de um argumento teórico complexo. Mas esta é uma função relativamente

---

50 Pitkin, Hanna, Obligation and Consent, *American Political Science Review*, LIX, dez. (1965) 990-999, e LX, mar. (1966) 39-52.

trivial e banal, que faz uso de técnicas de análise conceitual, mas não das novas perspectivas de Wittgenstein. Não devemos ir só até este ponto, e sim prosseguir na busca do significado mais profundo de Wittgenstein para a teoria política. Pode ser útil examinar primeiro a relação entre Wittgenstein e o estudo da teoria política, a avaliação crítica e a compreensão do que os teóricos políticos do passado afirmaram em relação ao estudo da teoria política; para, depois, examinar sua relação com a substância efetiva, com o empreendimento da própria teoria política. Consideraremos o primeiro desses tópicos no restante deste capítulo; o segundo, no próximo.

WITTGENSTEIN E O ESTUDO DA TEORIA POLÍTICA

A contribuição wittgensteiniana mais importante para o estudo das teorias políticas do passado é simplesmente uma consciência dos conceitos, uma sensibilidade ao modo como o teórico usa a linguagem. Wittgenstein, obviamente, não é a única fonte de quem se pode aprender tal consciência, mas ele lhe dá um estilo e uma orientação particulares. Ele nos ensina que a linguagem não é apenas um veículo neutro para a transmissão de pensamentos a que se chega de modo independente dela; o pensamento não é nitidamente separável da linguagem em que é expresso. E ele nos ensina algo sobre como nossa concepção do mundo é estruturada pela linguagem. Aplicada a teóricos de outras épocas e culturas, a atenção cuidadosa aos conceitos é, portanto, um guia para a compreensão de um mundo político diferente; aprendemos a não encarar as traduções como dados não questionáveis. Aplicada a teóricos de nossa própria cultura, a atenção aos conceitos fornece pistas importantes para o pleno significado de uma teoria. E uma consciência wittgensteiniana do significado da pluralidade e da incoerência conceitual ajuda na análise de controvérsias teóricas de longa duração.

Podemos partir do fato de que alguns trabalhos de teoria política são tão fortemente filosóficos que podem ser interpretados de maneira útil em sua totalidade como investigações conceituais. Tal interpretação não deve, obviamente, ser tomada como exclusiva. Como toda crítica, pode ser um complemento útil a outras abordagens de uma obra, na medida em que enriquece nosso acesso às complexidades e implicações da obra. Tome-se a *República* de Platão novamente. A maioria dos cientistas políticos contemporâneos, nas garras da dicotomia fato-valor, afirmará que a *República* é obviamente uma utopia, um esboço da sociedade ideal de Platão. Talvez eles acrescentem que ela também contém uma série de observações empíricas e generalizações explicativas primitivas sobre a vida política real, ou uma compreensão inicial da interdependência funcional na sociedade. Outras interpretações mais tradicionais incluem a ideia de que a *República* diz respeito à alma bem ordenada, uma visão do que hoje chamaríamos de saúde psíquica de uma personalidade unificada, ou de que se trata, principalmente, de um livro sobre educação.

Muitas dessas interpretações parecem úteis. Mas também pode ser útil complementá-las por uma visão conceitual, de certa forma ingênua, porque entende que a *República* trata exatamente daquilo que os participantes dizem que trata: da natureza ou do sentido da justiça. Essa visão enfatizaria sua conexão com diálogos anteriores que buscam a natureza de outras conexões significativas de conceitos como amizade ou coragem. E sugeriria uma compreensão alternativa da sociedade política esboçada por Sócrates. Talvez essa sociedade não seja, ou não exclusivamente, o ideal de Platão da boa sociedade, mas, sim, especificamente projetada para ilustrar o significado de um conceito em particular. Talvez pelo menos algumas de suas características importantes sejam como são porque a ideia de justiça as exige, e não porque Platão gostasse delas.

Suponha que aceitemos a definição socrática final de justiça como aproximadamente satisfatória: "justiça" significa algo como cada membro de um sistema obtendo, tendo e fazendo o que lhe é apropriado (seja a alocação distributiva ou retributiva, ou de algum outro tipo). Ora, examinemos, sob esse ângulo, a crítica comumente feita contra Platão, de que a *República* é antidemocrática e desigual, meramente uma cristalização das predileções aristocráticas de Platão. Se o Estado que Sócrates imagina é, de fato, projetado para ilustrar a ideia de justiça, então as características desiguais podem ser bastante essenciais, ou, pelo menos, servir a um importante propósito heurístico. É claro que um Estado igualitário, composto por iguais que obtêm, fazem e possuem coisas semelhantes pode ser considerado justo; não é injusto. Mas, de certa forma, a justiça alcançada em tal Estado é óbvia demais. Como ilustração, tal Estado é o que os matemáticos chamam de caso limite ou caso degenerado do que significa justiça. Pois qualquer um pode cortar uma torta em tantos pedaços iguais quantas pessoas estiverem presentes e dar um pedaço a cada pessoa. Isso é fácil. Os problemas reais e as sutilezas da justiça apenas começam e, portanto, sua real natureza só pode ser estudada ou exibida, quando encontramos pessoas desiguais, diferentes, com necessidades e habilidades distintas, diferentes reivindicações e méritos, de modo que o problema é atribuir coisas diferentes, mas precisamente apropriadas para cada um. Em outras palavras, pode-se, de fato, ilustrar a justiça em toda a sua complexidade apenas em uma situação em que surja o *problema* de determinar o que exatamente *é* apropriado para cada um.

Consideremos ainda a elaborada engrenagem educacional da *República* que Platão desenvolve com tanto carinho. Isso também pode ser visto como uma contribuição para a ilustração e a compreensão da justiça. Pois se o sistema tem vários tipos diferentes de membros, e o problema é atribuir funções e recompensas apropriadas a cada um, então o requisito essencial será algum mecanismo absolutamente preciso e confiável para classificar os membros e determinar o que é apropriado para cada caso. O sistema será justo apenas na medida em que possa fazer tais classificações, atribuições e distribuições infalivelmente, sem equívocos ou ambiguidade. Decerto, esta é uma razão para o elaborado controle da criação de filhos na *República*, e os procedimentos educacionais detalhados – na verdade, para a intolerância geral da ambiguidade no sistema platônico.

Desse modo, pode-se defender a *República*, apesar de seus defeitos enquanto ideal político, como sendo, ainda assim, uma boa ilustração do significado de justiça. Parece-me, contudo, que muitos continuarão a se sentir profundamente desconfortáveis com essa visão. Um cínico pode concluir que relutamos em acreditar no fato de que uma sociedade que não corresponda ao nosso ideal pode ser a mais justa; ou, alternativamente, pode-se rejeitar o argumento desenvolvido aqui e insistir em que apenas uma sociedade democrática é verdadeiramente justa. Mas acho que, mesmo dentro da estrutura da argumentação desenvolvida, o sentimento de desconforto pode ser compreendido e acomodado. Talvez existam outras características estruturais da sociedade imaginária de Platão que, por causa do significado de "justiça" e não apenas por causa de preferências pessoais, nos pareçam profundamente *in*justas.

A justiça da *República* depende, de maneiras cruciais e significativas, de que o sistema como um todo *encontre* os homens na condição de – ou os *transforme* em – membros das diversas classes. Ela depende de que o sistema educacional esteja engajado essencialmente em testar e desenvolver as capacidades naturais inatas dos cidadãos, separando artesãos natos de soldados natos, ou de se está engajada em moldar homens para que alguns se tornem artesãos, outros soldados, outros filósofos. A evidência textual sobre este ponto é, de fato, notavelmente ambígua. Às vezes, Platão parece dizer claramente que os homens são transformados em membros de uma classe ou de outra, muitas vezes que seus talentos naturais são meramente descobertos, e às vezes, ainda, que ambos os processos ocorrem simultaneamente[51].

---

51 Ver, por exemplo, Platão, *A República*, trad. bras. de Carlos Alberto Nunes, Belém, EDUFPA, ³2000, Livro II, 337; III, 413-414; IV, 429.

A resolução também depende de se estará incluído o sistema de criação de filhos como parte "do sistema" que faz a distribuição e a atribuição, do sistema que é justo ou injusto. Pois, se o sistema de criação de filhos for incluído, então os homens certamente serão transformados no que eles se tornarão.

Na medida em que os homens são transformados em membros de uma classe ou outra pelo Estado, na *República*, o sistema é, nos próprios termos de Platão, injusto. Isso ocorre porque os membros de algumas classes estão claramente em melhor situação do que os membros de outras, como é mais óbvio em relação aos reis-filósofos. Embora não sejam mais ricos do que artesãos ou soldados, e embora seu poder e *status* não sejam considerados por eles ou pelos outros cidadãos como uma bênção, eles estão, de modo significativo, em melhor situação do que os demais. Pois, pensemos no que acontece com as almas das classes mais baixas. Uma alma justa, equilibrada e saudável é aquela em que a razão domina a paixão e o apetite; cada parte desempenha sua função, e a função da razão é governar o resto. Mas a alma do artesão é governada pelo apetite, e a do soldado, pela cólera apaixonada. Só o rei-filósofo tem, ele próprio, uma alma justa; somente o rei-filósofo é capaz de desfrutar a contemplação bem-aventurada das Formas. Essa vantagem é revelada de modo ainda mais evidente na vida após a morte. No mito de Er, em que as almas humanas escolhem novas vidas para viver em suas próximas encarnações, ficamos sabendo de um infeliz que escolhe apressadamente ser um déspota, na ilusão de que isso lhe proporcionará uma vida feliz. Platão nos conta o motivo da escolha errônea do homem: "Esse tal era um dos que [...] antes vivera numa cidade bem administrada, e que praticara a virtude por hábito, não sob a direção da filosofia"[52].

Ora, se os homens são diferentes por natureza, de modo que poucos sejam dotados de sabedoria, autocontrole e uma alma justa, então a *República* pode muito bem ser uma sociedade justa. Para um homem que, por natureza, não tem a capacidade de autocontrole ou de virtude interior, a segunda melhor coisa é certamente alguma forma de controle externo benevolente, impondo-lhe à força, ou pelo treinamento, de hábitos virtuosos que ele realmente não entende e nunca internaliza. É triste que ele não possa avançar mais, mas essa é sua natureza. Mas, se o sistema *transforma* alguns homens em filósofos com alma equilibrada, e outros em artesãos ou soldados que precisam de controle externo, então é profundamente injusto com estes últimos. E isso será verdade, não importa o quão precisa e confiável, em última

---

52 Ibid., X, 619.

análise, seja tal ação ao dar a vida de um artesão aos homens que transformou em artesãos, a vida de soldado aos homens que transformou em soldados.

Essa pode ser uma das principais funções do mito platônico dos metais. Se o papel fundamental da dinâmica da criação de filhos é deixado para os deuses, ou se a procriação é totalmente negada, então as diferentes capacidades dos homens são, de fato, naturais e não fazem parte da operação da "sociedade", e elas podem ser deixadas de lado ao avaliarmos o grau de justiça de uma sociedade. Toda questão tem suas contrapartidas práticas e relevantes, é claro, nas questões contemporâneas de justiça social, nas reivindicações conflitantes de vários critérios de atribuição ou distribuição. Devemos pressupor que os homens são iguais por natureza e assegurar-lhes apenas as recompensas e penalidades por realizações ou delitos? Devemos atentar para as desigualdades socialmente impostas, e fazer nossa distribuição de forma compensatória, buscando alçar todos à igualdade?

Há outra maneira ainda pela qual se pode questionar não a conveniência geral, mas o grau de justiça da *República* de Platão. Pode-se distinguir entre aspectos substantivos e procedimentais da ideia de justiça e argumentar que, mesmo que a *República* alcance a justiça substantiva (deixando de lado as dúvidas que levantamos acima), ela ignora o lado procedimental do conceito. Pois a *República* é, no máximo, uma imagem ideal e estática da justiça alcançada, de uma vez por todas. Na cidade imaginada por Sócrates, vemos não a justiça em ação, mas a justiça realizada: uma ilustração de como o mundo ficaria depois que a justiça tivesse feito seu trabalho. Mas na medida em que a justiça é uma concepção procedimental, tendo a ver com a resolução de demandas conflitantes, com a criação de soluções justas a partir de situações inicialmente ambíguas, a *República* se equivoca. Pois, a sociedade imaginária é construída de tal forma que reivindicações genuinamente conflitantes, genuinamente multivaloradas, situações ambíguas não podem surgir. Não há, alguém poderia dizer, nenhuma necessidade de justiça na vida dessa sociedade, porque ela já é justa, de uma vez por todas, por definição. O argumento não é diferente do ponto de Wolin de que o ideal político de Platão carece de um elemento crucial da política, perde o problema central da política, a contínua recriação da ordem em uma sociedade viva e plural onde sempre surgem novas reivindicações[53].

Exprimindo tudo isso de mais uma maneira diferente, a justiça é um conceito que os seres humanos desenvolveram em suas relações uns com os outros; aplica-se a pessoas e suas instituições. Não se pode ser justo ou injusto com um objeto

---
53 WOLIN, Sheldon S., *Politics and Vision*, Boston; Toronto, Little Brown, 1960, 43.

inanimado. Ou seja, não temos muita clareza sobre o que pode contar como, ou poderia ser, uma injustiça para com um objeto. Segundo observa Cavell,

> como quer que seja entendida a justiça – seja em termos de dar a cada um o que lhe é devido, seja em termos de igualdade, imparcialidade ou equidade –, *o que precisa ser entendido é que se trata de um conceito relativo ao tratamento das pessoas*; e, por outro lado, também é um conceito de uma criatura com compromissos e preocupações. Se não fossem estes, e os modos pelos quais eles conflitam uns com os outros e com os de outras pessoas, não haveria problema, nem conceito de justiça[54].

Segundo esta perspectiva, a *República* é menos injusta (uma vez que não se pode ser injusto com objetos inanimados, assim como não se pode ser justo com eles) do que é irrelevante para a justiça. Pois trata seus cidadãos como objetos, como materiais inanimados, não como homens. Uma distribuição imposta por decreto, de cima para baixo, a criaturas sem direito próprio, programadas para aceitar como seu o que o sistema lhes atribui, não pode realmente ilustrar os problemas de justiça, apenas evitá-los.

Mas, até o momento, ignoramos outro aspecto crucial do estudo da *República* em relação ao conceito de justiça, outro aspecto para o qual uma perspectiva wittgensteiniana é esclarecedora. Ainda não discutimos o problema da tradução. Platão não estava, de fato, escrevendo sobre a natureza da justiça. Ele estava escrevendo sobre a natureza da *dikē* ou *dikaiosyne*, conceitos gregos que geralmente traduzimos em inglês pela palavra "*justice*" ["justiça"]. Porém, essa não é uma tradução muito boa, mesmo que seja a melhor disponível. Assim, pode ser que várias das coisas estranhas que Platão parece dizer sobre a justiça não sejam visões realmente estranhas sobre a justiça, mas ideias gregas perfeitamente comuns e habituais sobre a *dikē*. Tendo aprendido que as palavras não são rótulos, não ficaremos surpresos que um conceito grego na mesma área geral que o nosso possa diferir de modo fundamental em sua estrutura, independentemente da questão de se saber se os "padrões de justiça" gregos diferem dos nossos. Os gregos não tinham padrões de justiça, mas apenas padrões de *dikē*.

---

54 Cavell, *Claim to Rationality*, 375; comparar com Del Vecchio, Giorgio, *Justice*, Campbell, A. H. (ed.), trad. ing. de Lady Guthrie, Chicago, Aldine Press, 1952, em especial Capítulos VII e VIII. Mas observe que não é possível "fazer justiça" para objetos inanimados, por exemplo, com uma refeição.

Ernest Barker observa, como qualquer bom tradutor deveria fazer, que "justiça" não é uma tradução inteiramente precisa para a *dikē*[55]. Ele diz que o termo grego "tem um alcance mais amplo do que nossa palavra '*justice*'; é algo mais que legalidade; inclui as noções éticas (ou algumas das noções éticas) que pertencem à nossa palavra '*righteousness*' ['retidão']". Ele argumenta que uma tradução precisa do título do diálogo de Platão, *politeia* e *peri dikaiosynes*, seria "*polity* ["Estado/sociedade"], ou a respeito da retidão", e que usar a palavra "justiça" aqui, de fato, "não expressaria o significado de Platão". E ele ressalta que no grego de São Paulo *dikaiosyne* é regularmente traduzida como "retidão". Parece-me que esses exemplos podem ajudar a entender uma série de características intrigantes do argumento de Platão. Por exemplo, eles ajudam a entender por que Platão, como seus companheiros gregos, considera que a justiça é a "principal doutrina", que engloba todas as outras e as ordena. Tal doutrina, que é ensinada e aceita de modo arbitrário como algo em que os gregos simplesmente acreditavam, continua a soar estranha, e dificilmente o seria se predicada com relação à retidão. Se alguém sustentar que a retidão é a virtude principal e contém todas as outras, poderíamos achar a locução empolada, mas seria possível identificar a razão pela qual ele pensaria assim. Retidão significa algo como fazer o que é certo, praticar ações virtuosas e ser virtuoso, então, é claro que contém todas as virtudes. (Um novo estranhamento surge, parece, pelo fato de que em inglês a retidão não é realmente "uma virtude".)

Mais uma vez, a conexão com nossa retidão nos ajuda a entender por que Platão muitas vezes trata a justiça como uma virtude pessoal, uma virtude de homens individuais, por que ele fala do "homem justo". Às vezes, também chamamos os homens de *just* ou *unjust* ["justos ou injustos"] em inglês, mas a expressão obviamente tem um impacto bem diferente e muito mais amplo para Platão. É provável que chamemos um homem de justo ou injusto apenas em contextos bastante específicos e restritos – principalmente quando a qualidade de seus *juízos* está em jogo, em contextos que envolvem suas decisões sobre os méritos ou deméritos relativos a duas ou mais pessoas, ou a grupos. Para Platão, há um significado muito mais amplo envolvido, mais próximo de "*righteousness*" ["retidão"]. Assim, nunca diríamos espontaneamente em inglês, como o faz Céfalo na versão traduzida da *República*, que um homem é *just* se diz a verdade e paga suas dívidas. Não que tal homem seja *unjust*, é claro. Ele é um homem bom, talvez, obediente, moral, ou talvez honrado (embora isso realmente pareça grandioso demais para virtudes tão simples; a

---

[55] Aristóteles, *Politics*, Barker, Sir Ernest (ed.), New York, Oxford University Press, 1958, 362.

retidão para nós acompanha a ira e a glória). Assim, quando lemos a *República* dos homens justos, estamos sempre divididos entre as implicações das palavras inglesas, que apontam para um lado, e as implicações de contexto e argumento, que apontam para outro (não oposto, mas diferente).

A diferença de significado entre "justiça" e *dikē* também pode nos ajudar a entender por que Platão dá tanta ênfase não apenas ao sistema que dá a cada um o que lhe é apropriado, mas a cada cidadão aceitar e desempenhar sua função atribuída. A ênfase recai na conjunção do que para nós são duas noções bem distintas, que não eram separadas para os gregos, mas parte de um conceito único e intraduzível: a noção de um sistema que dá a cada um o que é verdadeiramente seu, e a noção de um homem que é virtuoso e cumpre seus deveres. Platão está, por assim dizer, demonstrando, e ao mesmo tempo negociando, a conexão entre equidade-retidão e equidade numa sociedade justa. Um homem justo é aquele que cumpre "os deveres que lhe foram atribuídos de modo justo".

O conceito de justiça e as diferenças de significado entre "*justice*" e *dikē* estão, portanto, no centro de algumas das principais características da argumentação de Platão na *República*. O mesmo acontece com vários outros conceitos menos cruciais, mas ainda significativos, igualmente difíceis de traduzir para o inglês. Assim, pode-se aprender muito sobre Platão e a *República* estudando as várias palavras gregas que significam conhecimento; elas conduzem, por exemplo, a uma compreensão muito melhor da famosa, mas misteriosa doutrina socrática de que "a virtude é conhecimento". Percepções semelhantes podem ser obtidas a partir do estudo dos conceitos gregos que traduzimos como "virtude", "arte" ou "amor". A princípio, sente-se que as obras gregas talvez devam ser traduzidas com essas palavras cruciais mantidas em grego original. Mas então começa-se a suspeitar que os adjetivos, preposições e conjunções menores, e a própria estrutura da sintaxe e da retórica desempenham um papel tão importante quanto os substantivos centrais. Sem dúvida, seria melhor ler todas as obras em sua língua original; mas esse conselho não é muito útil.

CONCEITOS EM MAQUIAVEL

Parece que o estudo das ambiguidades da tradução pode nos levar diretamente ao cerne do que é preocupante ou difícil de entender nas visões de um teórico político. Considere-se o caso de Maquiavel, sobre quem existe uma bibliografia literária tão excelente e meticulosa. O que mais chama a atenção em Maquiavel como teórico político é certamente sua ruptura com o pensamento cristão medieval, a extensão de sua modernidade, sua preocupação com as técnicas do poder em vez da defesa da virtude moral. Esse aspecto de seu pensamento está por trás da fascinante história subsequente da recepção e da má interpretação de suas ideias – toda a controvérsia sobre se Maquiavel era ou não "maquiavélico". E está por trás da controvérsia exegética sobre a relação entre o aparentemente maquiavélico *O príncipe* e os *Discorsi*, que parecem como que moldados noutra fôrma. Um estudo da linguagem de Maquiavel dificilmente pode resolver essas questões, mas talvez possa lançar alguma nova luz sobre elas de maneiras bastante surpreendentes. Consideraremos aqui apenas dois conceitos, como ilustrativos das possibilidades: a virtude e o estado.

No coração da moralidade de Maquiavel, ou da aparente imoralidade, está seu conceito de *virtù*, que aparentemente o leva ou permite que ele expresse o que nos parece bizarro, paradoxal ou visões totalmente imorais. Por exemplo, Maquiavel atribui o sucesso de Aníbal em comandar seu exército à "sua *desumana crueldade*, que, juntamente com suas *outras* infinitas formas de *virtù* fizeram-no sempre, aos olhos de seus soldados, venerado e terrível. Sem a crueldade, não lhe bastariam as *demais* formas de *virtù* para conseguir suas realizações"[56]. Agora, que tipo de homem consideraria a crueldade desumana entre as grandes virtudes? Certamente apenas um amante perverso e imoral da crueldade, um verdadeiro maquiavélico.

Mas, é óbvio, a passagem é uma tradução, e precisamos perguntar, como fizemos com Platão, se Maquiavel está dizendo algo bizarro sobre virtude ou algo bastante convencional acerca da *virtù*. Pois o termo em italiano não significa simplesmente virtude, no sentido de bondade ou moralidade[57]. Na Renascença, *virtù* era frequentemente usado, por exemplo, para significar algo como poder ou força motriz. Aparece nas notas de Leonardo sobre dinâmica como mais ou menos equivalente à força motriz física. O termo italiano deriva etimologicamente do latim

---

56 MACHIAVELLI, Niccòlo, *The Prince and The Discourses*, trad. ing. de Luigi Ricci, New York, Random House, 1940, 62; grifo meu. A parte a que se refere Pitkin está no conhecido Capítulo XVII, "Da crueldade e da piedade e se é melhor ser amado que temido ou melhor ser temido que amado" de MAQUIAVEL, Nicolau, *O príncipe*, trad. bras. de Maria Júlia Goldwasser, revisão de Zélia de Almeida Cardoso, São Paulo, Martins Fontes, ³2008, 81. (N. dos T.)

57 As fontes primárias de consulta usadas para essa discussão foram: WHITFIELD, J. H., *Machiavelli*, New York, Russell & Russell, 1965; HEXTER, J. H., *Il principe* and *lo stato*, *Studies in the Renaissance*, IV (1957) 113-138, e The Loom of Language, *American Historical Review*, LXIX, jul. (1964) 945-968; GILBERT, Felix, On Machiavelli's Idea of Virtu, *Renaissance News*, IV (1951) 53-55, e V (1952) 21-23; GILBERT, Allan, *Machiavelli, The Chief Works and Others*, Durham, Duke University Press, 1965. Dentre outras obras relevantes sobre o tema, podemos incluir CHIAPELLI, Fredi, *Studi Sul Linguaggio del Machiavelli*, Florence, 1952; ERCOLE, Francesco, *La Politica di Machiavelli*, Roma, 1926; e VRIES, H. DE, *Essai sur la Terminologie Constitutionelle chez Machiavel "Il Principe"*, s'Gravenhage, Excelsior, 1957.

virtus, da raiz *vir*, que significa "homem". *Virtus*, portanto, significava algo como masculinidade, força energética e era uma das virtudes romanas tradicionalmente admiradas, juntamente com *dignitas*, *gravitas* e outras. Mas, como observa J. H. Whitfield, já havia em latim "uma lacuna entre *virtus* e *virtutes*", no singular e no plural. Somente o primeiro, no singular, poderia ser usado no sentido de "força da vontade ou bravura"; o segundo já "dizia respeito a boas qualidades"[58]. (É claro que a ideia romana do que constitui boas qualidades, bom comportamento, virtude era diferente da nossa e estava intimamente ligada às qualidades de masculinidade, dignidade e uma continuação séria e corajosa do trabalho autoritário dos Fundadores.) Esses usos anteriores do conceito de virtude permanecem apenas em formas ocasionais em língua inglesa como "*by virtue of*" ["em virtude de"], que claramente não implica moralidade, mas força, ou "*virtuosity*" ["virtuosismo"], que é uma questão de habilidade e realização, não de bons motivos ou de bom comportamento.

O príncipe, de Maquiavel, é apenas uma dentre uma série de obras medievais tardias que aconselham os príncipes sobre seus deveres e as habilidades de seu ofício. As obras anteriores dessa tradição tinham um tom intensamente cristão e moralista, usando *virtù* em geral no plural e como sinônimo perfeito das virtudes cristãs – humildade, caridade, piedade, e assim por diante. Maquiavel raramente usa a palavra dessa maneira. Ele raramente usa a forma plural; Whitfield cita uma passagem nos *Discorsi* em que Maquiavel parece ter substituído um plural latino por um singular com o sentido de "virtude" ou "bondade". Ele usa *virtù* para significar "virtude" ou "bondade" apenas raramente, mas emprega uma série de outros termos quando quer falar de bondade no sentido da moralidade cristã[59]. J. H. Hexter sustenta que o termo é usado dessa forma apenas três vezes em *O príncipe*, e são passagens em que o príncipe é advertido contra os perigos de ser virtuoso. Na maior parte das vezes, *virtù* aparece, em *O príncipe*, como uma qualidade não de príncipes, mas de soldados, e "refere-se inequivocamente à sua qualidade combativa, seu valor"[60]. É particularmente útil para manter um Estado, uma vez que o príncipe de alguma forma o tenha conquistado; embora, por vezes, ele possa tê-lo obtido por *virtù*, bem como pelo uso de um exército, de ofício, de vilania ou de fortuna.

Em suma, algumas vezes Maquiavel usa *virtù* para significar "virtude", mas, na maioria das vezes, ele a usa para "uma união entre força e habilidade, algo que pode ser resumido apenas na força, se por força se entende força humana, não mecânica:

---

58 Whitfield, *Machiavelli*, 98.
59 Ibid., 95, 96, 98.
60 Hexter, Loom of Language, 955-956.

vontade e, portanto, destreza"[61]. Tal complexidade do uso é completamente obscurecida, para não dizer obliterada, na tradução, pois, é claro, que um bom tradutor usará "virtude" nos primeiros casos, mas raramente nos últimos. Quando o faz, o resultado é uma passagem bizarra como a que trata de Aníbal; na maioria das vezes, *virtù* terá que ser traduzida como "força", "energia" ou "força da vontade". Mas, para Maquiavel, como para os romanos, essa força viril é uma espécie de – é *a* espécie central da – virtude. Isso quer dizer apenas que Maquiavel é, por completo, um homem do Renascimento. Como os romanos, ele admira a virilidade e as virtudes dos soldados, e é cético, para dizer o mínimo, sobre as virtudes cristãs, humildade e bondade, que tiveram o efeito de minar a virilidade de seu povo.

Ambiguidades bastante semelhantes podem ser encontradas em outro dos conceitos centrais de Maquiavel, *lo stato*. Como Hexter observa, "parece bastante claro que" o termo nunca foi usado no sentido moderno de "Estado" em qualquer idioma europeu no século XV, mas no século XVII foi usado dessa maneira em todos eles[62]. Isso em si não é surpreendente; o conceito moderno de Estado e o próprio Estado-nação moderno surgiram juntos nesse período. Maquiavel é frequentemente citado como o primeiro teórico a usar o termo em seu sentido moderno. Etimologicamente, a palavra deriva do termo latino *status*, que vem de *stare* [olhar], *to stand* [ficar]. Significa algo que foi "definido", vigente, fixado, estabelecido, permanente, particularmente uma condição fixa ou estabelecida. Expressões contemporâneas em inglês relacionadas seriam aquelas como "*man's estate*" ["a condição do homem"], "*solid state*" ["estado sólido"], "*state of mind*" ["estado de espírito"], "*state of war*" ["estado de guerra"], "*state of matrimony*" ["estado civil"]. No pensamento medieval, o termo era comumente usado para significar condição social ou ordem da sociedade. Assim, os escritores medievais falavam dos "*states of realm*" ["estados do reino"] como se falou mais tarde em inglês dos "*estates of realm*" ["condições do reino"], significando as principais divisões de classe da sociedade: senhores temporais, clero, plebeus e rei. O "estado" de um homem neste sentido é uma combinação do que chamaríamos "*status*" e do que chamaríamos de "propriedade", exceto, é claro, que no pensamento medieval tanto *status* quanto propriedade são fixos e permanentes, tendo a ver com a posição na vida em que se nasceu[63].

Assim, quando a Idade Média fala de *lo stato* em conexão com um príncipe, o termo tem duas acepções possíveis. Pode ser algo como o estado geral ou a condição

---

61 WHITFIELD, *Machiavelli*, 94, citando Gentile, que cita Burckhardt.

62 HEXTER, *Il principe*, 115.

63 Ibid., 117; e Loom of Language, 952.

do reino do príncipe, um pouco como falamos hoje do discurso do presidente sobre o "estado da nação", mas novamente com a sugestão de permanência ou fixidez: a condição fixa ou ordem do reino, sua constituição (outro termo de etimologia relacionada). Ou, em segundo lugar, pode significar o estado principesco, que difere daquele do clero ou do plebeu – seu estado tanto no sentido de sua posse permanente quanto no sentido de sua posição estabelecida na sociedade, plena com direitos e deveres fixos, incluindo a autoridade para governar (tal como a Idade Média via essa autoridade)[64].

Ora, quando Maquiavel usa *lo stato* em *O príncipe*, como diz Whitfield, está presente

> toda uma variedade de significados que vão desde *state* em latim, uma *condição*, até algo muito próximo da concepção moderna de *Estado*; mas com uma tendência geral a transmitir algo menos do que este último, um *poder*, *aqueles que o detêm*, um *governo*, em vez de território – embora este último não esteja ausente[65].

Algumas passagens em que o termo aparece são claras e, por completo, medievais, e algumas parecem surpreendentemente modernas, mas a grande maioria é (para nós) ambígua. Hexter observa que o termo quase nunca é o sujeito de um verbo ativo. Três quartos das vezes é sujeito de um verbo passivo ou objeto de um verbo ativo. Além disso, *lo stato* nunca é trabalhado, ajudado, servido, reverenciado, admirado, temido, amado; é ampliado, atacado, possuído, ocupado, apreendido, tomado, adquirido, mantido ou perdido. Em suma, em *O príncipe*, "*lo stato* é o que está politicamente em disputa". Não é o corpo político, organizado para a ação, mas "uma massa inerte"[66].

Muito do que parece imoral em Maquiavel, que parece maquiavélico, vem em passagens que exortam o príncipe a "conservar o Estado", "salvar seu Estado", evitar "perder o Estado". Porém, uma vez que se esteja ciente do significado medieval do termo, é possível ver que toda a interpretação desse conselho depende de Maquiavel estar recomendando ações más para o engrandecimento pessoal do príncipe (para manter ou ganhar sua propriedade principesca) ou para o bem-estar de sua nação (para manter o Estado que ele governa). Há, por exemplo, uma passagem no final

---

64 Hexter, *Il principe*, 118.
65 Whitfield, *Machiavelli*, 93, a partir de Ercole, *La Politica*, 65. Hexter observa uma passagem que afirma, a respeito do "Estado", que ele "não se rebela"; *Il principe*, 122.
66 Hexter, Loom of Language, 953-954; e *Il principe*, 119 ss.

do Capítulo XV de *O príncipe* em que, segundo a tradução de Ricci, Maquiavel diz que o príncipe deve "evitar o escândalo daqueles vícios que o fariam perder o Estado [...] mas ele não deve se importar em incorrer no escândalo desses vícios, sem os quais seria difícil salvar o Estado"[67]. Allan Gilbert traduz a mesma passagem sem nenhuma menção à palavra "Estado"; fala apenas da "posição dele, ou seja, do príncipe"[68]. Seria o perigo a ser evitado o destronamento de um príncipe ou o colapso de um Estado? Se for o primeiro, o conselho soa muito mais "maquiavélico" do que se o último for o pretendido.

Pode parecer que toda a nossa discussão se dissolva em nada mais interessante do que um problema de tradução, com nenhuma preocupação especial para o filósofo ou para o teórico político. Certas passagens em más traduções soam como se o autor tivesse visões bizarras, mas em uma boa tradução a bizarrice desaparece. Assim, a passagem intrigante original que citamos da tradução de Ricci, sobre a crueldade desumana de Aníbal e outras grandes virtudes, é traduzida por Allan Gilbert em "crueldade desumana [...] junto com suas inúmeras habilidades"[69]. As virtudes tornam-se habilidades, o "outro" desaparece, e nada de bizarro foi dito. Assim, podemos concluir que o que é necessário é um bom tradutor, aquele que sabe identificar quando "*virtù*" significa "virtude" e quando não, significa; quando "*lo stato*" significa "o Estado" e quando significa "sua posição".

É provável que interpretemos a pergunta: "O perigo é o destronamento do príncipe ou o colapso do Estado?" como uma escolha dicotômica, pois um tradutor deve escrever "o Estado" ou "sua posição", ou então deixar *lo stato* sem tradução. Mas a questão é precisamente que, o que para nós são duas ideias nitidamente diferentes, elas estão para Maquiavel englobadas em um único termo, aparentemente sem nenhum sentimento de ambiguidade. Não basta perguntar se Maquiavel se refere à nação ou à posição do príncipe; a questão é que as duas formam um único conceito para ele. Não basta perguntar se ele quer dizer virtude ou virilidade; para ele, essa distinção não tem importância. No âmago do que há de mais controverso e difícil para interpretar em Maquiavel, e mais característico de suas ideias, encontramos termos cujo sentido é (para nós) ambíguo, cujo sentido está em transição no tempo de Maquiavel. Ele viveu em uma época que estava emergindo do pensamento medieval e redescobrindo os antigos clássicos. Ele mesmo falava e escrevia

---

67 MACHIAVELLI, *The Prince and the Discourses*, trad. ing. de Ricci, 57.

68 GILBERT, Allan, *Machiavelli, The Chief Works, I,* 58. Um contraste similar pode ser visto nas páginas 71-72 da tradução de Ricci, e em GILBERT, *I,* 72.

69 GILBERT, ibid., I., 63.

a língua de sua época na carreira diplomática, mas trabalhou intensamente com os clássicos latinos quando chegou a escrever sobre política. Qualquer um que tenha trabalhado intensamente com materiais de uma língua estrangeira, ou mesmo de um dialeto diferente, ou de um *milieu* diferente do seu, sabe que sua própria língua e pensamento são, em certa medida, afetados ou impregnados por eles. Sem dúvida, o efeito é mais forte se as duas línguas estiverem próximas, de modo que a pessoa não percebe que seu próprio estilo está mudando. Esta era a situação do Maquiavel florentino em comunhão com os autores latinos que estudava. Maquiavel é completamente inconsciente em seu uso de termos; então, como sugere Whitfield, ele emprega termos como *virtù* e *lo stato* como lhe convém, para cobrir qualquer um de seus vários significados (como vimos), "começando com o que ele encontrou em seus autores latinos e terminando com significados atuais"[70]. Mas isso implica, finalmente, que a "doutrina da *virtù*" de Maquiavel não é realmente uma doutrina, mas "uma herança comum (e [...] de bom senso)"[71]. As visões bizarras que ele parece expressar sobre a virtude ou sobre a relação do príncipe com o Estado não são, em grande medida, nada bizarras, mas visões bastante comuns em seu tempo sobre um conjunto de conceitos diferentes dos nossos.

O que é significativo para o estudo da teoria política aqui não é tanto a informação obtida sobre algum teórico em particular, mas a crescente consciência de que outras culturas e épocas viram o mundo de maneiras radicalmente diferentes. Tal consciência – não o reconhecimento intelectual do fato da relatividade, mas sua compreensão e assimilação genuínas – é da maior importância para o estudo social e político em geral e para a história intelectual em particular. Claro, Wittgenstein não é a única fonte de tal consciência, mas ele é uma fonte relativamente eficaz dela.

Mesmo em meio a nossa própria língua e a nossa própria cultura, a atenção cuidadosa ao uso de conceitos de um teórico pode nos fornecer pistas fundamentais para suas suposições e implicações não declaradas, para o pleno significado do que ele quer dizer. Os conceitos a serem examinados, no mais das vezes, não possuem caráter técnico, pelo contrário, são bastante ordinários e usados inconscientemente; e são mais reveladores quando a maneira de os usar é de alguma forma estranha ou desviante do uso comum. Hobbes, por exemplo, define "representação" de uma maneira que claramente não é adequada ao nosso uso comum dessa palavra, ou mesmo ao uso que o próprio Hobbes faz dela. Em si, essa informação é de pouco

---

70 WHITFIELD, *Machiavelli*, 95; comparar com p. 97.
71 Ibid., 99.

interesse; dificilmente alguém criticaria um filósofo da estatura e envergadura de Hobbes por uma ocasional definição errônea. Mas, se perguntarmos se as falhas de sua definição têm alguma relação com as pressuposições básicas sobre o homem e a sociedade – pressuposições que fundamentam sua teoria política e nunca são questionadas –, a resposta é claramente que sim. Sua concepção de representação é parte de um modo sistemático de ver o mundo e, portanto, revela muito sobre Hobbes, além da sua capacidade de elaborar definições[72]. Como vimos, a definição de legitimidade de Weber, posteriormente adotada por grande parte da ciência social, difere visivelmente de nossas formas comuns de usar o termo. Em si, isso não é crime; mas nem ele nem seus seguidores parecem estar cientes de que redefiniram o termo, muito menos até que ponto a natureza da redefinição revela seus pressupostos fundamentais e não questionados.

Vale a pena, então, prestar atenção às coisas estranhas que os teóricos políticos são tentados a dizer, se alguém quiser entender os pressupostos que moldam suas doutrinas. O objetivo do empreendimento nunca é a refutação. A tentativa de refutar uma posição filosófica pela evidência do uso comum é sempre uma vulgarização e não pode ter sucesso. A ideia não é refutar, mas entender a posição que se reflete em um uso estranho ou desviante; e quando ela é entendida, é possível ver que ela não apenas entra em conflito com o que normalmente se diz, ou se desvia do que normalmente se diz, mas também se conforma com (outras partes) do que em normal é dito. A questão é apenas que os desvios *verbais* são sintomáticos dos padrões de pensamento, tanto para os outros quanto potencialmente para nós mesmos. Quem negligencia esses sintomas se priva de uma fonte importante de discernimento sobre o que está sendo dito e por que o falante acredita nisso.

Uma abordagem wittgensteiniana sugere que há quase sempre alguma base válida e verdadeira para qualquer posição teórica ou doutrina filosófica, por mais estranha que pareça. Tais posições sempre têm fundamento em algum tipo de *insight*; elas são extrapoladas a partir de um grão inicial de verdade. Assim, a primeira tarefa do crítico é descobrir esse fundamento válido, desse grão de verdade; pois, sem ele, não se pode entender a doutrina. Se uma posição teórica parece obviamente falsa ou absurda, talvez seja porque não entendemos o que o teórico está tentando dizer. É bom, antes de rejeitar a posição, perguntar-se: "Como ele *pode* ter acreditado *nisso*?", "O que poderia ter lhe dado tal ideia?" Até que se possa responder a tais perguntas ("veja *como* é um [...]"), não se está pronto para criticar ou rejeitar, pois

---

[72] Comparar com PITKIN, Hanna, *The Concept of Representation*, Berkeley; Los Angeles, University of California Press, 1967, Capítulos I e II.

ainda não se sabe o que está sendo proposto. A compreensão deve ter precedência sobre a crítica. Ou melhor, uma crítica bem-sucedida depende de um entendimento prévio. A longo prazo, o único tipo bem-sucedido de refutação de uma posição teórica é aquele que dá ao oponente o que lhe é devido. Pois ele sabe que sua teoria tem um fundamento na verdade e se apega à teoria com toda a convicção que esse fundamento possa produzir. Ele só modificará sua posição se puder ver uma maneira de, não obstante, reter esse fundamento verdadeiro, ver como sua extrapolação teórica não é a única extrapolação possível a partir desse ponto de partida.

A orientação wittgensteiniana é particularmente útil no que diz respeito àquelas controvérsias habituais características e intermin..veis na história da teoria política, que persistem por gerações, são retomadas por um hábil teórico após o outro, e ainda assim nunca são resolvidas, cada autor apenas escolhendo uma posição de um lado ou do outro, os dois lados num diálogo de surdos. "Quando um problema tão persistente como este se apresenta", como observa Wittgenstein, "não é nunca uma questão sobre fatos de experiência (um problema destes é sempre muito mais tratável), mas uma questão lógica, portanto, uma questão gramatical"[73]. Desse modo, tais controvérsias não podem ser resolvidas abandonando-se o nível teórico e voltando-se para a pesquisa histórica ou empírica; pois os próprios termos da controvérsia asseguram que a levaremos conosco para estudos históricos ou empíricos e que seus resultados serão igualmente ambíguos. Se abordarmos tais controvérsias de uma perspectiva wittgensteiniana, veremos que cada lado parece ter certo grau de razão, que qualquer um deles, tomado separadamente, pode nos persuadir. Somos tentados a rejeitar um lado apenas porque o outro parece convincentemente certo, e pressupomos que ambos não podem estar certos. Mas, talvez ambos possam estar (parcialmente) certos, cada um extrapolado a partir de um *insight* ou de um exemplo válido; e talvez apenas as extrapolações estejam em conflito. Então, uma contemplação simultânea do que é certo em cada visão pode produzir uma nova síntese, ou pelo menos uma visão clara de por que estamos divididos entre as duas posições. E, se a controvérsia conceitual impede o trabalho substantivo de algum problema teórico ou prático, uma visão perspicaz desse tipo pode nos libertar da controvérsia para concentrar nossa atenção no problema.

Em um trabalho anterior, tentei esse tipo de análise do que chamei de controvérsia da independência do mandato na teoria da representação política – a

---

[73] WITTGENSTEIN, Ludwig, *Zettel*, trad. ing. de G. E. M. Anscombe, ANSCOMBE, G. E. M.; VAN WRIGHT, G. H. (eds.), Berkeley; Los Angeles, University of California Press, 1967, § 590 Trad. port.: *Fichas* (*Zettel*), de Ana Berhan da Costa, rev. Artur Morão, Lisboa, Edições 70, fev. 1989, § 590.

controvérsia sobre se um representante deve fazer o que seus eleitores querem ou o que ele acha melhor em termos do interesse público[74]. Essa controvérsia, descobri, fundava-se nas implicações ambiguamente duais do conceito de representação – a ideia de tornar presente algo que, no entanto, não está literalmente presente. E uma preocupação com o problema abstrato, conceitual, com a resolução do irresolúvel de uma vez por todas, muitas vezes impedia que se desse atenção aos requisitos complexos reais de diferentes tipos de representação em diferentes situações.

Claramente, a capacidade wittgensteiniana de ver perspectivas incompatíveis simultaneamente, de ver o que é válido em uma variedade de posições conflitantes, está sujeita a seus próprios abusos característicos. Não deve ser confundida com algum tipo de política de compromisso, nem com a aceitação irracional de todo e qualquer tipo de visão. Entender por que uma pessoa crê no que crê, o que ela quer dizer com as coisas que diz, não implica concordar com ela. Além disso, o que é útil para o estudo das teorias políticas de outras pessoas pode não ser o que é necessário para a produção de uma nova e importante teoria política. A maior parte da grande teoria política do passado não se caracterizou pela razoabilidade e pela moderação, mas pela afirmação ousada e insistente de sua visão inovadora. Isso significa que o ensino de Wittgenstein, embora útil para o estudo da teoria política, é no fundo hostil à visão inovadora e sintetizadora da grande teoria política? A esta pergunta devemos nos ater no próximo e último capítulo.

---

74 PITKIN, *Concept of Representation*, Capítulo VII.

XIV TEORIA POLÍTICA E O DILEMA MODERNO

Voltemos agora a especular sobre a relevância que Wittgenstein pode ter para a própria teoria política – para sua substância real, não apenas para o estudo de sua história – e para nossa conturbada condição moderna, que deve ser o foco de qualquer teorização política contemporânea. O tema exige especulação, ou pelo menos extrapolação, pois, como já dissemos, o próprio Wittgenstein não era um teórico político. Ele não escreveu sobre sociedade, história, revolução ou alienação. Provavelmente, a coisa mais próxima de uma observação política em seus escritos é a esperança expressa no prefácio das *Investigações* de que o trabalho possa ter algum impacto "nas trevas deste tempo"[1]. O tema, contudo, é de grande interesse e importância potencial, então, a especulação vale a pena. Vamos abordá-lo por três caminhos diferentes: uma consideração geral do dilema moderno e como Wittgenstein se relaciona com ele, a questão de como poderia ser uma teoria política wittgensteiniana e algumas implicações mais específicas da filosofia de Wittgenstein para o discurso e a política em nosso tempo.

Embora ele nunca os aborde explicitamente, o pensamento de Wittgenstein está continuamente centrado nos problemas da condição humana contemporânea – ao mesmo tempo que os expressa, visa a combatê-los. Correndo o risco de uma reafirmação banal do que todos sabemos, pode-se caracterizar nossa condição, o crescimento da consciência moderna, como uma história de cada vez mais conhecimento e objetividade; de cada vez mais consciência distanciada, científica e racional, tanto do mundo em que vivemos quanto de nós mesmos; de cada vez mais poder tecnológico, que nos permite manipular o mundo e uns aos outros; mas tudo isso acompanhado por, e mesmo ao preço de, uma consciência cada vez maior de

---

1 WITTGENSTEIN, Ludwig, *Philosophical Investigations,* trad. alem./ing. de G. E. M. Anscombe, New York, Macmillan, ³1968, x. Trad. alem./port.: *Investigações filosóficas,* de Marcos Montagnoli, Petrópolis, Vozes, ⁴2005, 12. Comparar também com o comentário de Wittgenstein sobre a União Soviética em WAISMANN, FRIEDRICH, *Wittgenstein und der Wiener Kreis,* B. F. MCGUINNESS (ed.), London, Basil Blackwell, 1967, 142: "*Die Leidenschaft verspricht etwas. Unser Gerede dagegen ist kraftlos.*"

perda de segurança e de ausência de fundações estáveis. Poderíamos dizer: outrora, os homens pensavam como crianças – suas ideias sobre o mundo ao seu redor eram misturadas com fantasias e projeções, eles consideravam seu universo ordenado, dirigido e guardado por um grande pai a quem chamavam de Deus, e pressupunham que eles – homens – estavam no centro desse universo, filhos favoritos e especiais de Deus com um destino único. Bem, o crescimento do secularismo, da ciência e da tecnologia mudou tudo isso. Não somos mais crianças ingênuas; aceitamos os fatos científicos. Copérnico nos ensinou que a Terra não está no centro do universo – nem sequer do sistema solar. Einstein nos ensinou que não há centro, que o movimento é relativo ao observador, de modo que mesmo a ciência tem que postular arbitrariamente seus sistemas de coordenadas. Darwin nos ensinou que somos o produto da evolução natural, como outros animais, não a criação especial de Deus. Marx e Freud nos ensinaram que nossos próprios poderes aparentemente mais civilizados e racionais não são confiáveis, não devem ser aceitos acriticamente; eles estão sempre sujeitos a se tornarem mera ideologia, mera racionalização de motivos inconscientes. E Hegel anunciou o que mais e mais homens haviam descoberto por si mesmos – que Deus está morto.

A princípio, parecia óbvio que esses desenvolvimentos tornariam os homens mais livres, mais poderosos do que jamais o foram, assim como o adulto bem-informado, competente e racional é mais poderoso do que a criança ingênua, impulsiva, sonhadora, e mais livre também, porque tem mais opções à sua disposição. Marx ainda acreditava que sua ciência aumentaria nosso poder de ação; Freud acreditava na ciência dele. No entanto, de alguma forma, com todas as nossas habilidades e realizações tecnológicas, o que colhemos não é poder, mas uma profunda sensação de nossa própria impotência; não uma capacidade de agir, mas uma consciência esmagadora da desesperança da ação; não a liberdade, mas a consciência da coerção; uma sensação não de competência, mas de ansiedade; não de unidade com o universo do qual sabemos (intelectualmente) que fazemos parte, mas de alienação desesperada dele, do outro e de nós mesmos.

Todo pensamento contemporâneo relevante é, de uma forma ou de outra, uma resposta a essa situação ou uma tentativa de escapar dela. Portanto, não devemos nos surpreender ao descobrirmos que a filosofia wittgensteiniana tem muito em comum com os dois grandes movimentos filosóficos de nosso tempo: o existencialismo e a fenomenologia (e também com o pragmatismo americano inicial). Não é tanto uma questão de doutrina compartilhada – uma vez que Wittgenstein realmente não ensinou nenhuma doutrina –, mas de abordagem, ênfase e orientação compartilhadas. Todos os três movimentos filosóficos partem dos pressupostos do dilema moderno, de uma profunda desconfiança de todas as religiões, ideologias, metafísica e pretensos padrões absolutos. Se Deus está morto e os homens criam a ordem ou o significado do mundo, então todos os sistemas de pensamento e todos os padrões de julgamento são suspeitos. E assim os três movimentos filosóficos compartilham uma desconfiança da tradição filosófica, da doutrina recebida e da generalização herdada. Eles são todos "por intenção e sentimento, desvios revolucionários da filosofia tradicional"[2].

Todos os três rejeitam os sistemas e generalidades tradicionais em favor de uma ênfase na particularidade concreta. Como diz Camus, citando René Char, aquilo de que precisamos é "a obsessão pela colheita e a indiferença em relação à história"[3]. Mais particularmente, todos esses três movimentos buscam restaurar o significado da subjetividade, ou melhor, restaurar nossa percepção de nós mesmos de uma maneira que não esteja acorrentada à subjetividade. A fenomenologia nos remete dos sistemas abstratos da metafísica e da ciência para a realidade de nossa experiência, da pura consciência, na qual elas se fundam. O existencialismo nos desafia a reconhecer nossa capacidade individual de escolha e ação, e a responsabilidade correlata; exige um compromisso pessoal autêntico. Kierkegaard diagnostica, em *Concluding Unscientific Postscript*, que perdemos nossa capacidade de interioridade, de subjetividade, e vivemos na esfera universal e não em nossa particularidade[4]. Wittgenstein também se preocupa com nosso "desejo de generalidade" e nos leva de volta a casos particulares, às limitações de nossa humanidade. E quando ele nos lembra dos exemplos comuns do uso da linguagem, isso não significa meramente exemplos não filosóficos; em vez disso, como sugere Cavell, são "destinados a carregar a força de exemplos 'autênticos' respondidos autenticamente na linguagem". Seus comentários são aqueles que "vêm da convicção, que são feitos com paixão e atenção, e que, à medida que se lê, parecem sempre algo que se quer dizer, ou cujo poder se sente"[5].

Tanto a fenomenologia quanto o existencialismo diagnosticam nosso mal-estar moderno de modos que lembram muito as principais preocupações de

---

2 CAVELL, Stanley, Existentialism and Analytic Philosophy, *Daedalus*, 93, Summer, 1964, 948.

3 CAMUS, Albert, *The Rebel*, trad. ing. de Anthony Bower, New York, Random House, 1956, 302. Trad. bras.: *O homem revoltado*, de Valerie Rumjanek, Rio de Janeiro, BestBolso, 2017, 341.

4 CAVELL, Existentialism..., 958-959.

5 Ibid., 957.

Wittgenstein, delineando três problemas relacionados: nossa alienação da realidade, nossa alienação uns dos outros e nossa perda da capacidade de ação. Os adeptos da fenomenologia estão mais interessados na primeira e na segunda dessas queixas, os existencialistas na segunda e na terceira. Os três juntos moldam a configuração particular de nossa alienação de nós mesmos. O adepto da fenomenologia fica particularmente impressionado com a disparidade, a aparente lacuna entre nossa experiência ingênua do mundo e aquilo que fomos ensinados a acreditar que a ela se pareça real e objetivamente. O vilão aqui costumava ser a metafísica, com sua pretensão de percepções privilegiadas demonstrando que as coisas não são o que parecem, mas, em nosso tempo, o vilão passou a ser a ciência. As ferramentas e os métodos de nossa ciência objetiva tornaram-se tão poderosos que o conhecimento científico do mundo há muito deixou de lado o senso comum e a compreensão humana ordinária. A ciência, como disse Galileu, comete "um estupro d[os] sentidos"[6]. A princípio, apenas contradiz nossas percepções e nossos entendimentos comuns. Assim, qualquer um pode "ver" o nascer e o pôr do sol, mas a ciência nos ensina que é a Terra que gira; qualquer um pode chutar um objeto sólido, mas a ciência nos ensina que tais objetos, na verdade, consistem em partículas de energia em movimento. Mais tarde, à medida que a ciência avançou ainda mais, ela deixou de lado todo o nosso entendimento ordinário. "As 'verdades' da moderna visão científica do mundo, embora possam ser demonstradas em fórmulas matemáticas e comprovadas pela tecnologia, já não se prestam à expressão normal da fala e do raciocínio"[7]. Como resultado, somos cada vez mais incapazes de confiar em nossa própria experiência, em nossas próprias percepções; aprendemos que a ciência mostra que elas carecem de confiabilidade. Assim, por uma peculiar ironia psicológica, em vez de nos fazer nos sentirmos poderosos com nossa incrível capacidade de descobrir a natureza subjacente dos elétrons e sistemas solares, a ciência acaba fazendo-nos duvidar de nossa capacidade de conhecer ou perceber qualquer coisa.

Embora não fosse, de modo algum, um adepto da fenomenologia, Albert Camus expressou lindamente tanto a situação quanto o impulso para uma cura fenomenológica em *O mito de Sísifo*:

> Eis também umas árvores, eu conheço suas rugosidades, a água, e experimento seu sabor. Esses aromas de ervas e de estrelas, a noite, certas noites em que o coração

---

6 Citado em GILLESPIE, C. C., *The Edge of Objectivity*, Princeton, Princeton University Press, 1960, 19-20.

7 ARENDT, Hannah, *The Human Condition*, Garden City, Doubleday, 1958, 3. Trad. bras.: *A condição humana*, de Roberto Raposo, posfácio de Celso Lafer, Rio de Janeiro, Forense Universitária, [10]2005, 11.

se distende, como poderia negar este mundo cuja potência e cujas forças experimento? Mas toda a ciência dessa Terra não me dirá nada que me assegure que este mundo me pertence. Vocês o descrevem e me ensinam a classificá-lo. Vocês enumeram suas leis e, na minha sede de saber, aceito que elas são verdadeiras. Vocês desmontam seu mecanismo e minha esperança aumenta. Por fim, vocês me ensinam que este universo prestigioso e multicor se reduz ao átomo e que o próprio átomo se reduz ao elétron. Tudo isto é bom e espero que vocês continuem. Mas me falam de um sistema planetário invisível no qual os elétrons gravitam ao redor de um núcleo. Explicam-me este mundo com uma imagem. Então, percebo que vocês chegaram à poesia: nunca poderei conhecer. Tenho tempo para me indignar? Vocês já mudaram de teoria. Assim, a ciência que deveria me ensinar tudo acaba em hipótese, a lucidez sombria culmina em metáfora, a incerteza se resolve em obra de arte. Que necessidade havia de tanto esforço? As linhas suaves das colinas e a mão da noite neste coração agitado me ensinam muito mais. Voltei ao meu começo. Entendo que posso apreender os fenômenos e enumerá-los por meio da ciência, mas nem por isso posso captar o mundo. Quando houver seguido todo o seu relevo com o dedo, não saberei muito mais sobre ele. E vocês querem que eu escolha entre uma descrição certa, mas que nada me ensina, e hipóteses que pretendem me ensinar, mas que não são certas[8].

Confrontado com a dúvida absoluta e a sensação de irrealidade gerada pelo poder da ciência moderna, o adepto da fenomenologia prescreve um retorno às nossas percepções e experiências, sem pressupostos. Devemos deixar temporariamente de lado ("entre parênteses") os ensinamentos da ciência – mais ainda, todas as interpretações convencionais. Devemos deixar de lado todas as questões da realidade e da existência, e buscar a essência dada na experiência. Devemos aprender a ver e sentir novamente de maneira ingênua, a confiar em nossa própria capacidade de perceber objetos e pessoas ao nosso redor e sentimentos dentro de nós. Ao homem vencido pela dúvida perpétua por ter ouvido tantas vezes que o mundo não é como ele o percebe, a fenomenologia diz: Confie em si mesmo! O mundo *é* como você o percebe. Esse conselho corresponde, penso eu, a um tipo de experiência que pode, de fato, ser de grande importância para determinadas pessoas em determinados

---

8 Camus, Albert, *The Myth of Sisyphus*, trad. ing. de Justin O'Brien, New York, Vintage Books, Random House, 1959, 15. Trad. bras.: *O mito de Sísifo*, de Ari Roitman e Paulina Watch, Rio de Janeiro, Record, 2019, 15. Na parte em seguida ao final do parágrafo citado por Pitkin, Camus observa: "Querer é suscitar paradoxos." (N. dos T.)

momentos. Um adulto que queira se tornar um pintor de paisagens pode ter que aprender tudo de novo sobre como ver as cores – para descobrir que a grama "verde" não é nada verde, mas uma incrível combinação de tons. Ou o psiquiatra pode dizer a seu paciente: "Não me diga o que você acha que deveria sentir, mas olhe e veja o que você realmente sente." E talvez o paciente, assim liberado para reconhecer que odeia onde a convenção exige que ele ame, recupere um pouco de seu contato com a realidade de seus sentimentos e alguma confiança em sua capacidade de conhecê-los.

Há boas razões para considerar tais experiências como avanços, que levam das pressuposições recebidas à verdadeira objetividade, à verdadeira realidade vivida. Mas não se trata, é claro, de experiências na ausência de um sistema conceitual; e quando elas posteriormente são expressas e refinadas em palavras, estamos de modo inevitável mais uma vez dentro da gramática da língua. Descobrimos que a grama não é verde, mas *sim* de outras cores. Descobrimos que não sentimos amor, mas ódio, ou talvez tenhamos dominado o conceito mais complexo de ambivalência. A investigação fenomenológica do que se dá na experiência enquanto tal é sempre, em parte, uma investigação do que é dado pela gramática; este é apenas o inverso da sugestão de Austin de que seu trabalho era uma espécie de fenomenologia. Como a fenomenologia, Wittgenstein procura restaurar o tipo de estabilidade segura que um sistema conceitual pode dar ao mundo, e que foi perdido ao nos alienarmos de partes do sistema conceitual e do mundo.

O problema é mais incisivo, a sensação de uma descontinuidade entre percepção e realidade é mais assombrosa, na esfera das preocupações humanas, sociais e políticas. Sem dúvida, isso ocorre porque a convencionalidade dos conceitos é mais marcante aqui e porque essas preocupações afetam mais diretamente a qualidade de vida. Ao que parece, com o crescente sucesso da ciência e a crescente capacidade de objetividade e distanciamento, aprendemos a ver a nós mesmos e aos outros homens como objetos. Dominamos a objetividade e o desapego científicos e, como resultado, subitamente nos sentimos não apenas separados, mas isolados, não apenas objetivos, mas como objetos em um mundo de objetos. Tornamo-nos, cada vez mais, sofisticados quanto às convenções e aos pressupostos de nossas vidas ordinárias pelos quais nos relacionamos uns com os outros; aceitamos o veredito científico de que eles não são dados objetivamente, mas meramente organizados por homens, e de repente não podemos mais levá-los a sério, confiar neles. Encontramos o que Camus chamou de "caos de uma experiência despojada de seus cenários e entregue à sua incoerência primeira", na qual "aquele singular estado de alma [...] em que se rompe a corrente dos gestos cotidianos, em que o coração procura em vão o elo que lhe falta, ela é então um primeiro sinal do absurdo"[9]. Olha-se para um ser humano e, com a sensação de ultrapassar a convenção e chegar à realidade em seu estado bruto, vê-se apenas um objeto se movendo segundo coordenadas espaçotemporais. Até os seres humanos, como observa Camus, podem manter secretamente

> desumanidade. Em certas horas de lucidez, o aspecto mecânico de seus gestos, sua pantomima desprovida de sentido torna estúpido tudo o que os rodeia. Um homem fala ao telefone atrás de uma divisória de vidro; não se ouve o que diz, mas vemos sua mímica sem sentido: perguntamo-nos por que ele vive[10].

Se, como diz Melden, considerarmos uma ação humana "abstraindo-a totalmente de quaisquer circunstâncias de fundo que operam sobre nossa compreensão normal a respeito das ações e dos agentes", não veremos mais uma pessoa, "mas algo que, se nos irritar, podemos deixar de lado, do mesmo modo como endireitamos um tapete que está embolado no chão, e que nos incomoda"[11]. Vemos os seres humanos de "uma maneira totalmente desumanizada", desprovida de sentido.

As consequências desse tipo de experiência, o custo de se ver os homens com muita frequência ou exclusivamente como objetos não humanos, são múltiplas. Em primeiro lugar, e mais obviamente, é provável que a experiência dê frutos em ação; concebendo os homens como objetos, estamos cada vez mais propensos a tratá-los dessa maneira. Isso não significa prejudicá-los mais do que se costumam danificar os objetos ao redor. Mas *permite* causar danos com um mínimo de culpa. Não significa tratar os homens imoralmente, mas tratá-los de forma amoral, de uma maneira em que a moralidade não desempenha nenhum papel. Como indivíduos, tornamo-nos cada vez mais incapazes de atitudes morais; ou, em termos mais psicológicos, incapazes de identificação espontânea, de empatia genuína. No nível social e político, pensa-se em termos de "engenharia social", de forma manipuladora; olha-se para o problema como uma questão de direcionamento dos homens por meio de medidas administrativas neutras. Ao perceber que se conhecem as causas reais e objetivas das ações e da condição social dos outros, não se faz mais preciso ouvir seus pontos de vista; considerando que podemos determinar suas necessidades cientificamente, ficamos

---

9 Ibid., 23, 14.
10 Ibid., 15.
11 MELDEN, A. I., *Free Action*, New York, Humanities Press, 1961, 192.

impacientes com seus desejos. Tanto individual quanto socialmente, as relações humanas são resolvidas em termos de problemas técnicos. Mesmo sem o advento do socialismo (e em um sentido ironicamente diferente da intenção de Marx), o governo dos homens é substituído pela administração das coisas.

Uma segunda consequência da objetividade e do distanciamento crescentes está nas relações de cada um para consigo mesmo; há uma incapacidade, por assim dizer, de tratar moralmente de si próprio, de se identificar enquanto tal, de perceber até mesmo como se é enquanto pessoa. Há uma incapacidade de viver uma experiência integral com todo o ser, de se deixar ser por completo absorvido pela experiência. Sempre há uma parte de si que parece ficar de lado e observar, "objetivamente", o que se está fazendo. Mesmo quando se diz ou pensa "eu prometo", "isso é injusto" ou "eu te amo", estamos cientes da convencionalidade dos padrões de justiça, da probabilidade de sermos dominados por motivos inconscientes ou "falsidades ideológicas", da ausência de qualquer garantia transcendente para os padrões e compromissos. "Tal homem", assim falou Nietzsche, "não acredita mais em seu próprio ser, não acredita mais em si"[12]. Assim, a objetividade sobre si mesmo e sobre os outros homens possui ainda mais uma consequência: acentua a incapacidade de julgar, de se comprometer, de agir. À medida que evolui nossa sofisticação sobre a sociologia do conhecimento, sobre a motivação inconsciente, sobre as técnicas de propaganda, enfim, sobre as fontes causais de opiniões e padrões, torna-se cada vez mais difícil tomar uma posição. Desconfia-se e desmascaram-se os próprios julgamentos antes mesmo de serem proferidos, talvez antes mesmo de serem pensados. Perdemos a capacidade de ação sustentada e intencional.

Sempre fez parte da convicção dos cientistas sociais, desde os primórdios da ideia de ciência social, que o conhecimento objetivo sobre o que motiva as ações dos homens aumentaria a liberdade e o poder humanos. Engels foi um dos que defenderam essa posição de modo bem claro:

> As forças ativas da sociedade atuam, enquanto não as conhecemos e contamos com elas, exatamente como as forças da natureza: de modo cego, violento e destruidor. Mas uma vez conhecidas, logo que se saibam compreender a sua ação, as suas tendências e os seus efeitos, está nas nossas mãos sujeitá-las cada vez mais à nossa vontade e, por meio delas, alcançar os fins propostos. [...] Em troca, assim

---

12 NIETZSCHE, Friedrich, *The Use and Abuse of History*, Indianapolis; New York, Bobbs-Merrill, 1957, 6. Trad. bras.: *Obras incompletas*, de Rubens Rodrigues Torres Filho, seleção de textos de Gérard Lebrun, São Paulo, Abril Cultural, Os Pensadores, Vol. XXXII, out. 1974, 66.

que penetramos na sua natureza, elas [...] converter-se-ão de tiranos demoníacos em servas submissas. É a mesma diferença que há entre o poder maléfico da eletricidade nos raios da tempestade e o poder benéfico da força elétrica dominada no telégrafo e no arco voltaico; a diferença que há entre o fogo destruidor e o fogo posto a serviço do homem[13].

No entanto, a ciência física pode aumentar o poder do homem sobre a natureza, pode mostrar-lhe como *usar* as leis naturais inevitáveis segundo os próprios propósitos, "sujeitá-las" à sua "vontade", precisamente porque essa vontade está fora do tipo de cadeias causais que essas ciências exploram. Seu corpo, é claro, não está fora dessas cadeias causais; obedece às leis da química e da física como qualquer objeto. Mas sua "vontade" – as fontes dos "propósitos" e "fins" que podem ser promovidos por um conhecimento de química e física – *esta* está "fora do sistema", o motor imóvel. O mesmo pode ser sustentado quanto à psicologia e às ciências sociais, desde que se pense sobre suas realizações de modo individual, ou como algo aplicável apenas a certas pessoas (os "sujeitos" estudados). Pois, nesse caso, ainda se pode dizer: o comportamento do delinquente juvenil é causado por tais e tais circunstâncias. Eu, estando de fora desse "sistema" (não sendo um delinquente juvenil), posso usar o que sabemos sobre causas da delinquência para mudar as condições para que a delinquência seja eliminada, ou para mudar esse indivíduo em particular para que ele não seja mais delinquente. Mas essa linha de argumentação é válida apenas na medida em que nossa imagem da ciência social esteja confinada às (digamos) causas da delinquência, e não às causas de *todo* o comportamento humano. Porque uma vez que se pense na ciência social como uma explicação das causas de todo comportamento humano, ela explicaria também as causas do comportamento do cientista, as causas de sua "vontade", de modo que ele não mais permaneceria de fora, movido por propósitos não questionados, como um motor imóvel. Também o cientista social só pode dispor daqueles propósitos e aplicar a ciência daquelas maneiras que lhe são acessíveis, dados seu caráter e suas circunstâncias; e caráter e circunstâncias, por sua vez, também são determinados por causas.

Nem explicações causais específicas das nossas próprias ações passadas nem "leis" causais gerais sobre o comportamento humano podem nos dizer, em última análise, o que fazer. Claro, essas informações podem prestar uma ajuda parcial. Na medida

---

[13] ENGELS, Friedrich, Socialism. Utopian and Scientific, in: FEUER, Lewis S. (ed.), *Marx and Engels. Basic Writings on Politics and Philosophy*, Garden City, Doubleday, 1959, 104-105. Trad. bras.: *Do socialismo utópico ao socialismo científico*, de Roberto Goldkorn, São Paulo, Global, [6]1984, 71.

em que dizem o que os outros provavelmente farão ou como posso influenciá-los, isso pode ajudar na decisão. E, na medida em que dão uma visão de alguns motivos inconscientes meus que até agora dominaram e determinaram minhas ações, podem me libertar desses motivos e, assim, afetar minha decisão. Mas, em última análise, informações sobre o que inevitavelmente farei e as causas que me impelem de fazê-lo não me ajudam quando estou tentando decidir o que fazer. A questão é tanto gramatical quanto prática. Gramaticalmente, a noção de "decidir o que fazer" é logicamente incompatível com a ideia de que minha vontade ou minha ação são inevitavelmente determinadas de modo causal. Assim que eu *sei* o que vou fazer, nenhuma decisão resta a ser tomada. E, na prática, diante de uma decisão real, não ajuda em nada um amigo bem-informado prever minha escolha e explicar suas causas para mim. O que ele diz pode me influenciar, mas pode me influenciar de qualquer maneira: cumprir ou resistir à sua previsão. E o que eu realmente preciso não é de sua previsão, mas de seu conselho; não as causas pelas quais estou prestes a fazer uma coisa em vez de outra, mas as razões pelas quais devo fazê-lo. Em suma, as perspectivas de explicação causal e de ação ou escolha são realmente perspectivas diferentes. E, na medida em que nos preocupamos exclusivamente com a perspectiva da explicação causal, perdemos contato com o ponto de vista, com as ferramentas conceituais, com a orientação que permite que um homem resolva, de modo racional e responsável, combinar a ação e o pensamento (discurso), utilizar a mente a serviço de suas ações.

Tanto o existencialismo quanto a fenomenologia abordam esse problema, lembrando-nos de nossa capacidade de compreensão empática, da identificação e do relacionamento pessoal, de ver e tratar os outros como pessoas como a gente. Foi visto, anteriormente, que tanto filósofos que reivindicam raízes fenomenológicas quanto outros que reivindicam raízes wittgensteinianas atacam a ciência social pelo efeito desumanizador de sua objetividade distanciada; e argumentam que apenas a empatia, a *Verstehen* e a fenomenologia podem ajudar a compreender os assuntos humanos. Argumentou-se, em contraste, que Wittgenstein sugere uma visão dualista ou mesmo dialética, que o que caracteriza a ação humana não é a impossibilidade de observação externa, mas a coexistência de observação e intencionalidade. Assim, a partir de uma perspectiva wittgensteiniana, tanto as abordagens "comportamentais" quanto as "fenomenológicas" da ação podem parecer erradas, porque parciais. A raiva, observou-se, não é meramente o que se sente quando se está com raiva, nem o que alguém faz quando está com raiva. Mas pode-se também concluir, alternativamente, que tanto as abordagens comportamentais quanto as fenomenológicas podem estar corretas e que não precisam entrar em conflito. Pois o que é "dado na experiência", fenomenologicamente, não são apenas os sentimentos internos, mas também a experiência que se tem das ações de outras pessoas. E o que é perceptível para um observador objetivo, de modo comportamental, não são apenas os movimentos físicos dos outros, mas tudo o que é percebido, incluindo os próprios sentimentos e as ações e sentimentos dos outros (na forma como percebemos as ações e sentimentos dos outros – e de que outro modo o seria?). Como Wittgenstein colocou, "Quando se diz 'Aqui tem lugar de fato um processo interior', deseja-se então continuar: 'Você o vê'[afinal]"[14].

A própria sensação de alienação em relação ao mundo e às outras pessoas, a sensação de descontinuidade entre pensamento e realidade, surge apenas por causa da natureza dual do homem – porque somos ao mesmo tempo animais e pessoas que agem, atribuindo significado e assumindo compromissos. Somente o homem, como diz Sartre, é capaz de se definir a si próprio e, portanto, de enganar a si próprio. Embora vivamos no mundo como os animais vivem, também falamos e pensamos conceitualmente sobre ele e sobre nós mesmos, à diferença dos animais; e isso dá origem ao nosso desconforto. "Se eu fosse uma árvore entre as árvores, gato entre os animais", observa Camus, "o problema não teria sentido porque eu faria parte desse mundo. Eu *seria* esse mundo ao qual me oponho agora com toda a minha consciência [...]." Se o mundo em que vivemos com nossos corpos e em que agimos é nossa "existência" ou "ser", e o pensamento a respeito deles, nossas conceituações de várias coisas são sua "essência", então a posição existencialista pode ser resumida na formulação de Sartre, de que na humanidade a "*existência* precede a *essência*". Isto é, os conceitos são pensados por seres humanos, que devem viver para pensar, que primeiro vivem e depois pensam; em particular, primeiro vivem e agem e só então concebem quem são e o que fizeram (sua própria "essência"). É claro que o tema é muito difundido no pensamento moderno, desde Marx – "Não é a consciência que determina a vida, mas sim a vida que determina a consciência" – passando por Camus – "Cultivamos o hábito de viver antes de adquirir o de pensar" – até a doutrina de Wittgenstein acerca das "formas de vida"[15]. A contribuição

---

14 WITTGENSTEIN, *Investigações filosóficas*, § 305.

15 SARTRE, Jean-Paul, Existentialism is a Humanism, in: KAUFMANN, Walter (ed.), *Existentialism from Dostoevsky to Sartre*, New York, Meridian, 1956, 289. Trad. bras.: *O existencialismo é um humanismo*, de Vergílio Ferreira et al., seleção de textos de José Américo Motta Pessanha, São Paulo, Abril Cultural, Os Pensadores, 23. MARX, Excerpts from the German Ideology, in: FEUER, *Marx and Engels*, 247. Trad. bras.: *A ideologia alemã*, de Luiz Claudio de Castro e Costa, São Paulo, Martins Fontes, Clássicos, 1998, 20. CAMUS, *O mito de Sísifo*, 40, 10.

de Wittgenstein aqui consiste em algumas maneiras novas e frutíferas de conceber e investigar o problema.

A POSSIBILIDADE DE UMA TEORIA POLÍTICA WITTGENSTEINIANA

Uma teoria política wittgensteiniana é possível? Como seria ela? É tentador dizer não à primeira pergunta e dispensar a segunda; mas uma investigação séria produz algumas possibilidades intrigantes. Presumivelmente, se uma teoria política wittgensteiniana fosse possível, ela seria tão diferente da teoria política tradicional quanto o filosofar de Wittgenstein o é da filosofia tradicional, ou seja: radicalmente diferente e ainda assim reconhecível e relacionável. Presumivelmente, seu impacto na teoria política seria semelhante ao que Wittgenstein julgava ter causado na filosofia, uma descontinuidade acentuada, uma "virada", uma diferença não apenas de grau, mas de tipo. Grandes filósofos e teóricos políticos, todavia, sempre acham que sua contribuição constitui uma inovação radical, que marca uma "virada" na disciplina, ou mesmo funda uma nova disciplina. Seria necessário investigar o significado desse sentimento e, no caso de Wittgenstein, avaliar seu conteúdo específico.

É presumível que as linhas gerais ao longo das quais uma teoria política wittgensteiniana divergiria da tradição seriam análogas às divergências do pensamento de Wittgenstein em relação à tradição. Presume-se também que uma tal teoria compartilharia sua desconfiança em relação às generalizações amplas e sistemáticas, sua ênfase terapêutica no caso particular, no *self* investigador e falante, e na aceitação da pluralidade e da contradição. Mas, pelo menos nos termos da tradição, tal orientação parece positivamente antiteórica, não tanto uma nova forma de teoria quanto uma hostilidade à teorização. E é por isso que devemos levar a sério a possibilidade de que não poderia haver nenhum tipo de teoria política wittgensteiniana.

No entanto, viu-se que Wittgenstein é frequentemente interpretado como hostil tanto à filosofia tradicional quanto à metafísica, e argumentou-se que se trata de um mal-entendido. Talvez o mesmo se dê quando suas ideias são extrapoladas para a teoria política. O que foi dito sobre a filosofia wittgensteiniana é que não se trata de mais um sistema dentro de uma tradição, mas uma nova maneira de filosofar que não produz nenhum sistema. Ela enfatiza a atividade de filosofar, assim como Wittgenstein enfatiza a atividade em oposição à língua como sistema acabado, e autores como Kuhn e Oakeshott enfatizam uma prática contínua em detrimento do corpo de proposições que ela produz. Talvez, então, quando tentamos imaginar uma teoria política wittgensteiniana, devêssemos pensar em uma maneira wittgensteiniana de teorizar sobre o político.

Que tipo de forma de teorização seria essa? É provável que ela adotasse, em larga escala e conscientemente, a pluralidade de casos particulares e suas implicações conflitantes (sejam eles componentes de um conceito, do *self*, da lei, de uma instituição social ou de um sistema político). Presumivelmente, como o filosofar de Wittgenstein, substituiria visões mais antigas de um sistema político-teórico único e dominante por visões gerais parciais, desenvolvidas *ad hoc* onde se fizessem necessárias. Embora essa especificação ainda seja lamentavelmente vaga, ela sugere algumas possibilidades interessantes, pois aponta para uma forma de teorização que pode ser adequada de modo peculiar à temática de cunho político. No passado, a teoria política sempre lutou com o difícil problema de tentar generalizar sobre tal temática inerentemente disjuntiva; e com demasiada frequência, o tema foi distorcido no processo, sacrificado às exigências da teorização.

Sugerimos no curso da discussão vários aspectos em que o político é, necessária e caracteristicamente, plural e incoerente. Falamos da convergência na esfera política das perspectivas fundamentalmente incompatíveis de ação, escolha e responsabilidade, por um lado, e explicação causal, observação objetiva e necessidade histórica, por outro. Falamos da convergência semelhante, tanto no âmbito da política quanto no âmbito do pensamento político, entre a posição e a experiência particulares de cada indivíduo e a visão geral adequada a uma política, a um público, a uma coletividade articulada para a ação. E falamos, de maneira mais geral, do modo como as questões políticas sempre envolvem uma pluralidade de reivindicações válidas e rivais, uma pluralidade de necessidades e interesses conflitantes, de perspectivas e posições. Essas mesmas pluralidades e incoerências potenciais na esfera política ajudaram a fazer da ordem o problema central da teorização política mais tradicional. Mas, muitas vezes, isso resulta em estruturas teóricas que acabam sendo contraproducentes e distorcendo seu próprio objeto.

Já apresentamos a *República* de Platão como um caso em questão, como uma tentativa de teorizar sobre o problema da ordem na política, que, em última análise, não consegue resolver o problema político eliminando a política; uma tentativa de teorizar sobre a justiça que fracassa ao eliminar a necessidade e, portanto, a natureza real da justiça. É fácil atacar Platão como um totalitário e um mau teórico político com base em tais fundamentos, mas, desse modo, estaríamos deixando de ver um aspecto importante. A questão é que o que acontece na teorização de Platão não é um fenômeno isolado na história da teoria política, mas uma falha comum tanto dos teóricos libertários quanto dos conservadores, tanto dos teóricos "realistas" quanto dos "utópicos"; parece haver algo no próprio empreendimento teorizante que faz com que o sistema resultante pareça totalitário e, nesse sentido, apolítico. O teórico está fora do sistema político sobre o qual especula e escreve; necessariamente, ele mobiliza e manipula seus cidadãos sem consultar seus desejos ou suas opiniões. Assim, mesmo Rousseau, tão evidentemente comprometido com a libertação individual, vislumbra uma política na qual cada membro está totalmente sujeito às decisões coletivas; e essa coerção é definida como liberdade. Mesmo um teórico como Marx, comprometido não apenas com a libertação, mas também com a prevalência do conflito e a importância da ação revolucionária na história, ainda parece forçado por seu empreendimento a minar esses compromissos. Ele quer e precisa ver na escala macro, seja ao explicar a história ou ao vislumbrar uma sociedade sem classes; e, de alguma forma, a ordem intelectual que ele impõe ao seu assunto acaba sendo também uma ordem política ou natural imposta aos homens individuais sobre os quais ele escreve. Aparentemente, não é fácil ver os homens em suas relações amplas, de longo alcance, ter uma visão geral da vida política, sem que se veja também de uma forma totalitária, manipuladora e basicamente apolítica – sem que se veja os outros homens como objetos e a si mesmo como a única pessoa.

Trata-se de um defeito inevitável de toda teoria política? Existem formas de teorização que não caiam nele? A resposta não é nada óbvia para mim, nem está claro se uma abordagem wittgensteiniana poderia fazer alguma diferença. Pode ser útil notar que, de certa forma, Wittgenstein enfrentou um dilema semelhante dentro da filosofia, no domínio da ética. O problema na ética que se pode interpretar como um paralelo ao problema da teorização coercitiva ou totalitária sobre a política é o do "moralismo". Ele consiste na tendência de alguns filósofos que se debruçam sobre o estudo da ética a dar a impressão de que adotam uma atitude condescendente para com seu público, até mesmo de que estão pregando sermões; como se eles se vissem como a fonte de toda sabedoria ética e seu público fosse um conjunto de receptores passivos; como se eles se imaginassem livres, ou mesmo isentos, dos defeitos que veem ao seu redor[16].

---

16 Comparar com Cavell, Stanley, *The Claim to Rationality*, Tese de Doutorado em Filosofia (não publicada), Cambridge, Harvard University, 212: "A originalidade de Wittgenstein reside em ter desenvolvido modos de crítica, que não são moralistas, isto é, que não fazem com que o crítico imagine que está isento dos defeitos que vê ao seu redor."

Wittgenstein e alguns dos filósofos da linguagem ordinária respondem a esse problema do moralismo na teoria ética de maneiras que podem ser instrutivas para a teoria política. Eles enfatizam a importância da fala, e de contextos particulares em que alguém é movido a falar, para completar o significado. A tendência ao moralismo na ética resulta, eles sugerem, em parte do impulso filosófico geral de se abstrair de qualquer situação de fala particular. O discurso ético torna-se moralista em vez de moral quando trata de conceitos como responsabilidade, escolha, culpa, abstraindo-se de qualquer ocasião para seu uso; quando trata da ação em geral, incluindo ações perfeitamente normais em que nada deu errado. Outra maneira de dizer isso seria: o discurso ético torna-se moralista em vez de moral quando o filósofo se deixa de fora ("vivendo no universal" com exclusão do particular). Tal moralismo está, portanto, relacionado de maneira complexa ao tipo weberiano de luta pela objetividade nas ciências sociais, que se reflete em definições weberianas como a de "legitimidade". Enquanto o filósofo moral parece querer impor seus padrões aos outros, e Weber almeja apenas manter seus padrões pessoais fora de cena, no fundo ambos se eximem da condição humana de maneiras que distorcem fundamentalmente seus ensinamentos. Mas não podemos desenvolver o paralelo aqui.

Parece possível, então, que um retorno wittgensteiniano à especificidade, aos casos particulares e ao *self*, possa de alguma forma ajudar a resolver o problema da coercitividade na teorização política. Mas a questão é complexa. Pois as questões políticas, ao contrário das morais, não dizem respeito basicamente ao *self* ou ao indivíduo em particular; dizem respeito precisamente às nossas relações mais distantes, indiretas e impessoais, às nossas vidas coletivas. Por isso, argumentamos, Aristóteles sustentou que a vida na *pólis* pode ensinar justiça a um homem, coisa que a vida na família ou em outros pequenos grupos não é capaz de fazer. Mas, nesse caso, deixar-se fora de cena, ou abstrair-se de casos particulares, deveria ter um significado inteiramente diferente na política do que tem na teoria ética.

Talvez se possa dizer que uma teoria política wittgensteiniana deveria se dirigir de um cidadão a outros – não necessariamente seus iguais em intelecto ou percepção, mas ainda assim dirigida a membros companheiros, como seres humanos semelhantes. Tal teórico não falaria (na analogia favorita de Platão) como um médico para o corpo político, nem como um profissional que coloca suas habilidades à disposição do leigo ignorante, ou mesmo (segundo a tradição habitual) como um profeta, que reivindica atenção em nome de poderes especiais. Tal teórico falaria sobre a "nossa" situação política, não a "sua" ou a "deles". E dizer "nós" aqui é um convite, não uma ordem; o "nós" do teórico não é do rei quando fala de si próprio. É claro que isso sempre foi verdade para a teoria, mas os teóricos geralmente não se concebem nesses termos, nem escrevem e pensam em um estilo apropriado a esse fato. A possibilidade que estamos explorando é a de que esse novo estilo de teorização talvez tenha se tornado necessário em nosso tempo, e que Wittgenstein pode oferecer algumas maneiras de agir.

Permanece em aberto a questão levantada no final do último capítulo e novamente no início desta seção: se esse novo estilo, com sua ênfase em visões gerais fragmentadas para pluralidades particulares, pode constituir uma teoria real – se, em particular, pode constituir uma teoria adequada para fornecer o sentido de coerência e domínio que os homens precisam para a ação política. Mesmo que a realidade e a verdade sejam, de fato, plurais e incoerentes, ainda assim pode ser verdade que aquilo de que os homens careçam para dar orientação e sentido às suas vidas políticas seja uma visão coerente e geral, uma ilusão de ordem e domínio. Boa parte da argumentação de Sorel sobre a natureza do mito apoiaria tal visão. Mas não é óbvio que deva ser assim; e o fato grave e inegável é que, em nosso tempo, tais teorias não são mais possíveis, e teorias existentes desse tipo não funcionam mais. Assim, parece possível que uma forma diferente de teorização possa ser eficaz de uma nova maneira. Certamente, Wittgenstein não precisa ser lido como uma influência conservadora, aumentando nossa sensação de fragmentação e desamparo. Ele pode ser visto como alguém que busca nos libertar do peso paralisante da alienação. Mas para defender essa posição é melhor partir de uma outra abordagem, um pouco diferente.

LINGUAGEM, VERDADE E POLÍTICA

Os ensinamentos de Wittgenstein sobre a importância da linguagem e sobre a responsabilidade implicada na fala também podem ser aplicados mais diretamente aos problemas modernos de alienação. Pode-se colocar a questão desta forma: vivemos em uma época em que as pessoas percebem umas às outras e a si mesmas como objetos, e isso se reflete, entre outros lugares, em nosso uso da linguagem. Usamos a linguagem como instrumento para manipular objetos, como propaganda, não para estabelecer a verdade, mas para fazer os outros acreditarem no que queremos que acreditem. Como observa Camus, "o diálogo, relação entre as pessoas, foi substituído pela propaganda ou pela polêmica, que são dois tipos de monólogo"[17]. As crianças que crescem em tal mundo aprendem com a experiência que a linguagem serve principalmente à mentira, que a hipocrisia é o seu modo. Como resultado, eles – ou seja, nós – não reconhecem nem mesmo como uma possibilidade séria o que Arendt chama de função da linguagem de revelar a verdade. E assim somos afastados de seu poder de revelar o verdadeiro *self* e a realidade ao nosso redor, de seu poder de estabelecer relacionamentos genuínos e de criar o que Arendt chamou de "espaço público" – uma arena institucional na qual a deliberação pública compartilhada e a ação política livre sejam possíveis.

De modo muito simples, sem algum fundamento numa verdade estável, os homens são incapazes de se orientar em relação ao mundo ou em relação uns aos outros e, portanto, carecem de um sentido estável de si[18]. Entre as muitas funções da linguagem, talvez a mais central seja a de testar a realidade, de comparar a percepção individual do mundo e a ação com outras perspectivas para se orientar:

> Privar-se del[a] significa privar-se da realidade, que, humana e politicamente, é o mesmo que a aparência [...], a realidade do mundo é garantida pela presença dos outros, pelo fato de aparecer a todos: "pois chamamos de Existência àquilo que aparece a todos"; e tudo o que deixa de ter essa aparência surge e se esvai como um sonho, íntima e exclusivamente nosso, mas desprovido de realidade[19].

Isso não significa que a experiência não traduzida em palavras seja sem importância, ou que nossos sonhos não importem, e sim que um colapso no funcionamento da linguagem que normalmente garante nossa realidade resulta na alienação:

> Notou-se muitas vezes que, a longo prazo, o resultado mais certo da lavagem cerebral é uma curiosa espécie de cinismo – uma absoluta recusa a acreditar na verdade de qualquer coisa, por mais bem estabelecida que ela possa ser. Em outras palavras, o resultado de uma substituição coerente e total da verdade dos fatos por

---

17 Camus, *O homem revoltado*, 270. Comparar com a observação de Clamence de que "substituímos o diálogo pelo comunicado"; Camus, *The Fall*, trad. ing. de Justin O'Brien, New York, A. A. Knopf, 1966, 45. Trad. bras.: *A queda*, de Valerie Rumjanek, Rio de Janeiro, BestBolso, [7]2015, 45.

18 Arendt, Hannah, Truth and Politics, in: Laslett, Peter; Runciman, W. G. (eds.), *Philosophy, Politics and Society*, Oxford, Basil Blackwell, 1967, 129. O mencionado texto "*Truth and Politics*" ("Verdade e política") faz parte da coletânea publicada da autora *Entre o passado e o futuro*, trad. bras. de Mauro W. Barbosa, São Paulo, Perspectiva, 2005, 320. (N. dos T.).

19 Arendt, Hannah, *The Human Condition*, Garden City, Doubleday, 1958, 178. Trad. bras.: *A condição humana*, de Roberto Raposo, posfácio de Celso Lafer, Rio de Janeiro, Forense Universitária, [10]2005, 211. A frase mencionada dentro da citação é de *Ética a Nicômaco* de Aristóteles, 1172b36 ss.

mentiras não é passarem estas a ser aceitas como verdade, e a verdade ser difamada como mentira, porém um processo de destruição do sentido mediante o qual nos orientamos no mundo real – incluindo-se entre os meios mentais para esse fim a capacidade de oposição entre verdade e falsidade[20].

Quando já não há esforço para articular aquilo em que realmente acreditamos, mas apenas o que gostaríamos de que os outros acreditassem, perdemos cada vez mais o contato com nossa singularidade. Fica-se inseguro sobre no que acreditar e não sabemos mais distinguir o que é verdade do que é autoengano. A experiência pessoal, não traduzida em palavras, pode ser intensa às vezes e de grande valor, mas, por si só, não produz nem realidade nem significado. Ela pode ocorrer de pronto em sonhos ou quando estamos despertos, e não consegue distinguir entre os dois. Uma vida fundada exclusivamente nesse tipo de experiência não é intensa nem significativa, mas empobrecida na medida em que se funda apenas em ídolos da exterioridade e da hipocrisia.

Além disso, quando descobrimos que aqueles que nos falam não falam a verdade, mas apenas o que eles querem que acreditemos, não podemos confiar em ninguém; cada ato de fala que nos é dirigido torna-se um ataque, contra o qual temos que defender nosso já frágil sentido de identidade. Quem mina o sentido de realidade e o sentido que as pessoas têm de si mesmas é um inimigo. Como observou Arendt, em nosso tempo, é a hipocrisia que transforma "*engagés*" em "*enragés*";

> provocar a ação mesmo com risco de aniquilamento, de tal modo que possa surgir a verdade – estes ainda estão entre os mais fortes motivos da violência de hoje [nos *campi* e nas ruas]. E mesmo esta violência não é irracional. Uma vez que os homens vivem num mundo de aparências e no seu relacionamento com ele dependem de manifestação, as dissimulações da hipocrisia – diferentemente dos artifícios oportunos esclarecidos no devido tempo – não podem ser enfrentadas pelo chamado comportamento razoável. Só se pode confiar nas palavras quando se tem certeza de que a função delas é revelar e não dissimular. É a aparência de racionalidade, muito mais que os interesses por trás dela, que provoca a ira. Não é "racional" usar a razão quando ela é usada como uma armadilha[21].

---

20 Arendt, Verdade e política, 317-318; comparar com Fanon, Frantz, *Black Skin, White Masks*, trad. ing. de Charles Lam Markmann, New York, Grove Press, 1967, 231-235; e Lasswell, Harold, Propaganda and Mass Insecurity, in: Stanton, A. H.; Perry, S. E. (eds.), *Personality and Political Crisis*, Glencoe, Free Press, 1951, 15-43.

21 Arendt, Hannah, Reflections on Violence, *New York Review of Books*, XII, fev. (1969) 28. Trad. bras.: Da violência, de José Volkmann, in: Id, *Crises da República*, São Paulo, Perspectiva, ³2017, 138-139.

Tudo isso, claro, é da maior importância política, pois, embora privada, a experiência não traduzida em palavras pode ter valor para o indivíduo isolado, e ainda assim ser desastrosa para a vida pública. "Haverá talvez verdades", como observa Arendt, "além da fala, e que podem ser de grande relevância para o homem [...] [na medida em] que, seja o que for, não é um ser político. Mas os homens no plural, isto é, os homens que vivem e se movem e agem neste mundo, só podem experimentar o significado das coisas por poderem falar e ser inteligíveis entre si e consigo mesmos". Acompanhando o argumento de Aristóteles, Arendt vê uma ligação íntima entre as capacidades humanas da fala e a vida política. "É [a fala] o discurso que faz do homem um ser político" e "sempre que a relevância do discurso entre em jogo, a questão torna-se política por definição"[22]. Ou seja, "as ações políticas, na medida em que permanecem fora da esfera da violência, são [...] realizadas por meio de palavras" e a fala em si é uma ação política. "Somente a pura violência é muda." A conexão começa com os gregos, para quem o ser político, "o viver numa *pólis*, significava que tudo era decidido mediante palavras e persuasão, e não através da força e da violência". A *pólis* era "um modo de vida no qual o discurso e somente o discurso tinha sentido e no qual a preocupação central de todos os cidadãos era discorrer [conversar] uns com os outros"[23].

Mas dentro da esfera da política e da fala, Arendt traça outra distinção significativa em termos da maneira como o discurso é usado. Ela distingue a fala a serviço da verdade, ou pelo menos da busca da verdade, e a fala como meio de persuasão, como uma ferramenta manipuladora para conduzir os outros na direção que se queira, completamente à parte da verdade ou da validade do que é dito. A distinção é primeiramente "elaborado[a] por Platão (especialmente no *Górgias*) como o antagonismo entre a comunicação em forma de "diálogo", que é o discurso adequado à verdade filosófica, e em forma de "retórica", através da qual o demagogo, como hoje diríamos, persuade a multidão"[24]. No pensamento moderno, segundo argumenta Arendt, a distinção entre verdade racional e eloquência desapareceu completamente, ou pelo menos a verdade racional do filósofo não é mais considerada de forma alguma relevante para a vida política. Mas um tipo de distinção ou conflito bem semelhante está hoje reabilitado, entre verdade factual e retórica política, à medida que nações reescrevem a sua história passada em uma escala grandiosa, ou mesmo dissimulam sobre o estado de coisas atualmente existente. A mentira política

---

22 ARENDT, *Condição humana*, 11.
23 Ibid., 35-36.
24 ARENDT, Verdade e política, 290.

deliberada é, obviamente, muito antiga; o que há de novo, argumenta Arendt, é a escala massiva de dissimulação, e o fato de que a mentira não é pensada para enganar algum inimigo apenas, mas a própria nação, inclusas as pessoas que são os causadores do engano. A mentira política moderna de massa não é sobre segredos de Estado, mas sobre fatos em geral públicos e conhecidos, "e, não obstante, o mesmo público que os conhece pode, com êxito e, amiúde, espontaneamente, transformar em tabu sua discussão pública, tratando-os como se fossem aquilo que não são – isto é, segredos"[25].

Ora, pode-se supor que a distinção entre discurso público verdadeiro por um lado, e retórica manipuladora e enganosa por outro, corresponda às duas visões da vida política que discutimos anteriormente; de modo que dizer a verdade corresponde à busca comum do interesse público pelo espírito público, e a retórica corresponde ao conflito egoísta de interesses individuais ou de grupo. Nesse caso, parece que Arendt, em seu óbvio desdém pela mentira e pela retórica, está remontando a uma Idade de Ouro que provavelmente nunca existiu e não pode ser realizada, na qual todos os homens eram altruístas e preocupados com a vida pública. Mas não se trata disso, e não é isso que ela está tentando dizer. A retórica, a manipulação e até a mentira podem ser muito eficazes e úteis, talvez até necessárias à vida política; a questão é que a própria vida política só é possível se houver alguma base comum fundamental de verdade compartilhada. Quando a retórica e a mentira passam a ser consideradas e usadas como os únicos modos possíveis de discurso, a comunicação pública torna-se sem sentido e a política, impossível. Privado de um sentido estável da realidade, da verdade, do passado, de si mesmo, o homem torna-se incapaz de ação política, incapaz do tipo de discurso público que ela pressupõe.

> Não o passado, e toda verdade factual diz respeito evidentemente ao passado, nem o presente, na medida em que este é o resultado do passado, porém o futuro está aberto à ação; se o passado e o presente são tratados como partes do futuro – isto é, levados de volta a seu antigo estado de potencialidade –, o âmbito político priva-se não só de sua principal força estabilizadora como do ponto de partida para transformar, para iniciar algo novo[26].

A vida política é, conforme observou Wilhelm Hennis, "determinada pela possibilidade e pela necessidade de deliberação coletiva", e se essa capacidade declinar,

---
25 Ibid., 293.
26 Ibid., 319.

a política, e o especificamente humano de nossa vida comum, nossa liberdade, serão ameaçadas em seu âmago"[27].

Em nosso tempo, parece-me, o afastamento do diálogo pessoal autêntico e do debate público verdadeiro e racional se transformou em uma debandada geral; fugimos, em pânico absoluto, antes mesmo que qualquer encontro possa acontecer. Alguns se escondem no cinismo e no psicologismo e tornam-se conspiracionistas, propagandistas, manipuladores; tornam-se os homens de relações públicas cuja única consciência de si mesmos vem do reflexo da "imagem" que "projetam". Outros se escondem em alguma versão do positivismo e da ciência (mal concebida), buscando segurança na esterilidade e ordem na retirada do engajamento à "mera" descrição. Eles se tornam os funcionários mesquinhos do estabelecimento científico, os burocratas intelectuais. Outros ainda se escondem no silêncio: alguns no silêncio agressivo e explosivo da violência, da atividade cega não mediada conceitualmente ou pela razão; outros, no silêncio privatizado e passivo do sonho, na experiência da droga e na vida muda.

O existencialismo, pode-se dizer, dirige seu ataque principalmente contra os propagandistas e burocratas; desafia-os, em nome da autenticidade, a enfrentar o isolamento e a ansiedade de que procuram escapar. O existencialista sustenta que, como o homem não tem essência, mas escolhe e se faz por meio de suas ações, aquele que cita seu papel ou seu caráter para justificar a necessidade do que faz é um hipócrita. Assim, segundo Kaufmann, parafraseando Sartre, um homem não é um garçom, um homossexual ou um covarde da mesma forma que tem um metro e oitenta de altura ou tem um coração fraco. Ser garçom ou covarde depende constantemente de sua conduta, de suas decisões explícitas ou implícitas. "Posso dizer: devo ir embora agora – ou sou assim – porque sou um garçom, ou um covarde, como se ser garçom ou covarde fosse um fato bruto. Na verdade, esta aparente afirmação, de fato, encobre uma decisão"[28].

Há, portanto, no existencialismo, uma ênfase intensa na liberdade de escolha e na mudança, na necessidade de ação, de compromisso, de responsabilidade. Em certo sentido, isso é uma libertação; não há absolutos para governar o que o indivíduo faz, e ele é livre para fazer o que quiser. Mas os existencialistas reconhecem, e até enfatizam, que essa liberdade não é, em geral, prazerosa. Eles reconhecem o anseio por ordem, por autoridade, por Deus ou pelos pais; e falam com eloquência

---

27 Hennis, Wilhelm, Topik und Politik, in: Schmidt, Robert H. (ed.), *Methoden der Politologie, Wege der Forschung*, vol. LXXXVI, Darmstadt, Wissenschaftliche Buchgesellschaft, 1967, 515.

28 Kaufmann, Walter (ed.), *Existentialism from Dostoevsky to Sartre*, New York, Meridian Books, 1956, 44.

da angústia, da ansiedade, do cuidado e da solidão que caracterizam a condição humana quando vista sem ilusão, em toda a sua nudez. Além disso, ressaltam a responsabilidade da ação; eles exigem autenticidade. Não só cada homem é inteiramente responsável por todas as consequências do que faz ou deixa de fazer, mas também é responsável pelo que é e, nesse sentido, pela humanidade[29]. Na ação, o homem se faz; e ao escolher, ele escolhe para todos os homens. É por isso que Camus observa: "Eu me revolto, logo existimos"[30].

Mas, exatamente por isso, o existencialismo fala com menos eficácia àqueles que se escondem não na manipulação ou no positivismo burocrático, mas no silêncio, na privatização e na violência. A estes, que parecem incluir cada vez mais os melhores dos nossos jovens, não falta autenticidade, mas responsabilidade; não falta honestidade, mas esperança. Seus fracassos derivam menos da covardia e da obtusidade moral do que de uma consciência excessivamente sofisticada da finitude causal e da falibilidade humana. Quando, como Cavell observa sobre o nosso tempo, "as consequências se tornaram totalmente ilimitadas e indetectáveis", o fardo da ação responsável se torna pesado demais para suportar[31]. Tais pessoas evitam responsabilidades não por egoísmo, mas porque não sabem mais onde as responsabilidades terminam, "o que é e o que não é notícia, o que é e o que não é um fato significativo na história atual, o que é e o que não é relevante para a vida de uma pessoa". Aqui também se está vivendo no universal e não na particularidade, e o fardo é paralisante:

> O jornal me diz que tudo é relevante, mas não posso realmente aceitar isso porque significaria que não tenho uma vida, para a qual algumas coisas são relevantes e outras não. Também não posso negar isso porque não sei por que as coisas acontecem como acontecem e por que não sou responsável por nada ou por tudo isso. E assim, na medida em que ainda tenho sentimentos a enfrentar, é uma culpa generalizada, que apenas confirma minha paralisia[32].

E a contrapartida à paralisia, quando a tensão se torna grande demais, é a explosão.

---

29 O existencialismo "coloca toda a responsabilidade pela existência [do homem] diretamente sobre seus próprios ombros", ibid., 291.
30 CAMUS, *O homem revoltado*, 31.
31 CAVELL, Stanley, *Must We Mean What We Say?*, New York, Charles Scribner's Sons, 1969, 343.
32 Ibid., 348; comparar com p. 346-347.

Para alguém nesta situação, o chamado à autenticidade e à responsabilidade emitido pelo existencialismo é provável que pareça arbitrariamente moralista e oneroso de modo excessivo. A responsabilidade infinita é grande demais; na ausência de deuses ou de padrões absolutos, por que alguém deveria aceitá-la? Ou, mesmo que a aceite, como pode torná-la a base para uma ação significativa? Quem pode prever consequências infinitas antes de agir? Assim, ou a ação é evitada ou fica desconectada do pensamento. Aqui, parece-me, Wittgenstein oferece uma abordagem alternativa, sugerindo uma responsabilidade que é humanamente possível assumir. Pois Wittgenstein nos lembra que noções como responsabilidade, ação e consequências são feitas para serem usadas em casos reais em que conversamos uns com os outros sobre ações particulares em nossas vidas. Ao atribuir responsabilidade pela ação, falamos sempre no contexto de circunstâncias particulares, como indivíduos particulares. Naquele momento, nossos conceitos de responsabilidade e nossas consequências estão em casa; lá eles fazem sentido. Mas ali eles também são finitos. Eles não fazem um sentido único que se aplique à totalidade vivida em abstrato e no geral. Não estamos constantemente agindo e escolhendo; as consequências de uma ação não são *tudo aquilo* que acontece em seguida e para sempre (assim como *nem tudo* o que acontece antes de um evento físico é uma de suas causas).

Wittgenstein nos permite ver como, na hora de escolher (uma ação, uma posição, um padrão, mas também um livro, um amigo, um exemplo) *já somos* alguém; nunca é preciso começar do zero, porque nunca *se pode* começar do zero. Valores, ordem e significado são, de fato, criados pelos homens, pelas escolhas dos homens. Mas isso não significa que eles sejam criados em sua totalidade por cada homem a cada momento; que sejam criados de *qualquer* maneira, arbitrariamente. Para todos nós, eles têm seu fundamento na natureza humana; e para cada um de nós eles têm um fundamento adicional da vida já vivida, do crescimento já feito, da língua já aprendida, da pessoa que cada um se tornou. Wittgenstein ensina que, quando se tem idade suficiente para o problema surgir, já *se possuem* valores, padrões e significados e uma concepção de mundo, assim como já se dispõe de uma língua na qual eles estão amplamente incorporados. Nesse sentido, somos realmente parte de uma comunidade humana contínua, gostemos ou não, saibamos ou não[33].

Wittgenstein está tão preocupado quanto qualquer estudioso da fenomenologia com o sentido de alienação, com a percepção de uma lacuna entre o mundo e a mente, entre fatos e significados, entre objetos e o humano. Ele vê a percepção

---

33 Este ponto é certamente uma razão para as rusgas de Camus com o existencialismo, e sua suspeita de que há uma "natureza humana"; *O homem revoltado*, 22.

de uma lacuna claramente relacionada ao autoconhecimento e à autoconsciência progressivamente crescentes, o que torna as pessoas mais conscientes do papel da convenção na vida humana do que jamais estiveram antes. O fardo de manter essas convenções é sentido de forma mais contundente porque há mais consciência do quanto ele é convencional. É como se percebêssemos que o chão em que pisamos não é terra firme, e sim uma mera rede frágil de convenções estendida sobre um abismo; olhamos para baixo através da rede e somos tomados pela vertigem diante da visão do espaço vazio sob nossos pés. Mas Wittgenstein sugere que o problema pode estar na busca por fundamentos não adequados. As convenções de nossa linguagem e de nosso pensamento repousam nos jogos de linguagem jogados. E isso significa que a aparente lacuna entre pensamento e realidade é superada, por um lado, pelas formas de vida humanas e, por outro, pela ação humana, pela responsabilidade assumida quando se fala. As formas de vida são a ponte que transpõe a aparente lacuna – o que explica por que não há lacuna – entre os sentimentos subjetivos característicos da expectativa, as ocasiões em que algo deve ser esperado e as várias expressões (verbais e não verbais) de expectativa. O ato de falar é o que preenche a lacuna aparente – e mostra por que não há lacuna – entre o sentimento subjetivo característico da compreensão repentina e a garantia da capacidade futura de proceder corretamente contida na declaração "Eu compreendo", entre os critérios de compreensão e o significado de "compreender". Ao querermos escapar das próprias formas de vida, entendemos as responsabilidades implicadas pelo discurso de modo tão generalizado que parecem inatingíveis; a percepção de que há uma lacuna entre a mente e o mundo provém de um mal-entendido a respeito da natureza das convenções envolvidas.

A noção wittgensteiniana de gramática, argumenta Cavell,

> pretende explicar tanto o tipo de segurança que nosso conhecimento geral do mundo possui [...] e a maneira como essa segurança depende da capacidade de fazer reivindicações que podem ser anuladas, embora não possamos proteger nosso intelecto e, de fato, o crucificamos – ao tentar antecipar todos os lugares em que ele pode falhar. Esta não é uma nova Busca da Certeza – tal Busca na verdade nunca teve por objetivo a certeza, e sim um sonho de certeza, uma fantasia sobre uma compreensão *total* do objeto, sua situação e consequência, o desejo de ter o conhecimento de Deus – mas, ainda assim, eu gostaria de dizer, uma busca de responsabilidade. Pois reivindicar é afirmar, algo que os seres humanos *fazem*; e como tudo o mais que fazem, por algumas coisas são responsáveis, respondem por elas.

Dizer qualquer coisa envolve riscos; inúmeras coisas podem acontecer que "não temos como" saber; mas foi *dito*, e o que deverá ser dito, caso falhe, dependerá *do que* foi dito e quando, e do que aconteceu. [...] Os riscos não nos privam da certeza; a aceitação e o manejo competente dos riscos são o que torna responsável a reivindicação de certeza humana[34].

A ponte que preenche a lacuna entre a mente e o mundo para Wittgenstein, segundo Cavell,

é a apreciação e a aceitação das formas humanas de vida, a "convenção" humana. Isso implica que a *percepção* de lacuna se origina em uma tentativa, ou desejo, de escapar (para permanecer um "estranho", um "alienado") perante essas formas de vida compartilhadas, para abrir mão da *responsabilidade* por sua manutenção. (Isso é sempre uma falha? Não há como se tornar responsável por *isso*? O que um herói moral ou intelectual *faz* aqui?) A filosofia tradicional, na medida em que se expandiu na tradição acadêmica anglo-americana, nunca tomou essa lacuna seriamente como um problema *real* e *prático*. Ou a preencheu com Deus ou a uniu com universais que *asseguram* o conluio da mente com o mundo; ou então negou, em bases teóricas, que pudesse ser preenchida ou superada. Acho que foi isso que Nietzsche quis dizer quando ridicularizou os filósofos por considerarem a vida "como um enigma, como um problema de conhecimento", dando a entender que questionamos o que não podemos deixar de saber para não buscar o que seria doloroso descobrir. Isso, é claro, não sugere que o ceticismo seja trivial; ao contrário, mostra quão profundo é o ceticismo como posição mental. Nada é mais humano do que o desejo de negar a própria humanidade[35].

É evidente, então, que Wittgenstein oferece algo basicamente muito parecido com o que foi oferecido por Marx, Nietzsche ou Freud: um adensamento do autoconhecimento humano, e da nossa visão racional de nós mesmos. Mas, se for assim, ele parece ser apenas mais um na longa série de mestres que ajudaram a expulsar o homem do Éden, alimentando-o na árvore do conhecimento, que inauguraram o dilema da Modernidade. Ele também ajuda a eliminar ilusões que davam uma falsa sensação de estabilidade e ordem. Pois ele ensina que, mesmo os conceitos, o próprio aparato com o qual pensamos, são apenas o produto da convenção humana. Como

---

34 CAVELL, *Claim to Rationality*, 108-109.
35 Ibid., 129-130.

Nietzsche e Marx, Wittgenstein ensina que o pensamento é um reflexo de nossa atividade; como Freud, ele se preocupa em nos libertar da ilusão, das "imagens" mentais que "nos mantêm cativos"; como Einstein, ele ensina que não há posição absoluta, mas apenas relativa. Apesar de nossa ânsia por ordem e significado transcendente, o fato é que as palavras não têm significado absoluto, dado por Deus; e a ordem da nossa linguagem é fragmentária. Os significados são simplesmente o produto dos vários usos das palavras; e mesmo que, apesar disso, determinem o mundo de maneiras importantes, o próprio mundo depende da prática e das convenções humanas. Não há nenhum grande árbitro para julgar o significado ou a verdade do que se diz; há apenas um conjunto de seres humanos falíveis, interagindo.

De certa forma, Wittgenstein diz essas coisas e é um desses mestres. Mas há também uma evolução significativa na estrutura de seu pensamento, desde o *Tractatus* até sua obra tardia. Confrontado com o dilema moderno, com um universo em fluxo, sem centro, sem significado nem estabilidade, o *Tractatus* é essencialmente uma confissão de desalento, um recuo para o que parecia a única terra firme remanescente, a única fortaleza que ainda parecia defensável, impiedosamente abandonada por tudo o que havia do lado de fora. Se a linguagem define o mundo, então, para que esse mundo mantenha qualquer tipo de estabilidade, a linguagem *tem* que ser um sistema de regras fixas, exaustivas e sistemáticas. Se ficarmos dentro dessas regras, estaremos seguros, preservaremos significado, sentido e realidade. É claro que muito terá que ser abandonado. Pois toda arte e estética, toda religião e ética, tudo o que requer juízo, sensibilidade e afeto terá de ser abandonado do lado de fora da fortaleza. Sobre essas coisas não se pode falar, e se os homens continuam a experimentá-las, devem fazê-lo em silêncio e, portanto, em isolamento, no mundo privado e calado dos sonhos. Nossa linguagem e nossa vida comum devem ser confinadas ao palácio de cristal lúcido e ordenado da matemática, da lógica, da ciência, um mundo protegido contra toda ambiguidade. Esse, me parece, é o espírito do *Tractatus*.

O próprio Wittgenstein experimentou claramente as percepções de sua filosofia posterior como uma libertação daquele espírito anterior, uma libertação do compromisso rígido e frenético com uma ordem inequívoca. Em vez de recuar para uma ilha das certezas últimas, a filosofia do segundo Wittgenstein examina o próprio desejo de certeza e conclui que, afinal, somos capazes de viver ao balanço do mar. É uma tentativa de aceitar e viver com a condição humana sem ilusões – relatividade, dúvida e ausência de Deus. Assim como os outros grandes mestres da

Modernidade, Wittgenstein parece tanto contribuir para os males da perspectiva quanto insistir em mais perspectiva, mais autoconhecimento, como a cura para essa doença. À semelhança deles, ele responde à alienação com a tentativa de aprofundar-se nela e *através* dela, e alcançar o outro lado do que quer que esteja além.

A tentativa parecerá promissora a depender de considerarmos nossa condição moderna como resultado de uma série de revoluções destrutivas bem-sucedidas (industrial, social, política, religiosa, educacional etc.), ou, com Paulo Goodman, acreditarmos que a maioria de nossas revoluções foi incompleta e seu poder construtivo, portanto, desviado ou envenenado[36]. Se Wittgenstein traz algo de novo e importante a acrescentar ao nosso autoconhecimento objetivo, pode ser porque Freud, Marx e outros mestres que o precederam não completaram a tarefa de nos ensinar quem somos. E, nesse caso, as aparentes consequências prejudiciais de seus ensinamentos podem ser falhas, não desses ensinamentos, mas daqueles ensinamentos incompreendidos, distorcidos por nossas defesas contra eles, sejam elas as defesas sociopolíticas de interesses e instituições estabelecidas ou as defesas psicológicas internas erigidas pelo nosso medo. Wittgenstein percebeu que sua conquista era, como a de Freud, a descoberta de um método sistemático para evitar que a busca da autoconsciência racional se tornasse autodestrutiva, que fosse derrotada pelo *self*[37].

O autoconhecimento, a perspectiva sobre si mesmo, a aceitação da verdade das limitações humanas, é alienante, pode-se sugerir, apenas enquanto estiver confinado à esfera intelectual, for mantido fora de contato com – e, de fato, usado como uma defesa contra o contato com – os *selves* reais, internos, e as vidas reais, externas. Do mesmo modo que a doutrina freudiana, a doutrina de Wittgenstein pode ser distorcida de modo a transformar-se em uma nova e sofisticadíssima arma de propaganda e manipulação; mas, também à sua semelhança, pode ser uma força humanizadora e libertadora quando assume a forma de percepção genuína, em vez de domínio intelectual meramente superficial. Wittgenstein ensina que a filosofia é puramente descritiva, que ela "de modo algum interfere no uso real da linguagem", que ela resulta, em última análise, na descoberta de nossas "formas de vida" que devem "ser aceitas tais como dadas". Isso pode ser experimentado, e por vezes tem sido experimentado por filósofos contemporâneos, como uma doutrina limitada, como se Wittgenstein nos proibisse de fazer algo que talvez pudesse até se tornar possível

---

36 GOODMAN, Paul, *Growing Up Absurd*, New York, Random House, 1962, 216-217.
37 FANN, K. T., *Ludwig Wittgenstein. The Man and his Philosophy*, New York, Dell, 1967, 44; comparar com CAVELL, *Must We Mean What...*, 66-67, 72.

se nos esforçássemos o bastante. Mas também pode ser percebido, como o foi pelo próprio Wittgenstein, mais como um catalizador do que como um bloqueio ao movimento. Reconhecer o que dizemos, o que fazemos, o que sentimos, quem somos pode significar desistir de alguns sonhos de mudança como impossíveis; mas também pode ser uma base – talvez a única base eficaz – para uma mudança genuína. É, segundo sugere Cavell, "como o reconhecimento de nossos compromissos atuais e suas implicações; para determinada pessoa, a sensação de liberdade exigirá escapar deles, para outra, exigirá sua aceitação de modo pleno. Será óbvio que uma dessas posições deve, em um determinado caso, ser a posição certa?"[38]

Poderíamos dizer, que quando nossas formas de vida são culturais no sentido de que poderiam ser de outra forma entre os seres humanos –, talvez tenham sido de outra forma em outras épocas e culturas – a descoberta de nossas convenções pode ser alcançada pela análise wittgensteiniana; ou por uma análise genuína e profunda do conhecimento antropológico de culturas existentes, radicalmente diferentes, ou por conhecimento histórico genuíno e profundo de tempos radicalmente diferentes. Aqui a liberdade começa, por assim dizer, na consciência da pluralidade, das alternativas. Mas, mesmo aqui, a mera consciência ainda não constitui liberdade, assim como não se pode "ver" o mundo como um egípcio o via simplesmente por se familiarizar com a arte egípcia. Quando as formas de vida são mais do que culturais, são naturais no sentido de que os seres humanos ou o mundo teriam que ser radicalmente diferentes para que tais formas mudassem, então pode ser, de fato, verdade que o que é tem que ser aceito. Mas, mesmo aqui, a percepção perspicaz da convenção – da natureza humana – pode ser de grande valor. Aqui a liberdade não está na pluralidade ou em padrões de vida modificados, mas na aceitação do inevitável, dos verdadeiros *selves* e de nossos dilemas.

Esta não é uma ideia fácil de expressar sem paradoxo (por causa, é claro, da gramática das palavras que temos disponíveis para expressá-la). Hegel tentou dizê-lo sobre toda a história, passada e futura; Nietzsche procurou confiná-la ao passado. Obviamente, está em constante perigo de ser mal expressada ou mal interpretada em uma doutrina quietista, que aconselha os homens a aceitar o que, de fato, pode ser mudado, ou fingir (para eles mesmos e para os outros) aceitar o que, de fato, permanece inaceitável. Porém, essa não é a ideia. A ideia é que, quando algo realmente não pode ser mudado, o próprio desejo contínuo de mudança torna-se suspeito. Isso não significa que o desejo deva ser negado, reprimido ou disfarçado;

---

38 Cavell, *Must We Mean What...*, 57n.

significa que o desejo deve ser examinado mais a fundo. *O que é aquilo* que se deseja quando se quer escapar da condição humana? O que tanto nos faz supor que existem alternativas? De onde tiramos as noções que temos de como essas alternativas podem ser (imortalidade, infinito, onisciência, onipotência, Deus)? Wittgenstein sugere, como Feuerbach fez a respeito dos deuses, que essas ideias e expectativas parecem transcender a condição humana e são, de fato, extraídas de nossa condição humana – não de seus fatos, mas de seus empreendimentos. O sonho do filósofo do conhecimento divino surge a partir (e faz parte) da gramática ordinária e humana do "saber", ou seja, daquela parte que se relaciona com as garantias dadas quando o saber é afirmado, a promessa é ofertada, a responsabilidade é assumida.

Em segundo lugar, dizer que a liberdade consiste em aceitar o que realmente não pode ser mudado significa que a aceitação da realidade é a única base possível para uma mudança genuína, já que o reconhecimento de quem somos e do que valorizamos, de onde estamos e o que enfrentamos, de "nossos compromissos e responsabilidades atuais" é a única base genuinamente sólida para uma ação bem-sucedida e uma mudança significativa. Se você quer caminhar com um sentido definido, saber onde está pode parecer limitar suas alternativas, mas também é um pré-requisito. Tal conhecimento é como o atrito. Como diz Wittgenstein, em nosso desejo de absolutismo, de transcender a condição humana, "entramos por um terreno [de gelo] escorregadio, onde falta o atrito, portanto, onde as condições, em certo sentido, são ideais, mas nós, justamente por isso, também não somos capazes de andar. Queremos andar. Então, precisamos do *atrito*. De volta ao chão áspero!"[39] O desejo de escapar de nossa condição humana, por vezes, acomete cada um de nós. É um desejo real, mas não um desejo por algo real. É um desejo vão.

Certamente, teóricos como Marx e Freud ofereceram propostas bastante concretas para ações de reparação juntamente com seus diagnósticos dos males sociais. Suas contribuições para o autoconhecimento incluem uma visão de possibilidades alternativas e algumas instruções de como isso pode ser alcançado. Wittgenstein, por outro lado, não tem plano, programa ou curso de ação alternativo a propor. Ele realmente não é um teórico político, mas um filósofo, dando-nos uma visão clara do estado atual das coisas. Tampouco, evidentemente, seus ensinamentos são de fácil acesso para muitas pessoas.

É preciso encontrar e formular o nosso próprio curso de ação se desejarmos aceitar o desafio wittgensteiniano e fazer nosso o autoconhecimento que ele oferece.

---

39 WITTGENSTEIN, *Investigações filosóficas*, § 107.

Mas não pode haver dúvida de que Wittgenstein pretendia exatamente isso, pretendia nos convocar de volta à realidade, a nós mesmos, à ação, às nossas responsabilidades. Ele percebeu que o conhecimento exige reconhecimento, que não é neutro em relação à ação. Uma abordagem wittgensteiniana torna possível, mas também exige de nós, que se levem outras pessoas e outras culturas a sério, que realmente ouçamos, que sejamos capazes de ver da perspectiva do outro. Mas também torna possível, e exige, que nos levemos a sério, que sejamos sérios, que aceitemos nossa própria perspectiva, que digamos o que realmente queremos dizer e vivamos de acordo com o que dizemos. Ensina que as palavras não são, por natureza, vagas ou não confiáveis, não são moldadas, por natureza, para a hipocrisia e a traição. Ensina a ver quando se fala de forma vaga, não confiável, hipócrita, e que não é preciso fazê-lo. Ele mostra, para tomar emprestadas as palavras de Arendt, que "mesmo que não exista a verdade, o homem pode ser veraz, e mesmo que não exista certeza confiável, o homem pode ser confiável"[40].

Assim, quando Wittgenstein diz que nossas formas de vida devem ser aceitas, isso não é o mesmo que dizer que nossas vidas como as vivemos devem ser aceitas, que nossas formas de teorizar sobre elas devem ser aceitas. Em vez disso, sugere, segundo observa Cavell, "que a crítica de nossas vidas não deve ser efetuada na teoria filosófica, mas continuada no confronto de nossas vidas com suas próprias necessidades"[41]. Não é que não possamos mudar conceitos, hábitos ou instituições; mas nem toda mudança é possível, e filosofar não os mudará. Para que eles mudem, devemos mudá-los por nossas ações, em nossas vidas; e, em última análise, isso significa que não podemos mudá-los isoladamente. Aqui, Wittgenstein está muito próximo a Marx. A famosa tese sobre Feuerbach, de que "os filósofos apenas *interpretaram* o mundo de várias maneiras; o que importa, porém, é *transformá*-lo", não precisa ser lida nem como um convite para mudar o mundo filosofando, nem como uma condenação da filosofia como algo inútil. Em vez disso, pode ser lida como um paralelo à observação de Wittgenstein, de que "a doença de um tempo" é curada apenas "por uma alteração no modo de vida dos seres humanos", por meio de modos alternativos de "pensamento e vida, não através de um medicamento inventado por um indivíduo"[42].

---

40 ARENDT, *Condição humana*, 291.

41 CAVELL, Existentialism…, 963.

42 WITTGENSTEIN, Ludwig, *Remarks on the Foundations of Mathematics*, VON WRIGHT, G. H.; RHEES, R.; ANSCOMBE, G. E. M. (eds.), trad. ing. de G. E. M. Anscombe, Oxford, Basil Blackwell, 1964, 57.

BIBLIOGRAFIA

AMBROSE, Alice; LAZEROWITZ, Morris. Ludwig Wittgenstein. Philosophy, Experiment and Proof. In: MACE, C. A. (ed.). *British Philosophy in the MidCentury*. London: George Allen & Unwin, 1966.
AMMERMAN, Robert R. (ed.). *Classics of Analytic Philosophy*. New York: McGraw-Hill, 1965.
ANSCOMBE, G. E. M. *An Introduction to Wittgenstein's Tractatus*. New York: Harper & Row, ^{2}1965.
_____. On Brute Facts. *Analysis*, 18, jan. (1958), 69-72.
APEL, Karl-Otto. *Analytic Philosophy of Language and the Geisteswissenschaften*. Trad. ing. de Harald Holstelilie. Dordrecht: D. Reidel, 1967.
ARENDT, Hannah. *Between Past and Future*. Cleveland; New York: World Publishing, 1961. Trad. bras.: *Entre o passado e o futuro*, de Mauro W. Barbosa. São Paulo: Perspectiva, Debates, 64, dirigida por J. Guinsburg, 2005.
_____. Civil Disobedience. *The New Yorker*, XLVI, set., 12 (1970) 70-105. Trad. bras.: Desobediência civil, de José Volkmann. In: _____. *Crises da República*. São Paulo: Perspectiva, Debates, 85, dirigida por J. Guinsburg, ^{3}2013, 49-90.
_____. *Crisis of the Republic*. New York: Harcourt Brace Jovanovich, 1972. Trad. bras.: *Crises da República*, de José Volkmann. São Paulo: Perspectiva, Debates, 85, dirigida por J. Guinsburg, ^{3}2013.
_____. *The Human Condition*. Garden City: Doubleday, 1958. Trad. bras.: *A condição humana*, de Roberto Raposo. Rio de Janeiro: Forense Universitária, ^{10}2005.
_____. Reflections on Violence. *New York Review of Books*, XII (1969) 19-31. Trad. bras.: *Da violência*, de Maria Claudia Drummond. Brasília: Universidade de Brasília, 1985, Coleção Pensamento Político, 65.
_____. Religion and Politics. *Confluence*, II, set. (1953) 105-126.
_____. *The Origins of Totalitarianism*. New York: Harcourt Brace Jovanovich, ^{3}1973 [1. ed. 1966, 2. ed. 1968]. Trad. bras.: *Origens do totalitarismo*, de Roberto Raposo. São Paulo: Companhia das Letras, 2012.
_____. Truth and Politics. In: LASLETT, Peter; RUNCIMAN, W. G. (eds.). *Philosophy, Politics and Society*. Oxford: Basil Blackwell, 1967. Trad. bras.: Verdade e política, de Mauro W. Barbosa. In: _____. *Entre o passado e o futuro*. São Paulo: Perspectiva, 2005, 282-325.
_____. What Was Authority? In: FRIEDRICH, Carl J. (ed.). *Authority, Nomos I*. Cambridge: Harvard University Press, 1958. Trad. bras.: Que é autoridade?, de Mauro W. Barbosa.

In: _____. *Entre o passado e o futuro*. São Paulo: Perspectiva, Debates, 64, dirigida por J. Guinsburg, 2005, 127-187.

ARISTÓTELES. *De Anima*. Trad. ing. de Kenelm Foster e Silvester Humphries. Londres: Routledge & Kegan Paul, 1951. Trad. bras.: *De Anima*. Apresentação, trad. e notas de Maria Cecília Gomes dos Reis. São Paulo: Editora 34, 2007.

_____. *Politics*. Trad. ing. de Sir Barker Ernest. New York: Oxford University Press, 1958. Trad. bilíngue (port. e grega): *Política*, de Antonio Campelo Amaral e Carlos Gomes. Lisboa: Vega, 1998.

AUSTIN, J. L. *How to Do Things with Words*. URMSON, J. O. (ed.). New York: Oxford University Press, 1965. Trad. bras.: *Quando dizer é fazer. Palavras e ação*. Trad. bras. e apresentação de Danilo Marcondes de Souza Filho. Porto Alegre: Artes Médicas, Série Discursos Analíticos, 1990.

_____. *Philosophical Papers*. Oxford: Clarendon Press, 1961.

_____. *Sense and Sensibilia*. WARNOCK, G. J. (ed.). Oxford: Clarendon Press, 1962.

_____. Some Ways of Spilling Ink. In: FRIEDRICH, Carl J. (ed.). *Responsibility. Nomos III*. New York: Liberal Arts Press, 1960.

AYER, A. J. *Language, Truth and Logic*. London: Victor Gollancz, 1936.

BACHRACH, Peter; BARATZ, Morton S. Decisions and Nondecisions. An Analytical Framework. *American Political Science Review*, LVII, set. (1963) 632-642.

BAMBROUGH, Renford. Universals and Family Resemblances. In: PITCHER, George (ed.). *Wittgenstein. The Philosophical Investigations*. Garden City: Doubleday, 1966, 186-204.

BARKER, Sir Ernest (ed.). *The Social Contract*. New York: Oxford University Press, 1960.

BARTH, Karl. *Wahrheit und Ideologie*. Zürich: Manese Verlag, 1945.

BELLUGI, Ursula; BROWN, Roger (eds.). *The Acquisition of Language*. Monograph of the Society for Research in Child Development. V. 29, n. 1, serial n. 92, 1964.

BERLIN, Brent; KAY, Paul. *Basic Color Terms*. Berkeley; Los Angeles: University of California Press, 1969.

BERLIN, Sir Isaiah. *Two Concepts of Liberty*. Oxford: Claredon Press, 1958.

BIERSTADT, Robert. Legitimacy. In: *Dictionary of the Social Sciences*. New York: UNESCO, 1964.

BILETZKI, Anat; MATAR, Anat. *Stanford Encyclopedia of Philosophy. Ludwig Wittgenstein*. Trad. bras. de Gustavo Coelho e Jônadas Techio. *Estadão*, São Paulo, 10 set. 2020, Estado da Arte, Filosofia, 32. Disponível em: https://estadodaarte.estadao.com.br/sep-ludwig--wittgenstein-ea/. Acesso em: 12 fev. 2020.

BODENHEIMER, Edgar. A Neglected Theory of Legal Reasoning. *Journal of Legal Education*, 21 (1969) 373-402.

BOURNE, Lyle E. Jr. *Human Conceptual Behavior*. Boston: Allyn & Bacon, 1966.

BRAITHEWAITE, R. B. *Scientific Explanation*. Cambridge: Cambridge University Press, 1964.

BROWER, Reuben A. (ed.). *On Translation*. Cambridge: Harvard University Press, 1959.

BROWN, R. *Explanation in Social Science*. Chicago: Aldine Press, 1963.

BURKE, Edmund. *Reflections on the Revolution in France*. Indianapolis: Bobbs-Merrill Company, 1955. Trad. bras.: *Reflexões sobre a Revolução em França*, de Renato de Assumpção Faria, Denis Pinto e Carmen Moura. Brasília: Universidade de Brasília, 1982.

CAMUS, Albert. *The Fall*. Trad. ing. de Justin O'Brien. New York: A. A. Knopf, 1966. Trad. bras.: *A queda*, de Valerie Rumjanek. Rio de Janeiro: BestBolso, ⁷2015.

_____. *The Myth of Sisyphus*. Trad. ing. de Justin O'Brien. New York: Vintage Books, Random House, 1959. Trad. bras.: *O mito de Sísifo*, de Ari Roitman e Paulina Watch. Rio de Janeiro: Record, 2004.

_____. *The Rebel*. Trad. ing. de Anthony Bower. New York: Random House, 1956. Trad. bras.: *O homem revoltado*, de Valerie Rumjanek. Rio de Janeiro: BestBolso, 2017.

CARNAP, Rudolf. *Meaning and Necessity*. Chicago: University of Chicago Press, 1956.

CARROLL, John B. *Language and Thought*. Englewood Cliffs, N. J.: Prentice- Hall, 1964.

_____. *The Study of Language*. Cambridge: Harvard University Press, 1959.

CASSIRER, Ernst. *An Essay on Man*. Garden City: Doubleday, 1953.

_____. *Philosophie der symbolischen Formen*. Berlin: B. Cassirer, 1923-1931.

CATON, C. E. (ed.). *Philosophy and Ordinary Language*. Urbana: University of Illinois Press, 1963.

CAVELL, Stanley Louis. *The Claim to Rationality. Knowledge and the Basis of Morality*. Tese de Doutorado em Filosofia (não publicada). Cambridge: Harvard University, 1961-1962.

_____. *Must We Mean What We Say?* New York: Charles Scribner's Sons, 1969.

_____. *The Claim of Reason. Wittgenstein, Skepticism, Morality, and Tragedy*. New York: Oxford University Press; Oxford: Clarendon, 1979.

CHAMBERS, Will Grant. How Words Get Meanings. *Pedagogical Seminary*, 11, 1904, 30-49.

CHAPPELL, V. C. (ed.). *Ordinary Language*. Englewood Cliffs: Prentice-Hall, 1964.

CHARLESWORTH, Maxwell John. *Philosophy and Linguistic Analysis*. Louvain: Editions E. Nauwelaerts, 1959.

CHIHARA, C. S.; FODOR, J. A. Operationalism and Ordinary Language. A Critique of Wittgenstein. In: PITCHER, George (ed.). *Wittgenstein. The Philosophical Investigations*. Garden City: Doubleday, 1966, 384-419.

CHISHOLM, Roderick M. Freedom and Action. In: LEHRER, Keith (ed.). *Freedom and Determinism*. New York: Random House, 1966.

_____. *Perceiving*. Ithaca: Cornell University Press, 1957.

CHOMSKY, Noam. *Cartesian Linguistics*. New York; London: Harper & Row, 1966.

_____. Current Issues in Linguistic Theory. In: FODOR, Jerry A.; KATZ, Jerrold J. (eds.). *The Structure of Language*. Englewood Cliffs: Prentice-Hall, 1964.

_____. *Language and Mind*. New York: Harcourt, Brace & World, 1968.

CUMMING, Robert Denoon (ed.). *The Philosophy of Jean-Paul Sartre*. New York: Modern Library, 1966.

DAHL, Robert. The Concept of Power. In: ULMER, S. Sidney (ed.). *Introductory Readings in Political Behavior*. Chicago: Rand McNally, 1961.

_____. *Modern Political Analysis*. Englewood Cliffs: Prentice-Hall, 1963.

DAHRENDORF, Ralf. *Marx in Perspektive*. Hanover: J. H. W. Dietz, 1953.

DE CASTILHO, Fausto (ed.). Trad. bras., nota prévia e revisão, *Meditações sobre filosofia primeira* – Descartes. Campinas: Editora Unicamp, 2004,

DEL VECCHIO, Giorgio. *Justice*. CAMPBELL A. H. (ed.). Trad. ing. de Lady Guthrie. Chicago: Aldine Press, 1952.

DE MAURO, Tullio. *Ludwig Wittgenstein*. Dordrecht: D. Reidel, 1967.
DESCARTES. *Meditações sobre filosofia primeira*. CASTILHO, Fausto (ed.), e trad. bras., nota prévia e revisão, edição em latim e português. Campinas: Editora Unicamp, Coleção Multilíngues de Filosofia Unicamp, Cartesiana I, 2004.
DIDION, Joan. *Salvador*. New York: Simon & Shuster, 1983.
DIENES, Z. P. *Concept Formation and Personality*. Leicester: Leicester University Press, 1959.
DODDS, E. R. *The Greeks and the Irrational*. Berkeley; Los Angeles: University of California Press, 1951.
DRURY, M. O'C. A Symposium on Wittgenstein. In: FANN, K. T. *Ludwig Wittgenstein*. New York: Dell, 1967.
DUNCAN-JONES, Austin E. Authority. *Aristotelian Society Supplementary*, v. 32, 1958.
EASTON, David. *A Framework for Political Analysis*. Englewood Cliffs: Prentice-Hall, 1965.
_____. *The Political System*. New York: A. A. Knopf, 1963.
_____. *A Systems Analysis of Political Life*. New York: John Wiley & Sons, 1965.
EHRENZWEIG, Albert. Psychoanalytic Jurisprudence. A Common Language for Babylon. *Columbia Law Review*, v. 65, n. 2 (1965) 1331-1360.
ELAM, Claude B. *Inductive Concept Formation in Normal and Retarded Subjects*. Fort Worth: Texas Christian University Press, 1962.
ELLUL, Jacques. *The Political Illusion*. Trad. ing. de Konrad Kellen. New York: A. A. Knopf, 1967.
EMMET, Dorothy. The Concept of Power. *Aristotelian Society Proceedings*, LIV (1953-1954) 1-26.
ENGELMANN, Paul. *Letters from Ludwig Wittgenstein, with a Memoir*. MCGUINNESS, B. F. (ed.). Trad. ing. de L. Furtmüller. New York: Horizon Press, 1968.
ENGELS, Friedrich. Socialism. Utopian and Scientific. In: FEUER, LEWIS S. (ed.). *Marx and Engels. Basic Writings on Politics and Philosophy*. Garden City: Doubleday, 1959, 104-105. Trad. bras.: *Do socialismo utópico ao socialismo científico*, de Roberto Goldkorn. São Paulo: Global, ⁶1984.
EVANS-PRITCHARD, E. E. *Witchcraft, Oracles and Magic Among the Azande*. Oxford: Clarendon Press, 1965. Trad. bras.: *Bruxaria, oráculos e magia entre os azande*, de Eduardo Viveiros de Castro. Rio de Janeiro: Zahar, 2005.
FANN, K. T. *Wittgenstein's Conception of Philosophy*. Berkeley; Los Angeles: University of California Press, 1969.
_____. (ed.). *Ludwig Wittgenstein. The Man and His Philosophy*. New York: Dell, 1967.
FANON, Frantz. *Black Skin, White Masks*. Trad. ing. de Charles Lam Markmann. New York: Grove Press, 1967. Trad. bras.: *Pele negra, máscaras brancas*, de Renato da Silveira. Salvador: EDUFBA, 2008.
FENICHEL, Otto. *The Psychoanalytic Theory of Neurosis*. New York: W. W. Norton, 1945.
FEUER, Lewis S. (ed.). *Marx and Engels*. Garden City: Doubleday, 1959.
FEUERBACH, Ludwig. *The Essence of Christianity*. New York: Harper & Brothers, 1957.
FLEW, Antony (ed.). *Essays in Conceptual Analysis*. London: Macmillan, 1956.
_____. (ed.). *Logic and Language*. Garden City: Doubleday, 1965.
FODOR, Jerry A.; KATZ, JERROLD J. The Availability of What We Say. *Philosophical Review*, LXXII, jan. (1963) 57-71.
_____. (eds.). *The Structure of Language*. Englewood Cliffs: Prentice-Hall, 1964.

FOOTE, Philippa. Free Will as Involving Determinism. In: MORGENBESSER, Sidney; WALSH, James (eds.). *Free Will*. Englewood Cliffs: Prentice-Hall, 1962.

FREIRE, Paulo. *The Pedagogy of the Oppressed*. Trad. ing. de Bergman Ramos. New York: Herder and Herder, 1970. Original bras.: *Pedagogia do oprimido*. Rio de Janeiro: Paz e Terra, 1974.

FREUD, Sigmund. *The Interpretation of Dreams*. Trad. ing. de James Strachey. New York: Basic Books, 1961.

GARDNER, Riley W.; SCHOEN, Robert A. Differentiation and Abstraction in Concept Formation. *Psychological Monographs*, 76 (1962) n. 41.

GASKING, Douglas. Causation and Recipes. *Mind*, 64 (1955) 479-487.

_____.; JACKSON, A. C. Wittgenstein as a Teacher. In: FANN, K. T. (ed.). *Ludwig Wittgenstein. The Man and His Philosophy*. New York: Dell, 1967.

GEACH, Peter; BLACK, Max (eds.). *Translations from the Philosophical Writings of Gottlob Frege*. Oxford: Basil Blackwell, 1952.

GELLNER, Ernest. The Entry of the Philosophers. *Times Literary Supplement*, 4 abril 1968, 347-349.

_____. *Words and Things*. London: Victor Gollancz, 1959.

GILBERT, Allan. *Machiavelli. The Chief Works and Others*. Durham: Duke University Press, 1965.

GILBERT, Felix. On Machiavelli's Idea of Virtu. *Renaissance News*, IV (1951) 53-55, e V (1952) 21-23.

GILLISPIE, C. C. *The Edge of Objectivity*. Princeton: Princeton University Press, 1960.

GOLDSTEIN, Kurt. The Problem of the Meaning of Words Based Upon Observation of Aphasic Patients. *Journal of Psychology*, 2, 1936.

GOLDSTEIN, Leon J. The Phenomenological and Naturalistic Approaches to the Social. In: NATANSON (ed.). *Philosophy of the Social Sciences*. New York: Random House, 1963.

GOODMAN, Paul. *Growing Up Absurd*. New York: Random House, 1962.

GUNNELL, John. Social Science and Political Reality. The Problem of Explanation. *Social Research*, 35, Spring (1968) 159-201.

GUSDORF, Georges. *Speaking*. Trad. ing. de Paul T. Brockelman. Evanston: Northwestern University Press, 1965.

HALL, Roland. Excluders. In: CATON, Charles E. (ed.). *Philosophy and Ordinary Language*. Urbana: University of Illinois Press, 1963.

HALLETT, Garth, S. J. *Wittgenstein's Definition of Meaning as Use*. New York: Fordham University Press, 1967.

HANSON, N. R. On the Symmetry between Explanation and Prediction. *Philosophical Review*, 68 (1959) 349-358.

HARE, R. M. et al. Symposium on the Nature of Analysis. *Journal of Philosophy*, 54, nov. (1957) 741-766.

HART, H. L. A. The Ascription of Responsibility and Rights. In: FLEW, Antony (ed.). *Logic and Language*. First and Second Series. Garden City: Doubleday, 1965.

HARTNACK, Justus. *Wittgenstein and Modern Philosophy*. Trad. ing. de Maurice Cranston. Garden City: Doubleday, 1965.

HARVEY, O. J.; HUNT, David; SCHRODER, Harold M. *Conceptual Systems and Personality Organization.* New York: John Wiley & Sons, 1961.

HAUFMANN, Eugenia; KASANIN, Jacob. A Method for the Study of Concept Formation. *Journal of Psychology,* 3 (1937) 521-540.

HAVEL, Vaclav. The Power of the Powerless. In: KEANE, John (ed.). *The Power of the Powerless.* Armonk, N. Y.: M. E. Sharpe, Inc., 1985.

HEARNE, Vicki. *Adam's Task. Calling Animals by Name.* New York: Alfred A. Knopf, 1986.

HEIDEGGER, Martin. *Existence and Being.* Chicago: Henry Regnery, 1968.

HELLER, Erich. *The Artist's Journey into the Interior.* New York: Random House, 1959.

HENLE, Paul (ed.). *Language, Thought and Culture.* Ann Arbor: University of Michigan Press, 1965.

HENNIS, Wilhelm. Topik und Politik. In: SCHMIDT, Robert H. (ed.). *Methoden der Politologie.* Darmstadt: Wissenschaftliche Buchgesellschaft, 1967.

HEXTER, J. H. *Il principe* and *lo stato. Studies in the Renaissance,* IV (1957) 113-138.

_____. The Loom of Language. *American Historical Review,* LXIX, jul. (1964) 945-968.

HOBBES, Thomas. *Leviathan.* OAKESHOTT, Michael (ed.). New York: Collier, 1962. Trad. bras.: *Leviatã,* de João Monteiro, Maria Silva e Claudia Berliner; revisão Eunice Ostrensky. São Paulo: Martins Fontes, 2014.

HOSPERS, John. What is Explanation? In: FLEW, Antony (ed.). *Essays in Conceptual Analysis.* London: Macmillan, 1956.

HOURANI, George F. Thrasymachus' Definition of Justice in Plato's Republic. *Phronesis,* VII (1962) 110-120.

HUDSON, Donald. *Ludwig Wittgenstein.* Richmond: John Knox Press, 1968.

HUMBOLDT, Wilhelm von. *Uber die Verschiedenheit des menschlichen Sprachbaues.* POTT, A. F. (ed.). Berlim: S. Calvary, 1880.

HUME, David. Of the Original Contract. In: BARKER, Sir Ernest (ed.). *The Social Contract.* New York: Oxford University Press, 1960.

HUNT, Earl B. *Concept Learning.* New York; London: John Wiley & Sons, 1962.

KANT, Immanuel. *Crítica da razão prática.* Trad. bras. baseada na edição original de 1788, com introdução e notas de Valerio Rhoden. São Paulo: WMF Martins Fontes, ⁴2016, Clássicos WMF.

_____. *Crítica da faculdade de julgar.* Trad. bras. de Fernando Costa Mattos. Petrópolis: Vozes. Bragança Paulista: Editora Universitária, São Francisco, 2016, Coleção Pensamento Humano.

KANTOR, Jacob Robert. *An Objective Psychology of Grammar.* Bloomington, Indiana; Evanston, Illinois: Principia Press, 1952.

KASANIN, J. S. (ed.). *Language and Thought in Schizophrenia.* New York: W. W. Norton, 1964.

KAUFMANN, Walter (ed.). *Existentialism from Dostoevsky to Sartre.* New York: Meridian Books, 1956.

KLAUSMEIER, Herbert John; HARRIS, Chester W. (eds.). *Analyses of Concept Learning.* New York: Academic Press, 1966.

KREITZER, Donald J. An Analysis of the Nature of Power. *Southwest Social Science Quarterly,* 45, mar. (1965) 375-383.

KUHN, Thomas S. The Structure of Scientific Revolutions. In: *International Encyclopedia of Unified Science*. Chicago: University of Chicago Press, ²1970. Trad. bras.: *A estrutura das revoluções científicas*, de Beatriz Vianna Boeira e Nelson Boeira, revisão de Alice Kyoto Miyashiro. São Paulo: Perspectiva, ⁵1998.

LAFFAL, Julius. *Pathological and Normal Language*. New York: Atherton Press, 1965.

LASSWELL, Harold. Propaganda and Mass Insecurity. In: STANTON, A. H.; PERRY, S. E. (eds.). *Personality and Political Crisis*. Glencoe, Illinois: Free Press, 1951.

LAZEROWITZ, Morris. *Structure of Metaphysics*. London: Routledge & Kegan Paul, 1955.

LENNEBERG, Eric. The Capacity for Language Acquisition. In: FODOR, Jerry A.; KATZ, Jerrold J. (eds.). *The Structure of Language*. Englewood Cliffs: Prentice-Hall, 1964.

_____. (ed.) *New Directions in the Study of Language*. Cambridge: M.I.T. Press, 1966.

LEOPOLD, Werner. Semantic Learning in Infant Language. *Word,* IV (1948) 173-180.

_____. *The Speech Development of a Bilingual Child*. Evanston; Chicago: Northwestern University Press, 1939-1949.

LERNER, Daniel (ed.). *Cause and Effect*. New York: Free Press, 1965.

_____. (ed.). *Evidence and Inference*. Glencoe, Illinois: Free Press, 1959.

LEVINSON, Arnold. Knowledge and Society. *Inquiry*, 9, Summer (1966) 132-146.

LEWIS, Morris Michael. *Infant Speech*. New York: Harcourt, Brace, 1936.

LINSKY, Leonard (ed.). *Semantics and the Philosophy of Language*. Urbana: University of Illinois Press, 1952.

LIPSET, Seymour Martin. *Political Man*. Garden City: Doubleday, 1960.

LOUCH, A. R. *Explanation and Human Action*. Berkeley; Los Angeles: University of California Press, 1966.

MACDOUGALL, Robert. The Child's Speech. IV. Word and Meaning. *Journal of Educational Psychology,* 4 (1913) 29-38.

MACHIAVELLI, Niccòlo. *The Prince and The Discourses*. Trad. ing. de Luigi Ricci. New York: Random House, 1940. Trad. bras.: MAQUIAVEL, Nicolau. *O príncipe*, de Maria Júlia Goldwasser, revisão de Zélia de Almeida Cardoso. São Paulo: Martins Fontes, ³2008.

MACINTYRE, Alasdair. A Mistake About Causality in Social Science. In: LASLETT, Peter; RUNCIMAN, W. G. (eds.). *Philosophy, Politics and Society*. Second Series. New York: Barnes & Noble, 1962.

MACIVER, A. M. Historical Explanation. In: FLEW, Antony (ed.). *Logic and Language*. First and Second Series. Garden City: Doubleday, 1965.

MADELL, Geoffrey. Action and Causal Explanation. *Mind*, LXXVI (1967) 38-48.

MALCOLM, Norman. *Knowledge and Certainty*. Englewood Cliffs: Prentice-Hall, 1963.

_____. *Ludwig Wittgenstein. A Memoir*. London: Oxford University Press, 1962.

MANNHEIM, Karl. *Ideology and Utopia*. Trad. ing. de Louis Wirth e Edward Shils. New York: Harcourt, Brace, 1936.

MARCH, James G. The Power of Power. In: EASTON, David (ed.). *Varieties of Political Theory*. Englewood Cliffs: Prentice-Hall, 1966.

MARCUSE, Herbert. *One Dimensional Man*. Boston: Beacon Press, 1968.

MARX, Karl; ENGELS, Friedrich. Manifesto of the Communist Party. In: FEUER, Lewis S. (ed.). *Marx and Engels. Basic Writings on Politics and Philosophy*. Garden City: Doubleday,

1959. Trad. bras.: *Manifesto do Partido Comunista*, de Sergio Tellaroli. São Paulo: Penguin e Companhia das Letras, 2012.

_____. Excerpt from a Contribution to the Critique of Political Economy. In: FEUER (ed.). *Marx and Engels. Basic Writings on Politics and Philosophy*. Garden City: Doubleday, 1959. Trad. bras.: *Contribuição à crítica da economia política*, com tradução e introdução de Florestan Fernandes. São Paulo: Expressão Popular, ²2008.

_____. Excerpts from the German Ideology. In: FEUER (ed.). *Marx and Engels. Basic Writings on Politics and Philosophy*. Garden City: Doubleday, 1959. Trad. bras.: *A ideologia alemã*, de Luiz Claudio de Castro e Costa. São Paulo: Martins Fontes, Clássicos, 1998.

MATES, Benson. On the Verification of Statements. In: CHAPPELL V. C. (ed.). *Ordinary Language*. Englewood Cliffs: Prentice-Hall, 1964.

MAYO, Bernard. *Ethics and the Moral Life*. London: Macmillan, 1958.

MELDEN, A. I. *Free Action*. New York: Humanities Press, 1961.

MENDEL-REYES, Meta. *Participatory Democracy. The Sixties as Metaphor*. Tese Ph.D. em Ciência Política. Berkeley: University of California, 1992.

MERELMAN, Richard M. Learning and Legitimacy. *American Political Science Review*, LX, set. (1966) 548-561.

MERLEAU-PONTY, Maurice. *In Praise of Philosophy*. Trad. ing. de John Wild, James M. Edie. Evanston, Illinois: Northwestern University Press, 1963.

MILL, John Stuart. *A System of Logic*. London: J. W. Parker, 1843.

MILLS, C. Wright. *The Sociological Imagination*. New York: Oxford University Press, 1959.

MINOGUE, Kenneth. *The Liberal Mind*. New York: Random House, 1968.

MONK, Ray. *Wittgenstein. The Duty of Genius*. New York: Free Press; Maxwell Macmillan International, 1990. Trad. bras.: *Wittgenstein. O dever do gênio*, de Carlos Alfonso Malferrari. São Paulo: Companhia das Letras, 1995.

MOORE, G. E. Wittgenstein's Lectures in 1930-1933. In: AMMERMAN, Robert R. (ed.). *Classics of Analytic Philosophy*. New York: McGraw-Hill, 1965.

MORICK, Harold, (ed.). *Wittgenstein and the Problem of Other Minds*. New York: McGraw-Hill, 1967.

MORRIS, Charles. *Signs, Language and Behavior*. New York: George Braziller, 1955.

NADELMAN, Lorraine. The Influence of Concreteness and Accessibility on Concept-Thinking. *Psychological Reports Monograph Supplement*, 4, 1957.

NATANSON, Maurice (ed.). *Philosophy of the Social Sciences*. New York: Random House, 1963.

NIDA, Eugene A. Principles of Translation as Exemplified by Bible Translating. In: BROWER, Reuben A. (ed.). *On Translation*. Cambridge: Harvard University Press, 1959.

NIETZSCHE, Friedrich. *The Use and Abuse of History*. Indianapolis; New York: Bobbs-Merrill, 1957. Trad. bras.: *Obras incompletas*, de Rubens Rodrigues Torres Filho. Seleção de textos de Gérard Lebrun. São Paulo: Abril Cultural, Os Pensadores, Vol. XXXII, out. 1974.

_____. *Ecce Homo*. KAUFMANN, Walter (ed.) e trad. ing. New York: Random House, 1969. Trad. bras.: *Ecce homo*. Organização, trad., prefácio e notas de Marcelo Backes. Porto Alegre: Coleção L&PM Pocket; São Paulo: Companhia de Bolso, jan. 2003.

_____. Thus Spoke Zarathustra. In: *The Portable Nietzsche*. KAUFMANN, Walter (ed.) e trad. ing. New York: Viking, 1954. Trad. bras.: *Assim falou Zaratustra. Um livro para todos e para ninguém*, de Gabriel Valladão Silva. Porto Alegre: Clássicos L&PM, out. 2014.

OAKESHOTT, Michael. *Rationalism in Politics and Other Essays*. New York: Basic Books, 1962.
OHMAN, Susanne. *Woninhalt und Weltbild*. Stockholm: Kungl. Boktryckeriet P.A. Norstedt & Soner, 1951.
PAP, Arthur. *Elements of Analytic Philosophy*. New York: Macmillan, 1949.
PASSMORE, John. Explanation in Everyday Life, in Science, and in History. *History and Theory*, II (1962) 105-123.
PEREIRA, M.H.R. *Obras de Maria Helena da Rocha Pereira III. Traduções do grego*. Lisboa: Imprensa da Universidade de Coimbra, Fundação Calouste Gulbenkian, 2017.
PERRY, Charner. The Semantics of Political Science. *American Political Science Review*, XLIV, jun. (1950) 394-406.
PETERS, R. S. *The Concept of Motivation*. New York: Humanities Press, 1958.
PIAGET, Jean. *The Moral Judgment of the Child*. Trad. ing. de Marjorie Gabain. New York: Collier Books, 1962.
PITCHER, George (ed.). *Wittgenstein. The Philosophical Investigations*. Garden City: Doubleday, 1966.
PITKIN, Hanna. *The Concept of Representation*. Berkeley; Los Angeles; London: University of California Press, 1972.
_____. Obligation and Consent. *American Political Science Review*, LIX, dez. (1965) 990-999, e LX, mar. (1966) 39-52.
PLATÃO. *The Dialogues of Plato*. Trad. ing. de B. Jowett. 2 volumes. New York: Random House, 1937. Trad. bras.: *Diálogos de Platão,* de Carlos Alberto Nunes. Belém: Ed. UFPA, 13 volumes, ³2000.
_____. *The Republic of Plato*. Trad. ing., introdução, análises, notas e índice de Benjamin Jowett. Oxford: Clarendon Press, 3ª versão revista e ampliada da primeira versão de 1888, 2017. (The Project Gutenberg EBook of The Republic of Plato*)*. Trad. bras.: *A República*, de Carlos Alberto Nunes. Belém: EDUFPA, ³2000.
PODELL, Harriett Amster. Two Processes of Concept Formation. *Psychological Monographs,* 72, n. 15, 1958.
POLANYI, Michael. *Personal Knowledge*. New York; Evanston: Harper & Row, 1964.
POLE, David. *The Later Philosophy of Wittgenstein*. London: University of London, The Athlone Press, 1963.
QUINE, Willard van Orman. *Word and Object*. Cambridge: M.I.T. Press, 1960.
QUINTON, Anthony. On Punishment. In: LASLETT, Peter (ed.). *Philosophy, Politics and Society*. New York: Macmillan, 1956.
RABIN, L. Linguistics of Translation. In: *Aspects of Translation*. Studies in Communication. Nº 2. London: University College Communications Research Center, 1958.
RAWLS, John. Two Concepts of Rules. *Philosophical Review*, LXIV, jan. (1955) 3-32.
REED, Homer B. Factors Influencing the Learning and Retention of Concepts. *Journal of Experimental Psychology,* 36 (1946) 71-87, 166-179, 252-261.
RIEFF, Philip. *Freud. The Mind of the Moralist*. New York: Viking Press, 1959.
RIKER, William H. Some Ambiguities in the Notion of Power. *American Political Science Review*, LVIII, jun. (1964) 341-349.

ROUSSEAU, Jean-Jacques. The Social Contract. In: BARKER, Sir Ernest (ed.). *The Social Contract*. New York: Oxford University Press, 1960. Trad. bras.: *Do contrato social*, de Eduardo Brandão. São Paulo: Penguin Classics, Companhia das Letras, 2011.

RUSSELL, Bertrand. *A History of Western Philosophy*. New York: Simon & Schuster, 1945.

RYLE, Gilbert. Categories. In: FLEW, Antony (ed.). *Logic and Language*. Garden City: Doubleday, 1965.

_____. *The Concept of Mind*. New York: Barnes & Noble, 1949.

_____. *Dilemmas*. Cambridge: Cambridge University Press, 1966.

_____. Ordinary Language. In: CHAPPELL, V. C. (ed.). *Ordinary Language*. Englewood Cliffs: Prentice-Hall, 1964.

_____. The Theory of Meaning. In: CATON, C. E. (ed.). *Philosophy and Ordinary Language*. Urbana: University of Illinois Press, 1963.

SAPIR, Edward. *Language*. New York; Harcourt: Brace & World, 1949.

SARTRE, Jean-Paul. Existentialism is a Humanism. In: KAUFMANN, Walter (ed.). *Existentialism from Dostoevsky to Sartre*. New York: Meridian, 1956. Trad. bras.: *O existencialismo é um humanismo*, de Vergílio Ferreira et al. Seleção de textos José Américo Motta Pessanha. São Paulo: Abril Cultural, Os Pensadores, 1978.

_____. An Explication of The Stranger. In: BRÉE, Germaine (ed.). *Camus*. Englewood Cliffs: Prentice-Hall, 1962.

SCHAAR, John H. Reflections on Authority. *New American Review*, 8 (1970) 44-80.

SCHULZ, Walter. *Wittgenstein. Die Negation der Philosophie*. Stuttgart: Gunter Neske Pfullingen, 1967.

SCHUTZ, Alfred. *Collected Papers*. NATANSON, Maurice (ed.). The Hague: M. Nijhoff, 1962-1966.

_____. Concept and Theory Formation in the Social Sciences. In: NATANSON, Maurice (ed.). *Philosophy of the Social·Sciences*. New York: Random House, 1963.

_____. *Phenomenology of the Social World*. Trad. ing. de Georg Walsh e Frederick Lehnert. Evanston: Northwestern University Press, 1967.

SEARLE, John. How to Derive "Ought" from "Is". *Philosophical Review*, LXXIII jan. (1964) 43-58.

_____. *Speech Acts*. Cambridge: Cambridge University Press, 1969.

SEGERSTEDT, Torgny T. *Die Macht des Wortes*. Zurich: Pan-Verlag, 1947.

SESONSKE, Alexander. "Cognitive" and "Normative". *Philosophy and Phenomenological Research*, XVII, set. (1956) 1-21.

_____. *Value and Obligation*. New York: Oxford University Press, 1964.

SHIBLES, Warren. *Wittgenstein, Language and Philosophy*. Dubuque: William C. Brown, 1969.

SHIPSTONE, Eva I. Some Variables Affecting Pattern Conception. *Psychological Monographs. General and Applied*, 74, n. 17 (Whole n. 504), 1960.

SMITH, Norman Kemp (ed.). *Descartes Philosophical Writings*. New York: Random House, 1958.

SMOKE, Kenneth. Negative Instances in Concept Learning. *Journal of Experimental Psychology*, 16 (1933) 583-588.

_____. An Objective Study of Concept Formation. *Psychological Monographs,* XLII (1932) n. 191.

SPECHT, Ernst Konrad. *Sprache und Sein*. Berlin: Walter de Gruyter, 1967.

_____. Die sprachphilosophischen und ontologischen Grundlagen im Spätwerk Ludwig Wittgensteins. *Kantstudien Ergänzungshefte*, 84, 1963.

STERN, Clara e William. *Kindersprache*. Darmstadt: Wissenschaftliche Buchgesellschaft, 1965.

STEVENSON, Charles L. *Ethics and Language*. New Haven: Yale University Press, 1960.

STRAUSS, Leo. An Epilogue. In: STORING, Herbert J. (ed.). *Essays on the Scientific Study of Politics*. New York: Holt, Rinehart and Winston, 1962.

_____. *Natural Right and History*. Chicago: University of Chicago Press, 1959.

STRAWSON, P. F. Review of Wittgenstein's Philosophical Investigations. In: PITCHER, George (ed.). *Wittgenstein. The Philosophical Investigations*. Garden City: Doubleday, 1966.

TAYLOR, Charles. *The Explanation of Behaviour*. New York: Humanities Press, 1967.

TAYLOR, Richard. *Action and Purpose*. Englewood Cliffs: Prentice-Hall, 1966.

TOCQUEVILLE, Alexis de. *Democracy in America*. Trad. ing. de Henry Reeve. New York: Schocken Books, 1961, I. Trad. bras.: *A democracia na América*, de Eduardo Brandão. Prefácio, bibliografia e cronologia de François Furet. São Paulo: Martins Fontes, 2005, I.

TOULMIN, Stephen. Ludwig Wittgenstein. *Encounter*, XXXII, jan. (1969) 58-71.

_____. *The Uses of Argument*. London; New York: Cambridge University Press, 1958.

TURBAYNE, Colin Murray. *The Myth of Metaphor*. New Haven: Yale University Press, 1962.

TUSSMAN, Joseph. *Obligation and the Body Politic*. New York: Oxford University Press, 1960.

VAN PEURSEN, C. A. Edmund Husserl and Ludwig Wittgenstein. *Philosophy and Phenomenological Research*, XX, dcz. (1959) 181-197.

VOEGELIN, Eric. *The New Science of Politics*. Chicago: University of Chicago Press, 1952.

VYGOTSKY, Lev Semenovich. *Thought and Language*. Trad. ing. e edição Eugenia Haufmann e Gertrude Vakar. Cambridge: MIT Press, 1966.

WAISMANN, Friedrich. How I See Philosophy. In: LEWIS, H. D. (ed.), *Contemporary British Philosophy*. Third Series. New York: Macmillan, 1956.

_____. Language Strata. In: FLEW, Antony (ed.). *Logic and Language*. First and Second Series. Garden City: Doubleday, 1965.

_____. *Principles of Linguistic Philosophy*. HARRE, R. (ed.). New York: St. Martin's Press, 1965.

_____. Verifiability. In: FLEW, Antony (ed.). *Logic and Language*. First and Second Series. Garden City: Doubleday, 1965.

_____. *Wittgenstein und der Wiener Kreis*. MC-GUINNESS, B. F. (ed.). London: Basil Blackwell, 1967.

WALLACE, J. G. *Concept Growth and the Education of the Child*. National Foundation for Educational Research in England and Wales. Occasional Publication Series N. 12, 1965.

WARNOCK, G. J. Every Event has a Cause. In: FLEW, Antony (ed.). *Logic and Language*. First and Second Series. Garden City: Doubleday, 1965.

WEBER, Max. *Basic Concepts in Sociology*. Trad. ing. de H. P. Seeber. New York: Citadel Press, 1962. Trad. bras.: Conceitos sociológicos fundamentais, de Regis Barbosa e Karen Elsabe Barbosa. In: _____. *Economia e sociedade, fundamentos da sociologia compreensiva*. Brasília: Editora Universidade de Brasília, rev. tec. de Gabriel Cohn, ^{4}2015, Volume I.

_____. Politics as a Vocation. In: GERTH, H. H.; MILLS, C. Wright (eds.) e tradução. *From Max Weber*. New York: Galaxy, Oxford University Press, 1958.

_____. Politik als Beruf, In: WINCKELMANN, Johannes (ed.). *Gesammelte Politische Schriften*. Tubingen; J. C. B. Mohr, Paul Siebeck, 1958. Trad. bras.: A política como vocação. In: *Ensaios de Sociologia*, rev. tec. Fernando Henrique Cardoso. Rio de Janeiro, LTC, ⁶2002.

_____. *The Theory of social and Economic Organization*. PARSONS, Talcott (ed.). Trad. ing. de A. R. Henderson e Talcott Parsons. London: William Hodge, 1947. Trad. bras. inclusa em *Economia e sociedade, fundamentos da sociologia compreensiva*. Brasília: Editora Universidade de Brasília, rev. tec. de Gabriel Cohn, ⁴2015, Volume I.

WEISGERBER, Leo. *Vom Weltbild der Deutschen Sprache*. Düsseldorf: Pädagogischer Verlag Schwann, 1950.

WELDON, T. D. *The Vocabulary of Politics*. Harmondsworth: Penguin Books, 1955.

WHEELWRIGHT, Philip. *Metaphor and Reality*. Bloomington: Indiana University Press, 1962.

WHITFIELD, J. H. *Machiavelli*. New York: Russell & Russell, 1965.

WHORF, Benjamin Lee. *Language, Thought and Reality*. CARROLL, John B. (ed.). Cambridge: MIT Press, 1967.

WINCH, Peter. *The Idea of a Social Science and Its Relation to Philosophy*. New York: Humanities Press, 1965.

WINCH, Peter. *The Idea of a Social Science and Its Relation to Philosophy*. HOLLAND, R. F. (ed.). New York: Humanities Press, 1965.

_____. Understanding a Primitive Society. *American Philosophical Quarterly*, I, out. (1964) 307-324.

WISDOM, John. Ludwig Wittgenstein, 1934-1937. In: FANN (ed.). *Ludwig Wittgenstein*. New York: Dell, 1967.

_____. *Other Minds*. Berkeley; Los Angeles: University of California Press, 1968.

_____. *Paradox and Discovery*. Oxford: Basil Blackwell, 1965.

_____. *Philosophy and PsychoAnalysis*. New York: Philosophical Library, 1953.

_____. *Problems of Mind and Matter*. Cambridge: Cambridge University Press, 1963.

WITTGENSTEIN, Ludwig. Bemerkungen über Frazers. *The Golden Bough. Synthese*, 17 (1967) 233-253.

_____. *Lectures and Conversations on Aesthetics, Psychology and Religious Belief*. BARRETT, Cyril (ed.). Berkeley; Los Angeles: University of California Press, 1967.

_____. *Notebooks 1914-1916*. Trad. ing. de G. E. M. Anscombe. Oxford: Basil Blackwell, 1961.

_____. *On Certainty*. ANSCOMBE, G. E. M.; VAN WRIGHT, G. H. (eds.). Trad. ing. de Denis Paul e G. E. M. Anscombe. New York; Evanston: Harper & Row, 1969. Trad. port.: *Da certeza*, de Maria Elisa Costa. Revisão António Fidalgo. Lisboa: Edições 70, 1969.

_____. *Philosophical Investigations*. Trad. ing. de G. E. M. Anscombe. New York: Macmillan, ³1968.

_____. *Philosophische Bemerkungen*. RHEES, Rush (ed.). Oxford: Basil Blackwell, 1964. Trad. bras.: *Investigações filosóficas*, de Marcos Montagnoli. Petrópolis: Vozes, ⁴2005. *Investigações filosóficas, Philosophische Untersuchungen*. Trad. bras. de João José R. L. Almeida, Edição Bilíngue Alemão-Português, 2017. Disponível em: http://www.psicanaliseefilosofia.com.br/textos/InvestigacoesFilosoficas-Original.pdf Acesso em: 3 jun. 2020.

_____. *Philosophical Grammar*. RHEES, Rush (ed.). Trad. ing. de Anthony Kenny. Berkeley; Los Angeles: University of California Press, 1974. Trad. bras.: *Gramática filosófica*, de Luiz Carlos Borges. São Paulo: Loyola, ²2010.

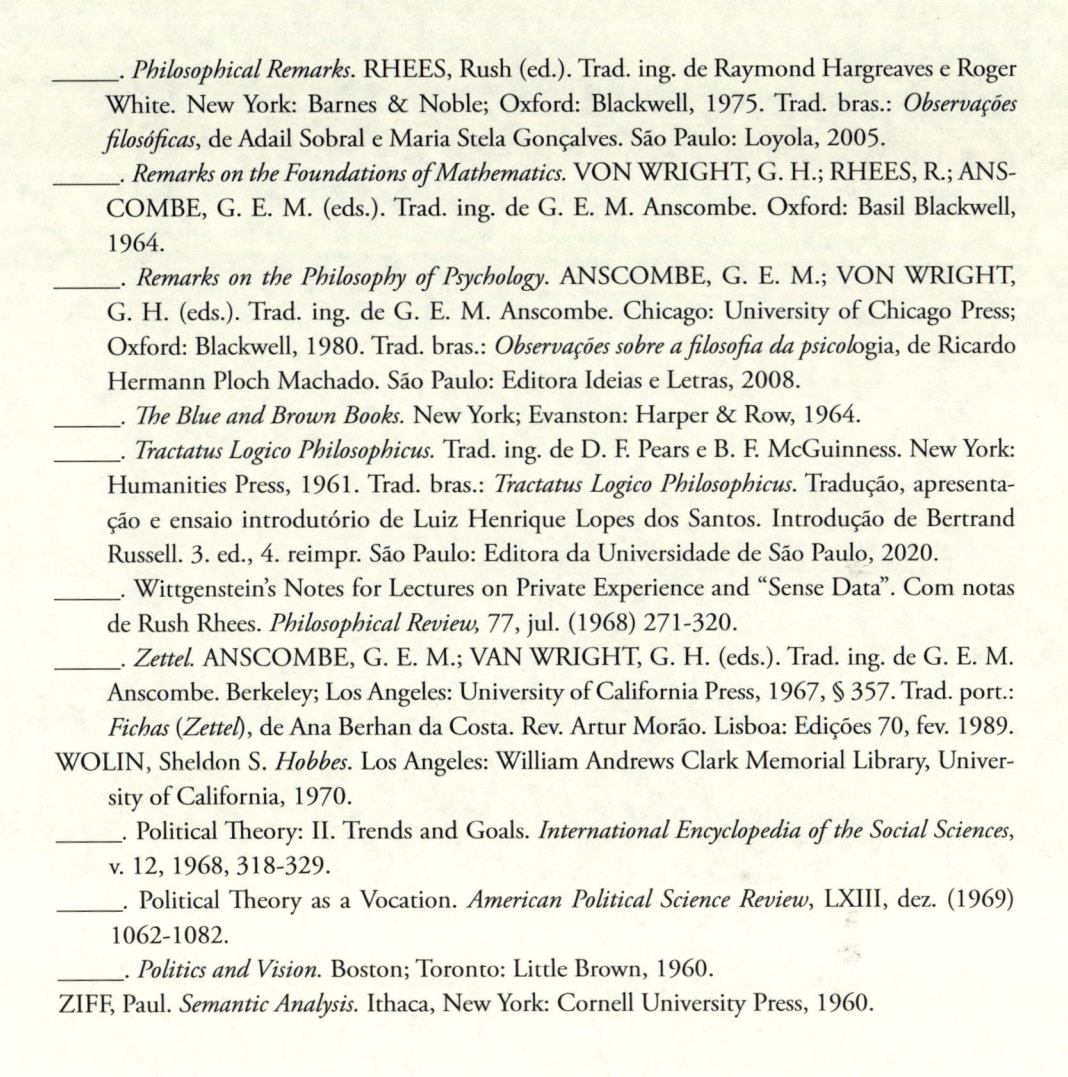

_____. *Philosophical Remarks*. RHEES, Rush (ed.). Trad. ing. de Raymond Hargreaves e Roger White. New York: Barnes & Noble; Oxford: Blackwell, 1975. Trad. bras.: *Observações filosóficas*, de Adail Sobral e Maria Stela Gonçalves. São Paulo: Loyola, 2005.

_____. *Remarks on the Foundations of Mathematics*. VON WRIGHT, G. H.; RHEES, R.; ANSCOMBE, G. E. M. (eds.). Trad. ing. de G. E. M. Anscombe. Oxford: Basil Blackwell, 1964.

_____. *Remarks on the Philosophy of Psychology*. ANSCOMBE, G. E. M.; VON WRIGHT, G. H. (eds.). Trad. ing. de G. E. M. Anscombe. Chicago: University of Chicago Press; Oxford: Blackwell, 1980. Trad. bras.: *Observações sobre a filosofia da psicol*ogia, de Ricardo Hermann Ploch Machado. São Paulo: Editora Ideias e Letras, 2008.

_____. *The Blue and Brown Books*. New York; Evanston: Harper & Row, 1964.

_____. *Tractatus Logico Philosophicus*. Trad. ing. de D. F. Pears e B. F. McGuinness. New York: Humanities Press, 1961. Trad. bras.: *Tractatus Logico Philosophicus*. Tradução, apresentação e ensaio introdutório de Luiz Henrique Lopes dos Santos. Introdução de Bertrand Russell. 3. ed., 4. reimpr. São Paulo: Editora da Universidade de São Paulo, 2020.

_____. Wittgenstein's Notes for Lectures on Private Experience and "Sense Data". Com notas de Rush Rhees. *Philosophical Review*, 77, jul. (1968) 271-320.

_____. *Zettel*. ANSCOMBE, G. E. M.; VAN WRIGHT, G. H. (eds.). Trad. ing. de G. E. M. Anscombe. Berkeley; Los Angeles: University of California Press, 1967, § 357. Trad. port.: *Fichas* (*Zettel*), de Ana Berhan da Costa. Rev. Artur Morão. Lisboa: Edições 70, fev. 1989.

WOLIN, Sheldon S. *Hobbes*. Los Angeles: William Andrews Clark Memorial Library, University of California, 1970.

_____. Political Theory: II. Trends and Goals. *International Encyclopedia of the Social Sciences*, v. 12, 1968, 318-329.

_____. Political Theory as a Vocation. *American Political Science Review*, LXIII, dez. (1969) 1062-1082.

_____. *Politics and Vision*. Boston; Toronto: Little Brown, 1960.

ZIFF, Paul. *Semantic Analysis*. Ithaca, New York: Cornell University Press, 1960.

ÍNDICE

Ação:
    falar como, 53-54, 63-64, 77, 90-106, 108, 152, 157, 166-167, 191, 216, 223-224, 295, 301, 329, 334-335, 345, 407, 416, 454, 460, 466;
    "normalmente", 64-65, 457;
    capacidade de, 75-76, 288-289, 444-445, 450, 458-459, 463-464, 471-472;
    mental, **130-143**, 225, 418,
    conceito de, 136, 159-160, 236, 239(n), **246-260**, 275, 289, 334-335;
    conhecimento de, 193, 243-244, 279-280, 327, 331, 338, 345-346, 447, 453,
    como região de linguagem, 234-235, 237, **246-260**, 455;
    e política, 247-248, 304-317, 320-321, 404-405, 423-424, 436-437, 458-463;
    e ciências sociais, **351-390**, 394, 396

Afirmação. *Ver* Proposição.

Agostinho, Santo:
    como filósofo, 40, 86;
    sobre a linguagem, 86-89, 91-92, 97-98, 101-102;
    sobre o tempo, 413-414

Alienação, 11, 240, 443-444, 446, 453, 458-459, 465, 469

Amor:
    conceito de, 27, 136(n), 185-188;
    e compromisso, 185-188, 448, 450;
    e moralidade, 239;
    em outras culturas, 357, 363, 432

Análise, lógica, 83-84, 97 *nota*, 100-101, 330-331, 381

Aníbal, 433, 435, 437

Anscombe, G. E. M., 23, 54, 331-332

Ansiedade, 185, 390, 444, 463- 464

Apontar, 86-89, 98, 102, 106, 141-142-143, 149, 174, 176, 204

Aprendizado da linguagem, 52, 85-136 *passim*, 150-153, 185-188, 201, 221, 268-270, 282, 300, 302

Aprovação, 108, 228, 326-331, 340-341, 344

Aquino, Santo Tomás de, 40

Arendt, Hannah:
    sobre o mundo, 191;
    sobre os fatos, 230, 458, 461;
    sobre a ação, 236-237, 243, 247-249, 251-252, 256, 296;
    sobre a associação de idioma, 293-294;
    sobre o político, 310-321, 404, 458-459;
    sobre as ciências sociais, 351-354;
    sobre o poder, 394;
    sobre a representação, 321-322;
    sobre a verdade, 472

Aristóteles, como filósofo, 40, 421;
    sobre a linguagem, 85, 266;
    sobre a física, 184, 188-189;
    sobre a lógica, 228;
    sobre a ação, 237;
    sobre a política, 312-313, 318, 321, 457, 461;

Arte. *Ver* Beleza; Estética

Associação, 26, 51, 260, 289, **291-321**

Atividades Mentais, *Ver* Ação, mental.

Ator:
    perspectiva do, 235, 389, 405-406, 451-452;
    como agente da ação, 243, 249, 255-256, 380-381, 384, 388-389;
    consciente das próprias ações, 254, 264-265, 352-376 *passim*

Austin, J. L.:
    como filósofo, 39, 54, 59, 165, 200, 202, 304, 448;
    técnicas de análise, 59, 66-69, 254-255, 317, 321, 380, 383-384, 392-393, 396;
    sobre a linguagem, 60, 64-65, 151, 219, 257, 284, 324;
    sobre performativos, 94-96, 158, 165-166;
    e fenomenologia, 200, 448;
    sobre a raiva, 211, 218;
    sobre justificativas, 69-70, 237-240, 267, 243, 343;

Autenticidade, 26, 44, 76, 445, 463-465

Autoridade,
    e poder, 59, 338, 393-394, 424;
    na fala, 120, 159;
    identificação dela no mundo, 185, 189, 372-373;
    política, 291, 297-298, 303-308, 313-315, 373, 399, 436;
    e legitimidade, 398-400;
    desejo de, 463-464

Ayer, A. J., 326

Azande, 359-361, 375

Barker, Sir Ernest, 431

Barth, Karl, 263

Belo/beleza:
    e feio, 63-64;
    no *Tractatus*, 84-85;
    aprendendo sobre, 187, 269;
    juízo de, 263, 275, 326-330, 339-342;
    e a filosofia, 278

Bentham, Jeremy, 421

Blue and Brown Books, The (Wittgenstein), 70, 79, 160, 207, 216

"Bom":
    a gramática do, 62-64, 278, 327-328;
    significado de, 62-63, 69, 326-327;
    em dicotomia, 63-64, 416;
    no *Tractatus*, 84-85;
    como um "termo valorativo" subjetivo, 261-262, 326;
    como juízo objetivo, 263, 325-330, 339-343

Buber, Martin, 244

Burke, Edmund, 421

"Cadeira", 87, 126, 196-200, 217, 219;

Camus, Albert, 445-446, 448-449, 453, 458, 464

Cassirer, Ernst, 91

Causalidade:
    e leis causais, 51, 205-251, 291, 296-297, 315, 463;
    conceito de, 55, 379, 382-390;
    e liberdade, 64, 449-450;
    e explicação, 236, 249-256, 352-353, 365-367, 373, 379-391, 404-405, 455;
    pelo ator, 249, 256, 378, 380-381;
    e a religião, 362, 370

Cavell, Stanley:
    como filósofo, 23-26, 445;
    sobre Wittgenstein, 23, 25, 126, 195, 197-199, 445, 467;
    sobre o conhecimento, 68, 126, 168, 171, 191, 195, 394, 467-468, 472;
    sobre a ação, regras, 71-72, 217, 335-336, 464, 470, 472;
    sobre a aquisição da linguagem, 89-92, 97, 102, 110, 121-122, 125-129, 185-186, 191;
    sobre a gramática, 125-129, 152-153, 170-171, 197-199, 217, 375
    sobre as atividades mentais, 138, 140-141;
    sobre fazer sentido, 143-147,

sobre a ética, a racionalidade, 232, 236-237, 239-245, 257, 269, 304, 307, 343, 430;
sobre a estética, 340-344;
sobre a ciência, 410, 413-418
Céfalo, 431
Char, René, 445
Chisholm, Roderick M., 378
Chomsky, Noam, 54, 103, 121
Cícero, 421
Cidade, a linguagem com uma, 9, 13, 21, 24, 27-28, 40, 43, 225, 233-234, 311
Ciência política:
   e Wittgenstein, filosofia da linguagem ordinária, 25, 72-76, 261, 321, 383;
   a concepção do político na, 73, 310, 313, 315-316;
   e o positivismo, 75, 323-324, 425;
   e a ciência, 351-358, 365;
   definição na, 391- 406.
Ver também Ciências Sociais
Ciência:
   e o senso comum, 54, 72, 350, 445-448;
   e a filosofia da linguagem ordinária, 56-57, 61, 65-68, 273;
   e a filosofia, 67-68, 73, 267, 289, 410-415, 419-421;
   e os sentimentos, as ações, 75-76, 326, 352-357, 359-304, 365, 367, 376, 379, 381, 443-451;
   como região de linguagem, 100, 226-236, 240-241, 305-307, 319, 344-350, 359, 420;
   como atividade, 111, 115-118, 123-124, 182-183, 188-189, 360-361, 388-389, 454;
   e o mundo, 182-183, 188-189, 360-361, 446-447;
   e a investigação dos homens, 326, 352-359, 365, 367, 376, 379, 381, 389-392, 398, 443-450;
   explicação na, 352-353, 364-365, 367, 379, 389-390
Ciências Sociais:
   e a linguagem, 51-52, 56-57, 61, 66-70, 292-297, 391-407;
   e a filosofia, 73-76, 261, 322, 366;
   e a ação, 193, 246, 260, 263-264, **351-406**;
   e a política, 314, 316-317, 352-353;
   consequências das, 449-450, 470-471
Círculo de Viena. *Ver* Positivismo
Circunstâncias. *Ver* Contexto
Coelho-pato. *Ver* Imagem, Enigma Visual
Collingwood, R. G., 359
Composição, princípio de, 121-124
Compreensão:
   a filosofia, teoria, 23-24, 440;
   como atividade mental, 105-106, ações, pessoas, 356, 362-367, 375-376, 451-452;
   o mundo, 361, 413, 446-447
Ver também Explicação; Conhecimento
Comprimento, 124-125, 169, 204-205, 236, 327
Compromisso:
   e racionalidade, 76, 330-331, 404, 450;
   assumido quando falamos, 97, 133, 138, 158-159, 171, 273-274, 331, 333-334, 347, 376, 398-400, 458-459, 440;
   e moralidade, 239, 244, 305-307, 310, 319, 431,
   e ação, 305, 389, 445, 452-453, 464-467
Conhecimento:
   das pessoas, de si, 28, 243-246, 309-310, 345, 382, 405-406, 465-466, 467-468, 471;
   dos sentimentos, 55, 193, 207-216, 218, 222-223, 289, 447-448, 452-453, 460, 470;
   da linguagem, 56-59, 148, 186-187;

conceito de, 62, 64, 71, 136, **154-159,** 164-171, 196-197, 207-208, 223, 259, 288, 321, 331, 334, 343, 372, 378, 414, 432-433, 471;
filosofia que não vem de um novo, 73, 163, 413, 416-417;
do mundo e da linguagem, 87-92, 181-193, 196, 199-200, 218-219, 446-447, 467-468;
das ações, 243-246, 256-260, 307, 356, 367, 369, 372-373, 382, 388, 405-406, 451;
político, 310;
e juízo, 338, 340-341;
científico moderno, 443, 445-448, 450
Conotação e denotação, 267
Conservadorismo, político, 223, 301, 303, 404, 410, 423, 455, 457-458
Contemplação:
na filosofia, 55, 57, 164-171, 407, 413, 423;
na ciência, 183, 188;
na poesia, 227
Contexto:
completa o significado, 95, 131, 135-136, **137-171**, 174-175, 198, 236, 374, 386-387, 407, 456;
projeta em novos, 109, 122, 124-127, 130, 146, 148, 219-220, 293;
aprendizado da linguagem, 119-122, 123, 200, 268-269;
e circunstâncias da ação, sentimentos, 137-143, 213-216, 218, 222-223, 256, 356, 369;
para imperativos modais, 335-336
Contradição:
e perplexidade conceitual, 55, 72-73, 125, 154, 160-164, 211-213, 376, 407, 410-411, 420, 425;
na gramática dos conceitos, 154-155, 157-164, 171-173, 391-392, 416, 470;
no "conhecimento", 156-164;
na "permanência", 167;

no "mundo", 173, 174-176, 457;
na raiva e na dor, 212-213;
na feitiçaria zande, 359-360;
na ação, 375, 381, 389-390;
na "representação", 440-441;
na política, 454-455, 457;
Convenção:
na linguagem, 202-207, 209-210, 216-224, 259-260, 415, 448-449, 465-470;
na ação, 250-251, 448-449;
na sociedade, 298-299, 304
Ver também Formas de Vida
Copérnico, Nicolau. 444
Cor/cores:
sistema de, 62, 178, 203-206, 217;
apontar para, 86-87, 102-103, 142-143, 148-149, 175, 202;
olhar para, 188,
o conceito de, 188, 210, 231-232, 276-277, 285-286, 345, 401;
"*Corpse*" e "*cadaver*", 173-176, 192, 373
Critérios, 195, 207-215, 220-222, 241, 308, 356-357, 387, 395, 402-403, 408, 429, 466

Dahl, Robert:
sobre a justiça, 271;
sobre a política, 310, 314;
sobre o poder, 395-396
Darwin, Charles. 444
Definição:
e a filosofia, 59, 71, 157, 159-160, 163, 171, 266, 439
e redefinição/nova definição para as ciências sociais, 73, 379, **390-406**, 456;
e verdade, 82-83, 173-224 *passim*, 277, 324;
ostensiva, 86-91, 98, 103, 107;
no aprendizado de línguas, 105, 107-108, 117, 123-124, 125-126, 220-221;
dependência de como a usamos, 116, 135, 220, 226, 335;
como significado, 148;

socrática, 262, 267;
física e dialética, 266;
das ações, 352, 354-359, 366-367, 369-372;
operacional, 392-393, 398, 402;
dos homens, 453
Definição ostensiva. *Ver* Definição.
"Delicioso", 275-277, 286, 323, 326, 330, 341, 399
Democracia, 306, 310, 313-314, 316-317, 401-402, 427-428
Descartes, René, 40, 165-166, 168
Descritiva(o). *Ver* Dicotomia; Normativa(o)
Desculpas (e justificativas), 69-70, 236-241, 343
Desviante. *Ver* Estranho
Determinismo. *Ver* Necessidade
Dever, 271-272, 323-326, **331-338**, 341, 344, 347-348, 403
Ver também Imperativos
Diagnósticos, de Wittgenstein, 159, 164, 195, 407-408
Dialética:
sócrática, 28, 76, 266, 461;
wittgensteiniana, 75-76, 192, 195, 439-441, 453;
e definição física, 266
Dicotomia:
entre normativo, descritivo, 64, 75, 270-271, 323-326, 334-338, 345, 377, 399, 402;
tendência a, 64-65, 394;
entre fatos e valores, 75, 323-326, 331, 334-338, 344-345, 350, 377, 425
Direito consuetudinário, 111-112, 113-114, 117
Direito romano, 111-112, 113-114, 117
Discurso moral, **236-246**;
racionalidade no, 232-233, 241-246, 337-338, 342-345, 349;
e ação, 247, 256-260, 313;
e conhecimento, 257-260, 369, 385;
e discurso político, 304-310, 319-320

Doença (mal-estar), da filosofia como, 29-30, 34, 45, 162-163, 408-410, 417-418, 419-420, 469
Dor, 187-188, 198, 202-224 *passim*, 235, 254, 323
Durkheim, Émile, 264

Easton, David. 310, 314, 319
Einstein, Albert. 414, 444, 468
Elite:
de especialistas, 230, 306-307, 347;
dirigente, na sociedade. 261-263, 268-270, 273-274, 287, 310, 314
Emmet, Dorothy. 393
Engels, Friedrich. 296-297, 450
Essência:
na aquisição da linguagem, 92-93, 102, 104-106, 118, 125;
da língua, 100-101, 104, 126;
dos jogos, 107, 127-130;
na perplexidade conceitual, 154, 163, 195-196, 308, 318;
expressada na gramática, 196;
nas regiões de linguagem, 232-234;
e na existência/experiência, 359, 413, 447, 453, 463
Estado, o, 294, 300-301, 400-401, 426, 428, 431;
em Maquiavel, 422, 433-437.
Ver também Política, Sociedade
Estética:
no *Tractatus*, 84-85, 200-201, 468;
como região de linguagem, 230, 232, 281;
no juízo sobre, 232, 281, 325, 328-331, 338-350 *passim*;
de conceitualização, 415-416, 419, 468, 470
Ver também Belo/beleza.
Ética:
no *Tractatus*, 84-85, 200-201, 468;
como região de linguagem, 229, 281;
e desculpas/justificativas, 237/238;

limitações da, 238;
o juízo sobre a, 281-282, 325, 339, 344-346, 350;
e as ciências sociais, 366;
um elemento da *dikaiosyne*, 430-431;
moralismo na, 456-457
Ver também Moralidade
Etimologia, 38, 60-62, 278, 311, 316, 393, 398, 433-434, 435-436
Evans-Pritchard, E. E., 359, 360
Existencialismo, 76, 351, 444-445, 452-453, 463-465
Expectativas/esperar, 105, 130/131, 138, 140-141, 148-149, 158, 162, 193, 208, 215-216, 222, 254, 277, 369, 411, 466, 471
Explicação:
e aprendizado, 91, 103-105, 109-110, 149;
do significado, sentido, 91-92, 99, 123-124, 143-147, 282;
devem se completar, 98, 223-224;
e o conhecimento, 154,
causal e com propósito, 247, 253-254, 257, 353-354, 362-365, 367, 376-378, **379-390**, 391, 405, 452, 455;
na feitiçaria zande, 360
Expressão estranha, 61, 64, 66, 72, 141, 143, 280, 327-328, 431, 439
Extrapolar. *Ver* Generalizar/Generalização

Fala:
ordinária, 54, 56, 163, 446, 454-455, 457;
situação de, 118-121, 137, 164, 167-168;
com e sem significado, 132-135;
elaboração da conduta pela, 242-246, 256-258, 365-366;
e a política, 421, 423, 443, 453, 458-463, 466
Ver também Linguagem como atividade; Sinais

Falseamento, falsear, falseabilidade, 31, 33, 60, 82-83, 170, 338, 339, 367, 401
Fanon, Frantz, 181
Fatos:
e valores, 75, 264, 277-280, 299, 323-350 *passim*, 377, 392, 425;
e ações, 94-95, 245, 387-388;
no direito consuetudinário, 112;
estruturados pela linguagem, 157, 175-177, 180, 188, 270-273, 389, 398, 408, 417, 444, 465;
e o conhecimento histórico, 230-231, 458, 461-462;
brutos, 259, 331-332, 449, 463;
institucionais, 332;
e a filosofia, 413, 416, 418;
e a teoria, 422
Fenomenologia:
e o positivismo no estudo do homem, 53, 265, 390, 402, 404-405, 452-453;
e Wittgenstein, 76, 444-445, 452-453, 465;
e a experiência, 176, 188, 390, 405, 445-448, 452-453;
e Austin, 200, 447
Ferramentas:
das palavras como, 24, 93-94, 98, 100-102, 135, 161, 163, 255;
do conceito de, 377
Feuerbach, Ludwig, 265, 471-472
Filosofia da linguagem ordinária, 24, 26, 53-74, 149-150, 246, 261, 266, 274, 392, 425;
e Wittgenstein, 54, 71-75, 203;
a vulgarização da, 72, 157, 161, 207, 210, 331, 439;
sobre a moralidade, 236 ss, 456;
sobre a associação, 291 ss,
sobre a obrigação, 331 ss
Filosofia de Oxford. *Ver* filosofia da linguagem ordinária
Fodor, Jerry A., 54
Forma e substância, **282-289**, 315-316, 333, 371, 402-403, 422

Formas de vida:
    e a linguagem, 92-93, 101, 110, **216-224**, 388-389;
    o conceito de Wittgenstein de, 110, **216-224**, 225, 234, 388-389, 453, 466, 467, 469, 472;
    variações individuais das, 144-145, 186, 414-415;
    e a matemática, 231, 347;
    e a filosofia, 333, 407-408, 414-415, 421, 466
Frege, Gottlob. 272
Freud, Sigmund:
    e Wittgenstein, 25, 28, 44-45, 444, 467-468, 469, 471;
    a respeito dos sonhos, 83 *nota*;
    sobre a explicação na psicanálise, 363;
    sobre a ansiedade, 390
Função:
    conceito de, 102, 120, 124, 186-187;
    na *República*, 424, 428, 432

Galileu Galilei, 183-184, 188-189, 446
Generalizar/Generalização:
    linguagem e a capacidade de, 71, 102-110 *passim*, 117-126 *passim*, 146, 158, 163;
    e a perplexidade conceitual, 158-164, 166, 171, 215-216, 283, 387-388, 407, 440, 445, 454-455
Gilbert, Allan, 437
Goldstein, Leon J., 389
Goodman, Paul, 469
Gramática:
    como ensinada nas escolas, 70, 115, 179, 226;
    contradições na, 135, 146, 158-159, 164-165, 166-171, 173, 190, 294, 317-318, 327, 333-335, 382-383, 391-392, 403, 414-415, 470-471;
    e o mundo, 148-149, 152, 168-169, **195-224**, 232, 246, 294, 299, 407-408, 418, 420, 440, 448, 466;
    do "conhecimento", 158-159, 165-171, 471;
    conexões na, 126, 198, 282, 310, 374-375, 398, 452;
    e regiões da linguagem, 225-226, 232-233, 246, 255-256, 259, 327, 333-337, 341-342, 345, 351, 382, 388-389;
    da "justiça", 269, 271, 274, 282-286, 288
Gunnell, John G., 252, 355, 364, 380

Hegel, Georg Wilhelm Friedrich, 39, 186, 444, 470
Heidegger, Martin, 39, 51
Heller, Erich, 39-40, 43-44
Henle, Paul, 178
Hennis, Wilhelm, 462
Hertz, Heinrich,
Hexter, J. H., 434-436
Hobbes, Thomas, 29-30, 421-422, 438-439
Hudson, W. Donald, 236
Humboldt, Wilhelm von, 117
Hume, David, 9, 323, 331, 420

Idealismo:
    filosófico, 200;
    legal, 264;
    político, 310, 312
Ideia Geral. *Ver* Perspícua
Imagem:
    "mantinha-nos prisioneiros", 27, 163, 169-170, 259, 410, 468;
    a linguagem como (imagem/figuração/representação), 51-52, 81, 85, 126, 195-196, 408, 418-420;
    da linguagem, 86;
    enigma visual, 175-176, 188-189, 417
Imperativos, 28, 326, 335, 336, 338
Imperativos modais. *Ver* Imperativos
Incoerência. *Ver* Contradição
Individualidade, 52, **291-321**, 405-406, 457, 459

Ver também Associação, Pessoa
Indução, 89-90, 110, 119, 120
Influência:
    e poder, autoridade, 59, 394-397;
    mágica, 361
Inovação:
    na linguagem, 52, 104-105, 110, 121, 125-126, 148, 163-164, 191, 202, 219-223, 225-226, 292, 296-298, 301-302, 327, 388-389, 414, 418;
    na ciência, 116, 410-413, 418;
    na moralidade, 237-240, 306, 465-466;
    na cultura, 286-287, 291;
    na política, 302-303, 307, 314, 421-424;
    na filosofia, na teoria, 413-423 *passim*, 454, 469-472
Instrumento. *Ver* Ferramentas
Intenção:
    na promessa, 94-95, 158;
    como atividade mental, 107-109, 130, 132, 135-136, 140-141;
    e o que se quer dizer na fala, 144-147, 150-154, 164-171 *passim*;
    na ação, 236-237, 247-248, 250-258 *passim*, 264-265, 286, 296, 352, 355-356, 367-373, 376, 379-380, 383-384, 453;
    na "justiça", 274;
    na política, 301;
    na teoria política, 423
Investigações filosóficas (Wittgenstein), 79-80, 86, 128, 130, 160, 175, 415, 443

Jogo:
    conceito de, 58, 127-130, 136, 142, 167, 419;
    como análogo à linguagem, 92-93, 127-128;
    e as regras, 106, 113, 150, 160, 257, 285-286, 334-335
Ver também Jogos de Linguagem

Jogos de linguagem:
    no aprendizado da língua, 91, 97-108, 111, 148;
    conceito de, **97-108**;
    e atividades mentais, 131-140;
    o contexto em que a palavra está em casa, 143, 164, 170-171;
    moldam o significado, 153, 163, 177, 189, 192, 203;
    e o conhecimento, 158-159;
    e as cores, 206-207;
    e as formas de vida, 216-224 *passim*, 234, 466;
    e as regiões de linguagem, 225, 228, 236;
    e a ação, 255-256, 258, 368, 376, 378, 388, 390-391;
    e a "justiça", 276-277, 286;
    e a estética, 329
Justiça:
    e a equidade/o justo, 61, 178-179, 284, 285, 430, 432;
    conceito de, 241-242 *nota*, **261-289**, 323, 336, 376, 389-390, 399, 421-422, 451;
    na *República*, **261-289**, 323, 336, 376, 425-431, 455;
    divina, 309;
    aprendida na política, 317-318, 320, 458;
    como uma "palavra valorativa", 326-327, 329-331, 392

Kant, Immanuel:
    como um filósofo, 24, 40 57;
    sobre o conhecimento transcendental, 200;
    sobre a moralidade, 238, 244, 389
    sobre a estética. 340, 341, 342
Katz, Jerrold J., 54
Kaufmann, Walter, 463
Kierkegaard, Søren, 40, 239, 390, 445
Kluckhohn, Clyde, 180

Kuhn, Thomas S.:
    sobre a ciência como atividade, 111, 114-115, 230, 411-412, 454;
    sobre os paradigmas, 115-117, 184, 189-190, 411-412;
    sobre o mundo do cientista, 182-184, 190, 230, 388;
    sobre o filosofar na ciência. 410, 411, 412

Lavoisier, Antoine-Laurent, 184
Legitimidade, 392-393, **398-403**, 424,439, 457
Leighton, Dorothea, 180
Leitura, 95, 130, 131, 138
Ver também Ações, mental
Liberdade:
    e as regras, 52, 294, 296, 299-304, 321;
    o conceito de, 56, 60-61, 223, 422;
    e causalidade, 63-64, 76, 151, 246, 254, 353, 382-383, 387-390, 463;
    política,
    filosofia como ajuda para a,
    na condição moderna.
Ver também Causalidade, Necessidade
Limites:
    da linguagem, 83-84, 202, 408-409, 416, 418, 420;
    de um conceito, 125, 159, 226;
    da moralidade, 238-241;
    da nossa humanidade, 333, 408, 415-416, 421;
    da obrigação política, 424
Linguagem:
    e a filosofia, 29, 55-57, 156-171 *passim*, 407-421 *passim*;
    interesse contemporâneo na, 50-51, 54, 291;
    como atividade, 52-53, 77, 90-105, 108, 216, 223-224, 295, 300;
    inovação na, 51, 104-105, 109, 122, 125-127, 130, 146, 148, 191, 201, 218-223, 226, 292-293, 295-297, 300-301, 326, 388-389, 414-415, 421
    as duas perspectivas de Wittgenstein para a, 52-53, **77-109**;
    regiões, 53, **140-236**, 245-246, 255-256, 259-260, 277, 283, 349-350, 351, 358-359, 361, 365, 367, 370, 382, 420;
    conhecimento da, 56-59, 65-68, 89-90, 108, 118-119, 148, 186-188;
    como sistema, 60-63, 65-68, 121-123;
    como analogia de jogos, 93-94, 126-127;
    primitiva, 97-98, 100
Linguística, 25, 50, 53-54, 56, 58, 61, 66, 69, 103, 121, 177, 180-181, 200, 214, 221, 224, 293-297, 300, 301
Locke, John, 40, 421
Lógica:
    no *Tractatus*, 54, 81-83, 101, 159-160, 201, 468;
    e a pragmática, 149-150, 153-154, 382;
    e o paradoxo, 157;
    os limites da, 198-203, 309-310, 365, 367, 377, 398, 440, 452;
    as regiões da linguagem, 226-228, 232, 235, 241, 253
Louch, A. R., 251, 351, 365-366, 376

Madell, Geoffrey, 376
Malcolm, Norman, 54
Mannheim, Karl, 74
Maquiavel, Nicolau, 28-29, 421-422, 432-438
Marx, Karl:
    e Wittgenstein, 76, 203, 444, 453, 467-469, 471-472;
    marxismo, 263-264;
    sobre a justiça, 264, 288;
    sobre a história, 296;
    como teórico político, 421, 451, 456

Matemática:
:   como cálculo ideal, 23, 125, 160, 468;
:   *Remarks on the Foundations of* (Wittgenstein), 79, 347-349;
:   como região de linguagem, 84, 229-232, 242, 343-344, 346-348, 426;
:   e as formas de vida, 101, 141, 231, 344, 346-348;
:   séries de jogos de, 104-110, 131-133, 139-141, 160
Mates, Benson, 149-150, 153-154
Mau uso, 56, 70-71, 105-106
Medidas, 125, 204-205, 217, 236-237
Medo:
:   conceito de, 187-188, 203, 220, 255, 368, 375;
:   em Maquiavel, 433;
:   do autoconhecimento, 468
Melden, A. I. 248, 253, 449
Merleau-Ponty, Maurice. 296
Metafísica:
:   Wittgenstein sobre a, 72, 84, 410, 445, 454;
:   implícitas, 74-75, 323-324;
:   e conhecimento, 156, 268-269
Método. *Ver* Técnica
Mills, C. Wright, 405
Moore, G. E., 79
Moralidade:
:   Oakeshott sobre, 111, 113-114, 117, 124;
:   princípios de; 111, 113-114, 236-239, 244, 337-338, 402;
:   internalização da, 113-114, 301-303;
:   e responsabilidade, 236, 246, 365-366, 377, 384, 464, 467;
:   inovação na, 238-240, 307, 466-467;
:   não pública, 238, 247, 305-306, 308, 321, 431;
:   os limites da, 239-240;
:   e as pessoas, 307-308, 311, 316-317, 449;
:   Maquiavel sobre a, 433-434, 437;
:   e moralismo, 456-457, 465
Ver também Ética
Motivos:
:   e gramática, 150, 227, 336;
:   e explicação para a ação, 248, 253-254, 257, 264, 297-298, 352, 356, 365, 379-382, 385;
:   inconscientes, 363, 367, 451-452
Mudança. *Ver* Inovação
Mundo:
:   no *Tractatus*, 52, 83-85, 200-201;
:   no segundo Wittgenstein, 54, 57, 176, 189, 192, **195-224**;
:   como um contexto para o falar, 65-66, 69, 104, 119-123, 268, 285;
:   conceito de, 75-76, 158, 189-190, 225, 419-420;
:   e os valores, 84, 323, 334, 341-342;
:   e o aprendizado da linguagem, 90-91, 104, 108, 119-123, 278;
:   como definido pelos conceitos, 111, **173-186**, **199-203**, 292, 371, 394, 408, 419, 425, 439;
:   e a ciência, 181-182, 188-189, 360-361, 446-447;
:   como determinante dos conceitos, **186-193**, **202-207**, 216-224, 381, 416, 423;
:   e a moralidade, 258, 346;
:   e a política, 319, 355 *nota*, 439, 459-460;
:   e a filosofia, 416-417, 422, 443-444, alienação do, 445, 453, 459, 465-468

Natanson, Maurice. 351
Natureza:
:   humana, 51, 177, 198, 204, 205-206, 217, 223, 334, 413-415, 465-466, 470-471;
:   conceito de, 59-60;
:   e capacidade para a linguagem, 87, 109-110, 201-121;

e a ação, 193, 244-251, 260, 296, 313-314, 316, 332, 366, 377, 451;
e a expressão de sentimentos, 215, 218-219, 222-223, 376;
leis naturais, 263, 297-298, 451, 456;
seleção natural na linguagem, 295;
e o contrato social, 297-300

Necessidade:
e formas de vida, 216-224 *passim*, 388, 408, 414-415, 420, 466-472 *passim*;
causalidade, e ação, 312-313, 315, 379, 382-383, 387-389, 451-452, 456

Neurath, Otto, 420
Nida, Eugene A., 178
Nietzsche, Friedrich:
e Wittgenstein, 27, 40, 76, 203, 467-468, 470;
sobre a moralidade, 239;
sobre a racionalidade, 389;
sobre a alienação de si, 450

Nomes. *Ver* Referência
"Nós", 24, 309, 316, 319, 458
Normativa (o), 240, 289, 366,
e descritiva (o), 64, 75, 271, 323-325, 334-338, 345, 376-377, 399-400, 402
Ver também Dicotomia

Números:
e aprendizado da linguagem, 87-89, 98-99;
gramática dos, 98-99, 277;
nas séries matemáticas de jogos, 105-110, 131-133, 138-140;
sistema de, 204-205
Ver também Matemática

Oakeshott, Michael:
sobre a moralidade, 111, 113-114, 116, 238, 240, 255, 454;
sobre a política, 113, 300-301, 304;
sobre as regiões da linguagem. 226-227, 240, 255

Obediência:
e regras, 165-166, 302;
e intenção, 258, 354, 368-370, 376;

política, 302, 399-401, 424

Objetividade:
e compromisso, 76, 164, 450-452;
do mundo, 175-176, 178-179, **186-193**, 448;
e o estudo do homem, 269-270, 352-353, 367-378 *passim*, 383, 402-403, 448-458 *passim*;
e a linguagem, 277-278, 292;
e o juízo, 287-288,
e as regiões da linguagem. *Ver também* Subjetividade.

Obrigação, 324, 326, 331-335,337,
política, 291, 297-299, 304, 398-402, 424

Padrões:
de justiça, 261-262, 269-270, 274-282, 286-289, 323;
de juízo, 274-282, 286-289, 328, 343-350 *passim*, 402, 422-423, 456;
socioculturais, 286-289, 298-299, 302, 358, 402, 456;
absolutos, 346-350, 445, 465

Paradigma:
na ciência, 115, 116, 117, 183-184, 189, 411-412;
na linguagem, 122 *nota*, 125, 157, 198, 234;
e regiões da linguagem, 235, 338, 344-345, 359;
e ação, 250, 252

Paradoxo. *Ver* Contradição, Perplexidade Conceitual
Pascal, Blaise, 40
Paulo, São, 431
Performativo, **94-97**, 137, 153, 158, 214, 377, 386;
Ver também Semiperformativos
Permanência, 160, 167, 287, 436
Perplexidade conceitual, *insight*:
natureza da, 49, 53-73, **154-171**, 195-196, 210, 211, 215, 218, 287, 365, 369, 376, **407-425**, 439-440;

e as regiões da linguagem, 277, 283, 287
Perry, Charner. 255, 391
Perspectiva:
    na filosofia, 29, 49, 50, 74, 158, 164, 255, 264, 268, 291-292, 417-421;
    da ação e da explicação, 52, 136, 211, 236-237, 389-390, 405;
    e objetividade, 51, 186, 293, 452, 469, 472;
    na política, 289, 304, 319-320, 455, 459
Perspícua/perspicaz/precisa/clara, 11, 163-164, 196, 348, 392, 413, 418-419, 422, 440-441, 456-457, 471
Pessoa:
    tratar como uma, 244, 281-282, 307-308, 313-314, 319-320, 338, 388, 429-431, 451-453, 456-457;
    tornar-se uma, 294, 298-299, 465-466,
    pessoal e público, 304-305, 404-405, 458,
    e determinismo, 388;
    perceber como uma, 447, 450-451, 471
Peters, R. S., 250, 252, 384-385
Piaget, Jean., 284-285
Platão, 9, 40, 57, 155, 229, 422;
    sobre a linguagem, 85;
    sobre o conhecimento, 155, 268, 269, 413, 457, 461;
    sobre a justiça, 261, 425-432, 455;
    República, 261, 271, 319, 325, 425-432, 455;
    sobre a política, 319, 421-422, 426, 429;
    sobre a dialética, 461
Poder:
    conceito de, 59-60, 74, **390-397**, 424,
    "[...] sobre", 60, 314, 338, 393-397, 402-403, 424, 428, 433,
    "[...] para", 60, 337, 393-397, 433-434;

como algo fundamental para a política, 272, 310-315, 317-319;
    da sociedade, 302, 315;
    e conhecimento, 444, 446, 451
Poesia, 8, 40, 122, 208, 227, 229, 230, 394, 447
Polanyi, Michael. 235, 250, 388
Política, o político:
    estudo da/do, 10, 25, 29, 53, 74-76, 173, 246, 325, 351-355, 367, 373, 391, 397, 403-404, 425, 438, 454-458;
    Wittgenstein sobre a/o, 49, 301, 443;
    da natureza da/do, 53, 73, 193, 238, 260, 289-291, **298-321**, 352-353, 426, 429, 447, 457-458;
    como região de linguagem, 25, 230, 234, 241, 260, 282, 288, 291, **304-310**, 311, 317-318, 326, 344-346;
    Oakeshott sobre a/o, 113, 301, 303;
    e a racionalidade, 242, 282, 306-309, 345-347, 402, 405, 460-463;
    e a ação, 247, 304-317, 320-321, 352, 356, 394, 404-405, 423-424, 435-436, 457-463;
    elites, 33, 230, 261-263, 268-270, 274-275, 287, 306-307, 310, 314;
    associação, obrigação, legitimidade, 291, 298-304, 398-403, 424;
    cultura, 301-304;
    pluralidade na, 306, 319, 320, 426, 429, 455, 459;
    e problemas contemporâneos, 443, 449-450, 458-465, 469-472
Positivismo, 75, 78, 84, 170, 173, 240, 323, 338, 402, 463-464
Positivismo Lógico. *Ver* Positivismo
Pragmática, 93, 149-150, 152-154, -238-239
Pragmatismo, 203, 444
Previsão, 95, 251, 325, 348, 365, 382-383, 389, 452
Princípios. *Ver* Regras
Projeção. *Ver* Inovação

Promessa:
>	como performativo, 95, 138, 153, 158, 333;
>	e conhecimento, 158,
>	e confiança, risco, 185, 187, 238, 247, 255, 450
>	identificar/determinar uma, 235, 245, 257-259, 376, 390;
>	e a obrigação de performar, 245, 257, 332-334, 337, 398
>	e obrigação política, 297-298,
>	e intenção, 368

Proposição:
>	como (negativa) de modelo para todos os proferimentos, 51, 61, 81, 82, 83, 85, 86, 94-97, 110, 101-102, 155, 167, 169, 170, 201, 204, 205, 210, 220, 226, 229-230, 409;
>	e declaração, afirmação,64, 80, 174;
>	descritiva e normativa, 75, 238, 299, 339, 347-348;
>	elementar, 82-83;
>	e as regras, 334-335;
>	como uma ação, 466

Propósito:
>	e ação, 248, 250, 251, 252, 257, 352, 355-356, 377, 379-380, 345-385, 389, 451;
>	e a institucionalização, 283, 286-289
>	Ver também Intenção; Motivos

Psicanálise, 9, 24-25, 37, 45, 50, 53, 90 nota, 363-364, 371, 401, 451,

Público:
>	e privado, 237, 247, 291, 305, 314, 315;
>	interesse, 298, 311-313, 316;
>	e o político, 301, 304-305, 308-321, 393-395, 455, 459-463
>	questões [...] – (as), 291, 305, 395, 405

Punição, 28, 98, 110, 222, 279, 281, 283, **284**, 299, 422

Quine, Willard van Orman, 182

Rabin, L., 179

Racionalidade:
>	e juízo objetivo, 75-76, 323, 326, 345, 348-349, 402, 404, 443-444, 452, 468-469;
>	e moralidade,113, 240, 241, 242, 245-246, 305-307, 313
>	em regiões de linguagem, 52, 113, 225, 240-242, 327, 345, 348-349, 358, 371, 460-462;
>	na política, 305-310, 313, 402, 404, 460, 461, 462

Raiva:
>	conceito de, 186-187, 206-207, 211, 214-215, 217-218, 259-260, 283, 324, 452;
>	e racionalidade, 242, 405, 460;
>	"cólera" em Aristóteles, 266

Rawls, John. 9, 71

Realismo. Ver Idealismo, Objetividade

Referência, significado como, 52-53, 77, 80- 82, 85-92, 100-102, 104, 120, 123, 130-132, 135-136, 137, 139-140, 154, 157-158, 160-161, 165, 167-168, 173-174, 268-269, 179, 189, 222, 267 nota, 286, 287, 288, 333-334, 376-378, 385, 392-393, 396, 398, 402

Regras:
>	e liberdade, 52, 71, 294, 298-303, 315, 318;
>	e regularidades na linguagem, 58, 66, 68-71, 72, 83-84, **105-110**, 126, 148-149, 159-164, 195, 202, 219-220, 232, 292-295, 299-303, 327, 468;
>	e afirmações, complementaridade de, 70-71, 289, 299, 335;
>	nos jogos, **105-110**, 150, 219-220, 257, 285-286, 334-335, 346, 419;
>	na matemática, 105-109, 347-348;
>	na filosofia, 105-109, 159-164, 195, 202;
>	no direito consuetudinário, 112, 117-120, 124;

na moralidade, 113-114, 117-120, 124, 236, 300;
na ciência, 114-115, 116-119, 124, 230, 411;
na ação, 250-251, 257, 315, 334-335, 352-353, 355, 371, 384-385;
e o juízo, 344, 346-347, 398
Regularidades. *Ver* Regras
Religião:
no *Tractatus*, 85, 201, 468;
conceitos na, 160, 186, 188, 269, 370-371, 381, 384;
como região de linguagem, 232-234, 241-242, 355, 358-359, 364, 371-372;
e criticismo cético, 236, 242, 264, 444, 471;
e moralidade, 237, 239, 381;
e política, 315, 354;
e magia, 361-362, 375
Remarks on the Foundations of Mathematics (Wittgenstein), 79, 347-349
Representação:
conceito de, 7, 10 *nota*, 25, 41, 52, 59-60, 73, 80 *nota*, 97, 179, 320-321, 422, 438, 439, 441;
linguagem como um método de, 52, 195-196, 321, 408-409, 418-419-420, política, 7-11, 13, 73, 320-321, 440
República (Platão), 261, 271, 319, 325, 425-432, 455
Responsabilidade, 185-186, 242, 304, 452;
assumida na fala, 96, 132-133, 138, 159, 170, 274-275, 330-331, 333-334, 346, 376-378, 398-401, 458-459, 471;
assumida nas ações, 159, 238, 246, 256, 304, 313-314, 352, 377-378, 381, 385, 388-390, 445, 452, 455-456, 463-465
assumida nas posições adotadas, 241, 243, 245, 346
Revolução:
científica, 183, 189, 388;

social e política, 301-302, 307, 424, 443, 456, 469
Ricci, Luigi, 437
Rieff, Philip, 45
Rilke, Rainer Maria, 186-187
Rousseau, Jean-Jacques, 9, 29, 299-300, 303-304, 421, 456
Russell, Bertrand, 57, 78, 229
Ryle, Gilbert, 54, 58, 226, 233

Sapir, Edward, 53, 177, 181, 190, 295
Sartre, Jean-Paul, 453, 463
Schaar, John H., 47, 399, 402-403
Schutz, Alfred, 351, 355-356, 358, 364, 372, 391
Searle, John, 332, 333
Self, nossa mente, nós mesmos:
e a linguagem, 9, 26, 27, 52, 293, 299-300, 303, 454;
e a filosofia, 27, 244, 415-418, 422, 454;
e a objetividade, 75, 76, 255, 405, 443, 447-449, 454-460, 467-469;
e a moralidade, 239-240, 241, 243-246, 305, 309, 457;
e o conhecimento de si, 227, 243-245, 306, 309, 416-418, 443, 455, 459, 462-463, 465, 467-469;
a consciência de, 279-280, 293, 416-418, 423, 443, 459, 465;
o conceito de, 293-294, 299-300, 388, 402, 415, 430, 455;
e alienação, 444, 449, 453, 465, 467
Semântica, 11, 24-25, 38, 50, 56, 118, 149-150, 152-154
Semelhanças de família. 24, 128,129, 130
Semiperformativos, 96, 136, 376;
e atividades mentais, 134, 137-138;
e conhecimento, 158, 169;
e justiça, 274, 277;
e ações, 356, 376-377, 390;
e ciências sociais, 390, 403;
e legitimidade, 398

Senso comum:
    e a filosofia, 53, 54, 57, 62, 72, 163-164;
    e a ciência, 339, 350, 358, 446;
    em Maquiavel, 438
Sentido:
    e significado, **63 *nota***, 82-83, 84-85, **147, 148, 149**, 165, 409, 449, 468;
    fazer, **143-154,** 169-170, 287, 365, 387;
    ação que tem um, 352, 355-356
Sentimentos:
    conhecimento dos, 36, 55, 86, 193, 207-215, 218, 222-223, 289, 447-448, 453, 460, 470;
    e a razão, o juízo, 75, 158, 326, 328, 331, 344, 346, 406, 464;
    expressão dos, 104-105, 120, 211-216, 218, 220, 375, 415;
    no contexto da fala, 110, 118-119, 149-150, 167, 242, 244;
    e atividades mentais, 131-132, 133-134, 135, 137-138, 210-215, 218, 222-223, 225, 356, 453, 466;
    gramática de, 232-233, 277;
    no *Tractatus*, 466-467
"Ser". *Ver* "Dever"
Significado:
    e referência, 49, 50, 52, 82, 87, 97-100, 106, 188;
    conhecimento do, 56, 67, 91-92, 105-107, 461, 465, 466;
    na filosofia da linguagem ordinária, 59-65, 173-174, 396;
    e sentido, **63 *nota***, 82-84, **148-149**, 165, 409, 449, 468;
    e aprendizado da linguagem, 91-107 *passim*, 111-136 *passim*,
    e seu uso, 92-93, 97-102, 107-110, 118-119, 133, 136-138, 143, **148-155**, 163, 170-171, 266-270, 273-288, 316, 327, 376, 422-423, 468;

e contexto, 94, 131, 135-136, **137-171**, 174-175, 199-200, 236, 374, 387, 407, 457,
como atividade mental, 109-110, 130-131, 133-136, 137-138, 140, 142-143, 196-199, 258;
e tradução, 178-179, 269, 275-281, 372-375;
e as regiões da linguagem, 254-255
Ver também Definição
Sinal/Sinais/Sinalizar, palavras como, 93, 94, 106, 108, 120, 123, 132, 135-136, 137-138, 152 *nota*, 153-154, 158, 165, 173, 204, 214, 221, 255, 256, 258, 269, 274, 287, 333-334, 376, 386, 398, 401, 403, 404
Sinônimos. 59-60, 62-63 *nota*, 64, 174, 311, 395, 397
Sintaxe, 90, 99, 149-150, 153, 171, 179, 432
Sociedade, o social:
    a filosofia e o estudo da/do, 10, 13, 39, 49, 53-54, 73-74, 173, 193, 246, 264, 291, 315, 325, 352-353, 366, 376, 383, 402, 405, 407, 416, 438-439, 443, 456;
    imaginação, 10, 44, 98, 101, 144, 203, 228, 250, 271, 278, 303-304, 321, 333, 371, 405, 429;
    visão de fora e de dentro, 273-274, 283, 286-288, 293, 314, 330, 357, 358, 416, 418, 451, 456;
    e o individual, 291-294, 297-301, 303-304, 309, 367, 416, 445, 450, 456, 459;
    contratualista, 297, 298, 299, 304, 334, 422, 424;
    e o político, 10, 291, 310, 315, 316, 318, 455;
    estado/condição de, em Maquiavel, 435-436
    engenharia, 449
Sócrates:
    como filósofo, 9, 44, 229, 287, 288, 289;

sobre o conhecimento, 155, 426, 429, 433;
e Trasímaco, **261-289**, 316-317, 323, 332, 376;
sobre a justiça, **261-289**, 335, 425-432
Sorel, Georges, 458
Stevenson, Charles L., 326, 386
Strauss, Leo. 310, 351, 353-354, 357, 364, 366, 376, 404
Strawson, P. F., 221
Subjetividade/subjetivo(a):
    e pragmática, 93, 149-150, 152-154;
    e o mundo, 191, 466;
    e o juízo, 237, 239, 273, 277-278, 326-327-328, 336, 345;
    e a política, 309-310;
    e definição, 11, 398;
    e o *self*, 9, 445, 454
Ver também Objetividade, *Self*
Tautologia, 83-84, 209, 324
Taylor, Charles, 351, 388
Taylor, Richard, 250, 351, 377, 380-382
Técnica:
    e a filosofia, 24, 54, 56, 59, 61, 65-70, 73-74, 161, 424-425;
    da análise linguística, 38, 58-59, 61, 65-66, 69, 86 *nota*, 93, 95 *nota*,
    do falar como, 93, 161;
    e método científico, 113, 242, 306-307;
    e matemática, 106, 140, 229-233, 346-348, 350;
    e medidas, 204, 217;
    e ciências sociais, 354-355, 451-452, 458;
    e poder em Maquiavel, 432-433
    e problemas contemporâneos, 443-444, 446-447, 450
Tempos/temporal(ais), 180-181, 185, 187, 412-414
Teoria política:

e Wittgenstein, filosofia da linguagem ordinária, 7-11, 41, 47, 53, 261, 291, 321, **421-472**,
problemas conceituais na, 13, 53, 55, 73-74, 407-408, 422-423;
sobre o contrato social, 297 ss, 424;
concepção do político na, 310, 312, 314, 315, 316, 317, 319, 352, 353, 404
Tractatus LogicoPhilosophicus (Wittgenstein), 54, **78-85**, 101, 106, 127, 200, 326, 409, 468
Tradução:
    de Wittgenstein, dificuldades na, 23-24, 153-154
    análise como, no *Tractatus*, 54, 82, 83-84, 100, 101;
    aprendizado da linguagem como, 91;
    entre regiões de linguagem, 234-235, 248-249, 259, 351;
    radical, 8, 269, 275-280, 330-331, 372-376;
    no estudo da teoria política, 425, 431-439
Trasímaco, 261-274, 276, 282, 286-289, 316-317, 323, 376, 400
Treinamento, 97-110 *passim*, 111, 149, 231, 306, 347, 428
"Tudo isso", 144-148, 151
Tussman, Joseph. 299, 305

Universais. *Ver* Essência
Uso. *Ver* Jogos de linguagem; Significado; Sinais

Valores:
    e fatos, 11, 24, 75, 82 *nota*, 84-85, 265, 273, **323-334**, 376, 425;
    juízos, 289, 323-326, 331, 338-344;
    na sociedade, 301, 314, 465,
    e "palavras valorativas", 326-330, 367, 376, 392;

e compromisso, 347, 366-367, 376-377, 465, 471;
nas ciências sociais, 366-367, 376-377, 390-406 *passim*
"Ver" e "olhar para":
e a filosofia, 49, 64, 73, 175, 277, 410, 416-420, 441, 446-447, 470;
conceito de, 175-176, 188-190, 191-192, 222, 277, 375-376, 410, 453;
e o mundo, 184-185, 188-189, 191, 219, 225, 259, 287, 375-376, 446-447;
e a política, 287, 307, 318-319, 441, 455, 459
Verdade:
e significado no *Tractatus*, 82-84, 102, 170, 173, 200-201;
e performativos, 94-96;
e conhecimento, 154-158, 171, 196;
veracidade e ação, 37, 159, 185, 236-237, 244, 372, 431-432, 451, 458-463, 466-469, 470;
sem razão especial para dizê-lo/a, 168,
e o mundo, 175-176, 184-185, 206;
e as regiões da linguagem, 226-229, 232-233, 240, 243, 305-306, 307, 345;
o conceito de, 263-264, 325, 328, 331
como base para a teoria, 439-440
Ver também Falseamento; Verificação; Mundo.
Verificação, verificar, verificáveis, 60, 71, 76, 170, 210 *nota*, 220, 228, 233, **338-350**
Ver também Falseamento; Verdade
Vinci, Leonardo da, 433
Virtù, 433, 434-435, 437-438
Visão. *Ver* Perspectiva; Perspícua, "Ver" e "olhar para"
Voegelin, Eric, 310, 351, 355, 364
Voluntário, 64-65, 145, 151-153, 324, 387
Vulgarização. *Ver* Filosofia da linguagem ordinária.

Waismann, Friedrich:
sobre regiões da linguagem, 225-228, 229, 232-233, 235, 240, 246, 248;
sobre a filosofia, 410, 417, 421,
Weber, Max, 9, 398-404, 439, 457
Weldon, T. D., 278-279
Whitfield, J. H., 434, 436, 438
Whorf, Benjamin Lee, 53, 177, 180-181, 186, 192, 294
Winch, Peter:
sobre a linguagem e o mundo, 182;
sobre as regiões da linguagem, 235, 236, 241;
sobre as ciências sociais e a ação, 251, 351-379 *passim*, 382-383
Wisdom, John, 54, 411, 416
Wittgenstein, Ludwig:
como filósofo, 23-27, 29-30, 418, 444, 454-456, e *passim*;
sobre o estudo da sociedade, da política, 7-10, 26, 49, 53-54, 291-294, 301, 321, 443;
sobre a filosofia, 27-29, 49-50, 55, 68, 70-74, 79-85, 154, **159-171**, 277-278, **407-410**, 413, 417-418, 424-425, 440-441, 454-455, 469-470;
e Freud, 28-29, 444, 467-468, 469, 471;
personalidade, 28, 49, 77-78, 182 *nota*, 291, 388, 426, 467-468;
e a filosofia da linguagem ordinária, 26, 46, 53, 68, 69-74, 163, 203, 261, 291, 321, 424;
sobre a linguagem, 52-53, 58-59, 68, 70, **77-110**, 123-127, 133-135, 164-173, 216, 225, 234, 255, 268, 349-350;
sobre as regras, 52, 106, 126, 160-162, 292-293;
sobre o mundo, 54, 57, 69, 73-75, 176, 190, 192, **195-224**, 332, 466;
Tractatus LogicoPhilosophicus, 54, **78-85**, 101, 106, 127, 200, 326, 409, 468;

sobre o conhecimento/entendimento, 58-59, 61,65, 68-69, 108, 123, 140, 168 *nota*, 196-203, 207-216, 293, 331, 413, 467-472;
Blue and Brown Books, 70, 79, 160, 207, 216;
a dialética, 75-76, 192, 195, 439-441, 453;
e existencialismo, fenomenologia, 76, 202, 351, 444-445, 452-453, 463-465;
e Marx, 76, 203, 444, 453, 467-469, 471-472;
e o positivismo, 75, 78, 84, 170, 176;
biografia, 23, 37, 78-79;
Investigações filosóficas, 79-80, 86, 128, 130, 160, 175, 415, 443;
Remarks on the Foundations of Mathematics, 79, 347-349;
sobre valores, juízo, 84-85, 323, 326-327, 330, 334, 347-348;
sobre o aprendizado da linguagem, **86-89**, 91, **97-108**, 111, 119, 124, 148, 292;
sobre jogos, 97-108, 127-128, 132-136, 234;
sobre explicação, 97, 103-106, 109-110, 223;
sobre a essência, 107, 127-128, 196,
sobre as formas de vida, 110, 203-205, **216-224**, 225, 234, 388-389, 407-409, 453, 466;

sobre semelhança de família, 127-129;
sobre o contexto, 138, 141-142, 148-149, 151-153, 168 *nota*, 356;
sobre a gramática, 146, 149, 169, **195-204**, 292-293, 440, 466;
sobre uso e significado, 150-152, 268-270;
sobre critérios, 195, **208-216**, 220, 222;
sobre sentimentos, 207-216, 218, 220, 453;
sobre a matemática, 230-231, 347-350;
sobre a teoria política, 424-425, 440-441, 443, **454-458**;
sobre ação e problemas contemporâneos, 223-224, 443-446, 458, 459, 465-472
Wolin, Sheldon S., 29, 47, 310, 314-319, 351, 353, 404, 429

Ziff, Paul:
como filósofo, 9, 39, 41, 54;
sobre a liberdade, 60-61;
sobre o significado, 61, 63-66, 280;
sobre o aprendizado da linguagem, 63-72, 88, 109, 118, 120, 121, 122, 279-280;
sobre o mundo, 120, 174-175, 190-191;
sobre o juízo, 327, 338-339, 342